原発災害・避難年表

―図表と年表で知る福島原発震災からの道―

原発災害・避難年表編集委員会 編

すいれん舎

序論　本書の課題と構成

はじめに

　本書は、2011年3月11日に発生した東日本大震災と、その後の東京電力福島第一原子力発電所事故が引き起こした深刻な被害の解明のための基礎的資料を、年表と図版というかたちで提供するものである。2014年に刊行された『原子力総合年表——福島原発震災に至る道』（すいれん舎）を前編とすれば、その続編と位置づけられる。

　以下、読者の便宜のために、本書のテーマや方法、特徴について説明したい。

(1) 本書の目的とテーマ

『原子力総合年表』の編集代表を務めた舩橋晴俊は、その目指すところを次のように述べている。

　　　日本および世界における原子力の開発利用がどのような経過をたどったのか、その過程でどのような問題群が引き起こされてきたのか、全世界での度重なる事故をめぐって安全確保のための対処が積み重ねられたはずなのに福島での過酷事故がなぜ生じたのか——これらの問題を、日本および世界各国を対象にした73点の年表の集積という方法によって、総合的に明らかにし、今後、人類社会が原子力をどのように扱ったらよいのかを考え、選択するための基盤となる資料を提供することが本書の目的である。(p.i)

　引用からも明らかなように、「安全確保のための対処が積み重ねられたはずなのに福島での過酷事故がなぜ生じたのか」を、「年表の集積という方法によって」明らかにし、今後の原子力をめぐる選択・意思決定の「基盤となる資料を提供すること」を目指すものであった。まさしくその副題が示すように、前書『原子力総合年表』は「福島原発震災に至る道」を記録するものであった。

　それに対して本書は、福島原発震災以後を対象としている。福島原発震災によって生じた被害とは何であるのか、誰がどのような被害を被ったのか、誰が避難を余儀なくされ、なぜ帰還する／しない（できる／できない）のかという一連の問いを検討するための共通基盤であるようなデータベースを提供することが目的である。わかりやすく言い換えるなら、年表という方法は共通だが、『原子力総合年表』は「3.11まで」を、本書は「3.11から」を対象としているということになろう。

　しかし、前書と本書との相違は、対象期間だけではない。時期の相違に応じて、テーマも自ずと異なってきている。

前書の主要なテーマは、「福島での過酷事故がなぜ生じたのか」という先の引用にもあるように、原発事故とその原因である。福島第一原発やその他の原発が、どのような歴史と経路をたどって「3.11」を迎えたのかがテーマであった。

　それに対して本書は、「3.11以後」に焦点を当てて記録しようとするものである。

　福島事故以降、実に多くの人々が避難生活を余儀なくされている。6年を経てなお、数万人の人々が避難生活をし続けねばならないということは、尋常ならざる事態である。それは何故なのか、避難生活にはどのような困難や問題があるのか、人々はそれにいかに対処しているのか、できないでいるのか──「3.11から」を対象とする本書が、こうした「避難」に関わる問題群を対象とするのは、至極当然のことであろう。

　であるからこそ、「若者」もまた、焦点化されてくる。「避難生活」という4文字は、生まれ育った町やそこに積み重ねられた人脈や記憶、生活の基盤すべてが失われ、取り戻すことが不可能であることの無念や絶望の総体を表している。大人であれば、そうした避難生活の絶望を乗り越えて、移住した先で働き始め、生活再建に動き出すこともできるかもしれない。それができない乳幼児や老人の被害や避難生活はマスコミでもたびたび報道されてきた。しかし、まだ「何者か」になってはいない、人生を選ぼうとする10代であの「3.11」に遭遇した若者世代は、一体、どのような被害を受け、どのような苦難の道をたどってきたのだろうか。憧れの高校に合格し、入学する直前に避難を強いられた中学生がいた。家計を心配し、合格した大学への進学を諦め、母親には「オレ、もともと勉強は好きじゃなかったんだ」とうそぶく浪人生がいた。自らの人生の基盤を築く前に基盤を奪われてしまった若者たちは、「子ども」というには大きすぎ、「大人」というには早すぎた。こうした特異な特性をもつ若者の、語られてこなかった被害の実態を明らかにする必要があるように思われる。本書が「若者」を主題として取り上げる所以である。

(2) 本書の方法と特徴

　上述のような目的とテーマをもつ本書は、前書『原子力総合年表』に収録された年表を精選・編集したものをベースにして、さらに避難に着目した諸年表を加えるという構成になっている。その特徴は、以下の5点である。

年表という形式での基礎的事実の提供

　第1の特徴は、年表という形式での基礎的事実の提供である。年表という形式は、事態の推移をみるにあたり一覧性に優れるという大きな長所をもつ。原発事故とそれに続く避難問題についての基礎的事実を概観できるよう、本書でも年表という形式を採用している。

　本書は、下記の手順で作成された前書をもとにしている。

①各原子力施設、あるいは、各テーマについて、1人あるいは複数の担当者を決め、担当者が素案を作成する。各年表の担当者としては、当該施設あるいはテーマについての研究実績を有する研究者あるいは大学院生を、つとめて割り当てるようにした。

②各担当者が作成した素案を編集委員会メンバーが点検の上、疑問点や修正について提案し、それを踏まえて担当者が改訂版を作成した。

③各年表は原則として一欄構成とし、一部、複数欄構成としたものもある。

④全項目に出典を挙示した。出典となっているデータとしては、新聞、雑誌、論文、単行本、ウェブサイトの情報、直接観察など、多様なものが含まれる。その際、客観性を担保するために、多様な立場の主体からの情報収集に留意し、引用挙示している以外の資料を使用してのダブルチェックも、可能な範囲で行っている。

⑤原子力発電所については、各サイトごとに主要なスペックを記載した。

⑥日本国内の諸施設について、稼働段階、建設計画中（中止含む）原発サイトを示す日本地図を作製した。また各サイトごとに立地点の特徴を記すために、30km圏内を明示する地図を作製した。また、世界各国の原子力発電所、ウラン鉱山、核実験場などの所在を明示する地図を作製した。

　こうした手順で作成された前書の諸年表をベースに、本書では、若者と避難という観点から精選し、さらに内容も圧縮・アップデート・推敲を経て収録している。そのため、前書で73点あった年表は、本書では45点になっている。収録点数が減ってはいるが、その分、個々の年表は全体を概観しやすくなっているように思う。さらに詳しく調べたい場合は、前書を参照するという使い分けが可能となっている。

焦点としての「若者」

　第2の特徴は、すでに「目的とテーマ」の項でも述べたように、若者に着目していることである。乳幼児や老人は頻繁にマスコミで報道されてきたが、中高生や大学生といった若者は、マスコミ報道のブラインド・スポットであった。自らの資産形成はおろか、学業半ばで被災した若者たちは、家族に支えられながら避難生活を送ることになるわけだが、その学業が家族の避難に関する選択を制約したり、あるいは結果として学業が犠牲になることがままあった。にもかかわらず、庇護されるには大きすぎ、独立して1人で動くには若すぎる存在としての若者たちの実態は、関心も寄せられず、報道されずにきている。

　とはいえ、避難者の全体像すら十分に解明されていない現状で、若者を調査することには大きな困難が伴った。結果として、若者だけを扱った年表は決してわれわれの意図した数には達しなかったが、それでも若者が抱えている固有の問題点が見えてくる年表を掲載することができることの意義は深いと思われる。

「個人避難」年表

　第3の特徴は、抽象的ではなく、具体的・固有名詞付きの避難の事実を提供していることである。「個人避難年表」と名づけたこの年表は、避難の全体像把握や網羅的記述が目的ではなく、避難の個別・具体的な問題点を描くことを目的としている。被害を具体的にイメージすることを可能にするための年表、触媒としての年表と言い換えてもよい。ただ単に「避難者は〇〇人」「避難問題」と記述するだけでは、被害の実態を描けないだけでなく、必要な対策・政策をも構想できないだろう。だからこそ、避難生活で実際に遭遇する一つ一つの困難を、事実に即して具体的に描くこと、本人の言葉を重視し直接引用を多用した年表を作成することが重要だと思われる。自力で歩けぬ老人を

連れて避難するということの具体的で生々しい辛苦の記録ぬきに、「避難経路を適正化する」という言辞が実質化するとは到底思われないからだ。

「個人避難年表」の作成に当たっては、編集委員の一人である平林祐子の主導のもと、編集委員会として福島県内などでヒアリング調査を実施した。ヒアリング（インタビュー）は、質問紙などは使わず、避難の経緯を詳しく、長時間にわたって聞き取る方法を採った。ヒアリングは録音し、それを文字に起したものをもとに年表を作成している。あわせて、後述するような図版を付して、読者の便に供した。

こうした個人避難年表は、抽象的な「避難者」ではなく、顔と名前のある実在する個人が実際に経験した避難の実態を伝えてくれるが、そうであるがゆえに避難問題の全体像が見えにくくなってしまう。そこで問題の全体像を一定程度提供するものとして、「避難年表」を用意した。この「避難年表」が全体の概観を、「個人避難年表」が詳細でリアルな問題の実相を、それぞれ提供するという有機的な関係になっていることも、大きな特徴である。なお、ヒアリング対象者のプライバシー保護のため、氏名は仮名（架空の氏名）を使用している。

避難の実態の図化

先にも触れたように、「個人避難年表」には図版を付してある。これは、年表を補うものではあるが、単なる補遺ではない。この図版と年表とは、やはり有機的な関係になっており、本書の独自性もここにある。年表が明らかにしていることを可視化し、年表では気付きえない新たな気付き、問いを誘発する仕掛けだ。本書の第4の特徴といってよい。

年表は、避難の実態を時系列的に把握するのに適した表現形式であるが、避難問題で不可避の空間的な移動を表現することは得意ではない。そこで本書では、避難をした個人の実際の空間的・地理的移動を地図上で表現し、年表に付してある。この地図があれば、一家の稼ぎ手だけが福島県内に残り、それ以外が遠方に避難して生活していることを直感的に理解できるし、週末ごとに家族のもとへと独り車を飛ばして帰るその道のりの遠さも実感的に理解できるだろう。

さらに、家族の成員全員の地理的移動の過程をダイアグラムで表現するという工夫も試みている。たとえば7人で暮らしていた家族が、避難に際していかにまとまって行動したのか／できなかったのか、どのような過程を経てばらばらになっていったのか、誰が帰還し、誰が帰還できないのか──こうした問いに、このダイアグラムが端的に答えてくれる。問題を時系列でたどり、その軌跡を見たいと思うときには年表を、空間的広がりにおいてとらえたいときには図表を、それぞれ参照することができるだろう。そしてそれらを有機的に組み合わせたとき、問題の実態は実感的に──抽象的にではなく──理解されるはずである。避難者のなかには、ご自身が撮影した写真を提供してくださった方もいる。それを貴重な資料として収録したほか、編集委員が撮影した写真も加えることによって、福島から遠く離れた読者にとっても、「実感」ができるだけ深まるように努めたつもりである。

また、原発災害や避難の問題を考える際に役立つ各種基礎情報も掲載している。その結果、たとえば福島原発事故によって福島県内の学校の統廃合がどのように行われたのか、その変遷を一望することができるし、子どもの避難者数、農漁業被害の実態、除染の実施状況などが概観できるようになっている。第2章に収録した「福島県内高校教員の原発意識調査」（2013年実施）の集計結果も、

序論　本書の課題と構成

学校現場、とりわけ高校教員が原発事故にどのように向き合ってきたのかを考える上で有用なデータであろう。これらは「基礎的事実の提供」という本書の特徴にふさわしく、できるだけわかりやすくビジュアル化＝図表化して示した。本書のサブタイトルに、「図表と年表で知る」と謳った所以である。

チェルノブイリとの対比

　最後、第5の特徴は、福島原発事故の問題をチェルノブイリ原発事故と対比できるように工夫していることである。福島原発事故の現状や特性を精確に把握するためには、比較は一つの有効な方法である。震災直後からよく言われた「チェルノブイリの歴史・現状は、フクシマの未来なのか」という問いに連なる問題意識であるといってよい。そこでの論点は、チェルノブイリで曲がりなりにも勝ち取られた被害者救済のスキーム——問題山積であって理想からはほど遠いとはいえ、法律に基づく国の救済制度が整備されている——と比べて、フクシマはどうなのか、である。チェルノブイリ事故に関する正確な情報が不足していたり、福島事故についての情報公開が不十分であったり、さらには比較するに当たってのデータの整序、単位の統一などの諸問題があって、両者の比較は決して容易いことではなく、むしろ非常に困難である。本書で掲載したものについても例外ではない。先に述べたように、本書では問題をビジュアルにとらえられるようないくつかの工夫を凝らしているが、それはチェルノブイリ問題に関しても同様である。福島原発事故問題をチェルノブイリ原発事故と対比して把握できるように工夫された図表は、本書の大きな特徴といえるだろう。

(3) 本書の構成

　本書は以下のように、2部構成を採用している。

　第Ⅰ部は「福島原発震災のもたらしたもの」と題され、福島原発事故の概要（第1章）、被害の広がり（第2章）、避難の実態（第3章）、チェルノブイリとの比較（第4章）の4章構成で、2011年3月11日以降の原発災害の実態を把握するための年表および図表が収録されている。

　第2部は「日本と世界の原子力発電」である。第5章は日本の、第6章は世界の、原発とその関連施設の年表と図表を掲載している。特に第5章では、前書同様、日本の原発のサイト毎の歴史的推移が概観できて、読者にとっては有用であろうと思われる。また、海外主要各国の原発の状況がわかる年表・図表と、廃炉になった世界の原子炉の一覧も掲げた。

　巻末には、「用語集」を掲載した。本書を読む際に必要な基礎的な用語や概念、単位などを簡潔に解説したものであるが、同時にそれは日々のニュースを読みとく上でもおおいに役立つだろう。収録した用語が「3.11以後」の社会を考える上での重要なポイントを指し示しているように思われるからだ。さらに、各年表の典拠となった資料の一覧（「出典一覧」）がある。本書は、前書同様、年表の全項目には出典が明記され、事実確認ができるように配慮しているが、その出典の一覧である。本書の客観性を基礎づける大事なものといえるだろう。

(4) 本書をどう使うか

　この年表は、若者たちのためにこそ編纂されている。あの「3.11」を被災したかつての若者たちと、今、中学や高校で学ぶ現在の若者たちにこそ活用してもらいたいとの想いでつくられている。その

v

若者たちを教え育てる中学や高校の教員もまた、そこに含まれる。

「あの日」以降、一体何が起き、何が問題であるのか、避難で何が問題になっているのか、それに対してどのような施策がなされているか——こうした疑問を追究するための、基礎的な情報の塊が本書である。

では、なぜ「年表」という形式だったのか。前書『原子力総合年表』の「序論」で舩橋は以下のように説明する。

> 社会科学の課題としては、歴史の徹底した検証のための基本的データを集積整理し、広く公論形成と学問的研究の共通基盤を確立することが、優先的課題の一つになる。そこで、日本の環境社会学で蓄積されてきた「問題解明の方法としての年表作成」というアプローチを原子力問題に適用し、多角的な関心と視点に基づくさまざまな検討・研究の共通基盤となるような学問的素材を形成し、広く社会に提供することにしたい。(p.ii)

社会の公論形成および学問研究の双方に資する共通基盤を提供する必要があり、そのためには、「日本の環境社会学で蓄積されてきた『問題解明の方法としての年表作成』というアプローチ」が有効だ、ということであった。これは、2010年に刊行した『環境総合年表』(すいれん舍)以来、変わらぬ編集方針であった。原子力発電というものへの賛否にかかわらず、問題解明をする上で誰もが依拠できる基礎的なデータベースこそが、公論形成に資するのだという考えから、前書は編纂されていたのだし、本書でもそれは変わらない。本書をどのように活用するかは、読者次第である。「本書の使い方」を参考に、授業やレポート、自学自習に役立ててもらいたい。それこそが、確かな公論形成へ向けての第一歩になるにちがいない。

本書は、前書同様、福島原発震災という世界史的できごとの衝撃と、その後の避難問題の深刻さをバネとして企画されたものである。本書が学校現場で活用され、若者たちが安全かつ安心して暮らしていける社会を創っていくことに寄与できることを切に願うものである。

原発災害・避難年表 編集委員会

堀川三郎

竹原裕子

平林祐子

八巻俊憲

森久　聡

松久保 肇

深谷直弘

原発災害・避難年表◉目次

序論　本書の課題と構成　i

本書の使い方　xviii

凡例　xix

第Ⅰ部　福島原発震災のもたらしたもの

第1章　事故の概要　3

Ⅰ−1−1 事故・事故処理年表 4

Ⅰ−1−2 福島原発立地図 10

Ⅰ−1−3 原子炉および原発構内図 11

原子炉（GE製BWR MarkⅠ）構成図　11

原発構内配置図——事故前　11

全電源喪失の模式図　12

原発事故収束作業中の構内配置図——2017年　12

原子炉および建屋の状況——2017年　13

Ⅰ−1−4 事故処理・廃炉プロセス 14

福島第一原発1〜4号機の廃炉ロードマップ　14

Ⅰ−1−5 放射性物質放出・汚染状況 15

大気中への放出量の推定　15

海洋への直接漏えい量の推定　15

地上への放射性物質拡散経路　16

セシウム137沈着量図　17

セシウム137沈着量図（拡大）　18

第2章　被害の広がり　19

Ⅰ-2-1 住民避難年表 20

Ⅰ-2-2 避難・帰還政策 26

避難指示区域の区分　26

避難指示区域の変遷　27

　　地図①　2011年4月22日時点　29

　　地図②　2011年9月29日時点　30

　　地図③　2011年11月25日時点　31

　　地図④　2012年4月16日時点　32

　　地図⑤　2013年8月8日時点　33

　　地図⑥　2017年4月1日時点　34

福島県からの避難者数推移　35

Ⅰ-2-3 学校・生徒の避難 36

避難区域の小・中・高校　36

学校の避難年表　37

福島県の子どもの避難者数調べ——市町村が把握している18歳未満者数　38

福島県の子どもの避難者数推移——市町村が把握している18歳未満者数　39

原発事故で避難した市町村の学校の児童・生徒数　40

避難指示解除年別に見た児童・生徒数——原発事故で避難した市町村の
小中学校児童・生徒数の2010年比推移　41

福島県の被災地の高校の生徒数　42

福島県の被災地の高校の生徒数の推移　43

福島県の被災地の高校の生徒数の2010年4月1日比の推移　43

「原発事故により避難した児童生徒に対するいじめ」年表　44

Ⅰ-2-4 被ばく・健康被害 45

推定被ばく線量　45

福島県民健康調査甲状腺検査　46

検査の流れ　46

検査の状況　47

3・11甲状腺がん子ども基金、甲状腺がん患者への療養金支給件数——第1期　48

Ⅰ-2-5 農漁業被害 49

飲食物の摂取制限推移　49

食品中の放射性物質測定　50

出荷制限　51

諸外国・地域の規制措置　68

①輸入停止　68

②日本のすべて／一部の食品につき証明書を要求、検査体制強化　70

③過去規制措置を実施した国　75

農水畜産物出荷量の変化　78

福島県農産物収穫量　78

福島県産ももの東京中央卸売市場における取扱数量と価格の推移　79

福島県産トマトの東京中央卸売市場における取扱数量と価格の推移　79

福島県産きゅうりの東京中央卸売市場における取扱数量と価格の推移　80

福島県海面漁業漁獲量　81

福島県海面養殖業収穫量　81

福島県内水面漁業漁獲量　81

福島県内水面養殖業収穫量　81

福島県林業産出量　82

福島県畜産業産出量　82

Ⅰ-2-6 被災者救済・保障 83

補償対象となる損害の範囲　83

特別事業計画における東京電力の要賠償額と国庫からの資金援助実施額推移　85
賠償金の支払い状況　85
主な保養団体　86

Ⅰ-2-7　除染 90

除染対象地域の設定　90
除染実施状況　91
　　除染特別地域（直轄除染）の実施状況　91
　　除染特別地域（直轄除染）における除染仮置場等の箇所数、保管物数および搬出済数　91
　　汚染状況重点調査地域（市町村除染（福島県以外））の除染実施状況　92
　　汚染状況重点調査地域（福島県内の市町村除染地域）の除染実施状況　92
　　汚染状況重点調査地域（福島県外）における保管場所の箇所数および除去土壌等の保管量　93
　　福島県内の廃棄物発生状況　93
　　汚染状況重点調査地域（福島県内）における保管場所の箇所数　93
除染費用国庫支出額および東京電力求償額と支払額――2011年度から2015年度　94
　　放射性物質汚染対処特措法3事業関連　94
　　緊急実施除染事業関連　94
　　緊急除染等（緊急実施除染事業を除く）　94

Ⅰ-2-8　福島県内高校教員の意識調査 95

調査概要　95
　　回答者の内訳　95
質問と回答数　95
回答結果の集計　99

第3章　避難者たちはどう行動したか――個人避難年表　117

Ⅰ-3　個人避難年表――個人個人の「避難」を時間と空間から把握する 118

この章でとりあげる避難者たちの、さまざまな避難経路　119

I-3 富岡町・右田藍さん　120

避難経路図（富岡町から福島県郡山市）　120
避難年表　122

I-3 富岡町・角谷翔平さん　126

避難経路図（富岡町から福島県郡山市）　126
避難年表　128

I-3 富岡町・清水郁子さん　132

避難経路図（富岡町から福島県会津若松市）　132
避難年表　134

I-3 川俣町・仁井田一雄さん　140

避難経路図（川俣町山木屋地区から川俣町の仮設住宅）　140
避難年表　142

I-3 南相馬市・福田昭一さん和子さん夫妻　148

避難経路図（南相馬市小高町から山梨県西桂町）　148
避難年表　150

I-3 国見町・助川裕子さん　154

避難経路図（国見町から山梨県甲府市）　154
避難年表　156

I-3 いわき市・谷田部尚子さん 162

避難経路図（いわき市から山梨県都留市） 162
避難年表 164

第4章　福島・チェルノブイリ事故の比較　167

I-4-1 チェルノブイリ・福島事故年表 168

チェルノブイリ事故年表 168
福島事故年表 173

I-4-2 チェルノブイリと福島の比較一覧 180

I-4-3 立地および炉構造 181

チェルノブイリ原発の立地 181
立地図 181
周辺図 181
福島第一原発の立地 182
立地図 182
周辺図 182
炉構造比較 183
チェルノブイリ原発 ソ連製RBMK1000 183
福島第一原発 GE製BWR Mark I 183

I-4-4 放射性物質放出量および汚染状況 184

放射性物質放出量の比較 184
日別放出量（チェルノブイリ） 184

xiii

日別放出量（福島）　184

大気中への放出量の比較　185

海洋環境への放出量の比較　185

セシウム137による汚染状況　186

チェルノブイリ事故による汚染地図　186

福島第一原発事故による汚染地図　187

セシウム137汚染面積・人口比較　188

汚染面積比較　188

汚染人口比較　188

I-4-5 被災者救済制度の比較　189

被災者区分、健康対策　189

居住区分　190

I-4-6 健康被害　191

推計被ばく線量の比較　191

チェルノブイリ事故後の健康被害　192

甲状腺がん発生件数（ウクライナ）　192

甲状腺がん発生件数（ベラルーシ）　192

甲状腺がん発生件数（ロシア主要被災州）　193

疾病を発症するリスクのある子どもの割合（1989～1990年）　193

チェルノブイリ・福島　甲状腺がん発生状況比較　194

ウクライナ甲状腺がん発生件数（1986～1993年）　194

福島甲状腺検査結果（2011年10月～2016年3月）　194

10万人当たり甲状腺がん発生頻度（ロシア主要被災州）　195

事故時18歳以下の福島県住民における甲状腺がん発生状況　195

チェルノブイリ原発事故健康被害に関する3カ国の見解　196

福島・県民健康調査「甲状腺検査」結果に対する解釈の相違　197

I-4-7 食品放射能基準　198

放射性セシウム　198

第Ⅱ部　日本と世界の原子力発電

第5章　日本の原子力発電所および関連施設　201

Ⅱ-5-1 原発および関連施設の立地点 …………………………… 202

稼働段階および廃炉段階の原発　202
建設中、計画中または計画中止の原発　203
核燃サイクル関連施設立地図　204

Ⅱ-5-2 稼働段階の原発施設年表 …………………………… 205

泊原発　205
東通原発　209
女川原発　213
福島第一原発　217
福島第二原発　222
柏崎刈羽原発　226
東海・東海第二原発　230
浜岡原発　234
志賀原発　238
敦賀原発　242
美浜原発　247
大飯原発　251
高浜原発　255
島根原発　259
伊方原発　263
玄海原発　267
川内原発　271
ふげん原発　276
高速増殖炉もんじゅ　279

Ⅱ-5-3 建設中および計画中原発施設年表 ⋯⋯⋯⋯⋯⋯⋯⋯⋯⋯⋯⋯⋯⋯ 284

大間原発　284
上関原発　288

Ⅱ-5-4 核燃料再処理施設・廃棄物施設 ⋯⋯⋯⋯⋯⋯⋯⋯⋯⋯⋯⋯⋯⋯⋯⋯ 292

核燃料再処理施設年表　292
高レベル放射性廃棄物処理問題年表　298

第6章　世界の原子力発電所　303

Ⅱ-6-1 立地と基数 ⋯⋯⋯⋯⋯⋯⋯⋯⋯⋯⋯⋯⋯⋯⋯⋯⋯⋯⋯⋯⋯⋯⋯⋯⋯ 304

原発関連世界地図　304
アメリカ・カナダの原発地図　306
旧ソ連・ロシアの原発地図　308
ヨーロッパの原発地図　310
イギリスの原発地図　312
フランスの原発地図　313
ドイツの原発地図　314
中国・韓国・台湾の原発地図　315
東南アジアの原発地図　316
南アジアの原発地図　317
中近東の原発地図　318
アフリカの原発地図　319
メキシコ・南米の原発地図　320
世界の原発基数と設備容量の推移　321

Ⅱ-6-2 各国・地域別年表 ⋯⋯⋯⋯⋯⋯⋯⋯⋯⋯⋯⋯⋯⋯⋯⋯⋯⋯⋯⋯⋯⋯ 322

アメリカ　322

イギリス　328

フランス　333

ドイツ　338

スウェーデン　344

旧ソ連・ロシア　348

中国　353

台湾　358

韓国　362

Ⅱ−6−3 世界の廃炉一覧 367

附録　373

用語集 374

出典一覧　380

索引

　事項索引　398

　人名索引　411

　地名索引　413

執筆者／協力者一覧　417

あとがき　424

本書の使い方

　2011年3月11日に発生した東北地方太平洋沖地震とそれによる大津波によって起こった福島原発事故により、さまざまな形の被害が広範囲にわたって直接間接にもたらされるとともに、原子力発電の技術とエネルギー政策、そして私たちの生活のあり方を根本から見直すことが迫られています。特に、目に見えない放射性物質が発電所から漏れ出すという事態は、たとえ低レベルであっても、広範囲と長期間におよぶリスクとして社会に影響を及ぼし、一人ひとりの生命や人権の問題とも直結することが明らかになりました。

　政府や企業は、原子力発電を社会のエネルギー供給と経済活動の源として役立てようとしてきましたが、その利用に伴う課題は科学や技術の問題であると同時に、私たちの生活や社会の問題でもあり、それらについての考え方が最終的なエネルギー政策の選択に反映されなければなりません。

　これらの問題を考えるための基本的なデータ集として、本書は作られました。本書に収録された年表や図表などは、読者自身が主体的に問題を考えてもらうため、客観的な事実のみを掲載するようにし、あえて解釈は提示していません。本書では次のような疑問について学ぶことができます。

　　(1) 福島原発事故はどのようにして起こったのか。
　　(2) 原発事故によりどのような被害が生じ、人々の生活にどんな影響があるのか。
　　(3) 事故後、人々はどのように行動し、その後どうしているのか。
　　(4) 福島とチェルノブイリ原発事故を比較してどんなことがわかるか。
　　(5) 国内や世界各国の原子力発電は、どのように進められてきたのか。
　　(6) 立地地域では、原発の推進と反対についてどのような動きが行われてきたのか。
　　(7) 原子力発電の技術について私たちはどのように考え、どのように対処していけばよいのか。

　また本書は、これらの問題をとくに若い人たちに考えてもらいたいとの願いから、学校の授業現場や自習教材として使ってもらうことも想定して編集しました。学校では、次のような観点から授業のテーマを設定することができると思います。

　　原子力発電の歴史について
　　原発事故および事故処理の実態について
　　放射性物質が放出された場合のリスクとその対処について
　　原発事故によって生じる物質的・社会的な被害について
　　放射能汚染に伴う生活や健康への影響、人権の侵害などの問題について
　　メディアやその他の情報の利用の仕方について
　　科学知識の利用やリスク・コミュニケーションのあり方について
　　自然環境、社会環境、都市環境などの環境問題について
　　人間としての社会生活の見直しについて
　　etc.

　学習の場としては、社会や理科、家庭など各教科のほか、ホームルーム、総合学習、道徳の時間など教科の枠を超えた時間の利用も考えられます。生徒と教師の皆さんの創意工夫により、多くの方に本書を役立てていただきたいと思います。

凡　例

⑴　用字・表記

◆用字は基本的に『記者ハンドブック　新聞用字用語集』（共同通信社，第 13 版，2017）に則っているが、以下のような、仮名にするとかえってわかりづらいと思われるものを漢字表記するなど、いくつか例外がある。

　　　筐体、岩渣、など

◆国や地域など地名の表記は、原則として新聞等で使用されている通用名を用いた。

◆「東日本大震災」という言葉と、その原因となった地震の正式名称である「東北地方太平洋沖地震」という言葉は、意識的に区別して用いている。

◆新聞等で一般的に略称、略号が用いられるものは、基本的に略した。

　　　原発、経産省、地裁、EU など

◆原子炉の型式を始め、本書で用いている原発・原子力関連の略表記については巻末附録「用語集」で解説しているので参照されたい。

◆単位については以下の表記を用いている。なお、* 印を付けた単位は巻末附録「用語集」で解説しているので参照されたい。

Bq *	ベクレル
cpm *	毎分当たり放射線カウント数
Gy *	グレイ
M	マグニチュード
Sv *	シーベルト
tU *	ウラン換算トン
V	ボルト
W *	ワット
Wt *	ワットサーマル
ガル	Gal、加速度の単位、1 ガル＝ 1cm/秒^2 ＝ 0.01m/秒^2
ガロン	gal、イギリスで 4.546L、アメリカで 3.785L
キュリー*	Ci
フィート	ft、30.48cm
ラド*	rad
レム*	rem
レントゲン*	R

◆以下の接頭語を、他の単位と組み合わせて用いている。

μ／マイクロ	100 万分の 1（＝×10^{-6}）	G／ギガ	10 億倍（＝×10^9）
m／ミリ	1000 分の 1（＝×10^{-3}）	T／テラ	1 兆倍（＝×10^{12}）
k／キロ	1000 倍（＝×10^3）	P／ペタ	1000 兆倍（＝×10^{15}）
M／メガ	100 万倍（＝×10^6）		

⑵ **典拠表示**（年表内の典拠表示は後述⑶参照）

◆ 各項目末尾に付記した典拠のうち、「出典」とあるものは、基本的にそのまま引用したもの（表記や体裁を改変した場合はある）。「参考資料」とあるものは、資料として参照したが独自に項目を作成したものを意味する。

◆ 典拠表示のなかでは、次の略表記を用いた。

1．新聞

赤旗	しんぶん赤旗	電気	電気新聞
朝日	朝日新聞	東奥	東奥日報
愛媛	愛媛新聞	東京	東京新聞
大分	大分合同新聞	東北	デーリー東北
鹿児島	鹿児島新報	道新	北海道新聞
柏崎	柏崎日報	南海日日	南海日日新聞
河北	河北新報	新潟	新潟日報
京都	京都新聞	西日本	西日本新聞
共同	共同通信	日経	日本経済新聞
熊日	熊本日日新聞	反	反原発新聞／はんげんぱつ新聞[*1]
高知	高知新聞	福井	福井新聞
佐賀	佐賀新聞	福民	福島民報
山陰中央	山陰中央新聞	福友	福島民友
産経	産経新聞	北国	北国新聞
静岡	静岡新聞	毎日	毎日新聞
社会	社会新報	南日本	南日本新聞
四国	四国新聞	読売	読売新聞
中国	中国新聞		
中日	中日新聞		

＊1：反原発運動全国連絡会発行。0号（1978.3）〜160号が『反原発新聞』、161号（1991.8）以降が「はんげんぱつ新聞」

2．各種資料

ATOMICA	（財）高度情報科学技術研究機構（RIST），「原子力百科事典 ATOMICA」，http://www.rist.or.jp/atomica/
JAEA	（独）日本原子力研究開発機構，http://www.jaea.go.jp/
JAIF	（社）日本原子力産業協会，「電子図書館」，http://www.lib.jaif.or.jp/
JNES	（独）原子力安全基盤機構（2014年3月1日付で原子力規制庁へ統合され、現在は、WARP（国立国会図書館インターネット資料収集保存事業）の以下のページより資料閲覧可能、http://warp.da.ndl.go.jp/info:ndljp/pid/10207746/www.nsr.go.jp/archive/jnes/）
市民年鑑	原子力資料情報室編，『原子力市民年鑑』七つ森書館（各年版）
ポケットブック	『原子力ポケットブック』日本電気協会（2005年版まで日本原子力産業会議発行）（各年版）
年鑑	日本原子力産業協会，『原子力年鑑』日刊工業新聞社（各年版）

◆ 典拠表示の例

朝日：110311　→　『朝日新聞』2011年3月11日付

年鑑1975: 780　→　『原子力年鑑』1975年版780ページ

◆ ウェブサイトを典拠とした場合はURLとアクセス日を示したが、現時点でデッドリンクとなっている場合もある。

⑶ 年表

◆ 各項冒頭には年月日を略表記した。その際、年月日が継続の場合は「～」で、不明の場合にはハイフン「-」で示した。また時刻を付記する場合は 24 時間制とした。

    2007.5.25 ～ 26　→　2007 年 5 月 25 日から 26 日

    1996. 7. -　→　1996 年 7 月のある日（日付不明）

◆ 年表内では記載されている当時の固有名詞を用いた。

◆ 年表内での典拠表示は各項末尾に（　）に収めて付記した。その際、前述⑵で示した略表記のほか、各年表独自の典拠を F1-1、F1-2、F1-3……などと記号化して表示した。記号が表わす典拠の詳細は、巻末附録「出典一覧」に年表ごとに掲載している。

◆ 典拠表示内では、セミコロンは典拠と典拠を、コロンは典拠名とページまたは新聞名と日付を、カンマはページとページを分かつために用いている。

    F1-70: 463,468; 日経：160603　→　出典番号 F1-70 の典拠（詳細は巻末「出典一覧」参照）の 463 ページ、468 ページ、および『日本経済新聞』2016 年 6 月 3 日付

＊本出版物は法政大学サステイナビリティ研究所研究成果報告書として
　法政大学サステイナビリティ研究所から出版助成を受けて刊行した。

第Ⅰ部　福島原発震災のもたらしたもの

第 1 章

事故の概要

I−1−1 事故・事故処理年表

2011.3.11.14:46頃 東北地方太平洋沖地震（M9.0）発生。震度6強の地震動で運転中の福島第一原発1〜3号機は自動停止。送電線鉄塔倒壊などにより外部電源喪失、非常用発電機起動。(A1-1: 77, 79-80; A1-3: 37)

14:52 1号機IC（非常用復水器）自動起動、その後15:03頃手動停止。この後、電源喪失時まで手動で起動と停止を繰り返す。(A1-1: 81)

15:35 津波の第2波が福島第一原子力発電所に到達（最大14m）。1〜6号機の主要な建屋が浸水し、6号機を除くすべての交流電源を喪失。1〜2、4号機では直流電源も喪失、温度・圧力等測定が不能。1号機ではフェールセーフ機能により、IC（非常用復水器）の弁が閉となり、冷却機能が喪失（後に判明）。この後約4時間で炉心損傷に至る。第二原発も海側エリア全域が浸水したが、すべての電源の喪失は免れる。(A1-1: 91; A1-2: 132-134; A1-4: 13)

15:42 東電、政府に原子力災害対策特別措置法（原災法）第10条に基づく通報、「緊急時対策本部」を設置。(A1-1: 67, 91)

16:00頃 経済産業省、池田元久副大臣をオフサイトセンターの現地警戒本部長として派遣決定。(A1-1: 70, 71)

16:40 文科省、原子力安全技術センターに対し、SPEEDIシステムの緊急時モードへの切替を指示。しかし、地震による外部電源喪失により、放出源データが入手できなかったため、気象データによる放射性物質の拡散予測を行ったものの公表せず、避難には使用されなかった。(A1-1: 258-259)

16:45 第一原発の吉田所長、1、2号機について原災法第15条事象発生（非常用炉心冷却装置注水不能）を官庁等に通報。(A1-1: 53)

16:46 文部科学省、「原子力災害対策支援本部」設置。(A1-1: 53)

17:50 1号機原子炉建屋の二重扉付近で線量計の針が振り切れたため、作業員が引き返す。(A1-1: 103)

19:03 菅直人首相、原災法第15条に基づく「原子力緊急事態宣言」を発出。第1回原子力災害対策本部会合。電気系統が作動せず10時間でメルトダウンを起こすような状況と発言。(A1-1: 54; A1-5: 29-30; A1-6: 21)

19:45 枝野官房長官、記者会見で原子力緊急事態宣言発令を表明。現段階で放射能漏れの状況にはないと説明。(A1-1: 54; A1-7)

20:50 福島県知事、第一原発から2km圏内の住民の避難を指示。(A1-1: 66)

21:23 原災本部、第一原発から半径3km圏内の住民に避難指示、3〜10km圏内に屋内退避を指示。(A1-1: 264-265)

22:00頃 1号機原子炉建屋で線量率が大幅上昇。また23:00頃1号機タービン建屋で線量率が上昇。(A1-1: 142)

23:50頃 1号機のICが正常に機能していないことが判明。(A1-1: 143)

2011.3.12

02:30 1号機格納容器の圧力が設計圧力の約2倍に異常上昇、官庁等に報告。(A1-1: 146)

03:06 海江田経産大臣ら、記者会見で原子炉格納容器のベント実施について公表。(A1-1: 146-147)

04:23 第一原発正門付近で放射線量が0.59μSv/hに上昇（4時頃には0.069μSv）。(A1-1: 147)

05:14 吉田所長、官庁等に「外部への放射性物質の漏えいが発生」と報告。(A1-2: 147-148)

05:44 原災本部、避難範囲を拡大し、半径10km以内の住民に対する避難を指示。(A1-2: 230)

06:15 菅総理、ヘリコプターで福島第一原発に向けて出発。07:11到着、吉田所長と面会。(A1-2: 230; A1-1: 149)

09:04 1号機格納容器ベント作業開始。(A1-1: 151)

14時頃 原子力安全・保安院プレス発表において、中村審議官が「炉心溶融がほぼ進んでいるのではないだろうか」と説明。この後、「炉心溶融」という語が使われなくなる。(A1-1: 350-351)

14:30頃 吉田所長、1号機のベントによる放射性物質の放出がなされた（ベント成功）と判断。(A1-1: 155)

15:36 1号機の建屋が爆発。作業員5人が負傷。1・2号機中央制御室の作業員約40人、ベテラン十数人を残し免震重要棟に退避。爆発の原因は炉心損傷によって発生し建屋に漏れ出した水素によるもの。(A1-1: 165; A1-2: 47-48; A1-8: 106)

2号機の原子炉建屋の一部（ブローアウトパネル）が1号機の爆発の影響で脱落。(A1-3: 112)

18:25 第一原発に対する避難指示区域を10km圏内から20km圏内に拡大。(A1-2: 231)

19:04 1号機、原子炉へ海水注入開始。(A1-1: 166)

2011.3.13

02:42 3号機の高圧注入系（HPCI）の破損を恐れ、手動で停止。しかしその後SR弁作動せず、低圧注入系（D/DFP）への切替に失敗。原子炉圧力急上昇。(A1-1: 171-173)

9時頃 ベント行われず、このころまでに、3号機の圧力容器が大損傷。メルトスルーした可能性。(A1-2: 37; A1-3: 84-85)

09:25 消防車による3号機への淡水注入開始。その後13:12頃海水注入へ。(A1-1: 181)

09:50 3号機、ベント実施。(A1-2: 37)

2011.3.14

11:01 3号機建屋が爆発。炉心損傷によって発生した水素による爆発と推定。(A1-2: 69)

13:25 12時頃以降2号機の原子炉水位低下および高温高圧にな

り、吉田所長、2号機のRCIC（原子炉隔離時冷却系）停止と判断。（A1-1: 218）

18:22 2号機の水位低下により、すべての燃料棒が冷却水から露出（炉心損傷開始）との認識。（A1-1: 222; A1-3: 99）

深夜 政府、緊急作業時の線量限度を100mSvから250mSvに引き上げると決定。（A1-1: 291）

23:35 2号機の危機に対処するため、放射性物質の放出量の多いドライウェル・ベントの実施を決定。しかしベントは成功せず、このころ、2号機の格納容器の圧力急上昇（圧力容器の損傷による）。（A1-1: 231-232; A1-3: 100-102）

2011.3.15

05:30頃 政府と東電、「福島原子力発電所事故対策統合本部」を設置。（A1-1: 69）

06:12頃 4号機建屋で水素爆発。原因は、3号機で生じた水素ガスが非常用ガス処理系の配管を通して4号機に流れ込んだことによるもの。また、同じ頃2号機圧力抑制室の圧力が低下したことから、当時2号機格納容器で爆発が起こったと誤認された。（A1-1: 233-235; A1-2: 64-65, 76）

06:50 第一原発正門付近で500μSv/hを超える放射線量を計測。7時頃、吉田所長、原災法第15条事象（敷地境界放射線異常上昇）発生と報告。（A1-1: 235）

07:00頃 吉田所長、プラントの監視と作業に必要な要員50人を除き、約650人を福島第二原発に一時退避させる。11:25、2号機の格納容器圧力低下が判明。一時退避解除。2号機の格納容器大規模損傷により、大量の放射性物質放出。（A1-1: 235; A1-3: 104-105）

09:00 第一原発正門前で放射性量12mSv/hを計測。事故後の最高線量。（A1-2: 223; 朝日: 110913）

09:38 4号機建屋で火災発生、11時頃自然鎮火。（A1-1: 235）

11:00 福島第一原発から半径20〜30km圏内の居住者に屋内退避指示。この日午後以降、風向きが北西方向となり、南相馬市や浪江町からの避難経路と重なった。さらに降雨により、浪江町や飯舘村などに大量の放射性物質が降下した。（A1-2: 223-224; A1-3: 104）

11時過ぎ 3号機爆発後、空気浄化フィルターが設置されていなかったオフサイトセンター内の線量上昇、福島県庁（福島市）へ移転。（A1-1: 74）

2011.3.16 自衛隊のヘリコプターによる偵察、4号機の使用済み核燃料プールの水量が確保され、燃料が露出していないことを確認。（A1-1: 236）

2011.3.17 自衛隊のヘリコプター、警視庁の高圧放水車、および自衛隊の高圧消防車により、3号機核燃料プールへの放水を開始。（A1-1: 237）

2011.3.19 未明、東京消防庁ハイパーレスキュー隊、3号機へ放水開始。（A1-1: 237-238）

2011.3.20 4号機の核燃料プールへの消防車による放水開始。22日からはコンクリートポンプ車による海水放水を実施。（A1-1: 238）

5、6号機が冷温停止に至る。（A1-2: 85）

2011.3.21 厚労省、飯舘村水道水から、1kg当たり965Bqと国が定めた基準の3倍以上の放射性ヨウ素を検出と発表。（読売: 110321）

2011.3.23 安全委員会、SPEEDIによる第一原発周辺の積算線量等に関する予測計算結果を公表。（A1-1: 262-263）

2011.3.24 3号機タービン建屋地下で作業員3人が、汚染水により高線量被ばく。（A1-1: 295）

2011.3.27 2号機のタービン建屋地下にたまった水の表面から1000mSv/h以上の強い放射線量を測定。燃料や放射能の閉じ込め機能の損傷が進んでいる可能性。（朝日: 110328）

2011.3.28 タービン建屋外のトレンチに、高濃度汚染水がたまっていることが明らかに。翌29日には、建屋外でも発見。（朝日: 110329, 110330）

第一原発の敷地内で採取した土壌から、微量のプルトニウムを検出。（朝日: 110329）

2011.3.30 東電、1〜4号機の放水口付近の海水から基準の3355倍のヨウ素131を検出、と発表。これまでの最高値。その後汚染水の流出は止まらず、4月5日には、2号機の取水口付近で750万倍に。工事により6日早朝流出止まる。（朝日: 110330, 110405, 110406）

東電の勝俣恒久会長、福島原発事故について陳謝、1〜4号機の廃炉について言及。会社の存続が厳しい状況にあるとの認識。（朝日: 110331）

2011.4.2 2号機取水口付近のピットにたまった高濃度汚染水の海への漏出確認。コンクリート、吸水性ポリマー投入も効果なし。水ガラス注入の結果、6日流出停止。（A1-1: 332-333）

2011.4.4 原発施設内にある低レベル放射能汚染水計1万1500tを海へ放出開始。汚染水の放射能は海水濃度基準の約100倍、全体の放射能は約1700億Bq。汚染水の量が非常に多く、やむを得ないとの判断。（朝日: 110405）

2011.4.7 宮城県沖を震源とするM7.4の余震、宮城で震度6強の揺れ。女川・東通原発で電源一部故障。（朝日: 110408）

2011.4.11 福島県浜通りを震源とするM7.0の余震、福島・茨城で震度6弱の揺れ、福島第一原発で外部電源が一時途絶、注水が中断。（朝日: 110412）

政府、20km圏外の一部に「計画的避難区域」を設け、1カ月程度で住民を避難させると発表。累積線量が年間20mSvに達すると予想される福島県葛尾村、浪江町、飯舘村と南相馬市・川俣町の一部が対象。また、上記を除く20〜30km圏を、これまでの「屋内退避指示」から「緊急時避難準備区域」に切替えると発表。（朝日: 110412）

2011.4.12 安全・保安院と安全委員会、国際原子力事象評価尺度（INES）を、暫定レベル5（3月18日）からチェルノブイリ原発事故に匹敵するレベル7に引き上げると発表。福島第一事故による放射性物質の大気中への放出量を37万〜63万TBq（ヨウ素換算値）と試算。6月6日には77万TBqに変更。（朝日: 110412）

文科省、福島第一原発の30km圏外で土壌や植物から微量のストロンチウムを検出と発表。ストロンチウムの検出は初めて。（福民: 110413）

2011.4.17 東電、福島第一に関し、約3カ月で安定冷却をめざすとする工程表を発表。（年鑑2013: 435）

2011.4.21 枝野官房長官、第一原発から20km圏内を22日午前0時から「警戒区域」に指定すると発表。（朝日: 110421）

東京電力、2号機高濃度汚染水に含まれていた放射能の海洋流出量は4700兆Bq、国の年間放出基準の約2万倍、と発表。（朝日: 110421）

2011.4.22 枝野官房長官、11日に発表した「計画的避難区域」「緊急時避難準備区域」を正式に指定。（朝日: 110422）

2011.5.20 東電、福島第一原発1〜4号機の廃炉と、7、8号機の増設計画中止を発表。（朝日: 110520）

2011.5.24 東電、福島第一の事故分析結果を発表。地震直後から1〜3号機がメルトダウン（炉心溶融）だったと認める。（年鑑2013: 435）

事故調査・検証委の設置を閣議決定。委員長に畑村洋太郎工学院大教授。27日、9委員を発表。（反399: 2）

2011.6.16 政府、計画的避難区域の外で、年間の積算放射線量が20mSvを超えそうな地点を「特定避難勧奨地点」に指定すると決定。（朝日: 110617）

2011.7.13 菅首相、記者会見で、エネルギー政策について、計画的、段階的に原発依存度を下げ、

脱原発社会を目ざす考えを表明。15日、「自分の考えを述べた」と釈明。（朝日: 110714、110715）

2011.7.19 政府・東電統合対策室、事故収束に向けた新工程表を発表。ステップ1（原子炉の安定的な冷却）達成を確認、3〜6カ月で冷温停止状態にして住民避難の解除を始め、その後3年をめどに使用済み核燃料をプールから取り出すことに。（朝日: 110720）

2011.8.24 東電が2008年に高さ10mを超える津波が来る可能性があると試算していたことが事故調査・検証委員会で明らかに。保安院への報告は震災直前の3月7日。（読売: 110825）

2011.8.25 内閣官房に放射性物質汚染対策室を設置。（福民: 110826）

2011.8.26 再生エネルギー特別措置法が参議院で可決、成立。新エネ電力の買取を義務づけ。（共同: 110826）

2011.8.27 菅首相、福島県庁で佐藤雄平知事と会談、長期居住困難となる地域が生じるとの見解を伝え、汚染土壌・がれきの中間貯蔵施設を県内に設置し、最終処分場は県外とする考えを表明。（朝日: 110827）

2011.8.30 菅内閣は総辞職。9月2日、野田佳彦内閣発足。（共同: 110830; 読売: 110902）

2011.9.18 菅前首相、共同通信のインタビューで、最悪のケースでは首都圏の3000万人が避難対象になるとの試算結果を得ていたことを明らかに。（共同: 110918）

2011.9.21 文科省、放射性ヨウ素の汚染マップを初めて公表。大量のヨウ素131が原発の北西だけでなく南部にも拡散していたことが明らかに。（朝日: 110921）

2011.9.30 「国会事故調査委員会」設置が決定。（朝日: 110930）

原災本部、「緊急時避難区域」の解除を発表。（A1-1: 285）

2011.10.10 除染等に関する政府の基本方針案了承。除染は年1mSv以上の地域、災害廃棄物の

処理は1kg当たり8000Bq超を基準に国の責任で対処することに。（朝日: 111010）

2011.11.1 厚労省、緊急作業時の被ばく線量限度を、250mSvから100mSvに引き下げ。（A1-1: 292）

2011.12.8 国会内に福島事故調査委員会（国会事故調、黒川清委員長）設置。（年鑑2013: 437）

2011.12.16 政府、福島事故について「ステップ2」の「冷温停止状態」を達成したとして、事故収束を宣言。（年鑑2013: 437）

2011.12.26 政府事故調査・検証委、中間報告を公表。（朝: 111227）

原子力安全・保安院、福島第二原発にかかる原子力緊急事態解除宣言。（A1-2: 242）

2012.1.31 川内村が帰村宣言。役場や学校など、4月に再開。（朝日: 120201）

2012.2.23 東北大の趙大鵬教授ら、第一、第二原発の近くを通る「双葉断層」で地震が起きる可能性があるとする論文を発表。（朝日: 120223）

2012.3.4 安全・保安院のチームが、原発事故から1週間後には、1〜3号機の核燃料はメルトダウンしたと分析していたことが判明。公表はされず初期対応に生かせなかった。（朝日: 120304）

2012.3.11 東日本大震災・福島原発事故の発生から1年。全世界各地で集会、デモ、人間の鎖など。（反409: 2）

2012.3.26 東電、5、6号機と福島第二原発について耐震安全性評価と耐震補強工事に着手する方針。（朝日: 120327）

2012.3.27 2号機で初めての格納容器内水位確認。予想より大幅に低く、底から60cm。（朝日: 120327）

2012.4.16 東電、事故を起こした1〜4号機を19日付で「廃止」と発表。これに伴い、国内の商業用原発は計54基から50基に。（朝日: 120417、120420）

2012.6.20 東電、福島第一原発の事故調査について最終報告書を公

表。事故の主な原因は想定を超える津波に襲われたためと結論。(朝日: 120621)

2012.7.5 国会原発事故調査委員会が最終報告書を国会に提出。事故を「人災」と指摘し、事前の備えや東電、電力業界、国の体質などにも言及。(朝日: 120706)

2012.7.23 政府の福島原発事故調査・検証委員会が最終報告書を首相に提出。未解明部分が多く、放射線レベルが下がった段階で実地調査するよう求める。国会や民間など主な4つの事故調の報告が出揃う。(朝日: 120724)

2012.8.14 4号機のタービン建屋で汚染水4.2tの漏れ。(福民: 120815)

2012.9.19 原子力規制委員会(田中俊一委員長)発足。(朝日: 120920)

2012.11.20 高濃度放射能汚染水を浄化する装置(サリー)から汚染水漏れ。漏れた量は約176L。1Lあたり102万Bqの放射性セシウム。(朝日: 121121)

2013.2.7 元国会事故調委員の田中三彦、東電が国会事故調に虚偽説明、1号機の原子炉建屋調査を妨害、と記者会見で批判。(朝日: 130208)

2013.2.22 1号機のベント前から放射能が約10km圏に拡散していた、と『毎日新聞』が報道。福島県は他業務に忙殺され、前年9月にようやくモニタリングポストの蓄積データの解析を終えたことが判明。(反420: 2)

2013.2.23 国際原子力機関(IAEA)の天野之弥事務局長、第一原発の廃炉について国際事業化を目指す方針を明らかに。(福民: 130223)

2013.3.18 第一原発で停電、プール冷却停止。25日、屋外の仮設配電盤にネズミが侵入、端子に触れてショートしたのが原因と東電断定。1号機では19時間半、3、4号機では27時間、共用プールでは29時間にわたって冷却できず、水温が1～5度上昇。(反421: 2)

2013.4.6 第一原発内の地下貯水槽から放射能汚染水が漏れた問題で、東電は漏れた量を約120t、放射能は約7100億Bqと推定。政府の事故収束宣言以来最大。(朝日: 130406)

2013.4.9 東電、漏れが見つかった貯水槽の汚染水を移していた別の貯水槽からも汚染水が漏れたと発表。地上タンクの空き容量が足りず、汚染水の管理は破綻寸前の状況。(朝日: 130410)

2013.6.29 第一原発の岸壁近くの観測用井戸の地下水から、放射性物質を高濃度で検出。ベータ線を出す放射性物質で水1L当たり3000Bq。トリチウムも同43万Bq。(朝日: 130630)

2013.7.22 東電、汚染された地下水が海に流出していると発表。福島県、担当者を県庁に呼び抗議。漁業者からは不信の声。(朝日: 130723)

2013.8.1 2号機海側の配管用の坑道から採取した水から、最高で1Lあたり計9億5000万Bqの放射性セシウムを検出。(朝日: 130802)

2013.8.2 放射能汚染水が海に流出し続けている問題で、規制委員会が初めての検討作業部会。抜本的な対策は示されず、事故から2年半たっても汚染の拡大を防げない危機的な状態。東電、海に漏出した放射性トリチウムは20兆～40兆Bqに達すると試算。事故前の年間放出量の約10～100倍。(朝日: 130803)

2013.8.7 事故で漏れ出た放射性セシウムが海底のくぼんだ場所にたまっていることが判明。(朝日: 130808)

2013.8.14 原子力規制委、福島第一原発の廃炉計画認可。(朝日: 130815)

2013.8.19 東電、敷地内のタンクから漏れた高濃度の放射能汚染水は推計300tと発表。21日、漏れ出た放射性ストロンチウムは最大10兆Bq、セシウムは同20兆Bqと試算。通常運転時の年間放出管理目標値の100倍超。(朝日: 130820, 130822)

2013.8.20 規制委員会、高濃度汚染水漏れ問題につき、国際原子力事象評価尺度(INES)でレベル1(逸脱)と暫定評価。28日、レベル3(重大な異常事象)に引き上げ。(朝日: 130820, 130828)

2013.9.3 安倍政権、原子力災害対策本部会議で、高濃度汚染水漏れに総額470億円の国費を投入し対応する方針を決定。凍土遮水壁の建設を前倒し。(朝日: 130903)

2013.9.5 東電、300tの高濃度汚染水が漏れた問題で、タンク近くの観測井戸から放射性ストロンチウムなどのベータ線を水1Lあたり650Bq検出と発表。地下水への汚染の広がりを初めて確認。11日、タンク近くの観測井戸の水からトリチウム1Lあたり6万4000Bq検出。16日、1Lあたり17万Bqに上昇。(朝日: 130906, 130912, 130917)

2013.9.18 2011年6月、東電が遮水壁の設置を検討しながら、経営破綻のおそれがあるとして着工を先送りしていたことが、当時の民主党政権幹部の話で判明。(朝日: 130918)

2013.10.22 20日に降った大雨の影響で第一原発のタンクを囲う周辺の堰から、放射性物質を含む雨水があふれる。(朝日: 131022)

2013.11.12 東電、8月の高濃度汚染水漏れ問題で、近くの井戸水から放射性ストロンチウムなどベータ線を出す放射性物質が1Lあたり71万Bq検出と発表。過去最大値。(朝日: 131112)

2013.11.13 1号機の原子炉格納容器から水漏れを初めて確認。(朝日: 131114)

2013.11.18 4号機の使用済み燃料プールから燃料取り出し開始。(A1-9)

2013.12.4 原発建屋海側の護岸の観測井戸の水から放射性ストロンチウムなどベータ線を出す放射性物質を1Lあたり130万Bq検出。過去最高値。(朝日: 131204)

2013.12.18 東電、5、6号機の廃炉を決定。(A1-10)

2013.12.27　タービン建屋東側の護岸の観測井戸で放射性ストロンチウムなどベータ線を出す放射性物質が1Lあたり210万Bq検出。過去最高値。(朝日: 131228)

2014.1.19　3号機の建屋内の床を流れていた水から、高濃度の放射性物質を検出。20日、原子炉格納容器に配管を通す穴から汚染水が漏れた可能性が高いと発表。(朝日: 140120, 140121)

2014.1.21　1、2号機タービン建屋東側の護岸の地下水から、放射性ストロンチウムなどベータ線を出す物質が、過去最高となる1Lあたり310万Bq検出。(朝日: 140122)

2014.1.31　5、6号機廃止。(ポケットブック2015: 286)

2014.2.13　タービン建屋東側の護岸でくみ上げた地下水から、1Lあたり13万Bqの放射性セシウムを検出。護岸の地下水としては過去最高値。(朝日: 140214)

2014.2.21　東電、タンクにためていた高濃度汚染水100tがあふれ出た問題で、作業員の操作によるものと断定。(朝日: 140222)

2014.4.4　県漁業協同組合連合会、原発建屋に流れ込む前の地下水をくみ上げて海に流す「地下水バイパス計画」の受け入れを正式決定。(朝日: 140405)

2014.4.14　高濃度汚染水が違う建屋に誤って送水され、約200tの汚染水が地下床面に漏れるトラブル。地元の自治体や漁業関係者から不安や怒り、早期改善を求める声相次ぐ。(朝日: 140414, 140415)

2014.4.25　佐藤雄平県知事、東電の「地下水バイパス計画」の実施を了承。(朝日: 140426)

2014.5.20　トラブルが相次ぐ汚染水処理のための多核種除去設備ALPSで全系統が停止。23日、1系統で再開。(朝日: 140520, 140524)

2014.5.21　「地下水バイパス計画」でくみ上げた地下水を初めて海へ放出。(朝日: 140521)

2014.6.25　脱原発福島ネットワークなど市民団体9団体、汚染地下水の海洋放出の中止などを求める抗議・要請書を東電に提出。(朝日: 140627)

2014.8.11　1〜4号機の周囲の井戸「サブドレン」からくみ上げた地下水を「浄化」して海に放出する計画(性能確認試験)が始動。25日、県漁連組合長会で「放射性セシウムが検出限界未満に減った」などとの説明に、各漁協からは反発相次ぐ。(反438: 2)

2014.8.30　県知事、原発事故の除染廃棄物中間貯蔵施設受け入れを正式表明。大熊、双葉両町も容認。(反438: 2)

2014.9.17　規制委員会、汚染水増加を抑える「凍土壁」について、建屋山側の工事を認可。(朝日: 140918)

2014.9.29　規制委員会、汚染水を処理する多核種除去設備ALPSの改良型設備を認可。(朝日: 140930)

2014.10.14　東電、原発建屋に近い3カ所の井戸水に含まれる放射性物質が、それぞれ過去最高値と発表。台風18号の影響か。(朝日: 141015)

2014.10.22　1号機の原子炉建屋を覆っているカバー解体へ向けての作業始まる。放射性物質が舞い上がるおそれに地元は不安。(朝日: 141023)

2014.10.24　原発の建屋近くで地下水をくみ上げる井戸「サブドレン」で採取された水から、高濃度の放射性セシウムを検出。昨年より1000倍近い上昇。(朝日: 141025)

2014.10.30　東電、廃炉作業で1号機の核燃料取り出し時期を見直し。使用済み燃料は2年遅れて2019年度開始、溶け落ちた燃料の取り出しは5年遅れの25年度開始に。作業を見通す難しさが改めて浮き彫りに。(朝日: 141031)

2014.12.20　4号機の燃料プールから核燃料の取り出し終了。22日、移動作業完了。(朝日: 141221, 141223)

2015.3.19　東電、ミュー粒子による透視画像より、1号機の核燃料は「事故でほぼ全て溶け落ちたとみられる」と発表。炉心状況の実測は初めて。(朝日: 150320)

2015.3.20　名古屋大の研究チーム、2号機の原子炉を透視する調査で、炉心溶融を裏付ける結果が得られた、と発表。(朝日: 150321)

2015.5.15　東電、1号機の原子炉建屋を覆うカバーの解体作業を開始。(朝日: 150515)

2015.5.20　東電、2011年3月13〜14日に行った2号機の格納容器から圧力を逃がすベントが失敗していた可能性が高いと発表。(朝日: 150521)

2015.5.27　東電、タンクにたまった高濃度汚染水について、放射性物質を減らす処理が完了したと発表。累積処理量は約62万t。(朝日: 150527)

2015.5.29　国際原子力機関(IAEA)による事故報告書の内容が明らかに。津波などの大きな自然災害や、過酷事故への備えが十分でなかったと厳しく指摘。(朝日: 150529)

2015.5.30　東電、側溝に敷設されたホースから漏れた汚染水に含まれるベータ線を出す放射性物質の濃度が、1Lあたり110万Bqと発表。(朝日: 150530)

2015.7.16　東電、放射性物質を含む雨水が堰からあふれ、港湾外の海に流出したと発表。(朝日: 150717)

2015.9.3　放射性物質を含む地下水を浄化して海に流す「サブドレン計画」で、井戸からのくみ上げ作業を開始。(朝日: 150903)

2015.9.12　原子炉建屋近くを通る排水路から、放射性物質を含む雨水が港湾外の海に流出。記録的な豪雨の影響。(朝日: 150912)

2015.10.5　1号機の原子炉建屋を覆うカバーの屋根パネルの取り外しが終了。(朝日: 151006)

2015.10.26　東電、「海側遮水壁」の工事完了と発表。(朝日: 151026)

2015.12.9　東電、廃棄物処理建屋近くの地下坑道にたまっている汚染水の濃度が、1年前に比べ約4000倍に上昇したと発表。(朝日:

151211)

2015.12.21 原子炉建屋海側にある坑道にたまっていた高濃度汚染水計約1万1000tを抜き取ってセメントで埋め立てる工事が完了。（朝日: 151222）

2016.2.24 東電、原発事故当時の社内マニュアルに、核燃料の炉心溶融（メルトダウン）を判定する基準が明記されていたが、その存在に5年間気付かなかったと発表し謝罪。基準に従えば事故の3日後には1、3号機について判定できていたことに。（朝日: 160225）

2016.2.29 東電、凍土壁の工事に携わった30代の男性作業員の被ばく量が前年4月から当年2月までに43.2mSvを記録したと発表。（朝日: 160301）

2016.3.31 汚染水対策としての凍土壁の凍結を開始。規制委員会が30日に運用計画を認可。（朝日: 160331）

2016.4.27 県漁業協同組合連合会、組合長会議で、第一原発にたまり続けている低濃度汚染水の処分方法をめぐり「海洋放出は絶対に認めない」との方針を改めて確認。（朝日: 160429）

2016.5.25 凍土壁の凍結開始から1カ月半以上経過するも、計測地点の約1割で未凍結であることが判明。（朝日: 160526）

2016.5.31 国、放射性トリチウムを含む水の処理について技術的に検討した報告書を、県漁業協同組合連合会に説明。「海洋放出」が最も安く短期間で処理できるとしており、漁業者は「漁業が死んでしまう」と反発。（朝日: 160601）

2016.6.2 東電、凍土壁について、凍結開始から2カ月たっても一部が凍っていないとして、追加工事をする方針を規制委員会に伝える。（朝日: 160602）

2016.6.30 環境省、放射性セシウム濃度が5000Bq/kg～8000Bq/kg以下となった土などを、全国の公共工事で再利用する方針を決定（原子炉等規制法の基準は100Bq/kg以下）。（東京: 160701）

2016.7.12 県、原子力災害対策センター（オフサイトセンター）設置。第一原発が南相馬市原町区に、第二原発が楢葉町山田岡に。（朝日: 160713）

2016.7.15 第一原発の廃炉計画で、原子力損害賠償・廃炉等支援機構が「石棺」について言及したことに対し、内堀雅雄福島県知事が高木陽介経産省副大臣に抗議。機構は技術戦略プランから「石棺」という言葉の削除を決定。（朝日: 160716）

2016.8.19 厚生労働省、原発事故処理作業員の白血病発症について労災認定。累積被ばく線量は54.4mSv。事故後作業従事者の労災認定は2人目。（朝日: 160820）

2016.9.1 東京電力、台風による大雨の影響で凍土遮水壁の2カ所で温度が上昇、凍土壁が融解と発表。追加工事で0℃以下に下げる。（東京: 160902）

2016.10.13 東京電力、凍土遮水壁のうち海側の地中が完全に凍結したと発表。（東京: 161014）

2016.11.15 環境省、双葉町と大熊町で汚染土などの中間貯蔵施設の本体工事に着手。（朝日: 161115）

2016.12.9 経産省、原発事故の賠償や廃炉などの費用が21兆5000億円に上るとの試算を公表。2013年想定11兆円の2倍。東電への追加救済策も。費用は電力料金に上乗せ、国民の負担に。（朝日: 161209）

2016.12.16 厚労省、原発事故の作業で被ばくし甲状腺がんを発症した東電社員の労災を認定。事故作業従事者の認定は3人目。甲状腺がんでは初めて。累積被ばく線量は約150mSv（事故後約140mSv、うち内部被ばく約40mSv）。（朝日: 161217）

2017.4.29 帰還困難区域に指定されている浪江町井手の山林で火災発生、4日目の2日夕時点でも鎮火のめど立たず。現場周辺の空間放射線量に大きな変動なし。6日夜、浪江町と双葉町の合同災害対策本部、火災を鎮圧と発表。少なくとも50haが焼失。（朝日: 170503、170507）

2017.5.12 環境省、福島県外自治体の実施計画に基づく除染作業が完了、と発表。岩手、宮城、茨城、栃木、群馬、埼玉、千葉の7県の計56市町村で実施。（朝日: 170513）

2017.7.22 東京電力、水中ロボットによる3号機格納容器内の調査で、核燃料（デブリ）の可能性が高い物質を底中央部付近で多数撮影と発表。（東京: 170723）

2017.7.31 原子力損害賠償・廃炉等支援機構、1～3号機のデブリ取り出し方法について、「冠水工法」は技術的に難しいと判断し、「気中工法」による方針に。経産省の廃炉・汚染水対策福島評議会で明らかに。（朝日: 170801）

2017.9.22 原子力規制委員会の新委員長に更田豊志氏が就任。（朝日: 170923）

2017.10.28 除染で出た汚染土を保管する中間貯蔵施設（福島県双葉町、大熊町）のうち、大熊側が本格稼働。12月18日には双葉側の施設が稼働と環境省発表。最終処分の受け入れ先はめど立たず。（朝日: 171029, 171220）

2017.12.13 厚生労働省、原発事故の作業で被ばくした後に白血病になった東電社員に労災を認定と発表。累積被ばく線量は99mSv（事故後96mSv）。事故後作業従事者の認定は4人目。白血病では3人目。（朝日: 171214）

Ⅰ-1-2 福島原発立地図

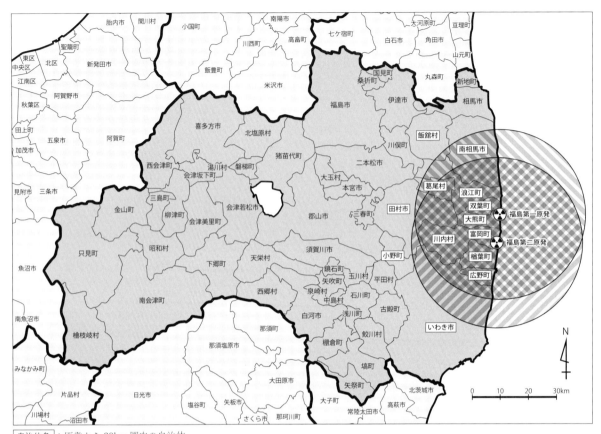

自治体名 ：原発から 30km 圏内の自治体
○○ ：原発から 30km 圏の範囲

I-1-3 原子炉および原発構内図

原子炉（GE製 BWR Mark I）構成図

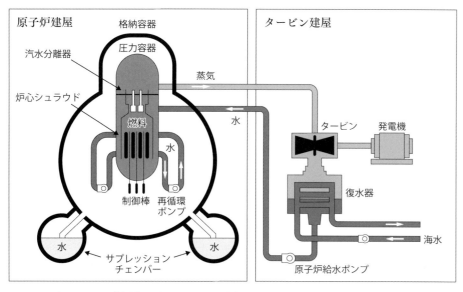

出典：今中哲二，2013，『放射能汚染と災厄』明石書店．

原発構内配置図　　事故前

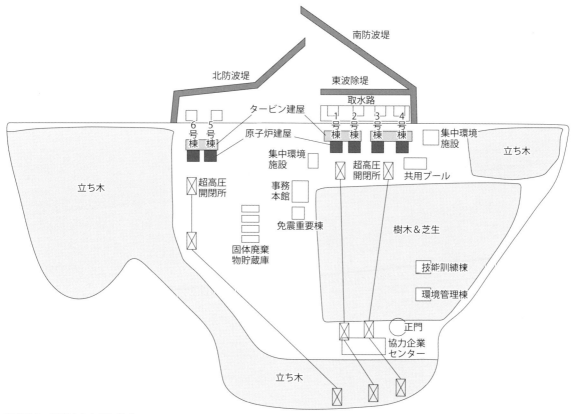

東京電力の資料などを基に作成

全電源喪失の模式図

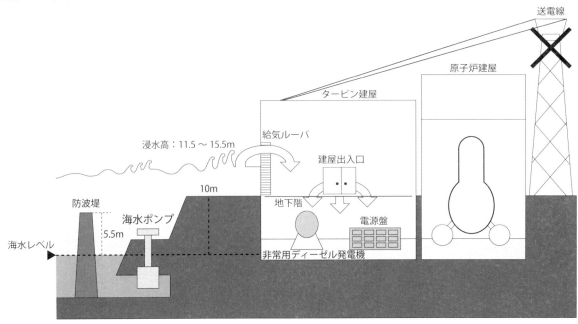

東京電力資料を基に作成

原発事故収束作業中の構内配置図　2017年

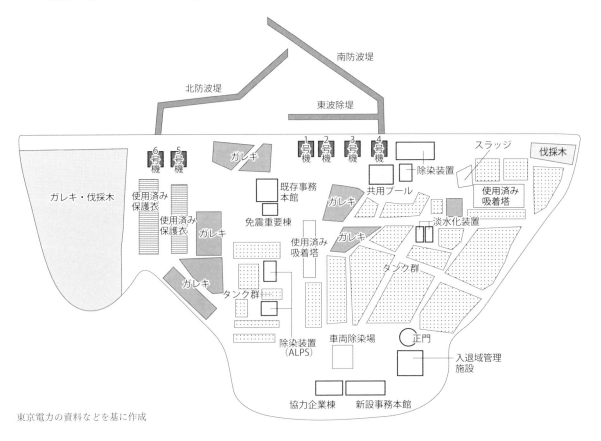

東京電力の資料などを基に作成

原子炉および建屋の状況　2017年

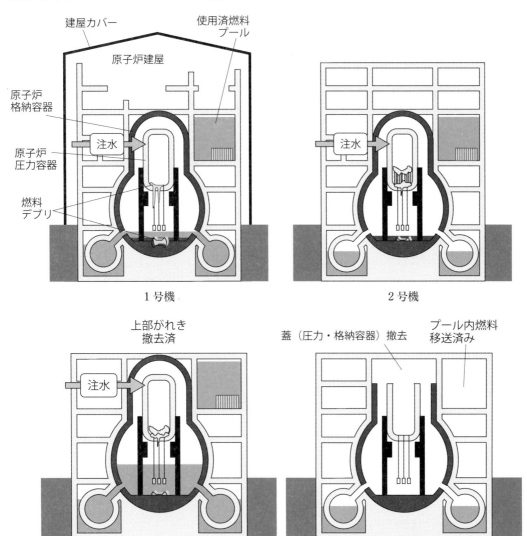

	1号機	2号機	3号機	4号機
事故状況	メルトダウン	メルトダウン	メルトダウン	
	水素爆発		水素爆発	水素爆発
溶け落ちた核燃料	400本	548本	548本	なし
使用済み燃料プール内の燃料	392本	615本	566本	1535本 移送済み
建屋内の高濃度汚染水量（概算）	6000t	1万3000t	1万3000t	1万3000t

2017年9月時点
東京電力資料を基に作成

Ⅰ-1-4 事故処理・廃炉プロセス

福島第一原発1～4号機の廃炉ロードマップ

区分	ステップ1	ステップ2	中長期ロードマップ		
			第1期	第2期	第3期
完了予定期間（完了予定日）	3カ月程度（2011/7/19）	2011年まで（2011/12/16）	2013年度まで（2013/11/18）	2021年まで（目標）	2041～2051年まで（目標）
完了	原子炉や使用済燃料プールの安定的な冷却、滞留水の保管場所の確保や処理施設の運転開始、放射性物質の飛散抑制など	原子炉の冷温停止状態、使用済燃料プールの安定的な冷却、滞留水量の減少、遮水壁工事の着手、1号機原子炉建屋カバー竣工など	初号機の使用済燃料プール内の燃料取り出し開始まで（2013年11月18日に4号機の使用済燃料取り出しが開始された）	初号機の燃料デブリ取り出し開始まで	廃止措置終了まで
目標			◆使用済燃料プール内の燃料の取り出し開始（4号機、2年以内） ◆敷地境界における実効線量 1mSv/年未満とする ◆原子炉冷却、滞留水処理の安定的継続、信頼性向上 ◆燃料デブリ取り出し、放射性廃棄物処理・処分に向けた研究開発に着手	◆全号機の使用済燃料プール内の燃料の取り出しの終了 ◆建屋内の除染、格納容器の修復および水張り等、燃料デブリ取り出しの準備を完了し、燃料デブリ取り出し開始（10年以内目標） ◆原子炉冷却の安定的な継続 ◆滞留水処理の完了 ◆放射性廃棄物処理・処分に向けた研究開発の継続、原子炉施設の解体に向けた研究開発に着手	◆燃料デブリの取り出し完了（20～25年後） ◆廃止措置の完了（30～40年後） ◆放射性廃棄物の処理・処分の実施

出典：原子力災害対策本部 政府・東京電力統合対策室, 2011, 「東京電力福島第一原子力発電所・事故の収束に向けた道筋（ステップ2完了）のポイント」, http://www.meti.go.jp/earthquake/nuclear/pdf/111216b.pdf（161006 アクセス）.
　　　廃炉・汚染水対策関係閣僚等会議, 2017, 「東京電力ホールディングス㈱福島第一原子力発電所の廃止措置等に向けた中長期ロードマップ」, http://www.meti.go.jp/earthquake/nuclear/pdf/20171003.pdf（171003 アクセス）.

Ⅰ-1-5 放射性物質放出・汚染状況

大気中への放出量の推定

単位：PBq ＝ 10^{15}Bq、（ ）内は炉内 inventory[1] からの放出割合

機関 （報告者，年）		原子力 安全・保安院 (2011.6.6)		日本原子力 研究開発 機構 (Chino, 2011)	気象研究所 (Aoyama,2012)	東京電力 (2012)	ノルウェー 大気環境 研究所 (Stohl, 2012)	UNSCEAR[2] (2013)
放出量	キセノン 133 （半減期：5.24 日）	11000	(97%)				15300	7300
	ヨウ素 131 （〃：8.04 日）	160	(2.5%)	150		500	n.a.[3]	120
	セシウム 134 （〃：2.07 年）	18					n.a.[3]	9
	セシウム 137 （〃：30.1 年）	15	(2.6%)	13	15-20	10	36.6	8.8
	ストロンチウム 90 （〃：28.8 年）	0.14	(0.03%)				n.a.[3]	n.a.[3]
	プルトニウム 239 （〃：2 万 4000年）	$3.2×10^{-6}$	(0.002%)				n.a.[3]	n.a.[3]
シミュレーションの 方法		過酷事故解析コー ド利用		原発周辺 100km 程度 の濃度デー タ利用	地表沈着量、 海表面濃度 利用	炉内解析と 敷地境界の データ利用	CTBTO[4] の 環境モニタ リングデー タ利用	報告された 多数の研究 成果のまと め

＊1：原子炉内放射性物質量（運転により核分裂生成物が蓄積）
＊2：原子放射線の影響に関する国連科学委員会
＊3：評価なし
＊4：包括的核実験禁止条約機関
参考資料：今中哲二，2016，「チェルノブイリと福島：事故プロセスと放射能汚染の比較」『科学』86(3)：252-257.
　　　　　中島映至，他編，2014，『原発事故環境汚染 福島第一原発事故の地球科学的側面』東京大学出版会.
　　　　　UNSCEAR，2013，『科学的付属書 A 2011 年東日本大震災後の原子力事故による放射線被ばくのレベルと影響』.

海洋への直接漏えい量の推定

単位：PBq ＝ 10^{15}Bq

機関 （報告者，年）		東京電力 (2012)	日本原子力 研究開発機構 (Kawamura, 2011)	海洋研究開発 機構 (Miyazawa, 2013)	電力中央 研究所 (Tsumune, 2013)	SIROCCO[1] (Estournel, 2012)	UNSCEAR[2] (2013)
期間		3/26 ～ 9/30	3/21 ～ 4/30	3/21 ～ 5/6	2011/3/26 ～ 2012/2/29	3/20 ～ 6/30	
漏えい量	ヨウ素 131	11	11		11.1 ± 2.2		10 ～ 20
	セシウム 137	3.6	3.6	5.5 ～ 5.9	3.6 ± 0.7	5.1 ～ 5.5	3 ～ 6
シミュレーショ ンの方法		数値計算と観 測結果の比較	東京電力の観 測結果を基に 推定	数値計算と観 測結果の比較	数値計算と観 測結果の比較	数値計算と観 測結果の比較 （逆推定法）	報告された多 数の研究成果 のまとめ

＊1：フランス・トゥールーズ大学 SIROCCO グループ
＊2：原子放射線の影響に関する国連科学委員会
参考資料：中島映至，他編，2014，『原発事故環境汚染 福島第一原発事故の地球科学的側面』東京大学出版会.
　　　　　UNSCEAR，2013，『科学的付属書 A 2011 年東日本大震災後の原子力事故による放射線被ばくのレベルと影響』.

地上への放射性物質拡散経路

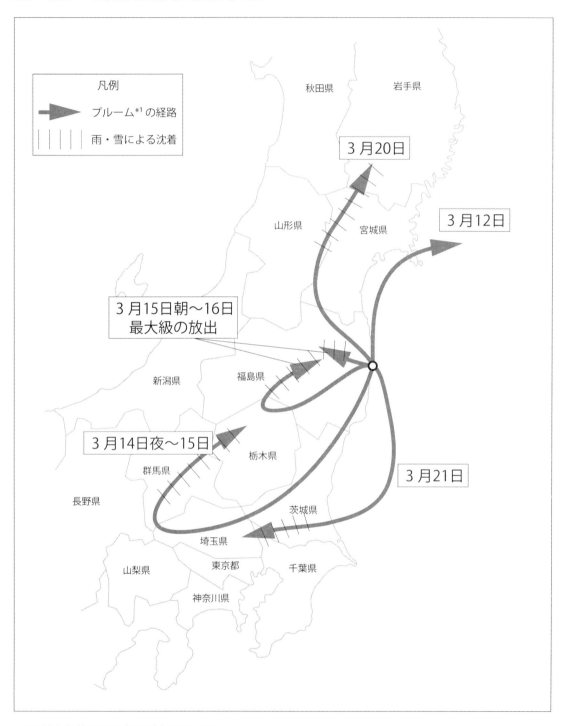

*1：放射性物質を大量に含んだ空気のかたまり
出典：Newton 別冊，2014，『検証 福島原発 1000 日ドキュメント』ニュートンプレス．
中島映至ほか，2014，『原発事故環境汚染』東京大学出版会．

セシウム137沈着量図

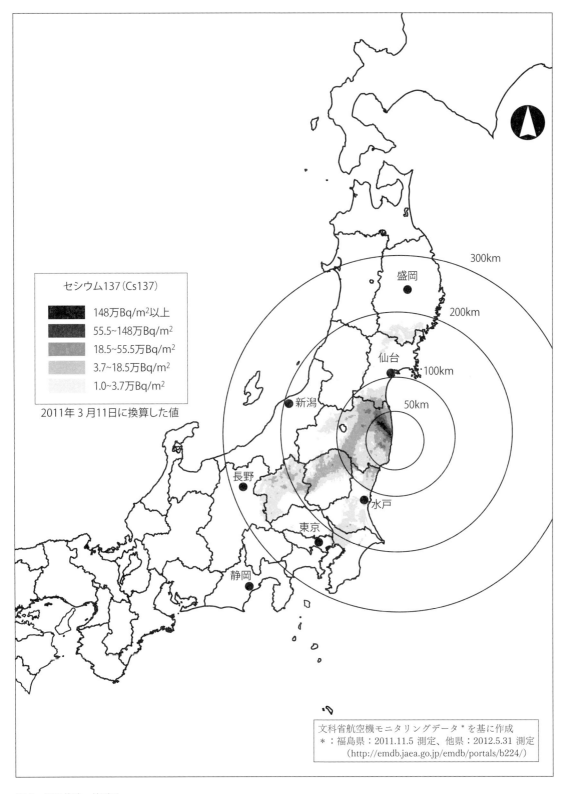

作成：沢野伸浩、林剛平

セシウム137沈着量図（拡大）

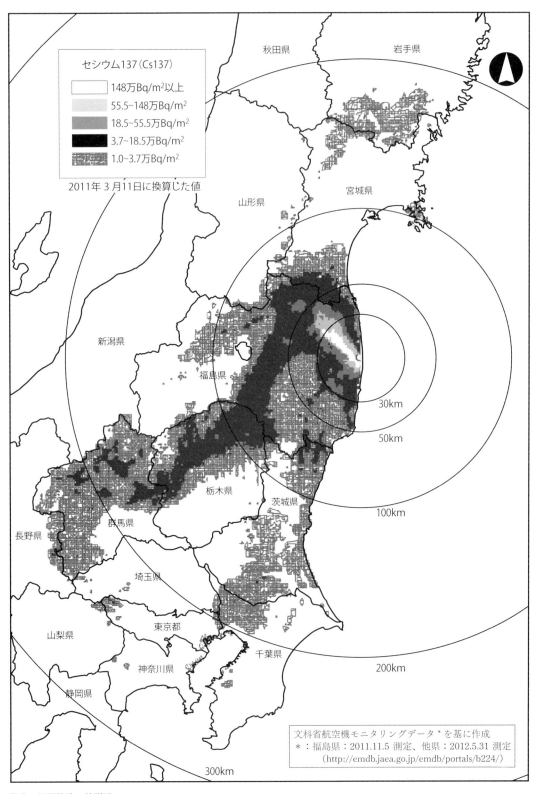

作成：沢野伸浩、林剛平

第2章

被害の広がり

Ⅰ-2-1 住民避難年表

2011. 3. 11. 20:50 県が福島第一原発半径 2km 圏内に避難指示。（A2-4: 123）

21:23 国が福島第一原発半径 3km 圏内に避難指示、半径 10km 圏内に屋内退避指示。（A2-4: 123）

2011. 3. 12. 05:44 国が福島第一原発半径 10km 圏内に避難指示。（A2-4: 123）

06:21 大熊町、全町避難指示。この時点の人口 1 万 1505 人。（A2-2: 39）

06:50 富岡町、全町避難指示。この時点の人口 1 万 5960 人。（A2-2: 39）

07:30 双葉町、全町避難指示。この時点の人口 7147 人。（A2-2: 39）

07:45 福島第二原発原子力緊急事態宣言発令。（A2-4: 123）

08:00 楢葉町、全町避難指示。この時点の人口 8011 人。（A2-2: 39）

11:00 浪江町、20km 圏内避難指示。この時点の人口 2 万 1434 人。（A2-2: 39）

17:39 福島第二原発。国が半径 10km 圏内避難指示。（A2-4: 123）

18:25 福島第一原発半径 20km 圏内避難指示。（A2-4: 123）

夜、広野町（一部が福島第二原発の 10km 圏内）、自主避難呼びかけ。（A2-2: 39）

2011. 3. 13. 11:00 広野町、全町に避難指示。この時点の人口 5490 人。（A2-2: 39）

2011. 3. 14. 21:15 葛尾村、全村避難指示。この時点の人口 1567 人。（A2-2: 39）

2011. 3. 15 川内村、自主避難勧告。この時点の人口 3038 人。（A2-2: 39）

09:00 浪江町、全町避難指示。（A2-2: 39）

11:00 国が福島第一原発半径 20 ～ 30km 圏内屋内退避指示。（A2-4: 123）

2011. 3. 16. 07:00 川内村、全村避難指示。（A2-2: 39）

2011. 3. 17 福島県全域に災害救助法を適用。（A2-6）

17 日までに被災地から県外へ避難した人は 1 万 5000 人、ほとんどが福島県からの避難。受け入れ先は 27 都府県。（朝日: 110318）

2011. 3. 25 厚労省、被災地外の都道府県による住宅提供もみなし仮設になると通知。（A2-6）

2011. 4. 1 福島県教委、30km 圏内にある県立高校 9 校に対し、他校の校舎を間借りして授業を行う「サテライト方式」を採用。（読売: 110401）

2011. 4. 6 震災や原発事故のため、地元から避難して別の都道府県の公立小中高校に転入する児童生徒が 7000 人に上ることが判明。（朝日: 110407）

2011. 4. 9 一時避難先として政府が全国に用意したホテル計 13 万 7000 人分、公営住宅 4 万 4000 戸がほとんど利用されていないことがわかる。（朝日: 110409）

2011. 4. 13 学校施設の放射線量の測定結果をめぐり、どう対応するかの判断基準を国が示さないことへの混乱、戸惑いが福島県内の教育現場に広がる。（福民: 110414）

2011. 4. 19 文科省、校舎と校庭の利用について基準を年間 20mSv にすると発表。（A2-1: 21）

文科省、学校の基準として年 20mSv を福島県教委などに通知。校庭、園庭での放射線量が 3.8μSv/h を上回った福島、郡山、伊達 3 市の小中学校と保育所、幼稚園 13 校・園の屋外活動を控える内容。県、20 日には高校、公園にも適用。22 日、日弁連が撤回求める会長声明。（福民: 110420, 110421; 反398: 2）

避難指示、屋内退避区域にある県立 8 高校の「サテライト校」の設置地区が 24 校に。サテライト校の希望者は全生徒の 56.6% にあたる 1836 人。（福民: 110420）

2011. 4. 22 政府、「警戒区域」「計画的避難区域」「緊急時避難準備区域」を指定（原発 20km 圏外で年間 20mSv を超える地域が「計画的避難区域」）。（A2-1: 21）

学校再開が延びていた南相馬市の小中学校の始業式が緊急時避難準備区域外の鹿島区で一斉に行われる。市内 16 小学校、6 中学校を 7 カ所に集約。（福民: 110423）

2011. 4. 29 内閣官房参与の小佐古敏荘東大教授、菅首相に辞表提出。会見で、年間 20mSv を上限に学校の校庭利用を認めた政府の安全基準（3.8μSv/h）に抗議。（福民: 110430）

2011. 5. 27 文科省、校庭利用の基準について年間 1mSv を目指す方針に変更。（A2-1: 21）

2011. 5. 30 福島県外への転校 8363 人に。小学校 5347 人、中学校 1893 人、高校 1035 人、特別支援学校 88 人。岩手、宮城県では県外への転校はほとんどなし。（福民: 110531）

福島県教委、公立小中学校での屋外プール授業を条件付きで可能と判断。31 日、いわき市教委は小中学校でのプール授業の取りやめを決定。6 月 3 日には郡山市も。（福民: 110531, 110601, 110604）

2011. 6. 13 福島県教委、県内の小中高校で空気中の線量が 1μSv/h を超える校庭の表土除去を 8 月中に完了させる方針。（福民: 110614）

2011. 6. 16 政府、特定避難勧奨地点の指定を発表（最終的に 260 世帯）。（A2-1: 21）

2011. 8. 5 原発避難者特例法が成立。原発事故の影響で避難している住民が避難先で行政サービスを受けやすくする。（A2-6）

福島県教委、サテライト校（10 校）の来年度開設の集約を検討。来年度入学希望者が定員の 37.6% にとどまったため。9 月 15 日には、各校 1 カ所に集約すると発表。（福民: 110811, 110916）

2011. 9. 16 総務省、原発避難者特例法の対象となる自治体に福島県の 13 市町村を指定。住民は住民票を移していなくても避難先で介護保険利用や予防接種が受けられ

る。（朝日: 110917）

2011.9.30 政府、緊急時避難準備区域を解除。（A2-1: 21）

2011.10.5 南相馬市教委、市内小中学校の屋外活動を1日2時間に制限すると決定。（福民: 111005）

2011.10.17 南相馬市原町地区の旧緊急時避難準備区域内の小中学校5校が約7カ月ぶりに元の校舎で授業再開。（A2-7: 331）

2011.10.26 緊急時避難準備区域解除に伴い、南相馬市原町区の原町高校が自校での授業再開。（福民: 111025）

2011.12.6 原子力損害賠償紛争審査会（原賠審）、自主避難者向けの一律賠償を決定（中間指針第1次追補）。（A2-6）

2011.12.15 「低線量被ばくのリスク管理に関するワーキンググループ」が報告書で年間20mSv以下での避難指示解除を妥当と位置づけ。（A2-1: 21）

2011.12.16 野田首相、冷温停止状態の達成で原発事故の「収束」を宣言。（A2-1: 21）

2011.12.26 政府原子力災害対策本部、避難区域を「帰還困難区域」「居住制限区域」「避難指示解除準備区域」に再編する方針を示す。（A2-4: 125）

2012.1.10 東電は千葉県の16市町村の観光業が受けた風評被害を賠償することを決める。（朝日: 120111）

ホールボディーカウンターを使った内部被ばく検査で、福島県は学校への巡回検査を開始。初日は伊達市の霊山中で。（A2-7: 351）

2012.1.19 山形県は東電に風評被害の賠償の対象に山形県を含めるよう要求。（朝日: 120120）

2012.2.16 東電は米沢市の観光業の日本人観光客減による風評被害も賠償することを発表。（朝日: 120217）

2012.2.24 青森県の畜産業者らが牛肉価格下落に伴う3回目の損害賠償21億円を東電に請求。（朝日: 120224）

2012.2.- 福島県は観光復興キャンペーンで約4億円の予算を計上。（朝日: 120203）

2012.3.13 公立中学校のうち、原発事故で臨時休校中の5校を除く232校で卒業式。県外避難の影響で、卒業生は前年より599人少ない1万9900人。（A2-7: 368）

2012.3.14 東電と原子力損害賠償紛争解決センター（原発ADR）は観光業に限らず、通訳業など外国人対象の事業全般を風評被害の範囲に含める基準を発表。（朝日: 120315）

青森市の十和田湖観光汽船が東京電力に対し減収分4000万円の損害賠償を請求。（朝日: 120315）

2012.3.16 原賠審、避難指示区域の見直しに伴う賠償基準を決定（中間指針第2次追補）。（A2-6: 11）

2012.3.23 公立小学校が休校中の相双地区10校と卒業生のいない、いわき市2校を除く477校で卒業式。卒業者は1万8796人で震災、原発事故の影響などで前年より1636人減。（A2-7: 370）

2012.3.27 茨城県で水揚げのアンコウの価格が3割下落。（朝日: 120327）

2012.3 東日本大震災全体の避難者数、34万人。（A2-5）

2012.4.1 川内村の警戒区域解除および避難指示区域を見直し、居住制限区域および避難指示解除準備区域に再編。（A2-4: 125）

田村市の警戒区域解除および避難指示区域を見直し、避難指示解除準備区域に再編。（A2-4: 125）

2012.4.16 南相馬市の警戒区域解除および避難指示区域を見直し、避難指示解除準備区域、居住制限区域、帰還困難区域に再編。（A2-4: 125）

2012.4.18 宮城県漁連は東電に水産物の買取りや風評被害の賠償、汚染水の流出防止を求める。（朝日: 120419）

2012.4 宮城県漁連は基準値に近いセシウムが検出されたスズキやマダラなどの水揚げを自粛。（朝日: 120426）

2012.5.2 福島県とJAが安全確保と信頼回復を目指す「ふくしまの恵み安全対策協議会」設立。（朝日: 120502）

2012.5.18 政府、みなし仮設の住み替えを原則認めないとする答弁書を作成。（A2-6: 11）

2012.5.24 いわき市によると2011年の観光交流人口は前年から66%減の約368万人。（朝日: 120524）

2012.6.6 東電は宮城県漁連に出荷制限の休漁や風評被害の補償に応じる意向を示す。（朝日: 120607）

2012.6.14 福島県沖で再開に向けた試験操業を開始。（朝日: 120615）

東電は魚の価格の下落分を賠償する意向。（朝日: 120615）

2012.6.20 長期避難者に関する関係省庁課長会議を開催（2013年6月までに5回開催）。（A2-6: 11）

2012.6.21 子ども・被災者生活支援法成立。被災地で暮らす人の就学援助、食の安全安心確保、避難先での住宅確保、学習や就業支援などの支援。（A2-6: 11）

宮城県内15の個人・法人が風評被害の賠償として計約2億円を東電に直接請求。（朝日: 120628）

原発事故の影響でできなかった福島市の小学校の屋外プール授業が2年ぶりに再開。（A2-7: 384）

2012.6.25 東電は観光業の風評被害の賠償で福島を除く東北5県を対象とした案を示す。（朝日: 120627）

2012.7.2 北海道の観光業者4社が風評被害として、原発ADRに計約3000万円の損害賠償の和解金を東電に求める申し立て。（朝日: 120703）

2012.7.17 飯舘村の避難指示区域を見直し、避難指示解除準備区域、居住制限区域、帰還困難区域に再編。（A2-4: 125）

東電は観光業の風評被害について木更津市や成田市など11市町を対象地域に追加。（朝日: 120718）

2012.7.20 経産省、不動産賠償の

基準を発表。(A2-6: 11)

2012. 7. 26　西村厚生労働副大臣、自主避難者の家賃は東電に直接請求すべきと答弁。(A2-6: 11)

2012. 8. 2　厚労省、強制避難者の家賃は賠償対象と福島県に通知。(A2-6: 11)

2012. 8. 9　東電は宮城県産の養殖銀ザケの価格の下落分を風評被害と認め賠償する意向を示す。(朝日: 120810)

2012. 8. 10　楢葉町の警戒区域解除および避難指示区域を見直し、避難指示解除準備区域に再編。(A2-4: 125)

2012. 8. 13　千葉県は観光業者支援や検査費用など約1億4000万円の損害賠償を東電に請求。(朝日: 120814)

2012. 8. 21　宮城県丸森町の観光業も風評被害賠償対象に追加。(朝日: 120822)

2012. 8. 27　ADRは福島を除く東北5県と千葉県内の観光業者は「減収分の7割」を損害額として認めるという基準を発表した。(朝日: 120828)

　県が学校基本調査速報発表。福島県の小学生は10万3324人で前年同期より5104人減少し、過去最少更新。県外避難が続く。(A2-7: 393)

2012. 8. 30　総務省、「仮の町」や「二重の住民票」を否定する内部文書作成。(A2-6: 11)

2012. 9. 5　「事故対策みやぎ県民会議」は政府や東電に風評被害の賠償を求めることを決定。(朝日: 120906)

2012. 9. 10　山形県、みなし仮設の住み替え基準を発表。(A2-6: 11)

2012. 9. 14　北海道漁協は東電に風評被害の賠償金として総額17億5000万円を求めると発表。(朝日: 120915)

2012. 9. 22　福島県、復興公営住宅の500戸先行整備を発表。(A2-6: 11)

2012. 9. 27　十和田湖観光汽船は東電のゼロ回答に再度4700万円

の損害賠償を請求。(朝日: 120908)

2012. 10. 1　いわき市は検査作業を公開する「見せます！いわき情報局見せる課」を設置。(朝日: 121001)

2012. 10. 18　東電は青森、岩手、宮城、秋田、山形5県も風評被害の賠償対象地域に加える。(朝日: 121019)

2012. 10. 22　福島県協議会は東電に対し野菜・果物の価格下落分など50億円の賠償を請求。(朝日: 121023)

2012. 11. 5　福島県、みなし仮設の県外での新規提供停止と県内での提供開始を発表。(A2-6: 11)

2012. 12. 10　大熊町の警戒区域解除および避難指示区域を見直し、避難指示解除準備区域、居住制限区域、帰還困難区域に再編。(A2-4: 125)

2012. 12. 12　東電は北海道漁協の賠償は難しいと回答。(朝日: 121213)

2012. 12. 14　川内村の特定避難勧奨地点解除、1地点1世帯。(A2-4: 125)

　伊達市の特定避難勧奨地点の解除、117地点128世帯。(A2-4: 125)

2013. 1. 10　安倍首相、政府の復興推進会議で長期避難者の生活拠点確保を指示。(A2-6: 11)

2013. 1. 29　根本復興相、長期避難者の生活拠点整備の新交付金創設を発表。(A2-6: 11)

2013. 2. 5　北海道の観光業者4社による風評被害補償の申し立てで1870万円で和解成立。(朝日: 130206)

2013. 2. 15　高萩市観光協会は東電に2回目の損害賠償請求。(朝日: 130216)

2013. 3. 1　東電は風評被害の賠償対象地域に箱根温泉を含めないと箱根温泉組合に回答。(朝日: 130302)

2013. 3. 16　福島県産の有機野菜を扱うカフェ「ふくしまオルガン堂下北沢」がオープン。(朝日: 130317)

2013. 3. 22　葛尾村の避難指示区域見直し。(A2-1: 21)

2013. 3. 25　富岡町の避難指示区域見直し。(A2-1: 21)

2013. 3　東日本大震災全体の避難者数、30万9000人。(A2-5)

2013. 4. 1　浪江町の避難指示区域見直し。(A2-1: 21)

2013. 4. 2　復興庁、厚労省、国交省が、仮設の提供延長は被災県が判断と通知。(A2-6: 11)

2013. 4. 9　JA長野県グループと東電は牛肉の風評被害について和解。(朝日: 130410)

2013. 4. 16　群馬県のキノコ類の風評被害の賠償で和解。(朝日: 130913)

2013. 4. 24　宮城県JAグループは東電に牛肉の風評被害の賠償金4億円など20回目の請求。(朝日: 130425)

2013. 4. 26　福島県、仮設入居期間の1年延長を発表（2回目）。(A2-6: 11)

　長期避難者向けの新交付金を盛り込んだ改正福島復興再生特措法が成立。(A2-6: 11)

2013. 5. 13　東電とエネ庁の地下水放出計画の説明会でいわき市漁協から反対意見が相次ぐ。放出計画は福島県漁連の了承が得られず先送りに。(朝日: 130514)

2013. 5. 28　双葉町の避難指示区域見直し。(A2-1: 21)

2013. 5. 31　東電は旧緊急時避難準備区域の原発事故や風評被害による営業損害の賠償期間を延長することを発表。(朝日: 130601)

2013. 5. -　スパリゾートハワイアンズのフラガール「ふくしま農業PRサポーター」に任命。(朝日: 130515)

2013. 6. 7　東電とエネ庁は相双漁協に対し地下水放出計画の説明会を開くが反対意見が相次ぐ。(朝日: 130608)

2013. 6. 14　福島県、復興公営住宅3700戸を建設する第1次整備計画を発表。(A2-6: 12)

2013. 6. 20　いわき市漁協は地下水放出計画を了承せず。(朝日: 130621)

2013. 7. 11　いわき市は旅費を補助する県外団体旅行向け事業を9月から開始。（朝日: 130711）

2013. 8. 8　川俣町の避難指示区域見直し。（A2-1: 21）

2013. 9. 6　韓国政府は福島や宮城などの水産物を全面輸入禁止にする。（朝日: 130906）
　　相双・いわき市漁協は試験操業の開始を決定。（朝日: 130907）

2013. 9. 21　茨城県北のシラス漁業者が高萩市内のスーパー店頭で水産物の安全性をPRする。（朝日: 130923）

2013. 9. 26　群馬県協議会は野菜類と牛肉の風評被害の賠償請求を打ち切る。（朝日: 131101）

2013. 9. 27　山形県と東電は検査費用など2億4000万円（5億6000万円請求）の賠償で合意。（朝日: 130928）

2013. 10. 11　政府、支援法の基本方針を閣議決定。（A2-6: 12）

2013. 10. 18　青森県漁連は損害賠償の説明会を開き、東電の新しい方針案が大筋で了承される。（朝日: 131019）

2013. 10. 24　福島県立相馬農業高校の生徒が地元農作物を素材に開発した新製品の即売会開催。（朝日: 131025）

2013. 10. 31　福島県は県税収入や検査費用などの賠償金29億4000万円を東電に請求。（朝日: 131101）

2013. 10. -　秋田県協議会は牛肉の風評被害の賠償請求を6、7月分で取りやめることを決める。（朝日: 131011）

2013. 10. -　青森県協議会は牛肉の風評被害の賠償請求を9月分で終了する方針を決める。（朝日: 131031）

2013. 11. 8　帰還困難な避難者への住宅賠償上乗せを求める第3次自公提言を安倍首相に提出。（A2-6: 12）

2013. 11. 11　「帰還に向けた安全・安心対策に関する検討チーム」、個人線量計での被ばく管理により年間20mSvを下回る地域の避難指示解除を妥当と結論付ける。（A2-1: 21）

2013. 11. 12　内閣府、建設型仮設の空き部屋への住み替えを認める通知。（A2-6: 12）

2013. 11. 25　茨城県市長会や茨城沿海地区漁協、県観光物産協会など8団体が一連の汚染水問題が風評被害を深刻にしているとする抗議文を東電に提出。（朝日: 131126）

2013. 11. 26　茨城県市長会や茨城沿海地区漁協、県観光物産協会など8団体が政府関係官庁に汚染水問題の解決と風評被害対策についての要望書を提出。（朝日: 131127）

2013. 12. 3　佐藤雄平知事、県議会で双葉郡内での開校を目指す中高一貫校を広野町と発表。サテライト校を設けている県立高5校は新設校開校に合わせて生徒募集を停止。すべての在校生が卒業後の2017年4月から休校に。（A2-7: 452）

2013. 12. 20　福島県、復興公営住宅の1190戸上乗せを発表（第2次整備計画）。（A2-6: 12）

2013. 12. 26　原賠審、住宅確保による賠償上乗せを決定（第4次追補）。（A2-6: 12）

2014. 1. 20　ADRの和解案に対し東電は高萩市観光協会に風評被害対策費用を支払うと回答。（朝日: 140122）

2014. 1. 22　福島県、自主避難も含めた全避難者対象の意向調査を開始。（A2-6: 12）

2014. 1. 31　九州の高校の福島県内への修学旅行がもどり始め、3月までに12校が訪れる。（朝日: 140131）

2014. 2. 2　福島県やJRグループによる「ふくしまデスティネーションキャンペーン」開始。（朝日: 140312）

2014. 2. 27　福島市が中学生以下を対象に前年9月から11月まで実施したバッジ式積算線量計の測定平均値は0.11mSvで、2011年度の0.26mSvと比べ半分以下となった。（A2-8: 104）

2014. 2. -　会津若松市とイオングループが地域貢献協定を締結。（朝日: 140514）

2014. 3　東日本大震災全体の避難者数、26万4000人。（A2-5）

2014. 3. 1　県立高で卒業式。約1万5000人が巣立つ。原発事故で「サテライト校方式」を導入した相双地区8校の生徒は、3年間本校舎で学校生活を送れずに卒業。（福民: 140302）

2014. 3. -　コウナゴの試験操業がいわき市沖などで開始。（朝日: 140416）

2014. 4. 1　福島県、復興公営住宅の入居者募集を開始（第1期募集）。（A-6）
　　田村市の避難指示を解除。（A2-1: 21）

2014. 4. 4　福島県漁連は「地下水バイパス計画」を承諾。（朝日: 140405）

2014. 4. 7　全漁連は「地下水バイパス計画」で風評被害対策を求める要望書を経産相に提出。（朝日: 140408）

2014. 5. 12　野菜苗メーカーのベルグアース社が川俣町に進出し、2.7haの野菜苗植物工場を建設する計画が明らかになる。（朝日: 140512）
　　福島県は漫画『美味しんぼ』の被ばくと鼻血の因果関係や「福島に住んではいけない」の描写について小学館に抗議。（朝日: 140513）

2014. 5. 19　小学館は『美味しんぼ』の描写について「表現のあり方見直す」見解を示す。（朝日: 1405018）

2014. 5. 21　東電は「地下水バイパス計画」を開始。（朝日: 140522）

2014. 5. 31　シンガポール首相が福島県産食品の輸入規制を解除する方針を示す。（朝日: 140603）

2014. 7. 29　埼玉県、県内避難者数が従来集計の2倍に上ると発表。（A2-6）

2014. 7. 31　県教委、県内の小1から高3の児童生徒を対象に実施した平成25年度の体力・運動能力調査結果を公表。震災と原発事故発生後の24年度の調査結果と比べ、大半の学年でさらに体力が低

下。（福民: 140801）

2014. 8. 7 東電と政府は汚染水を放出するサブドレン計画を相双漁協に説明するが、漁協からは不安や不信の声が相次ぐ。（朝日: 140808）

2014. 8. 15 東電はサブドレン計画の試験結果を福島県漁連に説明するが、計画反対の声多数。（朝日: 140826）

2014. 9. 15 福島県のアンテナショップ「日本橋ふくしま館 MIDETTE」に風評被害の払拭を狙った「福島につながる弁当」が登場。（朝日: 150118）

2014. 9. 30 日本学術会議、長期避難者の住宅再建に関する提言を発表。（A2-6）

2014. 10. 1 川内村の避難指示解除準備区域を解除。（A2-1: 21）支援法に基づく公営住宅の入居円滑化が運用開始。（A2-6）

2014. 10. 17 県教委、翌春の県立高の募集定員発表。広野町に開校する中高一貫校「ふたば未来学園」総合学科の定員 120 人に。サテライト校 5 校（双葉、浪江、浪江津島、富岡、双葉翔陽）は募集停止に。全県で 14 学級減。（福民: 141018）

2014. 11. 12〜14 福島県観光物産交流協会が福島県への修学旅行や林間学校を増やそうと、千葉県内約 160 カ所で誘致活動を行う。（朝日: 141115）

2014. 11. 25 東電や廃炉、除染に携わる大手企業 11 社が、東京都内で福島県産品の消費や県内への旅行を進める支援組織「ふくしま応援企業ネットワーク」を立ち上げ。（朝日: 141126）

2014. 12. 25 東電と経産省は原発事故で避難し売り上げが回復しない商工業者の営業損害の賠償を来年中に打ち切る方針を示す。（朝日: 141226）

2014. 12. 28 南相馬市の特定避難勧奨地点を解除。（A2-1: 21）

2015. 1. 22 千葉県は ADR に検査費用や風評被害対策費の賠償について和解仲介を申し立てる。（朝日: 150123）

2015. 2. 2 『美味しんぼ』の描写問題で、作者の雁屋哲が『美味しんぼ「鼻血問題」に答える』を出版し、一連の批判に反論。（朝日: 150202）

2015. 2. 3 JA 山形中央会は風評被害の第 28 次賠償請求。（朝日: 150203）

2015. 2. 13 福島県の JA グループは風評被害の賠償打ち切り期限を示した東電方針に反対する。（朝日: 150308）

2015. 2. 13〜14 福島県は海外観光客の回復のためタイの旅行業関係者を招いて県内各地を視察。（朝日: 150215）

2015. 2. 14 東京都中央区で福島牛を味わうイベント開催。福島産の牛肉価格はまだ回復せず。（朝日: 150309）

2015. 3 東日本大震災全体の避難者数、22 万 5000 人。（A2-5）

2015. 4. 1 福島県は風評・風化対策監のポストを設置。（朝日: 150605）また修学旅行などのバス代の補助制度も開始。（朝日: 150903）

2015. 4. 23 韓国の観光業界関係者約 380 人が韓国人客の回復のために東北各地を訪問。（朝日: 150422）

2015. 4. 30 千葉県内のホテル・旅館業者 43 社が ADR に賠償金約 5 億円の和解仲介を申し立て。（朝日: 150501）

2015. 5. 15 浜地域農業再生研究センターの起工式。（朝日: 150517）

2015. 5. 29 帰還困難区域を除き 2017 年 3 月までの避難指示解除を打ち出す第 5 次自公提言を安倍首相に提出。（A2-6）

2015. 6. 6 名古屋市で福島県の米農家を支援する「応援カフェ」が開かれる。（朝日: 150528）

2015. 6. 7 政府と東電は、賠償に区切りを設け自立を強調する追加賠償案と支援策を発表。（朝日: 150608）

2015. 6. 10 福島県は検査態勢や農家の思いと現状を伝えるメディア向けセミナーを開催。（朝日: 1506111）

2015. 6. 15 福島県、自主避難者への住宅無償提供を 2017 年 3 月末で打ち切る方針を固める。（朝日: 150616）

2015. 6. 18 復興事業の福島県負担分は約 50 億円軽減と発表。（A2-6: 12）

2015. 6. 26 いわき市漁協はサブドレン計画による風評被害の補償を東電に求める。（朝日: 150625）

2015. 6. 30 風評被害対策へ栃木県北 7 観光協会が「北とちぎ広域観光連絡協議会」を発足。（朝日: 150701）

2015. 7. 13 福島県知事はジュネーブで国際機関の関係者約 50 人に汚染水対策、除染、観光、農産物の現状を説明する説明会を開く。（朝日: 150715）

2015. 7. 15 郡山市の上野牧場が東電と政府を相手に、堆肥の風評被害として賠償金 5 億円の支払いを求めて訴える。（朝日: 150724）

2015. 7. 27 相双漁協がサブドレン計画を容認する。（朝日: 150728）

2015. 8. 7 福島県漁連がサブドレン計画を容認。（朝日: 150808）

2015. 8. 25 政府、支援法の基本方針改定（支援縮小）を閣議決定。（A2-6: 12）

2015. 9. 3 福島県内の 2014 年度の修学旅行など教育旅行の宿泊者数は震災前の半分であることが県観光交流課の調査で判明。（朝日: 150903）

2015. 9. 4 上野牧場による損害賠償請求訴訟の第 1 回口頭弁論で政府と東電は争う姿勢を示す。（朝日: 150905）

2015. 9. 7 福島県は風評・風化対策強化戦略を策定。（朝日: 150908）

2015. 9. 14 東電はサブドレン計画で地下水の放出開始。（朝日: 150914）

2015. 9. - 郡山市は養殖コイ関連の復興支援金 1000 万円を補正予算案に計上。（朝日: 151008）

2015. 10. 30 被ばくした牛 330 頭の殺処分に反対する浪江町内の「希望の牧場」が餌不足のため汚

染牧草の受入れを始め、宮城県白石市が市内の汚染牧草を牧場に搬入。（朝日: 151031）

2015. 10. 29〜31 栃木県知事が台湾で栃木観光の PR と輸入規制の解除を訴える。（朝日: 151028）

2015. 11. 19 白石市が浪江町の「希望の牧場」に汚染牧草を提供したことに浪江町長が抗議。（朝日: 151121）

2015. 11. 30 群馬県は ADR に風評被害対策費など賠償金約 4600 万円の和解仲介を申し立て。（朝日: 151201）

2015. 12. 25 福島県、自主避難した低所得世帯に対し、2017 年度から 2 年間家賃を補助する制度を発表。自主避難者 1 万 3000 世帯のうち 2000 〜 3000 世帯になるとみている。（朝日: 151226）

2016. 1. 19 政府の復興推進委員会は東北観光復興対策交付金として 33 億円の予算を計上。（朝日: 160120）

2016. 2. 10 伊達市月舘町布川・御代田地区の住民が精神的苦痛の慰謝料を東電に求めて ADR に和解仲介の申し立てを行う。（朝日: 160211）

2016. 2. 21 川崎市で NPO 福島やさい畑の直売所が開かれる。2011 年 7 月より毎週日曜日開催。（朝日: 160223）

2016. 3. 2 東電は避難指示区域外の風評被害の賠償金について原発事故との関係が認められる「相当因果関係」の 6 類型を示す。（朝日: 160303）

2016. 3 東日本大震災全体の避難者数、17 万 1000 人。（A2-5）

2016. 4. 28 福島県は ADR に風評被害対策など 4 億円について和解仲介を申し立てる。（朝日: 160428）

2016. 9. 21 東電と政府は農林業の賠償の方針案を示す。農林業者は事実上の打ち切りと懸念。（朝日: 160922）

2017. 3 東日本大震災全体の避難者数、11 万 9000 人。（A2-5）

2017. 3. 31 自主避難者への住宅提供打ち切り。（朝日: 170331）

2017. 3. 31. 00:00 浪江町、飯舘村、川俣町で、福島第一原発事故に伴う避難指示が、帰還困難区域を除いて 6 年ぶりに解除。（朝日: 170331）

2017. 4. 1 富岡町で、帰還困難区域を除き避難指示解除。この日から町内の災害公営住宅が居住可能になり、路線バス運行も開始。（朝日: 170402）

Ⅰ-2-2 避難・帰還政策

避難指示区域の区分

避難指示区域	原子力災害対策特別措置法15条に基づいて設定される、避難のための立退きまたは屋内への退避の勧告または指示が行われる区域。2012年4月1日以降、段階的に「避難指示解除準備区域」「居住制限区域」「帰還困難区域」に再編された。
警戒区域	立入制限、退去命令が行われる区域。4月22日に福島第一原発の半径20km圏内を指定（避難指示区域と重複）。2012年4月1日以降、段階的に「避難指示解除準備区域」「居住制限区域」「帰還困難区域」に再編された。
計画的避難区域	事故発生から1年の間に累積線量が20mSvに達する恐れがあるため、指定後1カ月以内に避難を行う地域。2011年4月22日に指定された。2012年4月1日以降、段階的に「避難指示解除準備区域」「居住制限区域」「帰還困難区域」に再編された。
緊急時避難準備区域	半径20kmから30kmの区域で「計画的避難区域」以外の区域。自主的避難および子ども、妊婦等の避難が推奨される。2011年4月22日に指定、同9月30日に解除された。
特定避難勧奨地点	「計画的避難区域」や「警戒区域」の外で、計画的避難区域とするほどの地域的な広がりはないものの、事故発生後1年間の積算放射線量が20mSvを超えると推定される地点。住居単位で指定される。2011年6月16日以降指定が行われている。
避難指示解除準備区域	避難指示区域のうち、年間積算線量が20mSv以下となることが確実であることが確認された区域。引き続き避難指示は継続されるが、除染、インフラ復旧、雇用対策等の復旧・復興のための支援策を迅速に実施し、速やかな住民帰還を目指す。
居住制限区域	避難指示区域のうち、年間積算線量が20mSvを超えるおそれがあり、引き続き避難を継続することを求める区域。将来的に住民が帰還し、コミュニティを再建することを目指し、除染やインフラ復旧等を計画的に実施する。
帰還困難区域	避難指示区域のうち、5年間を経過してもなお、年間積算線量が20mSvを下回らない恐れのある、現時点で年間積算線量が50mSv超の区域。将来にわたって居住を制限することを原則とし、同区域の設定は5年間固定する。

出典：経済産業省，「原子力被災者支援」，http://www.meti.go.jp/earthquake/nuclear/kinkyu.html（170713アクセス）.

避難指示区域の変遷

設定日	内容	地図番号
2011年3月11日	福島第一原子力発電所の半径3km圏内に避難指示 福島第一原子力発電所の半径3〜10km圏内に屋内退避指示 【両者の対象地域】 南相馬市の一部、浪江町の一部、双葉町の一部、大熊町の一部、富岡町の一部	
2011年3月12日	福島第一原子力発電所の半径20km圏内に避難指示 福島第二原子力発電所の半径10km圏内に避難指示 【両者の対象地域】 南相馬市の一部、田村市の一部、浪江町の一部、双葉町、大熊町、富岡町、楢葉町の一部、広野町の一部、葛尾村の一部、川内村の一部	
2011年3月15日	福島第一原子力発電所の半径20〜30km圏内に屋内退避指示 【対象地域】 南相馬市の一部、田村市の一部、いわき市の一部、浪江町の一部、楢葉町の一部、広野町の一部、葛尾村の一部、川内村の一部、飯舘村の一部	
2011年4月21日	避難指示の対象区域について、福島第二原子力発電所の半径10km圏内から半径8km圏内へ変更 【避難指示が解除され、屋内退避指示に変更された地域】楢葉町の一部、広野町の一部 福島第一原子力発電所の半径20km圏内を警戒区域として設定（2011年4月22日から） 【警戒区域】南相馬市の一部、田村市の一部、浪江町の一部、双葉町、大熊町、富岡町、楢葉町の一部、葛尾村の一部、川内村の一部	
2011年4月22日	福島第一原子力発電所の半径20〜30km圏内について、屋内退避指示を解除 【屋内退避指示解除地域】南相馬市の一部、田村市の一部、いわき市の一部、浪江町の一部、楢葉町の一部、広野町、葛尾村の一部、川内村の一部、飯舘村の一部 福島第一原子力発電所の半径20km圏外の特定地域を、計画的避難区域および緊急時避難準備区域として設定 【計画的避難区域】南相馬市の一部、飯舘村、川俣町の一部、浪江町の一部、葛尾村の一部、 【緊急時避難準備区域】南相馬市の一部、田村市の一部、川内村の一部、楢葉町の一部、広野町	①
2011年6月30日	特定避難勧奨地点の設定 【設定地点】伊達市104地点113世帯（特定避難勧奨地点総計104地点113世帯）	
2011年7月21日	特定避難勧奨地点の設定 【設定地点】南相馬市57地点59世帯（特定避難勧奨地点総計161地点172世帯）	
2011年8月3日	特定避難勧奨地点の設定 【設定地点】南相馬市65地点72世帯、川内村1地点1世帯（特定避難勧奨地点総計227地点245世帯）	②
2011年9月30日	福島第一原子力発電所の半径20km圏外の特定地域に出されていた緊急時避難準備区域を解除 【緊急時避難準備区域が解除された区域】南相馬市の一部、田村市の一部、広野町、楢葉町、川内村	
2011年11月25日	特定避難勧奨地点の設定 【設定地点】南相馬市20地点22世帯（その後1世帯は指定取消）、伊達市13地点15世帯（特定避難勧奨地点総計260地点281世帯）	③
2011年12月26日	福島第二原子力発電所への原子力緊急事態が解除されたことに伴い、福島第二原子力発電所の半径8kmに出されていた避難指示を解除 【避難指示解除区域】楢葉町の一部、富岡町の一部、大熊町の一部。ただし、これらの地域はすべて福島第一原発の避難指示区域／警戒区域内	

2012年4月1日 ～2013年8月8日	福島第一原子力発電所の半径20km圏内に出されていた避難指示区域／警戒区域、半径20km圏外に出されていた計画的避難区域を、「避難指示解除準備区域」「居住制限区域」「帰還困難区域」に再編 【再編区域】 2012年4月1日：田村市都路地区： 　警戒区域⇒避難指示解除準備区域 2012年4月1日：川内村の一部： 　警戒区域⇒居住制限区域もしくは避難指示解除準備区域 2012年4月16日：南相馬市の一部： 　警戒区域・計画的避難区域⇒避難指示解除準備区域・居住制限区域・帰還困難区域 2012年7月17日：飯舘村： 　計画的避難区域⇒避難指示解除準備区域・居住制限区域・帰還困難区域 2012年8月10日：楢葉町の一部： 　警戒区域⇒避難指示解除準備区域 2012年12月10日：大熊町： 　警戒区域⇒避難指示解除準備区域・居住制限区域・帰還困難区域 2013年3月22日：葛尾村： 　警戒区域・計画的避難区域⇒避難指示解除準備区域・居住制限区域・帰還困難区域 2013年3月25日：富岡町： 　警戒区域⇒避難指示解除準備区域・居住制限区域・帰還困難区域 2013年4月1日：浪江町： 　警戒区域・計画的避難区域⇒避難指示解除準備区域・居住制限区域・帰還困難区域 2013年5月28日：双葉町： 　警戒区域⇒避難指示解除準備区域・帰還困難区域 2013年8月8日：川俣町山木屋地区： 　計画的避難区域⇒避難指示解除準備区域・居住制限区域	④⑤
2012年12月14日	特定避難勧奨地点の解除 【解除地点】伊達市117地点128世帯、川内村1地点1世帯（特定避難勧奨地点総計142地点152世帯）	
2014年4月1日	避難指示解除準備区域の解除 【解除区域】田村市都路地区	
2014年10月1日	避難指示解除準備区域の解除 【解除区域】川内村東部の一部 居住制限区域を避難指示解除準備区域に変更 【変更区域】川内村東部の一部	
2014年12月28日	特定避難勧奨地点の解除 【解除地点】南相馬市142地点152世帯（特定避難勧奨地点総計0地点0世帯）	
2015年9月5日	避難指示解除準備区域の解除 【解除区域】楢葉町の避難指示解除準備区域の全て	
2016年6月12日	居住制限区域および避難指示解除準備区域の解除 【解除区域】葛尾村の居住制限区域および避難指示解除準備区域の全て	
2016年6月14日	避難指示解除準備区域の解除 【解除区域】川内村の避難指示解除準備区域の全て	
2016年7月12日	居住制限区域および避難指示解除準備区域の解除 【解除区域】南相馬市の居住制限区域および避難指示解除準備区域の全て	
2017年3月31日	居住制限区域および避難指示解除準備区域の解除 【解除区域】飯舘村、川俣町、浪江町の居住制限区域および避難指示解除準備区域の全て	
2017年4月1日	居住制限区域および避難指示解除準備区域の解除 【解除区域】富岡町の居住制限区域および避難指示解除準備区域の全て	⑥

出典：経済産業省，「原子力被災者支援」，http://www.meti.go.jp/earthquake/nuclear/kinkyu.html（170713アクセス）．

2 避難・帰還政策（避難指示区域の変遷）

地図① 2011年4月22日時点

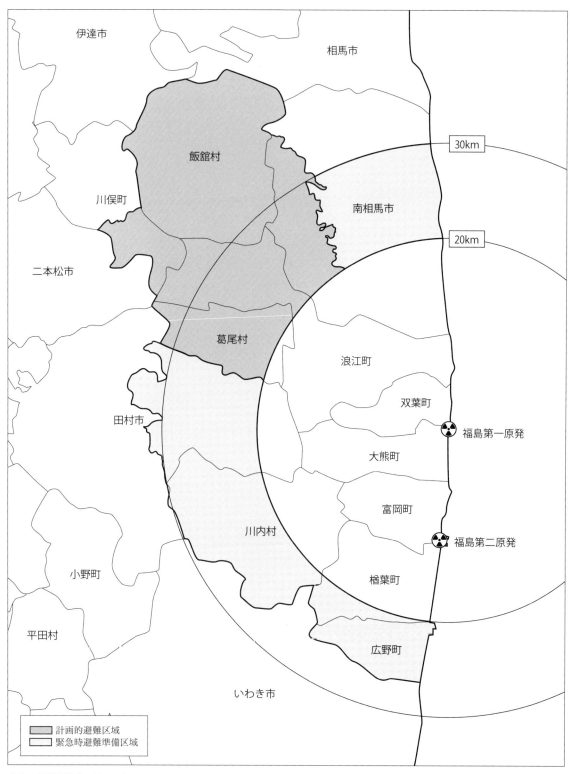

出典：経済産業省，2011，http://www.meti.go.jp/press/2011/04/20110422004/20110422004-5.pdf（150514 アクセス）．

第Ⅰ部　福島原発震災のもたらしたもの　第2章　被害の広がり

地図②　2011年9月29日時点

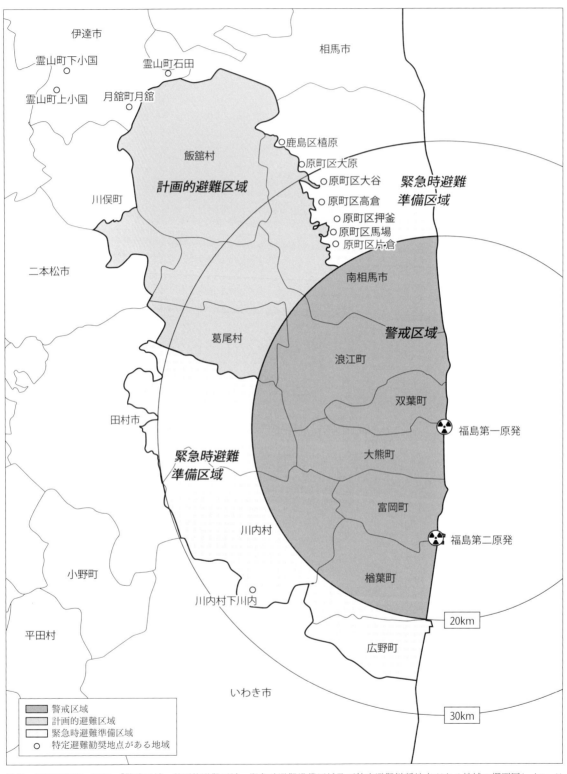

出典：経済産業省，2011，「警戒区域、計画的避難区域、緊急時避難準備区域及び特定避難勧奨地点がある地域の概要図」，http://www.meti.go.jp/earthquake/nuclear/pdf/20110930015-12.pdf（170713アクセス）．

2 避難・帰還政策（避難指示区域の変遷）

地図③　2011年11月25日時点

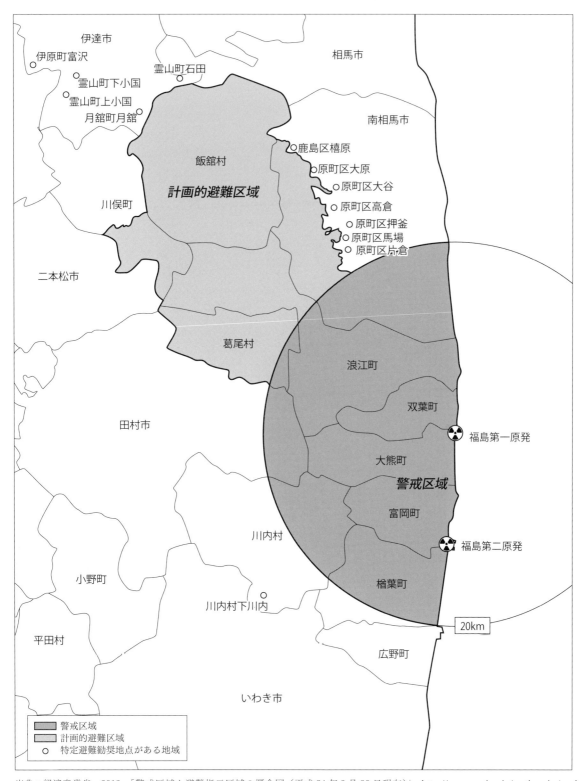

出典：経済産業省，2012，「警戒区域と避難指示区域の概念図（平成24年3月30日現在）」，http://www.meti.go.jp/earthquake/nuclear/pdf/20120330_02g.pdf（170713アクセス）．

第Ⅰ部　福島原発震災のもたらしたもの　第2章　被害の広がり

地図④　2012年4月16日時点

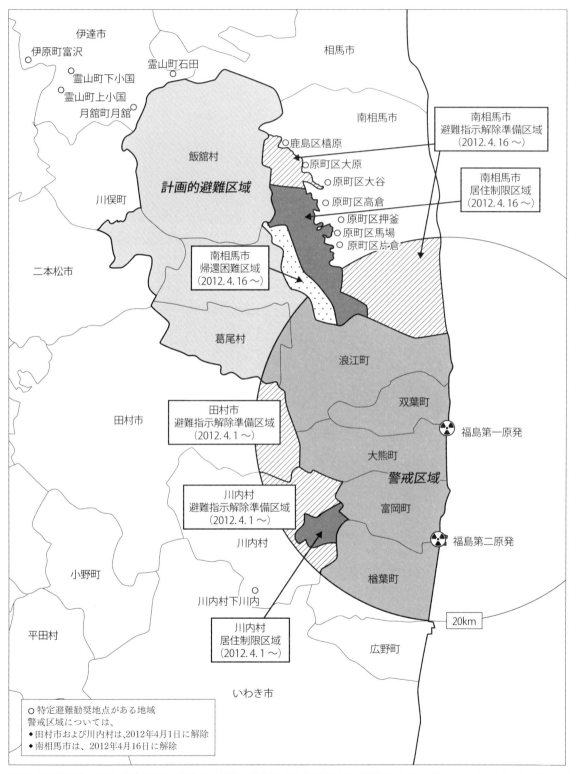

出典：経済産業省，2012，「警戒区域と避難指示区域の概念図（平成24年4月1日以降）」，http://www.meti.go.jp/earthquake/nuclear/pdf/20120330_02g.pdf（170713アクセス）．

2 避難・帰還政策（避難指示区域の変遷）

地図⑤　2013年8月8日時点

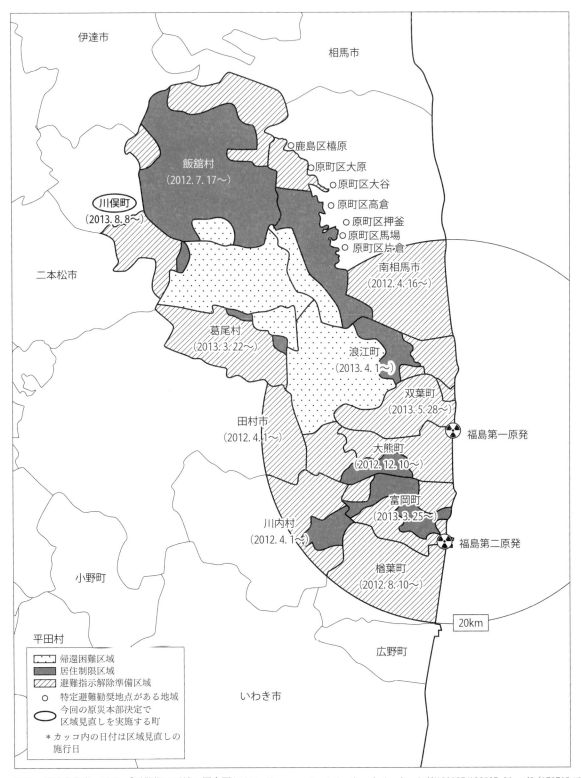

出典：経済産業省，2013，「避難指示区域の概念図」，http://www.meti.go.jp/earthquake/nuclear/pdf/130807/130807_01c.pdf（170713アクセス）．

第Ⅰ部　福島原発震災のもたらしたもの　第2章　被害の広がり

地図⑥　2017年4月1日時点

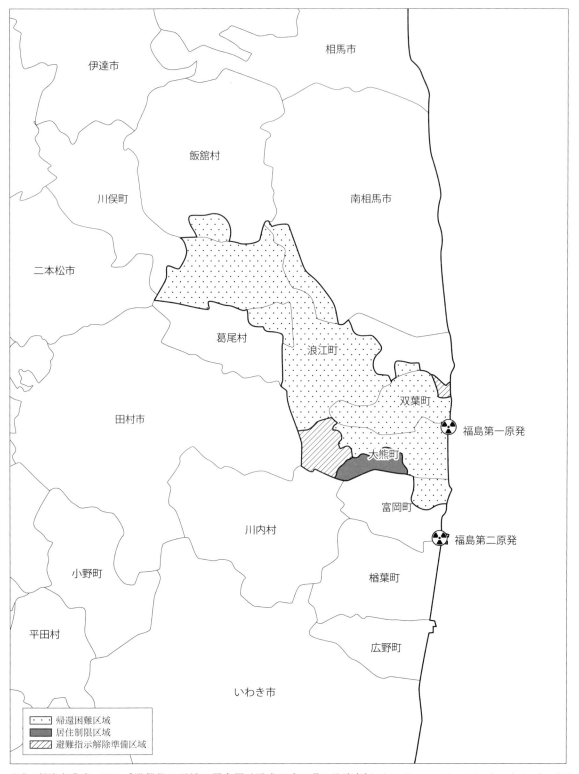

出典：経済産業省, 2017, 「避難指示区域の概念図（平成29年4月1日時点）」, http://www.meti.go.jp/earthquake/nuclear/kinkyu/hinanshiji/2017/pdf/0401gainenzu.pdf（170713アクセス）.

福島県からの避難者数推移

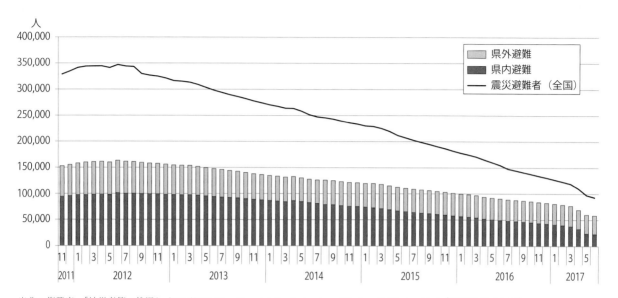

出典：復興庁，「被災者等の状況」，http://reconstruction.go.jp/topics/main-cat2/sub-cat2-6/index.html（170713 アクセス）．

I-2-3 学校・生徒の避難

避難区域の小・中・高校

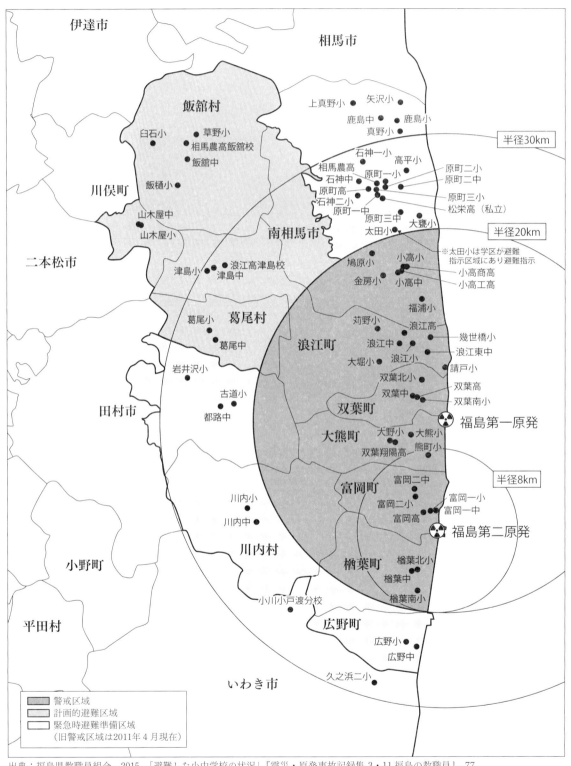

出典：福島県教職員組合，2015，「避難した小中学校の状況」『震災・原発事故記録集 3・11 福島の教職員』，77．
　　　福島県教育会館，『教育関係者名簿（2017年版）』．

学校の避難年表

2011.4.1 福島県教委、30km 圏内にある県立高校 9 校に対し、他校の校舎を間借りして授業を行う「サテライト方式」を採用。(読売: 110401)

2011.4.6 震災や原発事故のため、地元から避難して別の都道府県の公立小中高校に転入する児童生徒が 7000 人に上ることが判明。(朝日: 110407)

2011.4.13 学校施設の放射線量の測定結果をめぐり、どう対応するかの判断基準を国が示さないことへの混乱、戸惑いが福島県内の教育現場に広がる。(福民: 110414)

2011.4.19 文科省、学校の基準として年 20mSv を福島県教委などに通知。校庭、園庭での放射線量が 3.8μSv/h を上回った福島、郡山、伊達 3 市の小中学校と保育所、幼稚園 13 校・園の屋外活動を控える内容。県、20 日には高校、公園にも適用。22 日、日弁連が撤回求める会長声明。(福民: 110420, 110421; 反398: 2)

避難指示、屋内退避区域にある県立 8 高校の「サテライト校」の設置地区が 24 校に。サテライト校の希望者は全生徒の 56.6% にあたる 1836 人。(福民: 110420)

2011.4.22 学校再開が延びていた南相馬市の小中学校の始業式が緊急時避難準備区域外の鹿島区で一斉に行われる。市内 16 小学校、6 中学校を 7 カ所に集約。(福民: 110423)

2011.4.29 内閣官房参与の小佐古敏荘東大教授、菅首相に辞表提出。会見で、年間 20mSv を上限に学校の校庭利用を認めた政府の安全基準(3.8μSv/h)に抗議。(福民: 110430)

2011.5.30 福島県外への転校 8363 人に。小学校 5347 人、中学校 1893 人、高校 1035 人、特別支援学校 88 人。岩手、宮城県では県外への転校はほとんどなし。(福民

: 110531)

福島県教委、公立小中学校での屋外プール授業を条件付きで可能と判断。31 日、いわき市教委は小中学校でのプール授業の取りやめを決定。6 月 3 日には郡山市も。(福民: 110531, 110601, 110604)

2011.6.13 福島県教委、県内の小中高校で空気中の線量が 1μSv/h を超える校庭の表土除去を 8 月中に完了させる方針。(福民: 110614)

福島県教委、サテライト校の集約を検討。来年度入学希望者が定員の 37.6% にとどまったため。9 月 15 日には、各校 1 カ所に集約すると発表。(福民: 110811, 110916)

2011.10.5 南相馬市教委、市内小中学校の屋外活動を 1 日 2 時間に制限すると決定。(福民: 111005)

2011.10.17 南相馬市原町地区の小中学校 5 校が約 7 カ月ぶりに元の校舎で授業再開。(A3-1: 331)

2011.10.26 南相馬市原町区の原町高校が自校での授業再開。(福民: 111025)

2012.1.10 ホールボディーカウンターを使った内部被ばく検査で、福島県は学校への巡回検査を開始。(A3-1: 351)

2012.3.13 公立中学校のうち、原発事故で臨時休校中の 5 校を除く 232 校で卒業式。県外避難の影響で、卒業生は前年より 599 人少ない 1 万 9900 人。(A3-1: 368)

2012.3.23 公立小学校 477 校で卒業式。卒業者は 1 万 8796 人で震災、原発事故の影響などで前年より 1636 人減。(A3-1: 370)

2012.6.27 福島市の小学校の屋外プール授業が 2 年ぶりに再開。(A3-1: 384)

2012.8.27 県が学校基本調査速報発表。福島県の小学生は 10 万 3324 人で前年同期より 5104 人減少し、過去最少更新。県外避難が続く。(A3-1: 393)

2013.3.1 県立高のうち全日制 88

校と定時制 5 校で卒業式。震災発生時に 1 年生だった約 1 万 6000 人が巣立つ。(A3-1: 419)

2013.5.22 双葉郡教育復興ビジョンの骨子案が明らかに。中高一貫校の設置、避難している子どもたちの受け皿整備など。(福民: 130523)

2013.12.3 佐藤雄平知事、県議会で双葉郡内で開校を目指す中高一貫校を広野町と発表。サテライト校を設けている県立高 5 校は生徒募集を停止。すべての在校生が卒業後の 2017 年 4 月から休校に。(A3-1: 452)

2014.2.27 福島市が中学生以下を対象に前年 9 月から 11 月まで実施したバッジ式積算線量計の測定平均値は 0.11mSv で、2011 年度の 0.26mSv と比べ半分以下に減少。(A3-2: 104)

2014.3.1 県立高で卒業式。約 1 万 5000 人が巣立つ。「サテライト校方式」を導入した相双地区 8 校の生徒は、3 年間本校舎で学校生活を送れずに卒業。(福民: 140302)

2014.7.31 県教委、県内の小 1 から高 3 の児童生徒を対象に実施した 2013 年度の体力・運動能力調査結果を公表。2012 年度の調査結果と比べ、大半の学年でさらに体力が低下。(福民: 140801)

2014.10.17 県教委、翌春の県立高の募集定員発表。「ふたば未来学園高」総合学科は 120 人に。サテライト校 5 校(双葉、浪江、浪江津島、富岡、双葉翔陽)は募集停止に。全県で 14 学級減。(福民: 141018)

2015.3.31 文科省、「ふたば未来学園高」の「スーパーグローバルハイスクール(SGH)」指定を正式発表。(福民: 150401)

2015.4.8 県立中高一貫校「ふたば未来学園高」が広野町に開校。新入生 152 人が入学。(福民: 150408)

第Ⅰ部　福島原発震災のもたらしたもの　第2章　被害の広がり

福島県の子どもの避難者数調べ 市町村が把握している18歳未満者数

	2012年4月1日 全数	うち県外	2013年4月1日 全数	うち県外	2014年4月1日 全数	うち県外	2015年4月1日 全数	うち県外	2016年4月1日 全数	うち県外	2017年4月1日 全数	うち県外
福島市	3174	3150	3034	3000	2398	2371	2059	2034	1561	1545	1379	1365
会津若松市	53	53	60	58	57	53	55	51	54	50	49	47
郡山市	2801	2778	2590	2562	2311	2280	2032	2001	1880	1845	1707	1676
いわき市	3641	2166	2803	1610	2107	1318	1690	1138	1358	982	884	846
白河市	119	116	254	196	275	190	238	182	225	176	43	28
須賀川市	182	182	169	169	264	150	247	149	196	142	137	137
喜多方市	10	10	7	7	0	0	0	0	0	0	0	0
相馬市	80	68	159	152	38	36	38	37	11	11	21	19
二本松市	316	313	316	314	288	285	272	267	257	243	249	235
田村市	387	43	367	31	289	24	206	25	139	19	42	11
南相馬市	5606	3637	5820	2861	5155	2242	4729	1874	4299	1412	3837	1044
伊達市	428	425	401	339	312	264	246	208	230	191	156	154
本宮市	84	83	60	59	39	36	31	28	28	21	16	14
桑折町	31	31	39	34	31	27	10	8	8	7	7	7
国見町	56	42	57	57	26	21	25	21	21	16	18	16
川俣町	242	73	225	76	200	49	176	42	165	42	189	75
大玉村	21	20	19	18	65	46	4	1	4	1	4	1
鏡石町	36	36	37	37	34	34	30	30	27	27	24	24
天栄村	26	25	22	21	23	19	22	18	22	18	20	18
下郷町	0	0	0	0	0	0	0	0	0	0	0	0
檜枝岐村	0	0	0	0	0	0	0	0	0	0	0	0
只見町	0	0	0	0	0	0	0	0	0	0	0	0
南会津町	0	0	0	0	0	0	0	0	0	0	0	0
北塩原村	0	0	0	0	0	0	0	0	0	0	0	0
西会津町	0	0	0	0	0	0	0	0	0	0	0	0
磐梯町	2	2	2	2	0	0	0	0	0	0	0	0
猪苗代町	5	5	5	5	6	6	17	17	7	7	5	5
会津坂下町	3	3	0	0	3	3	0	0	0	0	0	0
湯川村	0	0	0	0	0	0	0	0	0	0	0	0
柳津町	0	0	0	0	0	0	0	0	0	0	0	0
三島町	1	1	1	1	1	1	0	0	0	0	0	0
金山町	0	0	0	0	0	0	0	0	0	0	0	0
昭和村	0	0	0	0	0	0	0	0	0	0	0	0
会津美里町	2	2	2	2	3	3	2	2	0	0	0	0
西郷村	44	44	65	65	63	63	51	51	54	54	54	54
泉崎村	13	13	8	8	11	11	11	11	11	11	11	11
中島村	1	1	0	0	0	0	0	0	0	0	0	0
矢吹町	54	54	33	32	56	55	42	41	38	37	37	36
棚倉町	7	7	7	7	15	13	18	16	14	13	16	14
矢祭町	2	2	0	0	0	0	0	0	3	3	3	3
塙町	1	1	3	3	2	2	0	0	0	0	0	0
鮫川村	3	3	3	3	2	2	2	2	2	2	1	1
石川町	12	12	4	4	3	3	3	3	0	0	0	0
玉川村	7	7	7	7	6	6	6	6	6	6	2	2

3　学校・生徒の避難

	2012年4月1日		2013年4月1日		2014年4月1日		2015年4月1日		2016年4月1日		2017年4月1日	
	全数	うち県外	全数	うち県外	全数	うち県外	全数	うち県外	全数	うち県外	全数	うち県外
平田村	2	2	3	3	4	4	0	0	0	0	0	0
浅川町	3	3	4	3	2	2	2	2	2	2	2	2
古殿町	0	0	5	5	5	5	7	7	5	5	4	4
三春町	29	29	46	43	39	35	12	10	14	14	12	9
小野町	13	13	22	21	33	25	29	23	29	22	29	20
広野町	970	263	849	188	832	196	490	68	418	59	221	30
楢葉町	1210	268	1226	257	1072	186	1077	172	975	150	961	197
富岡町	2597	968	2382	744	2279	645	2194	582	2096	506	1977	474
川内村	279	75	295	84	227	65	185	41	231	34	126	27
大熊町	1896	611	2127	582	2113	568	2058	548	2029	536	1973	528
双葉町	1130	658	1094	608	1063	557	967	470	873	394	844	368
浪江町	3298	1419	3276	1358	3133	1276	3039	1180	2960	1117	2846	1043
葛尾村	195	22	201	22	187	22	186	18	190	25	162	8
新地町	36	36	49	49	9	9	8	8	2	2	2	2
飯舘村	1001	120	990	109	986	100	982	100	984	99	840	69
計	30109	17895	29148	15816	26067	13308	23498	11492	21428	9846	18910	8624

＊原則として2012年4月1日時点の避難者数である（会津坂下町：2月10日、いわき市・須賀川市：3月27日、田村市：3月31日）。
＊相馬市、桑折町、小野町、新地町については、小中学生の区域外就学のみ把握。
＊いわき市については、地震や津波により市内の仮設住宅等に避難している者も含む。
出典：福島県こども・青少年政策課「東日本大震災に係る子どもの避難者数調べ」，https://www.pref.fukushima.lg.jp/sec/21055a/kodomohinansya.html（170714アクセス）．

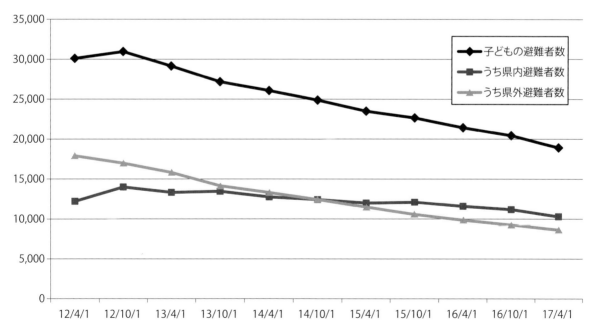

福島県の子どもの避難者数推移　市町村が把握している18歳未満者数

参考資料：福島県こども・青少年政策課「東日本大震災に係る子どもの避難者数調べ」，https://www.pref.fukushima.lg.jp/sec/21055a/kodomohinansya.html（170714アクセス）．

原発事故で避難した市町村の学校の児童・生徒数

自治体		2010年	2012年		2014年		2016年		2017年	
		児童・生徒数	児童・生徒数	2010年比	児童・生徒数	2010年比	児童・生徒数	2010年比	児童・生徒数	2010年比
南相馬市小高区	小学校	706	178	25%	155	22%	92	13%	62	9%
	中学校	386	101	26%	103	27%	89	23%	67	17%
飯舘村	小学校	347	220	63%	183	53%	108	31%	51	15%
	中学校	185	111	60%	106	57%	88	48%	62	34%
川俣町山木屋地区	小学校	70	55	79%	39	56%	17	24%	10	14%
	中学校	29	26	90%	32	110%	23	79%	20	69%
浪江町	小学校	1151	29	3%	22	2%	11	1%	5	0%
	中学校	611	49	8%	42	7%	17	3%	9	1%
葛尾村	小学校	68	未再開		12	18%	9	13%	9	13%
	中学校	44	未再開		8	18%	11	25%	13	30%
双葉町	小学校	342	未再開		4	1%	20	6%	26	8%
	中学校	208	未再開		6	3%	11	5%	11	5%
大熊町	小学校	745	259	35%	128	17%	68	9%	25	3%
	中学校	371	157	42%	68	18%	43	12%	20	5%
富岡町	小学校	927	32	3%	23	2%	15	2%	11	1%
	中学校	550	38	7%	26	5%	18	3%	19	3%
川内村	小学校	109	16	15%	26	24%	35	32%	45	41%
	中学校	54	14	26%	17	31%	13	24%	17	31%
楢葉町	小学校	428	63	15%	79	18%	72	17%	62	14%
	中学校	255	39	15%	72	28%	56	22%	43	17%
広野町	小学校	304	67	22%	91	30%	110	36%	143	47%
	中学校	230	22	10%	50	22%	66	29%	83	36%
田村市都路地区	小学校	151	135	89%	95	63%	67	44%	57	38%
	中学校	77	62	81%	57	74%	63	82%	58	75%
合計		8348	1673	20%	1444	17%	1122	13%	928	11%

網掛け部は避難先で再開したもの

参考資料：

2014年までは以下を参照.

　福島県教職員組合，2015，『震災・原発事故記録集 3・11 福島の教職員』.

2015年以降は下記の資料を参照.

　河北：170406，「〈避難解除〉楢葉、南相馬で学校再開」，http://www.kahoku.co.jp/tohokunews/201704/20170406_63002.html

　福友：150904，「岐路に立つ『学び』 生徒数の減少止まらず、先行き不透明」，http://www.minyu-net.com/osusume/daisinsai/serial/150904/news1.html

　双葉町，2017，「町立幼稚園、小・中学校の子どもの数」，http://www.town.fukushima-futaba.lg.jp/5539.htm

　河北：170407，「〈全町避難〉新入生1人 希望を胸に」，http://www.kahoku.co.jp/tohokunews/201704/20170407_63047.html

　福友：160511，「避難市町村……変わる教育 子ども減少傾向『小規模の良さ出す』」，http://www.minyu-net.com/news/sinsai/serial/0502/FM20160511-072757.php

　福民：170407，「県内小中学校で入学式」，http://www.minpo.jp/news/detail/2017040740493

　（以上，170713 アクセス）

　川内村の2017年分は教育委員会に架電にて確認（170531）.

避難指示解除年別に見た児童・生徒数　　原発事故で避難した市町村の小中学校児童・生徒数の2010年比推移

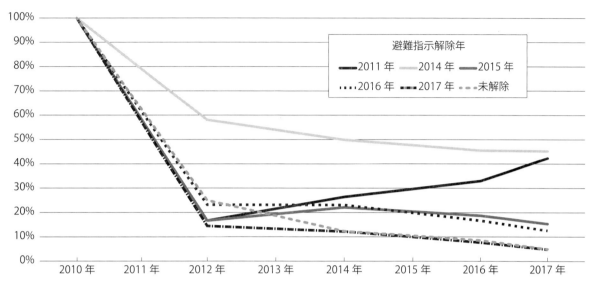

*一部避難指示区域が存在する場合も、大部分が解除された場合は解除されたとみなして分類した

参考資料：
2014年までは以下を参照．
　福島県教職員組合，2015，『震災・原発事故記録集 3・11 福島の教職員』．
2015年以降は下記の資料を参照．
　河北：170406，「〈避難解除〉楢葉、南相馬で学校再開」，http://www.kahoku.co.jp/tohokunews/201704/20170406_63002.html
　福友：150904，「岐路に立つ『学び』　生徒数の減少止まらず、先行き不透明」，http://www.minyu-net.com/osusume/daisinsai/serial/150904/news1.html
　双葉町，2017，「町立幼稚園、小・中学校の子どもの数」，http://www.town.fukushima-futaba.lg.jp/5539.htm
　河北：170407，「〈全町避難〉新入生1人　希望を胸に」，http://www.kahoku.co.jp/tohokunews/201704/20170407_63047.html
　福友：160511，「避難市町村……変わる教育　子ども減少傾向『小規模の良さ出す』」，http://www.minyu-net.com/news/sinsai/serial/0502/FM20160511-072757.php
　福民：170407，「県内小中学校で入学式」，http://www.minpo.jp/news/detail/2017040740493
　（以上，170713アクセス）
　川内村の2017年分は教育委員会に架電にて確認（170531）．

第Ⅰ部　福島原発震災のもたらしたもの　第2章　被害の広がり

福島県の被災地の高校の生徒数

調査日 学校名	事故前 2010/4/1		事故後の在籍数（人）および事故前年（2010年4月1日）との比（%）							
			2011/8/31		2012/4/1		2013/4/1		2014/4/1	
	人	%	人	%	人	%	人	%	人	%
福島県立双葉高校	469	100.0	198	42.2	120	25.6	65	13.9	45	9.6
福島県立浪江高校	315	100.0	146	46.3	76	24.1	40	12.7	33	10.5
福島県立浪江高校津島校	53	100.0	52	98.1	44	83.0	38	71.7	38	71.7
福島県立富岡高校	327	100.0	227	69.4	212	64.8	184	56.3	174	53.2
福島県立双葉翔陽高校	341	100.0	172	50.4	124	36.4	75	22.0	49	14.4
福島県立原町高校	708	100.0	386	54.5	451	63.7	440	62.1	452	63.8
福島県立相馬農業高校	332	100.0	228	68.7	265	79.8	283	85.2	281	84.6
福島県立相馬農業高校飯舘校	88	100.0	79	89.8	68	77.3	51	58.0	54	61.4
福島県立小高商業高校	217	100.0	154	71.0	129	59.4	147	67.7	141	65.0
福島県立小高工業高校	588	100.0	388	66.0	322	54.8	286	48.6	305	51.9
学校法人松韻学園松栄高校[*1]	105	100.0	24	22.9	0	0	0	0		

調査日 学校名	事故前 2010/4/1		事故後の在籍数（人）および事故前年（2010年4月1日）との比（%）					
			2015/4/1		2016/4/1		2017/4/1	
	人	%	人	%	人	%	人	%
福島県立双葉高校[*2]	469	100.0	29	6.2	11	2.3	0	0.0
福島県立浪江高校[*2]	315	100.0	27	8.6	14	4.4	0	0.0
福島県立浪江高校津島校[*2]	53	100.0	24	45.3	12	22.6	0	0.0
福島県立富岡高校[*2]	327	100.0	119	36.4	62	19.0	0	0.0
福島県立双葉翔陽高校[*2]	341	100.0	29	8.5	12	3.5	0	0.0
福島県立双葉みらい学園高校[*3]			152		282		422	
福島県立原町高校	708	100.0	452	63.8	465	65.7	472	66.7
福島県立相馬農業高校	332	100.0	243	73.2	229	69.0	259	78.0
福島県立相馬農業高校飯舘校	88	100.0	69	78.4	69	78.4	63	71.6
福島県立小高商業高校[*4]	217	100.0	164	75.6	151	69.6		
福島県立小高工業高校[*4]	588	100.0	290	49.3	329	56.0		
福島県立小高産業技術高校[*5]							503	

2017年7月15日現在
＊1：2012年より休校、2014年3月廃校。
＊2：2017年4月1日より休校。
＊3：2015年より新設。
＊4：2017年3月31日閉校。
＊5：2017年4月1日より新設。
出典：福島県教育会館，『教育関係者名簿（2011〜17年版）』.

福島県の被災地の高校の生徒数の推移

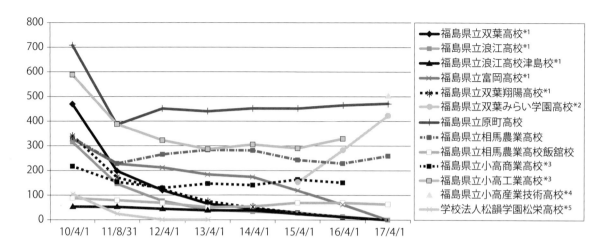

*1：2017年4月1日より休校。
*2：2015年より新設。
*3：2017年3月31日閉校。
*4：2017年4月1日より新設。
*5：2012年より休校、2014年廃校。
出典：福島県教育会館、『教育関係者名簿（2011〜17年版）』．

福島県の被災地の高校の生徒数の2010年4月1日比の推移

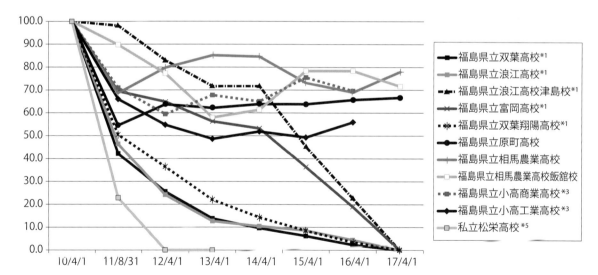

*1：2017年4月1日より休校。
*3：2017年3月31日閉校。
*5：2012年より休校、2014年廃校。
出典：福島県教育会館、『教育関係者名簿（2011〜17年版）』．

「原発事故により避難した児童生徒に対するいじめ」年表

＊年々深刻化する全国的な「いじめ」問題に対処するため、政府は、2013 年 6 月「いじめ防止対策推進法」を公布し、文部科学省が「基本方針」を策定するなど対策をすすめていたが、福島原発事故に伴う福島県から他県へ避難した児童生徒に対する差別やいじめの問題が徐々に顕在化し、2016 年 11 月以降、社会問題となった。

2013.6.28 「いじめ防止対策推進法」公布される。(文科省HP: 130628)
第 1 回「いじめ防止基本方針策定協議会」開催。第 7 回 (2013. 10. 11) まで開催。(文科省HP)

2013.10.11 文部科学大臣「いじめの防止等のための基本的な方針」を決定 (2017. 3. 14、最終決定)。(文科省HP)

2016.6.30 第 1 回「いじめ防止対策協議会」の開催。第 8 回 (2017. 2. 1) まで開催。(文科省HP)

2016.11.9 原発事故で福島県から自主避難してきた横浜市内の中 1 の男子生徒が、名前に「菌」を付けて呼ばれるなどし不登校になっていたことが明らかに。同市教委の第三者委員会がいじめと認定。17 日、文科省は避難している子どものケアやいじめ防止対策推進法に基づく対応の徹底を各自治体の教育委員会に指導。21 日、横浜市教委、全市立 509 校に対し再発防止を求める通知。12 月 1 日、同市教委、生徒の両親に謝罪。(朝日: 161110, 161118, 161122, 161202)

2016.12.2 5 年前、原発事故で福島県から避難していた新潟市の小 4 の男子児童が、担任の男性教諭から名前に「菌」をつけて呼ばれ、学校を休んでいることが判明。同市教委、記者会見で謝罪。(朝日: 161202, 161203)

2016.12.13 千代田区の区立中学校で、原発事故のため福島県から自主避難している生徒が、同学年の 3 人に、お菓子など計約 1 万円分をおごらされていたことが判明。(朝日: 161213)

2016.12.16 福島県から神奈川県内への避難者の裁判を支援する弁護団、小中学生の子どもがいる約 30 世帯中 8 世帯の子どもがいじめを受けていたと発表。(朝日: 161216)

2017.1.21 新潟県下越地方に自主避難している中学 1 年の女子生徒が同級生からいじめを受けていたことが判明。学校はいじめたとされる生徒らを指導、女子生徒の保護者に謝罪。(朝日: 170121)

2017.1.23 横浜市に避難した中 1 生徒がいじめを受けて不登校になった問題で、20 日、岡田優子教育長が「金銭授受をいじめと認定できない」と述べたことに対し、生徒の保護者側が撤回を求める。25 日、林文子市長が謝罪。2 月 13 日、岡田教育長、見解を撤回、「金銭授受もいじめの一部として認識する」と謝罪。(朝日: 170124, 170126, 170214)

2017.1.28 原発被害救済千葉県弁護団、千葉地裁に訴えを起こしている世帯で小中学生のいる 5 世帯のうち 3 世帯の子どもが学校でいじめを受けたと訴えていることを明らかに。(朝日: 170128)

2017.2.15 埼玉県教育局、県内に避難する児童・生徒 610 人対象のいじめ調査結果発表、福島から避難する中 2 (当時小 3)男子生徒が、震災直後、同級生からいじめを受けていたと明らかに。(朝日: 170216)
新潟市に避難している小 4 の男子児童が登校できなくなった問題で、市の第三者委員会、「避難といじめの直接的な因果関係はない」と結論。(朝日: 170216)

2017.2.26 朝日新聞社と福島大学の今井照教授、原発避難による「いじめ」「差別」についての共同調査の結果公表。いじめや差別を受けたり、被害を見聞きしたりしたこ

とがある：62%、自分や家族が被害に遭った：18%、周囲で見聞きしたことがある：44%。18 都府県の 184 人が回答。(朝日: 170226)

2017.2.27 福島県から都内に避難してきた児童生徒 3 人、千代田区の小学校在籍中の 2011〜15 年にいじめを受けたとして、いじめ防止対策推進法に基づき通報。(朝日: 170228)

2017.2.28 福島県から千葉県に避難し市川市内の公立中学校に転入した生徒が、別の生徒から「放射能」と言われるいじめを受けていたことが判明。(朝日: 170228)

2017.3.16 新潟市に避難している小 4 の児童が、担任の男性教諭からいじめを受け登校できなくなった問題で、新潟市教委、男性教諭を減給、校長を訓告処分に。児童の保護者、原発事故が直接の原因ではないとする第三者委員会報告書に、「納得いかない」と話す。(朝日: 170316, 170317)

2017.3.17 原発事故で群馬県内に避難した住民らによる訴訟で、国や東電の責任を認めた前橋地裁判決が、原告の子ども 5 人について避難先の学校などで嫌がらせやいじめがあり、精神的苦痛を受けたと認定。(朝日: 170322)

2017.4.11 文部科学大臣、「東日本大震災により被災した児童生徒又は原子力発電所事故により避難している児童生徒へのいじめの防止について」のメッセージ。(文科省HP: 170411)
松野博一文部科学相、原発避難の子どもに対するいじめが 2016 年度に 129 件、15 年度以前に 70 件確認されたと発表。16 年 5 月現在、県内外の避難先の学校に通う子どもは 1 万 1828 人。(朝日: 170411)

2017 年 4 月 30 日現在
出典：文科省 HP: 文部科学省、「いじめの問題に対する施策」、http://www.mext.go.jp/a_menu/shotou/seitoshidou/1302904.htm (171014 アクセス).

I－2－4 被ばく・健康被害

推定被ばく線量

カテゴリー	人数	平均被ばく線量
事故処理作業者（2011.3 ～ 2016.3）[1]	46,974	11.76 ～ 22.43mSv（最大：678.80mSv） 1mSv 以下が 14,005 人、100mSv 超が 174 人
避難指示等区域住民	約 86,000[2]	成人　　　　：1.1 ～ 9.3mSv　（事故初年） 小児、10 歳：1.3 ～ 10mSv　（事故初年） 小児、1 歳 ：1.6 ～ 13mSv　（事故初年）
汚染状況重点調査地域[3]	6,856,308[4]	成人　　　　：0.2 ～ 4.3mSv　（事故初年） 小児、10 歳：0.2 ～ 5.9mSv　（事故初年） 小児、1 歳 ：0.3 ～ 7.5mSv　（事故初年） 成人　　　　：0.2 ～ 8.3mSv　（事故から 10 年） 小児、10 歳：0.3 ～ 12mSv　（事故から 10 年） 小児、1 歳 ：0.3 ～ 14mSv　（事故から 10 年）

参考資料：UNSCAER, 2013, 『2011 年東日本大震災後の原子力事故による放射線被ばくのレベルと影響』, http://www.unscear.org/docs/publications/2013/UNSCEAR_2013_Annex_A_JAPANESE.pdf（170713 アクセス）.

＊ 1：厚生労働省, 2017, 「被災地域における地域医療の再生支援（地域医療再生基金）」, http://www.mhlw.go.jp/topics/2017/01/dl/tp0117-z01-02p.pdf（170713 アクセス）.

＊ 2：内閣府, 2012, 「国会・政府事故調報告書提言のフォローアップ（個票）」, http://www.cas.go.jp/jp/genpatsujiko/intellectual_meeting/first_intellectual2/handout2.pdf（170713 アクセス）.

＊ 3：環境省, 「除染実施区域（市町村除染）の概要・進捗」, http://josen.env.go.jp/zone/（170713 アクセス）.

＊ 4：総務省統計局, 平成 22 年国勢調査, http://www.stat.go.jp/data/kokusei/2010/（170713 アクセス）.

福島県民健康調査甲状腺検査

検査の流れ

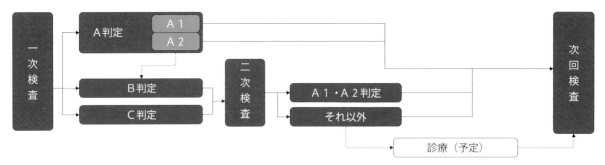

■県民健康調査「甲状腺検査」の対象：
　先行調査：福島第一原発事故時に福島県に在住で、1992年4月2日〜2011年4月1日生まれの人
　本格検査：先行検査対象者および2011年4月2日〜2012年4月1日に福島県で生まれた人
■甲状腺検査の頻度：
　20歳を超えるまでは2年ごと、25歳以降は5年ごとに実施
■検査の流れ：
①一次検査：超音波画像診断装置により甲状腺の超音波検査を実施
　A判定：A1、A2判定の場合は次回の検査まで経過観察
　（A1）結節やのう胞を認めなかった場合
　（A2）5.0mm以下の結節や20.0mm以下ののう胞を認めた場合
　　＊　A2の判定内容であっても、甲状腺の状態等から二次検査が必要と判断した場合、B判定とする
　B判定：5.1mm以上の結節や20.1mm以上ののう胞を認めた場合は二次検査を実施
　C判定：甲状腺の状態等から判断して、直ちに二次検査を要する場合、二次検査を実施
②二次検査：詳細な超音波検査、血液検査および尿検査を行い、必要に応じて穿刺吸引細胞診を実施
　二次検査の結果、概ね6カ月後または1年後に診療（予定）となる場合とA2の基準値を超えるが次回検査となる場合がある
＊診療になった場合、次回の甲状腺検査を受けるか否かは主治医の判断による

検査の状況

		対象者数	一次検査受診者数	受診率	診断結果 A1	A2	B	C
先行検査[*1]	2011 年度実施	47,769	41,810	87.5%	26,375	15,214	221	0
	2012 年度実施	161,123	139,337	86.5%	76,194	62,155	987	1
	2013 年度実施	158,757	119,326	75.2%	52,036	66,205	1,085	0
	計	367,649	300,473	81.7%	154,605	143,574	2,293	1
本格検査[*2]（検査 2 回目）	2014 年度実施	216,869	159,163	73.4%	66,438	91,409	1,307	0
	2015 年度実施	164,387	111,348	67.7%	42,259	68,165	919	0
	計	381,256	270,511	71.0%	108,697	159,574	2,226	0
合計								

		二次検査対象者数	二次検査受診者数	二次検査受診率	A1	A2	それ以外	うち細胞診受診	悪性ないし悪性疑い	一次検査受診者数比	手術	乳頭がん	低分化がん	良性結節	その他の甲状腺がん
先行検査[*1]	2011 年度実施	221	199	90.0%	18	36	143	92	15	0.04%	15	14	0	1	0
	2012 年度実施	988	920	93.1%	57	250	596	264	56	0.04%	52	52	0	0	0
	2013 年度実施	1,084	1,011	93.3%	57	293	640	191	45	0.04%	35	34	1	0	0
	計	2,293	2,130	90.0%	132	579	1,379	547	116	0.04%	102	100	1	1	0
本格検査[*2]（検査 2 回目）	2014 年度実施	1,307	1,090	83.4%	38	241	780	150	52	0.03%	38	37	0	0	1
	2015 年度実施	919	742	80.7%	23	116	550	50	19	0.02%	11	11	0	0	0
	計	2,226	1,832	82.3%	61	357	1,330	200	71	0.03%	49	48	0	0	1
合計									187		151	148	1	1	1

2017 年 3 月 31 日現在

注：本格検査（検査 2 回目）で「悪性ないし悪性疑い」と判定された 71 人の先行検査での診断は、A 判定が 65 人（A1 が 33 人、A2 が 32 人）、B 判定が 5 人、先行検査未受診が 1 人だった。

＊ 1：「県民健康調査」検討委員会「甲状腺検査評価部会」, 2017,『県民健康調査「甲状腺検査（先行検査）」結果概要（平成 28 年度追補版）』, http://www.pref.fukushima.lg.jp/uploaded/attachment/219703.pdf（170713 アクセス）.

＊ 2：「県民健康調査」検討委員会「甲状腺検査評価部会」, 2017,『県民健康調査「甲状腺検査（本格検査（検査 2 回目））」結果概要』, http://www.pref.fukushima.lg.jp/uploaded/attachment/219704.pdf（170713 アクセス）.

第Ⅰ部　福島原発震災のもたらしたもの　第2章　被害の広がり

3・11甲状腺がん子ども基金、甲状腺がん患者への療養金支給件数　第1期[*1]

県名	福島	秋田	岩手	宮城	山形	新潟	栃木	群馬	茨城	千葉	埼玉	東京	神奈川	静岡	山梨	長野
地域別の人数 （原発事故当時の居住地域別）	58	1	1	3	0	1	0	1	1	1	3	3	4	1	1	2
男女比	28：30	7：16														
アイソトープ治療適応	2 （女性：1、 男性：1）	8（8地域） （女性：2、男性：6）														
事故時年齢	4～18歳	4～19歳														
甲状腺がん発見の経緯　県民健康調査	53[*2]															
県民健康調査以外	5[*3]															
自治体による健診		1														
入学・入社時の健診		4														
自覚症状や独自の受診		18														

注：3・11甲状腺がん子ども基金は東京電力福島第一原子力発電所事故以降に、事故当時1都15県に居住しており、甲状腺がんと診断された子ども（事故当時19歳以下）に対し、療養費を給付している

＊1：2016年12月1日～2017年3月31日

＊2：事故当時福島県在住で県民健康調査を介して、甲状腺がんが見つかった53人中、1人（4歳児）は、「県民健康調査」検討委員会が発表している合計数には含まれていない

＊3：県民健康調査以外で発見された5人は「県民健康調査」検討委員会が発表している合計数には含まれていない

出典：3・11甲状腺がん子ども基金，2017，「療養費給付事業『手のひらサポート』第1期のまとめ」，http://www.311kikin.org/wp-311kikin/wp-content/uploads/2017/04/1st-stage-summary.pdf（171020アクセス）．

Ⅰ-2-5 農漁業被害

飲食物の摂取制限推移

制定年	対象	放射性ヨウ素 (Bq/kg)	放射性セシウム (Bq/kg)	ウラン (Bq/kg)	プルトニウムおよび超ウラン元素のアルファ核種 (Bq/kg)	備考	出典
1980	飲料水	300	200	20	1	スリーマイル島原発事故を契機に策定 実効線量 5mSv/ 年（放射性ヨウ素による甲状腺（等価）線量の場合は 50mSv/ 年）を基準とする	1
	牛乳・乳製品	300	200	20	1		
	野菜類	2000（根菜、芋類除く）	500	100	10		
	穀類	－	500	100	10		
	肉・卵・魚その他	－	500	100	10		
1986	食品輸入規制値	－	370	－	－	チェルノブイリ原発事故後に設定された食品輸入規制値	2
2011	飲料水・牛乳・乳製品	300	200	20	1	福島第一原発事故後に設定された暫定規制値 実効線量 5mSv/ 年（放射性ヨウ素による甲状腺（等価）線量の場合は 50mSv/ 年）を基準とする	3
	野菜類・穀類・肉・卵・魚その他	2000	500	100	10		
2012	一般食品		100	－	－	追加被ばく線量 1mSv/ 年を基準に設定	4
	乳児用食品	－	50	－	－		
	牛乳	－	50	－	－		
	飲料水	－	10	－	－		

出典 1：原子力安全委員会，1980,『原子力発電所等周辺の防災対策について』.
　　2：高度情報科学技術研究機構，2004,「輸入食品中の放射能の濃度限度」，http://www.rist.or.jp/atomica/data/dat_detail.php?Title_No=09-01-04-07（170606 アクセス）.
　　3：厚生労働省，2011,「放射能汚染された食品の取り扱いについて」，http://www.mhlw.go.jp/stf/houdou/2r9852000001558e.html（170606 アクセス）.
　　　原子力安全委員会 原子力発電所等周辺防災対策専門会合 環境ワーキンググループ，1998,「飲食物摂取制限に関する指標について」，http://www.mhlw.go.jp/stf/shingi/2r98520000018iyb-att/2r98520000018k4m.pdf（170606 アクセス）.
　　4：厚生労働省，2011,「放射能汚染された食品の取り扱いについて」，http://www.mhlw.go.jp/stf/houdou/2r9852000001558e.html（170606 アクセス）.

食品中の放射性物質測定

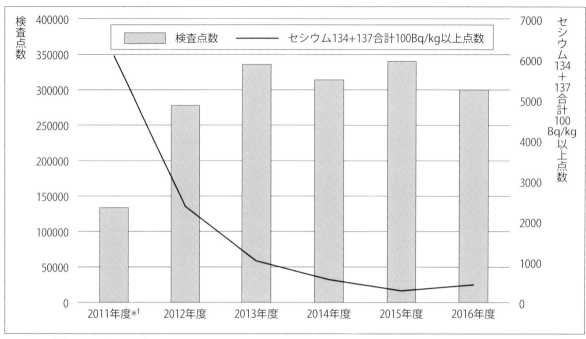

＊1：2011年度は2011年3月を含む
出典：厚生労働省，「月別検査結果」，http://www.mhlw.go.jp/stf/kinkyu/0000045250.html（170606 アクセス）

5　農漁業被害（出荷制限）

出荷制限

＊網掛け部は出荷制限中の地域

福島県

			2011.3.21 ～：下記の地域以外
	原乳		2011.3.21 ～ 4.8 解除：喜多方市、磐梯町、猪苗代町、三島町、会津美里町、下郷町、南会津町
			2011.3.21 ～ 4.16 解除：福島市、二本松市、伊達市、本宮市、国見町、大玉村、郡山市、須賀川市、田村市（旧都路村の区域を除く）、三春町、小野町、鏡石町、石川町、浅川町、平田村、古殿町、白河市、矢吹町、泉崎村、中島村、西郷村、鮫川村、塙町、矢祭町、いわき市
			2011.3.21 ～ 4.21 解除：相馬市、新地町
			2011.3.21 ～ 5.1 解除：南相馬市（鹿島区のうち、烏崎、大内、川子および塩崎を除く区域に限る）、川俣町（山木屋の区域を除く）
			2011.3.21 ～ 6.8 解除：田村市（福島第一原子力発電所から半径 20km 圏内の区域を除く）、南相馬市（福島第一原子力発電所から半径 20km 圏内の区域ならびに原町区高倉字助常、原町区高倉字吹屋峠、原町区高倉字七曲、原町区高倉字森、原町区高倉字枯木森、原町区馬場字五台山、原町区馬場字横川、原町区馬場字薬師岳、原町区片倉字行津および原町区大原字和田城の区域を除く）、川内村（福島第一原子力発電所から半径 20km 圏内の区域を除く）
			2011.3.21 ～ 10.7 解除：会津若松市、桑折町、天栄町、檜枝岐村、只見町、北塩原村、西会津町、会津坂下町、湯川村、柳津町、金山町、昭和村、棚倉町、玉川村、広野町、楢葉町（福島第一原子力発電所から半径 20km 圏内の区域を除く）
			2011.3.21 ～ 2016.12.26 解除：田村市（福島第一原子力発電所から半径 20km 圏内の区域に限る）、南相馬市（2012.3.30 付け指示により設定された帰還困難区域を除く区域に限る）、楢葉町（福島第一原子力発電所から半径 20km 圏内の区域に限る）、川内村（福島第一原子力発電所から半径 20km 圏内の区域に限る）、葛尾村（2013.3.7 付け指示により設定された帰還困難区域を除く区域に限る）
野菜類	非結球性葉菜類（ホウレンソウ、コマツナ等）	ホウレンソウ、カキナ	2011.3.21 ～：下記の地域以外
			2011.3.21 ～ 5.4 解除：白河市、いわき市、矢吹町、棚倉町、矢祭町、塙町、西郷村、泉崎村、中島村、鮫川村
			2011.3.21 ～ 5.11 解除：会津若松市、喜多方市、西会津町、磐梯町、猪苗代町、会津坂下町、柳津町、三島町、金山町、会津美里町、只見町、南会津町、北塩原村、湯川村、昭和村、檜枝岐村
			2011.3.21 ～ 5.25 解除：新地町、相馬市、南相馬市（福島第一原子力発電所から半径 20km 圏内の区域ならびに原町区高倉字助常、原町区高倉字吹屋峠、原町区高倉字七曲、原町区高倉字森、原町区高倉字枯木森、原町区馬場字五台山、原町区馬場字横川、原町区馬場字薬師岳、原町区片倉字行津および原町区大原字和田城の区域を除く）
			2011.3.21 ～ 6.1 解除：郡山市、須賀川市、田村市（福島第一原子力発電所から半径 20km 圏内の区域を除く）、鏡石町、石川町、浅川町、古殿町、三春町、小野町、天栄村、玉川村、平田村
			2011.3.21 ～ 6.23 解除：福島市、二本松市、伊達市、本宮市、桑折町、国見町、川俣町（山木屋の区域を除く）、大玉村
			2011.3.21 ～ 11.4 解除：広野町、川内村（福島第一原子力発電所から半径 20km 圏内の区域を除く）
			2011.3.21 ～ 2013.3.29 解除：田村市（福島第一原子力発電所から半径 20km 圏内の区域に限る）
			2011.3.21 ～ 2015.2.18 解除：楢葉町、川内村（福島第一原子力発電所から半径 20km 圏内の区域に限る）
			2011.3.21 ～ 2016.3.17 解除：南相馬市（2012.3.30 付け指示により設定された帰還困難区域を除く福島第一原子力発電所から半径 20km 圏内の区域ならびに原町区高倉字助常、原町区高倉字吹屋峠、原町区高倉字七曲、原町区高倉字森、原町区高倉字枯木森、原町区馬場字五台山、原町区馬場字横川、原町区馬場字薬師岳、原町区片倉字行津および原町区大原字和田城の区域に限る）、川俣町（山木屋の区域に限る）、葛尾村（2012.3.30 付け指示により設定された帰還困難区域を除く区域に限る）
		その他すべて	2011.3.23 ～：下記の地域以外
			2011.3.23 ～ 5.4 解除：白河市、いわき市、矢吹町、棚倉町、矢祭町、塙町、西郷村、泉崎村、中島村、鮫川村
			2011.3.23 ～ 5.11 解除：会津若松市、喜多方市、西会津町、磐梯町、猪苗代町、会津坂下町、柳津町、三島町、金山町、会津美里町、下郷町、只見町、南会津町、北塩原村、湯川村、昭和村、檜枝岐村
			2011.3.23 ～ 5.25 解除：新地町、相馬市、南相馬市（福島第一原子力発電所から半径 20km 圏内の区域ならびに原町区高倉字助常、原町区高倉字吹屋峠、原町区高倉字七曲、原町区高倉字森、原町区高倉字枯木森、原町区馬場字五台山、原町区馬場字横川、原町区馬場字薬師岳、原町区片倉字行津および原町区大原字和田城の区域を除く）
			2011.3.23 ～ 6.1 解除：郡山市、須賀川市、田村市（福島第一原子力発電所から半径 20km 圏内の区域を除く）、鏡石町、石川町、浅川町、古殿町、三春町、小野町、天栄村、玉川村、平田村
			2011.3.23 ～ 6.23 解除：福島市、二本松市、伊達市、本宮市、桑折町、国見町、川俣町（山木屋の区域を除く）、大玉村
			2011.3.23 ～ 11.4 解除：広野町、川内村（福島第一原子力発電所から半径 20km 圏内の区域を除く）
			2011.3.21 ～ 2013.3.29 解除：田村市（福島第一原子力発電所から半径 20km 圏内の区域に限る）
			2011.3.21 ～ 2015.2.18 解除：楢葉町、川内村（福島第一原子力発電所から半径 20km 圏内の区域に限る）
			2011.3.21 ～ 2016.3.17 解除：南相馬市（2012.3.30 付け指示により設定された帰還困難区域を除く福島第一原子力発電所から半径 20km 圏内の区域ならびに原町区高倉字助常、原町区高倉字吹屋峠、原町区高倉字七曲、原町区高倉字森、原町区高倉字枯木森、原町区馬場字五台山、原町区馬場字横川、原町区馬場字薬師岳、原町区片倉字行津および原町区大原字和田城の区域に限る）、川俣町（山木屋の区域に限る）、葛尾村（2012.3.30 付け指示により設定された帰還困難区域を除く区域に限る）
	結球性葉菜類（キャベツ等）		2011.3.23 ～：下記の地域以外
			2011.3.23 ～ 4.27 解除：会津若松市、喜多方市、西会津町、磐梯町、猪苗代町、会津坂下町、柳津町、三島町、金山町、会津美里町、下郷町、只見町、南会津町、北塩原村、湯川村、昭和村、檜枝岐村
			2011.3.23 ～ 5.4 解除：郡山市、須賀川市、田村市（福島第一原子力発電所から半径 20km 圏内の区域を除く）、いわき市、鏡石町、石川町、浅川町、古殿町、三春町、小野町、天栄村、玉川村、平田村
			2011.3.23 ～ 5.11 解除：福島市、二本松市、伊達市、本宮市、桑折町、国見町、川俣町（山木屋の区域を除く）、大玉村、白河市、矢吹町、棚倉町、矢祭町、塙町、西郷村、泉崎村、中島村、鮫川村
			2011.3.23 ～ 5.25 解除：新地町、相馬市、南相馬市（福島第一原子力発電所から半径 20km 圏内の区域ならびに原町区

野菜類	結球性葉菜類（キャベツ等）	高倉字助常、原町区高倉字吹屋峠、原町区高倉字七曲、原町区高倉字森、原町区高倉字枯木森、原町区馬場字五台山、原町区馬場字横川、原町区馬場字薬師岳、原町区片倉字行津および原町区大原字和田城の区域を除く） 2011.3.23～10.28 解除：広野町、川内村（福島第一原子力発電所から半径 20km 圏内の区域を除く） 2011.3.23～2013.3.29 解除：田村市（福島第一原子力発電所から半径 20km 圏内の区域に限る） 2011.3.21～2015.2.18 解除：楢葉町、川内村（福島第一原子力発電所から半径 20km 圏内の区域に限る） 2011.3.21～2016.3.17 解除：南相馬市（2012.3.30 付け指示により設定された帰還困難区域を除く福島第一原子力発電所から半径 20km 圏内の区域ならびに原町区高倉字助常、原町区高倉字吹屋峠、原町区高倉字七曲、原町区高倉字森、原町区高倉字枯木森、原町区馬場字五台山、原町区馬場字横川、原町区馬場字薬師岳、原町区片倉字行津および原町区大原字和田城の区域に限る）、川俣町（山木屋の区域に限る）、葛尾村（2012.3.30 付け指示により設定された帰還困難区域を除く区域に限る）
	アブラナ科の花蕾類（ブロッコリー、カリフラワー等）	2011.3.23～：下記の地域以外
		2011.3.23～4.27 解除：白河市、矢吹町、棚倉町、矢祭町、塙町、西郷村、泉崎村、中島村、鮫川村 2011.3.23～5.4 解除：いわき市 2011.3.23～5.11 解除：郡山市、須賀川市、田村市（福島第一原子力発電所から半径 20km 圏内の区域を除く）、鏡石町、石川町、浅川町、古殿町、三春町、小野町、天栄村、玉川村、平田村 2011.3.23～5.18 解除：会津若松市、磐梯町、猪苗代町、喜多方市、北塩原村、西会津町、会津美里町、会津坂下町、湯川村、柳津町、三島町、金山町、昭和村、南会津町、下郷町、檜枝岐村、只見町新地町、相馬市、南相馬市（福島第一原子力発電所から半径 20km 圏内の区域ならびに原町区高倉字助常、原町区高倉字吹屋峠、原町区高倉字七曲、原町区高倉字森、原町区高倉字枯木 2011.3.23～6.15 解除：森、原町区馬場字五台山、原町区馬場字横川、原町区馬場字薬師岳、原町区片倉字行津および原町区大原字和田城の区域を除く）、福島市、二本松市、伊達市、本宮市、桑折町、国見町、川俣町（山木屋の区域を除く）および大玉村 2011.3.23～10.28 解除：広野町、川内村（福島第一原子力発電所から半径 20km 圏内の区域を除く）2011.3.23～2013.3.29解除：田村市（福島第一原子力発電所から半径 20km 圏内の区域に限る)2011.3.21～2015.2.18解除：楢葉町、川内村（福島第一原子力発電所から半径 20km 圏内の区域に限る） 2011.3.21～2016.3.17 解除：南相馬市（2012.3.30 付け指示により設定された帰還困難区域を除く福島第一原子力発電所から半径 20km 圏内の区域ならびに原町区高倉字助常、原町区高倉字吹屋峠、原町区高倉字七曲、原町区高倉字森、原町区高倉字枯木森、原町区馬場字五台山、原町区馬場字横川、原町区馬場字薬師岳、原町区片倉字行津および原町区大原字和田城の区域に限る）、川俣町（山木屋の区域に限る）、葛尾村（2012.3.30 付け指示により設定された帰還困難区域を除く区域に限る）
	カブ	2011.3.23～：下記の地域以外
		2011.3.23～5.4 解除：福島市、二本松市、伊達市、本宮市、郡山市、須賀川市、田村市（福島第一原子力発電所から半径 20km 圏内の区域を除く）、いわき市、桑折町、国見町、川俣町（山木屋の区域を除く）、鏡石町、石川町、浅川町、古殿町、三春町、小野町、大玉村、天栄村、玉川村、平田村 2011.3.23～5.18 解除：白河市、矢吹町、棚倉町、矢祭町、塙町、西郷村、泉崎村、中島村、鮫川村、会津若松市、磐梯町、猪苗代町、喜多方市、北塩原村、西会津町、会津美里町、会津坂下町、湯川村、柳津町、三島町、金山町、昭和村、南会津町、下郷町、檜枝岐村、只見町 2011.3.23～6.23 解除：新地町、相馬市、南相馬市（福島第一原子力発電所から半径 20km 圏内の区域ならびに原町区高倉字助常、原町区高倉字吹屋峠、原町区高倉字七曲、原町区高倉字森、原町区高倉字枯木森、原町区馬場字五台山、原町区馬場字横川、原町区馬場字薬師岳、原町区片倉字行津および原町区大原字和田城の区域を除く） 2011.3.23～11.4 解除：広野町、川内村（福島第一原子力発電所から半径 20km 圏内の区域を除く） 2011.3.23～2013.3.29 解除：田村市（福島第一原子力発電所から半径 20km 圏内の区域に限る） 2011.3.23～2015.2.18 解除：楢葉町、川内村（福島第一原子力発電所から半径 20km 圏内の区域に限る） 2011.3.21～2016.3.17 解除：南相馬市（2012.3.30 付け指示により設定された帰還困難区域を除く福島第一原子力発電所から半径 20km 圏内の区域ならびに原町区高倉字助常、原町区高倉字吹屋峠、原町区高倉字七曲、原町区高倉字森、原町区高倉字枯木森、原町区馬場字五台山、原町区馬場字横川、原町区馬場字薬師岳、原町区片倉字行津および原町区大原字和田城の区域に限る）、川俣町（山木屋の区域に限る）、葛尾村（2012.3.30 付け指示により設定された帰還困難区域を除く区域に限る）
	原木シイタケ（露地栽培）	2011.4.13～：伊達市、飯舘村、相馬市、南相馬市、浪江町、双葉町、大熊町、富岡町、楢葉町、広野町、川俣町、葛尾村、田村市（福島第一原子力発電所から半径 20km 圏内の区域に限る）、川内村（福島第一原子力発電所から半径 20km 圏内の区域に限る） 2011.4.18～：福島市 2011.4.25～：本宮市 2011.10.18～：二本松市
		2011.4.13～4.25 解除：いわき市 2011.4.13～5.16 解除：田村市（福島第一原子力発電所から半径 20km 圏内の区域を除く）、新地町 2011.4.13～5.23 解除：川内村（福島第一原子力発電所から半径 20km 圏内の区域を除く）
	原木シイタケ（施設栽培）	2011.7.19～2014.7.11 一部解除：伊達市（ただし、県の定める管理計画に基づき管理される原木シイタケ（施設栽培）は出荷制限の対象から除く） 2011.11.14～：川俣町
		2011.7.22～2014.7.11 解除：新地町 2011.7.19～9.7 解除：本宮市
	原木ナメコ（露地栽培）	2011.10.31～：相馬市、いわき市
	キノコ類（野生のものに限る）	2011.9.6～：棚倉町、古殿町（※菌根菌に属する野生キノコに限る） 2011.9.15～：福島市、二本松市、伊達市、本宮市、郡山市、須賀川市、田村市、白河市、相馬市、南相馬市、いわき市、桑折町、国見町、川俣町、鏡石町、石川町、浅川町、棚倉町、古殿町、三春町、小野町、矢吹町、矢祭町、塙町、猪

5 農漁業被害（出荷制限）

野菜類	キノコ類 （野生のものに限る）	苗代町、広野町、楢葉町、富岡町、大熊町、双葉町、浪江町、新地町、大玉村、天栄村、玉川村、平田村、西郷村、泉崎村、中島村、鮫川村、川内村、葛尾村、飯舘村 2011.10.18 ～：喜多方市 2012.8.15 ～：昭和村 2012.10.11 ～：磐梯町 2012.10.18 ～：会津坂下町、北塩原村 2013.9.26 ～：下郷町 2013.10.1 ～：会津若松市 2013.10.3 ～：只見町 2013.11.12 ～：会津美里町 2014.8.25 ～：西会津町 2014.9.22 ～：三島町 2014.10.2 ～：柳津町
	タケノコ	2011.5.9 ～：伊達市、相馬市、三春町 2011.5.13 ～：南相馬市、本宮市、桑折町、川俣町、西郷村 2012.4.9 ～（2011.5.9 ～ 6.8 解除）：いわき市 2012.4.16 ～：福島市、新地町 2012.4.23 ～：広野町 2012.5.2 ～：二本松市、大玉村 2012.5.7 ～：須賀川市 2012.6.25 ～：郡山市 2013.5.14 ～：川内村 2013.5.16 ～：白河市、楢葉町 2013.5.28 ～：葛尾村 2013.6.10 ～：田村市 2014.5.14 ～：天栄村
		2011.5.9 ～ 5.30 解除：平田村 2011.5.9 ～ 6.21 解除：天栄村 2011.5.13 ～ 6.21 解除：国見町
	ワサビ （畑において栽培されたものに限る）	2012.4.16 ～：伊達市、川俣町（山木屋の区域に限る）
		2012.4.16 ～ 2015.7.8 解除：川俣町（山木屋の区域を除く）
	ウド（野生のものに限る）	2014.5.14 ～：須賀川市、相馬市、広野町、葛尾村 2014.5.19 ～：川内村 2015.5.13 ～：楢葉町
	クサソテツ （こごみ）	2011.5.9 ～：福島市、桑折町 2012.5.1 ～：相馬市、伊達市、国見町、三春町 2012.5.2 ～：川俣町 2012.5.7 ～：田村市、古殿町 2012.5.10 ～：二本松市、大玉村 2013.4.30 ～：郡山市 2013.5.14 ～：楢葉町、葛尾村 2015.5.18 ～：広野町
	クサソテツ （こごみ） （野生のものに限る）	2014.4.24 ～：会津美里町 2015.4.30 ～：南相馬市
	コシアブラ	2012.5.2 ～：福島市、二本松市 2012.5.7 ～：郡山市、白河市、喜多方市、会津美里町、棚倉町、塙町 2012.5.10 ～：伊達市、国見町、矢祭町、磐梯町、下郷町、大玉村、西郷村、鮫川村 2012.5.14 ～：須賀川市、いわき市、川俣町、石川町、天栄村 2012.5.17 ～：桑折町、猪苗代町 2013.5.7 ～：柳津町、北塩原村 2013.5.14 ～：葛尾村 2013.5.16 ～：相馬市、南相馬市、古殿町、南会津町、新地町、泉崎村 2013.5.20 ～：三島町、川内村 2013.5.22 ～：浅川町、広野町 2013.5.28 ～：本宮市、田村市、小野町、矢吹町、会津坂下町、玉川村、平田村、中島村 2013.5.29 ～：三春町 2013.6.3 ～：会津若松市、鏡石町 2013.6.5 ～：金山町 2013.6.10 ～：昭和村
	コシアブラ （野生のものに限る）	2016.4.28 ～：西会津町 2016.5.6 ～：只見町
	ゼンマイ	2012.5.2 ～：いわき市、二本松市

53

野菜類	ゼンマイ	2012.5.10 〜：相馬市 2012.5.24 〜：川俣町 2013.5.1 〜：南相馬市 2013.5.14 〜：楢葉町、葛尾村 2013.5.16 〜：須賀川市 2013.5.20 〜：川内村 2013.6.10 〜：郡山市 2015.5.11 〜：田村市
	ゼンマイ （野生のものに 限る）	2014.5.14 〜：広野町、大玉村
	ウワバミソウ （野生のものに 限る）	2013.6.24 〜：須賀川市、国見町
	タラノメ （野生のものに 限る）	2012.5.1 〜：いわき市、相馬市、伊達市、桑折町 2012.5.2 〜：福島市 2012.5.7 〜：郡山市、白河市、塙町、新地町 2012.5.10 〜：大玉村、西郷村 2012.5.14 〜：川俣町 2013.4.25 〜：南相馬市 2013.5.14 〜：広野町、鮫川村、葛尾村 2013.5.16 〜：二本松市、古殿町、泉崎村 2013.5.20 〜：川内村 2013.5.28 〜：本宮市、須賀川市 2013.6.3 〜：鏡石町 2013.6.10 〜：田村市 2014.5.14 〜：猪苗代町
	フキ	2015.5.25 〜：葛尾村
	フキ（野生のも のに限る）	2013.6.19 〜：桑折町、楢葉町 2014.6.16 〜：天栄村
	フキノトウ （野生のものに 限る）	2012.4.9 〜：福島市、川俣町、田村市、相馬市、広野町 2012.4.16 〜：伊達市、桑折町、国見町 2014.4.11 〜：楢葉町、葛尾村 2015.2.25 〜：南相馬市 2016.1.20 〜：本宮市
	ワラビ	2012.5.10 〜：いわき市、伊達市 2012.5.17 〜：川俣町 2012.5.17 〜 2015.5.15 一部解除：喜多方市（栽培されるワラビは出荷制限の対象から除く） 2012.5.17 〜 2016.6.24 一部解除：福島市（栽培されるワラビは出荷制限の対象から除く） 2013.4.25 〜：南相馬市 2013.6.11 〜：鮫川村 2014.4.30 〜：楢葉町 2014.5.14 〜：葛尾村
	ワラビ（野生の ものに限る）	2013.5.14 〜：二本松市 2014.5.14 〜：広野町
	ウメ	2011.6.6 〜：南相馬市（福島第一原子力発電所から半径 20km 圏内の区域ならびに原町区高倉字助常、原町区高倉字吹屋峠、原町区高倉字七曲、原町区高倉字森、原町区高倉字枯木森、原町区馬場字五台山、原町区馬場字横川、原町区馬場字薬師岳、原町区片倉字行津および原町区大原字和田城の区域に限る） 2011.6.2 〜 2013.10.21 解除：福島市、伊達市、桑折町 2011.6.6 〜 2015.8.19 解除：南相馬市（福島第一原子力発電所から半径 20km 圏内の区域ならびに原町区高倉字助常、原町区高倉字吹屋峠、原町区高倉字七曲、原町区高倉字森、原町区高倉字枯木森、原町区馬場字五台山、原町区馬場字横川、原町区馬場字薬師岳、原町区片倉字行津および原町区大原字和田城の区域を除く） 2012.6.6 〜 2013.10.21 解除：国見町 2011.6.6 〜 2012.7.11 解除：相馬市
	ユズ	2011.8.29 〜：福島市、南相馬市 2012.1.10 〜 2015.1.29 解除：いわき市 2011.3.21 〜 2016.3.17 解除：桑折町 2011.10.14 〜 2017.2.1 解除：伊達市
	クリ	2011.9.20 〜：伊達市、南相馬市 2012.9.26 〜 2015.12.3 解除：二本松市 2012.10.12 〜 2014.11.17 解除：いわき市
	キウイ フルーツ	2011.12.9 〜：南相馬市（福島第一原子力発電所から半径 20km 圏内の区域ならびに原町区高倉字助常、原町区高倉字吹屋峠、原町区高倉字七曲、原町区高倉字森、原町区高倉字枯木森、原町区馬場字五台山、原町区馬場字横川、原町区馬場字薬師岳、原町区片倉字行津および原町区大原字和田城の区域に限る）

野菜類	キウイフルーツ	2011.12.9 ～ 2014.11.17 解除：相馬市 2011.12.9 ～ 2013.12.25 解除：南相馬市（福島第一原子力発電所から半径 20km 圏内の区域ならびに原町区高倉字助常、原町区高倉字吹屋峠、原町区高倉字七曲、原町区高倉字森、原町区高倉字枯木森、原町区馬場字五台山、原町区馬場字横川、原町区馬場字薬師岳、原町区片倉字行津および原町区大原字和田城の区域を除く）
雑穀	小豆	2013.1.4 ～ 2014.3.13 一部解除：～ 2015.10.23 解除：福島市（旧大笹生村の区域に限る）、南相馬市（旧石神村の区域に限る）
	大豆	2012.11.15 ～ 2013.11.7 一部解除：～ 2015.10.23 解除：南相馬市（旧石神村の区域に限る） 2012.12.25 ～ 2014.3.13 一部解除：～ 2015.10.23 解除：須賀川市（旧長沼町の区域に限る） 2013.1.4 ～ 2014.3.13 一部解除：～ 2014.10.7 解除：郡山市（旧高野村の区域に限る） 2013.1.4 ～ 2013.8.9 一部解除：～ 2015.10.23 解除：二本松市（旧小浜町および旧渋川村の区域に限る）、大玉村（旧玉井村の区域に限る） 2013.1.4 ～ 2013.8.9 一部解除：～ 2014.10.7 解除：桑折町（旧伊達崎村の区域に限る） 2013.2.18 ～ 2013.7.10 一部解除：～ 2015.10.23 解除：福島市（旧立子山村の区域に限る） 2013.3.5 ～ 2013.7.10 一部解除：～ 2015.10.23 解除：福島市（旧佐倉村および旧水保村の区域に限る） 2013.3.25 ～ 2013.7.10 一部解除：～ 2015.10.23 解除：福島市（旧庭塚村の区域に限る） 2013.1.4 ～ 2013.5.17 一部解除：～ 2014.10.7 解除：伊達市（旧堰本村および旧富野村の区域に限る） 2013.1.4 ～ 2013.7.10 一部解除：～ 2015.10.23 解除：福島市（旧野田村および旧平野村の区域に限る） 2013.1.4 ～ 2013.11.7 一部解除：～ 2016.3.25 解除：本宮市（旧和木沢村（白沢村）の区域に限る） 2013.12.18 ～ 2015.6.23 一部解除：～ 2015.10.23 解除：南相馬市（旧太田村の区域に限る） 2014.12.17 ～ 2015.6.23 一部解除：～ 2016.3.25 解除：本宮市（旧白岩村に限る） 2014.12.17 ～ 2016.3.25 解除：大玉村（旧大山村に限る）
穀類	米 （2011 年産）	2011.11.17 ～：福島市（旧小国村の区域に限る） 2011.11.29 ～：伊達市（旧小国村および旧月舘町の区域に限る） 2011.12.5 ～：福島市（旧福島市の区域に限る） 2011.12.8 ～：二本松市（旧渋川村の区域に限る） 2011.12.9 ～：伊達市（旧柱沢村および旧富成村の区域に限る） 2011.12.19 ～：伊達市（旧掛田町の区域に限る） 2012.1.4 ～：伊達市（旧堰本村の区域に限る）
	米 （2012 年産）	2012.4.5 ～ 2012.7.26 一部解除：福島県広野町、楢葉町（福島第一原子力発電所から半径 20km 圏内の区域を除く）、川内村（福島第一原子力発電所から半径 20km 圏内の区域を除く）、田村市（都路町、船引町横道、船引町中山字小塚および字下馬沢、常葉町堀田、常葉町山根ならびに市内国有林福島森林管理署 251 林班の一部、252 林班、253 林班の一部、258 林班から 270 林班まで、283 林班から 300 林班までおよび 301 林班から 303 林班までの一部の区域のうち福島第一原子力発電所から半径 20km 圏内の区域を除く）、南相馬市（福島第一原子力発電所から半径 20km 圏内の区域、福島第一原子力発電所から半径 20km 以上 30km 圏内の区域のうち原町区高倉字助常、原町区高倉字吹屋峠、原町区高倉字七曲、原町区高倉字森、原町区高倉字枯木森、原町区馬場字五台山、原町区馬場字横川、原町区馬場字薬師岳、原町区片倉字行津および原町区大原字和田城ならびに市内国有林磐城森林管理署 2004 林班から 2087 林班まで、2088 林班の一部、2089 林班から 2091 林班まで、2095 林班から 2099 林班までおよび 2130 林班の区域を除く）、福島市（旧福島市（渡利、小倉寺および南向台を除く）、旧平田村、旧庭塚村、旧野田村、旧余目村、旧下川崎村、旧松川村および旧金谷川村の区域に限る）、伊達市（旧月舘町（月舘（関ノ下、松橋川原、川向および舘ノ腰に限る）および月舘町御代田（北、東、西および新堀ノ内に限る）に限る）、旧掛田町（霊山町山野川に限る）、旧柱沢村（保原町所沢（明夫内田、久保田、田仲内、西郡山、菅ノ町、河原田、東深町、西深町および東田に限る）および保原町柱田（挟田、平、宮ノ内、前田、稲荷妻、砂子下および根岸に限る）に限る）、旧堰本村（梁川町大関（寺脇、清水、清水沢、松平、久保、棚塚、里クキ、山ノ口、宝木沢、笠石および上ノ台を除く）、梁川町新田および梁川町細谷に限る）、旧石戸村、旧上保原村、旧霊山村、旧小手村および旧富野村（梁川町八幡に限る）の区域に限る）、二本松市（旧渋川村（渋川および米沢に限る）、旧岳下村、旧小浜町、旧塩沢村、旧木幡村、旧戸沢村、旧石井村、旧新殿村、旧太田村（岩代町）および旧太田村（東和町）の区域に限る）、本宮市（旧白岩村、旧和木沢村（白沢村）および旧本宮町の区域に限る）、桑折町（旧半田村および旧睦合村の区域に限る）および国見町（旧大木戸村および旧小坂村の区域に限る）（県の定める管理計画に基づき管理される米は出荷制限の対象から除く） 2012.10.25 ～ 2012.10.29 一部解除：須賀川市（旧西袋村の区域に限る）（県の定める管理計画に基づき管理される米は出荷制限の対象から除く） 2012.11.5 ～ 2012.11.6 一部解除：大玉村（旧玉井村の区域に限る）（県の定める管理計画に基づき管理される米は出荷制限の対象から除く） 2012.11.5 ～ 2012.11.8 一部解除：郡山市（旧富久山町の区域に限る）（県の定める管理計画に基づき管理される米は出荷制限の対象から除く） 2012.11.7 ～ 2012.11.12 一部解除：福島市（旧水原村の区域に限る）（県の定める管理計画に基づき管理される米は出荷制限の対象から除く） 2012.11.15 ～ 2012.11.19 一部解除：三春町（旧沢石村の区域に限る）（県の定める管理計画に基づき管理される米は出荷制限の対象から除く） 2012.11.26 ～ 2012.11.29 一部解除：福島市（旧立子山村の区域に限る）、川俣町（旧飯坂村の区域に限る）（県の定める管理計画に基づき管理される米は出荷制限の対象から除く） 2012.11.28 ～ 2012.12.4 一部解除：いわき市（旧山田村の区域に限る）（県の定める管理計画に基づき管理される米は出荷制限の対象から除く）
	米 （2013 年産）	2013.3.19 ～：福島県福島市（旧福島市、旧小国村、旧立子山村、旧松川町、旧水原村、旧下川崎村および旧平田村の区域に限る）、郡山市（旧富久山町の区域に限る）、いわき市（旧山田村の区域に限る）、須賀川市（旧西袋村の区域に限る）、相馬市（旧玉野村の区域に限る）、二本松市（旧渋川村の区域に限る）、田村市（都路町、船引町横道、船引町中山字小塚、船引町中山字下馬沢、常葉町堀田、常葉町山根ならびに市内国有林福島森林管理署 251 林班の一部、252 林班、253 林班の一部、258 林班から 270 林班まで、283 林班から 300 林班までおよび 301 林班から 303 林班までの一部の区域に限る）、南相馬市（小高区、原町区（片倉（字行津に限る）、馬場（字五台山、字横川および字薬師岳の区域に限る）、高倉（字助常、字吹屋峠、字七曲、字森および字枯木森の区域に限る）、雫（字袖原の区域

穀類	米 （2013年産）	に限る）、小浜（字間形沢を除く区域に限る）、下江井、小沢、堤谷、江井、米々沢、小木廻、鶴谷、大甕（字田堤、字森合、字森合東および字観音前の区域に限る）、高（字町田、字北ノ内、字山梨、字高田、字北川原、字権現壇、字原、字鍛冶内、字箭ノ内、字弥勒堂、字薬師堂、字御稲荷、字中平、字大久保前、字花木内および字高林の区域に限る）および大原（字和田城の区域に限る）ならびに市内国有林磐城森林管理署2004林班から2087林班まで、2088林班の一部、2089林班から2102林班まで、2104林班から2109林班までおよび2130林班を除く区域に限る）、伊達市（旧堰本村、旧柱沢村、旧富成村、旧掛田町、旧小国村および旧月舘町の区域に限る）、本宮市（旧白岩村の区域に限る）、川俣町（山木屋ならびに町内国有林福島森林管理署161林班から165林班までおよび167林班の区域に限る）、大玉村（旧玉井村の区域に限る）、広野町、楢葉町、川内村および飯舘村（長泥ならびに村内国有林磐城森林管理署2304林班、2305林班および2310林班から2312林班までを除く区域に限る）（県の定める管理計画に基づき管理される米は出荷制限の対象から除く）
	米 （2014年産）	2014.3.20〜：福島県南相馬市（2012.3.30付け指示により設定された帰還困難区域を除く区域に限る）、川俣町（2013.8.7付け指示により設定された居住制限区域および避難指示解除準備区域に限る）、楢葉町、富岡町（2013.3.7付け指示により設定された帰還困難区域を除く区域に限る）、大熊町（2012.11.30付け指示により設定された帰還困難区域を除く区域に限る）、双葉町（2013.5.7付け指示により設定された帰還困難区域を除く区域に限る）、浪江町（2013.3.7付け指示により設定された帰還困難区域を除く区域に限る）、川内村（2012.3.30付け指示により設定された居住制限区域および避難指示解除準備区域に限る）、葛尾村（2013.3.7付け指示により設定された帰還困難区域を除く区域に限る）および飯舘村（2012.6.15付け指示により設定された帰還困難区域を除く区域に限る）（県の定める管理計画に基づき管理される米は出荷制限の対象から除く）
	米 （2015年産）	2015.3.20〜：福島県南相馬市（2012.3.30付け指示により設定された居住制限区域および避難指示解除準備区域に限る）、川俣町（2013.8.7付け指示により設定された居住制限区域および避難指示解除準備区域に限る）、楢葉町、富岡町（2013.3.7付け指示により設定された帰還困難区域を除く区域に限る）、大熊町（2012.11.30付け指示により設定された帰還困難区域を除く区域に限る）、双葉町（2013.5.7付け指示により設定された帰還困難区域を除く区域に限る）、浪江町（2013.3.7付け指示により設定された帰還困難区域を除く区域に限る）、川内村（2012.3.30付け指示により設定された居住制限区域および避難指示解除準備区域に限る）、葛尾村（2013.3.7付け指示により設定された帰還困難区域を除く区域に限る）および飯舘村（2012.6.15付け指示により設定された帰還困難区域を除く区域に限る）（県の定める管理計画に基づき管理される米は出荷制限の対象から除く）
	米 （2016年産）	2016.3.25〜：福島県南相馬市（2012.3.30付け指示により設定された居住制限区域および避難指示解除準備区域に限る）、川俣町（2013.8.7付け指示により設定された居住制限区域および避難指示解除準備区域に限る）、楢葉町、富岡町（2013.3.7付け指示により設定された帰還困難区域を除く区域に限る）、大熊町（2012.11.30付け指示により設定された帰還困難区域を除く区域に限る）、双葉町（2013.5.7付け指示により設定された帰還困難区域を除く区域に限る）、浪江町（2013.3.7付け指示により設定された帰還困難区域を除く区域に限る）、川内村（2014.9.12付け指示により設定された避難指示解除準備区域に限る）、葛尾村（2013.3.7付け指示により設定された帰還困難区域を除く区域に限る）および飯舘村（2012.6.15付け指示により設定された帰還困難区域を除く区域に限る）
水産物	イカナゴの稚魚	2011.4.20〜2012.6.22 解除：全域
	ヤマメ （養殖を除く）	2011.6.6〜：秋元湖、檜原湖および小野川湖ならびにこれらの湖に流入する河川、長瀬川（酸川との合流点から上流の部分に限る）および福島県内の阿武隈川（支流を含む） 2011.6.17〜：真野川（支流を含む） 2012.3.29〜：新田川（支流を含む） 2012.3.29〜：太田川（支流を含む） 2012.4.24〜：猪苗代湖、猪苗代湖に流入する河川（支流を含む。ただし酸川を除く）および日橋川のうち東電金川発電所より上流（支流を含む）
		2012.4.5〜2015.9.30 解除：酸川（支流に限る） 2012.6.7〜2013.7.30 解除：福島県内の久慈川（支流を含む）
	ウグイ	2011.6.17〜：真野川（支流を含む） 2011.6.27〜：阿武隈川のうち信夫ダムの下流（支流を含む） 2012.3.29〜：秋本湖、桧原湖および小野川湖ならびにこれらの湖に流入する河川、長瀬川（酸川との合流点から上流部分に限る） 2012.4.24〜：猪苗代湖、猪苗代湖に流入する河川（支流を含む。ただし酸川およびその支流を除く）および日橋川のうち東電金川発電所より上流（支流を含む） 2012.5.31〜：阿武隈川のうち信夫ダムの上流（支流を含む）
		2012.5.24〜2014.10.24 解除：福島県内の只見川のうち滝ダムの上流（支流を含む。ただし、只見ダムの上流を除く）
	ウナギ	2012.8.2〜：福島県内の阿武隈川（支流を含む）
	アユ （養殖を除く）	2011.6.27〜：阿武隈川のうち信夫ダムの下流（支流を含む）、真野川（支流を含む）、新田川（支流を含む）
	イワナ （養殖を除く）	2012.4.5〜：阿武隈川（支流を含む） 2012.4.24〜：秋元湖、小野川湖および檜原湖ならびにこれらの湖に流入する河川（支流を含む）、只見川のうち本名ダム（支流を含む）、長瀬川（酸川との合流地点から上流の部分に限る）ならびに日橋川のうち東電金川発電所の下流（支流を含む。ただし、東山ダムの上流を除く）
		2012.4.12〜2015.9.30 解除：酸川（支流に限る） 2012.5.31〜2012.9.19 解除：舘岩川（支流を含む） 2012.4.24〜2014.8.25 解除：只見川のうち本名ダムから上田ダムの間（支流を含む） 2012.4.24〜2014.12.11 解除：只見川のうち上田ダムの下流（支流を含む） 2012.4.24〜2015.1.14 解除：日橋川のうち東電金川発電所の下流（支流を含む。ただし、東山ダムの上流を除く）
	コイ（養殖を除く）	2012.4.27〜：秋元湖、小野川湖および檜原湖ならびにこれらの湖に流入する河川（支流を含む）、阿賀川のうち大川ダ

	コイ （養殖を除く）	ムの下流（支流を含む。ただし、東電金川発電所の上流および片門ダムの上流を除く）ならびに長瀬川（酸川との合流点から上流の部分に限る） 2012.5.10 ～：福島県内の阿武隈川のうち信夫ダムの下流（支流を含む） 2014.9.16 ～：福島県内の阿武隈川のうち信夫ダムの上流（支流を含む）
	フナ （養殖を除く）	2012.4.27 ～：秋元湖、小野川湖および檜原湖ならびにこれらの湖に流入する河川（支流を含む）、阿賀川のうち大川ダムの下流（支流を含む。ただし、東電金川発電所の上流および片門ダムの上流を除く）、長瀬川（酸川との合流点から上流の部分に限る）ならびに真野川（支流を含む） 2012.5.10 ～：福島県内の阿武隈川のうち信夫ダムの下流（支流を含む）
水産物	イカナゴ （稚魚を除く）	2012.6.22 ～：最大高潮時海岸線上宮城福島両県界の正東の線、我が国排他的経済水域の外縁線、最大高潮時海岸線上福島茨城両県界の正東の線および福島県最大高潮時海岸線で囲まれた海域
	ウスメバル	
	ウミタナゴ	
	キツネメバル	
	クロダイ	
	サクラマス	
	シロメバル	
	スズキ	
	ヌマガレイ	
	ムラソイ	
	ビノスガイ	
	アカガレイ	2012.6.22 ～ 2013.10.9 解除：最大高潮時海岸線上宮城福島両県界の正東の線、我が国排他的経済水域の外縁線、最大高潮時海岸線上福島茨城両県界の正東の線および福島県最大高潮時海岸線で囲まれた海域
	スケトウダラ	2012.6.22 ～ 2013.12.17 解除：最大高潮時海岸線上宮城福島両県界の正東の線、我が国排他的経済水域の外縁線、最大高潮時海岸線上福島茨城両県界の正東の線および福島県最大高潮時海岸線で囲まれた海域
	マガレイ	2012.6.22 ～ 2014.4.16 解除：最大高潮時海岸線上宮城福島両県界の正東の線、我が国排他的経済水域の外縁線、最大高潮時海岸線上福島茨城両県界の正東の線および福島県最大高潮時海岸線で囲まれた海域
	ホシザメ	2012.7.26 ～ 2015.2.18 解除：最大高潮時海岸線上宮城福島両県界の正東の線、我が国排他的経済水域の外縁線、最大高潮時海岸線上福島茨城両県界の正東の線および福島県最大高潮時海岸線で囲まれた海域
	ショウサイフグ	2012.8.23 ～ 2014.10.15 解除：最大高潮時海岸線上宮城福島両県界の正東の線、我が国排他的経済水域の外縁線、最大高潮時海岸線上福島茨城両県界の正東の線および福島県最大高潮時海岸線で囲まれた海域
	サヨリ	2013.2.14 ～ 2014.7.9 解除：最大高潮時海岸線上宮城福島両県界の正東の線、我が国排他的経済水域の外縁線、最大高潮時海岸線上福島茨城両県界の正東の線および福島県最大高潮時海岸線で囲まれた海域
	カサゴ	2013.8.8 ～：最大高潮時海岸線上宮城福島両県界の正東の線、我が国排他的経済水域の外縁線、最大高潮時海岸線上福島茨城両県界の正東の線および福島県最大高潮時海岸線で囲まれた海域
	ユメカサゴ	2014.3.25 ～ 2014.5.28 解除：最大高潮時海岸線上宮城福島両県界の正東の線、我が国排他的経済水域の外縁線、最大高潮時海岸線上福島茨城両県界の正東の線および福島県最大高潮時海岸線で囲まれた海域
	ホウボウ	2012.6.22 ～ 2014.7.9 解除：最大高潮時海岸線上宮城福島両県界の正東の線、我が国排他的経済水域の外縁線、最大高潮時海岸線上福島茨城両県界の正東の線および福島県最大高潮時海岸線で囲まれた海域
	キタムラサキウニ	
	マダラ	2012.6.22 ～ 2015.1.14 解除：最大高潮時海岸線上宮城福島両県界の正東の線、我が国排他的経済水域の外縁線、最大高潮時海岸線上福島茨城両県界の正東の線および最大高潮時海岸線上宮城福島両県界の正東の線が東経 141 度 26 分の線に交わる点と最大高潮時海岸線上福島茨城両県界の正東の線が東経 141 度 4 分の線に交わる点を結んだ線に囲まれた海域 2012.6.22 ～ 2015.2.24 解除：最大高潮時海岸線上宮城福島両県界の正東の線、最大高潮時海岸線上宮城福島両県界の正東の線が東経 141 度 26 分の線に交わる点と最大高潮時海岸線上福島茨城両県界の正東の線が東経 141 度 4 分の線に交わる点を結んだ線、最大高潮時海岸線上福島茨城両県界の正東の線および福島県最大高潮時海岸線で囲まれた海域
	ムシガレイ	2012.6.22 ～ 2015.2.24 解除：最大高潮時海岸線上宮城福島両県界の正東の線、我が国排他的経済水域の外縁線、最大高潮時海岸線上福島茨城両県界の正東の線および福島県最大高潮時海岸線で囲まれた海域
	ニベ	2012.6.22 ～ 2015.4.2 解除：最大高潮時海岸線上宮城福島両県界の正東の線、我が国排他的経済水域の外縁線、最大高潮時海岸線上福島茨城両県界の正東の線および福島県最大高潮時海岸線で囲まれた海域
	メイタガレイ	2012.6.22 ～ 2015.4.2 解除：最大高潮時海岸線上宮城福島両県界の正東の線、我が国排他的経済水域の外縁線、最大高潮時海岸線上福島茨城両県界の正東の線および福島県最大高潮時海岸線で囲まれた海域
	ケムシカジカ	2012.6.22 ～ 2015.6.30 解除：最大高潮時海岸線上宮城福島両県界の正東の線、我が国排他的経済水域の外縁線、最大高潮時海岸線上福島茨城両県界の正東の線および福島県最大高潮時海岸線で囲まれた海域
	ヒガンフグ	2012.6.22 ～ 2015.12.3 解除：最大高潮時海岸線上宮城福島両県界の正東の線、我が国排他的経済水域の外縁線、最大高潮時海岸線上福島茨城両県界の正東の線および福島県最大高潮時海岸線で囲まれた海域
	ヒラメ	2012.6.22 ～ 2016.6.9 解除：最大高潮時海岸線上宮城福島両県界の正東の線、我が国排他的経済水域の外縁線、最大高

第Ⅰ部　福島原発震災のもたらしたもの　第2章　被害の広がり

	ヒラメ	潮時海岸線上福島茨城両県界の正東の線および福島県最大高潮時海岸線で囲まれた海域
水産物	マアナゴ	2012.6.22～2016.6.9解除：最大高潮時海岸線上宮城福島両県界の正東の線、我が国排他的経済水域の外縁線、最大高潮時海岸線上福島茨城両県界の正東の線および福島県最大高潮時海岸線で囲まれた海域
	サブロウ	2012.6.22～2016.7.15解除：最大高潮時海岸線上宮城福島両県界の正東の線、我が国排他的経済水域の外縁線、最大高潮時海岸線上福島茨城両県界の正東の線および福島県最大高潮時海岸線で囲まれた海域
	ホシガレイ	2012.6.22～2016.7.15解除：最大高潮時海岸線上宮城福島両県界の正東の線、我が国排他的経済水域の外縁線、最大高潮時海岸線上福島茨城両県界の正東の線および福島県最大高潮時海岸線で囲まれた海域
	マゴチ	2012.6.22～2016.7.15解除：最大高潮時海岸線上宮城福島両県界の正東の線、我が国排他的経済水域の外縁線、最大高潮時海岸線上福島茨城両県界の正東の線および福島県最大高潮時海岸線で囲まれた海域
	ナガツカ	2012.7.12～2016.7.15解除：最大高潮時海岸線上宮城福島両県界の正東の線、我が国排他的経済水域の外縁線、最大高潮時海岸線上福島茨城両県界の正東の線および福島県最大高潮時海岸線で囲まれた海域
	マツカワ	2012.7.12～2016.7.14解除：最大高潮時海岸線上宮城福島両県界の正東の線、我が国排他的経済水域の外縁線、最大高潮時海岸線上福島茨城両県界の正東の線および福島県最大高潮時海岸線で囲まれた海域
	アイナメ	2012.6.22～2016.8.24解除：最大高潮時海岸線上宮城福島両県界の正東の線、我が国排他的経済水域の外縁線、最大高潮時海岸線上福島茨城両県界の正東の線および福島県最大高潮時海岸線で囲まれた海域
	アカシタビラメ	2012.6.22～2016.8.24解除：最大高潮時海岸線上宮城福島両県界の正東の線、我が国排他的経済水域の外縁線、最大高潮時海岸線上福島茨城両県界の正東の線および福島県最大高潮時海岸線で囲まれた海域
	エゾイソアイナメ	2012.6.22～2016.8.24解除：最大高潮時海岸線上宮城福島両県界の正東の線、我が国排他的経済水域の外縁線、最大高潮時海岸線上福島茨城両県界の正東の線および福島県最大高潮時海岸線で囲まれた海域
	コモンカスベ	2012.6.22～2016.8.24解除：最大高潮時海岸線上宮城福島両県界の正東の線、我が国排他的経済水域の外縁線、最大高潮時海岸線上福島茨城両県界の正東の線および福島県最大高潮時海岸線で囲まれた海域
	マコガレイ	2012.6.22～2016.8.24解除：最大高潮時海岸線上宮城福島両県界の正東の線、我が国排他的経済水域の外縁線、最大高潮時海岸線上福島茨城両県界の正東の線および福島県最大高潮時海岸線で囲まれた海域
	ババガレイ	2012.6.22～2016.11.14解除：最大高潮時海岸線上宮城福島両県界の正東の線、我が国排他的経済水域の外縁線、最大高潮時海岸線上福島茨城両県界の正東の線および福島県最大高潮時海岸線で囲まれた海域
	イシガレイ	2012.6.22～2017.1.17解除：最大高潮時海岸線上宮城福島両県界の正東の線、我が国排他的経済水域の外縁線、最大高潮時海岸線上福島茨城両県界の正東の線および福島県最大高潮時海岸線で囲まれた海域
	クロウシノシタ	2012.6.22～2017.1.17解除：最大高潮時海岸線上宮城福島両県界の正東の線、我が国排他的経済水域の外縁線、最大高潮時海岸線上福島茨城両県界の正東の線および福島県最大高潮時海岸線で囲まれた海域
	クロソイ	2012.6.22～2017.1.17解除：最大高潮時海岸線上宮城福島両県界の正東の線、我が国排他的経済水域の外縁線、最大高潮時海岸線上福島茨城両県界の正東の線および福島県最大高潮時海岸線で囲まれた海域
肉	牛の肉	2011.7.19～2011.8.25一部解除：全域（県の定める出荷・検査方針に基づき管理される牛は出荷制限の対象から除く）
	イノシシの肉	2011.11.9～：相馬市、南相馬市、広野町、楢葉町、富岡町、大熊町、双葉町、浪江町、新地町、川内村、葛尾村、飯舘村 2011.11.25～：福島市、二本松市、伊達市、本宮市、桑折町、国見町、川俣町、大玉村 2011.12.2～：郡山市、須賀川市、田村市、白河市、いわき市、鏡石町、石川町、浅川町、古殿町、三春町、小野町、矢吹町、棚倉町、矢祭町、塙町、天栄村、玉川村、平田村、西郷村、泉崎村、中島村、鮫川村 2013.7.5～：会津若松市、喜多方市、西会津町、磐梯町、猪苗代町、会津坂下町、柳津町、三島町、金山町、会津美里町、北塩原村、湯川村、昭和村、下郷町、只見町、南会津町、檜枝岐村
	カルガモの肉	2013.1.30～：全域
	キジの肉	2013.1.30～：全域
	クマの肉	2011.12.2～：福島市、二本松市、伊達市、本宮市、郡山市、須賀川市、田村市、白河市、桑折町、国見町、川俣町、三春町、小野町、鏡石町、石川町、浅川町、古殿町、矢吹町、棚倉町、矢祭町、塙町、大玉村、天栄村、玉川村、平田村、西郷村、泉崎村、中島村、鮫川村 2012.7.27～：会津若松市、喜多方市、西会津町、磐梯町、猪苗代町、会津坂下町、柳津町、三島町、金山町、会津美里町、下郷町、只見町、南会津町、北塩原村、湯川村、昭和村、檜枝岐村
	ノウサギの肉	2013.1.30～：全域
	ヤマドリの肉	2012.11.13～：全域

青森県

農産物	キノコ類 （野生のものに限る）	2012.10.26～：十和田市、階上町（ナラタケを除く）
		2012.10.26～2015.11.20解除：十和田市（ナラタケに限る）
		2012.10.30～：青森市（ナラタケを除く）
		2012.10.30～2015.11.20解除：青森市（ナラタケに限る）
		2013.10.1～：鰺ヶ沢町（ナラタケを除く）
		2013.10.1～2015.11.20解除：鰺ヶ沢町（ナラタケに限る）

5　農漁業被害（出荷制限）

水産物	マダラ	2012.8.27 ～ 2012.10.31 解除：青森県東通村尻屋埼灯台と北海道函館市恵山岬灯台とを結ぶ線、同線の中心点の正東の線、北海道えりも町襟裳岬灯台の正南の線、最大高潮時海岸線上青森岩手両県界の正東の線および青森県最大高潮時海岸線で囲まれた海域

岩手県

野菜類	タケノコ	2012.5.31 ～：一関市、奥州市 2013.4.30 ～：陸前高田市（下記の地域を除く） 2013.4.30 ～ 2016.3.29 解除：陸前高田市（旧気仙町、旧広田町、旧高田町、旧小友村、旧竹駒村および旧米崎村の区域に限る）
	原木クリタケ（露地栽培）	2012.11.2 ～：一関市、奥州市
	原木シイタケ（露地栽培）	2012.4.13 ～ 2015.4.10 一部解除：陸前高田市、住田町（ただし、県の定める管理計画に基づき管理される原木シイタケ（露地栽培）は出荷制限の対象から除く） 2012.4.20 ～ 2015.4.10 一部解除：大船渡市（ただし、県の定める管理計画に基づき管理される原木シイタケ（露地栽培）は出荷制限の対象から除く） 2012.4.25 ～：平泉町 2012.4.25 ～ 2015.4.10 一部解除：一関市、大槌町（ただし、県の定める管理計画に基づき管理される原木シイタケ（露地栽培）は出荷制限の対象から除く） 2012.4.25 ～ 2016.1.25 一部解除：釜石市、奥州市（ただし、県の定める管理計画に基づき管理される原木シイタケ（露地栽培）は出荷制限の対象から除く） 2012.5.7 ～ 2014.10.7 一部解除：花巻市、北上市、山田町（ただし、県の定める管理計画に基づき管理される原木シイタケ（露地栽培）は出荷制限の対象から除く） 2012.5.7 ～ 2015.4.10 一部解除：遠野市（ただし、県の定める管理計画に基づき管理される原木シイタケ（露地栽培）は出荷制限の対象から除く） 2012.5.7 ～ 2015.7.17 一部解除：金ヶ崎町（ただし、県の定める管理計画に基づき管理される原木シイタケ（露地栽培）は出荷制限の対象から除く）
		2012.5.10 ～ 2013.4.8 解除：盛岡市
	原木ナメコ（露地栽培）	2012.10.18 ～：大船渡市、釜石市 2012.10.23 ～：陸前高田市 2012.11.2 ～：一関市、奥州市
	キノコ類（野生のものに限る）	2012.10.11 ～：一関市、陸前高田市、平泉町 2012.10.16 ～：釜石市 2012.10.18 ～：奥州市 2012.10.29 ～：大船渡市、金ヶ崎町 2012.11.7 ～：遠野市 2013.10.9 ～：住田町
	コシアブラ	2012.5.10 ～：奥州市、花巻市 2012.5.14 ～：盛岡市 2012.5.15 ～：釜石市 2012.5.18 ～：住田町 2013.5.9 ～：北上市 2013.5.16 ～：遠野市 2015.5.12 ～：一関市
	セリ（野生のものに限る）	2012.5.30 ～：奥州市 2012.5.30 ～ 2015.12.21 解除：一関市
	ゼンマイ	2012.5.16 ～：一関市、奥州市 2012.5.18 ～：住田町
	ワラビ（野生のものに限る）	2012.5.16 ～：奥州市、陸前高田市 2013.5.17 ～：一関市 2013.6.4 ～：平泉町 2014.5.7 ～：釜石市
雑穀	大豆	2013.1.4 ～ 2013.2.4 一部解除：～ 2015.7.1 解除：一関市（旧磐清水村の区域に限る）
穀類	ソバ	2012.11.13 ～ 2014.4.11 解除：盛岡市（旧渋民村の区域に限る）、一関市（旧大原町の区域に限る） 2012.11.30 ～ 2014.4.11 解除：奥州市（旧衣川村の区域に限る）
水産物	スズキ	2012.10.25 ～ 2015.11.20 解除：最大高潮時海岸線上岩手宮城両県界の正東の線、我が国排他的経済水域の外縁線、最大高潮時海岸線上宮城福島両県界の正東の線および宮城県最大高潮時海岸線で囲まれた海域
	クロダイ	2012.11.6 ～：最大高潮時海岸線上岩手宮城両県界の正東の線、我が国排他的経済水域の外縁線、最大高潮時海岸線上宮城福島両県界の正東の線および宮城県最大高潮時海岸線で囲まれた海域
	マダラ	2012.5.2 ～ 2013.1.17 解除：最大高潮時海岸線上岩手宮城両県界の正東の線、我が国排他的経済水域の外縁線、最大高潮時海岸線上宮城福島両県界の正東の線および宮城県最大高潮時海岸線で囲まれた海域

水産物	ヒラメ	2013.6.4 〜 2013.8.30 解除：最大高潮時海岸線上岩手宮城両県界の正東の線、我が国排他的経済水域の外縁線、宮城県石巻市金華山頂上から正東の線、宮城県石巻市金華山頂上から正西に引いた同市牡鹿半島最大高潮時海岸線に至る線および宮城県最大高潮時海岸線に至る線で囲まれた海域
	イワナ（養殖を除く）	2012.5.8 〜：砂鉄川（支流を含む）
		2012.5.8 〜 2015.9.30 解除：磐井川（支流を含む）
	ウグイ	2012.5.11 〜 2015.3.10 解除：岩手県内の北上川のうち四十四田ダムの下流（支流を含む。ただし、石羽根ダムの上流、石淵ダムの上流、入畑ダムの上流、御所ダムの上流、外山ダムの上流、田瀬ダムの上流、綱取ダムの上流、豊沢ダムの上流および早池峰ダムの上流を除く） 2012.6.12 〜 2014.7.31 解除：気仙川（支流を含む） 2012.5.11 〜 2014.8.25 解除：大川（支流を含む）
肉	牛の肉	2011.8.1 〜 2011.8.25 一部解除：全域（県の定める出荷・検査方針に基づき管理される牛を除く）
	クマの肉	2012.9.10 〜：全域
	シカの肉	2012.7.26 〜：全域
	ヤマドリの肉	2012.10.22 〜：全域

宮城県

野菜類	タケノコ	2012.5.1 〜 2015.4.24 解除：白石市
		2012.5.1 〜：丸森町（下記の区域を除く）
		2012.5.1 〜 2014.4.17 解除：丸森町（旧耕野村の区域に限る） 2012.5.1 〜 2015.4.24 解除：丸森町（旧丸森町および旧小斎村の区域に限る）
		2012.6.29 〜：栗原市（下記の区域を除く）
		2012.6.29 〜 2015.7.17 解除：栗原市（旧築館町、旧志波姫町、旧高清水町および旧瀬峰町の区域に限る）
		2016.6.7 〜：大崎市（旧三本木町の区域に限る）
	原木シイタケ（露地栽培）	2012.1.16 〜：白石市、角田市 2012.3.8 〜：丸森町 2012.3.15 〜：蔵王町 2012.4.5 〜：村田町 2012.4.11 〜 2015.8.25 一部解除：気仙沼市（ただし、県の定める管理計画に基づき管理される原木シイタケ（露地栽培）は出荷制限の対象から除く） 2012.4.11 〜 2015.7.17 一部解除：南三陸町（ただし、県の定める管理計画に基づき管理される原木シイタケ（露地栽培）は出荷制限の対象から除く） 2012.4.12 〜 2016.1.25 一部解除：栗原市（ただし、県の定める管理計画に基づき管理される原木シイタケ（露地栽培）は出荷制限の対象から除く） 2012.4.19 〜：石巻市 2012.4.20 〜 2015.4.10 一部解除：大崎市（ただし、県の定める管理計画に基づき管理される原木シイタケ（露地栽培）は出荷制限の対象から除く） 2012.4.25 〜：東松島市 2012.4.25 〜 2014.8.26 一部解除：登米市（ただし、県の定める管理計画に基づき管理される原木シイタケ（露地栽培）は出荷制限の対象から除く） 2012.4.27 〜：名取市 2012.4.27 〜 2015.9.11 一部解除：加美町（ただし、県の定める管理計画に基づき管理される原木シイタケ（露地栽培）は出荷制限の対象から除く） 2012.5.7 〜：富谷町 2012.5.9 〜：色麻町 2012.5.10 〜：七ヶ宿町 2012.5.18 〜：大衡村 2012.4.27 〜 2015.2.18 一部解除：仙台市（ただし、県の定める管理計画に基づき管理される原木シイタケ（露地栽培）は出荷制限の対象から除く） 2012.5.7 〜 2015.2.18 一部解除：大和町（ただし、県の定める管理計画に基づき管理される原木シイタケ（露地栽培）は出荷制限の対象から除く） 2012.5.7 〜 2016.12.22 一部解除：川崎町（ただし、県の定める管理計画に基づき管理される原木シイタケ（露地栽培）は出荷制限の対象から除く）
	キノコ類（野生のものに限る）	2012.10.18 〜：栗原市、大崎市 2014.9.24 〜：仙台市 2016.9.12 〜：村田町
	クサソテツ（こごみ）	2012.4.27 〜：栗原市 2012.4.27 〜 2015.6.23 一部解除：大崎市（栽培されるクサソテツは出荷制限の対象から除く）
		2012.5.2 〜 2015.5.25 解除：加美町
		2012.5.9 〜：気仙沼市
	コシアブラ	2012.5.7 〜：登米市、栗原市 2012.5.9 〜：大崎市、南三陸町

野菜類	コシアブラ	2012.5.11 ～：気仙沼市、七ヶ宿町 2013.5.7 ～：大和町
	ゼンマイ	2012.5.11 ～：気仙沼市、丸森町 2012.5.17 ～：大崎市
	タラノメ （野生のものに限る）	2014.4.25 ～：気仙沼市、栗原市、大崎市
雑穀	大豆	2013.1.4 ～ 2013.3.15 一部解除：～ 2014.5.19 解除：栗原市（旧金田村の区域に限る）
穀類	米 （2013 年産）	2013.3.19 ～ 2016.3.18 解除：栗原市（旧沢辺村の区域に限る）
	ソバ	2012.11.16 ～ 2014.4.11 解除：栗原市（旧金成村の区域に限る） 2012.12.14 ～ 2014.2.25 解除：大崎市（旧一栗村の区域に限る）
水産物	クロダイ	2012.6.28 ～：宮城県石巻市金華山頂上から正東の線、我が国排他的経済水域の外縁線、最大高潮時海岸線上宮城福島両県界の正東の線、宮城県最大高潮時海岸線および宮城県石巻市金華山頂上から正西に引いた同市牡鹿半島最大高潮時海岸線に至る線で囲まれた海域 2012.11.6 ～：最大高潮時海岸線上岩手宮城両県界の正東の線、我が国排他的経済水域の外縁線、宮城県石巻市金華山頂上から正東の線および宮城県最大高潮時海岸線および宮城県石巻市金華山頂上から正西に引いた同市牡鹿半島最大高潮時海岸線に至る線で囲まれた海域で囲まれた海域
	スズキ	2012.4.12 ～ 2015.11.20 解除：宮城県石巻市金華山頂上から正東の線、我が国排他的経済水域の外縁線、最大高潮時海岸線上宮城福島両県界の正東の線、宮城県最大高潮時海岸線および宮城県石巻市金華山頂上から正西に引いた同市牡鹿半島最大高潮時海岸線に至る線で囲まれた海域 2012.10.25 ～ 2015.11.20 解除：最大高潮時海岸線上岩手宮城両県界の正東の線、我が国排他的経済水域の外縁線、宮城県石巻市金華山頂上から正東の線および宮城県最大高潮時海岸線および宮城県石巻市金華山頂上から正西に引いた同市牡鹿半島最大高潮時海岸線に至る線で囲まれた海域で囲まれた海域
	ヒラメ	2012.5.30 ～ 2013.4.1 解除：宮城県石巻市金華山頂上から正東の線、我が国排他的経済水域の外縁線、最大高潮時海岸線上宮城福島両県界の正東の線、宮城県最大高潮時海岸線および宮城県石巻市金華山頂上から正西に引いた同市牡鹿半島最大高潮時海岸線に至る線で囲まれた海域 2013.6.4 ～ 2013.8.30 解除：最大高潮時海岸線上岩手宮城両県界の正東の線、我が国排他的経済水域の外縁線、宮城県石巻市金華山頂上から正東の線、宮城県石巻市金華山頂上から正西に引いた同市牡鹿半島最大高潮時海岸線に至る線および宮城県最大高潮時海岸線に至る線で囲まれた海域
	マダラ	最大高潮時海岸線上岩手宮城両県界の正東の線、我が国排他的経済水域の外縁線、最大高潮時海岸線上宮城福島両県界の正東の線および宮城県最大高潮時海岸線で囲まれた海域 2012.5.2 ～ 2012.8.30 解除：マダラ（1 尾の重量が 1kg 未満のものに限る） 2012.5.2 ～ 2013.1.17 解除：マダラ（1 尾の重量が 1kg 以上のもの）
	ヒガンフグ	2012.5.8 ～ 2014.2.18 解除：宮城県石巻市金華山頂上から正東の線、我が国排他的経済水域の外縁線、最大高潮時海岸線上宮城福島両県界の正東の線、宮城県最大高潮時海岸線および宮城県石巻市金華山頂上から正西に引いた同市牡鹿半島最大高潮時海岸線に至る線で囲まれた海域
	アユ （養殖を除く）	2013.6.27 ～：宮城県内の阿武隈川（支流を含む。ただし、七ヶ宿ダムの上流を除く）
		2013.6.27 ～ 2013.12.25 解除：宮城県内の阿武隈川（支流を含む）のうち、白幡堰堤より上流の白石川（支流を含む）
	ヤマメ （養殖を除く）	2012.4.20 ～ 2015.9.30 解除：宮城県内の阿武隈川（支流を含む。ただし、七ヶ宿ダムの上流を除く）（ただし、下記の支流を除く）
		2012.4.20 ～：白石川（支流を含む。ただし、七ヶ宿ダムの上流を除く）
	イワナ （養殖を除く）	2012.5.14 ～：大倉川の大倉ダムより上流（支流を含む）および名取川の秋保大滝の上流（支流を含む） 2012.5.24 ～：三迫川のうち栗駒ダムの上流（支流を含む）および松川（支流を含む。ただし、濁川およびその支流ならびに澄川 4 号堰堤の上流を除く） 2012.5.28 ～：江合川のうち鳴子ダムの上流（支流を含む）および二迫川のうち荒砥沢ダムの上流（支流を含む） 2012.6.22 ～：一迫川のうち花山ダムの上流（支流を含む）および碁石川のうち釜房ダムの上流（支流を含む） 2012.12.6 ～：広瀬川（支流を含む）
	ウグイ	2012.4.20 ～：宮城県内の阿武隈川（支流を含む。ただし、七ヶ宿ダムの上流を除く） 2012.5.28 ～：宮城県内の北上川（支流を含む）
		2012.5.18 ～ 2014.8.25 解除：宮城県内の大川（支流を含む）
肉	牛の肉	2011.7.28 ～ 2011.8.19 一部解除：全域（県の定める出荷・検査方針に基づき管理される牛を除く）
	イノシシの肉	2012.5.22 ～：角田市、丸森町、山元町 2012.6.25 ～：全域（上記地域を除く）
	クマの肉	2012.6.25 ～：全域

山形県

肉	クマの肉	2012.9.10 ～ 2016.3.17 一部解除：全域（県の定める出荷・検査方針に基づき管理されるクマの肉を除く）

茨城県

	原乳	2011.3.23 ～ 4.10 解除：全域
野菜類	ホウレンソウ	2011.3.21 ～ 4.17 解除：全域（下記の地域を除く） 2011.3.21 ～ 6.1 解除：北茨城市、高萩市
	カキナ	2011.3.21 ～ 4.17 解除：全域
野菜類	パセリ	2011.3.23 ～ 4.17 解除：全域
	タケノコ	2012.4.6 ～：潮来市、小美玉市 2012.4.13 ～：利根町 2012.4.19 ～：ひたちなか市、鉾田市 2012.4.26 ～：北茨城市、大洗町 2012.4.6 ～ 2015.4.17 解除：つくばみらい市 2012.4.13 ～ 2015.4.17 解除：守谷市 2012.4.13 ～ 2015.4.24 解除：取手市 2012.4.13 ～ 2015.10.2 解除：石岡市 2012.4.13 ～ 2016.1.14 解除：龍ヶ崎市 2012.4.13 ～ 2016.9.21 解除：茨城町 2012.4.19 ～ 2015.9.11 解除：東海村
	原木シイタケ （露地栽培）	2011.10.14 ～：土浦市、行方市、鉾田市、小美玉市 2011.11.10 ～：茨城町、阿見町 2012.4.6 ～：常陸大宮市、守谷市、つくばみらい市 2012.4.13 ～：ひたちなか市、那珂市
	原木シイタケ （施設栽培）	2011.10.14 ～ 2016.4.8 一部解除：土浦市（ただし、県の定める管理計画に基づき管理される原木シイタケ（施設栽培）は出荷制限の対象から除く） 2011.10.14 ～ 2016.5.18 一部解除：鉾田市（ただし、県の定める管理計画に基づき管理される原木シイタケ（施設栽培）は出荷制限の対象から除く） 2011.11.10 ～：茨城町
	コシアブラ	2012.5.2 ～：日立市、常陸大宮市（野生のものに限る） 2012.5.10 ～：常陸大宮市（野生のものに限る）
水産物	イシガレイ	2012.7.5 ～ 2015.10.2 解除：最大高潮時海岸線上福島茨城両県界の正東の線、我が国排他的経済水域の外縁線、北緯36度38分の線および茨城県最大高潮時海岸線で囲まれた海域 2012.7.5 ～ 2013.6.28 解除：北緯36度38分の線、我が国排他的経済水域の外縁線、最大高潮時海岸線上茨城千葉両県界の正東の線および茨城県最大高潮時海岸線で囲まれた水域
	スズキ	2012.4.17 ～ 2016.1.14 解除：最大高潮時海岸線上福島茨城両県界の正東の線、我が国排他的経済水域の外縁線、最大高潮時海岸線上茨城千葉両県界の正東の線および茨城県最大高潮時海岸線で囲まれた海域
	シロメバル	2012.4.13 ～ 201510.2 解除：最大高潮時海岸線上福島茨城両県界の正東の線、我が国排他的経済水域の外縁線、最大高潮時海岸線上茨城千葉両県界の正東の線および茨城県最大高潮時海岸線で囲まれた海域
	ニベ	2012.4.17 ～ 2014.5.14 解除：最大高潮時海岸線上福島茨城両県界の正東の線、我が国排他的経済水域の外縁線、最大高潮時海岸線上茨城千葉両県界の正東の線および茨城県最大高潮時海岸線で囲まれた海域
	マダラ	2012.11.9 ～ 2014.11.20 解除：最大高潮時海岸線上福島茨城両県界の正東の線、我が国排他的経済水域の外縁線、最大高潮時海岸線上茨城千葉両県界の正東の線および茨城県最大高潮時海岸線で囲まれた海域
	ヒラメ	2012.4.17 ～ 2015.2.5 解除：最大高潮時海岸線上福島茨城両県界の正東の線、我が国排他的経済水域の外縁線、北緯36度38分の線および茨城県最大高潮時海岸線で囲まれた海域 2012.4.17 ～ 2012.8.30 解除：北緯36度38分の線、我が国排他的経済水域の外縁線、最大高潮時海岸線上茨城千葉両県界の正東の線および茨城県最大高潮時海岸線で囲まれた水域
	コモンカスベ	2012.6.1 ～ 2015.10.2 解除：最大高潮時海岸線上福島茨城両県界の正東の線、我が国排他的経済水域の外縁線、最大高潮時海岸線上茨城千葉両県界の正東の線および茨城県最大高潮時海岸線で囲まれた海域
	アメリカナマズ（養殖を除く）	2012.4.17 ～：霞ヶ浦、北浦および外浪逆浦ならびにこれらの湖沼に流入する河川ならびに常陸利根川
	ギンブナ（養殖を除く）	2012.4.17 ～ 2015.3.24 解除：霞ヶ浦、北浦および外浪逆浦ならびにこれらの湖沼に流入する河川ならびに常陸利根川
	ウナギ	2012.5.7 ～ 2016.2.9 解除：霞ヶ浦、北浦および外浪逆浦ならびにこれらの湖沼に流入する河川ならびに常陸利根川 2012.5.7 ～ 2014.1.30 解除：茨城県内の那珂川（支流を含む） 2013.11.12 ～：茨城県内の利根川のうち境大橋の下流（支流を含む。ただし、霞ヶ浦、北浦および外浪逆浦ならびにこれらの湖沼に流入する河川ならびに常陸利根川を除く）
肉	イノシシの肉	2011.12.2 ～ 2011.12.21 一部解除：全域（県の定める出荷・検査方針に基づき管理されるイノシシの肉を除く）
その他	茶	2011.6.2 ～ 2013.11.1 解除：結城市、龍ヶ崎市、下妻市、取手市、ひたちなか市、鹿嶋市、潮来市、守谷市、筑西市、稲敷市、かすみがうら市、桜川市、神栖市、行方市、つくばみらい市、大洗町、阿見町、河内町、五霞町、利根町、東海村、美浦村 2011.6.2 ～ 10.18 解除：古河市、常総市、坂東市、八千代町、境町 2011.6.2 ～ 2012.4.9 解除：大子町 2011.6.2 ～ 2012.5.23 解除：常陸太田市、常陸大宮市

5　農漁業被害（出荷制限）

その他	茶	2011.6.2 ～ 2012.5.30 解除：石岡市、那珂市、城里町 2011.6.2 ～ 2012.6.5 解除：鉾田市 2011.6.2 ～ 2012.7.24 解除：水戸市 2011.6.2 ～ 2012.8.20 解除：高萩市 2011.6.2 ～ 2012.9.12 解除：日立市 2011.6.2 ～ 2012.10.5 解除：茨城町 2011.6.2 ～ 2012.10.11 解除：つくば市 2011.6.2 ～ 2013.4.3 解除：牛久市 2011.6.2 ～ 2013.5.29 解除：土浦市、北茨城市、笠間市 2011.6.2 ～ 2013.6.17 解除：小美玉市

栃木県

野菜類	ホウレンソウ	2011.3.21 ～ 4.21 解除：那須塩原市、塩谷町 2011.3.21 ～ 4.27 解除：全域
	カキナ	2011.3.21 ～ 4.14 解除：全域
	原木シイタケ （露地栽培）	2012.2.15 ～ 那須塩原市、矢板市 2012.4.10 ～ 塩谷町、高根沢町、那須町 2012.4.10 ～ 2014.7.9 一部解除：芳賀町（ただし、県の定める管理計画に基づき管理される原木シイタケ（露地栽培）は出荷制限の対象から除く） 2012.4.10 ～ 2015.6.5 一部解除：宇都宮市（ただし、県の定める管理計画に基づき管理される原木シイタケ（露地栽培）は出荷制限の対象から除く） 2012.4.10 ～ 2016.5.18 一部解除：さくら市（ただし、県の定める管理計画に基づき管理される原木シイタケ（露地栽培）は出荷制限の対象から除く） 2012.4.11 ～ 2016.5.18 一部解除：益子町（ただし、県の定める管理計画に基づき管理される原木シイタケ（露地栽培）は出荷制限の対象から除く） 2012.4.11 ～ 2015.2.20 一部解除：日光市、大田原市（ただし、県の定める管理計画に基づき管理される原木シイタケ（露地栽培）は出荷制限の対象から除く） 2012.4.12 ～ 足利市、上三川町 2012.4.12 ～ 2015.2.20 一部解除：茂木町、那珂川町（ただし、県の定める管理計画に基づき管理される原木シイタケ（露地栽培）は出荷制限の対象から除く） 2012.4.12 ～ 2015.12.1 一部解除：市貝町（ただし、県の定める管理計画に基づき管理される原木シイタケ（露地栽培）は出荷制限の対象から除く） 2012.4.12 ～ 2016.1.25 一部解除：那須烏山市（ただし、県の定める管理計画に基づき管理される原木シイタケ（露地栽培）は出荷制限の対象から除く） 2012.4.12 ～ 2016.5.18 一部解除：鹿沼（ただし、県の定める管理計画に基づき管理される原木シイタケ（露地栽培）は出荷制限の対象から除く） 2012.4.12 ～ 2016.12.22 一部解除：真岡市（ただし、県の定める管理計画に基づき管理される原木シイタケ（露地栽培）は出荷制限の対象から除く） 2012.4.13 ～ 壬生町 2012.4.13 ～ 2015.8.7 一部解除：栃木市（旧岩舟町を除く）（ただし、県の定める管理計画に基づき管理される原木シイタケ（露地栽培）は出荷制限の対象から除く）
	原木シイタケ （施設栽培）	2012.2.15 ～ 2014.10.24 一部解除：那須塩原市（ただし、県の定める管理計画に基づき管理される原木シイタケ（施設栽培）は出荷制限の対象から除く） 2012.2.15 ～ 2013.10.23 一部解除：矢板市（ただし、県の定める管理計画に基づき管理される原木シイタケ（施設栽培）は出荷制限の対象から除く） 2012.4.10 ～ 2015.8.7 一部解除：那須町（ただし、県の定める管理計画に基づき管理される原木シイタケ（施設栽培）は出荷制限の対象から除く） 2012.4.10 ～ 2014.8.28 一部解除：芳賀町（ただし、県の定める管理計画に基づき管理される原木シイタケ（施設栽培）は出荷制限の対象から除く） 2012.4.12 ～ 2015.2.20 一部解除：大田原市（ただし、県の定める管理計画に基づき管理される原木シイタケ（施設栽培）は出荷制限の対象から除く） 2012.5.29 ～ 2014.8.28 一部解除：さくら市（ただし、県の定める管理計画に基づき管理される原木シイタケ（施設栽培）は出荷制限の対象から除く） 2012.6.4 ～ 2014.4.17 一部解除：鹿沼市（ただし、県の定める管理計画に基づき管理される原木シイタケ（施設栽培）は出荷制限の対象から除く） 2012.6.28 ～ 2015.6.5 一部解除：壬生町（ただし、県の定める管理計画に基づき管理される原木シイタケ（施設栽培）は出荷制限の対象から除く） 2012.11.29 ～ 2014.10.24 一部解除：日光市（ただし、県の定める管理計画に基づき管理される原木シイタケ（施設栽培）は出荷制限の対象から除く）
	原木クリタケ （露地栽培）	2011.11.7 ～ 鹿沼市、矢板市 2011.11.8 ～ 大田原市、那須塩原市 2011.11.14 ～ 足利市、佐野市、真岡市、さくら市、那須烏山市、上三川町、茂木町、市貝町、芳賀町、高根沢町 2012.11.5 ～ 宇都宮市 2012.11.6 ～ 塩谷町 2012.11.8 ～ 壬生町
	原木ナメコ （露地栽培）	2011.11.14 ～ 那須塩原市、日光市 2012.10.4 ～ 矢板市

63

	原木ナメコ（露地栽培）	2012.10.16 ～：那須町 2012.10.25 ～：佐野市 2012.11.2 ～：鹿沼市 2012.11.8 ～：壬生町 2012.11.12 ～：那珂川町 2012.11.19 ～：那須烏山市 2012.12.11 ～：大田原市
	キノコ類（野生のものに限る）	2012.8.2 ～：日光市、真岡市、那須塩原市、益子町、那珂川町 2012.8.7 ～：鹿沼市 2012.8.9 ～：矢板市 2012.8.15 ～：那須町 2012.8.29 ～：大田原市 2012.10.10 ～：塩谷町 2012.10.12 ～：那須烏山市 2014.7.18 ～：茂木町
	タケノコ	2012.5.1 ～：那須塩原市、那須町 2012.5.7 ～：日光市、大田原市 2012.6.13 ～：矢板市
	クサソテツ（こごみ）（野生のものに限る）	2012.5.1 ～：大田原市、那須町 2012.5.2 ～：那須塩原市
	コシアブラ（野生のものに限る）	2012.5.1 ～：大田原市、那須町、茂木町 2012.5.2 ～：宇都宮市、那須烏山市 2012.5.7 ～：鹿沼市、日光市、矢板市、那須塩原市、塩谷町 2012.5.15 ～：さくら市 2013.4.25 ～：那珂川町 2014.4.25 ～：高根沢町 2014.4.30 ～：市貝町
	サンショウ（野生のものに限る）	2012.5.1 ～：宇都宮市、日光市 2012.5.14 ～：那須塩原市 2012.5.18 ～：大田原市
	ゼンマイ（野生のものに限る）	2012.5.7 ～：日光市、那須町 2014.5.7 ～：鹿沼市
	タラノメ（野生のものに限る）	2012.4.27 ～：大田原市、矢板市 2012.5.1 ～：那須町 2012.5.2 ～：市貝町 2013.4.16 ～：宇都宮市 2013.4.18 ～：塩谷町 2014.4.18 ～：日光市 2014.5.1 ～：那須塩原市 2014.5.15 ～：さくら市
	ワラビ（野生のものに限る）	2012.5.17 ～：大田原市、鹿沼市 2013.4.16 ～：宇都宮市、日光市 2013.5.28 ～：矢板市
	クリ	2012.9.14 ～：那須町
		2012.9.14 ～ 2017.3.1 解除：那須塩原市 2012.9.18 ～ 2017.3.1 解除：大田原市
水産物	ヤマメ（養殖を除く）	2012.8.10 ～ 2013.1.23 解除：栃木県内の渡良瀬川のうち日光市足尾町内の区間（支流を含む。ただし、庚申川との合流点から下流の部分に限る） 2012.9.10 ～ 2013.3.26 解除：永野川（支流を含む）
	イワナ（養殖を除く）	2012.6.20 ～ 2013.12.17 解除：栃木県内の渡良瀬川のうち日光市足尾町内の区間（支流を含む） 2014.5.30 ～ 2015.6.23 解除：栃木県内の渡良瀬川のうち日光市足尾町内の区間（支流を含む）
水産物	ウグイ（養殖を除く）	2012.5.7 ～ 2012.9.28 解除：大芦川（支流を含む。ただし、荒井川およびその支流を除く） 2012.5.30 ～ 2012.9.28 解除：荒井川（支流を含む） 2012.5.30 ～ 2013.1.23 解除：武茂川（支流を含む）および栃木県内の那珂川のうち武茂川との合流点の上流（支流を含む。ただし、塩原ダムの上流およびその支流を除く）
肉	牛の肉	2011.8.2 ～ 2011.8.25 一部解除：全域（県の定める出荷・検査方針に基づき管理される牛を除く）
	イノシシの肉	2011.12.2 ～ 2011.12.5 一部解除：全域（県の定める出荷・検査方針に基づき管理されるイノシシの肉を除く）
	シカの肉	2011.12.2 ～：全域
その他	茶	2011.7.8 ～ 2012.6.1 解除：栃木市 2011.6.2 ～ 2013.3.26 解除：大田原市 2011.6.2 ～ 2013.5.31 解除：鹿沼市

群馬県

農産物	ホウレンソウ	2011.3.21 〜 4.8 解除：全域
	カキナ	2011.3.21 〜 4.8 解除：全域
	キノコ類 （野生のものに 限る）	2012.9.25 〜：沼田市、東吾妻町、嬬恋村 2012.10.10 〜：高山村 2012.10.16 〜：安中市 2012.10.23 〜：長野原町 2012.11.13 〜：みなかみ町
水産物	ヤマメ （養殖を除く）	2012.4.27 〜：吾妻川のうち岩島橋から東電佐久発電所吾妻川取水施設までの区間（支流を含む）
		2012.4.27 〜 2012.11.9 解除：薄根川（支流を含む）
		2012.4.27 〜 2013.4.25 解除：小中川（支流を含む）および桃ノ木川（支流を含む）
	イワナ （養殖を除く）	2012.6.8 〜：吾妻川のうち岩島橋から東電佐久発電所吾妻川取水施設までの区間（支流を含む）
		2012.6.8 〜 2012.11.9 解除：烏川のうち川田橋の上流（支流を含む）
		2014.3.12 〜（2012.6.8 〜 2013.6.28 解除）：薄根川（支流を含む）
肉	イノシシの肉	2012.10.10 〜：全域
	クマの肉	2012.9.10 〜：全域
	シカの肉	2012.11.14 〜：全域
	ヤマドリの肉	2013.1.23 〜：全域
その他	茶	2011.6.30 〜 2012.5.28 解除：桐生市 2011.6.30 〜 2013.6.7 解除：渋川市

埼玉県

農産物	キノコ類 （野生のものに 限る）	2012.10.16 〜：横瀬町、皆野町 2012.10.29 〜：ときがわ町 2012.11.5 〜：鳩山町

千葉県

農産物	ホウレンソウ	2011.4.4 〜 4.22 解除：旭市、香取市、多古町
	シュンギク、 チンゲンサイ、 サンチュ	2011.4.4 〜 4.22 解除：旭市
	パセリ	2011.4.4 〜 4.22 解除：旭市
	セルリー	2011.4.4 〜 4.22 解除：旭市
	タケノコ	2012.4.5 〜 2013.10.23 解除：市原市、木更津市 2012.4.6 〜 2016.1.14 解除：栄町 2012.4.6 〜 2016.9.21 解除：我孫子市 2012.4.11 〜 2015.1.22 解除：柏市、白井市 2012.4.11 〜 2013.10.23 解除：八千代市 2012.4.12 〜 2013.10.23 解除：船橋市 2012.4.18 〜 2013.10.23 解除：芝山町
	原木シイタケ （露地栽培）	2011.10.11 〜：我孫子市 2011.10.11 〜 2014.10.14 一部解除：君津市（ただし、県の定める管理計画に基づき管理される原木シイタケ（露地栽培）は出荷制限の対象から除く） 2011.11.18 〜：流山市 2011.12.22 〜 2014.10.14 一部解除：佐倉市 2012.2.23 〜 2016.1.25 一部解除：印西市（ただし、県の定める管理計画に基づき管理される原木シイタケ（露地栽培）は出荷制限の対象から除く） 2012.4.10 〜：白井市 2012.4.18 〜：八千代市 2012.5.16 〜 2014.3.19 一部解除：山武市（ただし、県の定める管理計画に基づき管理される原木シイタケ（露地栽培）は出荷制限の対象から除く） 2012.11.14 〜 2014.10.14 一部解除：富津市（ただし、県の定める管理計画に基づき管理される原木シイタケ（露地栽培）は出荷制限の対象から除く） 2012.4.18 〜 2017.2.15 一部解除：千葉市（ただし、県の定める管理計画に基づき管理される原木シイタケ（露地栽培）は出荷制限の対象から除く）
	原木シイタケ （施設栽培）	2012.5.16 〜 2014.3.19 一部解除：山武市（ただし、県の定める管理計画に基づき管理される原木シイタケ（施設栽培）は出荷制限の対象から除く）

農産物	原木シイタケ（施設栽培）	2012.11.14 〜 2014.11.20 一部解除：富津市（ただし、県の定める管理計画に基づき管理される原木シイタケ（施設栽培）は出荷制限の対象から除く） 2012.12.14 〜 2014.10.14 一部解除：君津市（ただし、県の定める管理計画に基づき管理される原木シイタケ（施設栽培）は出荷制限の対象から除く）
水産物	ギンブナ	2012.7.19 〜：手賀沼および手賀沼に流入する河川（支流を含む）、手賀川（支流を含む）
	コイ	2013.7.3 〜：手賀沼および手賀沼に流入する河川（支流を含む）、手賀川（支流を含む）
	ウナギ	2013.11.12 〜：千葉県内の利根川のうち境大橋の下流（支流を含む。ただし、印旛排水機場および印旛水門の上流、両総用水第一揚水機場の下流、八筋川、与田浦ならびに与田浦川を除く）
肉	イノシシの肉	2012.11.5 〜 2013.1.18 一部解除：全域（県の定める出荷・検査方針に基づき管理されるイノシシの肉を除く）
その他	茶	2011.6.2 〜 9.7 解除：大網白里町 2011.7.4 〜 2012.5.21 解除：勝浦市 2011.6.2 〜 2012.5.25 解除：八街市 2011.6.2 〜 2012.5.28 解除：野田市、富里市、山武市 2011.6.2 〜 2013.5.13 解除：成田市

神奈川県

その他	茶	2011.6.2 〜 8.29 解除：南足柄市 2011.6.23 〜 9.12 解除：松田町、山北町 2011.6.2 〜 10.14 解除：愛川町、清川村 2011.6.23 〜 10.26 解除：相模原市 2011.6.27 〜 10.26 解除：中井町 2011.6.2 〜 11.1 解除：小田原市 2011.6.2 〜 11.10 解除：真鶴町 2011.6.2 〜 2012.10.19 解除：湯河原町

新潟県

肉	クマの肉	2012.11.5 〜：全域（佐渡市および粟島浦村を除く）

山梨県

農産物	キノコ類（野生のものに限る）	2012.10.26 〜：富士吉田市、富士河口湖町、鳴沢村

長野県

農産物	キノコ類（野生のものに限る）	2012.9.20 〜：軽井沢町、御代田町 2012.10.1 〜：小海町、南牧村（マツタケを除く）
		2012.10.1 〜 2015.11.20 解除：小海町、南牧村（マツタケに限る）
		2012.10.11 〜：佐久市（マツタケを除く）
		2012.10.11 〜 2015.11.20 解除：佐久市（マツタケに限る）
		2013.10.1 〜：小諸市（マツタケを除く）
		2013.10.1 〜 2015.11.20 解除：小諸市（マツタケに限る）
		2013.10.21 〜：佐久穂町（マツタケを除く）
		2013.10.21 〜 2015.11.20 解除：佐久穂町（マツタケに限る）
	コシアブラ	2014.5.21 〜：長野市、軽井沢町 2014.5.28 〜：中野市、野沢温泉村 2015.5.28 〜：木島平村

静岡県

農産物	キノコ類（野生のものに限る）	2012.11.5 〜：御殿場市、小山町 2013.10.3 〜：富士宮市、富士市 2014.10.7 〜：裾野市

2017 年 3 月 1 日現在

出典：厚生労働省，2017，「原子力災害対策特別措置法に基づく食品に関する出荷制限等：平成 29 年 3 月 1 日現在」，http://www.mhlw.go.jp/stf/houdou/2r9852000001a3pj-att/2r9852000001a3rg.pdf（170320 アクセス）．

備考：出荷制限は、以下の条件で決定されている。
- ■検査対象自治体：直近3年間の検査結果で、基準値の1/2を超える放射性セシウムが検出された品目が確認されるなど検査を継続する必要がある自治体（青森県、岩手県、秋田県、宮城県、山形県、福島県、茨城県、栃木県、群馬県、千葉県、埼玉県、東京都、神奈川県、新潟県、山梨県、長野県、静岡県）。
- ■検査対象物：以下の品目を都道府県単位で指定。
  - ◆栽培／飼養管理が不可能：野生きのこ、山菜、野生鳥獣の肉、はちみつ。
  - ◆栽培／飼養管理が可能：野菜（クレソン、ワラビ）、果物（クリ）、大豆、牛肉、原木キノコ、乳、海魚（メバル・ソイ・カサゴ類、クロダイ、スズキ）、内水魚（イワナ・ヤマメ・マス類、ギンブナ・コイ・ウグイ、ウナギ、アユ、ナマズ類）、当該自治体で2016年4月以降に出荷制限解除となった品目、乾物（キノコ、海藻、魚介類、野菜、果物）等の加工食品、検査実績のない品目、等。
- ■出荷制限の設定：当該品目の基準値を超えた場合、国が原則都道府県単位で出荷制限を行う。ただし、市町村等による管理が可能であれば分割も可能。
- ■出荷制限の解除：都道府県が国に申請する。解除条件は1市町村当たり3カ所以上、直近1カ月以内の検査結果がすべて基準値以下であること（検査対象は出荷制限解除を申請する地域内で高い放射性セシウム濃度の検出が見込まれる地点で採取された検体とすること）、等。

第Ⅰ部　福島原発震災のもたらしたもの　第2章　被害の広がり

諸外国・地域の規制措置

①輸入停止

	対象県	品目	規制内容	備考
韓国	福島	ホウレンソウ、カキナ等、カブ、ウメ、ユズ、クリ、キウイフルーツ、大豆、小豆、米、原乳、キノコ類、タケノコ、タラノメ、クサソテツ、コシアブラ、ゼンマイ、ワサビ、ワラビ、ウド、イカナゴ、ヤマメ、ウグイ、アユ、イワナ、コイ、フナ、アイナメ、アカガレイ、アカシタビラメ、イシガレイ、ウスメバル、ウミタナゴ、ムシガレイ、キツネメバル、クロウシノシタ、クロソイ、クロダイ、ケムシカジカ、コモンカスベ、サクラマス、シロメバル、スケソウダラ、スズキ、ニベ、ヌマガレイ、ババガレイ、ヒガンフグ、ヒラメ、ホウボウ、ホシガレイ、マアナゴ、マガレイ、マコガレイ、マゴチ、マダラ、ムラソイ、メイタガレイ、ビノスガイ、キタムラサキウニ、サブロウ、エゾイソアイナメ、マツカワ、ナガヅカ、ホシザメ、ウナギ、ショウサイフグ、サヨリ、飼料	◆輸入停止	
	群馬	ホウレンソウ、カキナ、茶、キノコ類、ヤマメ、イワナ、飼料		
	栃木	ホウレンソウ、カキナ、キノコ類、タケノコ、クサソテツ、サンショウ、コシアブラ、茶、タラノメ、ゼンマイ、ワラビ、クリ、ウグイ、イワナ、ヤマメ、飼料		
	茨城	ホウレンソウ、カキナ等、パセリ、キノコ類、タケノコ、コシアブラ、茶、原乳、メバル、スズキ、ニベ、ヒラメ、アメリカナマズ、フナ、ウナギ、コモンカスベ、イシガレイ、マダラ、飼料		
	宮城	キノコ類、タケノコ、クサソテツ、タラノメ、コシアブラ、ゼンマイ、ソバ、大豆、米、スズキ、ウグイ、ヤマメ、マダラ、ヒガンフグ、イワナ、ヒラメ、クロダイ、アユ		
	千葉	ホウレンソウ、カキナ等、キノコ類、タケノコ、茶、ギンフナ		◆ホウレンソウ、カキナ等は3市町（旭市、香取市、多古町）のみが対象
	神奈川	茶		
	岩手	キノコ類、コシアブラ、ゼンマイ、ワラビ、セリ、タケノコ、ソバ、大豆、マダラ、イワナ、ウグイ、スズキ、クロダイ		
	長野	キノコ類、コシアブラ		
	埼玉	キノコ類		
	青森	キノコ類、マダラ		
	山梨	キノコ類		
	静岡	キノコ類		
	福島県、宮城県、岩手県、青森県、群馬県、栃木県、茨城県、千葉県（8県）	全ての水産物		◆2013年9月9日から実施
中国	宮城、福島、茨城、栃木、群馬、埼玉、千葉、東京、新潟、長野（10都県）	全ての食品、飼料	◆輸入停止	◆日本産食品の海外輸出業者または代理業者は、登録が必要◆日本産食品の中国輸入業者に対し、輸入および販売記録制度の導入
レバノン	福島、茨城、栃木、群馬、千葉、神奈川（6県）	左記県における出荷制限品目	◆輸入停止	
シンガポール	福島県（全市町村）	林産物、水産物	◆輸入停止	

68

5　農漁業被害（諸外国・地域の規制措置）

国・地域	対象地域	対象品目	規制内容	備考
シンガポール	南相馬市、川俣町、楢葉町、富岡町、川内村、大熊町、双葉町、浪江町、葛尾村、飯舘村	全食品および農産物	◆ 輸入停止	
香港	福島、茨城、栃木、群馬、千葉（5 県）	野菜・果実、牛乳、乳飲料、粉ミルク	◆ 輸入停止	
マカオ	福島	野菜、果物、乳製品、食肉・食肉加工品、卵、水産物・水産加工品	◆ 輸入停止	◆ 米、加工度の高い食品、飲料は、対象外
	宮城、茨城、栃木、群馬、埼玉、千葉、東京、新潟、長野（9 都県）	野菜、果物、乳製品	◆ 輸入停止	
台湾	福島、茨城、栃木、群馬、千葉（5 県）	全ての食品（酒類を除く）	◆ 輸入停止	
フィリピン	福島	ヤマメ、イカナゴ、ウグイ、アユ	◆ 輸入停止	
米国	青森	野生のキノコ類	◆ 輸入停止（2016 年 12 月 29 日付けの FDA 輸入アラートに基づく）	
	岩手	タケノコ、原木クリタケ（露地栽培）、原木シイタケ、原木ナメコ（露地栽培）、野生のキノコ類、野生のセリ、ゼンマイ、野生のコシアブラ、ワラビ、クロダイ、スズキ、イワナ（養殖を除く）、クマの肉、牛の肉、シカの肉、ヤマドリの肉		
	宮城	ゼンマイ、タケノコ、野生のコシアブラ、野生のタラノメ、クサソテツ、原木シイタケ（露地栽培）、野生のキノコ類、アユ（養殖を除く）、ヤマメ（養殖を除く）、クロダイ、ウグイ、スズキ、イワナ（養殖を除く）、牛の肉、クマの肉、イノシシの肉		
	山形	クマの肉		
	福島	原乳、野生のタラノメ、タケノコ、非結球性葉菜類（コマツナ、シュンギク、チンゲンサイ、ミズナ、サニーレタス、ホウレンソウおよびその他の非結球性葉菜類）、結球性葉菜類（キャベツ、ハクサイ、レタス）、アブラナ科の花蕾類（ブロッコリー、カリフラワー）、クリ、野生のフキノトウ、ゼンマイ、野生のコシアブラ、キウイフルーツ、原木シイタケ、原木ナメコ（露地栽培）、キノコ類、クサソテツ、ワラビ、米、カブ、ウメ、フキ、ウワバミソウ、ユズ、カサゴ、アユ（養殖を除く）、イカナゴ（稚魚を除く）、イシガレイ、ウスメバル、ウミタナゴ、キツネメバル、クロウシノシタ、クロソイ、クロダイ、ショウサイフグ、シロメバル、スケトウダラ、スズキ、ヌマガレイ、ムシガレイ、ムラソイ、ビノスガイ、ヤマメ（養殖を除く）、ウグイ、ウナギ、イワナ（養殖を除く）、コイ（養殖を除く）、クマの肉、牛の肉、イノシシの肉、ヤマドリの肉、キジの肉、ノウサギの肉、カルガモの肉		
	茨城	原木シイタケ、タケノコ、野生のコシアブラ、ウナギ、シロメバル、コモンカスベ、アメリカナマズ（養殖を除く）、イシガレイ、イノシシの肉		
	栃木	野生のタラノメ、タケノコ、クリ、野生のサンショウ、野生のゼンマイ、野生のコシアブラ、野生のワラビ、野生のクサソテツ、原木クリタケ（露地栽培）、原木シイタケ、原木ナメコ（露地栽培）、野生のキノコ類、牛の肉、イノシシの肉、シカの肉		
	群馬	野生のキノコ類、ヤマメ（養殖を除く）、イワナ（養殖を除く）、クマの肉、イノシシの肉、ヤマドリの肉、シカの肉		
	埼玉	野生のキノコ類		
	千葉	シイタケ、コイ、ギンブナ、ウナギ、イノシシの肉		
	新潟	クマの肉		
	山梨	野生のキノコ類		

米国	長野	野生のキノコ類、コシアブラ	◆ 輸 入 停 止（2016年 12 月 29 日付けの FDA 輸入アラートに基づく）	
	静岡	野生のキノコ類		
ロシア	岩手、宮城、山形、福島、茨城、千葉、新潟（7 県）に所在する施設	水産品・水産加工品	◆輸入停止	

②日本のすべて／一部の食品につき証明書を要求、検査体制強化

	対象県	品目	規制内容	備考
韓国	北海道、青森、岩手、宮城、福島、茨城、栃木、群馬、千葉、東京、神奈川、愛知、三重、愛媛、熊本、鹿児島（16 都道県）	輸入停止県産品目を除く全ての水産品	◆ 日本政府作成の放射性物質検査証明書を要求	◆水産物については、韓国側の検査で放射性物質が微量でも検出されれば、ストロンチウムおよびプルトニウム等の検査証明書を追加で要求 ◆2011 年 3 月 11 日より前に収穫・製造した食品については、日付証明書
	宮城、山形、福島、茨城、栃木、群馬、埼玉、千葉、東京、神奈川、新潟、長野、静岡（13 都県）	輸入停止県産品目および水産品を除く全ての食品		
	北海道、青森、岩手、宮城、千葉、東京、神奈川、愛知、三重、愛媛、熊本、鹿児島（12 都道県）	養魚用飼料、魚粉		
	青森、岩手、宮城、埼玉、千葉、神奈川、山梨、長野、静岡（9 県）	その他の飼料（牛、馬、豚、家禽等）		
	13 都県以外（水産品については 16 都道県以外）	全ての食品	◆ 日本政府作成の産地証明書を要求	
中国	宮城、福島、茨城、栃木、群馬、埼玉、千葉、東京、新潟、長野以外	野菜およびその製品、乳および乳製品、茶葉およびその製品、果物およびその製品、薬用植物産品	◆ 日本政府作成の放射性物質検査証明書および産地証明書を要求	
		水産物	◆ 上記に加え、中国輸入業者に産地・輸送経路を記した検疫許可申請を要求	
		その他の食品・飼料	◆ 日本政府作成の産地証明書を要求	
レバノン	47 都道府県	輸入停止県産品目を除く全ての食品	◆ 産地が記載された指定検査機関作成の放射性物質検査報告書を要求 ◆ レバノンにて検査を実施	
シンガポール	福島県の南相馬市、川俣町、楢葉町、富岡町、川内村、大熊町、双葉町、浪江町、葛尾村、飯舘村以外の市町村	米、食肉、牛乳・乳製品、卵、野菜・果物とその加工品、緑茶およびその製品	◆ 日本政府作成の市町村ごとの産地証明書に加え、検査機関発行の放射性物質検査報告書（初回輸出時は原本を提出。次回以降、同一市町村・産品であれば 3 カ月間はその写しで可）	◆ 放射性物質が検出された場合、通関不可
	茨城、栃木、群馬（3 県）	林産物、水産物	◆ 日本政府作成の放射性物質検査証明書を要求	

5　農漁業被害（諸外国・地域の規制措置）

国・地域	対象地域	対象品目	要求事項	備考
シンガポール	茨城、栃木、群馬（3県）	食肉、牛乳・乳製品、卵、野菜・果物とその加工品、緑茶およびその製品	◆日本政府作成または商工会議所作成の都道府県ごとの産地証明（商工会議所の場合はサイン証明）を要求	◆放射性物質が検出された場合、通関不可
	その他の都道府県	食肉、牛乳・乳製品、卵、野菜・果物とその加工品、緑茶およびその製品、水産物		
香港	福島、茨城、栃木、群馬、千葉（5県）	食肉（卵を含む）、水産物	◆日本政府作成の放射性物質検査証明書を要求	
		その他の食品	◆香港にてサンプル検査	
	5県以外	全ての食品		
マカオ	宮城、茨城、栃木、群馬、埼玉、千葉、東京、新潟、長野（9都県）	食肉・食肉加工品、卵、水産物・水産加工品	◆産地が記載された指定検査機関作成の放射性物質検査結果報告書を要求	
	山形、山梨（2県）	野菜、果物、乳製品、食肉・食肉加工品、卵、水産物・水産加工品		
台湾	福島、茨城、栃木、群馬、千葉以外	全ての食品（酒類を除く）	◆産地証明書　①日本政府（地方公共団体を含む）、植物検疫証明書、自由販売証明書、衛生証明書等も可　②日本政府が授権した機関（商工会議所等）　③業者等が公的機関に確認を受ける	
		野菜・果実、水産物、海藻類、乳製品、飲料水、乳幼児用食品	◆台湾にて全ロット検査	
		加工食品	◆台湾にてサンプル検査	
	岩手、宮城、東京、愛媛	水産物	◆調査機関が発行する放射性物質検査報告書　①中央主管機関が公表　②その他日本の政府の認証　③国際認証機関の認証	
	宮城、埼玉、東京	幼児用食品、乳製品、キャンディー、ビスケット、穀類調製品等		
	東京、静岡、愛知、大阪	茶類産品		
フィリピン	福島、茨城（2県）	牛肉、野菜・果実、植物、種苗等	◆指定検査機関作成の放射性物質検査報告書を要求	
	2県以外		◆産地証明書を要求	
	福島	ヤマメ、イカナゴ、ウグイ、アユ以外の水産物	◆指定検査機関作成の放射性物質検査報告書を要求	
	茨城、栃木、群馬（3県）	水産物		
	福島および3県以外		◆産地証明書を要求	
米国	福島、栃木、岩手、宮城、群馬（5県）	牛乳・乳製品（輸入停止品目を除く）	◆米国の食品安全基準に違反していないことの証明の添付により許可され得る	
		上記品目以外の食品、飼料	◆米国にてサンプル検査	
	上記5県以外	全ての食品、飼料（輸入停止品目を除く）		
ロシア	福島、茨城、栃木、群馬、千葉、東京（6都県）	全ての食品	◆日本政府作成の放射性物質検査証明書（放射性物質検査報告書を添付）を要求	◆2011年3月11日より前に生産・加工した食品については、日付証明書
	6都県以外		◆ロシアにてサンプル検査	

71

ロシア	青森県に所在する施設	水産品・水産加工品	◆放射性物質検査証明書（セシウム134、137およびストロンチウム90）および動物衛生証明書の添付を要求	◆証明書の証明内容等については、現在、ロシア政府に確認中
	青森、岩手、宮城、山形、福島、茨城、千葉、新潟以外に所在する施設		◆ロシアにてサンプル検査	
インドネシア	47都道府県	牛乳・乳製品、食肉およびその製品、穀物、生鮮果実、生鮮野菜、加工食品、ミネラルウォーター	◆指定検査機関作成の放射性物質検査報告書を要求	◆報告書がない場合はインドネシアにて全ロット検査
		水産物、養殖用薬品、餌	◆日本政府作成の放射性物質検査証明書を要求	◆証明書がない場合はインドネシアにて検査
ブルネイ	福島	全ての食品	◆日本政府作成の放射性物質検査証明書を要求	
	福島県以外	全ての食品	◆日本政府作成の産地証明書を要求	
アルゼンチン	宮城、山形、福島、茨城、栃木、群馬、新潟（7県）	全ての食品（種子は対象外）	◆日本政府またはアルゼンチン国家原子力委員会作成の放射性物質検査証明書を要求 ◆日本政府作成の産地証明書および輸入業者作成の放射性物質に係る宣誓書を要求	
	上記7県以外	全ての食品（種子は対象外）	◆日本政府作成の産地証明書および輸入業者作成の放射性物質に係る宣誓書を要求	
	47都道府県	飼料	◆日本政府作成の産地証明書を要求	
アラブ首長国連邦	岩手、宮城、福島、栃木、群馬（5県）	全ての食品、飼料	◆日本政府作成の放射性物質検査証明書を要求* ◆輸入国にてサンプル検査が行われる場合がある	◆2011年3月11日以前に生産および製造した食品については、日付証明書 *ドバイ首長国およびアブダビ首長国については、 ①5県は指定検査機関作成の放射性物質検査報告書で輸入が認められる ②5県以外は産地証明書で輸入が認められる（なお、産地証明については、ドバイ首長国は①の報告書でも輸入が認められる。また、アブダビ首長国は商工会議所のサイン証明でも輸入が認められる）
	5県以外	全ての食品、飼料	◆政府作成の産地証明書を要求*	

5 農漁業被害(諸外国・地域の規制措置)

国	地域	品目	要求事項	備考
オマーン	47都道府県	全ての食品	◆日本政府発行の「輸出事業者証明書」の写しを添付または指定検査機関が発行する放射性物質検査報告書を要求	
		生鮮食品、果実、ミルク（粉ミルクを含む）	◆上記に加え、オマーンにてサンプル検査を実施	
サウジアラビア	宮城、山形、福島、茨城、栃木、群馬、埼玉、千葉、東京、新潟、山梨および長野（12都県）	全ての食品、飼料	◆日本政府作成の放射性物質検査証明書を要求	◆2011年3月11日より前に生産・加工した食品については日付証明書
	12都県以外	全ての食品、飼料	◆放射性物質検査報告書を要求	
バーレーン	47都道府県	全ての食品	◆日本政府発行の「輸出事業者証明書」の写しを添付または指定検査機関が発行する放射性物質検査報告書を要求	
エジプト	福島、岩手、宮城、茨城、栃木、群馬、千葉（7県）	水産物	◆日本政府作成の放射性物質検査証明書を要求	
	上記7県以外		◆日本政府作成の産地証明書を要求	
	47都道府県	全ての食品、飼料（水産物を除く）		
コンゴ民主共和国	47都道府県	全ての食品および農業加工品	◆放射性物質検査証明書を要求等	
モロッコ	宮城、山形、福島、茨城、栃木、群馬、埼玉、千葉、東京、神奈川、新潟、山梨、長野（13都県）	全ての食品および飼料	◆日本政府作成の放射性物質検査証明書を要求	◆2011年3月28日以前に日本を出港し、かつ、2011年3月11日以前に収穫・加工されたものは規制の対象外
	13都県以外	全ての食品および飼料	◆日本政府作成の産地証明書を要求	
ブラジル	福島	全ての食品	◆日本政府作成の放射性物質検査証明書を要求（ポルトガル語翻訳付き）	◆2011年3月11日より前に製造・こん包した食品は、日付証明書（ポルトガル語翻訳付き）
EU等 （EU28カ国およびEFTA（ノルウェー、スイス、リヒテンシュタイン、アイスランド））	福島	キノコ類、水産物（活魚、海藻およびホタテを除く）、米、大豆、柿、フキノトウ、フキ、タラノキ属、タケノコ、ワラビ、ゼンマイ、クサソテツ、コシアブラ	◆日本政府作成の放射性物質検査証明書を要求 ◆輸入国にてサンプル検査	◆2011年3月11日より前に生産、加工された食品・飼料（左記の品目、またはそれらの使用割合が50％を超えるものに限る）については、日付証明書 ◆生産地・加工地が不明な左記の品目の使用割合が50％を超える食品・飼料は、放射性物質検査証明書
	新潟、山梨、静岡	キノコ類、コシアブラ		
	秋田、山形、長野	キノコ類、タラノキ属、タケノコ、ゼンマイ、コシアブラ		
	岩手、宮城、茨城、栃木、群馬、千葉	キノコ類、水産物（活魚、海藻およびホタテを除く）、タラノキ属、タケノコ、ワラビ、ゼンマイ、クサソテツ、コシアブラ		
	47都道府県	上記の県ごとの放射性物質検査証明の対象品目の使用割合が50％を超える食品および飼料		
	福島を除く46都道府県	上記の品目のうち、上記の放射性物質検査証明の対象となる県以外で生産・加工されたもの、またはそれらの使用割合が50％を超える食品および飼料	◆日本政府作成の産地証明書を要求 ◆輸入国にてサンプル検査	

73

国	地域	対象品目	証明書等	備考
仏領ポリネシア	福島	キノコ類、水産物（活魚、海藻およびホタテを除く）、米、大豆、柿、フキノトウ、フキ、タラノキ属、タケノコ、ワラビ、ゼンマイ、クサソテツ、コシアブラ	◆日本政府作成の放射性物質検査証明書を要求 ◆輸入国にてサンプル検査	◆2011年3月11日より前に生産、加工された食品・飼料（左記の品目、またはそれらの使用割合が50%を超えるものに限る）については、日付証明書 ◆生産地・加工地が不明な左記の品目の使用割合が50%を超える食品・飼料は、放射性物質検査証明書
	新潟、山梨、静岡	キノコ類、コシアブラ		
	秋田、山形、長野	キノコ類、タラノキ属、タケノコ、ゼンマイ、コシアブラ		
	岩手、宮城、茨城、栃木、群馬、千葉	キノコ類、水産物（活魚、海藻およびホタテを除く）、タラノキ属、タケノコ、ワラビ、ゼンマイ、クサソテツ、コシアブラ		
	47都道府県	上記の県ごとの放射性物質検査証明の対象品目の使用割合が50%を超える食品および飼料		
	福島を除く46都道府県	上記の品目のうち、上記の放射性物質検査証明の対象となる県以外で生産・加工されたもの、またはそれらの使用割合が50%を超える食品および飼料	◆日本政府作成の産地証明書を要求 ◆輸入国にてサンプル検査	
ニューカレドニア	福島	キノコ類、水産物（ホタテおよび海藻を除く）、米、大豆、柿、フキノトウ、フキ、タラノキ属、タケノコ、ワラビ、ゼンマイ、クサソテツ、コシアブラ	◆日本政府作成の放射性物質検査証明書を要求	◆2011年3月11日より前に生産、加工された食品・飼料（左記の品目、またはそれらの使用割合が50%を超えるものに限る）については、日付証明書 ◆生産地・加工地が不明な左記の品目の使用割合が50%を超える食品・飼料は、放射性物質検査証明書
	新潟、山梨、静岡	キノコ類、コシアブラ		
	秋田、山形、長野	キノコ類、タラノキ属、タケノコ、ワラビ、ゼンマイ、クサソテツ、コシアブラ		
	岩手、宮城、茨城、栃木、群馬、千葉	キノコ類、水産物（ホタテおよび海藻を除く）、タラノキ属、タケノコ、ワラビ、ゼンマイ、クサソテツ、コシアブラ		
	47都道府県	上記の県ごとの放射性物質検査証明の対象品目の使用割合が50%を超える食品および飼料		
	福島を除く46都道府県	上記の品目のうち、上記の放射性物質検査証明の対象となる県以外で生産・加工されたもの、またはそれらの使用割合が50%を超える食品および飼料	◆日本政府作成の産地証明書を要求	
パキスタン	47都道府県	全ての食品	◆パキスタンにてサンプル検査（放射性物質検査証明書があれば検査を省略）（個人輸入の携行貨物はサンプル検査を除外）	
ウクライナ	47都道府県	全ての食品	◆ウクライナにて検査を実施	
イスラエル	福島	全ての食品	◆産地が確認できる書類（インボイス等）を要求	
	岩手、宮城	穀物（コメを含む）、キノコ類、山菜類、水産物	◆イスラエルにてサンプル検査（放射性物質検査報告書があれば検査を免除）	
	栃木、群馬、千葉	キノコ類、山菜類、水産物		
	福島を除く46都道府県	上記以外の全ての食品	◆産地が確認できる書類（インボイス等）を要求	
トルコ	47都道府県	全ての食品および農水産物	◆トルコにて全ロット検査を実施	
カタール	47都道府県	全ての食品	◆カタールにてサンプル検査を実施	

③過去規制措置を実施した国

	対象県	品目	規制内容	備考
カナダ (これまで右の措置を講じていたが、2011年6月13日から全て解除)	宮城、山形、福島、茨城、栃木、群馬、埼玉、千葉、東京、新潟、山梨、長野（12都県）	全ての食品、飼料（原材料を含む）	◆日本政府または指定検査機関作成の放射性物質検査証明書を要求 （3月11日より前に収穫・製造した食品については、その旨を証明できれば上記は不要） ◆カナダにてサンプル検査を実施	◆適切な書類がないものは、通関を認めてよいか判断するため、当局によって留置・検査を実施
	12都県以外		◆取扱業者作成の産出県、保管場所等の証明を要求 ◆カナダにてサンプル検査を実施	
ミャンマー (これまで右の措置を講じていたが、2011年6月16日から全て解除)	47都道府県	全ての食品	◆ミャンマーにて検査を実施	◆ヤンゴン港およびヤンゴン国際空港でのみ実施
セルビア (これまで右の措置を講じていたが、2011年7月1日から全て解除)	宮城、福島、茨城、栃木、群馬、埼玉、千葉、東京、神奈川、山梨、静岡（11都県）	全ての食品、飼料	◆日本政府作成の放射性物質検査証明書を要求 ◆セルビアにてサンプル検査を実施	◆2011年3月11日より前に収穫・製造した食品については、日付証明書
	11都県以外	全ての食品、飼料	◆日本政府作成の産地証明書を要求 ◆セルビアにてサンプル検査を実施	
チリ (これまで右の措置を講じていたが、2011年9月30日から全て解除)	47都道府県	穀物、植物の根、塊茎、野菜、果実、肉、肉製品、魚介類・それらの派生品、牛乳・乳製品、幼児用食品	◆放射性物質検査証明書を要求	
メキシコ (これまで右の措置を講じていたが、2012年1月1日から全て解除)	47都道府県	全ての食品、飼料	◆輸入をマンサニージョ港、ベラクルス港およびメキシコシティー国際空港に限定	
ペルー (これまで右の措置を講じていたが、2012年4月20日から全て解除)	宮城、山形、福島、茨城、栃木、群馬、新潟（7県）	全ての食品	◆日本政府作成の放射性物質検査証明書を要求	
ギニア (これまで右の措置を講じていたが、2012年6月22日から全て解除)	47都道府県	牛乳および派生品、魚類その他の海産物	◆輸入停止	
ニュージーランド (これまで右の措置を講じていたが、2012年7月15日から全て解除)	47都道府県	茶	◆ニュージーランドにて検査を実施	
コロンビア (これまで右の措置を講じていたが、2012年8月23日から全て解除)	宮城、山形、福島、茨城、栃木、群馬、埼玉、千葉、東京、新潟、山梨、長野（12都県）	全ての食品、飼料	◆日本政府作成の放射性物質検査証明書を要求 （スペイン語翻訳付き）	

国	対象地域	対象品目	要求される証明書等	備考
マレーシア （これまで右の措置を講じていたが、2013年3月1日から全て解除） ※放射性物質検査の結果によっては、今後も、必要に応じて規制措置が講じられる可能性あり	福島	全ての食品	◆日本政府作成の産地証明書を要求 ◆マレーシアにて全ロット検査を実施	◆2011年3月11日より前に収穫・加工した食品については、日付証明書
	福島県以外	全ての食品	◆日本政府作成の産地証明書を要求	
エクアドル （これまで右の措置を講じていたが、2013年4月3日から全て解除）	宮城、山形、福島、茨城、栃木、群馬、埼玉、千葉、東京、新潟、山梨、長野（12都県）	農畜産品およびその副産品	◆日本政府作成の放射性物質検査証明書を要求	◆2011年3月11日より前に収穫処理された産品については、日付証明書
	12都県以外		◆日本政府作成の産地証明書を要求	
ベトナム （これまで右の措置を講じていたが、2013年9月1日から全て解除）	福島、茨城、栃木（3県）	生鮮食品	◆ベトナムにて全ロット検査（放射性物質検査証明書があれば検査を省略）	
	3県以外		◆ベトナムにてサンプル検査（放射性物質検査証明書があれば検査を省略）	
イラク （これまで右の措置を講じていたが、2014年1月9日から全て解除）	47都道府県	全ての食品	◆イラク政府指定検査機関作成の放射性物質検査証明書を要求	
豪州 （これまで右の措置を講じていたが、2014年1月23日から全て解除）	宮城、山形、福島、茨城、栃木、埼玉、千葉、東京（8都県）	水産物（魚類）、茶、乾燥キノコ	◆豪州にて全ロット検査を実施	
タイ （これまで右の措置を講じていたが、2015年5月1日から一部の野生動物肉を除き全て解除）	宮城、福島、群馬（3県）	全ての食品 （酒類、食品添加物等は対象外）	◆タイの告示で示された検査機関作成の産地が記載された放射性物質検査報告書を要求	◆2011年3月11日より前に収穫・製造した食品については、日付証明書
	3県以外		◆日本政府作成の産地証明書または商工会議所作成の原産地証明書（産出県が記載されたもの）を要求	
ボリビア （これまで右の措置を講じていたが、2015年11月16日から全て解除）	福島	全ての食品	◆日本政府作成の放射性物質検査証明書を要求 ◆ボリビアにてサンプル検査	
インド （これまで右の措置を講じていたが、2016年2月26日から全て解除）	47都道府県	全ての食品	◆インドにて全ロット検査を実施	
クウェート （これまで右の措置を講じていたが、2016年5月13日から全て解除）	47都道府県	全ての食品	◆指定検査機関作成の放射性物質検査報告書を要求クウェートにて検査	

ネパール (これまで右の措置を講じていたが、2016 年 8 月 8 日から全て解除)	47 都道府県	全ての食品	◆ ネパールにてサンプル検査を実施	
モーリシャス (これまで右の措置を講じていたが、2016 年 12 月 15 日から全て解除)	47 都道府県	全ての食品および農産物	◆ モーリシャスにてサンプル検査を実施	
イラン (これまで右の措置を講じていたが、2016 年 12 月 6 日から全て解除)	47 都道府県	全ての食品	◆ イランにてサンプル検査を実施	

2017 年 1 月 6 日現在

出典：農林水産省，2017，「諸外国・地域の規制措置（平成 29 年 1 月 6 日現在）」，http://www.maff.go.jp/j/export/e_info/pdf/kisei_all_170106.pdf（170106 アクセス）.

第Ⅰ部　福島原発震災のもたらしたもの　第2章　被害の広がり

農水畜産物出荷量の変化

福島県農産物収穫量

単位：t（*1：千本／*2：千鉢）

	2010	2014	2010 年比
水稲	445,700	381,900	-14%
4麦計	732	372	-49%
そば	1,860	1,930	4%
大豆	3,050	2,250	-26%
だいこん	31,000	24,900	-20%
冬にんじん	1,820	1,500	-18%
春植えばれいしょ	25,500	20,300	-20%
はくさい	21,800	18,600	-15%
キャベツ	7,480	5,950	-20%
アスパラガス	1,880	1,520	-19%
ブロッコリー	5,250	4,400	-16%
ねぎ	11,200	10,700	-4%
にら	3,580	2,780	-22%
きゅうり	49,400	41,500	-16%
夏秋なす	7,560	5,340	-29%
トマト	28,800	24,800	-14%
さやいんげん	4,350	2,700	-38%
さやえんどう	1,480	1,100	-26%
りんご	31,600	27,600	-13%
日本なし	23,200	19,600	-16%
かき	14,000	6,450	-54%
もも	28,200	29,300	4%
すもも	914	892	-2%
ぶどう	3,110	2,930	-6%
きく *1	28,700	30,100	5%
宿根かすみそう *1	5,200	…	
スターチス *1	682	…	
トルコギキョウ *1	6,330	4,110	-35%
シクラメン *2	876	811	-7%
パンジー *1	2,990	1,750	-41%
こんにゃくいも	…	…	
葉たばこ	1,768	…	
青刈りとうもろこし	101,600	74,400	-27%

出典：福島県，2012，「平成 24 年版福島県勢要覧」，http://www.pref.fukushima.lg.jp/sec/11045b/38947.html（170502 アクセス）．
　　　福島県，2017，「平成 28 年版福島県勢要覧」，http://www.pref.fukushima.lg.jp/sec/11045b/28youran.html（170502 アクセス）．

福島県産ももの東京中央卸売市場における取扱数量と価格の推移

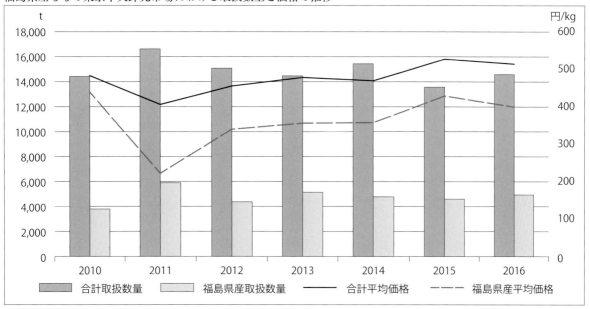

＊福島県のもも収穫量は全国2位（2011年度）
出典：東京都中央卸売市場，「市場統計情報（月報・年報）」，http://www.shijou-tokei.metro.tokyo.jp/ （170430 アクセス）．

福島県産トマトの東京中央卸売市場における取扱数量と価格の推移

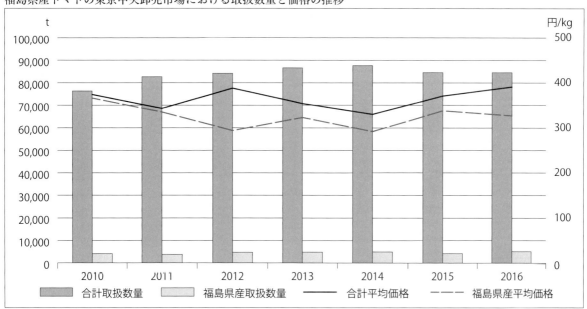

＊福島県のトマト収穫量は全国9位（2011年度）
出典：東京都中央卸売市場，「市場統計情報（月報・年報）」，http://www.shijou-tokei.metro.tokyo.jp/ （170430 アクセス）．

福島県産きゅうりの東京中央卸売市場における取扱数量と価格の推移

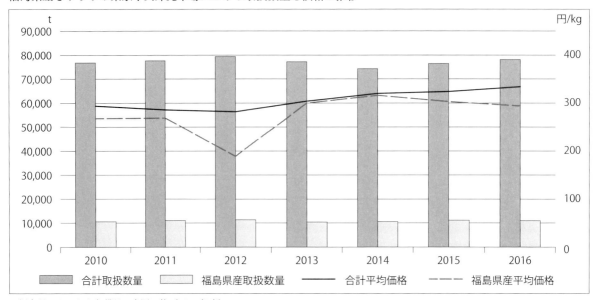

＊福島県のきゅうり収穫量は全国4位（2011年度）
出典：東京都中央卸売市場,「市場統計情報（月報・年報）」, http://www.shijou-tokei.metro.tokyo.jp/（170430 アクセス）.

福島県海面漁業漁獲量

単位：t

		2010	2014	2010 年比
魚類	まぐろ類	3980	2830	-29%
	かじき類	812	612	-25%
	かつお類	2845	2725	-4%
	さめ類	321	163	-49%
	さけ・ます類	642	0	-100%
	このしろ	5	0	-100%
	いわし類	6472	0	-100%
	あじ類	755	x	―
	さば類	22604	23592	4%
	さんま	17103	17786	4%
	ぶり類	614	111	-82%
	ひらめ・かれい類	3308	x	―
	たら類	1371	15	-99%
	ほっけ	12	0	-100%
	きちじ	134	3	-98%
	あなご類	509	0	-100%
	たい類	84	1	-99%
	さわら類	77	0	-100%
	すずき類	176	0	-100%
	いかなご	7872	176	-98%
	ふぐ類	101	0	-100%
	その他の魚類	1697	177	-90%
	小計	71493	58861	-18%
えび類		27	x	―
かに類		405	9	-98%
おきあみ類		38	0	-100%
貝類		1233	46	-96%
いか類		2807	766	-73%
たこ類		2686	108	-96%
うに類		80	0	-100%
その他の水産動物類		170	x	―
合計		78939	59790	-24%

福島県海面養殖業収穫量

単位：t

		2010	2014	2010 年比
貝類		x	0	―
海藻類	ばらのり	1211	0	-100%
	生のり類	222	0	-100%
	小計	1433	0	-100%
合計		1459	0	-100%

福島県内水面漁業漁獲量

単位：t

		2010	2014	2010 年比
魚類	さけ類	325	11	-97%
	その他のさけ・ます類	25	7	-72%
	わかさぎ	5	1	-80%
	あゆ	4	3	-25%
	こい	6	1	-83%
	ふな	1	0	-100%
	うぐい・おいかわ	5	1	-80%
	小計	372	22	-94%
合計		372	22	-94%

福島県内水面養殖業収穫量

単位：t

		2010	2014	2010 年比
魚類	ます類	327	277	-15%
	こい	1059	914	-14%
	あゆ	x	x	―
	その他	x	x	―
合計		1615	1351	-16%

「0」：単位に満たないもの（例：漁獲量 0.4t → 0t など）、漁獲のなかったもの
「x」：秘密保護のため、統計数値を公表しないもの
出典：農林水産省，2010，「平成 22 年漁業・養殖業生産統計」，http://www.e-stat.go.jp/SG1/estat/List.do?lid=000001087405（170502 アクセス）．
農林水産省，2014，「平成 26 年漁業・養殖業生産統計」，http://www.e-stat.go.jp/SG1/estat/List.do?lid=000001141864（170502 アクセス）．

第Ⅰ部　福島原発震災のもたらしたもの　第2章　被害の広がり

福島県林業産出量

	2010	2014	2010 年比
針葉樹＋広葉樹（千 m³）	711	655	-8%
木炭（t）	733	208	-72%
生しいたけ（t）	3,665	1,754	-52%
なめこ（t）	2,195	2,230	2%

出典：福島県，2012，「平成 24 年版福島県勢要覧」，http://www.pref.fukushima.lg.jp/sec/11045b/38947.html（170502 アクセス）.
　　　福島県，2017，「平成 28 年版福島県勢要覧」，http://www.pref.fukushima.lg.jp/sec/11045b/28youran.html（170502 アクセス）.

福島県畜産業産出量

単位：t

		2010	2014	2010 年比
生乳生産量		101,407	76,686	-24%
県外移出入量	移入量	49,448	56,027	13%
	移出量	31,807	26,286	-17%
	小計	△ 17,641	△ 29,741	
生乳処理量	牛乳等向け	54,433	41,201	-24%
	乳製品向け	63,569	64,561	2%
	その他向け	1,046	665	-36%
	小計	119,048	106,427	-11%

単位：戸、頭

		2010	2014	2010 年比
乳用牛	飼養戸数	567	384	-32%
	飼養頭数	17,600	12,600	-28%
肉用牛	飼養戸数	4,300	2,530	-41%
	飼養頭数	78,200	52,600	-33%

出典：福島県，2012，「平成 24 年版福島県勢要覧」，http://www.pref.fukushima.lg.jp/sec/11045b/38947.html（170502 アクセス）.
　　　福島県，2017，「平成 28 年版福島県勢要覧」，http://www.pref.fukushima.lg.jp/sec/11045b/28youran.html（170502 アクセス）.

Ⅰ-2-6 被災者救済・保障

補償対象となる損害の範囲

■政府指示等の対象地域等

Ⅰ　避難等に伴う損害（避難区域［警戒区域］、屋内避難区域、計画的避難区域、緊急時避難準備区域、特定避難勧奨地点、南相馬市より一時避難要請があった区域）

- 避難、一時立入、帰宅費用（避難費用は住居確保に係る損害賠償を受け、転居するまで）
- 生命・身体的損害：避難等によって生じた健康状態悪化等による治療費等
- 精神的損害（避難費用のうち通常の範囲の生活費の増加費用を含む）

	第1期・第2期 （～区域見直し時点）	第3期（～終期） （避難者と移住者に差を設けない）		
警戒区域および 計画的避難区域	月額10万円[*1] （体育館等への避難は12万円）	避難指示解除 準備区域	月額10万円	解除後に賠償される期間 ◆解除後1年間が当面の目安[*2]
		居住制限区域	月額10万円 （2年分を一括し 240万円も可）	
		帰還困難区域	一括600万円	一括1000万円（故郷喪失分）[*5]

	第1期・第2期 （事故後1年）	第3期（～終期）	
緊急時避難準備区域[*3]	月額10万円[*1] （体育館等への避難は12万円）	月額10万円	解除後に賠償される期間 ◆2012年8月末まで[*4]を目安[*2]
特定避難勧奨地点[*3]			◆解除後3カ月を目安[*2]

* 1：中間指針上、第2期は月額5万円だが、実際は月額10万円が賠償されている。
* 2：帰還の時期を問わず当該期間は一律で賠償。特段の事情があれば、期間経過後も賠償され得る。
* 3：第1・2期に帰還した場合や滞在しつづけた場合、個別具体的な事情に応じて賠償の対象となり得る。
* 4：楢葉町の区域は避難指示区域の解除後相当期間まで。
* 5：双葉・大熊両町は全町対象。生活費増加分は含まない。区域見直しが2012年6月の場合、追加額は700万円。

- 財物価値の喪失または減少等（現実に生じた価値喪失・減少および追加的費用（修理・除染費用等））
  - ◆避難困難区域内の不動産：全損と確認
  - ◆居住制限区域・避難指示解除準備区域の不動産：事故前価値から一定程度減少と推認
- 住居確保に係る損害
  - ◆住宅：元の住宅の新築価格と事故前価値の差額の75％までを賠償
  - ◆宅地：帰還困難区域は土地の差額の全額、居住制限区域・避難指示解除準備区域で移住することが合理的と認められる場合は土地の差額の75％を賠償
  - ◆借家：従前の家賃との差額の8年分を賠償
- 営業損害（農林水産業、製造業等事業一般）
- 就労不能等に伴う損害
- 検査費用（人）
- 検査費用（物）：商品の汚染検査費用

Ⅱ　航行危険区域等、飛行禁止区域設定に係る損害

- 営業損害（漁業者、海運業者、旅客船事業者、航空運送事業者等）
  - ◆操業困難による減収分、航路う回による費用増加分
- 就労不能等に伴う損害

Ⅲ　農林水産物（加工品含む）および食品の出荷制限指示等に係る損害

- 営業損害（農林漁業者・流通業者等）：出荷断念等による減収分、商品廃棄費用等の追加的費用
- 就労不能等に伴う損害
- 検査費用（物）

Ⅳ　その他の政府指示等に係る損害（水の摂取制限、上下水道副次産物取扱指導、学校等校舎・校庭利用に関する通知等）

- 営業損害：代替水提供、汚泥保管、校庭の線量低減対策費用等
- 就労不能等に伴う損害
- 検査費用（物）

■政府指示等の対象外地域等

Ⅴ　いわゆる風評被害

【一般的基準】
放射性物質による汚染の危険性を懸念して敬遠したくなる心理が平均的・一般的な人を基準に合理的な場合。
- 営業損害：取引数量減少、価格低下による減収分・商品破棄費用等の追加的費用

- 就労不能等に伴う損害
- 検査費用（物）

VI　いわゆる間接被害

上記 I ～ V の損害を受けた第一次被害者との関係で、取引に代替性のない場合

VII　その他

【放射線被ばくによる損害】
復旧作業に従事した原発作業員・自衛官等または住民等の急性、晩発性放射線障害
【各種給付金等と損害賠償金との調整】
【地方公共団体等の財産的損害】

VIII　自主的避難等に関する損害

- 2011 年 12 月末まで：自主的避難等対象区域(福島県内 23 市町村)の自主的避難者・滞在者に生じた損害：妊婦・子ども(40万円)、それ以外（8 万円）
- 2012 年 1 月以降：区域の設定は行わず、子どもおよび妊婦について個別に判断

■政府指示等の対象地域／対象外地域とも

IX　除染等に係る損害

- 必然的に生じた追加的費用、減収分および財物価値の喪失・減少
- 地方公共団体や教育機関が行う必要かつ合理的な検査等に係る費用

■ 「風評被害」の範囲

- 類型化された業種（農林漁業・食品産業、観光業、製造業・サービス業等、輸出）
- 類型化できない個別の被害について、具体的な事情に応じて相当因果関係のある損害と認められ得る

農林漁業・食品産業に係る風評被害
農産物（茶・畜産物を除き、食用に限る）　福島、茨城、栃木、群馬、千葉、埼玉、岩手、宮城
茶　福島、茨城、栃木、群馬、千葉、埼玉、神奈川、静岡、宮城、東京
林産物（食用に限る）　福島、茨城、栃木、群馬、埼玉、千葉、青森、岩手、宮城、東京、神奈川、静岡、広島（しいたけのみ）
牛乳・乳製品　福島、茨城、栃木、岩手、宮城、群馬
牛肉（セシウムに汚染された関連）　北海道、青森、岩手、宮城、秋田、山形、福島、茨城、栃木、群馬、埼玉、千葉、新潟、岐阜、静岡、三重、島根（新たに汚染された稲わらの流通・使用による牛肉の価格下落等が確認された場合、同様の扱い）
水産物（食用・飼料用に限る）　福島、茨城、栃木、群馬、千葉、北海道、青森、岩手、宮城
花き　福島、茨城、栃木
家畜の飼料および薪・木炭　福島、岩手、宮城、栃木
牛ふん堆肥等　福島、岩手、宮城、茨城、栃木、千葉
その他の農林水産物　福島
農林水産物の加工品・食品
主たる事務所または工場が福島県に所在・主たる原材料が上記の産品であるもの等
【上記以外の被害】
- 買い控えの状況、出荷制限の内容等を考慮し、相当因果関係が認められる場合は賠償の対象
- 有機農産物等の安全等の価値を付した産品は広範な地域で賠償の対象となりうる

製造業・サービス業等に係る風評被害
【国内の製造業・サービス業等】
- 福島県で製造・販売を行う物品・サービス等に係る損害
- 事業者が福島県へ来訪拒否することにより生じた損害
- 上下水道汚泥（原材料とする製品含む）の引き取り忌避により生じた損害等
【外国人来訪によるサービス等】
2011 年 5 月末までの解約（日本全体）

観光業に係る風評被害
【少なくとも相当因果関係が認められる地域】
福島県、茨城県、栃木県、群馬県
【外国人観光客に関わる損害】
2011 年 5 月末までの通常の解約率を上回る解約（日本全体、上記 4 県除く）
【上記以外の被害】
個別具体的な事情に応じ、解約・予約控え等の被害について、相当因果関係が認められる場合は賠償の対象

輸出に係る風評被害
【輸出先国の要求による検査費用・証明書発行費用等】
輸出先国の輸入規制や取引先からの要求によって現実に生じた検査費用・証明書発行費用等（当面の間、日本全体）
【輸入拒否による損害】
輸出先国の輸入拒否時点で、既に輸出または生産・製造を開始していた場合の現実に生じた損害（日本全体）

出典：文部科学省「東京電力株式会社福島第一、第二原子力発電所事故による原子力損害の範囲の判定等に関する指針について」を一部削除・改変．http://www.mext.go.jp/component/a_menu/science/detail/__icsFiles/afieldfile/2014/02/04/1329116_1_1.pdf（140517 アクセス）．

特別事業計画における東京電力の要賠償額と国庫からの資金援助実施額推移

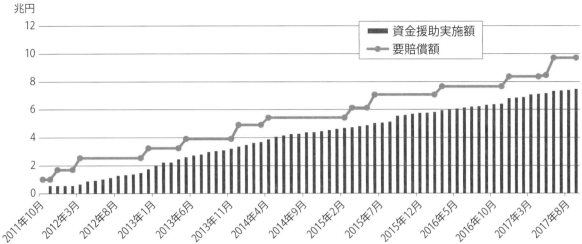

出典：原子力損害賠償・廃炉等支援機構，「特別事業計画」，http://www.ndf.go.jp/gyomu/tokuji_index.html（170930 アクセス）．
原子力損害賠償・廃炉等支援機構，東京電力ホールディングス，2017，「新々・総合特別事業計画（抄）（第三次計画）」，http://www.ndf.go.jp/gyomu/tokujikei/kaitei20170726.pdf（170930 アクセス）．

賠償金の支払い状況

	個人	個人 （自主的避難等に係る損害）	法人・ 個人事業主など
請求について			
請求書受付件数（延べ件数）	約 103 万 2000 件	約 130 万 8000 件	約 46 万 2000 件
本賠償の状況について			
本賠償の件数（延べ件数）	約 92 万 6000 件	約 129 万 5000 件	約 39 万 9000 件
本賠償の金額[*1]	約 2 兆 9782 億円	約 3537 億円	約 4 兆 1164 億円
これまでの支払い金額について			
本賠償の金額[*1]	約 7 兆 4483 億円 ①		
仮払補償金	約 1529 億円 ②		
支払い総額	約 7 兆 6012 億円 ①＋②		

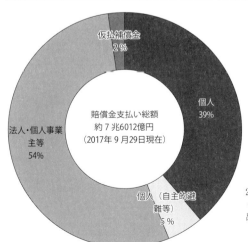

2017 年 9 月 29 日現在
＊1：仮払補償金から本賠償に充当された金額は含まず
出典：東京電力ホールディングス，2017，「原子力損害賠償のご請求・お支払い等」，
http://www.tepco.co.jp/fukushima_hq/compensation/results/index-j.html
（171005 アクセス）．

主な保養団体

団体名	所在地
NPO 法人 みみをすますプロジェクト	北海道
NPO 法人 大沼・駒ヶ岳ふるさとづくりセンター	北海道
NPO 法人 福島の子どもたちを守る会・北海道	北海道
おいでよ！マオイでなつやすみ実行委員会	北海道
かみしほろ 5000 本のひまわりの会	北海道
ほっこりプロジェクト	北海道
フクとま（フクシマとつながる苫小牧）	北海道
生活クラブ生活協同組合 北海道	北海道
社会福祉法人 札幌協働福祉会	北海道
福島の声に耳をかたむけるプロジェクト	北海道
エベコロベツ自給のむら	北海道
一般財団法人函館 YWCA	北海道
コープさっぽろ	北海道
福島の子どもたちを放射能から守るプロジェクト・青森	青森県
1000 人で支える保養プロジェクト	秋田県
福島こども保養基金	秋田県
NPO 毎週末山形	山形県
真宗大谷派 週末 stay@ やまがたのお寺	山形県
葉っぱ塾	山形県
NPO Earth Angels	福島県二本松市
こども HOPE プロジェクト	福島県二本松市
NPO 法人 森の遊学舎／こめらの森・南会津	福島県南会津町
NPO 法人青空保育たけの子	福島県福島市
はっぴーあいらんど☆ネットワーク	福島県須賀川市
特定非営利活動法人 茨城 YMCA	茨城県
公益財団法人 ぐんま YMCA	群馬県
カラッポの会（長瀞やなせ「カラッポのおうち」の会）	埼玉県
こども未来へのかけはし in 所沢	埼玉県
郡山の子どもたちと遊ぶ会	埼玉県
NPO 法人 SEEDS OF HOPE ～希望の種～	埼玉県
NPO 虹のかけ橋	千葉県
避難プロジェクト@ちば	千葉県
福島キッズドルフィンキャンプ	東京・御蔵島
NPO 法人 福島こども保養プロジェクト@練馬	東京都
公益社団法人日本シェアリングネイチャー協会・広島県シェアリングネイチャー協会	東京都
公益財団法人 東京 YMCA	東京都
特定非営利活動法人こどもプロジェクト	東京都
福島こども保養プロジェクト＠しながわ	東京都
福島の子ども保養 in あきる野	東京都
福島のこども疎開保養プロジェクト	東京都

NPO 法人チャリティーサンタ	東京都
NPO 法人清瀬こども劇場・東京の親戚プロジェクト	東京都
一般社団法人 わくわくのびのびえこども塾	東京都
社団法人 母と子のセンター	東京都
浪江っ子のびのび支援プロジェクト実行委員会	東京都
なかのアクション・福島子ども保養プロジェクト	東京都
福島の子ども保養プロジェクト・杉並の会	東京都
滞在型保養ハウスさかさい（東京都練馬区）	東京都
日本キリスト教団	東京都
福島の子どもたちを招く府中市民の会	東京都
ふくしまキッズプロジェクト in こだいら	東京都
しのばらんど	神奈川県
のびのびちびっこの会	神奈川県
母ちゃんず	神奈川県
保養ネット・よこはま	神奈川県
神奈川県ユニセフ協会	神奈川県
福島の親子とともに・平塚	神奈川県
特定非営利活動法人 PONTE	神奈川県
かながわ元気エネルギー実行委員会	神奈川県
かまくらあそび楽宿	神奈川県
生活協同組合パルシステム神奈川ゆめコープ	神奈川県
福島の子どもたちとともに・湘南の会	神奈川県
「福島の子どもたちとともに」川崎市民の会	神奈川県
一般社団法人 福島とむすぶ佐渡へっついの家	新潟県
ふくしまっ子チャレンジスクール実行委員会	石川県
ふくしま・かなざわキッズ交流キャンプ	石川県
夏休みこども演劇合宿 in こまつ	石川県
ＳＭＲＩ（サムライ）	石川県
大谷鯉のぼり保養実行委員会	石川県
東北 AID	富山県
富山で保養＋避難受け入れネットワーク	富山県
殿下被災者受入委員会	福井県
いのち・むすびば	山梨県
山梨・まほろば	山梨県
「保養キャンプ・ぐんない」実行委員会	山梨県
放射能から福島の子どもたちを守る山梨の会	山梨県
NPO 法人 まつもと子ども留学基金	長野県
アースデイ大町	長野県
佐久退職教職員 9 条の会	長野県
信州・大町山の子キャンプ実行委員会	長野県
信州上田リフレッシュ合宿実行委員会	長野県
学校法人きのくに子どもの村学園 南アルプス子どもの村小・中学校	長野県
安曇野ひかりプロジェクト	長野県

子どもたちを放射能から守る信州ネットワーク・北信（略称：子ども信州ネット・北信）	長野県
子どもの保養サポート・上田	長野県
伊那谷親子リフレッシュプロジェクト	長野県
「東北の子どもたちと共にあゆむ」岐阜教区実行委員会	岐阜県
KIプロジェクト	岐阜県
公益財団法人 日本YMCA同盟国際青少年センター東山荘	静岡県
福島の子ども保養・静岡実行委員会	静岡県
日進まちづくりの会	愛知県
公益財団法人 名古屋YWCA	愛知県
383HOUSE	愛知県
一般社団法人 aichikara	愛知県
21st Century Ship 海旅団	愛知県
おいでん！福島っ子！運営委員会	愛知県
あそびにおいでん！プロジェクトｉｎ愛知実行委員会	愛知県
雨にも負けずプロジェクト	愛知県
光の帯ネットワーク『青空の下 つながろう会』	岐阜県
おこしやすキャンプ実行委員会	滋賀県
関西きんじょすくいの会	滋賀県
東日本大震災支援プロジェクト びわこ☆1・2・3キャンプ実行委員会	滋賀県
ひとつぶてんとう園 種まきプロジェクト	滋賀県
No more クレイジー＆シザーズ	京都府
ふくしまっこ in 宇治田原	京都府
公益財団法人 京都YMCA	京都府
ゴー！ゴー！ワクワクキャンプ	京都府
ふくしま・こどもキャンプ 丹後の海	京都府
みわのわ	京都府
やまとのだいち	奈良県
保養の旅 えんむすび	奈良県
NGO 心援隊	大阪府
たかつき保養キャンプ・プロジェクト	大阪府
上高尾地域づくり協議会	大阪府
子どもたちに未来をわたしたい・大阪の会	大阪府
ニコニコ連さかい保養実行委員会	大阪府
真宗大谷派大阪教区 福島の子どもたち☆ホームステイ	大阪府
よつ葉関西保養キャンプ	大阪府
NPO法人ヒューマン・ビジョンの会	兵庫県
宝塚保養キャンプ実行委員会	兵庫県
真宗大谷派山陽教区	兵庫県
にじいろのびのびキャンプ	兵庫県
どろんこキャラバン☆たんば	兵庫県
福島の子どもを招きたい！明石プロジェクト	兵庫県
福島ハーメルン・プロジェクト ジョイントチーム	兵庫県
笑顔つながるささやまステイ実行委員会	兵庫県

東はりまゆるわくキャンプ運営委員会	兵庫県
さよなら原発ママパパ美作ネットワーク	岡山県
せとうち交流プロジェクト	岡山県
ワクワク保養ツアー（福島の親子たちにハンセン病療養所で保養してもらうプロジェクト）	岡山県
nina 神石高原	広島県
福福の会	広島県
福島の子どもたちとつながる宇部の会	山口県
和田地域活性化協議会	山口県
NPO 法人 福島の子どもたち香川へおいでプロジェクト	香川県
Tsunagateau（ツナガットー）〜第二の里をみつけにおいで〜	福岡県
震災支援グループ「光と風」	福岡県
NPO 法人 アースウォーカーズ	宮崎県
沖縄県総合運動公園運営管理事務所 トラステック・ミズノ共同企業体	沖縄県
NPO 法人沖縄・球美の里	沖縄県

2016/12/28 現在
出典：ほよーん相談会，「保養団体の紹介」，http://hoyou.isshin.cc/?page_id=2247（161228 アクセス）．
　　　子どもたちを放射能から守る福島ネットワーク，「避難・保養情報」，http://kodomofukushima.net/?page_id=237（161228 アクセス）．
　　　東海保養ネット，「東海保養ネットとは」，http://www.tokai-hoyou.net/about/（161228 アクセス）．
　　　ほようかんさい，「関西の保養団体」，http://hoyoukansai.net/hoyougroups.html（161228 アクセス）．
　　　子ども信州ネット，「2016 年夏の保養一覧」，http://kodomo-shinshu.net/recreation2016.html（161228 アクセス）．
　　　ソカイノワ〜疎開の輪〜，「全国各地の輪 支援情報＆疎開者ネットワーク」，https://sokainowa.jimdo.com/ 全国各地の - 輪 /
　　　（161228 アクセス）．

I-2-7 除染

除染対象地域の設定

	除染に関する緊急実施基本方針
通知日	2011 年 8 月 26 日
概要	①追加被ばく線量が年間 20mSv 超の地域では、国が直接除染を推進することで年間 20mSv 超の地域の縮小を目指す。具体的には 2 年後までに推定年間被ばく線量の約 50% 減少を目指す（自然減衰では 40% 減少）
	②追加被ばく線量が年間 20mSv 未満の地域では、市町村が除染を実施し、国は実施を支援することで、長期的に追加被ばく線量が年間 1mSv 以下となることを目指す。
	③特に学校、公園など子どもの生活環境を徹底的に除染し、2 年後までに、子どもの推定年間被ばく線量がおおむね 60% 減少した状態を実現することを目指す。

出典：原子力災害対策本部, 2013, 「除染に関する緊急実施基本方針」, https://www.env.go.jp/council/10dojo/y100-29/ref02-04.pdf（160607 アクセス）.

	平成二十三年三月十一日に発生した東北地方太平洋沖地震に伴う原子力発電所の事故により放出された放射性物質による環境の汚染への対処に関する特別措置法（放射性物質汚染対処特措法）
通知日	2011 年 8 月 30 日
概要	除染特別地域（警戒区域または計画的避難区域の指定が受けたことがある地域。国が除染の計画を策定し、除染事業を進める）と汚染状況重点調査地域（年間の追加被ばく線量が 1mSv 以上の地域。指定された市町村が年間の追加被ばく線量が 1mSv 以上となる区域について、除染実施計画を定め、除染事業を進める）の規定など。

出典：環境省, 「放射性物質汚染対処特措法の概要」, http://josen.env.go.jp/about/tokusohou/summary.html（170607 アクセス）.

	放射性物質汚染対処特措法基本方針
通知日	2011 年 11 月 11 日
概要	責任：環境汚染への対処に関しては、一義的な責任は放射性物質を放出した原子力事業者が負う。国は原子力政策を推進してきたことに伴う社会的な責任を負うため対策を講ずる。地方公共団体は国の施策に協力する
	追加被ばく線量が年間 20mSv 以上の地域：段階的かつ迅速に縮小することを目指す
	追加被ばく線量が年間 20mSv 未満の地域： ①追加被ばく線量が年間 1mSv 以下となることを長期的な目標とする。 ②年間追加被ばく線量を、2013 年 8 月末までに 2011 年 8 月末と比べて、放射性物質の物理的減衰等を含めて約 50% 減少の実現。 ③子どもの年間追加被ばく線量を、2013 年 8 月末までに 2011 年 8 月末と比べて、放射性物質の物理的減衰等を含めて約 60% 減少の実現。

出典：環境省, 「放射性物質汚染対処特措法の概要」, http://josen.env.go.jp/about/tokusohou/summary.html（170607 アクセス）.

● 除染特別地域（国直轄除染）	
福島県	田村市、楢葉町、川内村、飯舘村、南相馬市、葛尾村、川俣町、浪江町、大熊町、富岡町、双葉町

● 汚染状況重点調査地域（市町村除染）	
岩手県	一関市、奥州市、平泉町
宮城県	白石市、角田市、栗原市、七ケ宿町、大河原町、丸森町、亘理町、山元町
福島県	福島市、郡山市、いわき市、白河市、須賀川市、相馬市、二本松市、伊達市、本宮市、桑折町、国見町、大玉村、鏡石町、天栄村、会津坂下町、湯川村、会津美里町、西郷村、泉崎村、中島村、矢吹町、棚倉町、鮫川村、石川町、玉川村、平田村、浅川町、古殿町、三春町、小野町、広野町、新地町、田村市、南相馬市、川俣町、川内村
茨城県	日立市、土浦市、龍ケ崎市、常総市、常陸太田市、高萩市、北茨城市、取手市、牛久市、つくば市、ひたちなか市、鹿嶋市、守谷市、稲敷市、つくばみらい市、東海村、美浦村、阿見町、利根町
栃木県	鹿沼市、日光市、大田原市、矢板市、那須塩原市、塩谷町、那須町
群馬県	桐生市、沼田市、渋川市、みどり市、下仁田町、高山村、東吾妻町、川場村
埼玉県	三郷市、吉川市
千葉県	松戸市、野田市、佐倉市、柏市、流山市、我孫子市、鎌ケ谷市、印西市、白井市

出典：環境省, 「放射性物質汚染対処特措法の概要」, http://josen.env.go.jp/about/tokusohou/summary.html（170607 アクセス）.

7　除染(除染実施状況)

除染実施状況

除染特別地域（直轄除染）の実施状況

	先行除染 (拠点施設等)	除染実施計画の策定	面的除染完了	内訳			
				宅地 (件)	農地 (ha)	森林 (ha)	道路 (ha)
田村市	終了	2012 年　4 月 13 日	2013 年　6 月 28 日	140	140	190	29
楢葉町	終了	2012 年　4 月 13 日	2014 年　3 月 31 日	2,600	830	470	170
川内村	終了	2012 年　4 月 13 日	2014 年　3 月 31 日	160	130	200	38
飯舘村	終了	2012 年　5 月 24 日	2016 年 12 月 31 日	2,000	2,100	1,500	330
南相馬市	終了	2012 年　4 月 18 日	2017 年　3 月 31 日	4,500	1,700	1,300	270
葛尾村	終了	2012 年　9 月 28 日	2015 年 12 月 31 日	460	570	660	95
川俣町	終了	2012 年　8 月 10 日	2015 年 12 月 31 日	360	600	510	71
浪江町	終了	2012 年 11 月 21 日	2017 年　3 月 31 日	5,600	1,400	390	210
大熊町	終了	2012 年 12 月 28 日	2014 年　3 月 31 日	180	170	160	31
富岡町	終了	2013 年　6 月 26 日	2017 年　1 月 31 日	6,000	750	510	170
双葉町	終了	2014 年　7 月 15 日	2016 年　3 月 31 日	97	100	6.2	8.4
合計（概算）				22,000	8,500	5,900	1,400

2017 年 3 月末時点
出典：環境省，「除染特別地域（国直轄除染）の概要・進捗」，http://josen.env.go.jp/area/ (171006 アクセス).
　　　環境省水・大気環境局，2017，「国直轄除染の現状について」，http://www.reconstruction.go.jp/topics/main-cat8/sub-cat8-3/review_h29/rs29/32_kannkyou_setumei.pdf (171006 アクセス).

除染特別地域（直轄除染）における除染仮置場等の箇所数、保管物数および搬出済数

	仮置場等		搬出済数 (累計)		
	箇所数	保管物数		うち仮設焼却施設へ	うち中間貯蔵施設等へ
田村市	5	24,598	11,849	0	11,849
川内村	2	93,844	1,600	0	1,600
楢葉町	22	478,819	117,697	95,407	22,290
大熊町	19	408,817	37,863	0	37,863
川俣町	43	614,757	13,974	12,240	1,734
葛尾村	28	366,071	199,023	193,085	5,938
飯舘村	90	2,317,350	167,168	143,839	23,329
南相馬市	13	810,758	171,331	170,328	1,003
浪江町	23	1,008,110	317,675	298,840	18,835
富岡町	8	1,208,082	359,633	331,729	27,904
双葉町	3	164,851	18,626	0	18,626
合計	256	7,496,057	1,416,439	1,245,468	170,971

2017 年 8 月末時点
出典：環境省，2017，「除染特別地域（直轄除染）における除染仮置場等の箇所数、保管物数及び搬出済数について」，http://josen.env.go.jp/plaza/info/weekly/pdf/weekly_170922d.pdf (170930 アクセス).

第Ⅰ部　福島原発震災のもたらしたもの　第2章　被害の広がり

汚染状況重点調査地域（市町村除染（福島県以外））の除染実施状況

	学校・保育園等 （施設数）			公園・スポーツ施設 （施設数）			住宅 （戸数・棟数）			その他の施設 （施設数）		
	予定数	実績数		予定数	実績数		予定数	実績数		予定数	実績数	
			うち除染不要[*1]			うち除染不要[*1]			うち除染不要[*1]			うち除染不要[*1]
岩手県	242	242	54	335	335	268	18,621	18,621	18,506	3,098	3,098	2,944
宮城県	95	95	10	153	153	59	10,240	10,240	4,794	434	434	258
茨城県	329	329	42	888	888	344	47,276	47,276	45,144	633	633	543
栃木県	250	250	47	760	760	268	46,173	46,173	19,442	1,760	1,760	781
群馬県	35	35	10	34	34	14	6,186	6,186	4,763	116	116	80
埼玉県	48	48	0	94	94	0	0	0	0	8	8	0
千葉県	593	593	99	1,672	1,672	143	19,160	19,160	10,921	226	226	129
計	1,592	1,592	262	3,936	3,936	1,096	147,656	147,656	103,570	6,275	6,275	4,735

	道路 （m）			農地・牧草地 （m²）			森林 （生活圏近隣）（m²）		
	予定数	実績数		予定数	実績数		予定数	実績数	
			うち除染不要[*1]			うち除染不要[*1]			うち除染不要[*1]
岩手県	2,162,600	2,162,600	2,162,600	0	0	0	0	0	0
宮城県	465,301	465,301	419,721	808,186	808,186	313,386	2,104,107	2,104,107	584,354
茨城県	2,250,665	2,250,665	2,247,200	1,752,600	1,752,600	1,752,600	7,186	7,186	0
栃木県	81,402	81,402	76,875	12,278,300	12,278,300	3,755,900	831,760	831,760	0
群馬県	203,028	203,028	201,152	1,043,597	1,043,597	951,708	60,155	60,155	44,763
埼玉県	3,409	3,409	0	0	0	0	0	0	0
千葉県	232,874	232,874	137,388	0	0	0	0	0	0
計	5,399,279	5,399,279	5,244,936	15,882,683	15,882,683	6,773,594	3,003,208	3,003,208	629,117

2017年3月末時点
＊1：事前モニタリングにより除染が不要とされたもの
出典：環境省水・大気環境局，2017，「汚染状況重点調査地域における除染の進捗状況調査（第19回）の 結果について」，http://www.env.go.jp/press/files/jp/105734.pdf（171013 アクセス）．

汚染状況重点調査地域（福島県内の市町村除染地域）の除染実施状況

	住宅 （戸）			公共施設等 （施設数）			農地 （水田＋畑地＋樹園地＋牧草地） （ha）			道路 （km）		
	予定数	実績数		予定数	実績数		予定数	実績数		予定数	実績数	
			うち除染不要[*1]			うち除染不要[*1]			うち除染不要[*1]			うち除染不要[*1]
福島県	418,582	418,564	107,635	11,653	11,540	1,556	31,252	31,130	0	18,800	16,965	6,134

2017年7月末時点
＊1：事前モニタリングにより除染が不要とされたもの
出典：環境省，「福島県内市町村除染地域における平成29年10月末時点での除染実施状況等について」，http://josen.env.go.jp/zone/details/fukushima_progress.html（171013 アクセス）．

汚染状況重点調査地域（福島県外）における保管場所の箇所数および除去土壌等の保管量

| | 現場保管 | | | | 仮置き場 | | | | 計 | |
| | 除去土壌 | | 廃棄物 | | 除去土壌 | | 廃棄物 | | 除去土壌 | 廃棄物 |
	保管量（m³）	箇所数	保管量（m³）	箇所数	保管量（m³）	箇所数	保管量（m³）	箇所数	保管量（m³）	保管量（m³）
岩手県	26,459	312	24	2	0	0	0	0	26,460	24
宮城県	15,056	138	1,620	536	13,638	28	66,425	26	28,694	68,045
茨城県	52,364	1,035	2,819	18	1,835	2	822	1	54,199	3,641
栃木県	110,026	23,993	64,810	8,723	354	2	5,765	2	110,381	70,574
群馬県	3,334	775	4	8	1,268	7	567	5	4,602	572
埼玉県	6,634	46	0	0	651	2	0	0	7,284	0
千葉県	98,757	1,685	7	1	70	2	0	0	98,827	7
合計	308,630	27,984	69,284	9,288	17,816	43	73,579	34	330,447	142,863

2017 年 3 月末時点
出典：環境省，2017，「汚染状況重点調査地域（福島県外）における保管場所の箇所数及び除去土壌等の保管量（H29.3 末現在）」，http://josen.env.go.jp/zone/pdf/removing_soil_storage_amount_h29_03.pdf（171018 アクセス）.

福島県内の廃棄物発生状況

単位：千トン

| 方面 | 発生見込み量 | 仮置き場搬入済み量 | 処理処分量 | | | | | | 最終処分 |
| | | | | 中間処理 | | | | | |
				焼却	木質チップ化	金属くず	コンクリート殻	その他リサイクル	埋立
中通り	1,056	1,042	1,040	92	65	10	603	109	161
会津	19	19	19	2	3	0	8	0	6
浜通り	2,925	2,666	2,122	221	170	65	880	632	154
合計	4,000	3,727	3,181	314	238	75	1,492	741	321
合計（直轄除染を除く）	3,003	2,998	2,860	210	205	59	1,381	684	321

2016 年 3 月末時点
出典：福島県，2016，「第 19 回除染・廃棄物対策推進会議 次第」，https://www.pref.fukushima.lg.jp/uploaded/attachment/208019.pdf（171018 アクセス）.

汚染状況重点調査地域（福島県内）における保管場所の箇所数

保管状況		箇所数
除染実施計画に基づく仮置場		821
	除去土壌等の搬入が終了した仮置場	466
	除去土壌等を搬入している仮置場	313
	除去土壌等を搬入する場所は決定しているが、まだ搬入されていない仮置場	42
現場保管		141,340
	住宅、事業所等除染を実施した場所で除去土壌等を保管	138,088
	学校、幼稚園、保育所、児童養護施設、障がい児施設等の敷地内で除去土壌等を保管	1,093
	その他 (公園等) で除去土壌等を保管	2,159
その他の仮置場		67
合計		142,228

2016 年 3 月末時点
出典：福島県，2016，「第 19 回除染・廃棄物対策推進会議 次第」，https://www.pref.fukushima.lg.jp/uploaded/attachment/208019.pdf（171018 アクセス）.

第Ⅰ部　福島原発震災のもたらしたもの　第2章　被害の広がり

除染費用国庫支出額および東京電力求償額と支払額　2011年度から2015年度

放射性物質汚染対処特措法3事業関連

省名	事業名		事業実施済額 (百万円)	求償額 (百万円)	求償率	支払額 (百万円)	支払率
環境省	汚染土壌等の除染等		701,259	381,071	54.3%	350,499	92.0%
		国直轄除染	336,161	295,028	87.8%	268,865	91.1%
		市町村除染	365,098	86,042	23.6%	81,633	94.9%
	汚染廃棄物処理事業		74,176	73,895	99.6%	13,185	17.8%
	中間貯蔵施設事業		8,937	5,563	62.2%	1,625	29.2%
	小計		784,373	460,529	58.7%	365,310	79.3%
法務省	汚染土壌等の除染等（直轄）		33	8	24.2%	8	100.0%
財務省	汚染土壌等の除染等（直轄）		9	-	-	-	-
文部科学省	汚染土壌等の除染等（直轄）		20	-	-	-	-
厚生労働省	汚染土壌等の除染等（直轄）		69	-	-	-	-
国土交通省	汚染土壌等の除染等（直轄）		498	-	-	-	-
防衛省	汚染土壌等の除染等（直轄）		460	-	-	-	-
農林水産省	除染等の技術実証において実施された汚染土壌等の除染等（直轄）		243	-	-	-	-
計			785,709	460,538	58.6%	365,318	79.3%

緊急実施除染事業関連

省名	事業名		事業実施済額 (百万円)	求償額 (百万円)	求償率	支払額 (百万円)	支払率
内閣府	緊急実施除染事業	除染、帰還支援、農業系汚染廃棄物処理（福島県）	194,398	41,704	21.5%	14,329	34.4%
		除染モデル事業、入域・被ばく管理等	13,446	11,993	89.2%	10,132	84.5%
		農業系汚染廃棄物処理	1,498	-	-	-	-
		高濃度汚染稲わらの隔離、一時保管、警戒区域内の家畜遺体処理、生活圏近隣森林等の除染	157	-	-	-	-
計			209,500	53,698	25.6%	24,461	45.6%

緊急除染等（緊急実施除染事業を除く）

省名	事業名		事業実施済額 (百万円)	求償額 (百万円)	求償率	支払額 (百万円)	支払率
内閣府	福島県特別緊急除染事業	公共施設や通学路等の線量低減事業等	13,793				
文部科学省	福島県外も含めた校庭等の放射線低減事業（公立学校）	毎時1μSv以上の空間線量率を測定した校庭等の土壌処理への支援	2,722				
	福島県外も含めた校庭等の放射線低減事業（私立学校）	毎時1μSv以上の空間線量率を測定した校庭等の土壌処理への支援	99				
厚生労働省	福島県外も含めた校庭等の放射線低減事業	毎時1μSv以上の放射線量を観測した福島県内外の保育所等の園庭の表土除去処理事業等への支援	179				
計			16,793	-	-	-	-

			事業実施済額 (百万円)	求償額 (百万円)	求償率	支払額 (百万円)	支払率
以上の総合計			1,012,002	514,236	50.8%	389,779	75.8%

出典：会計検査院，2016，「東日本大震災からの復興等に対する事業の実施状況等に関する会計検査の結果について」，http://report.jbaudit.go.jp/org/h27/YOUSEI2/2015-h27-Y2011-0.htm#2011_2_2_4_2（171018アクセス）.

Ⅰ-2-8 福島県内高校教員の意識調査

＊ここでは、福島原発事故の２年後に行ったアンケート調査の結果を紹介します。アンケートは、福島の高校教員を対象とし、原発事故に際しての意識や対応について、また事故を経験して原子力技術や科学に対する意識がどう変化したかなどについて、理科・国語・地歴公民の担当者が答えたものです。回答のあった83校（のべ180教科、459人）についての集計結果を掲載します。

調査概要

名称	「福島原発事故に伴う高校教師の科学観に関するアンケート」
助成	平成24年度科学研究費助成事業（奨励研究）、課題番号：24907027
実施者	八巻俊憲
目的	東京電力福島第一原子力発電所事故の発生に伴い、福島県内の高校教師の原子力発電や科学技術のあり方に対する意識を調査し、回答者の専門分野（担当教科）ならびに年代による違いを比較するとともに、今後の復興および教育のあり方の参考に資する
実施時期	2013年3月
対象者	福島県内の公立・私立高校に勤務する理科・国語・地歴公民の各教科担当の教員（教諭・講師・実習担当者）
対象校	全日制・定時制・通信制の福島県立および福島県内の私立高等学校108校×3教科（本校・分校・サテライト校含む）
回答者数	理科178人、国語153人、地歴公民128人、合計459人（有効回答456人）

回答者の内訳

単位：人

理科		男	女	合計
	20代	21	7	28
	30代	48	20	68
	40代	28	11	39
	50代以上	33	9	42
	合計	130	47	177

国語		男	女	合計
	20代	9	14	23
	30代	22	19	41
	40代	22	27	49
	50代以上	21	17	38
	合計	74	77	151

地歴公民		男	女	合計
	20代	10	5	15
	30代	23	8	31
	40代	38	11	49
	50代以上	28	5	33
	合計	99	29	128

全体		男	女	合計
	20代	40	26	66
	30代	93	47	140
	40代	88	49	137
	50代以上	82	31	113
	合計	303	153	456

質問と回答数

質問	回答の選択肢	教科別回答数			年代別回答数			
		理科	国語	地歴公民	20代	30代	40代	50代超
問1 事故当時、あなたはどこにいましたか？	①福島第一原発から10km圏内（または第二原発から3km以内）	7	8	6	4	5	5	7
	②福島第一原発から20km圏内（①を除く）	4	2	1	2	3	2	0
	③福島第一原発から20km～30km圏内	9	7	13	4	11	8	6
	④のちに計画的避難区域となった地域	2	5	0	2	1	4	0
	⑤上記以外の福島県内	138	125	104	36	116	117	98

第Ⅰ部　福島原発震災のもたらしたもの　第2章　被害の広がり

質問	回答の選択肢	教科別回答数			年代別回答数			
		理科	国語	地歴公民	20代	30代	40代	50代超
	⑥福島県外	17	4	4	18	4	1	2
問2　事故が起こる以前、原子力発電についての興味や関心は、次のどの側面や関連においてですか？　いくつでも選んでください（複数回答可）	①科学としての側面	94	27	15	14	46	35	41
	②技術としての側面	73	31	18	15	33	40	34
	③エネルギー問題との関連	135	113	97	49	108	100	88
	④環境問題との関連	79	56	67	24	63	61	54
	⑤社会問題との関連	23	25	37	8	20	28	29
	⑥国の経済的基盤としての側面	16	29	17	10	21	14	17
	⑦立地地域の経済問題との関連	37	53	55	15	50	45	35
	⑧事故のリスクや放射能の危険性の側面	78	73	82	19	60	81	73
	⑨核兵器や核拡散との関連	24	26	41	13	24	31	23
	⑩理科教育との関連	81	1	4	11	30	21	24
	⑪社会科（地歴・公民）教育との関連	1	3	74	13	18	30	17
	⑫国語科教育との関連	0	10	0	2	2	3	3
	⑬その他	1	5	3	0	2	3	4
問3　事故が起こる以前、日本が世界有数の地震列島であるという事実を知っていましたか？	①よく知っていた	142	111	112	44	110	117	94
	②ある程度知っていた	34	35	16	21	28	19	17
	③あまり知らなかった	0	4	0	1	1	1	1
	④ほとんど知らなかった	1	1	0	0	1	0	1
問4　事故が起こる以前、原子力発電の必要性についてどのように考えていましたか？	①あった方がよい	50	27	15	23	47	7	15
	②どちらかといえばあったほうがよい	67	58	38	23	59	50	31
	③どちらかといえばなくした方がよい	42	46	53	17	25	57	42
	④なくした方がよい	17	18	22	3	9	21	24
問5　事故が起こる前、あなたは原子力発電所が安全だと考えていましたか？	①安全とも危険とも、ほとんど考えたことはなかった	31	39	14	17	36	22	9
	②絶対安全だと考えていた	12	9	6	3	9	9	6
	③どちらかというと安全だと思っていた	64	36	32	21	47	32	32
	④どちらかというと危険だと思っていた	44	46	50	20	35	46	39
	⑤かなり危険だと思っていた	19	13	23	4	10	20	21
	⑥非常に危険でかならず事故がおこると思っていた	7	7	3	0	3	8	6
問6　事故が起こった後、原子力発電の必要性についてどのように考えますか？	①あった方がよい	13	7	3	4	12	3	4
	②どちらかといえばあったほうがよい	28	19	11	21	26	5	6
	③どちらかといえばなくした方がよい	68	55	44	29	57	48	33
	④なくした方がよい	67	70	72	12	44	81	70
問7　事故の原因について、あなたは現在どう考えていますか？（複数回答可）	①事故の原因は大地震の発生にある	65	53	46	24	50	56	34
	②事故の原因は想定外の大津波にある	88	71	54	34	72	64	43
	③事故の原因は現在の原子力技術の未熟さにある	51	50	44	17	41	38	49
	④事故の原因は電力会社の安全性軽視にある	126	116	107	44	99	113	93
	⑤事故の原因は国の規制体制の不備にある	69	56	77	21	53	72	56
	⑥事故の原因は国の経済偏重の政策にある	43	58	48	17	29	54	49
	⑦事故の原因は原子力体制のあり方にある	57	59	58	14	46	59	55
	⑧事故の原因は国民全体の意識のあり方にある	37	48	46	14	36	44	37
	⑨その他	8	8	5	1	6	9	5

質　問	回答の選択肢	教科別回答数			年代別回答数			
		理科	国語	地歴公民	20代	30代	40代	50代超
問8　今後の改善によって、大きな事故が起こらないようにすることはできると思いますか？	①十分できると思う	24	11	6	11	14	8	8
	②なんとかできると思う	44	36	23	18	39	22	24
	③あまりできそうにない	70	65	54	31	56	67	35
	④ほとんどできそうにない	38	39	44	6	31	40	44
問9　8でそう思うのはなぜですか？（複数回答可）	①理論的に実現可能だから	30	20	9	13	19	11	16
	②理論的に実現困難だから	19	28	17	6	18	20	20
	③技術的に実現可能だから	46	38	21	20	39	22	24
	④技術的に実現困難だから	46	39	50	16	37	36	44
	⑤理論的・技術的に可能でもミスや失敗をなくすことはできないから	81	67	69	21	64	71	61
	⑥経済的に対応可能だから	9	4	7	3	4	3	10
	⑦経済的に対応困難だから	18	19	17	8	16	16	14
	⑧その他	24	16	10	10	11	22	7
問10　事故による放射能のリスクへの対処は、主に何をもとに判断・決定しましたか（複数回答可）	①政府が発表した基準	84	83	55	32	76	65	49
	②大手のメディアに登場する専門家のアドバイス	70	77	61	33	62	61	52
	③インターネットやソーシャルメディアによる情報	58	74	65	28	49	69	51
	④雑誌や書物を読んで	72	54	64	30	49	62	49
	⑤親族・知り合い・隣人・同僚など、周囲の意見	34	49	35	23	40	32	23
	⑥自分の独自の判断	65	33	42	10	45	52	33
	⑦その他	9	2	3	0	6	5	3
問11　放射線のリスクに対する意思決定の際、科学的な知識をどの程度判断のよりどころにしましたか？	①かなりの程度判断のよりどころにした	70	35	27	14	50	36	32
	②ある程度判断のよりどころにした	96	91	78	47	75	80	63
	②あまりよりどころにしなかった	9	23	21	4	13	19	17
	③ほとんどよりどころにしなかった	3	2	3	1	2	3	2
問12　またそれはなぜですか？（複数回答可）	①科学知識がもっとも確実で信頼できるから	106	63	53	31	74	61	56
	②科学知識といっても不確実で頼りにならないから	16	39	27	7	18	31	26
	③科学以外の知識や条件も同じく重要だから	52	43	31	23	39	35	29
	④科学以外の知識や条件の方が重要だから	1	4	5	2	3	2	3
	⑤科学知識はよく理解できないから	1	13	12	4	6	10	6
	⑥科学知識は現実に合わないから	2	1	2	1	1	2	1
	⑦科学知識は人間の考えたものに過ぎないから	15	11	13	5	6	13	15
	⑧専門家のいうことが信用できないから	16	10	18	6	11	12	15
	⑨その他	10	13	13	5	13	8	10
問13　専門家による解説やアドバイスについてどの程度信頼できましたか？	①とても信頼できた	4	1	1	1	1	1	3
	②ある程度信頼できた	109	95	73	39	93	86	59
	③あまり信頼できなかった	56	48	47	25	39	40	47
	④ほとんど信頼できなかった	7	7	6	1	6	10	3

質問	回答の選択肢	教科別回答数			年代別回答数			
		理科	国語	地歴公民	20代	30代	40代	50代超
問14 放射線による被ばく線量が100mSv以上でがんの死亡率が約0.5%増加するという科学的なデータに対し、実際の被ばく量はこれよりずっと少ないと言われています。あなたは放射線のリスクについてどの程度心配ですか？	①まったく心配していない	15	8	5	7	8	7	6
	②あまり心配していない	64	46	48	20	70	41	27
	③あまり安心できない	68	69	49	34	47	50	55
	④まったく安心できない	26	26	20	5	14	29	24
	⑤その他	4	2	6	0	1	10	1
問15 放射線の危険性について専門家により異なる解釈がなされていますが、これについてどう思いますか？	①専門家によって解釈が異なるのはおかしい	36	45	40	21	34	32	34
	②専門家によって解釈が異なるのは当然である	140	105	88	43	106	105	79
問16 事故直後のメディアの情報や報道に対して、どう考えましたか？（複数回答可）	①必要な情報が的確に配信された	12	7	7	0	15	6	5
	②必要な情報が的確に配信されなかった	117	112	94	43	87	105	88
	③必要のない情報が過度に配信された	66	58	46	31	58	43	38
	④風評を助長した	98	92	81	41	91	80	59
	⑤風評をおさえるのに役立った	2	4	1	0	5	1	1
	⑥信頼できる情報が多かった	6	2	5	2	5	2	4
	⑦信頼できない情報が多かった	64	64	52	30	48	51	51
	⑧役に立つ情報が多かった	17	15	12	7	13	15	9
	⑨役に立たない情報が多かった	32	39	22	19	24	19	31
	⑩その他	9	8	9	3	11	6	6
問17 原子力の技術を発展させるべきだと思いますか？	①さらに発展させて絶対安全な技術を確立するべきである	47	24	16	23	39	13	12
	②危険性をなくすことはできないので、原子力技術をやめるべきである。	30	46	34	10	23	38	39
	③廃炉技術など一部の技術に限って進めるべきである	72	66	64	27	55	64	56
	④日本ではやめても海外では必要なので技術は進めるべきである	13	6	5	3	9	8	4
	⑤その他	16	12	10	4	14	16	4
問18 科学技術の発展は、社会にとって必要だと思いますか？	①必要である	143	89	84	45	100	91	80
	②ある程度必要である	31	53	41	19	38	41	27
	③あまり必要でない	1	9	3	1	3	5	4
	④まったく必要でない	0	0	0	0	0	0	0
問19 科学技術に関する政策について、誰が責任を持って考えるべきだと思いますか？	①知識のある専門家が責任を持って考えるべきである	101	93	86	40	85	88	67
	②国民から選ばれた政治家が責任を持って考えるべきである	65	62	69	27	57	66	46
	③国民ひとりひとりが責任を持って考えるべきである	123	107	91	52	102	94	73
	④その他	4	7	6	1	2	8	6
問20 よろしければ、次の点について回答用紙にご記入ください（自由記述）	●福島原発事故後大きく考えが変わった点は何ですか ●福島県の被災者として伝えたいことは何ですか							
	合計　456	177	151	128	66	140	137	113

回答結果の集計

＊以下、問1〜19に対する回答を集計したグラフを、教科別集計、年代別集計の順に掲げる。
＊教科別集計グラフは、各教科の回答者総数に対する割合を示している（単位：％）。「地歴」は公民科も含む。
＊年代別集計グラフは、各年代の回答者総数に対する割合を積み上げたものである（単位：％）。
＊問20に対する回答は抜粋して末尾に掲げた。

問1　事故当時、あなたはどこにいましたか？

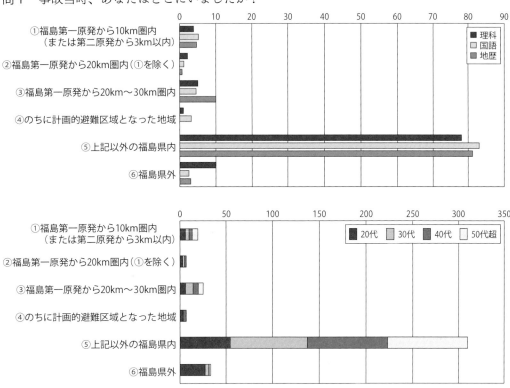

問2　事故が起こる以前、原子力発電についての興味や関心は、次のどの側面や関連においてですか？
　　いくつでも選んでください（複数回答可）

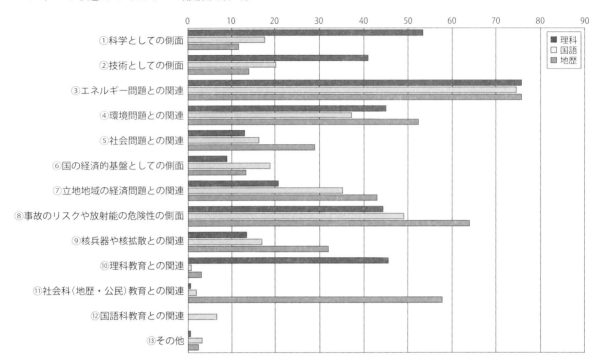

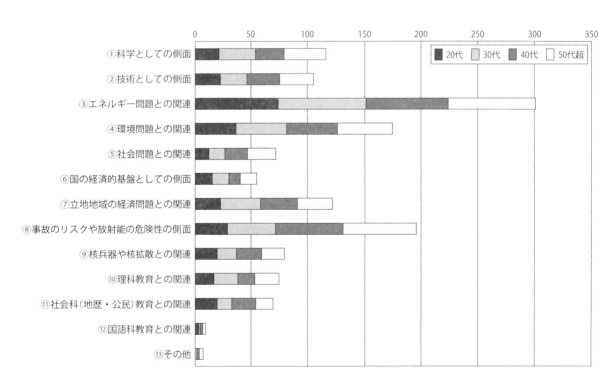

問3　事故が起こる以前、日本が世界有数の地震列島であるという事実を知っていましたか？

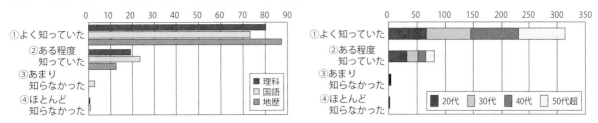

問4　事故が起こる以前、原子力発電の必要性についてどのように考えていましたか？

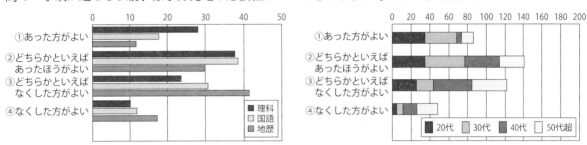

問5　事故が起こる前、あなたは原子力発電所が安全だと考えていましたか？

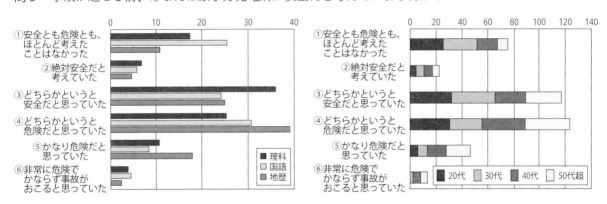

問6　事故が起こった後、原子力発電の必要性についてどのように考えますか？

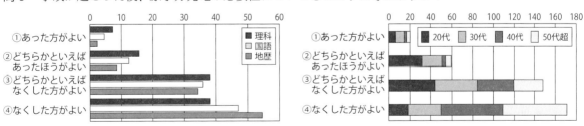

第Ⅰ部　福島原発震災のもたらしたもの　第2章　被害の広がり

問7　事故の原因について、あなたは現在どう考えていますか？（複数回答可）

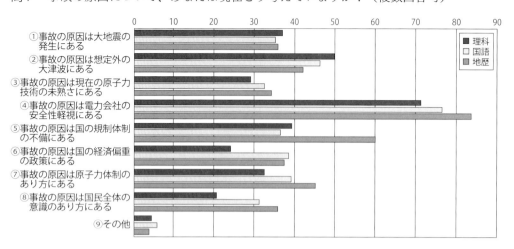

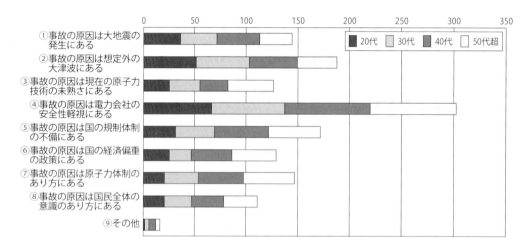

問8　今後の改善によって、大きな事故が起こらないようにすることはできると思いますか？

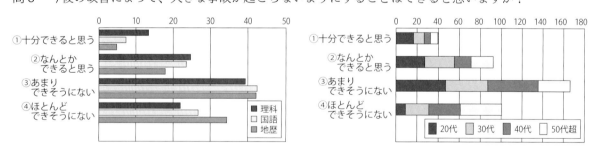

8 福島県内高校教員の意識調査（回答結果の集計）

問9　8でそう思うのはなぜですか？（複数回答可）

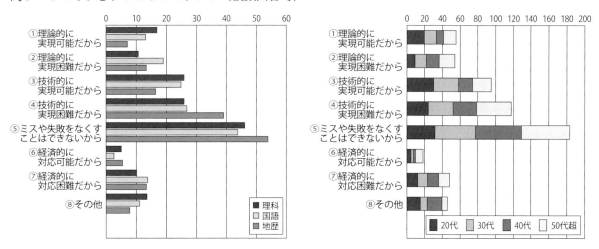

問10　事故による放射能のリスクへの対処は、主に何をもとに判断・決定しましたか（複数回答可）

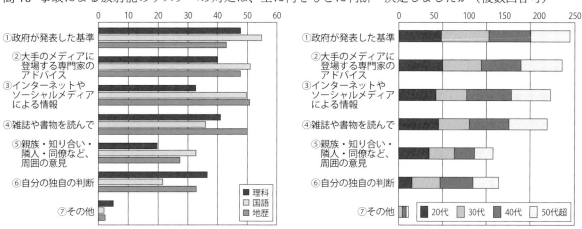

問11　放射線のリスクに対する意思決定の際、科学的な知識をどの程度判断のよりどころにしましたか？

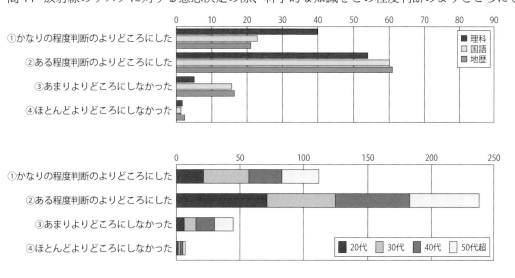

問12 またそれはなぜですか？（複数回答可）

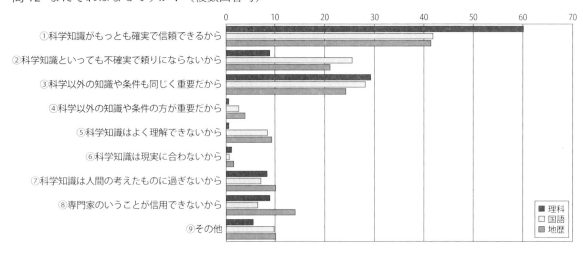

問13 専門家による解説やアドバイスについてどの程度信頼できましたか？

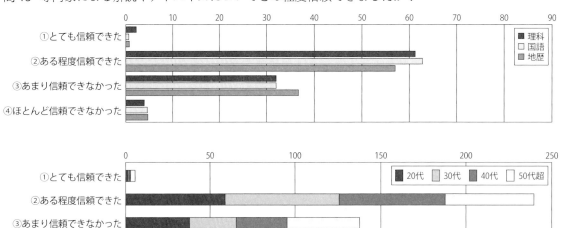

問 14 放射線による被ばく線量が 100mSv 以上でがんの死亡率が約 0.5% 増加するという科学的なデータに対し、実際の被ばく量はこれよりずっと少ないと言われています。あなたは放射線のリスクについてどの程度心配ですか？

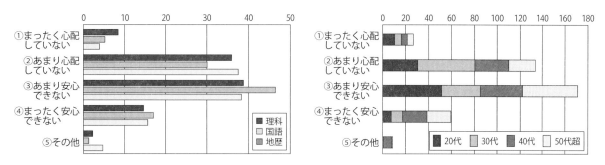

問 15 放射線の危険性について専門家により異なる解釈がなされていますが、これについてどう思いますか？

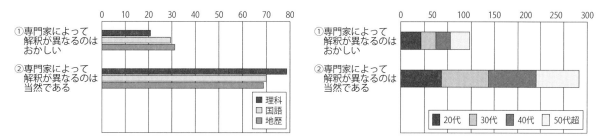

問 16 事故直後のメディアの情報や報道に対して、どう考えましたか？（複数回答可）

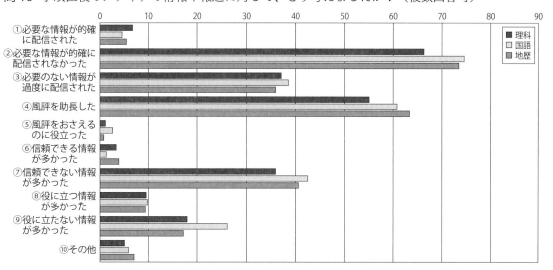

第Ⅰ部　福島原発震災のもたらしたもの　第2章　被害の広がり

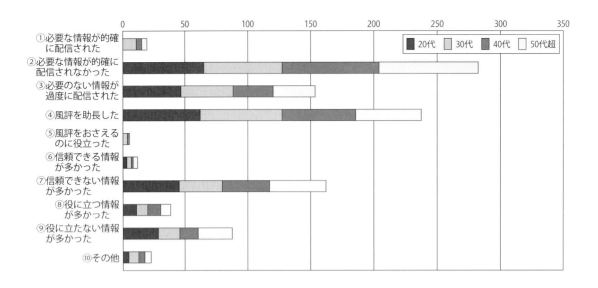

問17　原子力の技術を発展させるべきだと思いますか？

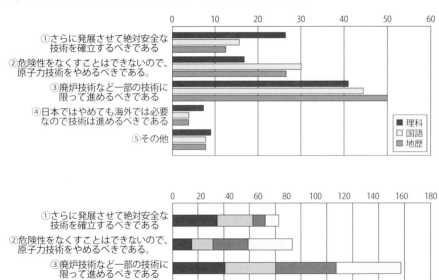

問18　科学技術の発展は、社会にとって必要だと思いますか？

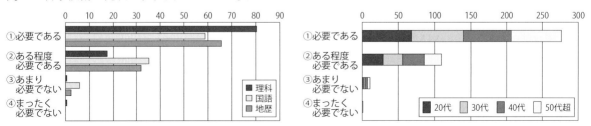

問19 科学技術に関する政策について、誰が責任を持って考えるべきだと思いますか？

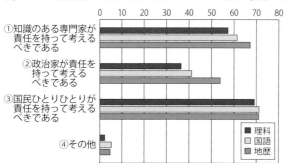
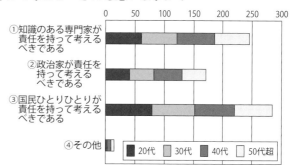

問20 よろしければ、次の点について回答用紙にご記入ください（自由記述）
● 福島原発事故後大きく考えが変わった点は何ですか
● 福島県の被災者として伝えたいことは何ですか

＊以下は、回答からの抜粋である。抜粋は、すいれん舎編集部で行った。
＊〔　〕は抜粋者による補足である。
＊できるだけ代表的な意見を満遍なく抜粋するよう心がけたが、その選択はあくまで恣意的な基準による。
＊配列は、回答到着順である。
＊転記にあたっては、明らかな誤字・脱字を訂正し、文字遣いに若干の変更を施した。それ以外はすべて原文の通りである。
＊末尾の（　）内は、順に年齢／性別／担当教科（国語・理科・地歴・その他のうち）を示し、回答がなかった場合は空欄にしている。「地歴」には公民科も含む。

◆語るより先に実際来て現実を見てほしい。（40代／男性／理科）
◆関東圏の電力を賄うための福島原発だったのに、〔……〕福島で頑張っている人ばかりがいつまでも不便でつらい思いをし、関東の人はどんどん忘れて以前のように電気をたっぷり使っている。「日本全体で頑張ろう」は口ばかり。（30代／女性／国語）
◆都合のよい情報や不安をあおるような情報ばかりが報道されて知りたいことが何一つわからない時期があった。情報の受けとめ方や活用のしかたに関する教育も国語科で意識的に行わなければならないと思った。（40代／女性／国語）
◆転換させるべきものが大きすぎて、どうしていいものか、どう行動すべきものなのか、とも思います。〔……〕何とかしたいとの思いはあるのですが……次代を担う子孫たちのためにも。（30代／男性／理科）
◆生活の中から"放射性物質"がはなれなくなりました。〔……〕自宅でとれた野菜など〔……〕どこか引っかかりながら、食べたり人にあげたりしています。線量の低い地域ではあるのですが、口に入るものは、どうしても気にはなります。（40代／男性／地歴）
◆とにかく原発事故の甚大なる影響・苦悩を考えれば、もはや、これ以上続けることはやめるべきである。（50代以上／男性／地歴）
◆政治と科学を切り離して考えてほしい。（30代／女性／地歴）
◆なぜ我々が関東へ供給する電力の犠牲者にならなければならないのか。東京電力供給圏内の人間が今となってはあまりにも無関心すぎる。（30代／男性／理科）
◆事故からの避難はみじめなものであり、そこに危険性があるのであれば、その原子力発電所を動かすべきではない。（40代／女性／国語）
◆思った以上に深刻な事故であることにショックを受けた（特に飯舘村の全村避難は、国の対応の遅さに腹立たしい思いをした）。（30代／男性／地歴）
◆生活については全く変わらないが、県外に出かけた時に、まわりの目を気にするようになった（車のナンバー）。福島を差別しないようにして欲しい。（40代／男性／地歴）
◆政府発表や各メディアによる報道について、一つ一つ比べながら批評的判断をしようとする姿勢が強くなった。生徒にも情報リテラシー能力の一層の強化が必要だと思う。（20代／女性／国語）
◆政治家が信頼できない。企業の利益優先体質が許せない。福島の将来（とくに相双）が心配。（50代

以上／男性／国語）

◆「安全、安全」という報道（政府、メディア）が多すぎる。本当はどうなのかを皆知りたいと思っている。誰も経験していないことなのだから、慎重に、正確な情報を流してほしい。まだ、安全とは言えないと思う。（40代／女性／国語）

◆経済至上主義で幸せになれなかった国がまた同じ轍を踏もうとしている。原発村の住人にだまされてはならない。（50代以上／男性／国語）

◆実際に住んでいる者にとっては、現在の生活が特に問題ないものに戻りつつあるのに（地域によるが）、外部の人達にとっては、やはり福島にいることに対して、大丈夫なのかどうかをよく聞かれ、時々イライラすることがある。（20代／男性／理科）

◆原発は安全ではなかったことが理解できた。小学校時に原発を見に行ったことがあったが、安全だ安全だと吹聴された。が、裏切られた。（50代以上／男性／国語）

◆原子力発電は、かつての自民党時代の政府が安全と主張してきたようなものではないと感じた。（40代／女性／国語）

◆日本人の温厚な性格（暴動・訴訟が少なすぎ）。それ程金で丸めこまれているのか？（50代以上／男性／地歴）

◆東京電力、政府に対する不信感が高まりました。あの時、どうして正確な事実を伝えなかったのかが知りたい。しかし、実際に報道していたら大混乱になったのも想像できる。（20代／男性／地歴）

◆「原発」についてきちんと向き合おうとする人、考える人が増えたこと（事故後で変わった点）。（20代／女性／国語）

◆子どもの健康に不安を感じるようになった。〔……〕後始末の大変さを実感している人の意見をもっと取り上げて欲しい。後始末をしっかりしてほしい。（40代／男性／国語）

◆自然災害や人為的ミスは常に起こりうると考えておかなければいけない。生徒の心理的なことを考えると、どこまで踏み込んで指導していいのか分からない。（30代／男性／地歴）

◆補償の問題を見ると、原発は地域住民をかこいこむことで成り立っていることがよくわかる。避難区域の住民には金銭的な補償が多額に支払われたり、

医療費や高速の無償化がなされている事で、さらに囲いこみがすすむ。（20代／女性／地歴）

◆事故によって福島市にまで放射性物質が飛んでくるとは思っておらず、「浜通り〔福島県の、太平洋に面する地域の呼称〕のこと」だった。（30代／女性／国語）

◆福島県人としては、子どもらにどのぐらい影響が出るのかが心配。線量の高い福島市や郡山市に本当に人が生活していて大丈夫なのか。（40代／男性／地歴・その他）

◆原発事故の日、政府から何も知らされず、避難の誘導にあたっていた消防団の人々の顔が忘れられません。政府が情報を正確に、素速く伝達していたら、みんな無用の被ばくはしなかったと思う。（40代／男性／地歴）

◆被災者は大地震や大津波のみに当てはまると思う。私は被災者ではなく、国と東電の被害者だと思う。（30代／男性／地歴）

◆なぜ被災したのか、まだ真実が見えていない。（40代／男性／理科）

◆放射線への意識がうすれている。重要なのは、今後であるはず。生徒たちへのケア（教員の配属を増やす）が、今こそ必要。（30代／男性／理科）

◆除染しても、言い知れぬ不安が常につきまとっている。（50代以上／男性／理科）

◆チェルノブイリ事故検証の避難に関した部分が日本で意図的に報道されないなど、反原発派寄りで、放射線防護学の成果を無視したものが異様に目立つのを実感する毎日です。（50代以上／男性／国語）

◆原発が、日本という火山国には全くふさわしくない技術であるということが明らかになり、その未熟さ、不完全さが露呈されました。（50代以上／男性／国語）

◆子ども達が結婚する時の差別が心配。〔……〕自然災害は比較的再生が可能であるのに対し、放射能は、一度事故が発生すると、その影響は広範囲でしかも長期に及び、復旧が困難である上、人災的要素が大きいために責任の所在が明確でなく、あきらめがつかず心の整理がつきづらい。（40代／男性／地歴）

◆福島県（いわき市）に住む人にとって原発はいらないとはっきり言えるようになった。ふるさとに住めない苦しさを分ってほしい。（50代以上／男性／地歴）

◆無欲になりました。（40代／男性／地歴）

◆「もしあなたが福島に住んでいて子育てをしていたとしたなら、あなたは今、どのような思いでいますか」と、県外の方に問いかけたい。(40代／男性／地歴)

◆愛郷心が大きくなった。(40代／男性／地歴)

◆政治への関心が強くなった。(30代／男性／理科)

◆賠償はもちろん必要だが、その賠償の仕方が、お金のバラマキになっているように感じる。過度な外食や遊戯場への使い込みが目立つ。(30代／男性／国語)

◆科学的視点や知識だけでは、日頃そういうものと接する機会の少ない人々が抱く心配や疑問に応える力は持てない。お互いが科学的思考ができるという前提でしかコミュニケーションが成立しないのでは、科学の意義は軽視されても仕方がないと感じた。(30代／男性／理科)

◆子どもを外で遊ばせることができなかったり、食材の産地などを気にするようになった。(30代／男性／国語)

◆東京の人たちは、私たち地方の者が大きなリスクを負って豊かにくらしていることを認識してほしい。そして、それはお金で解決するものではないことを理解してほしい。また、ぜひとも福島県(特に南相馬市)を訪れて、現実を直視してほしい。(40代／女性／理科)

◆絆などという言葉では、何も伝わってこなかった。外の人は具体的に助けてくれなかった(特に福島県中通り〔太平洋沿岸地域と会津地域に挟まれた福島県中央部〕、会津)。被災者同士で助け合っていた。(30代／男性／理科)

◆対応が後手後手。パニックになるから伏せておく。おかしいと思う。(30代／男性／理科)

◆これから出産を控えているが、8歳以下の賠償が手厚く、それより上の年齢が一律というのは納得できない。直接的に体の問題もあるが、精神的苦痛は20代だって当然大きくあてはまる。〔……〕危険だから福島から出ればいい、という問題ではないということをもっとわかって欲しい。(20代／女性／国語)

◆東電の発表には虚偽の内容が含まれているということを再認識した。福島の農産品でもしっかり安全性が確認されたものは安心して食べて下さい。(30代／男性／地歴)

◆普段の生活で感じる息苦しさは、なかなか伝わらないことですが、特に政治家には理解してほしい(原子力行政にも反映してほしいと思います)。(40代／男性／地歴)

◆無力感が起こった。(30代／男性／国語)

◆子どもの屋外での活動の減少。食品の生産地の確認。(30代／男性／地歴)

◆"福島の事故が起きた原発の完全廃炉をもって収束"という事を全国民に伝えていきたい。福島はまだ非常時である。(50代以上／男性／理科)

◆放射能についての知識が高まった。外出する際、マスク着用などの対策をとるようになった。(20代／男性／国語)

◆震災からまもなく2年になろうとしていますが、この2年はとても言葉で言い尽くすことのできない2年でした。地震や津波で亡くなった生徒や同僚のこと、今も避難生活を続け、先の見通しがたたない自分の家族の生活のこと、子ども達の将来が不安、など。(40代／女性／国語)

◆被災者も毎日をみんなと同じように生きている。差別するような意識を持ってほしくない。(40代／女性／国語)

◆放射線についての考えが大きく変わりました。私は、大学の研究で、海水中の放射線量を測定していたのですが、あの頃は、ただの数値としか思っていませんでした。(20代／男性／理科)

◆被災者自身としては、耐えるだけでなく、必要な支援をためらわず要求するべきであると考える。(30代／女性／理科)

◆今まで原発の安全性について考えたことはなかったが、いかに危険なものかが分かった。しかし原発は必要だと思う。今後、安全な原発の設置を望む。(30代／男性／国語)

◆放射能の影響に私たちはいつもおびえて不安を感じている。遠い将来、その影響が今の若者や子どもたちに出た時に、見捨てないでほしい。ずっと手を差しのべてほしい。(50代以上／女性／国語)

◆事故は人が起こすものなんだ、ということを実感した。人は間違っても、利益が高ければ、間違いを正せないのか、ということ。(30代／女性／理科・その他)

◆原発は「がんになるリスクを誰かが背負わなけれ

ばなりたたない発電所」であるので、原発問題は結局は労働問題だと思っています。(40代/女性/理科)

◆表面上は震災前と変わらない生活に戻っています。ただ、県外の方から見れば福島での生活、県内産に対する意識は気になっています。(30代/女性/国語)

◆避難区域から他の土地へ避難している方々の被災者意識が高すぎると思います。東電や国からの賠償金等の補償に頼り、就業意識が低下しているのではないか？と心配になります。(20代/男性/国語)

◆福島を、脱原発・エネルギー転換のモデルと位置づけ、国の復興支援策の目玉として取り組んでいくべきである。(50代以上/男性/地歴)

◆福島県の人たちを暖かい目で見て欲しい。あわれみはいらないので、自分たちにもいつでも起こりうることなのだと自覚してほしい。(50代以上/女性/地歴)

◆広島・長崎の原爆に比べたら、大きな問題となるようなことではないと考えている。一部のマスメディアや専門家による過度な情報による被害のほうが大きいと思う。福島は大丈夫だということ、早々に復興に向けて最終処分場を設置して取り組むべきと考える。(40代/男性/地歴)

◆時がたち、福島以外の人々は再び原発容認に戻りつつあると思う。特に原発立地の人々が経済的事由からその姿勢を進めているし、電力会社、自民党、そして御用学者達がそれをあおっている。確率は低いとは言うが、事故後、どういう事態に陥るのかを想像力をもって考えて欲しい。(50代以上/男性/地歴)

◆核戦争が日本では原爆・原発として表われている。(50代以上/女性/地歴)

◆日本政府の発表より、より信頼できるのは米政府または米軍の発表であることを再確認できたこと。(50代以上/男性/地歴)

◆家族離散、引越し、経済的負担大。被災者に対する補償を手厚くすべき。あまりにも軽視しすぎ。東北地方、特に福島県を税の特区にするなど、していかないとダメ。(40代/男性/地歴)

◆日本の他の原発も同様のリスクがあるということ。(30代/男性/国語)

◆福島は、宮城・岩手とは被災の意味がちがう!!しかし、福島市内程度の放射線で騒いだら、世界中にどこにも住めなくなる。心配しすぎだ。(40代/男性/理科・その他)

◆福島県沖で地震が起きる可能性は0%であるという見解があったが、世の中には0%ということはあり得ないことだと、原発の事故で痛感した。(20代/女性/理科)

◆双葉町で生まれ育った私が、過去、原発に関する施策で不安を感じたことがいくつかありました。①〔……〕、⑤学校が原発事故に備えて避難訓練をしてこなかったこと、等々です。〔……〕事故が起き、原発は人間には扱えないこと、また軍事施設であることを認識しました。核廃棄物については、人が多く住む場所(東京都)に施設を作るべきです。その方が、安全に管理できます。福島に運び入れるというのは、鬼畜の仕業です。汚したらきれいにして返す、というのが倫理上正しい行いです。(40代/男性/国語)

◆日本のエネルギー問題（経済も）を考えた場合、原発はこれからも必要（ベース電源として）と考える。〔……〕このような汚染がおきた以上、浜通り〔福島県の、太平洋に面する地域の呼称〕に人がもどるのは非現実的であり、お金のむだ（山森の除染はできない）なので恒久的な核処理施設を大熊・双葉につくり、日本のために犠牲になるべきではないだろうか。(40代/男性/理科)

◆自分にも子どもがおります。福島の子が、放射能による影響で病気にかからないで、健康に成長できるか、「福島生まれ」が理由で、結婚などで影響が出ないか心配です。〔……〕福島の人は、からだだけではなく、それ以上に心が病んでいます。(40代/男性/理科)

◆今回のレベルの原発事故の本質は、被ばくそのものよりも、人（住民・地域）の分裂・反目・不信・差別等であり、その点において事故を防げなかった者たちの責任は重いと思っている。(30代/男性/地歴)

◆今回の事故後にこんなにも「影響はある」「ない」の意見が分かれるとは思わず、また、お互いが対立するかのような構図になっていることが残念です。福島県民への差別は実際にあり、避難を現実にはできない人々がいることも現実です。(40代/女性/地歴)

◆放射能に対する真実を伝えず、ウソまでついて不

安をあおるマスコミは、軸足が日本にないということを改めて実感した。〔……〕なぜ、原発賛成（容認）派の言説が取り上げられず、メディアにも露出させないのか？　不公平では？　被災者として伝えたいこと→沖縄の基地問題と同じく、福島人が皆「反原発」ではない。マスコミは勝手に色分けするな。（30代／男性／地歴）

◆「原子力」というものは、日本において極めて政治的なものであり、科学的なものではなかったということ。（40代／男性／地歴）

◆政府も国も福島県民のことを考えていない。（50代以上／女性／国語）

◆このまま福島に住んでいて大丈夫なのか、という点が不安。政府は大丈夫と言っているが、数年後、見解を変えることもあり得るのではないだろうか。（20代／男性／国語）

◆発展＝よいこと、ととらえることが以前より少なくなった。（30代／女性／国語）

◆親として、子どものこれからのことが心配である。低線量を長期間あびるリスクや風評被害、ずっとなやみ続けるだろう。（40代／女性／理科）

◆以前にもまして他地区から教員が供給されなくなった（優秀な人材が流出し、校務運営が困難である）。（40代／男性／地歴）

◆全てが大きく変わってしまった。未来がほとんどと言っていいくらい見えてきません。次の世代を含め、一体どうなっていくのでしょう。こちらが尋ねたいくらいです。（40代／男性／地歴）

◆電力会社に対する不信・憎しみ。中央／地方という文脈での沖縄や福島へのしわよせと被害。（20代／男性／地歴）

◆様々な対応について、事故直後はスピード重視、時間が経ってからは十分な検討を、というのは大切だが、避難中の方々のように、この2つの間で宙に浮いた形になっているケースが増えていると思います。（30代／男性／理科・その他）

◆政府が意図的に情報操作し、国民に安心感をもたせようとするも、かえって不安をあおる結果となった。〔……〕震災が経済効果として、一部の業種で潤っていること。（40代／男性／理科）

◆放射線量が高かった2011年3月から4月に合格発表で新年度の行事を平常通りに行い、子どもたち

を危険にさらしてしまったことが悔やまれる。（／　／　）

◆第一原発の見学に行った際、どんな問題が起きてもそれをカバーする策が何重にも用意されていると聞かされ、それを信じていた自分が馬鹿だったと思います。（30代／女性／国語）

◆国や東京電力は信用できない。（40代／男性／国語）

◆生活する上で放射能がついてまわるようになった。食べ物、住む場所など。原発の存在や再稼働に反対する人たちが福島にも来ているが、その主張は良いとして、福島に現在ある原発を何とかするのが先決だと思う。（30代／女性／国語）

◆私の母は高校で教員をしていました。その同僚の先生に「原発反対」と声大に唱えている方がいらっしゃったのですが、当時の私には対岸の火事のようにしか感じられませんでした。（40代／男性／理科・その他）

◆県の被災者と言っても会津はほとんど被害はないし、過去に原発を誘致してきた経緯を考えると、今の福島県全部が被災者、被害者だとの風潮には抵抗がある。（20代／男性／地歴）

◆県民全員が被害者です。（30代／女性／地歴）

◆私たち人間の一生80年と、放射性物質の半減期を同一に考えることはできず、つけをすべて先に回したり、後進地域におしつける考え方に対して怒りを感じる。コスト面も電力会社・政府とも神話の上でやってきたが、郷里の平穏なくらしをこわすコストを計算できない。（50代以上／男性／地歴）

◆事故直後、福島からきただけでガソリンスタンドでの洗車を断わられたり、転校（県外）していじめられたなどという話を聞いた（知人より）。いわき市は物流がとだえ、ガソリン・食料が不足し、全日本から"見捨てられた"と感じました。（40代／女性／地歴）

◆自分自身も含め、災害があった際に、被災のことを「遠い世界のこと」「自分には関係のないこと」と思ってしまう傾向がある。〔……〕経済優先を考える人は往往にして自分の側を安全な地に置いて考えている。〔……〕根拠のない悪口を流さないでほしい。たとえば被災した人は多額の補償金をもらって仕事にも就かないで毎日遊戯場通いしているなど。（50代以上／女性／国語）

◆3.11以降フクシマは何も変わっていない。特に警戒区域内は時間がとまったままだということを伝えたい。（40代／女性／国語）

◆当県に住んでいない方に、評価を受けるだけでも腹立たしい。（40代／男性／国語）

◆日本国に対する不信感。日本は住むべき国ではないという事。他国への移住を真剣に考えています。息子にも必ずこの国を出るよう伝えています。（50代以上／女性／国語）

◆廃棄物の問題についても、次の世代の人たちに問題を丸投げしているように感じる。（40代／女性／国語）

◆福島県民全員に、「被ばく手帳」を持たせるべきだと思います。加害者である国と東電が勝手に賠償を決めるのは、おかしいと思います。（50代以上／女性／国語）

◆TVや新聞の情報は知りたいことが伝えられないのだと思い知らされた。政府の力が大きく、国民は目と耳をふさがれ、放っておかれるのだとわかった。何を信用すればいいのか、本当に必要な情報は、伝えられないこともわかった。（50代以上／女性／国語）

◆「絶対はない」ことの認識。このこと〔「絶対はない」こと〕を子どもたちに伝えることの必要性。あまり被害がなかった地域の生徒に対する教育の必要性。（30代／男性／国語）

◆在日米軍基地の大半を抱える沖縄の方たちの気持ちが少しわかったような気がする。福島県は決して危険な場所ではない。（30代／男性／地歴）

◆原子力＝核ということを、学校教育の場でもしっかり教えるべき。（40代／男性／地歴）

◆何といっても「家族の崩壊」であり、運命共同体である部落（行政区）の崩壊である。（50代以上／男性／地歴）

◆危機意識が低かったと思います。今回の地震、津波そして原発事故を経験して、日頃の生活に防災をしっかりと取り入れるべきだと強く思いました。（40代／女性／理科）

◆原発は日本の準国産エネルギーであり、これからも発展させなければならない。（30代／男性／理科）

◆20年ほど前、当時勤めていた学校のPTA教養部研修で、第一原発と原子力PRセンターを訪ねたことがある。「事故は絶対起こらない」と説明を受け

たことがむなしく思い出される。（50代以上／男性／地歴）

◆国語総合で「放射線が体に害を与える」という文が含まれる単元を授業で扱わなくなった（事故までは毎年実施）。生徒の不安をあおることがないように、との配慮ではあるのだが、隠匿しているような気にもなる。（20代／女性／国語）

◆安全も安心も、絶対的なものではないということを実感し、人の社会のはかなさについてマイナスの方向に考えが変わりました。（30代／男性／国語）

◆社会の問題に無関心であったことに罪悪感を感じる。（30代／女性／国語）

◆他県の人にしてみれば、事故もニュースの一つ。電力のためにはどこかが原発を背負うしかない、としてあえて無視しようとしている。我々も含めて国防のために沖縄に犠牲を強いているのと同じ。今回は、福島にその順番がまわってきただけ。（40代／男性／地歴）

◆原発事故は日本の民主国家としてのあり方の危機であることを伝えたい。（50代以上／男性／地歴）

◆福島だけを原発被災地として特別扱いすることで、県外にも及んでいる大きな被害が隠されていると感じることが多い。「福島だけの問題」として欲しくない。（40代／女性／地歴）

◆支援してくださった方々に感謝の気持ちを伝えたい。（30代／女性／国語）

◆絶対安全だと言っていた原発が大事故により私の故郷である大熊町を人が住めない町にしてしまった。〔……〕故郷に帰れない人が何万人もいる、ということを全国の人に知って〔……〕ほしい。（50代以上／男性／国語）

◆野菜を育てていたが、価が基準値を下回り安全だと言われても、食べなくなってしまった。人生計画が変わった。（30代／女性／理科）

◆被災地にいることで賠償金をもらうことでは償いきれない事故のように思う。（50代以上／女性／理科）

◆人が住めない地域をつくり、いくつかの自治体を崩壊させたことを強く訴えたい。（40代／男性／理科）

◆原発事故当初は神奈川におり、大学での調査や所用で京都、沖縄へと行ったが、遠くに住む人々ほど大変な事故だと認識しているように感じた。〔……〕健康被害に関しては数年、数十年たたないと実害が

出ないので、科学者はわからないことを「わからない」と言える勇気をもつことが必要だと思う。(20代／男性／理科)

◆水俣病とまったく同じ構造で起こった問題であると感じた。生命と経済、都市と地方、強者と弱者の問題、差別問題について考えを深めた。(30代／男性／地歴)

◆原発に関して是非を問う国民投票をしてほしい。(30代／女性／理科)

◆今思えば、40年も前に大学の恩師と「何故、後始末の事を決めずに原発を動かすのか」と話し合った事を思い出して、政治、経済が科学を大きくゆがめている現実を実感として知るはめになったことを情無く思っている。政治経済に踊らされない科学教育がぜひ必要である。(50代以上／男性／理科)

◆私たちは、「科学的に正しい」生活を求めているのではなく、事故の前のように、不必要な心配をすることなく家族がそろって普通に過ごせる生活を求めている。今回の原発の事故は「科学の敗北」であり、科学に携わる人々は、それを真剣に自覚するべきだ。(40代／女性／国語)

◆小論文の授業などで科学技術のあり方について扱うようになった。(40代／女性／国語)

◆福島を含む東北は「蝦夷」の地として、沖縄と同様に、植民地と同じ扱いを受けていることを改めて実感した。また「棄民」政策か？(50代以上／男性／地歴)

◆震災後数カ月は、様々な情報が飛び交い、混乱しましたが、科学的な知識に基づき、冷静に判断した結果、郡山市から避難しませんでした。〔……〕しかし一方で、放射線量の心配をしながら暮らす生活は息がつまるようでした。また、子どもたちの貴重な外遊びや、自然と触れ合う機会も奪われてしまいました。(30代／女性／地歴)

◆自己責任ということを、改めて考えさせられた。(50代以上／男性／国語)

◆フクシマ県民はガレキ受入拒否や差別を経験したが、自分たちの所に放射能を持ち込ませないというエゴイストにはなりたくないと思っている。(40代／男性／国語)

◆福島県民は一方的被害者である。(40代／男性／国語)

◆多少生活が不自由になったとしても、安全・安心に生活できることが一番だと思います。(20代／女性／国語)

◆「安全」の定義が事業者によって恣意的に設定されており、今後もそれは不変であると思われる。〔……〕原発によって人生を狂わされた何万もの人々の苦難は、永久に続く。その現実から目をそむけ、経済的利益だけを享受しようとする人々に強い怒りを覚える。(40代／男性／国語)

◆原発の安全性や技術だけが問題なのではなく、誰がどのようにそれを管理し、扱うかということ。どれほど高い性能であっても、それを生かすも殺すも人間だということがより表面化したと思う。〔……〕少なくとも、うそ、あいまい、秘密を先行させる人間に扱えるものとは思われない。(40代／男性／国語)

◆生き抜くために教育はある。生きる力より「生き抜く力」が必要。〔……〕ある意味犠牲になった。しかし声を挙げなかったのも悪い。これからは、正確に情報を吟味し、自分の意見をはっきり表明できる県民になりたい。(40代／女性／国語)

◆東電や国になんとかしてもらおうという考えでいるよりは、福島県民独自の考えを固め、行動することが大切に思うが、生活の中でそれをするのはとても大変で体力のいることだと感じるがこのままでいいわけがない。(40代／女性／その他)

◆東電ばかり批判しても仕方がない。そんなこと言ったら、電気を使う人から、東電にお金を出した人々まで責任を問われることになる。(20代／男性／国語)

◆除染への取り組みが遅い。(40代／男性／国語)

◆被ばく線量が100ミリシーベルト以上の場合のリスクばかり言われているが、それ以下の場合、わからないのであれば危険と判断すべき。〔……〕子どもを持つ親の立場として、子どもの人生まで国や東電が責任を持ってくれるべきだと強く主張したい。(40代／男性／国語)

◆国だけに頼るのではなく、自分たちでできることを見つけて、小さなことから始めることの大切さ。〔……〕復興・復旧で何を求めているかという内容は、一人一人千差万別であるが、その点が大切であるということ。(40代／男性／国語)

◆様々な動揺はあったが、全ては考え方や芯の持ち

方で変化するもの。しかし、便乗して、他者の足を引っぱる、他人を陥れるといった悪人と、それを見て見ぬふりをする事務的な人間には、半ばがく然とした。被災者として、人は"好・嫌"ではなく、ちゃんと"善・悪"で見定めていく時代だと学習した。（30代／男性／地歴）

◆福島県民は原発事故の被害者です。福島県民を「汚れた者」のような扱いをするのはやめてほしいです。（40代／女性／地歴）

◆高校卒業後は他県の大学や専門学校に進学して帰って来ない。高齢社会になってしまう。活気がないのが哀しい。（50代以上／女性／理科）

◆多くの人は、科学的・論理的な説明よりも心理的に信じたい説明を信じやすい、ということを嫌というほど痛感させられました。だからこそメディアは、いわゆる「ウケ」のいい（専門外の）科学者を多用するようなことは、絶対にしてはいけない、と考えます。（40代／男性／理科・その他）

◆食品の問題も安全とは決して言えない。（50代以上／男性／理科）

◆原爆を落とされ、第五福竜丸を経験し、今またフクシマを経験した私たちは、誰よりも原発の恐ろしさ、人間の愚かさを知っているはずだから、他の県の首長たちが何と言っても、断乎、原発廃止を訴えること。ましてや他国に輸出するなどもってのほかだ。（50代以上／女性／国語）

◆知らされないこと、学んでいないことのおそろしさ（福島の原発の電力が関東で使用されていることを知らない人が大多数であったということ）。（40代／女性／国語）

◆原発について、これまでは、チェルノブイリや東海村の報道を見ても他人事としかとらえていなかったのですが、3・11以降、そのような態度ではいけなかったと強く感じました。（40代／女性／国語）

◆人間がコントロール不能となる科学技術は、人は所有すべきでないと考えるようになった。神の領域を侵すことが人を滅ぼす。（50代以上／男性／国語）

◆安全面ばかりを前面に押し出し、正しい理解を求めないですすめたことは原子力政策の誤りであると思います。（50代以上／女性／国語）

◆人間が携わる限り、必ずミスは起こり、そしてそれは連鎖する。〔……〕自分の故郷を失うリスクを、

もっとリアルに考えて下さい。（30代／男性／国語）

◆被災状況が県民に詳細に伝えられていない。被害者無視・不在の感がある。（50代以上／男性／国語）

◆私は1人の子どもの母親であり、高校の教員であり、福島県民である訳ですが、そのどの立場についても、自分が負うべき責任を果たしてこなかったという大きな後悔があります。〔……〕東電にも政府にも責任は当然あるけれど、私は自分自身のこの怠慢と無知を許すことができないのです〔……〕自責の次に来るのは言いようのない無力感です。「私に何ができるのか？」問うても答えが見つからない。国家的レベルのエネルギー問題に個人がいかに無力であるか、しかし、個としての責任は負わねばならないというジレンマがあります。（50代以上／女性／国語）

◆国、自治体、メディア（テレビ、新聞）は全く信用できなくなった。自民党、経産省、電力には一生をかけて健康を損った子どもに償いをして欲しい。（40代／男性／国語）

◆震災直後からしばらくの間はいろいろと思うことがあったが、2年経つ今は良くも悪くも忘れてきている。変わらない現状をあれこれ憂えていても前進しないし、国を信頼できないことははっきりしたので、各個人が自分と家族の安全を守る努力をするしかないのだろうと思う。（30代／女性／国語）

◆故郷を追われている多くの人々がいる一方、東京では何も変わらない日常が営まれている現実を、県人以外の人々にも忘れないでほしい。（30代／女性／国語）

◆東京電力という大企業により、政治・経済が牛耳られており国民が危険にさらされている。（40代／男性／理科）

◆福島のことは大好きだが、将来を考えると住みたくない（会津以外）。（20代／男性／理科）

◆絶対安全でなければダメというのは、非常に危険だと思う。あくまで、いかにローリスクに抑えるかと考えるべきで、ノーリスクを前提にすると、思考の停止がおきたり、あらゆるクライシスを想定することができなくなってしまう。（30代／男性／理科）

◆40年間第一原発の恩恵を受けていた関東の人間が、ただ原発を批判するだけの姿勢しか取らないことがおこがましい。（30代／男性／理科）

◆これまで原発政策に関わってきた人々、原発事故

当時の対応に関わってきた人々も、みな事故の当事者としてこの事故を検証して、後世に伝え、改善していかなければ、再びこのような事故はまた起きる。責任のなすりつけをし合い、原発を利用し続けようとする国・電力会社の態度は、人間として残念でならない。（30代／男性／地歴）

◆安全が確認されず、事故も収束せぬうちから再稼働計画を発表する政府と電力会社は、福島県民（被災者）の命よりも日本経済の発展と利潤を優先している。理解も納得もできるものではない。（50代以上／男性／地歴）

◆被災者としての県の発信力が弱い。だが、事故からの流れを考えると、県がデータを消したり、県も加害者であったと思うようになった。（50代以上／男性／地歴）

◆夫の実家は警戒区域です。帰ることができません。原発事故により全て失いました。（50代以上／女性／理科）

◆科学的知識や統計的知識は信頼できても、子どもたちの未来が確率で論じられることに、親は納得しない。（50代以上／男性／理科）

◆原子力再稼働を考える時、「もし自分が福島県人で福島県に住み、幼い子どもをかかえていたら」ということを考えて欲しい。多分、福島県に住んでいないと実感がわかないと思いますが……。実感がわかない人たちには、「すごくつらいですよ」と伝えたい。（40代／女性／国語）

◆原子力に依存しない社会をつくるためにも、科学技術の進歩は必要である。〔……〕私たち一人一人の生活のし方がたくさん集まって、事故を起こした原発を成立させていたことを反省している。（50代以上／男性／国語）

◆原発（原子力）は人間がコントロールできるものではないことがわかった。地震国日本で原発の稼働はありえない。（50代以上／男性／国語）

◆2年かけても解決していないというのに驚いている。（40代／男性／国語）

◆津波や家屋倒壊の被災者方は前進しているように感じられるが、原子力災害の被災者の生活は……。賠償金を与えるばかりでは、本当の意味での立ち直りにはなっていない。（20代／女性／地歴）

◆原発事故は、まだ収束していないこと。（30代／男性／地歴）

◆事故前の福島にはもうもどれない、という深い悲しみ。でも、その中で生きていくしかない、という決心。子どもたちはどうなるのだろう、という不安感。人ごとではなく、どの地域にもそうなる危険があると訴えたい。（40代／女性／地歴）

◆マスコミが権力（大企業、経済界、政治家など）にコントロールされている事。ネットの方が信用できる情報が多かった。復興よりも避難させてほしい。（30代／女性／国語）

◆危機感だけあおり、ドラマを探し、報道して終わり、のマスコミはすごくイヤ。自らの責任や問題点を反省し、それも伝えてほしい。（40代／女性／地歴）

◆家族のため、自分のため、という考え方が高まった。（40代／男性／地歴）

◆教育格差がさらに進むことを心配している。経済力のある家庭とそうでない家庭では、福島に住む／住まないの選択に明らかに差がある。福島に残った子どもたちに何を伝えるべきか、教員も「この福島で教える意義」を考える必要があると思う。（20代／男性／地歴）

◆県外の人間に限ってよく騒ぐ。影響のない場所から何を言われても、聞く気にならない。（20代／男性／国語）

◆原発事故を県内でも風化させてしまうような雰囲気がこわい。影響はこの先徐々に出るのだと思う。（40代／男性／地歴）

◆子どもを育てるには自分の故郷が良いと思えなくなった。（40代／男性／地歴）

第3章

避難者たちは
どう行動したか

──個人避難年表

I-3 個人避難年表——個人個人の「避難」を時間と空間から把握する

　この章でとりあげる避難者の方々は、次のような方々です。[*1]

　震災が起きた 2011 年 3 月 11 日時点には全員、福島県内に住んでいましたが、避難指示を受けたり、事故のあった原発から離れたいと考えたりして、全員が避難をしました。福島県内、福島県外を含めて、何回も移転を繰り返した方もいますし、知っている人が全然いないところに引っ越した方もいます。また、仕事や学校などの関係で、家族がそろって動くことはとても難しいため、何人かの方は、家族がバラバラに暮らすことになりました。

　この方たちの生活や人生がどのように変わったのかを、この章では、時間の経過（年表）と空間の広がり（地図）に沿って表しています。

　なお、図のなかの網掛けの番号は、年表のなかに配置した番号に対応しています。

名前 （仮名）	性別	震災時の 年齢 （学年）	避難の種類	震災発生時、住 んでいたところ	震災から約 5 年後、 インタビュー時点 での住まい	家族の状況
右田　藍	女	16（高 1）	避難指示あり	富岡町	福島県郡山市	母と一緒に避難。途中、一時期は高校の寮で暮らした。（父は当時も今も単身赴任中）
角谷翔平	男	14（中 2）	避難指示あり	富岡町	福島県郡山市	7 人家族で避難。
清水郁子	女	40 代	避難指示あり	富岡町	福島県会津若松市	家族 5 人のうち長女、次男と一緒に暮らしていたが、避難と就職や進学などの都合で今は全員違う所で暮らしている
仁井田一雄	男	75	避難指示あり	川俣町 山木屋地区	福島県川俣町の仮設住宅	もともと一人暮らし
福田昭一・和子	男、女	70 代	自主避難	南相馬市小高町	山梨県西桂町	孫も一緒に避難したが 2017 年に就職して福島に戻った
助川裕子	女	46	自主避難	国見町	山梨県甲府市	子どもと 2 人で「母子避難」。夫は福島市に残っている
谷田部尚子	女	39	自主避難	いわき市	山梨県都留市	家族 5 人で避難。避難先の都留市で家を買い、今後も暮らすことにした

＊ 1：全員仮名にしてありますが、この章の記述はすべて、それぞれの方のお話に基づいて再構成したものです。

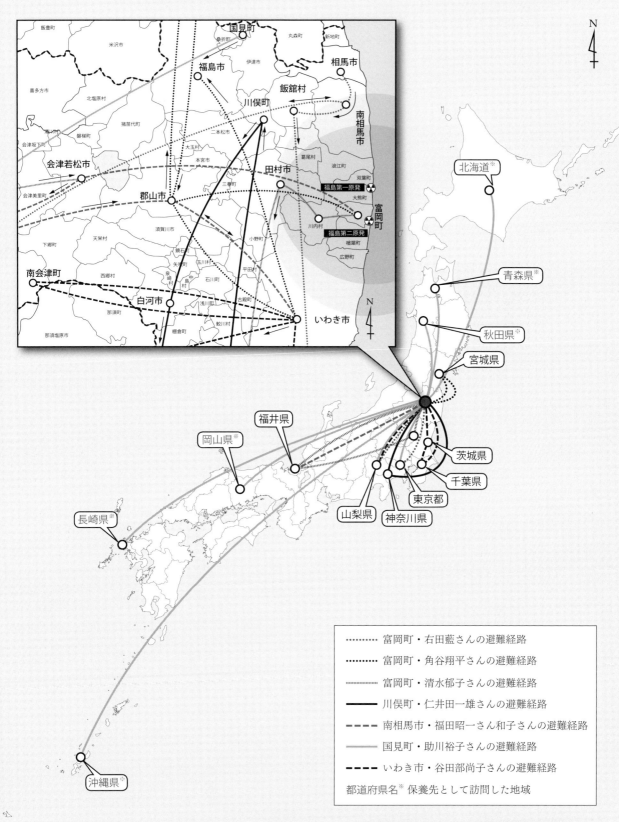

この章でとりあげる避難者たちの、さまざまな避難経路

I-3　富岡町・右田藍さん

震災時は富岡町の双葉翔陽高校に通う16歳の女子高生。両親、兄と姉の5人で暮らしていた。サテライト校の再三の移転など、震災後の混乱の中で留年、ふさぎ込むようになったが、奮起して専門学校の声優科に進学、最優秀賞で卒業。避難指示あり。

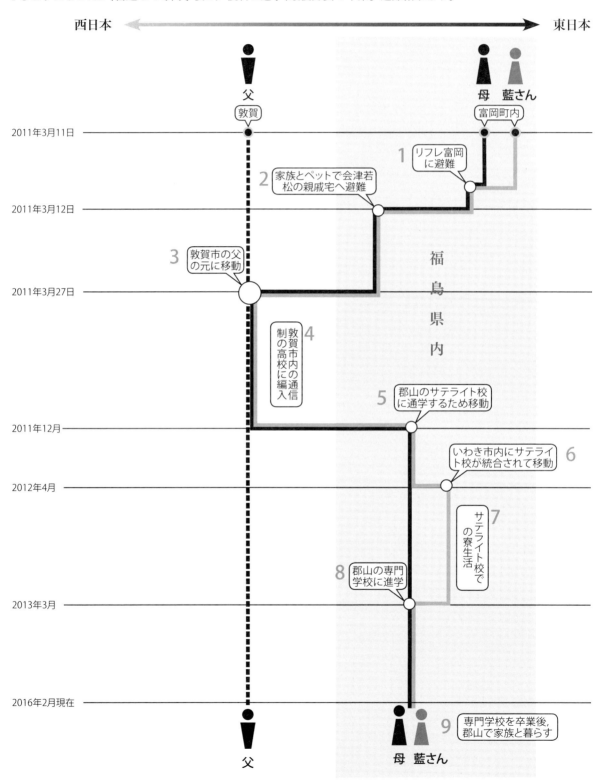

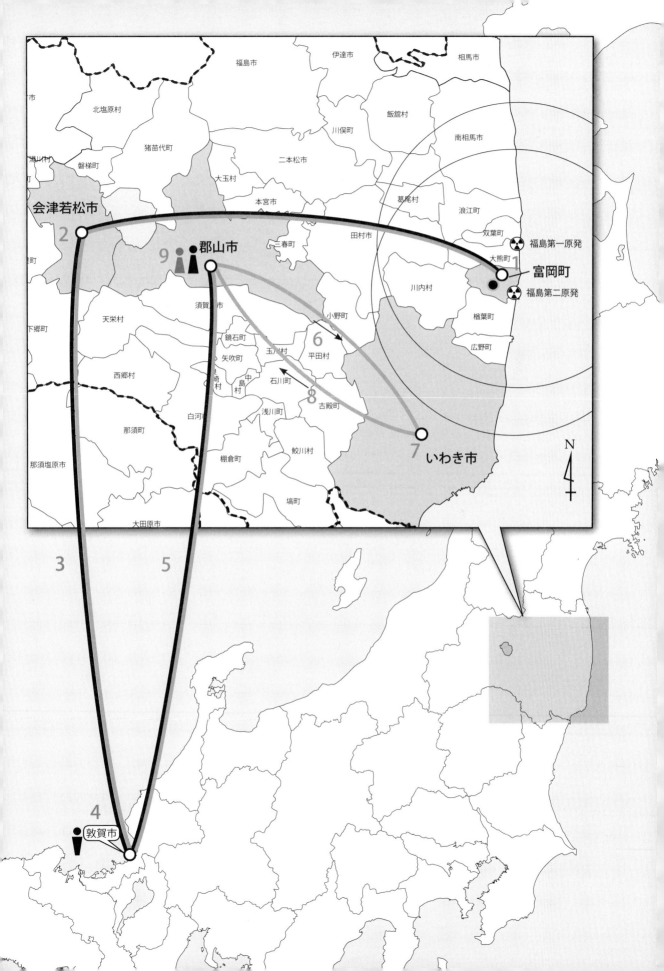

富岡町・右田藍さん避難年表

2011.3.11地震発生時

【1人で家にいた】

　3月11日は高校が休みで1人で家にいた。母が帰宅し、2人で車で家族を探しに回る。「生まれ育ってきた町の様子とはちょっと違っていて、例えば塀とかガラスが割れて道路に飛び出して来ていたりとか、例えばもう道路自体が落ちてなくなっていたりとか、そういった所があって町の様子が変わっていたんです」。

3.11地震直後

【避難所へ】

　家族は無事なことがわかる。電気・水道・ガスが途絶え、家の中は危険と考え、家族全員でぎゅうぎゅう詰めで車の中で過ごす。夜になって、避難所へ避難（兄の勤め先だった温泉施設「リフレ富岡」）。余震でなかなか眠れず。**ラジオも携帯もつながらず情報がなかった**。

2011.3.12

【会津の親戚宅へ】

　朝、避難所からどんどん人が出ていく。4人家族で車で出発。「どうやら原発がちょっと危ない状態らしい」「『それは私たちも急いで逃げなければ』と言って車に乗り込んで外に出ますと、もう既に私がいたころには」「すごい車の長蛇の列ができてい」た。川内村には寄らず、車で会津の親戚宅へ向かった。近くに住んでいた母方の祖父母を合わせて全部で6人と、ブリーダーの祖父が飼っていた犬（親犬10匹、販売用の子犬4匹）が2台に分乗。船引経由。**窓も開けられず、苦しいドライブ**。「富岡町から会津というと大体4時間・5時間ぐらいで着くんですけども、朝、富岡町を出て、結局会津の親戚の元に着いたのが夜の11時ごろ」。「密閉空間でギュウギュウなので、ちょっと息苦しいなと思うときに窓を開けたいんですけど、でも、窓を開けたら大変だよなという思いで、それでずっと密閉でちょっともわっとした空気のまま進んで行った不快な記憶がちょっとあります」。

　夜11時ころ、普通なら4、5時間で着く会津の親戚宅に、やっと到着。それから親戚宅に滞在。

3.20過ぎ

【父とやっと合流】

　震災当時、たまたま出張で富岡を離れていた父が、「やっと戻って来れた」と福井から迎えに来る。

2011.3.27または28

【敦賀市へ移動】

　「このまま親戚の家にお世話になるのは申し訳ないから、一緒に福井県のほうに行こう」ということで、福井県敦賀市へ家族で移動。

2011.4

【学校の状況わからず】

　福井県敦賀市に4月以降も引き続き滞在。藍さんは4月に高校2年になるはずだったが、学校から連絡なし。「『今、学校ってどんな状態なんだろう？』と不安に思いながら過ごしていました」。

　しばらくして学校から「サテライト校を県内5カ所につくるので、そこで勉強しますか」と連絡がくる。「私の通っていた学科というのが総合学科という、そんなに数が多い学科ではなくて、それを福井県内で探したところ見つからず、『じゃあ、福島県内に戻らなきゃ』となった」ため、サテライト校に通うための福島県内の住居を探すがどこも避難者でいっぱいで見つからず。結局、学校と相談して通信で高校2年の勉強をすることになる。

【孤独な通信高校生活】

　通信で高校の勉強を始めるが、知らない土地で友人もなく出かけることもなく、「父の出張先という縁で行ったものですから誰も知り合いがおらず、通信という形なので学校に通うわけでもないので友達ができるはずもなく」、ひきこもりがち、**ふさぎ込みがちに**。

2011年夏

【わずか3単位で留年】

　高校から、「サテライト校に入るか転校するかしないと留年することになる」と連絡を受ける。非常にショックを受ける。**必修3単位が出席不足で取れず、留年になる**とのこと。

2011.10

【定時制高校に編入】

　留年するとしても少しでも単位を取っておきたいと考え、福井県内の定時制の高校に編入。少し友達もでき、楽しいと思えるようになる。

2011.12

【郡山のサテライト校に戻る】

　郡山市に住居がみつかり、家族で引っ越す。郡山市を選んだわけではなく、福島県内で空いている住宅を探した結果、郡山になった。福井県内の定時制高校での生活はわずか2カ月、「本当に中途半端な時期」ではあったがサテライト校に戻ることにし、友達とも再会、高校2年を終える。

2012.4

【いわき市内のサテライト校に】

　新学期にあたり、双葉翔陽高校のサテライト校5校は集約していわき明星大学にまとまることに。震災発生時に100人以上いた同級生は、この時点で60～70人程度。震災後は県内のサテライト校に通っていた生徒がほとんど。

　藍さんは郡山から通えないので、いわき市内の旅館「平安荘」につくられた高校の寮に入る。元の学校の友人らと高校3年生の生活を楽しく過ごす。東京への修学旅行、文化祭などを経験。「やっと、少しですけど部活動も再開して、修学旅行も文化祭もできて、とても楽しい高校生活、3年生を送ることができたんです」。

【寮を出て父のマンションへ】

　サテライト校は、1学年下からはその学校の立地場所の子どもが入ってくるので雰囲気がばらばら、寮も管理が行き届いていなかった。「『寮』と言ったのは最初だけで、途中からは父の単身赴任先のマン

ションに一緒に暮らすことになったんです」。

2013.3

【留年、つら過ぎる級友の卒業式】

　同級生は卒業。留年が決まっていた藍さんは卒業できず。卒業式は保護者席から見ることになっていたが、つらくて行けなかった。「やっぱり自分だけ卒業できないというのが、卒業式が近づくにつれてだんだん自分の中で大きくなっていって、学校にいるだけで息苦しくなったり、頭痛がしたり、お腹痛くなったりということがたびたび起こるようになって」。

2013.4

【郡山の通信制の高校に編入】

　残った単位を取得するため、郡山市の家族の家に戻り、郡山の通信制の高校に編入。**またひとりぼっちになり、ひどく落ち込む**。「通信制って、そんなに学校に頻繁に行くわけではないんですけど、そこに加えて、私、授業数たった3つで、またさらに学校に行く機会がなくて、結局また外に出る機会が失われていって、だんだんまたふさぎ込むという形になっていって」。

【諦めかけていた夢に向かって】

　両親が、「そんな私を見かねて」「父と母が『こんなことになってしまって本当に申し訳ないから、卒業して、来年は好きな学校に行って勉強していいよ』と言ってくれたんです」、子どものころから行きたかった芸能関係の学校を目指すことにし、元気が出てくる。

2014.4

【専門学校の声優科に入学】

　高校を卒業、郡山の国際アート＆デザイン専門学校の声優科に入学。**好きなことを勉強できて充実した毎日**。そこで演劇を教えていた青木淑子先生（富岡町・双葉翔陽高校の元教諭）に出会う。

2015年

【語り部とアナウンサー】

　青木先生と一緒に、「富岡町3.11を語る会」に所

属、語り部の活動を開始する。「もし、また同じ震災という状況になったときに、また同じような目に遭う子どもがいたら、それはとても悲しいですし、悔しいことなので、1人でも多くの方に知っていただけたら、今度また同じことがあったとき、絶対防げると考えたんです。なので、私、こうして話を皆さんにさせていただいています」。震災後にできた地元ラジオ局「おだがいさまラジオ」に毎週月曜5時半から7時半、出演。

```
聞き取り日時、場所　2016年2月25日、郡山市内にて
聞き取り実施者　堀川三郎、森久聡、八巻俊憲、平林祐子
図表作成者　森久聡
年表作成者　平林祐子、堀川三郎
```

2016.2

【最優秀賞を受賞】

専門学校をもうすぐ卒業。声優科で最優秀賞を受賞。「今、自分は町に戻って、元どおりの生活をするということはもうできない状況ではあるんですけども、離れていながらでも町に関わる仕事を今こうしてさせていただいて、なおかつ好きな勉強もできていたということで、本当にこの2年間、すごく楽しく幸せな時を過ごせました」。

【気持ちは戻りたいが】

富岡町にはいずれ戻って住みたいという気持ちはある。「気持ちは帰りたいです、気持ちは。ただ、実際に『帰っていいですよ』となったときに、本当にすべての不安が解消されているかと言ったら絶対そうではないと思うので、難しいとこですね。ただ、**気持ちとしては帰りたいです**」。除染の仕事に携わっている父も含め、**家族は全員**、危険だという理由で**帰還には反対**で、このまま郡山に住み続けようと考えている。祖父母は別途、郡山に家を購入して住んでいる。

2016.4

【あの経験があったから】

語る会の事務局に就職、ラジオの仕事も続ける予定。ゆくゆくはナレーターになりたい。「もし震災が起きていなかったら、今こうして自分ここまでやって行けてるのかな？　という自分もいて。震災でいい思いをしたという気は全然なくて、本当ただただつらかったなという記憶しかないんですけど、でも、今こうして自分が好きなことを勉強させてもらえて、今ここにこうしているというのは、やっぱりあの経験があったからなので」。

津波で駅舎を失った常磐線富岡駅の2013年の様子。駅はその後再建され、2017年10月には竜田駅から当駅までの運転が再開された
（撮影・上：八巻俊憲、2013.8.6／下：平林祐子、2013.6.29）

被災地では、震災直後から今日に至るまで、自由な立入を制限された区域が、そこかしこに存在する。上：地震から7カ月後の川内村。立て看には「災害対策基本法により立入禁止」とある（2011.10.9 撮影）。帰還困難区域に指定された区域の入口にはバリケードが設置され、通行止めとなる。中左：富岡町（2016.6.19 撮影）／中右：大熊町（2017.7.2 撮影）／下：浪江町（2017.7.6 撮影）。　　　　　　　　　　（撮影：八巻俊憲）

I-3　富岡町・角谷翔平さん

事故時は中学2年生。富岡町で、祖父母、両親、弟、妹、と暮らしていた。震災の1カ月後から家族で郡山市に在住。郡山市内の中学校、双葉郡の高校（いわき市にサテライトで開校）を経て、保育士を目指して福島市内の大学に進学。避難指示あり。

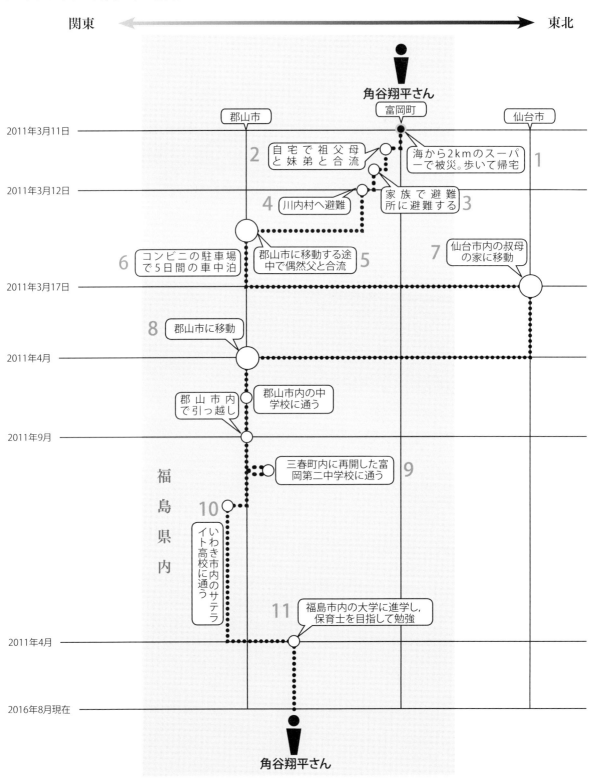

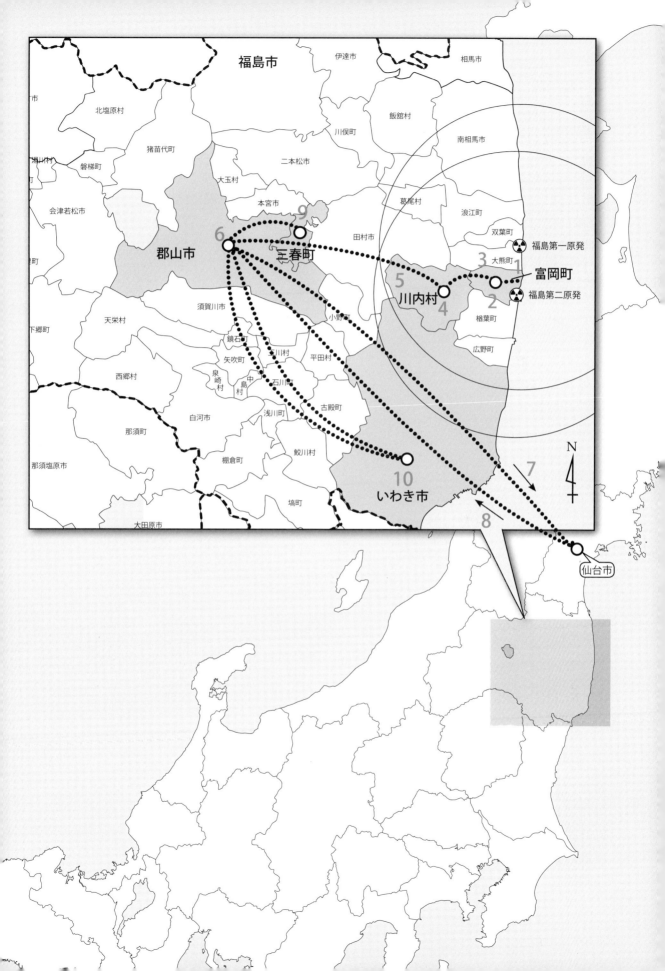

富岡町・角谷翔平さん避難年表

事故前

【原発のまちの中学生】

　原発事故の前には、将来は原発で働いてみたいという思いもあった。

「浜通りの男の子からしたら、男の子っていうか親からしたら、多分、原発で働けば安泰っていう感じのあれがあったので。原発に就職できたらすげえぞっていう感じで。俺の友達で、いわきで工業高校に行って、（事故後）こんな原発騒がれてる中でも、俺は苦情聞いて、俺は住んでんだから胸張って原発で働いてやるっつって、東京電力に入ったやつも1人いて」。

2011.3.11 地震発生時

【友達と海から2kmくらいのスーパーにいた】

　3月11日は先輩の卒業式の日だった。

「先輩の卒業式で早く学校を帰れたので、みんなで遊びに行こうということになって、海から2キロぐらい離れたスーパーにみんなで遊びに行ってました。……緊急地震速報が鳴って、以前から緊急地震速報を聞いてたので、どうせそんな強い地震は来ないだろうという軽い気持ちで、止めてそのまま普通に遊んでたら、揺れが始まって。大したことねえなとかって言ってたら、どんどん強くなってきて。棚が崩れ始まって、これはただごとじゃないと思って、外に逃げました」。

富岡海岸から見える福島第二原発。富岡町と楢葉町の境に立地する
（撮影：八巻俊憲、2016.6.19）

「地震が起きたら津波が来るというのは、海沿いに住んでたこともあって、そういう意識はあったんですが、津波が見たいという興味本位があって、友達と一緒にちょっと津波見に行くべっつって、見に行こうとしたんですが、冷静な友達が、この地震で行ったら、俺ら死ぬよって言われて諦めたので、今、ここに僕がいるようなもんです」。

震災直後

【自宅に戻り、家族と避難所へ】

　スーパーから自宅へ向かう。「3分から5分に1回ぐらい余震が起きていて、もう自転車には乗ってられない状態で、8キロぐらいの距離を押して帰りながら、ここ商店街通るんですが、商店街のショーウインドーのガラスが、次々に割れてったり信号が倒れてきたり、なんじゃこりゃって言いながら帰った」。「家の中はもう入れない状態で。食器棚の中身は空っぽで、全部下に飛び散ってるし、水槽は割れて、水槽の魚はピチャピチャいってるし」。

　家族と避難所（近くの集会所）へ移動。「じいちゃん、ばあちゃんを連れてって。あと、弟と妹も学校から帰ってくるということだったんで、弟と妹を家で待って、そのまま連れてって。母は社会福祉協議会で働いてたんですが。父は病院の病食を作っていて、そちらも患者さんに食事の提供をしなくちゃいけなくて。あと、避難所の方々に食事の提供をしなくちゃいけないっていうことで、両親はまた仕事に戻りました」。

　角谷さんは当時中学2年生。最初は遠足気分だったという。「家が近い友達たちはみんな避難してくるので、そこで、もうみんなで遠足気分で、そんとき、はやっていたPSPのモンハンを、みんながいることをいいことに通信して、ほんとに遠足気分でワイワイガヤガヤやってて」。

【深夜、避難所で炊き出し】

「日付が変わる前ぐらいに、役場の方が炊き出しを持ってきてくださって。そして、おにぎりとお茶をいただきました。ほんとになんか、ごはん、今までは当たり前に食べてたのに、食べれなくなると、こんなにも、ごはんのありがたみを感じることができ

るんだなと、中学生だったんですけど、思いました」。
　その後、両親も夜中に避難所に来る。

2011.3.12震災翌日
【家族で川内村へ避難】
　熟睡できず避難所で朝を迎える。「国？　町？からの避難指示があって、隣の村（川内村）へ全町避難になりますっていうことになって。1回家に帰るか迷ったんですが、川内村へ通る道は1本しかなかったので、絶対渋滞するということで、渋滞に巻き込まれることが嫌だったんで、1回も家に帰らずに、私たちはそのまま避難しました」。
「母の車にきょうだい3人が乗って、じいちゃん、ばあちゃんは軽トラで避難する状態で。父は、病院に入院してる方々の朝ごはんを作るために、3時ぐらいに避難所をまた出ていって。そこで父とは離れ離れに」。

【川内村で原発爆発のニュースを聞き、郡山市に逃げる】
「原子力建屋で水色と白の建物があったと思いますけど、その建物の上半分が吹き飛んでいて、中の鉄筋のコンクリートが見える状態の映像がテレビに映って。これはいつも見慣れている原子力建屋じゃないって。第一原子力発電所の上半分、爆発して飛んだらしいぞっていう話を聞いてもう、私は怖くなっちゃって、もうここでも、絶対に危ないと思って」。
「ちょうど母はそんとき炊き出しをしてたんですが、『原発爆発したから郡山市に逃げよう』って言ったんですが、まだ父が避難所に到着してない状態で、どうすんのって。そのときは自分が怖かったんで、とりあえず早く逃げようって言って。で、あと1時間だけ待とうっていうことになって」「父を待ったんですが来なくて、しょうがないかって言いながら、俺はそんな涙も出なかったんですが、**妹たちは、お父さんと離れ離れになるの嫌だって泣きながらも、避難して**」。
　偶然数キロ先で父と遭遇、合流。「何でここにいるのって（父に）聞いたら、もう（患者さんが）川内村で受け入れる人数が多過ぎて避難所に入れなくて、避難させたのはいいけど、どこに連れていっていいか分からない状態でここにいたっていうことで」。

富岡駅前の津波の爪痕（撮影：八巻俊憲、2013.8.6）
＊下の写真は車両ナンバーに加工を施している

【郡山市に着く。コンビニ駐車場で5日間車中泊】
　ビッグパレットはまだ開設していなかった。「とりあえずコンビニにいれば、物入ったときにすぐ買えるだろうっていう考え」で、セブンイレブンの駐車場に車中泊をさせてもらった。
　ビッグパレットは16日に開設するという話だったが、人混みを避けて、**セブンイレブンの駐車場に5日間ぐらいいて、車の中で生活しました。物が入ったと同時に、店員さんが出てきて、夜中であろうが、明け方であろうが、ガラスたたいてくれて**。物が入りましたんで、一番最初にどうぞっていう声掛けをしてくださって。ほんとに助かったなっていう思いが」。
　3号機爆発（14日）の話を仙台の叔母から電話で聞く。

2011. 3. 17

【仙台の叔母宅へ】

　仙台市の叔母（母の妹）宅へ向かった。「高速も通れない状態なので、ずっと4号線を行くしかなくて。4号線も電気の復旧してない所ばっかなので、もう信号がついてなくて、警察も立ってなければ、ほんとに無法地帯みたいな感じで。クラクションが鳴ってるわ、なんだかんだで、道路が割れてるわ、家が崩れてるわで。で、夜は夜で、街灯の明かりもなかったので、ほんとに真っ暗の中、ヘッドライトだけで走ってる状態で。ほんとに怖かったのを覚えてます」。

　夜7時半ごろ、叔母宅に着く。「着いたすぐに、温かいごはんとみそ汁が待っていて。セブンでチンをしたおにぎりとか、あと、菓子パンとかしか食べてなかったので、ほんとにそのときに、温かいごはんと温かいみそ汁が、どんだけありがたいものだったのかっていうことを、すごく実感しました」。

【水や食料のために10km歩いていく生活】

　叔母宅は電気は通っていたが水が不通。トイレの水を得るため、「川まで水をくみに。片道1キロぐらいを、そのおばさん家族とうちの家族で、10往復ぐらいみんなでして、楽しみながら。行くまでも川なので、あぜ道とかが通ってて、ふきのとうがあったり、いろんな自然散策をしながら」。水の運び方は、社会の教科書にあった江戸時代のやり方「木の棒を天秤にして物を運ぶというのを父に教わって。そうするとほんとに、多くの水でも軽く、楽に運べる」。

　食料をスーパーで買おうとしても、牛乳は1本、卵1パック、などしか買えず圧倒的に不足。父と一緒に農家へ。「片道10キロぐらいの道のりを歩いて、牧場まで牛乳をいただきに。車もガソリン渋滞が起きてたので並ぶのも嫌だし、ガソリンは極力使わないように使わないようにっていう生活で、何事をするにも徒歩という感じでした。

　そのときはもう原発が爆発して、宮城県の農家さんにも出荷制限が出てたらしくて。牛乳は毎日捨ててたと聞いて、もう県外の人たちにも、そういういろんな迷惑を掛けてるんだなということをそこで思いました」。帰り道に農家で野菜を分けてもらう。「袋にいっぱいのじゃがいもとかほうれん草とかく

れて。ほんとにありがたかったんですが、とっても重かった。ガソリンは次の日、1台につき3時間ほど並んで入れた」。

【一度だけ一時帰宅が許され、ペットと別れる】

　両親が貴重品などを取りに一度だけ自宅へ。飼っていた犬は生きていたが連れてくることはできず。「首輪をはずしてその犬を放してきたっていう話を聞いて、ちょっとそこだけは悲しくなりました。車の後ろを走って追っかけてきたけど、乗せることできないから、そのまま後ろ振り返らずに帰ったって」。

2011. 3月半ば〜4月初頭

【母の実家に避難】

　「おばさんの家にずっといることは出来ないので、母の実家に避難して生活さしてもらって。電気も水も来てたので、困ったことなく生活できた」。

2011. 4月初頭

【郡山市に家族で引っ越し、市内の中学に通い始める】

　富岡の中学生は郡山の安積（あさか）中学校に通うらしいと聞き、家を探して家族で郡山市に引っ越す。4月から郡山市内の安積中学に通う。9月からは、郡山市の隣の三春（みはる）町で合同で再開した富岡第二中学校に通うことになった（安積中学から転校）。

　それに伴い、郡山市内で再度引っ越し。その後現在に至るまで家族で郡山市に住んでいる。郡山市で家を購入。

2012. 4

【双葉郡の高校に入学】

　いわき市にサテライトで開校していた双葉郡の高校に入学。もともと行きたいと思っていた学校。大学の施設が使えたので陸上部の練習等もできた。「売店がないのが、ほんとに不便だなと思ったし、高校生の売店で、あのパンうまいんだよなっていうのを聞くと、いいなって」。

2015. 4

【福島市内の大学に入学】

　高校を卒業、福島学院大学（福島市）に入学。保育士を目指して学んでいる。子どもたちに体を動かすことの楽しさを伝えたいという思いと、震災を

きっかけに関心をもった震災孤児たちが暮らす施設で働きたいという思いから、保育士と幼稚園教諭の資格を取れる大学を選択した。

【富岡町と自分の将来】

　富岡の自宅は、ほぼ毎週、見に行っている。「変なやついねえかなとかっていうぐらいのことはしてって、じいちゃんにお知らせする感じです」。

「一応、私、長男なんで、あの家を継ぎたいっていう気持ちはあるんで、自分の親父たちが介護が必要になってきたなとかってなったら、多分、おやじたちは年取ったらあっち帰ると思うんで、介護が必要になったらあっちに帰って、おやじとかの面倒見ながらあっちで仕事でもいいんじゃないかなっていう。多分、今すぐ帰っても、若者が働くとこがあんまないと思うんで。こっちで蓄えをつくって働いて、あっちに行く感じですかね」。

「祖父のほうが帰る気満々で。なんで、多分、祖父が一番最初に帰って、1人じゃどうしようもなくなったら、両親も帰るんじゃないかなっていう。勝手な想像ですけど」。

「昔みたいに、高齢化率が21.6っていう誇らしい数字（低い数字）があるので、そこまでに戻ってくるぐらいに、若い人たちが……多分、最初は年寄りしか戻らないと思うんで、徐々に徐々に、徐々に徐々にでいいんで、若者が戻って、桜並木が見れて、その並木のとこに公園あるんですけど、そこに屋台が並ぶんですけど、そこに屋台が並んで、子どもたちが公園で走り回ってる姿が見たいですね。友達はみんな、『帰らない』と言ってます。みんな今大学で、いろんなとこ散ってますけど、就職どっちでするのかよく分からないけどって感じの人が多いですね」。

```
聞き取り日時、場所　2016年8月、郡山市内にて
聞き取り実施者　　平林祐子・都留文科大学環境社会学ゼミ
図表作成者　　　　森久聡
年表作成者　　　　平林祐子
```

富岡町の名所、夜の森の桜並木。撮影時点ではいまだにこの道路の脇から帰還困難区域となっていた　　（撮影：平林祐子、2016.8.8）

I-3　富岡町・清水郁子さん

富岡町の居住制限区域（2016年2月現在）内の持ち家に住む主婦。10歳のときに父の転勤で富岡に来て以来40年以上居住、夫は結婚後に富岡に居住。本人、父、夫、息子2人、娘の6人家族だったが、今はばらばらに。子どもたちは富岡で生まれ育った。避難指示あり。

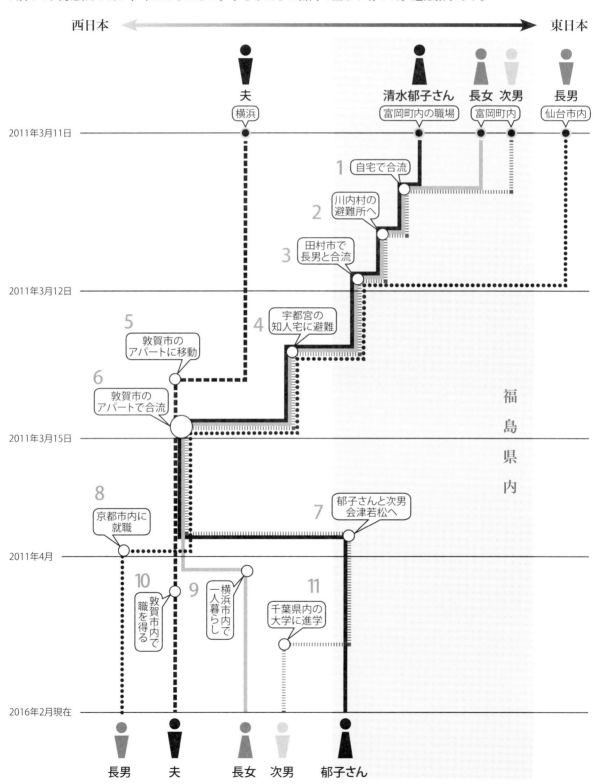

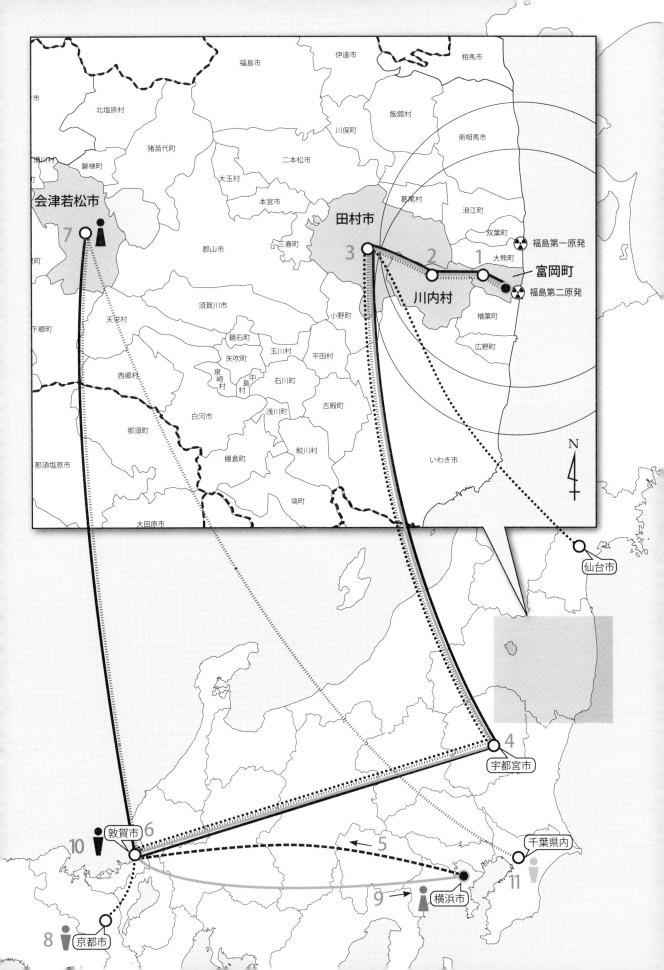

富岡町・清水郁子さん避難年表

2011.3.11 地震発生時

【自宅近くで仕事中】

本人は発生時は富岡の自宅近くの仕事場で仕事中。父は富岡の自宅にいた。夫は横浜に出張中。大学生の長女は友達と車で出かけ、いわき市周辺にいた。大学浪人中だった長男は、4月からは茨城県内の大学に進学することになっていたが、震災当日は仙台にいた。地震発生時、ビル6階にいて入口付近で将棋倒しのような状態に。「死ぬかと思った」と言っていたとのこと。双葉高校の2年生だった次男は富岡の自宅にいた。

地震発生時にいた富岡町の仕事場は「立派な建物だったので、それでも『え？　どうしよう？』というぐらいな揺れでしたから。わが家は古いので『ああ、うちはもう、つぶれちゃったな』というふうに思うぐらいの感じで。……もう、（揺れが）止まらないので、全然、長くて」。その後、いったん自宅に戻る。自宅には、父と次男（双葉高校2年）がいた。息子は試験のため早く帰宅していた。家族は帰って来られず、次男と父と3人で自宅で横になった。「山側なので津波も関係なかったですし、その日のうちに避難してくださいという指示は全然聞かなかったので、家片づけて。……電気もないしガスもないし水道もないしという。……そんな大変なことが身に起こると思ってないので、明日になったら落ち着くと思ってるから、さてニュースを聞かなきゃ、なんて思ってないんです」。11日、家族とは連絡取れず。「その11日は、息子も夫もどうかな？　という感じでした。どうかな？　と言っても、でも、だからと言って、死んでるほどのことになってるという想像は全然してないんですけど、連絡はつかなかったです」。家族とは12日朝連絡がとれる。

【原発事故についての認識】

（地震が起きても原発事故は）「全然、想像だにしていない。だって、『原発は何があっても大丈夫なんです』とずっと言われてたから。『何があっても大丈夫です。何なら、ここに避難しに来てくださいよ』ぐらいな。『頑丈なものですから、私たち』とずうっと広報されて、それをもう何十年と聞いてきてるので」。富岡町の自宅周囲で壊れた住宅はなかった。「津波被災地の話を聞いて『ええー！』みたいな。他人事ですよね、まるで。……『津波7mの予想なので、気をつけてください』という防災無線を聞くんですけど、11日に。私、息子と片付けしながら『7mだってよ。70cmの間違いじゃない？』と思ってましたもん。そのぐらいの意識なんですよね、意識は」。

2011.3.12

【翌朝、横浜滞在中の夫と連絡がとれる】

「とにかくあの日一番の腹立たしさは、あの夫の、のんびりした電話というのしか記憶にもう（、それしか）ないです。……『大丈夫？』みたいな、こんな感じの電話でした。『大丈夫だけど！』『大丈夫だけど、どういう意味？　その"大丈夫？"って』みたいな。彼は彼で多分、出張でポロッと出てるだけなので困ってたんだと思うんですけど、いろんな意味で。ここからどうしようかなと。帰るのも帰れなくなっちゃったし、大体がそんなにお金持ってないしとか。……『それどころじゃないんだから、私』というすごい怒りしかもう覚えてない」。

【避難指示の情報】

翌朝（7時ごろ）になって、地域の消防団が避難指示が出てるというのを伝えに来た。「なんか軽い感じで。『川内行けってよ』みたいな。ちょうど同級生だったので、回って来たのが。『避難しろって言ってる』と言うから、私、『なんで今さら避難なの？　もう津波も起こらないだろうし』と言ったら、『なんか原発らしいぞ』。『いや、原発がこうこう、こういうことになっているから、だから避難するしかないんだ』なんていう説明じゃなく、『なんか原発らしいぞ。とりあえず川内に行けって言ってるから、行け』と、こんな感じでした。この時点で」。

【避難の際の準備】

避難するにあたって「そのまま帰って来れないという想像がないので。それが、11日が金曜日で、12日の土曜日の朝だったので、まあ週末いることになるかならないか、月曜日からまた普通に生活すると思ってますから、私が『ああ、持たなきゃ』と

富岡町・清水郁子さん

思って持ったのは、父が、私の父ですから高齢ですから、もしもどこかで寝るとかいうことになっても困らないように父用の布団だけ1組入れたというだけです。『あと、何を持たなきゃ』とか『こういうものを』とか『食糧が』とかって全く考えてない。**すぐ帰って来ると思ってた**」。

【富岡の自宅→川内の避難所→船引】

父と次男を乗せて車で川内へ。途中で長女を拾い、川内の避難所へ。「川内に行くまで、うちから30分もあったら着くような所を、朝7時にそうやって言われて7時過ぎに出て、着いたらお昼過ぎてました。……反対車線はガランガランで、時々何が起きるかと言うと、自衛隊車両が降りて来るみたいな。……異常さは何となくジワジワとは来ますけど、でも、だからと言って非常事態宣言とは思ってないので、そうなってても何となく。ただ、川内に行く途中で何回か、『一回、家に戻ってもうちょっと身支度し直そうかな』というのは何回か思いました」。しかしUターンはできず。着いた避難所はいっぱい。長男と連絡がつき、中通りのほうに助けてくれる人がいると聞き、船引で落ち合うことにする。「もう避難所にいられるとは思えなかったので、あまり（に）いっぱいで。『まあ、いいや。どうせここにいてもこんな状態だし、まずは行っちゃおう』と思って。息子も拾わなきゃいけないし。で、息子を拾いに行くという感じで出ました。……川内のガソリンスタンドに行って『満タンお願いします』と言ったら、『満タン？　1000円だけな』と言われました」。

【船引→栃木】

船引で長男を乗せた後、郡山方面に向かって、4号線から今度は、栃木に向かった。「……宇都宮に知人がいて、その知人が『どうしてるんだ？　何なら来い』と言ってくれたので、じゃあ、行っちゃおうと思って、そのまま戻ることなく栃木に向かって行っちゃったんですけど」。真夜中に栃木着。

【12日の爆発】

「あの（福島第一原発の）爆発というのは多分、私、車の中でラジオで『なんか爆発したみたいです』みたいなニュースを聞いた気がする」。

2011.3.15

【15日に3号機爆発→福井県敦賀市】

「栃木に（で）も線量上がってきたというのがわかったので、『あ、こりゃ、ここもだめだ』と思って」。この間に、横浜にいた夫は、知人のいる福井県敦賀市に移ってワンルームアパートを借りており、家族も敦賀市に行こうかという話が出ていた。「だんだん『原発、ああ、まずいんだな』というのがわかってきた後、どの（ぐらいの）距離とかどのぐらいの場所ならとかいうのを考えるようになってきたから、『福井にちょっと行ってみる？』と言われたときに、『ああ、じゃあ』と言って。15日の時点で（家族の住めるところを）『探してみるか』ぐらいの話だったんですけど、爆発しちゃって線量上がってきたから、こりゃあ黙っていてもしょうがないやと思って、見切り発車で福井に行くことに決めて、15日の夜にもう出ちゃった」。

【敦賀市での避難生活】

8畳のワンルームに6人家族全員で滞在。「ギュウギュウ詰め。……（布団は2組しかなかったため）もうずうっと夜中じゅうエアコンかけっぱなしで、コート着たまま寝るみたいな。……雑魚寝もいいとこ。もう本当に、部屋にある物を全部、玄関のほうとかに片付けて、広さを確保して寝る」。

2011.3月末

【父の移動】

父は横浜の清水さんの弟宅に移る。

2011.4

【次男と会津へ】

「4月に高3になった次男の高校をどうするのかが大問題だった。現地（福井）の高校はもちろん無理で、サテライトというタイプにするのか、どこか転校してしまうのかという話がすごい大変で、どうするのか決めるのに。すったもんだの末という感じです」。結局、会津の県立高校に転校。

【会津に移った理由】

「単純に線量が低かったので、その時点で。福島に戻ると考えたときに、富岡町は郡山に町役場を移し

たので、それが一番生活というか考えたら便利だったんですけど、線量高かったので。いわきだと地の利があって、よくわかって良かったんですけど。（いわきは）気候的にも楽だと想像がついたし。でも、やっぱり会津よりは線量高かったので、あの時点で」。福井の高校への転校は難しかった。福島と福井の高校の学力レベルに差があり、困難と判断した。次男は大学進学希望で、そのためには3年生の1年間を自分に合った学力の学校で過ごす必要があった。「普通に考えて、3年生になるって、そのときに、例えば親が転勤しようが何しようが、その子を転校させるなんて想像しないじゃないですか、何したって。夫が転勤なら、『じゃあ、1年単身赴任しててよ。高校が終わったら行くし』みたいな。そういうふうに本当は優先する時期だと思うんですけど、その子を転校させるということしかなかったですから」。

【茨城県の大学への進学を止め、京都で就職した長男】

「（入学が決まっていたのは）茨城の大学だったんですけど、福井に避難してる間に『さあ、どうするか』という話になって、とにかく先が全く見えなかったので、もともとそんなに勉強好きで学校行こうと思ってた子じゃないので、あっさりと**『学校行くのやめる』**と言われて。それも大騒ぎで、実のところ。それこそ夫は『何言ってんだ』『こんなことぐらいで』みたいな……。片一方は片一方で『こんなことじゃないだろう？　もう生きるか死ぬかの話だろう？　うちはこれからどうするんだよ？』みたいな話になったし、すごい大騒ぎで。私、多分、茨城の大学じゃなかったら夫の味方をしてたと思うんですけど、茨城だったので。どう考えても嫌で。まだまだ余震もどうなってるか。あの3月の時点ではまだ揺れてたし、原発の状況も全くわからないし。『じゃ、いいのね？（大学）行かないのね？』と言って、行かないことに決めちゃったので。そのあとハローワークさんにさんざん通って仕事探しに行って。出だしは家族を支えるというか、**自分が余計なお金を使わないというのが一番の出だしだった**と思う。家のお金を自分が余計には使わないというのがあったと思う。上はもう大学生だったし、下は今から大学行きたいと言ってるのがいてと思ったら、やめる一番のタイミングは自分だと思ったんだと思う。それはあると思う」。長男は京都で就職、京

都に移る。

【大学に戻った娘】

娘は大学（福島県外）に戻り、その後卒業。

⑨

【福井県敦賀市で職を得た夫】

夫は敦賀市内の会社に転職（原発関連、同職種）。

⑩

【家族がバラバラになっていくこと】

「よく『強制避難の人は家族全員で動けていいね』とか、その後言われるんですけど、全然そんなことなくて、その場その場で『仕方ない。とりあえず』と言ってる間に、どんどんバラバラにされていってるというのが現状だと思うんです。家族でそのままスポンと行けるのは、子どもがもっとずっと小さいとか、家族がもっと年齢が高くてということだと思うんです。

【手さぐりの生活】

「最初から賠償とか補償とかという話が出てたわけじゃないので。そうすると、例えば大きな家を借りるとか買うとかという想像がまるでできませんから。だから、なるべく安い所とか、なるべくキツキツな感じでとかというふうにしちゃうし。長男にしても、京都に仕事を決めた、それはいろんな条件を考えてたと思いますけど、敦賀の住む所は、もっときちっとしてとか広かったりとか余裕があったりとかすれば、あそこから通えるということを優先したかもしれないけど、あそこから通うということなんか、もう念頭にない状態で職を探し始めるので」。

2011. 4 ～

【次男と2人の会津での生活】

「2011年に（会津に）来たときは、もうとにかく息子が片付いたときには一緒にここを出ようと。だって、命がけで危ない所（福島県）に戻ってるので、ずっと長居する気なんかこれっぽっちもなかったので。あの1年はすごい精神的に大変だった。本当に追い詰められるので。今までは田舎だからベローッと広い家に住んでるわけです。そうすると、高校生の、その受験生の息子が帰って来て、ちょっとダラダラしてても見ないで済む住環境なんです。でも会津に来たら、ふすまを挟んだだけの6畳と4畳半の部屋の中にいて。そんなふすま1枚ぐらい、

富岡町・清水郁子さん

わかっちゃうんですよ、今、彼が何をやってるか。ひっくり返ってるのか、漫画の本を読んでるのかって。そのことにいちいちイライラするんです。『何のためにここに帰って来たんだ？　命がけでここに帰って来たのは何のためだ？』と、私もやっぱり言っちゃうし。彼（次男）は彼で、そんな時期に転校させられて、まともに学校に行き始めたのは５月の連休明けですから。……初めて学校で『教科書開け』と言われたときに、百何ページと言われて、もうあぜんとしたというか、がくぜんとして。去年（2015年）の秋。初めて次男と『あのときさ、あの年にさ、血だらけの２人の遺体が会津のアパートに転がってても、私たちは納得があるよね』という話をしたんですけど、うん、刺し合って。……息子はあと何か一つあったらやってたと。そのぐらい追いつめられてんです。尋常じゃないわけですよ、だから。そのほかにいろんなものを抱えてるわけだから、単純に受験生の息子と母だけの関係じゃないので。追い詰められて、追い詰められて、**追い詰められて、とてもじゃないけど、もう家族といえども人となんか暮らせないと思いましたもん**」。

2012.4

【次男が千葉県の大学に進学のため会津を出て清水さん一人になる】

（その後家族とは）行ったり来たりはしましたけど、距離が距離ですし、『もう何人（なんぴと）たりとも別に近寄って来なくてもいいだろう。わざわざ被ばくするなよ』と私はずっと思ってたので。そんな来ることない。何かあれば、こっちから行けばいいんだというふうにしか、娘にしても息子にしても思ってたので。ただ、**福島を出てしまうと本当に危機感なくなる**ので、日々の暮らしの中で。情報もないしニュースもやらなくなるし、見るものも全然違うし。だから、そういう意味ではちょっとだけ会津に片足入れていると、『自分の中の危機感を時々喚起しながら暮らせるかな、それを忘れちゃうとまずいよな』というのはあります」。

2016現在

【今住んでいる場所】

（家族が）全部バラバラです。（子どもたちにとっ

ては）帰る実家がなくなってるということがまずは一番と、彼らにとっては。私と父と夫に関して言えば、住む所ないという感じです、もう。今アパートありますけど、住む所ないと。やっぱりどこか誰かの家ですもん、人の家ですもん、どこにいても。夫にしても、（今住んでいるところは）やっぱり出張先という感じですよね」。

【横浜の息子（清水さんの弟）宅に住む父】

「本人はすごい気遣って暮らしてるらしく、だから『人んちだもんな』と言いますもん、やっぱり」。

【帰還はあり得ない】

「**帰還？　帰還はあり得ない**ですね。いいんですよ、戻るのは。どうせ老人３人なので。……被ばくの影響で死ぬのと、天寿を全うして死ぬのと、どっちが先だかわかんないような老人３人が戻るので。それはいいんですけど、でも、私たちが戻るということは、もしものときに子どもたちが来なきゃいけないでしょ？　そしたら彼らは確実に被ばくの影響を受けるんだなと思ったら、それが嫌なので。私とか夫とか父とかに関して言えば、あんな復興庁が言う望郷の念と言われるようなイメージないですよ、もう富岡町（には）。だって、知り合いが全員戻って来るわけでもなければ、町の雰囲気だって一変しているし、ここから先は作業員の町になるだろうと思ってるので。ただ、私たちが戻るということは、若い世代が何らかの形で近寄って来ることになるので（戻りたくない）。

子どもたち３人は、あれから一度も富岡に帰ってないので。行かせないというふうに私が決めたので。必要ない。行くことない」。

【夫の思い】

「私なんて会津に住んだから、雪の始末すごい嫌で。私がそうやってグズグズ言うのを知ってるから（夫は福井に来いとは）言わないです。だって、『ああ、また雪降った』とか言われたくないでしょ、きっと。ここ（会津）にいて雪降る分には、勝手に私がいるんだからしょうがないけど、『福井に来い』と言って、福井で雪の話になったら『だから、嫌だって言ったのに』という話に絶対なるもんね。夫は多分そんなに『どこ』というこだわりがあるわけじゃないと思う。どこに住みたいとか、どこと言うよりは、『自分ち』というのと『もちろん、あなたがいて掃除・

洗濯すんですよね』という、その2つかなと。怒られるかな」。

【富岡の人々】

「例えばここにいて、『私、富岡なので、富岡の人と連絡取り合いたいので教えてください』みたいなことは無理なので、自分で探し出すとかですかね、したければ。富岡は、『じゃあ、郡山にみんなで行きましょう』みたいな、大熊で言えば『会津にみんなで行きましょう』みたいな、ああいう号令が弱かったような気がするというか、なかったような気がするので、本当、てんで（ん）バラバラにみんな出ちゃって、その後で『役場を郡山に移しますね』と言われただけというイメージはすごくあるので。（町内の人は戻りそうですか？）来年（2017年）には解除と言ってるから。そしたら戻るんじゃないですか？戻る人は。ただ、来年解除になってすぐにバッと戻るというよりは様子見つつでしょうし、既にもう仕事というか、いろんな意味で仕事関連の人は戻られるでしょうし。毎日あそこに寝泊まりしないにしても、戻ったということにするんじゃないかと思うんです。例えば今、いわきに避難していて、解除になるので富岡に戻ったという話にはなって、いわきと富岡と行ったり来たり、『週に3日は富岡に寝てます』とかという話になっていくんだろうなと。広野とかも楢葉とかも、そういう人が多いので、途中戻ったことに、町としての戻ったカウントにはなってるけど、じゃあ、毎日寝てるかと言うと、寝てはなくて、結局やっぱり家族はいわきに置きっぱなしなので、そこを行ったり来たりしているお父さんなんていっぱいいるし。生活すると思って、今すぐ戻ったりするというイメージないと思いますけど。いや、おじいさん・おばあさんとかがどう思ってるかはわかんないけど、仕事があれば、じゃないのかなと。第一番はね。それこそ『病院ないし』という話なので。……いわきでそれなりにちょこちょこ買い物にいける環境があったら、わざわざ富岡に戻って買い物する場所もないところには帰らなくてもいいもんね。帰りたいかどうかと聞いたら、みんな帰りたいと思います。でも、帰りたいのは、いろいろ条件があるじゃないですか。それこそ、汚染が解消したかなのかという。最終的には**帰りたいという気持ちがないわけではないけれど**ということと、**帰れるかど**

うかは、**また全然別だから**」。

【今後住む場所】

住民票は今も富岡町にある。家は屋根に穴が空いているが取り壊していない。賠償に関係する可能性があるためなかなか手が付けられないという。2016年現在、家族はすべてバラバラ。本人は会津若松市の賃貸アパートで一人暮らし。父は震災以降、横浜市の息子（清水さんの弟）宅に住む。夫は福井県敦賀市に住み、働く。一人暮らし。長女は横浜市に住み、働く。一人暮らし。長男は京都市に住み、働く。一人暮らし。次男は千葉県内の大学生、一人暮らし。また、清水さんは会津の気候が苦手なので住み続ける意思はないという。「どうせ行くなら汚染のない所って。いや、どういうふうに考えてるか、どういうイメージを持ってるかということだと思うんですけど。北関東だって、那須の辺りだと汚染ひどいし、茨城だって実はそうだし、千葉だって、ホットスポットいっぱいあってとか考えると、逆に言ったら、『どこに行ったって同じだろ？』と言われちゃったりもするし。『でも、その中でも極力、極力、汚染のない所のほうがいいじゃん。ただでも私たち被ばくしてんだもん』と私は思ってるから。そういうことを考えると、もう選択肢はどこからどこまでで、どうすればいいのかもわかんないという感じです。そう言いながら私だって親戚、福島県内にたくさんいますから、それを考えたら、あまりに遠くに行ってしまったら、そことの連絡とか何かのときに行ったり来たりとかが不便になるなということだって考えなくはないわけです」。清水さんは、度重なる東電の「うそ」に怒っている。聞いていたことが「実は……」とひっくり返されることが続くので、引っ越した後に何か起きたら「彼らのせいでこうなった」と思ってしまうだろうという。「**何が嫌かと言うと、どこに行っても、自分で選んで行ったと言うよりは行かせられた感が出ちゃうと思うんです**。何かトラブルが起きたときに、自分で何とか対処しようと言うよりも、避難させられたからだとか移住させられたからだと思う自分も嫌なんです。何もトラブルがなく穏やかに暮らせることが幸せというんじゃなくて、トラブルがあっても受け止めて対処するこっちの体力というかこっちの気持ちというか、それをちゃんと今、私は持ててないだろうと、この状態では。『く

そー、あいつらめ』みたいに、どこかに転嫁していく、そういう部分が自分では嫌なので決め切れないという感じですかね。今のままで何かあるたびに『私のせいじゃない。あいつらのせい』というふうに思ってると、どうしても閉じるからなつけない、その地になつかないし、それじゃ全然生活してると言わないから。引きこもりの子どもみたいでしょ？ それはだめだなと思うので」。

```
聞き取り日時、場所　2016年2月26日、会津若松市内にて
聞き取り実施者　森久聡、八巻俊憲、平林祐子
図表作成者　森久聡
年表作成者　平林祐子、堀川三郎
```

震災から4年経ち、すっかり荒れ果てた富岡町の自宅。下は天井が崩れ落ちたままになっている室内　（撮影：清水郁子さん、2015.6）

I-3　川俣町・仁井田一雄さん

75歳(2015年)。川俣町山木屋地区で代々続く農家の6人兄弟の長男として生まれる。一雄さんが17歳のときに父親が亡くなり家業を継いだ。継いだ当初は葉タバコと養蚕、米作をしていたが、22歳の時に牛を導入して酪農を始める。避難指示前に自主避難。

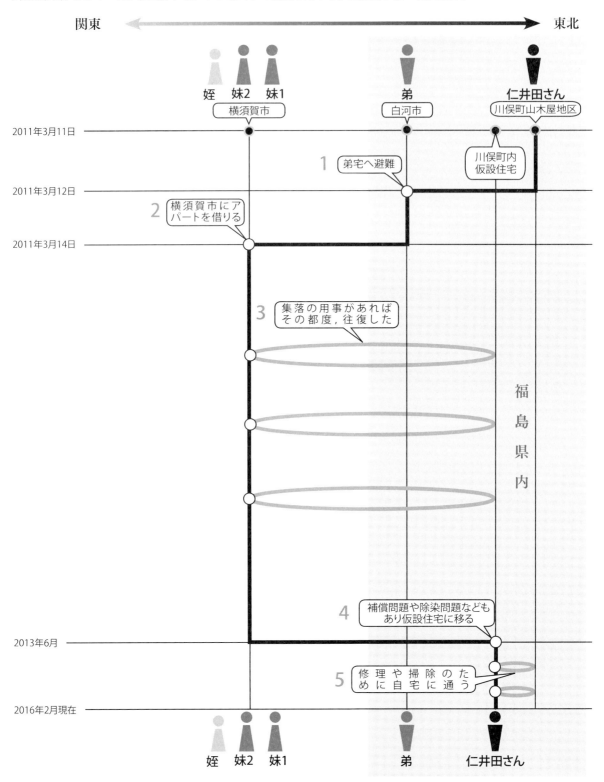

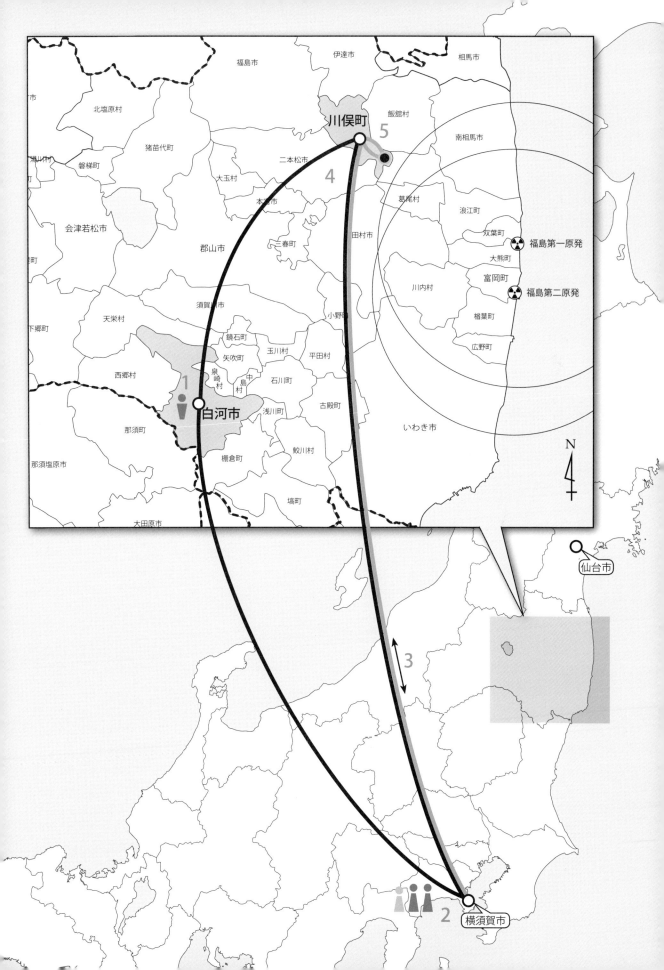

川俣町・仁井田一雄さん避難年表

事故前

【原発事故前に経営していた酪農】

「私の場合は、経営やっとったときの搾乳頭数で約32頭ほどおりましたか、そのほか育成子牛で約、総頭数で55頭ぐらい。牧草地面積にして約10ha」。

「牧草地面積といいますか、草地造成した分で、そのほかに、それまであった田んぼとか畑も全部、牧草転作という形で使ってきて、私の総面積、牧草として使ってきたのが約12haになりますかね。その面積で総頭数で約50頭強の牛を飼ってきたと」。

【反原発運動】

原子力政策に反対する活動をしていた。

「福島に脱原発福島ネットワークという組織があります。この組織は、もう原発設置当時からの、言ってみればその反対運動組織ではあるんですけども、その後に、今、裁判にまでなった佐藤栄佐久知事が、今回問題にされたプルサーマルを認める・認めないのころから、そういった脱原発福島ネットワークというその反対組織の中で、原発に対する問題だけやってますが、そういうのをずっとやってはきてまして、その中で『放射能の何たるものなのか、原発とは何たるものなのか』みたいなものは学ばされたとでもいいますかね」。

3.11 事故直後

原発事故が起きた時は、ちょうど酪農はやめたところだった。

「私は山木屋地区にしても一番外れ、二本松市との境が住まいなので、そこで酪農やっとって、今回の事故で避難という格好になったので」。

「私、牛飼っとって、牛は基本的にやめとって牛は牛舎にいなかったので幸いとでも言ったらいいかね。年でもあるし、みたいなことで牛飼いはやめようということだったので、そういったタイミングも合わさったような格好だったんだけども」。

【大切に飼ってきた家畜を残して避難する酪農家】

「私の親戚も何軒も牛飼いをやっとったんだけども、その人たちは牛舎に牛をつないだまま人間だけ退去したわけです。それで、その後どれぐらいか時間が経過してから様子を見に帰ると、動物が死んでる姿とか見るのは本当につらかったです。家畜はやはり動物ですから餌がなくて水がなくては生きられないですから」。

「牛が骸骨になって牛舎につながれてる姿は本当に残酷そのものでした。そういうのが牛だけじゃなくて、豚や鳥でも同じ状況で本当につらかったです」。

「本当に無残ですよね。普段、牛の首を挟んで体を固定しておきますが、そのまんまで餌も水もなくて死んでるわけですから。**動物側から見たら、逃げることも動くこともできない状態で餓死させられる。その姿というのは本当、残酷そのものですよね**」。

「動物飼った者からしたら、これほど残酷なことはないです。そういうのが今回の原発事故だったということでしょうね。ある意味では、動物をただ経済動物としてだけ見れる人はやっぱり動物飼いできないです。**家畜も命として見るということです**」。

3.12

【避難指示が出される】

「川俣町というのは、地図で見ると、旧1町7カ村が合併した町なわけです。その中で、旧山木屋村というのが今現在この川俣町に合併して川俣町になったわけですけど、その旧山木屋村分が今回の計画的避難区域ということで、そういう扱いになったということなんです」。

「正直言って、たまたま私たちの所は計画的避難区域という扱いされたわけです。一方で、もう爆発と同時に『一斉に避難せえ』という避難命令でもって強制的に退去させられた地域もあったわけです。その中では浪江町にしろ、双葉町にしろ、そういった所には牛飼い仲間というのはたくさんいました」。

【避難することにちゅうちょはなかった】

「原発の爆発以前からとでもいいますか、『もしこんなことがあったら、もうおれら逃げなきゃいかんのですよ』というような言い方はよくしてきた、冗談半分に。現実になっちゃったということもあって、私自身も放射能の何たるかを考えたときには、もう逃げるという、その一手しか考えてはいなかった」。

普段から貴重品はウエストポーチにまとめていた。

震災前の牛舎の前で（撮影：仁井田一雄さん、1998年頃）

震災後の牧草地（撮影：仁井田一雄さん、2011.4.30）

「もう出るときに全部、一応、私いつでもこういうふうにウエストポーチ1個持ってるんです。ウエストポーチ、今でも私の、どこへ行った、もうこれが私の全財産ですから笑うんですけども」。

ラジオで原発の様子を聞いてすぐに避難をする。
「地震の後、停電でもう一切何も使えない状態で、たまたまトランジスタのラジオは持ってましたので。

そしたら、一応、爆発したと。でも、その間というのは国の発表で、言ってることはのんきなこと言ってるなという感じだったというか、もう車で出かけて、それで転々と。だから、今でも笑われてるけど、『爆発したイコール、即一番先に逃げたのはおまえか』と言うから、『そうかもな』と冗談言ってますけど」。

3.13

【最初の避難先】
車で白河に住む弟（四男）のところまで行く。
「白河まで行ったら、もうその先は新幹線動いてないんです、もうあの状態で。そこから今度は那須塩原。あそこまで車で行って、あそこで車を有料駐車場に入れて、それで横須賀まで行きました」。

横須賀から車をとりにいったんもどる。
「1週間かな、10日ぐらいでいったん帰って来て、その後、車は今度、白河の弟の家に置いといてということで」。

3.14

【横須賀に避難】
横須賀市内に妹2人と姪（上の妹の長女）がそれぞれ住まいを構えており、いずれの住まいからも歩いて5分のところにアパートを借りる。
「その妹の所から大通りに出たらすぐ不動産屋というのは正直何軒もありまして、その中で不動産屋に行って、今でもその不動産屋との契約書は持ってますけども。『わかりました』と言って、それで丸1日か2日ぐらいで一応『どうですか』てなことで、簡単に。とにかく休める場所がといいますか、『これで、あれで』と、そういったこっちの特別の要求・要望があるわけじゃなくてということで、寝起きができればいいという、そんな感じで一応、不動産屋へ行ってますし」。

【避難先のアパートで】
親類が近くに住んでいることもあり、それほど苦労はしなかったという。
「もう妹の所に行こうが、姪っ子の所に行こうが、昼飯に行ったら昼飯は食うと。夜飯のときに行ったら夜飯を食うと。兄弟だから、一番下の妹なんかは、行って、『ああ、兄貴、あんちゃん、来てたの』ぐらいで。飯食って、『風呂入るの？』と言うから、『じゃあ風呂入るかな』か何か言ってさ。そんなこと言って、もう自分の家も兄弟の家もあんまり関係ないようなもんで、日ごろそんなんで生活してるほうなんで」。

「その3人の姪っ子と女兄弟2人の所はもう、自分は鍵持っとって自由に出入りしてみたいなことで生活はしていましたね」。

「洗濯なんかの場合にも、兄弟の所へ持って行けば勝手にしてくれるみたいな部分もありまして。一応、器具はそろえはしましたけども、そんなことの生活

だったので、正直言って避難生活で大変だという感覚はあまりはなかったですけども」。

「私の場合にはそんなことで、避難先はあまり苦労しないで済んだとでもいいですか」。

【避難者受け入れの公的なサポート】

「おれの避難の場合には、直接、神奈川県も避難者受け入れ窓口は持ってまして、そこにも一応連絡はしたんですけども、『県営住宅とか、そういう所で避難受け入れはしてます。でも、一応希望なり、1次的な募集・戸数なり人員は、もう今回締め切りました』ということだったので、私が申し込んだときに」。

「2次があればということで、もしあった場合には直接向こうから『通知します』ということだったんだけど、それはなくて。その後、県に避難して、避難者の意向云々というのは何回か、横須賀市じゃなくて神奈川県のほうから、避難先についてどうこうという意向調査的なものは来てはいましたけど、それよりは地元の不動産屋で『適当な所で』ということで選びました」。

【東電の補償】

「当時、家賃も、1人の場合はいくら、月5万、6万までが一応これ、東京電力が負担しますという、そういうことだったので、その範囲内での契約にはなりましたけど」。

【避難生活の苦労】

横須賀に避難していても、山木屋地区の社会生活がなくなるわけではない。

「避難しとって、全く、**避難したらもう独立して直接周りに関係ないという、そういう**生活できるものではないわけですし、私たちも今、この山木屋地区約1200人の地域住民が今現在避難しとる中で、やっぱりその集落があってとか、あるいはいろんな、私は地元のこの老人クラブに首突っ込んでますけども、そういうものがあったりとかで」。

「一番はあれなんですね、今回も実は隣組、集落で明後日ですか、お葬式になるんですけども、亡くなりまして。そういったことで、『今回こういうことがあるよ』という場合には、『おれ、向こうにいるから関係ねえよ』という、こういうことは正直言ってできないわけですよね。集落の、**例えば不幸があったとか、何かお祝いがあったとか、これは当然、避**

難してるといえど集落の一員であるわけですから」。

「そういうことで、多いときには1カ月に2回とか、横須賀からここまで新幹線を使って。その部分の新幹線料金の云々と言って、これは東京電力に請求はしてます。まだその部分での、一部は出たのかな、全部はまだ出てません、その補償料として。これはあくまでも経費として、ひと口に言えば『帰宅費』という名称で、かかった経費は一応請求はしてますけども、でも、請求して直接の新幹線とかの切符代は出るけども、**歩くための時間的ロスの分は見てはくれませんので」。**

「老人クラブといいますか、その横のつながりの、そういう所の会議があったり行事があったり、そんなものがあるときには、『避難しとってその先にいて、全くもうここに来ちゃってるんだから、一切もう地元のこと関係ないや』と、これはやっぱりできないものなんです。そこに完全に移転しちゃったと言えばまた別ですけども、あくまでも避難の身であって、自分の家が地元にあってということだと、**お盆とかお彼岸にはお墓参りもしなきゃならんし、みたいなものがあると、全くもう行ったら帰らなくて済むというわけには行かないんですね、避難と**いうのはやっぱり」。

2013.6

補償問題や除染問題などで山木屋地区の集落の人から帰ってくるように言われて山木屋地区の人たちが住む仮設住宅に移る。

「もろもろその後、補償問題とか、あるいは除染問題とか、そういうもので、『とにかくおまえ、横須賀にいたんじゃ話が見えないとでもいうかつながらないので、とにかく帰って来い』と、地元からのそんな話で、『じゃあ、帰るか』ということで、一応、ここんとこ、おれ、今、山木屋地区集落の人もそこにいたので、それでここに来て入るときに、一人暮らしなもんですから、一応、町の災害対策課に部屋の仮設の申し込みをするときに、なんか4畳半1間というのはあまりゆったり感がないので、『広い部屋がないのか』と言ったら、『いや、1人はあくまでも1人用なんです』ということで」。

【仮設住宅での山木屋集落の人たち】

「山木屋の地区というのは区を1区から分けて、全

部で11区になってたわけです、集落として。これが一応、隣組の付き合いとして11区に分かれていて、その一つ一つの区の単位的な形で今ここに、仮設には入ってるわけです。私の集落の人たちも、ここから今、住宅を求めて転居しちゃってる人が結構多くなってますけど、そういうことで、例えばおれらの区は、私の所は9区と言って、9区の人たちはおおむねまとまれる形で、あるいは8区の人たちはまとまれる形で、今、生活してますから」。

【仮設住宅での生活】

不便さがなくなれば十分なのではない。精神的な負担もある。

「今まで1人で生活して、家の総坪数で言ったら65坪からある家に住んできたので、『4畳半1間はねえだろう』という状態です。『2階なんか、1年に1回も上ってねえな』とそういう家で生活してきた人が皆、冗談で言うんです。今の仮設住宅だと『すべて手が届くので生活楽ですよ』と言うけども、楽な分だけ何らかの形で負担になってる。閉所恐怖症とまでは言わなくても、**慣れない生活環境で時間が経過するとともに、自分で直接自覚はしなくとも、そういった精神的な負担というのはそれなりにみんな持ってるんじゃないですか。そんなふうに見えます**」。

「確かに物とかそういう部分での不自由・不便さはないでしょう。しかし、それがあれば満足できるのかとか、全く精神的負担がゼロなのかと言ったら、そういうもんではないんだと思うんです。」

【酪農の復興について】

酪農の復興の難しさを語る。

「私の所も含めて、牛舎の設備なり、あるいはトラクターを含めたいろんな牧草刈り機械とかは何ひとつなくしてはいないので、明日に帰って即やろうと言っても、それはできる状態にはあります。でも、それで再び酪農をやろうとする農家が何軒あるかになると、それはよくわかんない。でも、今、山木屋はそういう状態で、酪農家の場合には、『もう酪農廃業するんだ』と言って処分等をしちゃった酪農家は1軒もないです」。

「もし酪農を再開するとしたら、子牛1頭に対する初期投資として、目安と言って1頭当たり150万～200万になるんじゃないですかね。ということ は単純計算で、10頭買ったら1500万とか2000万ですよね。私が飼っていた50頭買ったら1億。そのお金がないと酪農経営できません、ということになるんじゃないですかね」。

「東京電力から補償してもらえる分ももちろんあります。しかし、その補償で十分にまかなえるというものでは全くないです」。

「昔は、私が農家を継いだ当時は、まだお天道さんが顔を出さないうちに真面目に畑・田んぼに出て働く人は、『あれはいい人だ』とか『真面目な人だ』とか、そういう評価をされました。けども、今はそういう時代じゃないです。やっぱり、もう完全な経営者の、町の一流企業であれ、中小企業であれ、一つの企業感覚で経営者能力というものを身につけないと酪農家は経営できるもんじゃないですね」。

【山木屋地区の復興について】

「これは酪農だけじゃなくて、それ以外の作物の農家も同じです。できるかできないかは、これはまたその先の問題として、現状、山木屋に帰ると言った場合に、帰って何をするかと言ったら、

仁井田さんが入居した川俣町の仮設住宅
（撮影：仁井田一雄さん、2016.8.28）

山木屋は先ほど言ったように地域の人口比率で見ても、90％以上は農家ですから、その人たちが山木屋に帰るということは、山木屋で農業をやることですから」。

「サラリーマンで通うというなら、山木屋に帰らないほうが楽なわけですから。山木屋に帰って農業をやると言っても、現状、農業できるのか？　とか。**われわれは農業をやったとして、その先に不安ないのか？　といったことについて、今そういう議論をしようとしたときに、何ひとつ議論されてもいないし、それに対する対策の話もない、という状態なんです」。**

「実際、山木屋に帰るのか、帰らないのかといったときに、うちのじいちゃん・ばあちゃんは、『おれは帰る』という人もいる反面、若い人たちは『もう山木屋に帰っては住めないよ』というような人もいるということで」。

【当たり前の生活が失われてしまった】

「**外見的には『のんびりしてますよ』ということなんだけども、やっぱり精神的なものというのは個人個人、話しすると、『やっぱり家に帰りたいよな』**ということです。元々、農家の人というのは仕事としていくらになるとかの話ではなくて、春から秋まで、あるいは冬まで何かをやるもので、そういうものが日々の生活の中であって当然のものでした」。

「のんびりしてもいいし、時間はあります。ところが、時間あるから、それで満足なのかと言ったら、むしろそのための精神的負担のようなものというのは、より大きいものがあると思うんです」。

「やっぱり、腰を曲げても農家にいて、自分の家にいて、何か文句言いながらも片付けごとをしてみたり、雑草を刈ってみたり、そういうものは、農家で生まれて生きてきた人たちにとって、それがあって当然なんでしょうし、それが逆にないことによっての精神的負担というのもあるのかなという気がします。**体の負担じゃなくて精神的負担というのはやっぱり時間経過とともに、表には見えて来ないけども、そういうものはあるんだろうなと思います」。**

「こういう生活でも電気もあり、ガスもあり、水道もありなので、そういう角度から見れば、生活に不便はない。ところが、それですべて満足できるのかと言ったら、そうではない」。

「今、山木屋地区に帰って、まず農協の事務所があり、郵便局があり、そしてまた、あと役場支所があったり、診療所があったり、学校も小中学校があったわけです。これを町は再開するということなんだそうだけども、じゃあ実際、山木屋に帰って山木屋の学校に出るという子どもは、じゃあ何人いるんだろう？　という、そういうことを今考えたときに、『ゼロだとは言えないんだろうけども』みたいな言い方を今してます」。

「**本当に帰って生活できると判断できる人が何人いるのか。**ただ帰りたいんだと言ってる人が、今『帰る』と意思表示してるということだと思う」。

「何とか帰って生活ができ、安定的に生活ができるための条件整備は、とにかく町に、国にさせなきゃならん。そのためにやっぱり生活の糧である産物。作ったものはその価格が保障される体制だけは取らせなきゃならんということ」。

「診療所とかも再開してもらわんといけないでしょう、そういうものが今、避難解除と同時にどこまで整備されるのか。そういった住民説明会とかはまだ一切ないんです。**山木屋地区住民に対する町の考え方なり、そういったものはまだ全く何もないんです」。**

【反原発運動について】

「反原発運動については、当然関心なりあって、友達のつながりとかもありました。けども、やっぱり原発は危険なものなんだという、そういう感覚でやっていました。『仮に』という言葉を盛んに使ってきたんだけども、『こんなことがあったら、おれら住めなくなるんだよ』という冗談は今でも隣組の中で、『昔はあんなこと言ったけど、本当になっちゃったもん』なんていう冗談を今しゃべってます」。

「その中で、原発が何にどう影響するかというようなことになると、あまり細かくというか、厳密に考えたことはあまりなかったと思う。けれども、全体にはやっぱり原発という『トイレのない高級マンション』が私たちにどれだけプラスになるんだと言ったら、最終的にマイナスの要因しかないじゃないかと。それだけ危険なものなんだと思っていました」。

「東京電力という会社は、その中には、原発の安全神話というのが裏にあったんでしょう。だけども、ずさんな部分にちょっと首突っ込んでみると、こん

なふざけたことをやってるのかと言いたいことを東京電力は常にやってきたわけですよ」。

「非常にずさんな部分が見えた中で、私たちは『原発というものは危険なものだ』という主張を常にしてきました。でも、安全神話の下に、（東電は）原発ほど安全なものはないんだと言ってきた。ところが、結果的にこうなってしまった。しかも、われわれが主張してきたものは、全くマスコミにも載らないし、議論もされてない。そういったことを言った者がいたという報道も何ひとつないですよね」。

【除染作業について】
「今、環境省と議論してるのは、除染についてです。**環境省は私たちの住宅周辺と農地の除染は終わったと言います。でも、私たちが山木屋に帰って生活するのには、いわゆる里山といわれる住宅に隣接した部分も生活圏なんです。ただの山じゃないんです。**それは何かと言ったら、春の山菜採りから、あるいは秋のキノコ採りとかする場所なんです。例えば農家なんか、お昼の時間に『じゃあ、みそ汁作ろう』と言ったときにガスに鍋をかけといて、それで裏にキノコができてたはずだ、山菜があるはずだ、それを採って来て刻んでみそ汁にするんです」。

「それができたのが農村の生活なんです。だけども、山を除染しなかったら、それはできないんです。だから、里山というものは、地図上なり図面上なり、あるいは地目上なりは単なる山や山林でしょう。だけども、私たちにしたら単なる山林じゃないんです。生活圏なんです。それを除染しなかったら、山木屋に帰って生活できないと。こういう言い方で環境省と議論しています」。

「山木屋で生活してきた人たちはそういう生活で今まで何十年と生きてきてるわけですから、『その部分ができないよ』と言われたときに、『山木屋に帰る意味があるんですか』と言いたくなるわけです。**里山の生活があるから山木屋に帰れるんだし、山木屋に帰って生活するその楽しさがあるから、ここにいる精神的な負担は、山木屋に戻ったら解消できるはずと思うんです」。**

聞き取り日時、場所　2016年2月26日、川俣町内の仮設住宅にて
聞き取り実施者　森久聡、八巻俊憲、平林祐子
図表作成者　森久聡
年表作成者　森久聡

仁井田さんの牧場で進む除染作業。2枚目の写真に映っている汚染土壌を詰めたフレコンバッグが、3枚目では撤去されているのは、仮置き場に移されたため。

（撮影：仁井田一雄さん、上2点：2016.8.23、下：8.31）

I-3　南相馬市・福田昭一さん和子さん夫妻

福田昭一さん和子さん夫妻は、震災時は南相馬市小高区在住。2015年現在、山梨県西桂町で、ご夫妻、孫（高校3年生の男子）と3人暮らし。昭一さんは以前、東京電力（福島第一原発）で警備関係の仕事をしていた。自主避難。

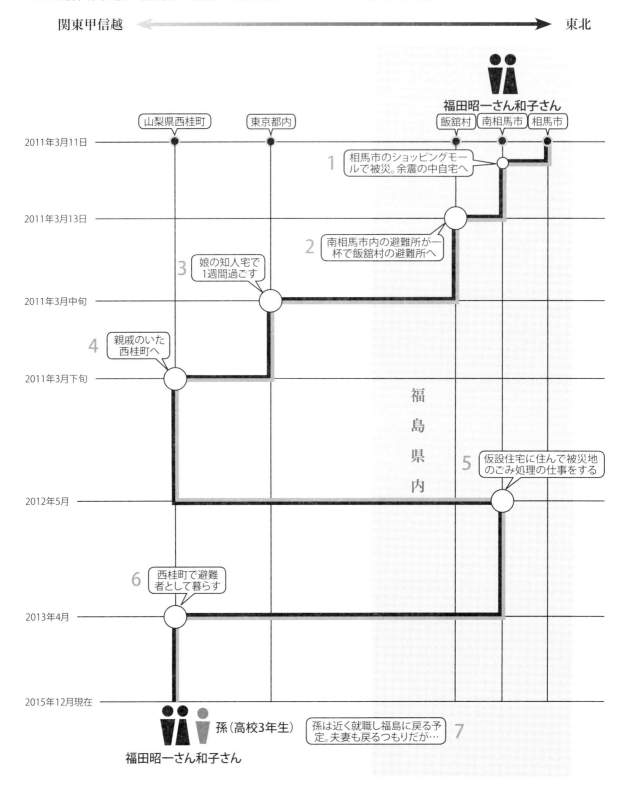

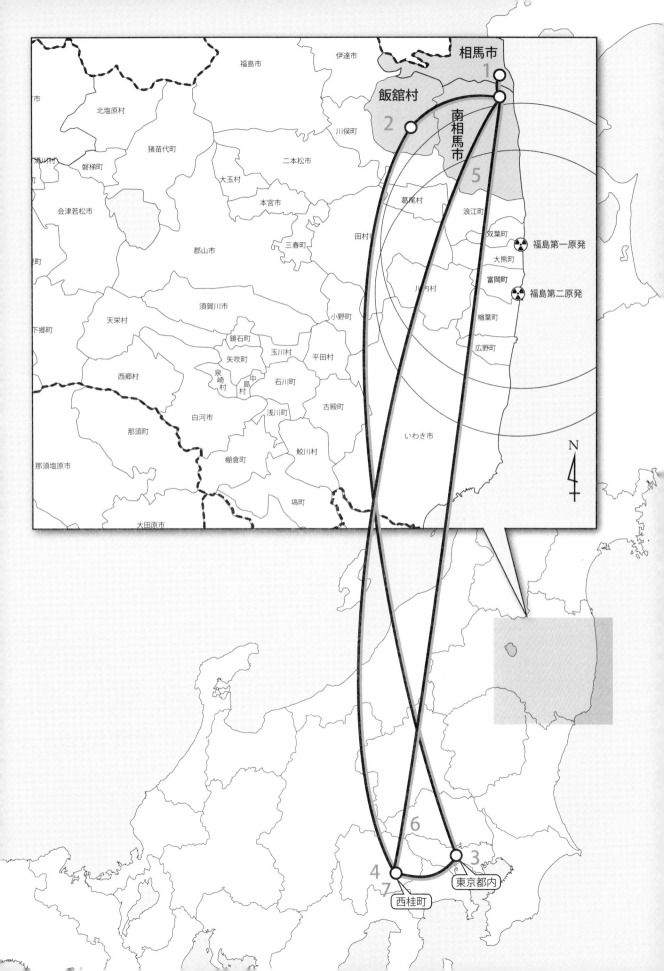

南相馬市・福田昭一さん和子さん夫妻避難年表

2011.3.11

【震災発生時は相馬市にいた。孫は海へ釣りに行っていた】

　当日は、孫の中学卒業式だった。卒業式を終えて早く帰宅した孫が、昼食後、釣りに行くというので海まで送り、その後夫妻は近くのショッピングモールへ買い物に行き、そこで被災。

　昭一さん（以下「昭」）「そんな津波来るなんて分かんねえもんな。まあ、地震起きるっていう前提なってねえから。……そのあと、孫のバレンタインデーのお返しのチョコレート買いに、相馬市のデパート（ジャスコモール）まで買いに行っただよな。そこで、地震にあっただよ。うん、遭遇しただよな。すごい地震だったから。立っていられないから。すごいなんてもんじゃねえな」。

　和子さん（以下「和」）「あたしここでもう絶対死ぬ、なんて思ってたから。助かんないなんて思った。地割れはするし」。

　昭「チョコレート買って、レジ終わってな、車に向かって間もなくよ。携帯がプープー鳴ってな。緊急速報の電波が入ったから。そして間もなくグラグラ来た。それで車に乗って、そしたらすごい揺れる。店からどんどん（人が）出てくるわけだ。そしたらみんな地べたにはいつくばってるから。立っていられなくてな。そしてもう、デパートから出て、南相馬のほうに戻ったわけだ。**孫が釣りに行ってるから、**津波来るなんて全然頭になかったからな。今まで地震で津波来ても何十センチだからな。それで、10キロくらい、相馬から原まで車で戻って。行く途中にちょうど国道6号線が、片側1車線ががけ崩れで上り下りが通れなくなって、そこで交互通行やっていたんだよな。渋滞みたくなっちゃって。そんで海に行くのが遅れたから、私らは助かった」。

【車で帰宅途中、国道6号線から津波を目撃。強い余震も】

　昭「6号線から海まで2キロぐらいかな？　海岸端に松林があるんだよな。ダーッと防潮林。その上側を津波が来たんだよ。……それで止まっただよな。俺は車を運転して前しか見てないから、遠く見てなかったから、そうやってこっち側見つけて、そこの道路でUターンして、それで逃げて家に帰ってった。帰る途中で、ブロック塀やらなにやら、倒れているところがあるんだよな。バタバタって。だからそこを避けて、どうにか家に帰っていった」。

　和「もう途中、電柱なんかガタガタで、信号なんかもすんごく揺れて、もう収まる時間がないのよ。余震で。すごい怖かった。……もう実家は。流されなかったけども、冠水しちゃって。もとは海じゃないんだよ。みんな土地なんだけど、全部そうだけど全部海になっちゃってる」。

　海に行っていた孫は、高台にある友達の家に避難して奇跡的に助かった。当日深夜になって親戚の人が知らせに来てくれて無事がわかる。

　昭「それで次の日迎えに行ったのか。迎えに行くって言ってもあっちの方まで車でいけないんだよな。水上がってきて。……歩いてそのうちまで行って無事連れて帰ってきたの」。

【津波の大きさは想像を絶するものだった】

　昭「だってあの津波見たときは諦めろっていうのが当然だと思う。（津波が）松の木の上超えてくるんだから。松の木だってあれ12とか13メートルくらいあるわなあれ。その上超えてくるんだから平気で」。

　和「津波みにいく人もいるんだからね。だから私の知ってる人すごく亡くなってるよ。もう会社一緒だった人とか、昔からずっとおつきあいしてる人とか、親戚の人もね」。

津波に襲われた相馬市の海岸。展望台が取り残された
（撮影：八巻俊憲、2013.3.24）

昭「だって昔は地震もあんな大きい地震なかったべ。津波来るって津波警報でるわな、テレビで。そうすっと5、60センチだな、来てもな。……だからあんな大きいのは誰も考えないもんな。考えられないな。とんでもねえあれだ。だからほれ、原発壊れたべ。水入ってな」。

2011.3.13

避難を開始。南相馬市小高町の自宅を出て、原町の石上小学校に行ったが、いっぱいで入れず、飯舘村の草野小学校の避難所へ行く。

昭「避難も自主避難と同じようなもんなんだよな。各市町村で『この部落は〇〇へ避難』とかいう指示も全然無かった。避難の方法なんかも徹底してないな」。和「指示する人も避難してるから、いないのよ」。昭「防災無線で言ったっていう記憶も無いな。聞いてないもんな」。

小学校に1週間ほどいたが、自宅のあった浜通り地方に比べて寒かった。

【娘が住む東京へ。ガソリンがないことが最大の問題】

昭「それで、娘が東京にいるもんで草野小学校から東京に来てって言われたんだが、動きようがないんだよな。ガソリンが無いから。一度家に戻って携行缶に農機具なんかからガソリンを集めて、草野で入れてどうにか東京まで行った。でもガソリンが無いってのはひどかったな。放射能で汚れてるからタンクローリーの運転手が入って来たくないんだと。だから福島まで来たら相馬の運転手と交代するって話を聞いた」。

2011.3

【東京の娘の知りあいのマンションに1週間ほど滞在したのち、西桂町へ。たまたま同郷の人が住んでいて親身になって助けてくれた】

昭「なんでここに来たかは、カミさんの姉の息子が西桂にいたからだよな。……避難して来て西桂の教育長のKさんが取り仕切ってくれたんだよな。たまたまKさんの奥さんが相馬の出身の人だったんだ。だから親身になってくれたんだよな。たまたまいい人に出会えたんだよな」。和「私らの面倒を見る担当だった『いきいきセンター』の人もいい人だった」。昭「福島に帰ってもまた山梨には来たいと思うな。第2の故郷だ」。

2012.5～2013.4

【福島県内の仮設に住んで被災地のごみ処理の仕事をする】

昭「ごみの回収なんだけど、私らがやったのは除染のごみじゃなく、家庭のごみ。いっぱいあるわけなんだこれが。何年もいなかったり、家に戻らなくなったらそこにあるものは全部ごみになる。それを袋に詰めてもらってそれを集めたのが私らの仕事。ちょうど1年間やってきたんだな。その時に入ってたのが仮設住宅。2DKで小さい4畳半2つと台所があって風呂トイレ付き」。

2015現在

【避難者として暮らすということ】

複雑な心境もある。

昭「見る目がなあ、やっぱり、福島ナンバーでは、肩身狭い感じすんだよ。したから、やっぱり、富士山ナンバーに変更しました。そういう関係でな。まあ福島ナンバーだって肩身ちっちゃくなることはないと思うけど、でも原発で避難しているっていうと……」。

仮設住宅。写真はどちらも郡山市内。富岡町からの避難者が暮らす
（撮影：平林祐子、2017.3.17）

昭「何のために私らここに来てるって言ったら、原発の犠牲者だからな。原発なかったらこっちまでくる必要ないし。本当に、元に戻してもらいたいって、言いたいな。ちょっとできない相手だけどな」。

【南相馬市の現状】

元いた南相馬市では、同じ市内でも、原発からの距離や区割りによって補償が異なり、人間関係の悪化やあつれき、中学や高校などでの対立やけんかが生じているときくという。夫妻の孫は山梨県で高校を卒業した後、就職して福島へ戻る予定にしており、補償等が原因で人間関係が悪化しないか、夫妻は心配している。

昭「車壊されたり、傷つけられたりな、そういう話も聞いてっから……。結局恨まれただな。なぜ恨まれたっていうとな、金銭面もあるんだな。20キロまでは、手当出てたんだよ。精神的苦痛って東京電力さんで、手当出してただよ。20キロ圏内までな。あと20キロよりちょっと越えれば、出ねえだよ、それが」。

昭「我々はこっちに来てるから分からないけども、福島に帰れば仮設住宅に（手当を）もらってる人ともらってない人が入ってる。小高の人はもらえるけども、他の人は貰えない。そこを分けて入れてるってところもあるけど」。和「だからあんまり大きい声では手当のことはみんな言わないようにしてる。ちょっと大きい声出すとすぐ隣のほうに聞こえちゃうもんだから。ベニヤの壁1枚なんてとこもあるもんね」。

昭「大人がそういう気持ち（差別やねたみなど）でいるから子どもに伝わるんだわい。子どもだけで差別すっぺなんて考え持つことないんだから。ああ。大人の話を聞いて子どもたちは育ってきてる」。

【帰還についての考え】

孫は近く就職して福島県に戻る予定にしており、夫妻も「一応戻る予定」でいる。しかし故郷は以前とは変わってしまった。

故郷はフレコンバッグが山積みになっている。昭「今もうその袋見るのが嫌でさ、復興住宅に入る人もいるんだよ。……相当な数になってきたな。仮置き場じゃなくて半永久でねえかあれ」。和「あれ見たらやっぱりね、結構考えっていうのがすごく変わってくると思う。小高の仮置き場見たらね。廃墟

なんだから。……ほんとに立派な家が居られないんだから。でもあれ戻るつもりで周りやってるうちもあったよね」。

昭「戻るには60（歳）以上ぐらいだって。50以上でも子どもつくんねえとか、なんかっていう人だったらかまわないでねえの。ただここで生活するだけな。でも街が街でないから。街にスーパー1軒くらいしかないしな、今はな。あと医者だって病院だって、土日休みの夜はやってないから。……避難解除になってな、帰られっかっつったら帰れんだ、帰るのは。だけどただ寝泊まりして朝起きて、あと何すっかて、な、どこ見ても汚れてるところに住んでんだもん。うちの中で0.5くらいあるんだから、放射線がな。そんなとこ人間住むとこでないもん。（住んでいた地域の人々の）3分の1も戻らねえな」。

【食べ物を自分で作る暮らしは失われ、影響は長期に及ぶ】

昭「何十年もかかんだからな、（放射能が）薄くなんのが濃度が」。和「だから、今我々はいいけどさ、うちの孫らが我々くらいになった時が大変だよ。全て買わなきゃならないだよ。今そうだもの、わたしらすべて買う。（福島で暮らしていたころは）その買うってことをあんまりしなかったんだよ。肉とか魚くらいで、野菜とかは作ってたし、米はあるしもちろんね。だから今は生活費はかかるね、本当にかかる」。

【原発で潤っていた立地点】

震災前、原発立地点は原発によって潤ってもいた。南相馬市の小高町ではそれほどの額ではなかったが、立地点の大熊町では住民にも恩恵があった。

昭「**原発稼働させれば、地元は潤うわな。確かに。うちらだって、大熊、双葉、原発ある市町村は、潤ってたから。交付金が大きいから**」。和「原発あった大熊町っていうのは、子ども1人で1戸百万、2人できっと何百万か。だからみんな大熊に家建てて。国道6号線通ると、大熊は、古い家なんかないのよ。我々と全然違うね。そんなに、15キロくらいしか離れていないけど、うちの町（南相馬）はそんなに潤ってなかったもんね」。

息子は大熊町に5、6年前に建てた家があった。昭「大熊は、税金は安かったしさ、そうやって若い人が集まるように、いろいろとお金で、してくれた

しね。だからみんな大熊に家建てたり土地買ったりして大熊に行く人が多かった」。和「（事故後、土地を）くれるって言われたけど、今さ、セシウムいっぱいある町だから、大熊は」。

【立地点の働き場所としての原発】

昭「原発はやっぱり、そこで働いて、出稼ぎしないですむっていうのはあるな、確かに。だって何千人だもん。県外からだって来てるから。私も行ってたから。小高町だって大分、かなり働きに行っている人はいた。社員でなくても」。

和「そこに行かなくては働く場所がないから、中年とかね、初老の人は。だから、原発反対だって言っても行くようになるのよ」。

昭「稼ぎ場所とすればいいわけだ。だから原発回せ回せ、ダメだっていうけど回せって。反対もいるけど。賛成して、地元を潤わせるために。

大熊と双葉なら相当いるな。大概農業をやってるんだけども、農家を早く切り上げて（原発に）勤めに行く。どんな小さな農家でも機械をそろえてる。結局働きに行って金を取って来れば機械も買えるわけだ。向こうは田んぼも畑も大きいから、機械も大型化になってきてるんだよな」。

和「ようやく大きくなって良くなったなと思った矢先にこんなだもんね（震災発生）」。

【原発は絶対安全だと思っていた】

昭「本当にあんなに地震あっても、普通は止まんねえ、壊れないだよな、原発って。私らはそういう自信もってたんだよ。……絶対安全だっていう説明をしていたんだよ、みんなにな。そうやってあんなんだべ？　何をやってたのって言いたいな」。

昭「事故なんてことは、私らは……（起きないと）思っていたから。まあ災害だが、人災みたいな感じだな。非常用電源、上に上げておかなかったからな」。

```
聞き取り日時、場所　2015年12月、西桂町にて
聞き取り実施者　宇佐美真悟、岡村諭、米次真理乃
図表作成者　森久聡
年表作成者　平林祐子
```

汚染土壌を詰めたフレコンバッグが山積みになっている光景は、被災地では当たり前になってしまった。写真は浪江町の津島中学校の校庭
　　　　　　　　　　（撮影：八巻俊憲、2013.7.29）

I-3　国見町・助川裕子さん

震災時は、福島県伊達郡国見町(宮城県との県境、福島第一原発から北西に六十数キロ)に夫と子ども の3人で住んでいた。震災後、各地で保養を繰り返した後、2015年3月、子ども(聞き取り時、小4)と2人で山梨県甲府市に「母子避難」。夫は仕事のため福島市に住み続け、行き来している。自主避難。

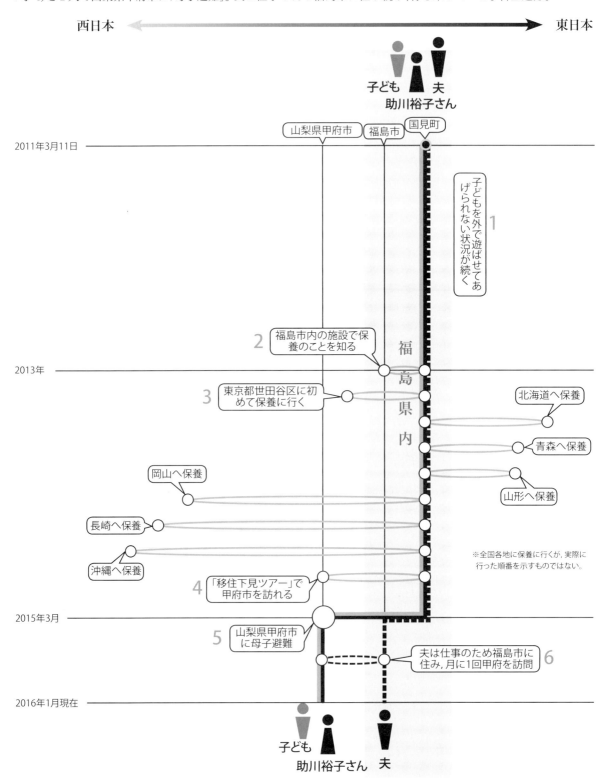

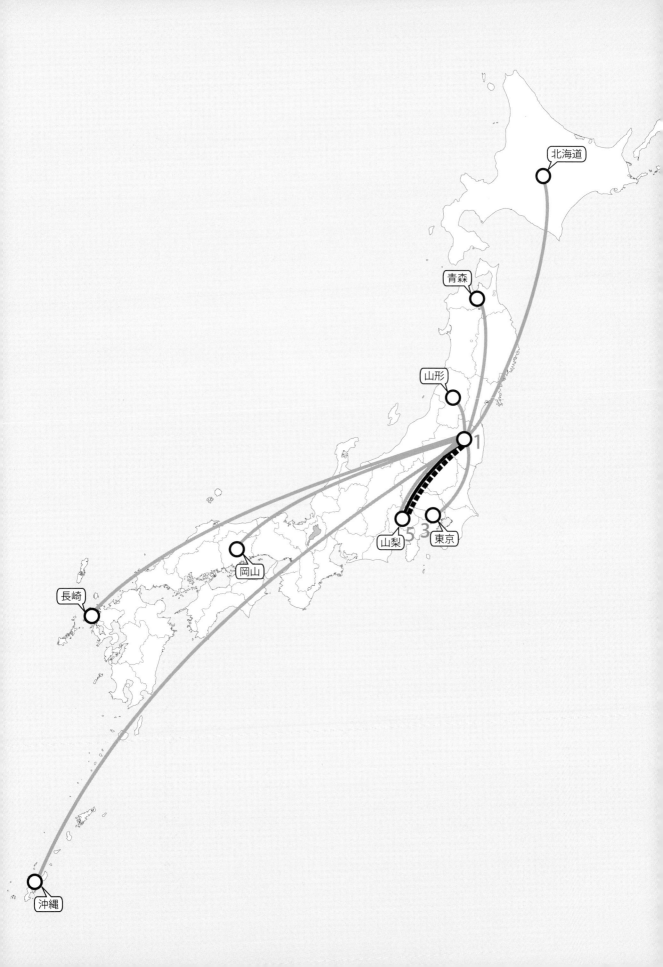

国見町・助川裕子さん避難年表

2011.3.11

【子どもと福島市内の公園にいた】

「遊びに連れてってたんですね。近くの福島市の中野不動尊というところの近くに公園があって、そこで遊ばせて、不動尊でお参りして、そうこうしているうちに、すごい地震があって、やたら長いな、今まで経験したことないなと。とりあえず守らなくちゃと、倒れてきそうだったので。

……それから帰って。普通だったら20分くらいで帰れる道を、1時間以上かかったような気がしますね。信号はもう全部消えてるし、水道管は破裂して水バーバー（噴き出）してるし、通行止めになって回り道なんかしたりしながら。電気は、私が行ったその福島市内の方は止まっていました。国見町も止まっていました」。

自宅は「一部損壊」。「物は散乱し、ガラスは割れる。皿、茶わんは割れる。家もひび入ってて。見てもらったら一部損壊で、半壊とかにはなってない。部屋はがしゃがしゃで、壁にはひびは入ったけど」。

事故直後の数日間

【電気・水のない生活】

「水をくみに行ったり、お風呂に水をためて、今のうちは水が出てくるけど絶対断水なるからって言われて。あとは野菜が今ならまだ放射線が飛んできてないと思って急いで実家に野菜を取りに行って。避難しようと思って、2台車ありましたけど、1台は満タンに入れて、いつでも出られるように、メルトダウンの情報が入ったらすぐ出ようと思って。ガソリンはすぐにすごい行列になりました。

ガスは家がプロパンだったんでありましたけど、電気はずっと長い間停電していました。でも福島市に買い物に行くとお店に電気がついていて、阿武隈川の東と西で停電かどうかが分かれたようです。西のほうの地域が停電になったみたいですね。国見町は桑折町より1日遅れて復旧した感じですね。しばらくは電気がつかないのが当たり前の生活。ランタンみたいなそんなので、だから寒かったですよ。いっぱい服を着こんで、猫抱いてみたいな。

水出るうちにくんどいて、飲み水用に。あとトイレに流す水はお風呂のお水を貯めといて。

食料は備蓄してあったやつをなんとかかんとか食べてましたけど、あったかいものは、いくら火を使えると言っても普段のようにはいかなかったです。

【情報が入らない】

国見町の避難所に行ってみたら情報もらえるかなと思っていってみたら、全然私たちも情報入りませんと。行ったら行ったで人ごちゃごちゃで、国見町で100軒くらい倒壊したらしいんですね家が。

テレビも使えないので情報入る手段がない。携帯も充電切れちゃったし、コンビニに携帯用充電器を買いに行ったけど売り切れ。本当に何も（情報がなかった）。福島市のほうが国見より早く電気が復旧したので、情報をもらったり。しばらくして電気がついてテレビをみたら（原発）爆発のテレビをやってて、なんじゃこれみたいな」。

テレビを見るまでは、原発についての情報もなかった。

2011.3〜

【メルトダウンしたら避難、と考えながら国見町で暮らし続ける】

新潟に避難すると挨拶して去った人、北海道に子どもを3週間避難させた人、埼玉県に避難した人など、周りには避難する人が何人もいたが、助川さんはすぐに引っ越すことは考えなかった。「その時はそんなにすぐ避難しようとは思わなくて、メルトダウンしたら避難しようと、メルトダウンを基準にしていたんですけど、情報が入んなかったので」。

【住宅街の除染は後回し】

除染はなかなか始まらなかった。国見町では、地元の復興を助けるために地元業者に依頼する方針をとっていた。しかも、線量が高いところから手を付けるのではなく「仮置き場が確認された地域から始める」という方針であったため、助川さんの住んでいた地域は後回しになった。「私たちのいるところはニュータウンで、もと田んぼだったところを宅地に開発したところだったので、そんなとこに仮置き場にできる場所があるはずもなく」、「広い田んぼや

畑のある土地から除染が進んだので、住宅街のほうは結構後になったんですね」。

自分でできる限り自宅周辺の除染を行う。「屋根はさすがに危ないからやんなかったですけど、2011年（の頃）はやりましたね。庭の土を子どもが幼稚園に行っている間にちょっとずつはいて、袋にいれて、軽トラックで実家の山にもっていっておかせてもらったり、表面の土をはいだり、あとはケルヒャーの高圧洗浄機買って、それで木とか、壁とか、コンクリートのとことか、できる範囲はやりました」。

雨どいは線量が高いままだった。「最初の時は、メーター振り切れてわかんなくて、10まで測れる機械が測定不能でした。電気が復旧すると防災無線で聞いたときは福島市内が20マイクロシーベルトくらい。でも国見はそのときひとケタで、町長がどうぞご安心くださいと語っていました」。

「テレビつくようになったらテレビにかじりつき情報を見、放送が流れると聞きもらさないように聞き、みたいな感じでした。最初はそんなに怖いって知らない人は外で遊んでましたね。そのうち危ないなってわかってきたらもう遊ばなくなりましたけど」。

事故から2015年3月の避難まで

【外で遊ばせない暮らしがつづく】

「幼稚園が始まり、（その後）学校にも上がり、でも外では遊ばせない暮らし。それまで家庭菜園やったり、外で魚釣ったり、野菜作って食べたりするのが趣味だったけど、それも全部できなくなり」。

子どもが小学生になり、登下校時の被ばくが心配になる。

「幼稚園の時はずっと送り迎えでしたけど、小学校にあがる時が心配で。今まではなるべく被ばくを避けるために車で行ったり来たりしていたのに、今度歩いて自分たちで行くっていうのが微妙に心配だった」。

外遊びの制限はだんだん解除され、マスクをする人も少なくなるなど、周囲では放射能についての心配は表に出なくなっていくなか、助川さんは子どもを外では遊ばせないようにしていた。「解除になった割には数値は下がっていないし、除染に来るわけでもなかったので」。

他の子どもたちが外で遊ぶようになったので、逆に子どもにとってはストレスになったという。「ちっちゃいうちは親の言うことも聞くけど、だんだん学校にあがり、成長してくると、ここ危ないよとか、学校の植木のそば危ないよとか言ったって、なかなか聞かないですよね」。「（福島では）他の子は遊べ

上：公園の除染作業を告知する看板（福島市内、2013. 3. 23 撮影）。中・下：公園の池やため池も、除染の対象である（郡山市内、2017. 11. 20 撮影）。
（撮影：八巻俊憲）

るようになってきたじゃないですか。でもうちは心配だから外では遊んじゃだめだよっていうと、『なんであの子は遊んでるのに僕はダメなの』って」「すごいムカついてイライラしてたんだ、って後で言ってました」。ストレスがたまって問題行動を起こすこともあった。

【放射能についての不安や恐怖は話さない】

　周囲で原発や放射能について話をすることはなかった。

「そういう地域じゃないですね。あんまり気にしてない人はいっぱいいた。私は気にしていましたね。もともと気になるタイプなので。昔看護師をやってて、放射能に対する恐怖は知ってるので、学生時代に放射線技師さんに、放射線から自分の身は自分で守るんだよって教えられていたりして、放射能から体は守るもんだと思っていたので、余計ですね」。

「私の身の周りではないですね。事故したことによって、（原発や放射能は）やばいんだ、って考えが変わったのかもしれません。でもその時期が過ぎると、『まだ気にしてるの？』ってなるんです」。本当は気にしていても「なかなか本音は言わない」。「初めて行った（移住／保養の）相談会で、同じ団地の人が来てて、『あなたも気にしてたの』となり、そこからお互いに情報交換するようになりましたけど、同じ団地に住み、同じ学年に子どもがいるにもかかわらず（関心をもっていることは互いに）知らなかった」。放射能汚染が心配で給食を食べさせない親、牛乳を飲ませない親もいた。それでも理由は「アレルギーだから」などと言っていたという。

「最初のうちは、『心配なんだけど』と言うとみんなうなずいてくれてたけれど、だんだん、『そんなのいつまで気にしてんの』とか『まだ気にしてんの』とか、とげとげしい感じに微妙に変わってきて、あんまりそういうところに触れない方が人間関係うまくいくみたいになってきて、今では、ほとんどお話もできない。逆に変わり者」。

「子どもがよく言ってました。お母さんが放射能のこと気にしてるから、子どもがいじめられるのかな？　お前のお母ちゃんはおかしいんじゃないかとか。そんな風にだんだんなってくるので、傷つけないように、傷つかないように、あんまりそのことに関しては触れなくなってきました」。

　そのことから来るストレスが大きくなったこともあって、助川さんは早く避難したいと思うようになる。

2013

【保養や移住の情報を、ネットなどから得る】

　夏休みなどの長期の休みを利用して、子どもや家族で放射線量が低い地域に滞在する「保養」ができるところが各地にあることを知る。

「まず、世田谷ですね、世田谷の保養（東京都世田谷区の民間団体が主催）に参加して」。

　その情報は、次のようにたどっていって得たものだった。

「外遊びできないから、屋内で遊ぶ施設ができた（福島市内のスポーツ施設）って聞いて行ってみて」→「そこで見つけた『子育てに役立つ情報をあげます』っていうメーリングリストに登録」→「その世田谷の保養の情報が来て、申し込んでみたらこういうのがあるんだってわかった」。

　福島県内で年に数回行われるようになっていた移住／保養の相談会にも参加。

「今までパソコンとか持ってなかったし、そういう情報は疎かったけれど、そこで知り合ったママ友に、それじゃだめだよと言われ、相談会の情報も教えてもらい、それからですね。

　震災から2年以上たってからでした、そういう保養とか支援団体があるというのがわかったのが」。「仲間内でもそういう情報はあんまり出回ってなかった」。

2013 〜 2015

【各地で保養を続ける】

「せめて子どもの休みの時だけでも、保養に出そうということで。北海道と、青森と、山形。あと東京のその世田谷とか。長崎、沖縄、あと岡山ですね。北海道、長崎は夏休み。沖縄は冬休み」。

「すぐには福島から避難できそうにもないけど、こんなとこ安全じゃないので、いたくはない」と思うようになり、保養に行った先では「ここで暮らせそうかな？」と考えた。助川さんの夫は仕事の都合で福島を離れることは考えられなかったため、避難するなら「母子避難」して夫と離れて暮らすことが前

提だった。「もっと若ければ（移住先で）新しい仕事を探して、それで生活が成り立つこともあるかもしれませんけど、定年までもう10年もないので、そう思うと、辞めて来たら収入がガクッと減るようなことになる。持ち家あるし、難しいですね」。子どもと2人だけで避難して、その後なるべく頻繁に行き来するためには、長崎や沖縄は福島から遠すぎると感じた。「家族全員で行くならいいけど、私たちだけじゃあちょっとっていう感じですね」。

2015年1月

【「移住下見ツアー」で甲府市を訪れる】

「いのちむすびば（原発事故後、山梨県に移住した人々のネットワーク）」が主催する移住下見ツアーに家族で参加、甲府市を訪ねる。移住しようと決めていたわけではないが、「まあ保養をかねて、そういうところに参加してみたところ、それまで乗り気でなかった主人が、甲府をみて「意外といいところじゃん」ということになり。富士山好きだったので（笑）、富士山は見れるしいいとこだねって気に入ってくれたので、しめしめ、みたいな」。「来てみて、良いじゃん、てなって、一生懸命ネットでアパートとか調べて、それからはとんとん拍子に」息子と2人で避難することを決めた。甲府で住んでいるのは、賃貸アパート。「ネットで探しました。一般の、アパマンとかCHINTAIとか、まあいろいろそういうサイトで」。

【甲府市を選んだわけ】

助川さん一家は、山梨県や甲府市につながりがあったわけではないが、来てみて気に入ったことに加え、次のような理由から、甲府市を母子避難先に選んだ。

1つは、比較的放射線量が低い地域であること。「いのちむすびば」が作った放射線量マップ、沖縄の保養で出会った矢ケ崎先生（琉球大学名誉教授）の作った大きなマップ（アースチャイルド発行）などで見たところ、甲府周辺は放射線量が比較的低いことがわかった。「**最初は、どうせ関東（福島）の近くだから、大丈夫なの？　って偏見をもってましたけど、意外と大丈夫なんだって納得ができた**」。

2つ目は、福島からそれほど遠くないこと。「**甲府は母子避難のぎりぎりの場所。あんまり遠かった**ら行ったり来たりできない。西のほうに本当はもっと行きたいですけど、そのほうが放射能を気にするには安心して暮らせそうなんだけれども、そうすると行ったり来たりが（難しい）」。

3つ目は、福島からなるべく遠い所でつくられた食べ物が手に入ること。助川さんは、保養でお世話になった岡山の小学校の先生から、野菜などの食材がどこから入ってくるかが大事だと聞いていた。避難先として新潟や山形なども考えたが、「**山梨は、もうちょっと西のほうの（食材）も流通してるからそういうのもいいよって言われたのもあり**」。

福島市では、近くでつくられたものしか手に入らなかったため、震災後は葉物野菜やキノコなどは避けて食べなくなっていた。甲府に避難してからは普通に近所のスーパーなどで買い物をしているが、産地は気にしている。「甲府のアパートの近所のおばちゃんに、私たちそんなに産地なんか見て買い物してないわ、って言われました。私は産地を見るのが癖になっちゃいました」。

【避難についての周りの反応】

「お世話になった人に『福島を捨てて出ていくの』なんて言われちゃいましたけど、だからあんまり福島の人は快く思ってない人もいるだろうなあと。出ていくのが悪い人みたいになってるのか……**故郷に残って頑張っていく人がいい人みたいになっているので、ちょっとした罪悪感をかんじながら、でもいいや、というところです**。本当にデリケートな問題で、そんなことを言われたら傷つくのに、それぞれ考え方が違うので。託児所の会長さんとこは、うちは見本にならないといけないから絶対（福島から）出ないんだ、って」。

2015年3月

甲府市に母子避難。ただしこの時点での自主避難に対しては、東電からの補償は全くなかった。

「裁判外紛争解決センター申し立てしたいので、弁護士先生に、福島市にいるときに相談したんです。2回3回。そしたら、あなたたちは今から避難でしょ？　って。もう平成27（2015）年ですよね避難したとき。そういう人は出ませんよって。ほとんど出たケースないねって。25年までだったらなん

とかぎりぎり出るケースも、知ってるけど」。「たぶん、**27年から避難する必要性を認めないんでしょうね。だってそんなに気にしてんだったらもっと早くに出なさいよ、それから避難ってそれはあんたの勝手でしょって感じになるんではないでしょうか**」。

【避難時期が遅かったため補助が全く得られず】

自主避難者に対する家賃補助は、避難した時期によって違いがあり、助川さんは避難時期が遅かったために全く得られなかった。「いつ福島を出たかによってすごい差があります。早い人は出てるんだと思います。知り合いの母子避難の人は、行った先の家賃全額（補助）出てるって。私たちはもう平成27年なので、全く。なんか、そういう補助あるのかもと思って（自治体に）電話したんだけども『もう今はないんです』って言われて。日赤の家電製品の支援とかもあったみたいですけど、冷蔵庫とか。それもどんなのかなーと思って日赤のホームページとか見たんだけどそれもなくて。

結局二重生活の苦しさに、最初4月頃はもう翻弄されましたが。ねー、全部家電製品も冷蔵庫も買わなきゃならない、洗濯機も。福島には、本当2個ずつほしいんだなあと思って。電子レンジから何から全部、全部二重に。電気代からガス代から。二重の苦しみにちょっと、来た当初は赤字に。ただ、「むすびば」さんで、10万だかを補助してくれたんですね。ほんと一瞬でまたパーと飛んで行きましたけど、そういうのがあるのはありがたいです。**政府からもないし東電からもないのに、そうやって民間の人たちがね、皆さんの善意のお金が**」。

【母子避難について】

「あんまりちゅうちょしませんでした、私は。たぶん深く考えてないんでしょうね。保養先で知り合った人とかは、人間関係のトラブルが発生して、『うちの息子置いといて保養にいってなんだい』とか『自分たちだけ避難してなんだい』とかってなって結局離婚しちゃったとか、女を作って離婚しちゃったとか。離れ離れになるとよくないことが起こる、というケースを聞いてはいたので、どうかなとはかすめましたけど。でも（福島から）出たかったんで」。

「1カ月に1回くらいのペースで主人が甲府に来てくれるようになったかな。今後もそういう形はしばらく続くと思います。もうちょっとで、年金を満額もらえるから、って」。

「甲府の住み心地は快適です。ただやっぱり、体こわした時、風邪ひいて寝込んだりとか、そういう時は2人だときついなと思う時はあります。自分と子どもだけなので。それ以外は快適です。子どもも外で遊んで、ストレスもなく、普通に学校から帰ってくると外で遊べてよかったって言ってるので」。

【高齢の両親は、避難は考えなかった】

「主人の実家は福島市、私の実家は国見町の隣の桑折町。両親は避難せず、ずーっとそこにいます。両親の年だともう80超えているので、避難ということは考えてないですね。家もあるし、土地もあるし、農業やったりなんかして、土地に根差した暮らしをしてるので。あと介護保険を全員じゃないけど受けてるような感じで、そんなに簡単に移動もできないし。もっと若ければ両親も一緒に出たかもしれないけど。うちの場合はそんなことは考えもしなかったし、危ないから出ようとも言わなかったし」。

【今後について】

「（避難は）2年をめどにって最初言ってたんですけど、でも、なんか定年までがんばって働かないと、って。ますます家族が一緒になるのが遠のくなあって感じですけど、（甲府で夫が仕事を得るのは）なかなか難しいと思いますね。資格があればその資格を生かしてっていうこともあるだろうけど。定年まであと10年はないから、だいたい5〜6年くらい」。しかし、**ずっと母子避難を続けることには迷いも**。「うーん。そんなことしたら子どもがもう高校、大学となっちゃうだろうに。（家族3人がそろうことが）ほとんどなくなっちゃう。家族とすると、ねえ……」。

「具体的にはその予定ははっきり決まってないけれども、このままこっちにいるようになるんじゃないかなあという想像ですね。いつまでに戻るとかそういうことはなく。そんなにおさまりそうにもないので、なんか安全な感じがしないので、いくら半減期が2年、セシウム137が30年って言っても管理長期にわたりそうなので、そんなに簡単には戻れなさそうで。子どもにも震災当時言われました、『僕がおじいちゃんになったら遊べるの？』とかって」。

「（夫は）来れるようになったら来ると思いますよ、たぶん。国見の家は手放すしかないですね。私は思

い出もあるけれど、たぶん手放さざるを得ない。そんなにうちを何戸も何戸もね。無理なので、手放さないと来れないと思う。2000年の12月に入ったうちなので、10年ちょい住んだところで震災」。

【被災者、避難者が必要としていること】

「なんか、終わったこととして片づけないことでしょうかね。ずっと関心を持ち続けてくれることがありがたい。物をくれるとかっていうことでもなく。なんだろ、**『もう大丈夫だから、もうそんなこと終わったことだから』って、片づけられたくないっていうか。忘れ去られたくもないし。**忘れたいことではありますけれども。なんかそれを忘れてほしくないな。それを教訓に次に生かしていってほしいと思います。あんな福島があったのに、再稼働してみるとか、うん、全然ひどい目に遭った人たちいっぱいいるのに、それが生きてないなって」。

聞き取り日時、場所　2016年1月、甲府市にて
聞き取り実施者　平林祐子、安宅大史朗、水森広美、大桃
　　悠哉
図表作成者　森久聡
年表作成者　平林祐子

I-3　いわき市・谷田部尚子さん

事故時、35歳。いわき市で夫と子ども3人と暮らしていた。福島第一原発から約50キロ圏内。2012年11月、保養相談会で得た情報などがきっかけで、家族で山梨県都留市へ自主避難。

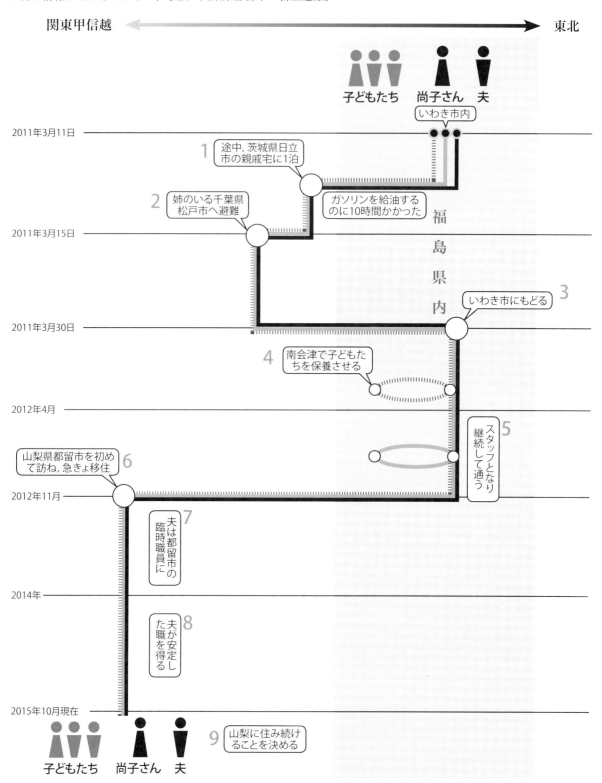

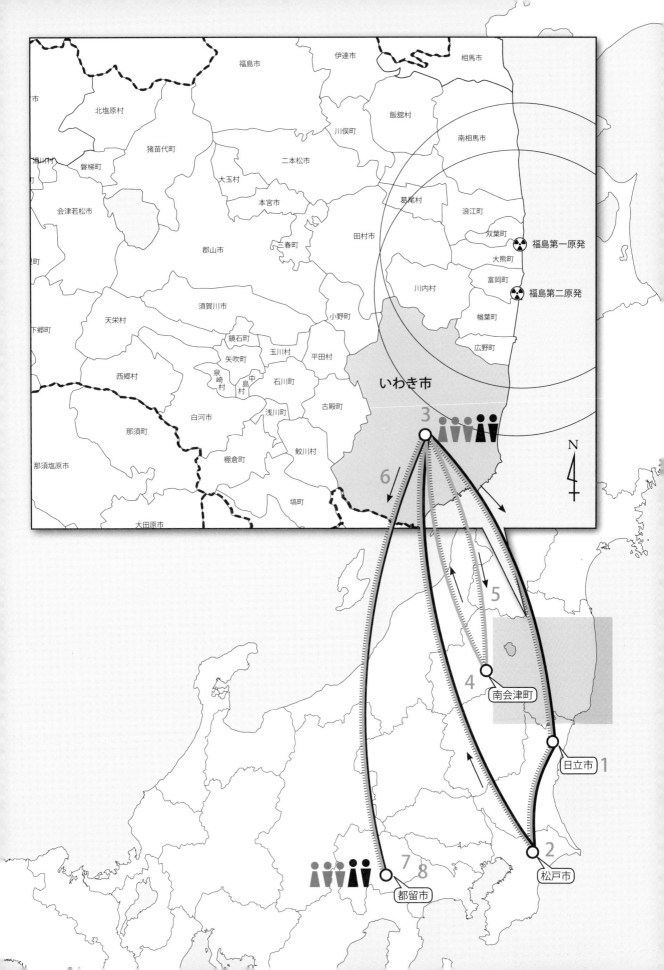

いわき市・谷田部尚子さん避難年表

事故前

【原発について疑問はもっていなかった】

　原発事故が起きたらどうするか、といったことは全く考えたことがなかった。「(事故が起きるかも、みたいな考えも)全くないですし、放射能に対する知識っていうのも全くなかったので、全く何も考えずに、生活してました。大丈夫だろうっていう意識もなく、そこまで何も考えずに。そこに発電所があるねっていうぐらいで、そうやって電気動かしてるんだっていうぐらい」。

　事故後、地域と原発の深いかかわりについて知った。「うちの前も斜め前の人もそう(原発関係の仕事)でしたし、下請けで働いている人がたくさんいて、同級生のお父さんだったりとか、すごいたくさんいて……。恩恵じゃないですけど、そこ(原発)から仕事をもらっているっていう人は、やっぱりたくさんいるんだなっていうのは、後で知りましたね」。

2011. 3. 11 当日

　いわき市で被災。

2011. 3. 15

【姉のいる千葉県松戸市へ避難】

　家族と、姉の夫の両親と、その孫2人(谷田部さんのおい、めい)で、姉が住んでいる千葉県松戸市へ避難。「水も出ないし、ガスはついたんですけど、水・電気が……。やっぱり原発が爆発してきたっていうのもあって、みんなもう避難し始めて」。ガソリンがなくて困る。

　途中、茨城県日立市(姉の夫の母の実家)に寄って1泊。「ガソリンスタンドに10時間並んで、何リッターだったかな？　少し入れていただいて、ひとりいくらまでって決まってたんですけど。で、ようやく千葉まで行くことが出来て」。

　「あの時混乱してて、人がたくさん亡くなっているとかいうのもあったりとか、お店のものは何もないし、人が全然いない。道路を走っても全然すれ違わないくらいだったところで、高速を降りて千葉に来ると、お店が電気ついてたりしてて、何か異国に来た感じ」。

【当時の情報について思うこと】

　「事故で見えてきたことがたくさんあって」。12日朝には、富岡町や楢葉町はバスで全村避難となったが、いわき市にいた谷田部さんは全くそれを知らなかった。「(富岡や楢葉から)みんな避難させてたらしいんですよね。それは私たちは全く知らずに、もちろん外にも出てたし、その時はまだ(爆発)事故は起きてないですけど、でもバスが出たっていうのは国が、大変なことが起きているっていうのはわかってたわけですよね」。重大な情報が提供されていなかったことに、事故後に気づいたという。

2011. 3. 30

【いわき市に戻る】

　「もう水が出るようになったって言って、またいわきに戻ってきたんですよ。その時に、放射能の影響っていうのが全然わからなくて。技師の叔父の話では、大丈夫だっていう話だったので、あっそうかと。姉の所には、主人を除いたうちの家族と、姉の旦那さんの方のご両親とお孫さんと、たくさん人がいたので。姉の所で受験生も抱えてて……」。

【原発について疑問を持つようになる】

　事故後、原発や放射能についての知識が増え、だんだん疑問を持つようになる。

　「事故が起きて、これは大変なことが起きたんだ

いわき市四倉町。津波の爪痕がはっきりと残る
（撮影：平林祐子、2013.6.29）

よっていう、TVとかニュースでやっていて、それから、どういうものなのかっていうのが全く分からなかったので、本を買って読んだりとか、講演会に行って話を聞くうちに、いやこれはどうもおかしいぞって。おかしいぞっていうか危険だなって思いました。知れば知るほど」。

2011.4 〜 2012

【南会津の自然学校に保養に通う】

子どもたちを連れて南会津の自然学校「こめらの森」に保養に通う（友達が母子避難していた）。「いろいろ知っていくうちに、本当に大丈夫なのかなっていう気持ちがあって。子どもが、一番下が3歳、一番上が1年生だったので、保養させたいなと。やっぱりチェルノブイリで線量が高いところにいる人が2週間以上離れて暮らすと線量が落ちるっていうデータがあるじゃないですか。うちもできれば長期で（線量の低いところに）出したいなって思って」。

4

自然学校「こめらの森」では、古民家を改修してそこで保養するプロジェクトを実施中だった。

谷田部さんは自然学校「こめらの森」での活動／暮らしが非常に楽しく、強く共感する。「やっぱり（震災時、水が出ないなどの生活を体験して）衣食住が何より大切って感じて、そこと多分リンクしたんでしょうね、自然学校でやってることが。生きるために何が必要かっていうことも」。

【保養を行う自然学校のスタッフになる】

2年目は自然学校スタッフとなり、継続して通う。

5

【移住を考えるようになる】

「（いわき市に）ずっと住み続けていいか不安で、線量も初めはやっぱり高かったし。知れば知るほどここに、低線量で住んでていいのかと疑問に思ってて、で、移住が出来たらいいなって思ってて」。

【山梨県都留市で自給自足の生活を送る人の本を読む】

そのころ、加藤大吾（都留市で自給自足に近い暮らしを実践する環境教育活動家）の本をたまたま買って読んだことから、初めて都留市を知る。「へえ、こういう暮らししてる人もいるんだ、これいいなって思って」。数カ月後、今度は近所の保育園の上映会で、教育学者・大田堯（都留市にある都留文科大

学の元学長）の映画『かすかな光へ』のサンプルを見る。「そしたら都留って出てきたわけですよ。あれ、都留って聞いたことあるぞって主人が思い出して、そういえば加藤さん、あの人が住んでるのって都留だったよねって」。さらに、「こめらの森」代表の大西琢也さんが加藤さんと知り合いであったりなど、偶然のつながりが重なった。

2012.11

【保養相談会で、山梨県に移住した人から移住の補助について教えられる】

自然学校「こめらの森」が、福島県に住む人たちに全国の保養先を紹介する保養相談会（「子どもたちを放射能から守る全国ネットワーク（子ども全国）」主催）に、保養受け入れ施設の1つとして参加。谷田部さんは夫とともに「こめらの森」スタッフとして参加。「子ども全国」代表の、早尾貴紀さん・小河原律香さん（震災をきっかけに、山梨県甲府市に移住）と話をする。自分たちも移住を考えている、と話したところ、「12月末までにもし家を決めたら3年間は県からの補助が受けられるよって。その代わり12月までに住むとこ決めないとダメだけどねっていうのを11月の末に知ったんです」。

【都留を初めて訪ね、急きょ移住】

その直後にたまたま、予定がキャンセルになって空いた1日ができ、「どうする？　ちょっと行ってみるかって話になって、それで加藤さんに連絡を取って、（都留に）来たのが最初だったんです」。その後「山梨県の県庁に話を聞きに来てからもうその足で、いろいろぱぱっと決まってしまった」。

6

移住は短期間に決めた。夫はいわき市の公務員だったが退職。

都留市には縁もゆかりもなかったが、加藤さんが住んでいたこと、家を探しに来て車中泊をしようとしていた際、近くの人が空いていた家に泊めてくれたなどの出会いがあったこと、「そんなのがきっかけ」で、都留市へ移住。賃貸住宅（市内の一戸建て）は不動産屋で探した。家賃6万5000円は全額補助。夫は都留市役所の臨時採用職員（1年間）として働き始める。

7

【移住して外で遊べる暮らしに】

「本当に向こう（いわき）で1年2年間はうちの

庭でも0.5だったかな、マイクロシーベルトくらいあったと思うんですけど、芝生の線量が。……みんな除染したけれども、庭の一角にあったりとか、公園も公園の下に（放射性物質が）埋まってたりとか、学校も校庭の下に埋まってたりとか、ていうのが実際あるんですよね。山削ったけど山のどっか隅っこの方に置いてあるとか。今そこ測って線量どうかっていうのはわからないですけど、あの時の高かったものは確かにそこに埋まってたり端っこにいってたり、いたるところにあるっていうのが大丈夫なのかなって。

　いわきでは、子どもたちは外で遊んだあと「はい服脱いでとか、はいシャワー浴びてっていう生活」。「子どもたちはちっちゃければちっちゃいうちに外遊びをたくさんさせたかったんですよね。作物も作りたいし。ここも決めた時に子どもたちも連れてきてどうって言った時に、庭が広いからここがいいって。ここで子どもたちがゴロゴロゴロゴロしてて、それがいいなって思って」。

2014

【夫が安定した職を得る】

　都留に来て2年間は1年ごとの契約で働いていた夫が、近くの企業の正社員となる（いわき市時代に比べると収入は半減）。

8

【移住と子どもたち】

「娘が4年生のときに（都留市に）転校してきて、まあいろいろあったんですが、それでも今はよかったなっていう風に。正直出てこない方が良かったのかなって思った時ももちろんあるし、でも前に進むしかないというか進めば必ず道があるというか」。

2017.1

【住宅支援打ち切り後も山梨に住み続けることを決める】

　自主避難者への住宅支援が2017年3月末で打ち切りになるため、福島に戻るか、山梨に住み続けるかを家族で考え続ける。最終的に「家族それぞれが山梨の暮らしになじみ、放射能の不安なく暮らせる」ことから山梨に住み続けることを決める（『山梨日日新聞』2017年3月6日付け記事より）。

9

【都留市に家を購入】

　都留市内に一戸建ての家を購入して引っ越す。

聞き取り日時、場所　2015年10月、都留市内にて
聞き取り実施者　平林祐子、宇佐美真悟、岡村諭、米次真理乃
図表作成者　森久聡
年表作成者　平林祐子

第4章

福島・チェルノブイリ
事故の比較

I-4-1 チェルノブイリ・福島事故年表

チェルノブイリ事故年表

1979.4 チェルノブイリ原発4号機、着工。(A4-31: 136)

1983.11.26 チェルノブイリ4号機臨界。試運転に際して、出力低下時の危険性を指摘する報告がなされる。欠陥対策および運転員への情報提供・指導は行われず。(A4-23: 25; A4-31: 136; A4-17)

1984.3.26 チェルノブイリ4号機、営業運転開始。(A4-31: 136)

1986.4.25.13:00 チェルノブイリ原発4号機、中間保守点検に合わせ第8タービン発電機の「慣性運転」試験を行うため、原子炉の出力低下を開始。(A4-25: 12)

1986.4.26.13:23 原子炉が不安定な状態なまま「慣性運転」実験開始。出力が上昇したため緊急停止ボタンを押すも制御棒の降下が間に合わず、出力が定格の100倍以上に上昇。

13:24 冷却水蒸発、炉心(2年使用済み核燃料が3分の2、大量のプルトニウム含有)がメルトダウン。水蒸気爆発および水素爆発で、大量の放射性物質を上空に放出、破壊された炉心が半径2〜3kmに落下。(A4-9: 34-36; A4-2: 15-16)

13:30 原発消防隊およびプリピャチ市消防隊の消火活動で、05:00タービン建屋等の周辺火災は鎮火、消火活動停止。06:00までに運転要員108人が入院、1人が火傷で死亡。(A4-24: 169-171; A4-2; 1988: 17-19; A4-9: 49-50)

夕刻、炉心構造材の黒鉛再燃を確認(夕方以降、局所的な再臨界がくり返し発生との説も)。上空ヘリコプターから砂、鉛、ホウ素等を投下、火災は10日間継続。放射性物質放出量は、2005年チェルノブイリフォーラム報告書では3億7000万キュリー(炉心の10%)と見積もる。(A4-10: 10-25; A4-6: 1-12; A4-40: 8-11)

1986.4.27.08:00 プリピャチ市、住民にヨード剤配布。

14:00 事故地点から4km以内(プリピャチ市と近隣3カ村)の住民4万9614人が1200台のバスと200台の貨物車で避難。3日後に226人避難。当時の放射線防護基準(外部被ばくが750mSvを超えうる場合)に基づく決定。家畜の移動は禁止。(A4-16: 48-49; A4-1: 74; A4-19: 18; A4-17)

ソ連陸軍化学消防隊(核戦争の放射能汚染対策部署)が現場到着。原子炉建屋周辺の汚染物除去作業等を実施。(A4-5: 8-9)

午後、ポーランドの数都市で放射線値の異常検出。28日にはフィンランド、スウェーデン、デンマーク、ノルウェーでも強い放射能が観測される。(A4-2: 27-31)

1986.4.28.21:00 ソ連政府、モスクワ放送を通してチェルノブイリ原発で、「原子炉1基が破損、被災者が出た」と初めて発表。(A4-24: 212; A4-25: 32)

1986.4.29 首相ルイシコフを議長とする対策グループを共産党中央委員会政治局内に設立。以後、ほぼ連日の会合開催。5月1日、ソ連保健省に放射線障害や子どもを含めた入院者数のデータを報告するよう要請。1992年4月にこの共産党中央委員会政治局事故対策班秘密議事録が暴露される。(A4-23: 37; A4-20: 9; A4-34)

事故で放出された放射能を含む雲は、南東の風に運ばれ北欧諸国一帯に広がる。スウェーデンで通常の100倍に達する放射能が一時観測される。(A4-25: 298)

1986.4.30 ソ連政府、事故による死者は2人であることを確認、「病院収容者は197人、うち49人は退院」と発表。(A4-24: 212)

1986.5.1 キエフとチェルノブイリ原発近郊を含むウクライナ全土でメーデーのパレードが行われる。(A4-20: 158)

1986.5.2 30km圏からの全住民避難決定。原子炉再爆発による広範囲汚染も懸念したもの。2日〜7日に4万9355人が家畜と共に避難。避難者総数は9万9195人に。(A4-16: 49-50; A4-9: 117-118; A4-19: 19-20)

1986.5.4 5月4日までに病院に収容された者1882人、検査した人数全体は3万8000人、さまざまなレベルの放射線障害が現れた者204人、うち幼児64人、18人重症。以下6月12日までの患者データは、92年4月の秘密議事録の暴露により判明したもの。(A4-20: 9; A4-34)

プリピャチ川のキエフ貯水湖への合流地で水中の放射能の値が自然値の2〜3倍に上昇。屋外水源からの飲料水利用禁止措置を導入。(A4-34)

1986.5.5 消火のために大量投下された粘土や砂などで覆われた炉心の温度が徐々に上昇、2度目のメルトダウン発生。26日に次ぐ大量の放射性物質放出。(A4-9: 66-67, 76)

1986.5.6 液体窒素送り込みにより炉心温度低下、放射性物質放出が急低下。ソ連政府が報道管制解除し記者会見。事故原因などの説明なし。(A4-9: 67, 73-75)

1986.5.8 この1日で子ども730人を含む2245人病院に追加収容、1131人が退院。病院収容中は5415人、うち子ども1928人。放射線障害の診断315人。(A4-34)

1986.5.9 原子炉をコンクリートで埋める作業の行われていることを公表。(A4-24: 212)

1986.5.10 ベラルーシの一連の州で、飲料水源や井戸水の汚染度が許容レベルを上回る。(A4-34)

1986.5.12 ここ数日間で病院収容2703人追加。これらは主にベラルーシ。678人退院。入院治療中は1万198人。うち345人に放射線障害の症状あり、子どもは35人、事故発生以来8人が死亡。重症は

35人。（A4-20: 9; A4-34）

ソ連放射線防護委員会（NCRP）、住民の被ばく限度を年間500mSv（従来の50倍）に決定。妊婦と14歳以下の子どもは年間100mSv（従来の10倍）。新基準の適用後、入院患者数が激減することに。（A4-7: 73-74, 136-137）

1986.5.15 キエフ市内の学校をすべて閉鎖、夏休みに。8〜15歳の学童は9月までサマーキャンプに、妊婦や乳幼児等は接収したホテルやサナトリウムに避難させる。（A4-9: 179-180）

1986.5.16 病院収容中は子ども3410人を含め7858人。放射線障害の診断は201人。15日に2人死亡（死亡者数計15人）。（A4-7: 354）

1986.5.22 ソ連放射線防護委員会（NCRP）、被ばく量限度は全住民に対し年間100mSvに決定。（A4-7: 74）

1986.6.5 ソ連政府調査委、記者会見。26人が死亡、187人が入院し、事故による放射能放出は炉内の1〜3%と、公表。（A4-24: 213; 年鑑2012: 373）

1986.6.12 入院中2494人で、放射線障害の診断189人。これまでの死亡者24人。以後、秘密議事録に入院者数の記録なし。（A4-7: 137, 354）

1986.6.27 ソ連保健省、事故データや事故処理作業者の被ばく線量などを極秘とする規則制定。（A4-12: 101）

1986.6 30km圏外の汚染が判明。8月までに113カ村1万7112人が避難。事故後の避難住民は計11万6307人に。（A4-9: 118; A4-16: 54; A4-19: 20）

原子炉建屋を丸ごと覆う石棺の建設開始、ソ連各地から労働者が集結。原発構内や30km圏内の除染作業のため、30〜40歳代の軍予備役が召集される。11月15日にほぼ完了。（A4-5: 8-9; A4-2: 156）

1986.8.25〜29 ウィーンでチェルノブイリ原発事故をめぐるIAEA専門家会議開催。ソ連政府、400

頁を超える事故報告書を提出。原因は運転員による6つの規則違反があったためとする内容。原子炉の構造欠陥は不問にされる。（A4-20: 77; A4-23: 20; A4-22: 95）

1986.9 キエフ近郊に「全ソ放射線医学センター」新設（88年完成）。避難民と汚染作業従事者を登録（60万人、うち未成年者25万人）、生涯定期健診を実施。（A4-9: 192）

1987.3.16 京大原子炉実験所の瀬尾助手ら、チェルノブイリ事故で放出されたセシウム137の総量はソ連政府報告の4.5倍、との計算結果を得ていることが明らかに。欧州の汚染を含めて計算したもの。（毎日: 870316）

1987.5.28 日本の原子力安全委員会、チェルノブイリ型の事故が日本で起こるとは考えられないとして、「現行の安全規制、防災対策を変更すべき必要性なし」とする事故調査特別委員会報告書作成。（A4-27; 朝日: 870529）

1987.7.29 原発事故責任者の判決言渡し。ブリュハーノフ元所長に自由剥奪10年、ほか5被告に実刑。（A4-24: 214; A4-22: 95）

1987 ソ連放射線防護委員会（NCRP）、放射線安全規則（NRS-76/87）を採択。放射線事故の際の住民の被ばく量限度はソ連保健省が設定。1987年の限度は30mSv/年、1988年と1989年は25mSv/年に。（A4-7: 74）

1988.10.28 『プラウダ』紙、チェルノブイリ事故損害額を110億ルーブル（2兆6400億円）との公式推定を報道。（A4-9: 85）

1988.11.22 ソ連国家衛生委員会、チェルノブイリ事故によって汚染されたロシア、ウクライナ、ベラルーシの各地域住人に対する"生涯の被ばく量限度"を350mSv（年平均5mSv）と公布。1989年7月、ベラルーシ科学アカデミーが生涯350mSvに反対。（A4-7: 61）

1988 WHO、「原子力事故早期通報・援助条約」締結。原発事故の

際にIAEAが対応の先頭に立つことを明記。（A4-15: 131-132）

1989.2.9 『ソビエツカヤ・ベラルーシ』紙、ベラルーシの汚染地図掲載。ソ連政府が秘密にしていたもの。3月20日には『プラウダ』が汚染地図公開。チェルノブイリから250km離れた地域にまで15キュリー（55.5万Bq）/km²以上の汚染地区が点在。（A4-3: 74-77; A4-16: 56-58）

1989.2.19 『モスクワニュース』紙、チェルノブイリから50〜90km離れたウクライナ・ナロジチ地区で、家畜の奇形出産、子どもの甲状腺異常多発を報告。（A4-3: 72-73）

1989.4.12 事故処理作業者（リクビダートル）のNGO団体「チェルノブイリ同盟」発足。同年10月キエフ市で同盟大会開催。ソ連の11共和国から344人の代表が参加。（A4-7: 77）

1989.5.24 チェルノブイリ事故被害者の医学・測定データの機密解除に関する政府決定出る。（A4-22: 95）

1989.7.29 放射能汚染対策をめぐりソ連政府への批判を強めていたベラルーシ共和国議会、15キュリー（55.5万Bq）/km²以上の汚染地域から住民11万人を新たに移住させると決定。（A4-20: 10; A4-23: 11）

1991年に40キュリー（148万Bq）/km²汚染農業地域の174地区、2万2000人が避難。（A4-3: 170）

1989.9.30 『ソビエト文化』、ベラルーシで奇形児の出産やがん患者の急増を報道。11日発売の『モスクワ・ニュース』、ベラルーシでの染色体異常、免疫異常を報道。（毎日: 891002, 891012）

1990.3 ソ連閣僚会議と労働総同盟中央会議、事故処理作業者（リクビダートル）の身分を定義。恒常的医療検査と特典を定めた規定採用。6月1日から証明書発給。（A4-7: 310）

1990.4.6 ウクライナ水生生物学研究所部長、プリピャチ川下流と

キエフ貯水池の上流でストロンチウム 90 やセシウム 137 が蓄積、水資源利用の制限が必要と述べる。タス通信が報道。（道新: 900406）

1990.5.7 IAEA、チェルノブイリ事故の放射線影響調査計画を公表。ソ連政府の要請を受け、国際チェルノブイリ・プロジェクトで放射線影響と汚染対策の妥当性を調査する。（年鑑2012: 379; A4-23: 41）

1990.6.15〜17 「チェルノブイリ被ばく者第 1 回全ソ大会」、キエフで開催。ばらばらだった組織を統一、「全ソ・チェルノブイリ同盟評議会」が正式発足。（朝日: 900618）

1990.6.29 4 号機跡で中性子量が急増（自然放射線の 60 倍）。核燃料を含む堆積物（温度 100℃）に石棺から落下した水が侵入、臨界超過状態に達したため、水が過度に浸入して未臨界に戻る。（A4-17）

1990.6.30 ソ連閣僚会議政令 No.645 によりチェルノブイリ事故による放射能汚染地域での"生活概念"策定。年間の被ばく量（実効線量当量）1mSv を超える放射能汚染地域に居住する住民および一定期間以上居住していた住民は、その損害に対する法的な補償と、社会的および医療の問題で保護される権利を有する。1992 年 6 月に修正と付則導入。（A4-7: 74）

1990.7 物理学者ワシリ・ネステレンコ、独立の放射能防護研究所ベルラッドを設立。内部被ばくの調査を実施。ベラルーシ厚生省の公表値より高い土壌や食物の汚染実態を明らかに。（A4-4: 190）

1991.2.19 ソ連邦国家原子力・産業技術安全委員会、「チェルノブイリ 4 号炉事故の原因と状況について」発表。「事故の原因は運転員の規則違反ではなく、設計の欠陥と責任当局の怠慢にあった」とする。1986 年 8 月のソ連政府報告書とは異なる内容。（A4-23: 21; A4-22: 96; 反156: 2）

1991.2.27 ウクライナ SSR 最高会議、「チェルノブイリ事故による放射能汚染地域の法的扱いについ

て」採択、汚染地域を 4 つのゾーンに区分、年間被ばく量 1mSv 以上を汚染地域と定義。28 日に「チェルノブイリ原発事故被災者の定義と社会的保護について」採択。被災者を 4 カテゴリーに分類、補償・特典を定める。7 月 1 日施行。（A4-7: 48-49; A4-38: 33-36）

ロシア（1991.5.15）、ベラルーシ（1991.12.11）も同様の法律（チェルノブイリ法）策定。（A4-7: 74, 60-62, 325-326, 334-335; A4-11: 76）

1991.4.- ソ連原子力安全監視委員会、「チェルノブイリ事故報告書」公表。消火活動に参加した消防士と従業員のうち急性放射線障害 203 人、29 人が 8 月までに死亡。石棺建設などに従事した軍人などは延べ 60 万人。強制移住者 13 万 5000 人（後に 11 万 6000 人に訂正）、1 人あたり平均 120mSv の体外被ばく。（A4-26: 201-204）

1991.5.21 IAEA の「国際チェルノブイリ・プロジェクト」、報告書『ソ連原発事故の放射線影響アセスメントと防護手段の評価』発表。放射線被ばくが直接起因となる健康障害はなし、放射能をこわがる精神的ストレスが問題とする。事故処理作業者（リクビダートル）、30km 強制移住者は対象外。ベラルーシやウクライナの代表、プロジェクトの結論は認められないとして抗議声明を発表。（A4-29: 89; A4-26: 205-206）

1991.5 ソ連最高会議、ベラルーシ、ウクライナ、ロシアの 15 キュリー（55.5 万 Bq）/km² 以上の高汚染地域から住民約 27 万人を新たに移住させる決議採択。（A4-23: 11, 33）

1991.10.11 チェルノブイリ原発 2 号機タービン建屋で出火、水素爆発により屋根が炎上しボロボロに崩壊。3 時間 10 分後に鎮火。停止のまま 00 年閉鎖に至る。11 月 1 日、1 号機でケーブル火災が発生。（A4-21: 20; A4-23: 17; 反164: 2）

1991.12.21 独立国家共同体（CIS）が設立されソ連邦は解体

へ。汚染対策と被害者補償は各政府がになうことに。（A4-5: 17）

1992.3.26 ウクライナ最高会議のチェルノブイリ委、健康への深刻な影響をまとめた調査結果を発表。子どもの甲状腺がん多発、除染作業者の染色体異常など。（反169: 2）

1992.4.16 チェルノブイリ原発 4 基の原子炉のうち、1、3 号機が運転を停止。2 号機は前年から停止されており、事故炉の 4 号機をふくめて全基が停止したことに。同原発は 93 年以降に解体される計画。（反170: 2）

1992.5.- 立ち入り禁止区域の森林火災で、ベラルーシの放射能レベル上昇。8 月も。（A4-33: 9）

1992.9 ベラルーシ保健大臣、ベラルーシの小児甲状腺がん急増を『ネイチャー』に掲載。（A4-15: 123）

1993.4.7 住民が強制移住させられているベラルーシ・チェチェルスク地区に、旧ソ連の民族紛争や内戦の難民ら約 2000 人が移住していると、来日中の同地区保健局長が明らかに。（毎日: 930407）

1993.4.23 WHO、ベラルーシの子どもの甲状腺がんが事故以前の 24 倍との調査結果を明らかに。（反182: 1; 毎日: 930424）

1993.5.5 チェルノブイリ原発事故被災者のベラルーシ国家登録（政令）承認。事故処理作業者、避難・移住民、汚染ゾーン住民、上記グループから生まれた子どもが対象。1995 年 1 月 1 日の登録数 20 万 4982 人、2010 年時点で 39 万人。同年、ロシアも放射線疫学登録（NRER）創設。1995 年の登録数は 43 万 5276 人、2013 年 9 月 13 日時点で 70 万 2547 人。（A4-11: 97-99; A4-7: 68, 356; A4-37）

1994.4.26 チェルノブイリ事故から 8 年。ウクライナで汚染除去に従事した約 12 万人のうち 3 割以上が病気で苦しみ約 4000 人が死亡、とウクライナ国家統計委員会が明らかに。ロシア国防省機関紙、汚染除去に関わった 30 万人のロ

シア人の内3万人が障害を持ち、5000人以上が死亡と報じる。(反194: 2)

1995.11.20〜23 WHOが「チェルノブイリその他の放射線事故の健康影響に関する国際会議」開催。小児を中心とした甲状腺がんの増加と事故処理作業者の白血病発生を確認。(反213: 2; A4-22: 96; A4-23: 15)

1995.12.20 ウクライナとG7がオタワで、チェルノブイリ原発閉鎖に関する協定調印。西側が23億ドルの経済支援を行う。その後30億ドルに増額。(毎日: 960421; 年鑑2013: 389)

1996.4.8〜12 IAEA、WHOと欧州連合の共催で、国際会議「チェルノブイリから10年」開催。小児甲状腺がんの急増との因果関係は認めたものの、事故の影響の全貌はいまだ確認できずとして調査継続へ。(反218: 2; A4-15: 123-126; A4-35)

1996.4.12〜15 IAEAに対抗し、市民による「人民法廷」開催。甲状腺がん以外に血液や免疫系疾患、小児糖尿病の多発、先天的異常の発生を報告。IAEA、各国の原子力委員会・政府、ICRPなどに有罪判決。(A3-15: 124-126; 反218: 2)

1996.4.25 ベラルーシ・ルカシェンコ大統領、チェルノブイリ事故の損失は2350億ドル、国家予算の32年分との試算公表。(毎日: 960426)

1996.4.26 チェルノブイリ事故10周年、ウクライナではチェルノブイリ原発へデモ行進。ベラルーシ・ミンスクでは反政府団体「ベラルーシ人民戦線」がデモ強行。(毎日: 960426)

1997.4.- OCHA、国際会議「チェルノブイリ・アンド・ビヨンド」開催。被災地でのヘルスケア強化などの努力を求める。(A4-15: 126-127)

1997.6.9 ウクライナ閣僚会議、「ウクライナにおけるチェルノブイリ事故被災者国家登録の機能と

組織に関する規約」承認。1996年1月時点で合計47万4095人が登録。2014年時点で240万人(死者含む)。(A4-7: 54; A4-28: 43-45)

1997.6.20〜22 デンバーサミットでチェルノブイリ・シェルター実施計画(SIP)を承認。総額8億ドルの支援案。「チェルノブイリ・シェルター基金」を設立。(日経: 970610; 年鑑2013: 294)

1999.7.7 フランス系企業連合、チェルノブイリ原発の廃炉・廃棄物管理統合計画の主要設備の設計・建設事業を国際入札で正式受注。契約額は約77億円。(A4-41: 990722)

2000.4.26 チェルノブイリ事故から14年。ロシア副首相兼非常事態相、旧ソ連全体で86万人の事故処理作業者の内5万5000人以上がこれまでに死亡と表明。(反266: 2; 日経: 000427)

2000.4.- OCHA、報告書「チェルノブイリ 今も続く惨事」公表。甲状腺がん以外の心臓、腎臓等への影響を報告。アナン国連事務総長、序文で国際社会の援助を要請。(A4-15: 127-128)

2000.6.7 UNSCEAR、報告書「チェルノブイリ原発事故の医学的影響」提出。小児甲状腺がん以外の健康影響を認めず、OCHA報告を批判。ベラルーシ、ウクライナの科学者ら、UNSCEARに反対する報告書を国連に提出。(A4-15: 128-129)

2000.12.15 チェルノブイリ原発完全閉鎖。唯一稼働を続けていた3号機を停止。1号機が98年、2号機は91年の建屋火災以後は事実上の閉鎖状態。(毎日: 001216; A4-41: 001221)

2001.4 ウクライナの国有特殊会社として「チェルノブイリ発電所」が独立。1996年設置の非常事態省の管轄下で、廃炉の実施などに当たる。(年鑑2012: 269)

2003.6.- 国際会議「チェルノブイリの子どもたち」、キエフで開催。甲状腺がん以外の疾患、出生率低

下や乳幼児死亡率の増加を報告。IAEA代表の承認なし。(A4-15: 132-136)

2004 「チェルノブイリ原発の廃炉基本方針」策定。2022年までに最終的な閉鎖と密閉。45年までに放射能自然減衰、64年までに原子炉施設の解体。(A4-17)

2005.9.5〜7 「チェルノブイリ・フォーラム」、20年間の事故影響研究結果を発表。事故処理作業者20万人(平均被ばく100mSv)、30km圏避難住民11万6000人(33mSv)、高汚染地域住民27万人(50mSv)のうち、これまでに被ばくが原因と確認できた死者は事故処理作業員47人、子ども15人のみ。将来のがん死を含め、被ばく死者数4000人と推計。4000人という推計にベラルーシ政府や専門家が抗議。(A4-8: 94-98; A4-12: 97-105; A4-36: 77-98)

2006.4.13 WHO、対象を被災3カ国の740万人に広げた評価として9000人の死者を見積もる。18日、グリーンピースが全世界で9万3000人との推計発表。19日、国際がん研究機関(IARC)はヨーロッパ全域約5億7000万人を対象集団として1万6000人との推計発表。(毎日: 060415, 060419, 060421)

2007.4.21 ロシア軍パイロット、チェルノブイリ事故のフォールアウトによる放射性物質汚染からモスクワを守るため、手前で雨雲形成とBBC番組で語る。ベラルーシの1万km²が犠牲となる。(A4-33: 16)

2007.4.23 南カリフォルニア大の研究者ら、チェルノブイリのツバメに腫瘍や指の奇形が多発と報告。低線量被ばくの問題指摘。(A4-33: 16)

2008.11.21 国連、「2016年までのチェルノブイリ・アクションプラン」発表。政府による被害者支援が「依存症候群」を生んでいるとし、2016年(30周年)までに、被災地の平常化を目指す。(A4-15: 97-99, 141-142)

2009.2 ウクライナ政府、集中型乾式使用済み燃料貯蔵施設の建設認可。チェルノブイリ立ち入り禁止地区に建設の予定。(年鑑2012: 272)

2011.4.19〜22 チェルノブイリ事故25周年、キエフで3つの国際会議（国際科学会議、原子炉新シェルター建設、原子力安全サミット）開催。(A4-15: 96)

19日、「原子力安全サミット」で日本政府、福島原発事故について事故の原因・状況・対応、チェルノブイリとの違い等報告。(A4-32)

20〜22日、キエフの「国際科学会議」でウクライナ非常事態省、『政府報告書』提出。被災地住民が多種類の病気にり患、健康状態が著しく悪化していること、被災地の子ども（第2世代）の健康悪化を指摘。ベラルーシおよびロシア非常事態省も各『政府報告書』発表。ウクライナとは異なり、甲状腺腫瘍以外に放射線の影響は認めず、健康悪化は精神的ストレスなどとする。日本政府の「福島原発事故報告」は取りやめに。(A4-15: 96-97; A4-13: 32-35; A4-17; A4-11: 31-35; A4-14: 113-121; A4-19: 151-155; A4-28: 30-32)

2012.11.8 チェルノブイリ事故処理作業者約11万人の追跡調査で低線量でも白血病リスク、と米国立がん研究所などの研究チームが米オンライン専門誌に発表。(反417: 2)

2013.12.- ウクライナ社会政策省に保養庁設置、各省に分散していた保養事業を一本化。チェルノブイリ事故の影響で保養が必要とされる子どもは15万人。被災者を含め7〜18歳の子ども230万人が保養参加（13年実績）。(A4-28: 45-60)

2014.12.28 ウクライナ、「チェルノブイリ法」を改正、汚染度が低い第4ゾーンの優遇策を廃止。「チェルノブイリ同盟」が憲法裁判所へ提訴、16年3月17日、再改正により住民の権利復元。(A4-18: 174-177)

2015.10.8 ロシア、被災地認定レベルを引き下げ。16年3月30日に最高裁、補償復元を求める住民の訴えを退ける。(A4-18: 177-178)

2016.4.25 先進7カ国（G7）を中心とする十数カ国ら、稼働停止した1〜3号機の核燃料の中間貯蔵施設整備に計約8740万ユーロ（約110億円）を拠出すると表明。30km圏の立ち入り制限区域に建設中。(東京: 160426)

2016.4 ロシア政府、チェルノブイリ事故から30年の報告書で、事故処理作業者の血液循環器系疾患、汚染地域の子どもの遺伝的疾患に関して放射線被ばくの影響（可能性）を初めて認める。汚染地住民におけるセシウム137による甲状腺がん発症の可能性も示唆。(A4-39: 217-228)

2016.11.29 老朽化した石棺に代わる鋼鉄製の新シェルター設置完了。耐用年数100年。総工費は15億ユーロ（約1800億円）、40カ国以上が負担。(東京: 161130)

2016 チェルノブイリ事故から30年。干上がった冷却池底の砂と共に放射性物質ホットパーティクルが飛散する危険性、立ち入り禁止地区の火災に伴う放射性物質の再飛散が懸念される。(朝日: 160505)

2016 立ち入り禁止地区に残留（帰還）した住民は一時1200人以上。政府は送電を復旧、年金も支給。高齢化により30年後は約160人。(読売: 160221)

福島事故年表

2011.3.11.14:46 東北地方太平洋沖地震（M9.0）発生。震度6強の地震動で運転中の1〜3号機は自動停止。送電線鉄塔倒壊などにより外部電源喪失、非常用発電機起動。（A5-1: 22-23）

15:38 最大14mの津波によるタービン建屋地下の浸水により非常電源停止、1〜2号機では直流電源も喪失、温度・圧力等測定が不能に。（A5-1: 23-25）

19:03 菅首相、原災法第15条に基づく「原子力緊急事態宣言」を発令。（A5-8: 271）

21:23 菅首相、半径3km圏内の住民に避難指示、3〜10km圏内に屋内退避指示発令。（A5-8: 271）

大熊町、夜までに3km圏内を含む沿岸部の住民を国道6号線から西側に避難させる。（A5-3: 206）

2011.3.12.04:23 第一原発正門付近で1時間当たり0.59μSvを観測。04:00頃（0.069μSv）より大幅上昇。（A5-2: 147-148）

05:14 東京電力、「外部への放射性物質の漏えいが発生している」旨、官邸に報告。（A5-2: 147-148）

05:44 菅首相、福島県知事および関係自治体に対し、半径10km以内の住民に対しての避難を指示。（A5-2: 230）

06:00頃 双葉町（人口6800人）、川俣町（原発から47km、人口1万5000人）へ避難者受け入れを要請。7時過ぎ、全町民に避難指示。川俣町は最大時6000人の避難者受け入れ。（A5-7: 104-107; A5-4: 361）

06:30頃 大熊町（人口1万1000人）、田村市への避難を決め、国交省用意のバスで避難開始。09:02に避難完了を確認。（A5-3: 80, 206）

06:50 富岡町（人口1万6000人）、川内村へ避難指示。人口3000人の川内村に6000人の避難者。（A4-18: 50-52）

07:45 政府、福島第二原発に関し

原子力緊急事態を宣言。半径3km圏内の住民に避難、半径10km圏内の住民に屋内退避を指示。（A5-2: 232）

08:00 福島第二原発から3km圏に一部が入る楢葉町（人口7700人）、いわき市への全町避難指示。16:00頃までには5366人が7カ所の避難所に避難完了。（A4-18: 57-59）

11:00 浪江町（人口1万908人）、津島支所（原発から27km）に役所機能を移すこと決定。町民に津島方向への避難指示。人口1500人の津島地区に8000人が避難、公共施設に入れず車内で過ごす住民も。（A5-7: 91-95; A4-18: 45）

15:00 浪江町、役所を閉じ、本部機能を津島支所に移動。（A5-3: 206）

事故発生直後、SPEEDIは津島方面への放射性物質拡散を予測するも、政府・県は公表せず。（A5-7: 93）

15:36 1号機が水素爆発。作業員5人が負傷。1・2号機中央制御室の作業員約40名、ベテラン十数名を残し免震重要棟に退避。（A5-13: 165; A5-5: 106）

18:25 菅首相、避難指示区域を10km圏内から20km圏内に拡大。（A5-3: 80）

20kmへの拡大を受け、田村市に避難の大熊町民の一部が再避難。最終的に4市町27カ所に分散。（A5-7: 86-88）

2011.3.13.06:30 南相馬市、20km圏内の住民に避難指示。（A5-4: 361）

09:08 3号機の原子炉圧力低下、格納容器ベント。この頃炉心損傷開始。（A5-1: 23）

福島県、避難者・地元住民の緊急被ばくスクリーニング検査（体表面測定）開始。福島県緊急被ばく医療活動マニュアルに沿った基準値（1万3000cpm）超えが多発。洗浄用湯の確保困難等から14日、基準を10万cpmに引き上げ。20日に原子力委、21日に厚労省も追

認。（A5-12: 13-21, 32-41）

31日までに11万4488人検査。10万cpm以上が102人、当初基準の1万3000cpmから1万cpm未満の人数は不明。（A5-12: 44）

2011.3.14 東京電力が「計画停電」を開始。（朝日: 120314）

11:01 3号機水素爆発。原子炉建屋が吹飛ぶ。（A5-1: 23）

18:00 2号機の原子炉逃し弁開、原子炉圧力低下。水位が下がり燃料棒露出、炉心損傷開始。（A5-1: 23; A5-8: 273）

2011.3.15.06:10 2号機格納容器底部の圧力抑制室が破裂。圧力抑制室の圧力がゼロに。（A5-6: 164）

06:14 4号機建屋で水素爆発。09:38に火災発生、12:25に自然鎮火。1331本の核燃料を収納する燃料プールが大破。（朝日: 110315; A5-15: 367-368, 371-372; A5-7: 27-34）

09:00 第一原発正門前で計測された放射線量が12mSv/時に上昇。事故後の最高線量。（朝日: 110315）

11:00過ぎ 菅首相、20〜30km圏住民に屋内退避を要請。（朝日: 110315）

13:00 三春町、40歳未満の住民7248人にヨウ素剤を配布、服用を指示。（市友: 110316; 福民: 120305）

原発作業者の緊急時被ばく限度を100mSvから250mSvに引上げる。（朝日: 110315）

浪江町、津島地区周辺にいる避難者ら8000人の再移転を決め、二本松市に受け入れを求める。午後には約4000人が二本松市に移動。残り4000人は全国に散らばる。（A4-18: 47-48; 福民: 110316）

2012.3.16 福島県災害対策本部、08時に採取した福島市の水道水からヨウ素が水1kg当たり177Bq、セシウムが58Bq検出と発表。（朝日: 110316; 市友: 110317）

川内村に避難の富岡町民と川内村の住民約5000人が郡山市のビ

ッグパレットふくしまなどに避難。（福民: 110317; A4-18: 54-55）

いわき市に避難の楢葉町民、災害時相互応援協定（2006 年）を結んでいた会津美里町に移転（約1000 人）。その他は各自移転。23日、災害対策本部を置く。（A4-18: 62-64）

福島県、県内の避難所がほぼ満杯状態となり、大規模な避難の受け入れが困難になったため、他県との調整を決定。（福民: 110317）

2011.3.17 福島県全域に災害救助法適用。（A5-9: 11）

厚生労働省、食品衛生法に基づき放射性物質汚染食品の出荷・販売を規制する基準を設ける。国内の食品の規制基準はこれまでなく、地方自治体に検査の実施を通知。（朝日: 110308）

2011.3.18 南相馬市、県外への全市民退避を開始。（福民: 110319）

2011.3.19 双葉町の住民約1400人、役場機能と共に「さいたまスーパーアリーナ」（さいたま市）に再移転。（A5-8: 276）

2011.3.20 非常用発電機で電力供給中の5、6号機で、使用済み核燃料プールの水温が40℃前後に低下。格納容器内の水温も100℃未満の「冷温停止状態」に。（A5-16: 22-23）

福島県外避難者が2万3000人を超える。（福友: 110321）

2011.3.21 厚労省、飯舘村水道水から1kg当たり965Bqの放射性ヨウ素検出と発表。国の基準の3倍以上。（読売: 110321）

福島、茨城、栃木、群馬4県で生産されたホウレンソウ、かき菜と福島県産の原乳が出荷停止へ。（A5-11: 18）

2011.3.23 菅首相、福島県産食品に暫定規制値を超える放射性物質が検出されたとして、摂取制限を発動。原子力災害対策特別措置法に基づく初めての措置。（朝日: 110323）

東京都、金町浄水場の水道水から1kgあたり210Bq（乳児の規制

値の2倍超）の放射性ヨウ素を検出と発表。東京23区と多摩地域の5市を対象に、乳児に水道水を与えるのを控えるよう呼びかけ。（朝日: 110323）

2011.3.26～30 飯舘村、川俣町、いわき市の15歳以下の児童対象（1080 人）に甲状腺スクリーニング検査。直接測定は事故後2週間を経て行われたこの測定のみ。バックグラウンドの取り方など、信頼性への疑問や過小評価との指摘も。（A5-12: 6-7, 60-67）

2011.3.27 1～3号機タービン建屋の縦坑でたまった水発見。2号機タービン建屋地下汚染水の放射性物質濃度が通常運転時冷却水の約10万倍。（東奥: 110329）

2011.3.30 さいたまスーパーアリーナに集団避難していた双葉町民約1300 人、埼玉県加須市に再々移転開始。31日までに全員が移転。（A5-10: 87; 読売: 110401）

2011.4.4 原発施設内にある低レベル放射性汚染水計1万1500tを海へ放出開始。汚染水の放射能は法定基準の約500倍、全体の放射能は約1700億Bq。安全・保安院、法定線量限度（年間1mSv）を下回ることから問題ない、とする。（朝日: 110405）

2011.4.10 厚労省、飯舘村のシイタケから暫定基準値を超える放射性セシウム検出と発表。13日、露地栽培シイタケ出荷停止に。（A5-8: 283-284）

2011.4.11 政府、年間20mSvを緊急時の避難基準とすることを発表。（A5-9: 11）

2011.4.12 安全・保安院、福島第一事故による放射性物質の大気中への放出量を37万TBqと試算（9月の発表では77万TBqに）、INESレベルを「暫定5」から「レベル7」に引上げ。（JNES）

2011.4.18 陸上自衛隊、30km圏内沿岸部で初めて行方不明者の捜索開始。（A5-7: 286）

2011.4.19 文科省、学校の基準として年20mSvを福島県教委など

に通知。（朝日: 110420）

22日、日弁連会長がより低い基準を求める声明。（朝日: 110423）

29日、小佐古敏荘東大教授が抗議の意思表示として内閣官房参与辞任。（朝日: 110430）

福島県、半径20km圏内に牛約3000頭、豚約3万匹、鶏約60万羽が取り残されていると発表。大半が餓死したとみられる。（読売: 110419）

2011.4.21 東京電力、2号機高濃度汚染水の海洋流出量は4700兆Bq、国の年間放出基準の約2万倍、と発表。（福友: 110422）

2011.4.22 政府、20km圏内を立ち入り禁止の「警戒区域」に。「警戒区域」の外側で放射線累積線量が年間20mSvに達する可能性のある5市町村（浪江町、葛尾村、飯舘村の全域と、南相馬市と川俣町の一部）を「計画的避難区域」、20～30km圏内で計画的避難区域以外の地域を「緊急時避難準備区域」に指定。（朝日: 110422）

2011.4.24 福島県、半径20kmの「警戒区域」に残る家畜の殺処分を決定。（福友: 110425）

2011.4.26 文科省、福島第一原発周辺の放射線量分布マップを初めて公表。（A5-8: 289）

2011.4.29 福島県の避難者は8万3000人、うち福島県外への避難者は3万3912人に達したことが明らかに。（福友: 110430）

2011.5.9 30km圏内の県立高8校生徒が避難先の高校で授業を受ける「サテライト方式」開始。（A5-8: 292）

2011.5.15 計画的避難区域に指定された飯舘村と川俣町の住民避難が始まる。（福友: 110516）

2011.5.20 東電取締役会で福島第一1～4号機の廃止と、7、8号機の増設中止を決定。（年鑑2013: 435）

2011.5.23 埼玉県三郷市に避難の広野町民、いわき市に2次避難開始。（A5-8: 297）

6月5日、松本防災担当相、宮城県丸森町に避難の浪江町民らに

2次避難要請。(A5-8: 301)

2011.5.24 東電、福島第一の事故分析結果を発表。地震直後から1〜3号機がメルトダウン（炉心溶融）だったと認める。(年鑑2013: 435)

2011.5.30 東京電力、作業員2人の被ばく量が250mSvを超えた疑い、と発表。地震直後から5月下旬まで作業、内部被ばく量が多い可能性判明。(朝日: 110530)
　6月3日、総被ばく量が280mSv〜650mSv超と東電発表。(朝日: 110604)

2011.5.31 全域が計画的避難区域となった飯舘村、人口の約2割、2427人が村に残留、と公表。6月1日から福島市飯野出張所で業務を開始。(福友: 110601; A5-8: 299)

2011.6.16 政府、計画的避難区域外で局所的に年間の積算放射線量が20mSvを超えそうな地点について、「特定避難勧奨地点」に指定することを決定。(朝日: 110617)

2011.6.20 東日本大震災復興基本法、可決成立。24日施行。復興庁の早期設置も明記。(A5-8: 305)

2011.6.27 福島県民約200万人の放射線県民健康調査スタート。浪江町、飯舘村、川俣町山木屋地区が先行調査。30日、問診票の配布開始。(A5-8: 307-308)

2011.6.30 政府、伊達市の4地区計113世帯を特定避難勧奨地点に指定。(福友: 110701)

2011.7.8 南相馬産の牛肉から基準超えるセシウムと東京都が発表。18日、6市町の農家7戸が放射性セシウム汚染の稲わらを餌として与え、計411頭を出荷、と福島県発表。19日、福島県全域の肉牛出荷停止。8月25日解除に。(A5-8: 311-312, 320; 反401: 2)

2011.7.13 菅首相、日本の首相として初めて「原子力に依存しない社会を目指す」と記者会見で明言。(朝日: 110714)
　29日公表の「エネルギー政策中間整理案」は「原発への依存度低減」と明記。(朝日: 110730)

2011.7.24 「県民健康調査」検討委員会、健康調査の概要決定。事故時18歳以下の子ども36万人の甲状腺検査を生涯にわたり実施する。10月9日から検査開始。(A5-8: 313)

2011.8.3 「福島第一原発事故賠償のための原子力損害賠償支援機構法」が参議院本会議で成立、8月10日公布。9月12日、原子力損害賠償支援機構発足。賠償機構法改正により、14年8月18日から原子力損害賠償・廃炉等支援機構に。(年鑑2013: 436; A5-19; A5-20)

2011.8.5 「東日本大震災における原子力発電所の事故による災害に対処するための避難住民に係る事務処理の特例及び住所移転者に係る措置に関する法律（原発避難者特例法）」が成立。12日施行。13の指定市町村が対象。(A5-9: 11; A5-21)

2011.8.30 「放射性物質汚染対処特措法」、公布・施行。11月11日、基本方針閣議決定。警戒区域または計画的避難区域の指定を受けた地域を除染特別地域に指定、国が除染事業を進める。(A5-24)

2011.8.31 福島県の人口、199万7400人に減少。200万人割れは1978年以来33年振り。3月から4カ月で2万7001人の減少。(福友: 110901)

2011.9.19 「さよなら原発5万人集会」、東京・明治公園で開催。6万人参加(主催者調べ)。(A5-8: 326)

2011.9.30 政府、原発から20〜30kmの緊急時避難準備区域の解除決定。(朝日: 110930)

2011.11.16 福島県、福島市大波地区で収穫の玄米から1kgあたり630Bqの放射性セシウム検出と発表。25日、同地区の他農家でも基準値超え。28日、伊達市農家からも。政府は出荷停止を指示。(A5-8: 338-341)

2011.11.30 福島県佐藤雄平知事、県内原子炉10基の廃炉を求める、と表明。(福友: 111201)

2011.12.16 政府、福島原発事故について「ステップ2」の「冷温停止状態を達成した」として、事故収束を宣言。年間20mSvの基準は据え置き。(年鑑2013: 437; A5-9: 11)

2011.12.26 原子力災害対策本部、避難区域再編を決定。年間50mSv超の帰還困難区域、20〜50mSvの居住制限区域、20mSv以下の避難指示解除準備区域に。早ければ4月から実施。(A5-8: 348)

2012.1.15 二本松市、市内に完成したマンションの室内で高線量検出と発表。浪江町採石場の砕石をコンクリート原料としていたため。砕石は200社以上に流通、民家の基礎や小学校の耐震工事、町道などに使用と判明。(A5-8: 352-353)

2012.1.25 福島県、「県民健康調査」の基本調査問診票回収率が20.8%（20日現在）と、検討委員会で公表。(A5-8: 355)

2012.2.14 福島県、避難地区等12市町村の住民帰還に向け、5万所帯に個人線量計配布。(A5-8: 360)

2012.2.24 厚労省、食品中放射性セシウム新基準値を正式決定。現行の暫定基準の4分の1〜20分の1に。乳児製品基準も新設。4月1日から適用。(A5-8: 362)

2012.3.31 「福島復興再生特別措置法」公布、施行。(A5-22)
　7月13日、基本方針を閣議決定。追加被ばく線量を年1mSv以下に抑えることを目指した生活環境の整備など。(A5-22)

2012.4.22 政府、福島第一原発周辺市町村の今後20年にわたる空間放射線量予測図公表。5年後でも大熊町など4町村で50mSv超（帰還困難地域）が残る。(A5-8: 374)

2012.6.11 福島県民1324人、安全対策を怠り、被ばくさせたとして、東電や保安院などの33人を業務上過失致傷などの容疑で福島地裁に刑事告訴・告発。(朝日: 120612)

2012.6.12 「県民健康調査」検討委員会、事故後4カ月の外部被ばく線量推定値を公表。浪江、飯舘、川俣町山木屋地区住民の先行調査（1万4412人）で94%が5mSv以下、15mSv以上が12人（0.1%）

で最高値は 25.1mSv。全県民調査では 5mSv 以下が約 99%。健康影響は考えにくいとの評価。(A5-28)

2012.6.18 原発事故直後、米軍が測定した原発周辺の放射線分布図を提供されたが日本政府は公表せず、避難に生かされなかったことが明らかに。(A5-8: 383)

2012.6.20 東京電力、福島第一原発の事故調査について最終報告書を公表。事故の主な原因を想定を超える津波に襲われたことと結論。(朝日: 120621; A5-6)

2012.6.21 議員立法により「子ども・被災者支援法」衆院で可決成立。27 日公布。具体的な内容は、後の基本方針で定める。(A5-14: 79-80)

2012.7.5 国会原発事故調査委員会が最終報告書を国会に提出。事故を「人災」と指摘し、事前の備えや東電、電力業界、国の体質などにも言及。(朝日: 120706; A5-4)

2012.7.16 「さよなら原発 10 万人集会」東京・代々木公園で開催。17 万人参加（主催者調べ）。(A5-8: 387)

2012.7.19 東京地裁、原子力損害賠償法の異常天災時の事業者の免責規定について東日本大震災を異常な天災とは認めず、原発事故を起こした東京電力の賠償責任を認める判決。(朝日: 120720)

2012.7.23 政府の福島原発事故調査・検証委員会が最終報告書を首相に提出。未解明部分が多く、放射線レベルが下がった段階で実地調査するよう求める。国会や民間など主な 4 つの事故調の報告が出そろう。(朝日: 120724; A5-2)

2012.7.28 原水禁世界大会・福島大会、福島市で開催。(A5-8: 380)

2012.8.19 政府、福島県内の汚染土「中間貯蔵施設」の候補地として大熊・双葉・楢葉 3 町の 12 カ所提示。(A5-8: 392)

2012.9.19 「原子力規制委員会設置法」に基づき原子力規制委員会と原子力規制庁（事務局）が環境省の外局として設置される。(朝日: 120920)

2012.9.21 大熊町議会、今後 5 年間は帰還しない方針を明記した第 1 次復興計画案を全会一致で可決。自治体が長期間帰還しないと決めたのは初めて。10 月 12 日には浪江町議会も。(A5-8: 396, 399)

2012.10.22 原子力規制委、福島事故と同様の事故発生時の放射能拡散予測を公表。半径 30km 以遠で国際原子力機関による避難基準（1 週間で 100mSv）超過のケースも。(朝日: 121025, 121214)

2012.11.7 原子力規制委、改正原子炉等規制法に規定された特定原子力施設として福島第一原発を初めて指定。規制委は東電に対し、原子炉などの監視や作業員の被ばく管理に関する実施計画の提出を求め、実施計画の妥当性を審査する。(朝日: 121108)

2012.11.15 東電幹部や政府関係者ら 33 人の刑事責任を求めた「福島原発告訴団」、第 2 次告訴・告発状を福島地検に提出。47 都道府県 1 万 3262 人。(朝日: 121116)

2012.12.14 政府、年間積算放射線量 20mSv 以下になることが確実になったとして、伊達市の 117 地点 128 世帯、川内村の 1 地点 1 世帯の「特定避難勧奨地点」を解除。11 年 6 月の指定以来、解除は初めて。(民友: 121215)

2012.12.16 衆院選で民主党大敗、自公政権に。12 月 26 日、安倍内閣発足。(朝日: 121217, 121226)

2012.12末 東日本大震災のトモダチ作戦に参加の米空母「ロナルド・レーガン」の米海軍兵士ら 8 人、原発事故での被ばくに対して東電に損害賠償請求、サンディエゴの米連邦地裁に提訴。原告は当初の 8 人から 2017 年には 402 人に。(東京: 171004; A5-17)

2013.3.11 原発事故被災者約 1700 人、東電・国に慰謝料などを求め、福島地裁など全国 4 地裁・支部に提訴。請求額は約 53 億 6000 万円。(A5-8: 421)

2013.3.28 東北電力、浪江・小高

原発の新設取りやめを発表。原発事故後の新設断念は初。(年鑑2016: 372; A5-8: 422)

2013.4.22 IAEA 専門家チーム、1 ～ 4 号機の廃炉作業を調査。汚染水問題を「最大の課題」とする検証結果（中間報告）をまとめる。(A5-8: 426)

2013.4.26 「福島復興再生特別措置法」の改正案成立。「仮の町」整備用の生活拠点形成交付金の創設が正式決定。(A5-8: 427)

2013.5.24 福島県の 5 月 1 日現在の人口 195 万 341 人。4 月 1 日より 746 人増加。対前月比で増加は事故後初めて。(A5-8: 430)

2013.6.10 原発事故で避難指示が出た双葉病院（原発から 5km 弱）に入院していた患者ら 4 人の遺族、適切な医療行為が受けられずに死亡したとして、東電に損害賠償を求めて東京地裁に提訴。3 月 12 ～ 16 日の避難前後に約 50 人が死亡。(東京: 130611)

2013.6.19 東京電力、2 号機タービン建屋海側の観測用井戸の水から、1L 当たり 50 万 Bq の放射性トリチウムと 1000Bq のストロンチウムを検出と発表。(東京: 130619)

2013.7.22 東京電力、2011 年以降も高濃度汚染水が混入した地下水が海に流出している可能性が高いことを初めて認める。(東京: 130723)
　27 日、漏えい源とみられるトレンチにたまった水から 23 億 5000 万 Bq/L の放射性セシウム検出と東電発表。(A5-8: 438)

2013.8.14 原子力規制委、福島第一原発の廃炉実施計画認可。実施計画の留意事項は 12 項目、東電に順守を求める。(朝日: 130815)

2013.8.19 東京電力、処理水タンクから高汚染水 120L 漏えいと発表。20 日、300t に修正。22 日、類似タンクの総点検でタンク底部や配管近くで次々と高線量検出。(東京: 130820, 130823)

2013.8.28 原子力規制委、タンクの漏えいを INES レベル 3 と評価。(東京: 130829)

2013.9.7 安倍首相、汚染水の漏えい問題について「状況はコントロールされている」と国際オリンピック委員会（IOC）総会で強調。9日、東電は「1日も早く（状況を）安定させたい」と述べて首相の見解を否定。（東京: 130910）

2013.9.9 東京地検、業務上過失致死傷容疑などで刑事告訴・告発された元東電幹部や政府関係者ら42人全員を、「大津波を具体的に予測できたとは言えない」として不起訴に。（東京: 130910）

2013.9.11 東京電力、高濃度汚染水 300t 漏えいの地上タンク付近の地下水から、6万 4000Bq/L のトリチウム検出と発表。汚染水の地下水到達を認める。（A5-8: 444）

2013.9.25 福島県漁連、試験操業再開。試験操業の対象はタコやイカなど 18 種。（東京: 130925）

2013.10.11 「子ども・被災者生活支援法」基本方針、閣議決定。対象地域について福島県の 33 市町村を指定。放射線量の基準なし。（A5-14: 86-87）

2014.1.31 東京電力、5、6号機廃炉を決定。（年鑑2016: 374）

2014.2.20 東京電力、貯蔵タンクから高濃度汚染水 100t 漏れと発表。ボルト締め型タンク1基の上部から、ストロンチウム約2億4000 万 Bq/L、放射性セシウム約1万 1500Bq/L などを含む濃縮塩水があふれ、外の土壌に直接流出。（東京: 140220, 140221; 反432: 2）

2014.3.14 広野町、川内村の議会が県内全原発廃止の意見書採択。前年 12 月の立地4町をふくめ福島県内全 59 市町村が決議や意見書採択をしたことに。（反421: 2）

2014.4.1 田村市都路地区の避難指示解除。避難指示区域の解除は初めて。人口 116 世帯 355 人。小学校2校、中学1校は4月から本来の校舎で授業を再開する。（東京: 140401）

2014.4.2 国連放射線影響科学委（UNSCEAR）、福島事故の健康影響に関する最終報告書公表。福島

県民の平均的な全身被ばくレベルでは、がんの増加は統計的には確認不可能。子どもへの影響は、甲状腺被ばく線量のデータ不足で結論は出せないとする。（朝日: 140402）

2014.4.11 「エネルギー基本計画」閣議決定。原発を重要なベースロード電源と位置付ける。（東京: 140412）

2014.6.10 環境省、浪江、双葉両町での除染モデル実証事業の結果を発表。生活圏の空間線量が 50 ～ 80% 低減するが年間 20mSv 以下にならない区域も少なくない。23日には内閣府原子力被災者支援チーム、事故後 10 年で帰還困難区域も 20mSv 以下になるとの推計を発表。（朝日: 140611, 140624）

2014.7.14 13 年秋に南相馬市で収穫された米から基準値を超える放射性セシウムが検出された原因、3号機がれき撤去時の粉じん飛散の可能性。農水省が3月、東電に再発防止を要請していた。（朝日: 140714）

2014.7.30 環境省、指定廃棄物最終処分場候補地に栃木県塩谷町の国有地を選定、副大臣が受け入れ要請。8月5日、臨時町議会で候補地選定白紙撤回を求める意見書を全会一致で可決。（東京: 140730, 140805）

2014.8.24 福島県「県民健康調査」検討委員会、甲状腺検査結果（1回目検査、2011. 10 ～ 2014. 3 実施）公表。事故時 18 歳以下の対象者 36 万 7707 人、受診者 29 万 6026人（受診率 80.5%）。悪性ないし悪性疑いが 104 人（男 36 人、女 68人）、うち 58 人手術。その後の2次検査で計 116 人に。（A5-25）

2014.8.26 福島地裁（潮見直之裁判長）、原発事故避難者の自殺に東電の責任を認め、遺族への賠償命じる判決。福島県の震災関連の自殺者は 2011 年6月から 56 人、増加傾向が顕著と内閣府。（東京: 140826）

2014.8.30 福島県知事、原発事故の除染廃棄物中間貯蔵施設受け入

れを正式表明。（反438: 2）

2014.10.1 川内村（人口約 2700人）東部の避難指示区域のうち、「避難指示解除準備区域」（139 世帯 275 人）については除染で放射線量が下がったとして避難指示を解除。居住制限区域（18 世帯 54人）は避難指示解除準備区域に。（東京: 141001）

2014.11.19 「中間貯蔵施設改正法」、参院で可決、成立。最終処分は県外と明記。中間貯蔵施設を国の特殊会社「日本環境安全事業」に実施させる同事業関連法を改正。（東京: 141119）

2014.12.28 政府、南相馬市の特定避難勧奨地点（142 地点、152 世帯）の指定を解除。最初の指定から約3年6カ月を経て全て解除。解除により、東電が支払う精神的賠償（1人当たり月 10 万円）は 2015 年3月分までで打ち切られる。（民友: 141229）

2015.1.7 福島県、大熊町、双葉町、東電との安全協定を廃止し、廃炉の実施に係る新協定締結。（東京: 150107）

2015.1.23 厚生労働省山本香苗副大臣、原発作業員の死亡事故頻発に関し労災防止対策徹底を東電広瀬直己社長に求める。19 日に第一原発でタンクの点検作業中に転落死、20 日に第二原発で機具に頭を挟まれ死亡。（東京: 150124）

2015.2.25 福島県、大熊町、双葉町と環境省、中間貯蔵施設への除染廃棄物搬入安全確保協定締結。（東京: 150226; 反444: 2）

2015.5.18 「県民健康調査」検討委員会、「甲状腺検査に関する中間とりまとめ」公表。甲状腺がん多発（従来のり患統計の数十倍）の原因は過剰診断によるもの、被ばくの影響とは考えにくいとする。（A5-26）

2015.5.27 東京電力、高濃度汚染水約 62 万 t の「処理完了」と発表。ただし、タンク底部の未処理残水が約1万 t、処理水のうち 16万 t 強は再浄化が必要。1日約 300t

の高濃度汚染水追加は変わらず。（東京：150528）

2015.7.31 福島第一原発事故の刑事責任をめぐり、東京地検が2度不起訴とした東電勝俣恒久元会長ら旧経営陣3人について、東京第五検察審査会は業務上過失致死傷罪で起訴すべきとする2回目の議決を公表。（東京：150801）

16年2月29日、検察官役の指定弁護士、勝俣恒久元会長ら3人を業務上過失致死傷罪で在宅のまま強制起訴。（東京：160301）

2015.8.20 韓国が福島事故を理由に日本からの水産物輸入を規制しているのは不当として、政府が世界貿易機関に提訴。（東京：150821）

2015.8.25 福島県漁連、全漁連がサブドレン水海洋放出を容認。11日提出の要望に対する政府・東電の回答を受け、拡大理事会で決定したもの。（東京：150826；反450：2）

2015.8.30 IAEA、福島原発事故の最終報告書を公表。原発が安全という思い込みが浸透し、事故対応の設備・手順などの備えが不十分だったと分析。（朝日：150902）

2015.9.5 政府、楢葉町の避難指示を解除。3例目の解除、全町避難自治体では初。（東京：150905）

2015.10.20 厚生労働省、福島事故後の作業で被ばくした後に白血病を発症した元作業員に労災認定。累積被ばく量は19.8mSv。事故収束作業後の白血病発症で労災が認められたのは初。（東京：151021）

2015.11.20 福島労働局、福島第一の事故収束・廃炉作業での監督指導結果を発表。延べ724事業者の56.5%で関係法令違反。（朝日：151125）

2016.2.18 京都地裁（三木昌之裁判長）、自主避難者へ東電の損害賠償支払いを命ずる判決。自主避難者への賠償責任を認めた判決は初。（東京：160219）

2016.3.31 東京電力、1〜4号機を囲む凍土遮水壁の運用開始。30日、規制委が海側先行案を認可したもの。（東京：160331）

2016.4.19 経済産業省の作業部会、トリチウムの分離方法を公募したがすぐ実用化可能な技術なし、との評価をまとめる。（朝日：160420）

27日、県漁協組合長会議で放出を認めない方針確認。（朝日：160429）

2016.4.27 東京地裁（中吉徹郎裁判長）、避難中の死亡で東電に損害賠償を求めていた双葉病院患者2名の遺族に対し、約3100万円の支払いを命ずる。（東京：160428）

2016.5.23 用地確保が進まない（4月末で2.2%）指定廃棄物中間貯蔵施設につき、自民党県連が双葉・大熊両町に町有地の提供を要請。大熊町議会は31日、全員協で提供の方針を了承。（朝日：160601）

2016.5.31 政府、避難指示解除準備区域の解除発表。6月12日に葛尾村の居住制限区域および避難指示解除準備区域の解除、6月14日に川内村の避難指示解除準備区域の解除、7月12日に南相馬市の居住制限区域および避難指示解除準備区域を解除。（A5-23）

2016.6.6 県民健康調査検討委員会、甲状腺検査で事故時5歳の男児が「甲状腺がんないしがんの疑い」と診断されたことを公表。5歳以下の子どもでは初のケース。福島県は甲状腺がん多発に対して、放射線の影響を受けやすい5歳以下に発症者がいないことを理由の一つとして、原発事故との因果関係を認めていない。（東京：160628）

2016.6.23 福島検察審査会、公害犯罪処罰法違反の疑い（高濃度放射能汚染水の海洋への放出）で告発された東電と幹部らを不起訴とした福島地検の処分について、「不起訴相当」と議決。福島原発告訴団への取材で明らかに。（朝日：160708）

2016.6.30 環境省、放射性セシウム濃度が1kg当たり5000〜8000Bq以下となった土などを全国の公共工事で再利用する方針を決定（原子炉等規制法の基準は100Bq以下）。土やコンクリートで覆い住民の被ばく線量を年間

0.01mSv以下に抑える。放射性物質としての扱いが不要になるまでに170年を要すも、管理期間に言及なし。（東京：160701）

2016.7.13 東京地裁（朝倉佳秀裁判長）、原子炉製造メーカーGE社、東芝、日立製作所に対する国内外約3800人による損害賠償請求訴訟で、原告側の請求棄却。（東京：160714）

2016.8.19 厚生労働省、原発事故処理作業員の白血病発症について労災認定。累積被ばく線量は54.4mSv。事故後作業従事者の労災認定は2人目。3人が不支給、1人取り下げ、5人が調査中。（朝日：160820）

2016.9.7 廃炉に向けて燃料デブリなど放射性廃棄物の処理を研究する「大熊分析・研究センター」、大熊町で起工式。日本原子力研究開発機構が東電敷地内に建設。（東京：160908）

2016.9.9 NPO法人「3.11甲状腺がん子ども基金」（代表理事：崎山比早子）発足、募金を開始。甲状腺検査などでがんと診断されたり、手術を受けた患者に療養費を給付する。（東京：160910）

2016.9.10 福島県立医科大のグループ、福島県甲状腺検査を受けた約30万人の甲状腺がんの有病率と、外部被ばくの推計量に関連無し、とする論文発表。（朝日：160910）

2016.9.14 福島県「県民健康調査」検討委員会、甲状腺検査結果（2回目検査、2014.4〜2016.3実施）公表。新たに悪性および悪性の疑い48人（男19人、女29人）見つかる。その後の2次検査で71人に。（A5-25）

2016.9.20 福島労働局、6月までの半年間で県内の除染作業に当たった271事業者が労働基準法や労働安全衛生法に違反、と発表。調査した506事業者の約5割、違反件数は計416件。（東京：160921）

2016.10.13 東京電力、凍土遮水壁のうち海側の地中が完全に凍結し

たと発表。（東京: 161014）

11月21日、1〜4号機周囲の遮水壁を報道陣に公開。運用開始から8カ月、地下水流入の減少は認められず。（東京: 161122）

2016.10.31 原発事故の損害賠償業務を担当した東電社員、うつ病発症は過酷な業務によるものと中央労働基準監督署に労災申請。事故の損害賠償は10月21日現在、延べ約250万件、計約6兆3000億円。（東京: 161031）

2016.11.9 横浜市に自主避難の中学生、いじめ防止対策推進法に基づく調査の結果、同級生によるいじめがあったと横浜市教育委員会の第三者委員会が認定したことが明らかに。（東京: 161109）

2016.11.15 環境省、双葉町と大熊町で中間貯蔵施設本体工事に着手。1600haの敷地に、最大2200万m³の除染廃棄物を貯蔵する。（東京: 161115）

翌年10月28日、本格稼働開始。（朝日: 171029）

2016.12.6 福島県が11月下旬実施の福島沖魚介類の放射性セシウム検査で、すべての検体が検出限界値以下に。当初は国の基準値以上の検体が9割以上だったもの。（朝日: 161206）

2016.12.9 経産省、原発事故の賠償や廃炉費用が21兆5000億円に上るとの試算を公表。2013年想定の2倍。21兆5000億円のうち15兆9000億円を東電に負担させる。国の無利子融資枠を9兆円から13兆5000億円にする追加救済策も提示。（東京: 161210）

原発事故による被ばくの健康影響について議論した「福島国際専門家会議」、「明らかに利益があると考えられる対象のみ検査すべき」との提言をまとめ、内堀雅雄知事に手渡す。（朝日: 161210）

2016.12.16 厚労省、原発事故の作業で被ばくして甲状腺がんを発症した東京電力社員（40歳）の労災を認定。事故作業従事者の労災認定は3人目、甲状腺がんでは初め

て。累計被ばく量は約150mSv、約140mSvが事故後の被ばく（うち約40mSv内部被ばく）。（朝日: 161217）

2017.3.31 政府、飯舘村、川俣町、浪江町に出していた避難指示の一部を解除。4月1日は富岡町でも解除。対象住民は2月末〜3月1日時点で計約1万2000世帯、約3万2000人。4市町村の計7市町村には帰還困難区域が残る。（東京: 170331）

「3.11甲状腺がん子ども基金」、事故時4歳だった男児のがんが確定していたことを記者会見で発表。2014年の検査で経過観察とされていたが、16年に摘出手術を受けてがんが確定したもの。5歳以下では2人目。この症例は、県民健康調査の集計に加えられていない。（朝日: 170401; A5-27: 693）

2017.5.12 環境省、福島県外自治体の実施計画に基づく除染作業が完了、と発表。岩手、宮城、茨城、栃木、群馬、埼玉、千葉の7県の計56市町村で実施。（朝日: 170513）

2017.6.30 東京地裁、業務上過失致死傷罪で強制起訴された東電の勝俣恒久元会長ら3被告の初公判。検察官役の指定弁護士、「事故の3年前、東電は高さ15.7mの津波の試算を得ながら対策をしなかった」と主張。弁護側、予測に信頼性はなく津波は予測できなかったと反論。（東京: 170701）

2017.7.- 岡山大学津田敏秀教授、福島県「県民健康調査」（6月5日）を基に、外部被ばくの線量推計と悪性率の関係を解析。被ばく量が多い方が悪性率が高いとの論文報告。（A5-27: 690-695）

2017.10.10 福島地裁、福島全59市町村と宮城、茨城、栃木の約4000人が居住地の放射線量を事故前の水準（毎時0.04mSv以下）に戻す「原状回復」を求めた訴訟で、国と東電の責任を認める。2013年3月に提訴したもの。（東京: 171011）

2017.10.23 「県民健康調査」検討

委員会、甲状腺検査3回目（2016.4〜2018.3）途中経過公表。7人（男4人、女3人）が悪性ないし悪性の疑い。1回目からの合計は194人に。うち手術で154人ががんと確定。（A5-25）

2017.12.1 EU、福島原発事故後に日本から輸入する農林水産品に課していた規制を緩和。福島県産のコメや一部の水産物の検査証明書添付が不要に。（朝日: 171202）

2017.12.13 厚生労働省、原発事故の作業で被ばくした後に白血病になった東電社員に労災を認定と発表。累積被ばく線量は99mSv（事故後96mSv）。事故後作業従事者の認定は4人目、白血病では3人目。（朝日: 171214）

Ⅰ-4-2 チェルノブイリと福島の比較一覧

項目		チェルノブイリ	福島	詳細図表
原子炉	種類	黒鉛減速・沸騰軽水冷却チャンネル炉	沸騰軽水冷却炉	Ⅰ-1-3 Ⅰ-4-3
	事故基数	1基（4号機：電源テスト作業中）	4基（1～3号機は稼働中、4号機は休止中）	
	型式	ソ連製　RBMK1000	1号機：GE製 BWR Mark Ⅰ 2～4号機：Mark Ⅰ改良型（GE／東芝／日立製）	
	電気出力	100万kW	1号機（46万kW）、2～4号機（78万kW）	
	炉内、使用済み燃料プール内の核燃料棒	核燃料棒：1611本	核燃料棒：計4604本（炉内1496本、燃料プール内3108本）	
	特徴	格納容器無し 低出力状態では正のボイド係数となり制御が不安定	格納容器あり 1号機（Mark Ⅰ）はGE社がターンキー契約で建設 2～4号機はMark Ⅰを基に改良	
	運転開始日	1983.12.22（営業運転 1984.3.26）	1号機：1971.3.26、2～4号機：1974～1978年	Ⅰ-1-1
	事故年月日	1986.4.26	2011.3.11	Ⅰ-4-1
	事故の主原因	1986年8月ソ連政府報告 　運転員による6つの規則違反 1991年2月ソ連政府報告 ◆炉の構造上の欠陥と隠蔽、放置 ◆運転試験時の運転員の操作ミスと緊急停止操作により炉構造の問題が発現	◆炉の構造（圧力抑制装置のぜい弱性） ◆地震・津波による外部電源喪失および補助電源（地下に設置）喪失による冷却剤喪失	
	事故の様態	炉心溶融・2回の爆発（水素、水蒸気）、黒鉛火災により放射性物質が広範囲に拡散。 コンクリート石棺で閉鎖（1986年11月完成）、老朽化により2016年11月にスチール製に更新	稼働中の3基が冷却不能により炉心溶融、原子炉損傷 休止中の4号棟を含む3棟が水素爆発により建屋破壊、放射性物質拡散、汚染水漏えい 外部からの冷却水注入により冷温停止状態に（2011年12月）。現在も冷却継続・収束作業中	
放出放射能	大気圏	520万TBq（総量ヨウ素換算値）	90万TBq（総量ヨウ素換算値）	Ⅰ-1-5 Ⅰ-4-4
	水圏		1.8万TBq（汚染水の海洋への漏出・放出）	
	事故の規模（国際原子力事象評価尺度）	INES：7	INES：7	
汚染範囲	面積	3.7万Bq/m²以上：19万km² （55.5万Bq/m²以上：1万km²）	3.7万Bq/m²以上：8500km² （55.5万Bq/m²以上：770km²） 放出された放射性物質の50～60%は海側に降下（汚染面積に含まれず）	
	住民数	3.7万Bq/m²以上：600万人（旧ソ連3国） （55.5万Bq/m²以上：40万人）	3.7万Bq/m²以上：160万人 （55.5万Bq/m²以上：8万2000人）	
被災者	事故処理作業者	事故処理作業者：60万～80万人	事故収束作業者：5年間で4万7000人（継続中） 除染作業者：2016年末までに7万7000人（継続中）	Ⅰ-4-5
	住民避難	強制・義務的移住区域： 　55.5万Bq/m²以上 　（追加被ばく量5mSv/年以上） 対象住民：40万人	避難指示区域： 　年間被ばく量20mSv/年以上 対象住民：8万6000人	
		移住権の保証地区： 　55.8万～18.5万Bq/m² 　（追加被ばく量5～1mSv/年） 対象住民：70万人	該当区分無し	
	食品基準	事故10日後に設定、2～10年後まで数度改訂	事故6日後に設定、1年後に改訂	Ⅰ-4-7
	健康調査	全被災者の健康診断（年1～2回、現在も継続）	事故時18歳以下の福島県民の甲状腺検査	Ⅰ-4-6
	健康被害	◆甲状腺がん発症率増加 ◆免疫系、血液系、呼吸器系疾患増加の報告もあり	甲状腺がんおよびがんの疑い多発（福島県は2016年時点で放射線の影響と認めていない）	
	被災者救済法・制度	チェルノブイリ法 被災者国家登録制度	原発避難者特例法 福島復興再生特別措置法 子ども・被災者支援法 放射性物質汚染対処特措法	Ⅰ-4-5

I-4-3 立地および炉構造

チェルノブイリ原発の立地

立地図

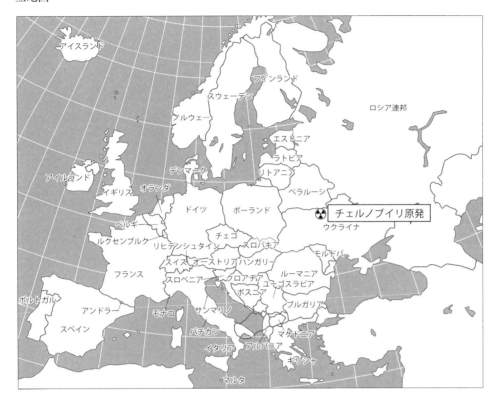

周辺図

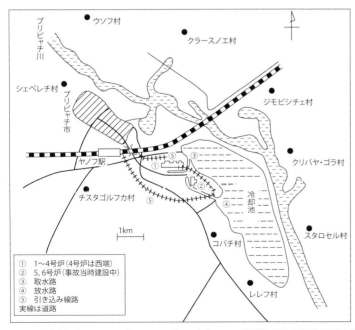

出典：今中哲二編，1998，『チェルノブイリ事故による放射能被害 国際共同研究報告書』技術と人間．

福島第一原発の立地

立地図

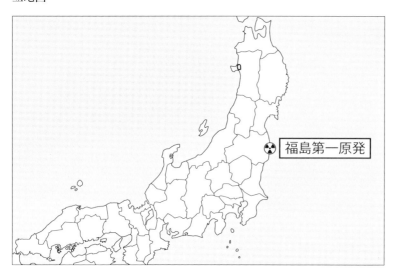

周辺図

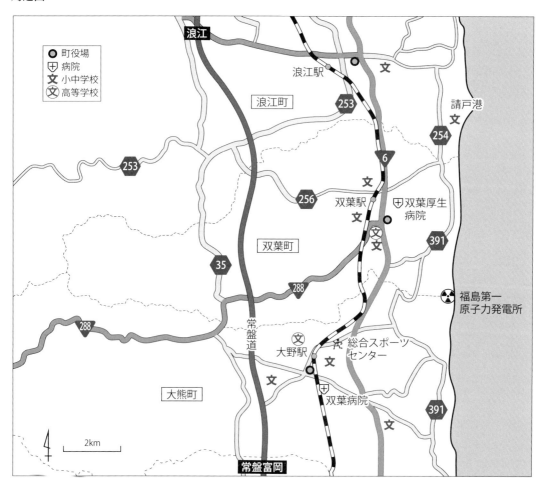

炉構造比較

チェルノブイリ原発 ソ連製 RBMK1000

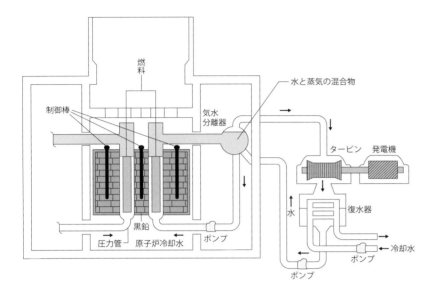

福島第一原発 GE 製 BWR Mark I

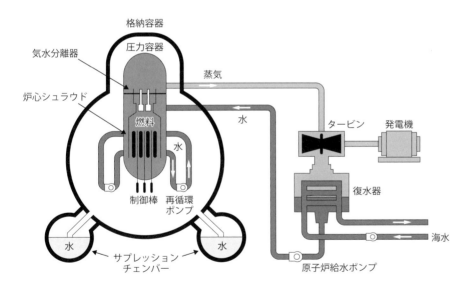

出典：今中哲二, 2013, 『放射能汚染と災厄』明石書店.

I-4-4 放射性物質放出量および汚染状況

放射性物質放出量の比較

日別放出量（チェルノブイリ）

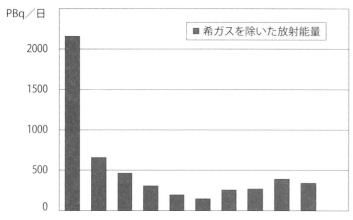

出典：今中哲二，2016，「チェルノブイリと福島 事故プロセスと放射能汚染の比較」『科学』86(3)：252-257.

日別放出量（福島）

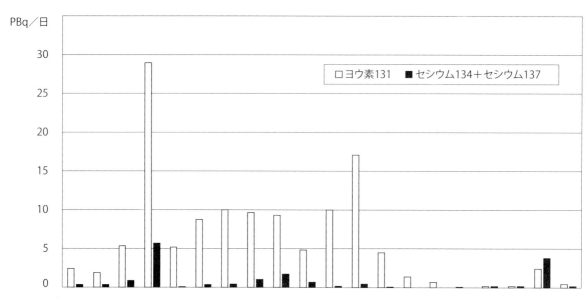

出典：今中哲二，2016，「チェルノブイリと福島：事故プロセスと放射能汚染の比較」『科学』86(3)：252-257.

大気中への放出量の比較

単位：PBq = 10^{15}Bq、（　）内は炉内 inventory[1] からの放出割合

放射性核種	半減期	チェルノブイリ			福島		
		ソ連政府報告[2] (1986)	瀬尾ほか[3] (1988)	チェルノブイリフォーラム (2005)	保安院 (2011)	Stohlほか (2012)	UNSCEAR[4] (2013)
キセノン 133	5.24 日	9000	n.a.[3]	6500（100%）	11000（97%）	15300	7300
ヨウ素 131	8.04 日	760	2600	1760（55%）	160（2.5%）	n.a.[5]	120
セシウム 134	2.07 年	21	110	47	18	n.a.[5]	9
セシウム 137	30.1 年	37	160	85（30%）	15（2.6%）	36.6	8.8
ストロンチウム 90	28.8 年	8.1	20	10（5%）	0.14（0.03%）	n.a.[5]	n.a.[5]
プルトニウム 239	2 万 4000 年	5.2	9.3	0.013（1.5%）	$3.2×10^{-6}$（0.002%）	n.a.[5]	n.a.[5]

＊1：原子炉内放射性物質量（運転により核分裂生成物が蓄積）
＊2：ソ連国内に沈着した放射能量から算出
＊3：ソ連国内およびヨーロッパ地域の沈着濃度から算出
＊4：報告された多数の研究成果をもとに算出
＊5：評価なし
参考資料：今中哲二，2016，「チェルノブイリと福島：事故プロセスと放射能汚染の比較」『科学』86(3)：252-257.
　　　　　瀬尾健ほか，1988，「チェルノブイリ事故による放出放射能」『科学』岩波書店，58：108-117.
　　　　　IAEA，2005，*Chernobyl: Looking Back to Go Forward.*
　　　　　UNSCEAR，2013，『科学的付属書 A 2011 年東日本大震災後の原子力事故による放射線被ばくのレベルと影響』.

海洋環境への放出量の比較

単位：PBq = 10^{15}Bq

放射性核種	チェルノブイリ	福島		
	海洋への放出	大気中への放出	海洋への放出	
			直接的[2]	間接的[3]
ヨウ素 131	n.a.[1]	100 ～ 500	10 ～ 20	60 ～ 100
セシウム 137	n.a.[1]	6 ～ 20	3 ～ 6	5 ～ 8

＊1：評価なし。内陸に立地しており海洋への直接放出は無し。間接放出（沈着）は少量
＊2：汚染水の漏えいおよび貯蔵タンクからの低濃度汚染水の投棄
＊3：大気中に放出された放射性核種が風向きにより海上に沈着（放出量の 50 ～ 60%）
参考資料：UNSCEAR，2013，『科学的付属書 A 2011 年東日本大震災後の原子力事故による放射線被ばくのレベルと影響』.

セシウム137による汚染状況

チェルノブイリ事故による汚染地図

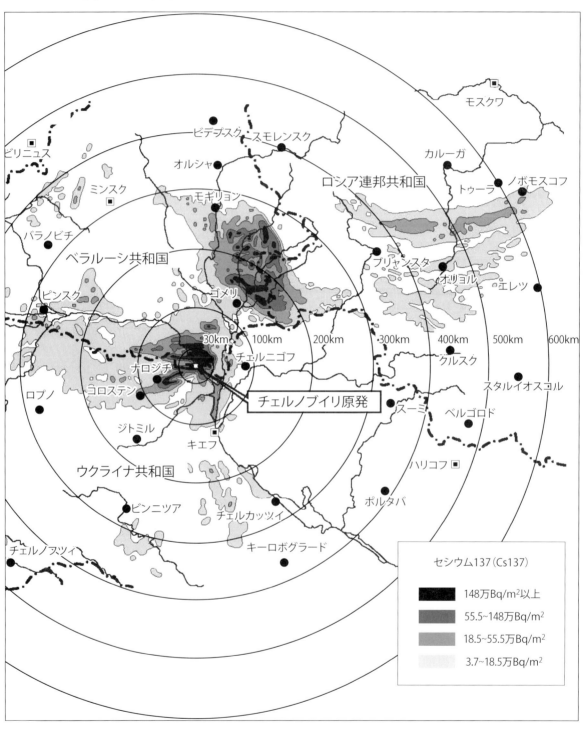

作成：放射能汚染食品測定室（1990）

福島第一原発事故による汚染地図

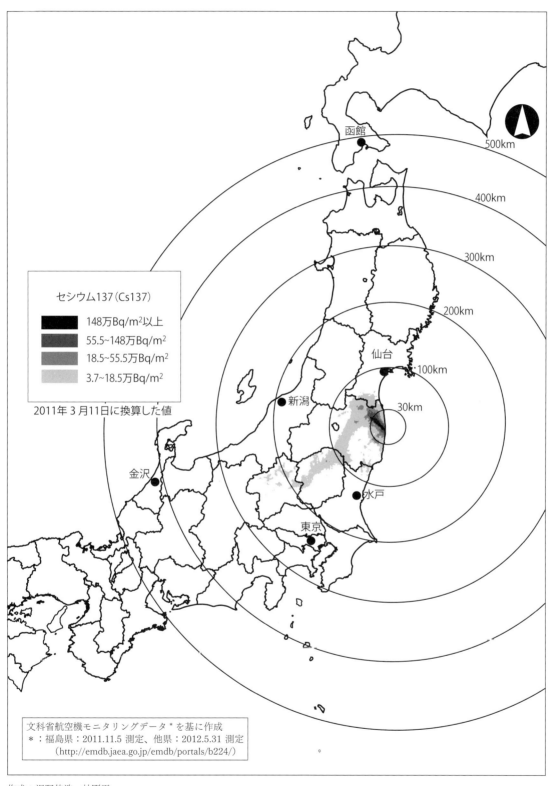

セシウム137汚染面積・人口比較

汚染面積比較

地域 ＼ 汚染レベル	汚染面積 (km²)				
	148万Bq/m²以上	148〜55.5万Bq/m²	55.5〜18.5万Bq/m²	18.5〜3.7万Bq/m²	合計
福島	272	496	1,396	6,260	8,424
ロシア	300	2,100	5,720	48,800	56,920
ベラルーシ	2,200	4,200	10,200	29,900	46,500
ウクライナ	600	900	3,200	37,200	41,900
旧ソ連以外[1]				45,260	45,260
チェルノブイリ合計	3,100	7,200	19,120	161,160	190,580
福島／チェルノブイリ (%)	8.8	6.9	7.3	3.9	4.4

＊1：スウェーデン、フィンランド、オーストラリア、ノルウェー、ブルガリア、スイス、ギリシャ、他。
参考資料：沢野伸浩，2013，『本当に役に立つ「汚染地図」』集英社.
　　　　　今中哲二編，1998，『チェルノブイリ事故による放射能災害』技術と人間.
注：チェルノブイリ原発は内陸に立地、汚染物質は全て陸上に降下。福島原発は海沿いに立地、汚染物質の半分以上は海上に降下、陸地
　の汚染面積は小さくなる。

汚染人口比較

地域 ＼ 汚染レベル	住民数 (人)				
	148万Bq/m²以上	148〜55.5万Bq/m²	55.5〜18.5万Bq/m²	18.5〜3.7万Bq/m²	合計
福島	30,158	52,159	261,074	1,241,913	1,585,304
ロシア[1]	5,000	110,000	218,000	1,889,000	2,222,000
ベラルーシ[1]	9,000	95,000	267,000	1,734,000	2,105,000
ウクライナ[1]	19,000	30,000	204,000	1,335,000	1,588,000
1986年の強制移住者[2]	116,000				116,000
チェルノブイリ合計	149,000	235,000	689,000	4,958,000	6,031,000
福島／チェルノブイリ (%)	20.2	22.2	37.9	25.0	26.3

＊1：ロシア、ベラルーシ、ウクライナの住民数は1990年時点のもの。
＊2：30km圏（全域148万Bq/m²以上汚染と仮定）および圏外の一部高汚染地区からの強制移住者。
参考資料：沢野伸浩，2013，『本当に役に立つ「汚染地図」』集英社.
　　　　　今中哲二編，1998，『チェルノブイリ事故による放射能災害』技術と人間.

Ⅰ-4-5 被災者救済制度の比較

被災者区分、健康対策

チェルノブイリ			日本			
被災者：4カテゴリー （対象者は国家登録）			被災者の定義なし			
被災者区分	対象者数	適用法規	区分	対象者数	適用法規	
事故処理作業者 1986〜1987年 1988〜1990年	60万〜80万	チェルノブイリ法 *1 / チェルノブイリ事故被災者国家登録制度 *2	被害補償 健康診断・治療 年金受給の優遇	事故収束作業者（2011.12.16までの緊急作業に従事）	2011.12.16までは2万1000人 5年間で4万7000人	電離放射線障害防止規則	東京電力第一原子力発電所における緊急作業従事者等の健康保持増進のための指針（2011.10.11）	登録証交付 生涯にわたる健康管理 被ばく線量に応じた健康診断
				事故収束作業者（2011.12.17以降作業）			東京電力第一原子力発電所における安全衛生管理対策のためのガイドライン（2015.8.26）	放射線管理手帳交付（被ばく線量・検診記録）
				除染作業者	2012〜2016 7万7000人 *3	除染電離則 *4	除染等業務に従事する労働者の放射線障害防止のためのガイドライン（2011.12.22）	放射線管理手帳交付（被ばく線量・検診記録）
強制・義務的移住者（30km圏、55.5万Bq/m^{2}以上からの移住者）	40万人		喪失財産補償 健康診断（1〜2回/年） 年金受給の優遇 保養 食費補助	避難指示区域住民（福島県民）	8万6000人	原発避難者特例法 *5 福島復興再生特措法 *6 子ども被災者支援法 *7 〃 基本方針 *8	事故時18歳以下の福島県民の甲状腺検査（20歳までは1回/2年、20歳以上1回/5年）
汚染地域居住者（3.7万〜55.5万Bq/m^{2}から移住または居住）				避難指示区域以外の住民（福島県民）	200万人		
上記被災者の子孫				福島県以外の汚染地住民（居住、自主避難）	不明		

＊1：チェルノブイリ法（ウクライナ）は、下記の1決定、2法より成る（ロシア、ベラルーシもほぼ同様の法制度をとる）
　　　（1）チェルノブイリ大災害による汚染地域住民の居住に関するコンセプト（最高会議決定：1991.2.27）
　　　（2）チェルノブイリ事故による放射能汚染地域の法的扱いについて（法律：1991.2.27 制定）
　　　（3）チェルノブイリ原発事故被災者の法的地位と社会的保護について（法律：1991.2.28 制定）
＊2：ウクライナにおけるチェルノブイリ事故被災者国家登録の機能と組織に関する規約（ロシア、ベラルーシも同様の制度あり）
＊3：除染等業務従事者等被ばく線量登録管理制度（2013.11.15）で登録されている人数（http://www.rea.or.jp/chutou/koukai_jyosen/hibakukanri_jyosen.html（170615 アクセス））
＊4：東日本大震災により生じた放射性物質により汚染された土壌等を除染するための業務等に係る電離放射線障害防止規則（2011.12.22）
＊5：「東日本大震災における原子力発電所の事故による災害に対処するための避難住民に係る事務処理の特例及び住所移転者に係る措置に関する法律」（2011.8.5 制定）
＊6：（2011.8.30 制定）
＊7：東京電力原子力事故により被災した子どもを始めとする住民等の生活を守り支えるための被災者の生活支援等に関する施策の推進に関する法律（2012.6.21 制定）
＊8：2013.10.11 閣議決定

第Ⅰ部　福島原発震災のもたらしたもの　第4章　福島・チェルノブイリ事故の比較

居住区分

チェルノブイリ（ウクライナ）				ICRP 勧告 [*1]	日本（土壌汚染による区分無し）		
居住区分		土壌汚染 （Cs137）	追加 被ばく量 [*2]	年間 被ばく量	被ばく 量	居住区分	
立入り禁止	隔離ゾーン [*3]			100mSv 緊急被ばく 状況 20mSv	50mSv/ 年以上	帰還困難区域	居住不可
					50 ～ 20mSv/ 年	居住制限区域	
						避難指示解除 準備区域	居住可
居住不可	義務的移住ゾーン	55.5 万 Bq/ m² 以上	5mSv/ 年以上	現存被ばく 状況	20 ～ 1 m S v / 年	避難指示が解除 された区域 避難指示区域外	
居住可	自主的移住ゾーン （移住権の保証）	55.8 ～ 18.5 万 Bq/m²	5 ～ 1mSv/ 年				
	放射線管理強化ゾ ーン（社会経済的 特典）	18.5 ～ 3.7 万 Bq/m²	1 ～ 0.5mSv/ 年	1mSv 計画被ばく 状況	1 m S v / 年以下	除染の長期目標	

＊ 1： 国際放射線防護委員会（ICRP）2007 年勧告
　　◆ 緊急被ばく状況：緊急時、1 年程度を目安に定める。参考値 20 ～ 100mSv/ 年
　　◆ 現存被ばく状況：復旧時に設定、参考値 1 ～ 20mSv/ 年のなるべく低い値
　　◆ 計画被ばく状況：平常時（一般人）の線量限度 1mSv/ 年
＊ 2： 原発事故による追加被ばく量
＊ 3： 30km 圏内および 1986 年中に強制移住

Ⅰ-4-6 健康被害

推計被ばく線量の比較

チェルノブイリ事故			福島第一原発事故		
被災者区分	人数	平均被ばく線量[*1] （1986-2005）	被災者区分	人数	平均被ばく線量[*2]
事故処理作業者（1986～1987年に30km圏で作業）	24万人	100mSv	事故処理作業者(2011.3～2016.3)	4万7000人	平均：12.5mSv（2011.3～2012.3） 平均：2.8mSv（2011.3～2016.3） 　　250mSv超：6人，100mSv超：174人 　　1mSv以下：1万4000人
1986年の強制移住者	11万6000人	33mSv	避難指示区域住民	8万6000人	成人　　　　：1.1～9.3 mSv（事故後1年間） 小児、10歳：1.3～10 mSv（　〃　　） 小児、 1歳：1.6～13 mSv（　〃　　）
55.5万Bq/m^{2}以上汚染地からの移住者	27万人	50mSv	上記以外の福島県および周辺6県住民[*3]	1890万人	成人　　　　：0.2～4.3 mSv（事故後1年間） 小児、10歳：0.2～5.9 mSv（　〃　　） 小児、 1歳：0.3～7.5 mSv（　〃　　）
55.5～3.7万Bq/m^{2}汚染地住民	520万人	10mSv			成人　　　　：0.2～8.3 mSv（事故後10年間） 小児、10歳：0.3～12 mSv（　〃　　） 小児、 1歳：0.3～14 mSv（　〃　　）

＊1：IAEA（2005）による推計
＊2：UNSCEAR（2013）による推計、事故処理作業者の被ばく線量は実測値
＊3：宮城県、群馬県、栃木県、茨城県、千葉県、岩手県
参考資料：IAEA, 2005, *Chernobyl: Looking Back to Go Forward*, http://www-pub.iaea.org/MTCD/publications/PDF/Pub1312_web.pdf （170621 アクセス）.
　　　　UNSCEAR, 2008, SOURCES AND EFFECTS OF IONIZING RADIATION, http://www.unscear.org/docs/publications/2008/UNSCEAR_2008_Report_Vol.II.pdf（170621 アクセス）.
　　　　UNSCEAR, 2013, 『2011年東日本大震災後の原子力事故による放射線被ばくのレベルと影響』：http://www.unscear.org/docs/publications/2013/UNSCEAR_2013_Annex_A_JAPANESE.pdf（170621 アクセス）.
　　　　総務省統計局，平成22年国勢調査：http://www.stat.go.jp/data/kokusei/2010/（170621 アクセス）.
　　　　原子力資料情報室，2017，『原子力市民年鑑 2016-2017』七ツ森書館.

チェルノブイリ事故後の健康被害

甲状腺がん発生件数（ウクライナ）

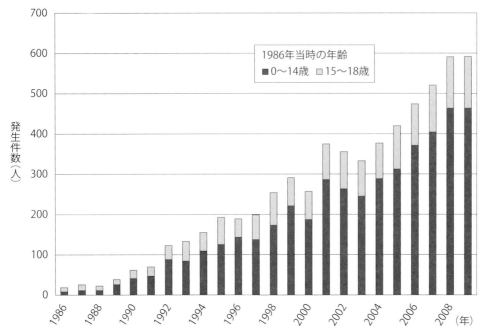

出典：馬場朝子ほか，2012，『低線量汚染地域からの報告 チェルノブイリ26年後の健康被害』NHK出版．

甲状腺がん発生件数（ベラルーシ）

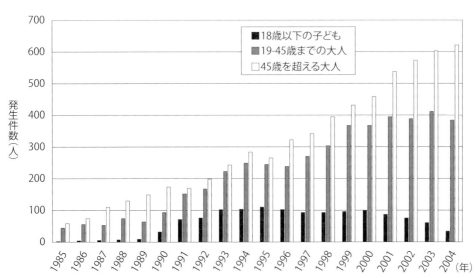

出典：核戦争防止国際医師会議ドイツ支部，松崎道幸監訳，2012，『チェルノブイリ原発事故がもたらしたこれだけの人体被害』合同出版．

甲状腺がん発生件数（ロシア主要被災州[*1]）

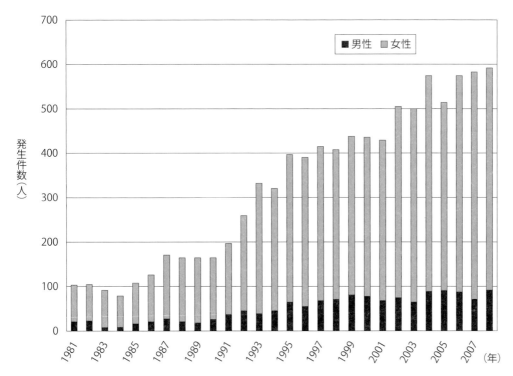

*1：ブリャンスク、カルーガ、トゥーラ、オリョール州
出典：RUSSIAN NATIONAL REPORT, 2011, *25 YEARS AFTER THE CHERNOBYL ACCIDENT. Results and prospects of overcoming its consequences in Russia 1986-2011* (in Russian), Nuclear Safety Institute of the Russian Academy of Sciences：http://en.ibrae.ac.ru/pubs/239/（160212 アクセス）.

疾病を発症するリスクのある子どもの割合（1989〜1990年）

国立ウクライナ医学アカデミー放射線医学研究センターのデータ

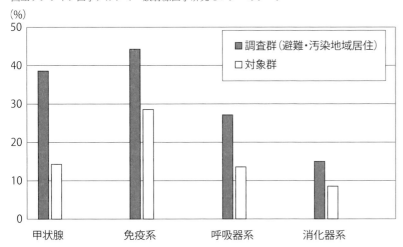

出典：ウクライナ国家報告 2011 年，http://www.rri.kyoto-u.ac.jp/PUB/report/04_kr/img/ekr005.pdf（京大原子炉実験所翻訳 KURRI-EKR-5）（160212 アクセス）.

チェルノブイリ・福島　甲状腺がん発生状況比較

ウクライナ甲状腺がん発生件数（1986～1993年）

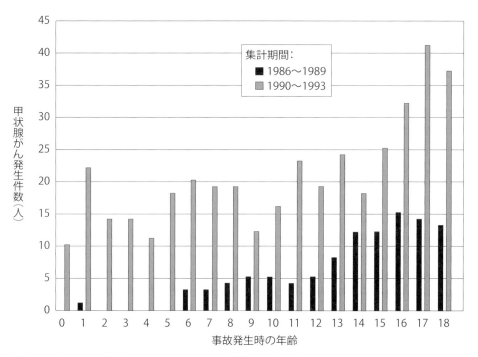

出典：Tronko,M.D. et al. 2014, 'Age Distribution of Childhood Thyroid Cancer Patients in Ukraine After Chernobyl and in Fukushima After the TEPCO-Fukushima Daiichi NPP Accident' *Thyroid*, 24(10):1547-1548.

福島甲状腺検査結果（2011年10月～2016年3月）

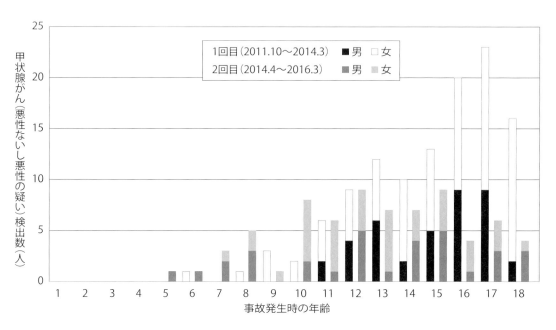

福島県・県民健康調査「甲状腺検査」結果（検討委員会資料）を基に作成．
http://fukushima-mimamori.jp/thyroid-examination/result/（170830アクセス）．

10万人当たり甲状腺がん発生頻度（ロシア主要被災州[*1]）

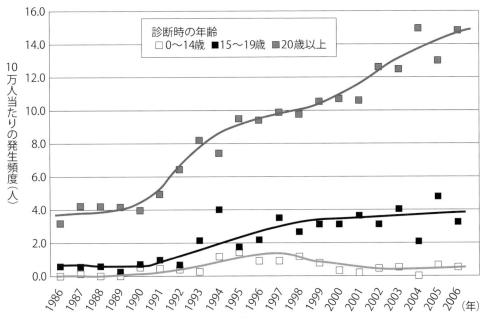

*1：ブリャンスク、カルーガ、トゥーラ、オリョール州
出典：RUSSIAN NATIONAL REPORT, 2011, *25 YEARS AFTER THE CHERNOBYL ACCIDENT. Results and prospects of overcoming its consequences in Russia 1986-2011* (in Russian), Nuclear Safety Institute of the Russian Academy of Sciences, http://en.ibrae.ac.ru/pubs/239/（170112アクセス）.

事故時18歳以下の福島県住民における甲状腺がん[*1]発生状況

	1回目 2011.10～2014.3 甲状腺がん発生数（人）	1回目 2011.10～2014.3 10万人当たりの検出割合	2回目 2014.4～2016.3 甲状腺がん発生数（人）	2回目 2014.4～2016.3 10万人当たりの検出割合
避難区域等13市町村	15	35.9	17	49.2
中通り北地区（福島市など）	12	23.7	11	24.1
中通り中部地区（二本松市など）	11	60.5	4	24.5
中通り・郡山市	25	46.2	18	37.5
中通り南地区（白河市など）	8	48.6	2	13.7
福島県南東部・いわき市	24	48.6	9	19.9
福島県南東部（いわき市以外）	9	30.2	4	14.2
福島県西部（会津地方）	12	35.5	5	15.5
福島県北東部（相馬地方）	0	0	1	17.3

*1：2次検査で悪性ないし悪性の疑いと診断された者
出典：津田敏秀，2017，「甲状腺がんデータの分析結果 2017年6月5日第27回福島県'県民健康調査'検討委員会発表より」『科学』87(7)：0690-0695.

チェルノブイリ原発事故健康被害に関する3カ国の見解

ウクライナ政府（2011年）
① 事故時0〜18歳の子どもの甲状腺がんが増加。事故後に生まれた子どもの15倍以上、被ばく線量の高い人ほど甲状腺がんの有病率が高い
② 30kmゾーンから避難した子どもおよび汚染地域に住む子どもに慢性的な病気が増加。1997〜2001年には健康な子どもの減少傾向が明確になる
③ 母親の甲状腺被ばく量、母親あるいは父親の全身被ばく量と、彼らの子どもの免疫不足状態は相関の可能性がある
ロシア政府（2011年）
① 甲状腺がんの増加を認める。事故以前は1年あたり平均102件であった甲状腺がんが事故翌年（1987年）には169件に増加、4〜5年後に大幅増加
② がん、白血病等他の健康影響は認められない。事故処理作業者や汚染地域住民の死亡係数は全国指数に近い
③ 放射能に比べ、精神的ストレス、生活様式の破壊、事故による経済的・物質的損失などが人々により大きな損害を与えた
ロシア政府（2016年）
① 甲状腺がん発症に関して、放射性ヨウ素以外にセシウム137の影響（可能性）を認める
② 事故処理作業者（150mSv以上被ばく）の血液循環器系疾患に関して、放射線被ばくの影響（可能性）を示唆
③ 汚染地域居住者の子どもの遺伝的疾患に関して、放射線被ばくの影響（可能性）を認める
ベラルーシ政府（2011年）
① 甲状腺がんが放射線に起因することに関しては、明確なデータが得られている
② 被災者全体については健康状態の悪化傾向は見られない
③ 事故処理作業者のがん発生率は、同じ年齢・性別グループの国民と大きな差はない。ただし、皮膚がん、腎臓がん、ぼうこうがん発生率は過剰

参考資料：ウクライナ緊急事態省，2011，『チェルノブイリ事故から25年 "Safety for the Future"』，http://www.rri.kyoto-u.ac.jp/PUB/report/04_kr/img/ekr005.pdf（京大原子炉実験所翻訳 KURRI-EKR-5）（160212アクセス）.
RUSSIAN NATIONAL REPORT, 2011, *25 YEARS AFTER THE CHERNOBYL ACCIDENT. Results and prospects of overcoming its consequences in Russia 1986-2011* (in Russian), Nuclear Safety Institute of the Russian Academy of Sciences, http://en.ibrae.ac.ru/pubs/239/（160212アクセス）.
ベラルーシ共和国非常事態省チェルノブイリ原発事故被害対策局編，日本ベラルーシ友好協会監訳，2013，『チェルノブイリ原発事故 ベラルーシ政府報告書』産学社.
日野行介ほか，2017，『フクシマ6年後 消されゆく被害』人文書院.
尾松亮，2016，「事故30年チェルノブイリからの問い 第5回 ロシアはどこまで健康被害を認めたか」『世界』(9): 217-228.

福島・県民健康調査「甲状腺検査」結果に対する解釈の相違

「県民健康調査」検討委員会
① チェルノブイリに比べて福島の被ばく量は低いこと、被ばくからがん発見までの期間が短いこと、事故当時5歳以下からの発見がないこと、地域別の発見率に大きな差がないことから、被ばくの影響とは考えにくい
② 従来の甲状腺がんり患統計に比べて数十倍のオーダーで検出されている理由としては、過剰診断の可能性が高い
津田、牧野ら
① 地域による発生率に関しては、特に2回目検査では地域差が明確になっており、外部被ばくの線量推計と悪性率の関係は被ばく量が多い方が悪性率が高い。被ばくの影響と考えられる
② 従来の甲状腺がん発生率の男女比（全年齢対象では女性が男性の3倍）に比べて男性の比率が高い理由に関しては不明

参考資料：福島県「県民健康調査」検討委員会資料「甲状腺検査に関する中間とりまとめ」，http://www.pref.fukushima.lg.jp/uploaded/attachment/174220.pdf（171120アクセス）.

　　　　　津田敏秀，2017，「甲状腺がんデータの分析結果 2017年6月5日第27回福島県'県民健康調査'検討委員会発表より」『科学』87(7)：0690-0695.

　　　　　牧野淳一郎，2017，「3.11以後の科学リテラシー No.57」『科学』87(8)：0709-0711.

I-4-7 食品放射能基準

放射性セシウム

単位：Bq/kg

国・年度 / 食品	旧ソ連		ベラルーシ		ウクライナ	ロシア	日本		EU	
	1986	1988	1992	1999[*1]	1997[*1]	2001	2011.3.17	2012.4.1	1986.5.30[*2]	日本からの輸入製品[*3]
飲料水	370	18.5	18.5	10	2		200	10		
パン		370	185	40	20	40	500	100	600	100
ジャガイモ	3700	740	370	80	60	120	500	100	600	100
野菜	3700	740	185	100	40	120	500	100	600	100
果物	3700	740	185	40	70	40	500	100	600	100
肉類	3700	1850（豚）2960（牛）	600（豚・牛）	180（豚）500（牛）	200	160	500	100	600	100
魚	3700	1850		150	150	130	500	100	600	100
ミルク・乳製品	370	370	111	100	100	100	200	50	370	50
卵	1850	1850		—	6（1個）	80	500	100	600	100
粉ミルク	18500	1850	740	—	500		500	50	370	50
乳（幼）児製品	—	185	37	37	40	40〜60		50	370	50

＊1：2006年改正後もほぼ同じ
＊2：チェルノブイリ事故後に決められた輸入品の暫定基準が現在の基準値となっている
＊3：福島原発事故後、日本からの輸入品に限り日本と同じ基準を適用

参考資料：福澤啓臣，2016，『チェルノブイリ30年とフクシマ5年は比べられるか』桜美林大学北東アジア総合研究所.
　　フードウオッチ・レポート，https://www.foodwatch.org/uploads/tx_abdownloads/files/foodwatch_report_radiation_japanese_11_2011_.pdf（170113アクセス）.
　　東京大学食の安全センター http://www.frc.a.u-tokyo.ac.jp/pdf/report_04.pdf（170607アクセス）.
　　RUSSIAN NATIONAL REPORT, 2011, *25 YEARS AFTER THE CHERNOBYLACCIDENT. Results and prospects of overcoming its consequences in Russia 1986-2011* (in Russian), Nuclear Safety Institute of the Russian Academy of Sciences, http://en.ibrae.ac.ru/pubs/239/（170607アクセス）.

第II部　日本と世界の原子力発電

第5章

日本の原子力発電所 および関連施設

II-5-1 原発および関連施設の立地点

稼働段階および廃炉段階の原発

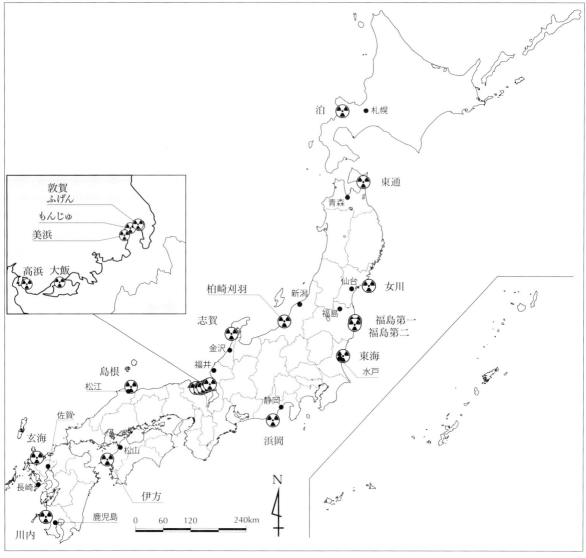

☢：稼働段階または廃炉段階の原発。円内は30km圏内を示す（ただし左上の福井県拡大図内は除く）
●：主要都市
出典：原子力資料情報室編, 2012, 『原子力市民年鑑 2011-12』七つ森書館.

建設中、計画中または計画中止の原発

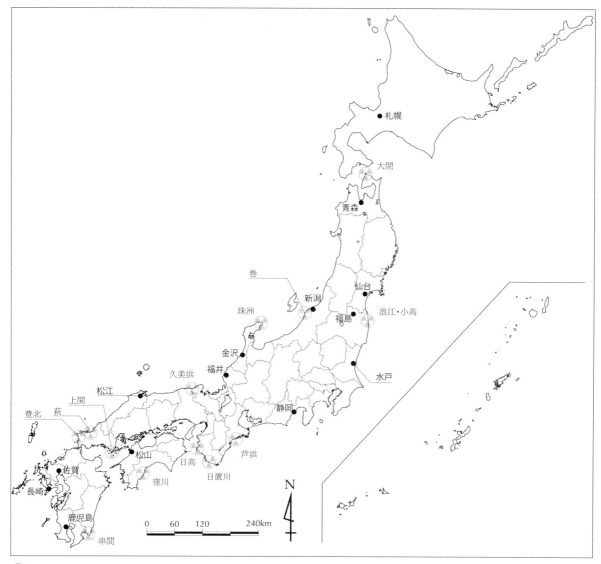

☢：建設中、計画中または計画中止の原発。円内は30km圏内を示す
●：主要都市
出典：原子力資料情報室編, 2012, 『原子力市民年鑑 2011-12』七つ森書館.

核燃サイクル関連施設立地図

	立地	施設名	取扱事業
1	青森県六ヶ所村	日本原燃（株）六ヶ所原子燃料サイクル施設	燃料再処理、ウラン濃縮、燃料製造
2	茨城県東海村	原子燃料工業（株）東海事業所	燃料製造
3	茨城県東海村	三菱原子燃料（株）	燃料製造・転換
4	茨城県東海村	日本原子力研究開発機構東海事業所	燃料再処理（廃止）、燃料製造
5	神奈川県横須賀市	（株）グローバル・ニュークリア・フュエル・ジャパン	燃料製造
6	大阪府熊取町	原子燃料工業（株）熊取事業所	燃料製造
7	岡山県鏡野町	日本原子力研究開発機構・人形峠環境技術センター	ウラン濃縮（休止）
8	北海道幌延町	日本原子力研究開発機構・幌延深地層研究センター	高レベル廃棄物処理研究
9	岐阜県瑞浪市	日本原子力研究開発機構・瑞浪超深地層研究所	高レベル廃棄物処理研究

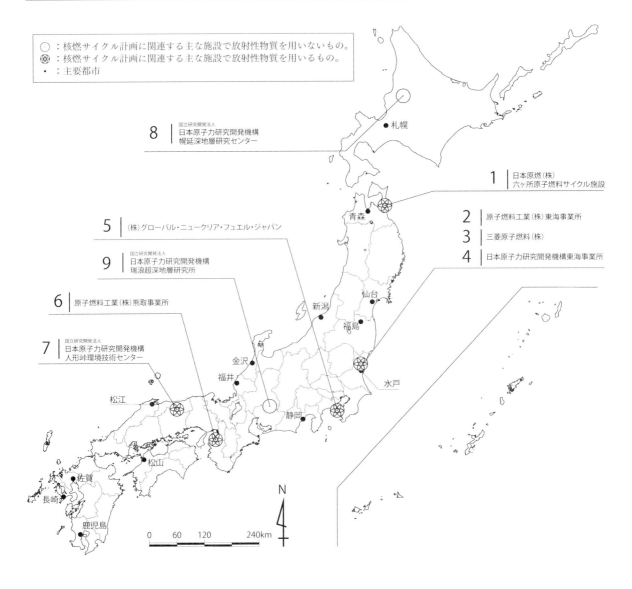

参考資料：日本原子力産業協会，2017，『世界の原子力発電開発の動向 2017年版』日本原子力産業協会.

II-5-2 稼働段階の原発施設年表

泊原発

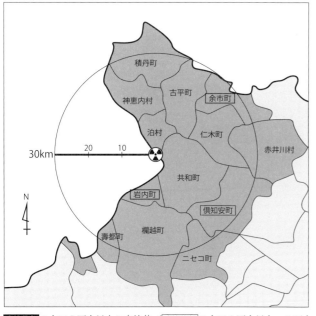

所　在　地	北海道古宇郡泊村大字堀株村726		
設　置　者	北海道電力		
	1号機	2号機	3号機
炉　　　型	PWR	PWR	PWR
電気出力(万kW)	57.9	57.9	91.2
営業運転開始時期	1989.6.22	1991.4.12	2009.12.22
主契約者	三菱重工	三菱重工	三菱重工
プルサーマル導入	—	—	了解・未装荷

出典：ポケットブック2012.
　　　市民年鑑2011-12.

自治体名：人口5万人以上の自治体／自治体名：人口1万人以上～5万人未満の自治体／自治体名：人口1万人未満の自治体

1967.10.- 北海道が、泊村、島牧村、浜益村の3村を、原子力発電所建設予定調査地点候補地として選定発表。(B1-4)

1968.11 北海道電力、独自調査を進めていた共和村に原発設置と表明。国の5カ年計画で浜益村、泊村などを調査中の道、札幌通産局は建設計画への協力拒否。(B1-1: 43)

1969.9.29 道、札幌通産局、北海道電力の3者協議で、原発建設予定地点をこれまで調査の4地点のうち「共和・泊地区」に決定。地元からの誘致が積極的な浜益村を将来の候補地として挙げる。(道新: 690029)

1969.9.30 北海道電力が共和村、泊村、岩内町、神恵内村の各町村長と原発建設に協力することを約した「覚書」を締結。(B1-3: 53)

1970.5.25 岩内郡漁協が原発建設絶対反対決議。6月1日に神恵内漁協、6月18日に古宇漁協も反対決議。(B1-3: 53)

1970.5.28 盃漁協理事会で原発建設賛成決議。(B1-3: 53)

1970.6.25 4漁協が「原発設置反対漁協連合委員会」を結成。道に対し反対陳情。10月18日に環境庁、科技庁などにも陳情。(B1-3: 53)

1970.7.22 「原発設置反対漁協連合委員会」が「原発設置反対漁民総決起大会」を開催。岩内郡、泊、神恵内、古宇の4漁協員ら350人が、札幌でデモ、北海道電力に要請文提出。(道新: 700723)

1971.1.16 岩内町商工会議所が「岩内原発建設促進協議会」を設置。(B1-3: 53)

1972.7.24 岩内町議会、12対11で原発設置反対を決議。反対決議文を総理大臣、道知事などへ送付。(道新: 720725; B1-3: 53)

1976.12.3 岩内町臨時議会、原発建設について13対9（無効1）で条件付き賛成を決議。翌年10月7日、北海道電力との間で覚書を締結。(B1-3: 53; 日経: 771008)

1976.12.24 泊村議会が原発建設について条件付き賛成を決議。翌年11月1日、北海道電力と覚書を締結。(B1-3: 53; 道新: 771224)

1977.12.18 岩内町長選、原発計画条件付き賛成の奈良敏巳が当選。反対派岡本正巳は4467票を集めるも3800票差で落選。(道新: 771219)

1977.12.19 共和町議会、17対3で原発建設条件付き賛成を決議。翌年2月14日、北海道電力と覚書を締結。(道新: 771220; B1-3: 53)

1978.3.3 岩内郡漁協臨時総代会、条件付き賛成提案を38対53で否決、共和・泊原発絶対反対を再確認。(道新: 780304)

1978.9.29 北海道電力が共和・泊発電所計画変更（泊村内のみ、2基建設）について、関係町村の意向を打診。(道新: 780930)

1979.2.6～3.16 共和町臨時町議会（2月6日）、泊議会（2月21日）、泊村漁協（3月10日）、盃漁協（3月16日）が計画変更について賛成決議。(B1-3: 54)

1979.9.4 北海道、地元4町村、安全性を前提に原発受入れ推進を確認。(日経: 790905)

1980.5.31　推進派・反対派（北海道電力道央支店・札幌地区労）共催の「原発シンポジウム」開催、議論は平行線に終わる。（道新: 800601）

1980.7.30　「'80反核・反原発平和行進」および「反原発道民集会」開催（於、札幌市）。（B1-3: 54）

1981.4.24〜25　道水産部、関係4漁協に「漁業影響評価（最終）報告会」開催。（道新: 810426）

1981.7.19　「共和・泊原発設置反対全道集会」開催（於、岩内町）。1670人が参加、デモ行進。（道新: 810719）

1981.9.2　泊村で「原発に反対する泊村民の会」が発足。（反42: 2）

1981.9.28　岩内郡漁協臨時総代会で共和・泊発電所建設に関して条件付き賛成を決議。これにより関係4町村、4漁協がすべて受入れ。（日経: 810929）

1981.12.9　通産省が「共和・泊発電所に係る第1次公開ヒアリング」開催。反対派6000人が「ヒアリング阻止」を叫んでデモ。（日経: 811209）

1981.12.21　泊村漁協臨時総会、漁業権一部消滅を正式決定。6月18日に漁業補償20億5000万円、漁業振興資金10億円で北海道電力と仮調印済み。吉村正治・泊村長、電源交付金のうち泊村漁協に7億円、盃漁協に3億円を配分したいと表明。（日経: 810618; 道新: 811222）

1981.12.23　道が「共和・泊発電所1、2号機設置計画に係る環境影響評価書の公聴会」開催。道環境アセスメント条例に基づくもの。（日経: 811223）

1982.3.23　堂垣内知事、「共和・泊発電所建設計画」について、同意の意見書を経済企画庁へ提出。ハンスト中の共闘会議メンバーらが道と団交。（道新: 820324）

1982.3.26　第87回電源開発調整審議会（電調審）において「共和・泊発電所1、2号機（共にPWR、57.9万kW）」認可。（日経: 820326）

1982.5.13　北海道電力、電調審で認可された「共和・泊原発」の名称を「泊原発」と決定。7月9日、電調審が承認。（日経: 820513; B1-3: 54）

1982.11.26　岩内郡漁協と北海道電力、「漁業振興協力等に関する協定」等を締結。6月に、漁業振興資金23億5000万円の支払いで仮調印済み。これで、4漁協、3農協との補償交渉はすべて終結、北海道電力の補償額は総額76億6000万円、岩内郡漁協には別枠で6億5000万円の裏補償支払いの予定。（道新: 821127）

1983.12.22〜23　原子力安全委員会が「1、2号機設置に係る第2次公開ヒアリング」開催。36人が発言、反対の発言者は4人のみ。（日経: 831224）

1984.6.14　通産省、1、2号機設置許可。（日経: 840614）

1984.9.27　1号機着工。建設決定から15年経過。（朝日: 840927）

1986.9.19　道が「北海道地域防災計画（原子力防災計画編）」を正式決定。半径10km外の4町村を準重点地域に指定。（道新: 860920）

1988.7.15　核燃料搬入を前に、泊原発ゲート前で、僧侶1人が反原発を訴え断食開始。反対派1300人が北海道電力本社、道庁で座り込み。（道新: 880715、880716）

1988.7.21　1号機への核燃料搬入開始。機動隊300人、巡視船16隻、ヘリコプター2機が警戒する中、3000人が抗議集会、1人が建物侵入で逮捕。（毎日: 880721）

1988.8.31　市民グループ、住民ら1152人、北海道電力を相手取り、泊原発の建設・操業差止めを求めて札幌地裁に提訴。（道新: 880831）

1988.9.17　夕張市議会、泊原発試運転凍結を求める決議を12対6の賛成多数で可決。道内で初めて。（道新: 880918）

1988.10.3　「原子力発電推進道民会議」が、加盟団体・企業数が1万9067に達した、と発表。（道新: 881004）

1988.10.15　泊原発事故を想定した防災訓練、住民ら1000人を動員して実施。全国で初めて住民が参加。（道新: 881015）

1988.12.3　道議会、「1号機運転開始の賛否を問う道民投票条例」案を反対54、賛成52で否決。（毎日: 881204）

1989.1.25　道議会、「泊原発と幌延廃棄物施設を設置しない条例」案を反対多数（賛成は共産党1人）で否決。（道新: 890126）

1989.4.18　泊原発差止め訴訟の第1回公判が札幌地裁で開廷。1051人の原告のうち30人だけを分離しての公判開始に、5人が出廷、25人は出廷を拒否。地裁前で抗議集会。（反134: 2）

1989.6.22　1号機営業運転開始。（道新: 890622）

1991.4.12　2号機（57.9万kW）が営業運転入り。（道新: 910412）

1991.5.2　北海道電力、定検中の1号機タービン静翼309枚の溶接部に亀裂発見、と発表。17日には、亀裂は合計617カ所と判明。第12段448枚の静翼のうち309枚に亀裂という異常な状態。（道新: 910502、910518）

1991.8.2　2号機でも低圧タービン静翼溶接部に亀裂発見。6日、亀裂は静翼280枚、計583カ所と北海道電力が発表。（道新: 910802、910807）

1991.8.23　2号機タービン静翼亀裂の原因は1号機と同様の高サイクル疲労で剛性設計ミス、と北海道電力が発表。溶接補修のみで運転を再開、次回定検時に新翼と交換する方針。（道新: 910824）

1992.1.19　泊村長選、事実上現職と新人（いずれも原発と共存共栄）の一騎打ちで、現職（高橋）が2選。原発反対の共産候補は前回の得票から大幅減少。（道新: 920120）

1993.2.9　厳冬期の住民避難訓練実施。参加者54人（大半が高齢者）。猛吹雪で到着が遅延するなどの問題も。（道新: 930210）

1993.7.12　北海道南西沖地震発生。奥尻島などで大きな被害。泊原発は運転続行。（反185: 2）

1995.3.24　放射性廃棄物処理建屋

でアスファルト固化装置復水タンク清掃作業中に従事者4人が負傷（火傷）。(B1-3: 56)

1995.9.18 1号機使用済み燃料35体（21t）を積載の核燃料輸送船、英国・セラフィールドに向け出航。600人が抗議集会。(道新: 950920)

1996.1.23 前年3月の放射性廃棄物建屋内の作業員4人の火傷事故、ダクトを外して作業したため洗浄液が気化・爆発したことが原因。道、地元に事実と異なる説明をしていたことが判明。(道新: 960124)

1996.7.12 2号機使用済み燃料30体を仏に搬出。(道新: 960713)

1997.11.22 北海道電力、定検中の2号機復水器への海水漏れを検出、と発表。25日、復水器内に置き忘れたドライバーが細管を傷つけたため、と発表。(道新: 971122, 971125)

1998.3.13 科技庁の委託で原発労働者の被ばく影響調査を行っている放射線影響協会が、2号機で回収された720人分の調査票紛失（放射線治療の有無など記入）。同庁に届出。(反241: 4)

1998.11.6 道が「泊発電所3号機設置計画に係る環境影響評価書の公聴会」開催。(B1-3: 56)

1999.2.22 1、2号機建設・運転差止め訴訟で札幌地裁が請求棄却の判決（提訴から11年）。現状では具体的な危険は認められないというもの。傍論で「事故の可能性を完全に否定することはできない、廃棄物処理などが未解決」と指摘。(道新: 990223)

1999.4.14 岩内郡漁協臨時総会、3号機増設を条件付きで全員賛成。これで地元4町村の商工団体・4漁協すべてが条件付き賛成を表明。(道新: 990415)

1999.10.9 3号機増設をめぐる道の意見募集で、北海道電力が社員らに賛成工作。発信元隠しを指示していたことが明らかに。(道新: 991009)

2000.3.18 道による3号機増設をめぐる「道民の意見を聞く会」開

始。30日まで5カ所で開催。(道新: 000318)

2000.6.12 3号機計画に反対する住民団体、道民投票を求めて78万2041人の署名を知事に提出。(道新: 000613)

2000.8.17 放射性廃棄物処理建屋内廃液タンクで作業員の転落死亡事故発生。(道新: 000818)

2000.9.6 臨時道議会、3号機道民投票条例案を反対多数で否決（民主、共産党が賛成）。(道新: 000906)

2000.9.18 道が電源開発調整審議会事務局に3号機増設同意書を提出。(反271: 2)

2000.10.20 電調審で3号機（PWR、91.2万kW）の増設を承認。(道新: 001021)

2001.2.23 3号機増設に伴い、北海道電力が地元漁協に漁業補償金など42.2億円、4町村に45億円の地域振興資金を支払うことで合意。交付金や補助金を合わせると地元4町村への交付が200億円以上に。(道新: 010224)

2001.7.6 1号機使用済み燃料28体（11t）を六ヶ所村に搬出。(道新: 010705)

2001.10.27 泊原発で、オフサイトセンターを使った初の防災訓練。(反284: 2)

2003.7.2 経産省、3号機増設に係る原子炉設置変更を許可。(道新: 030702)

2003.9.7 2号機再生熱交換器室で、放射能を含む1次冷却水140L漏えい。10日に原子炉を手動停止。14日、配管に穴、台座内側に亀裂3カ所を発見。(道新: 030908, 030915)

2003.9.26 十勝沖地震発生。1号機が55%まで出力自動降下。(反307: 2)

2003.11.26 3号機が着工。(道新: 061126)

2004.9.21 1号機蒸気発生器伝熱管56本で減肉を発見。10月25日、配管56本に施栓、と発表。(道新: 040922, 041025)

2007.6.21 経産省、高燃焼度燃料

の導入等に係る原子炉設置変更許可。(道新: 070622)

2007.9.20 1号機非常用ディーゼル発電機2基の動作不能に伴い原子炉停止。9月27日、調速装置内部の異物混入が原因と発表。11月13日、安全機能低下として安全・保安院がINESレベル1の評価。(道新: 070920, 070928, 071114)

2008.3.31 北海道電力が新耐震指針に基づき1号機の耐震性評価、中間報告を発表。基準振動を1.5倍に引上げたが、主要施設の安全性に問題なしとする。(道新: 080401)

2008.4.18 北海道電力、道と4町村にプルサーマル計画事前協議申入れ。(道新: 080418)

2008.9.17 「脱原発・クリーンエネルギー市民の会」がプルサーマル計画に反対する1万9742人の署名簿を道に提出。(道新: 080918)

2008.10.12 道および地元4町村がプルサーマル計画に関する公開シンポジウム開催。専門家や市民代表の議論は平行線。(道新: 081013)

2008.10.23 日本地震学会で東洋大渡辺満久教授らが、「泊原発付近の海底に活断層の可能性」と発表。耐震安全性が確保されていないと指摘。(B1-2: 88-89)

2009.3.3 3号機でのプルサーマル計画で、高橋はるみ北海道知事が受入れを正式表明。(道新: 090304)

2009.12.22 3号機（91.2万kW）が営業運転を開始。(道新: 091223)

2010.2.19 「泊原発付近の海底に60～70kmの活断層の可能性」との指摘（前年10月23日地震学会）で、北海道電力が追加調査すると発表。(道新. 100220)

2010.11.26 経産省、3号機のプルサーマル計画許可。(道新: 101127)

2011.3.11 東日本大震災発生。(朝日: 110312)

2011.4.10 道知事選、原発依存の見直しを掲げる新人3人に対し現職高橋はるみが圧倒的大差で3選。(道新: 110411)

2011.6.28 27日までに脱原発を国・道に求める意見書を可決した

市町議会が 19、月末までに 6 市町が可決の予定。(道新: 110628)

2011. 8. 17　3 号機、定検の試運転から営業運転に移行。3.11 後に定検から営業運転に移行するのは初めて。(道新: 110818)

2011. 8. 26　北海道電力、プルサーマル計画に関する 2008 年 10 月の道主催シンポジウムで、社員に参加・推進意見を求めるメールを送っていたと発表。8 月 31 日、8 月の国主催のシンポジウムでも社員 450 人に動員メールを送付、と公表。(道新: 110827, 110901)

2011. 8. 29　北海道電力、3 号機をめぐる「やらせメール」問題を受け、3 号機で導入を目指しているプルサーマル計画を一時凍結する方針を明らかに。(朝日: 110830)

2011. 10. 26　北海道新聞が 22 〜 23 日実施の全道世論調査で、再稼働慎重派が 84%、プルサーマル断念・延期が 89% に。(道新: 111026)

2011. 11. 11　「泊原発の廃炉をめざす会」など原告 612 人、1 〜 3 号機の廃炉を求めて札幌地裁に提訴。12 年 11 月 6 日に 2 次提訴。原告合わせて 1233 人。(道新: 111112; 朝日: 121107)

2012. 5. 5　3 号機、定検入りのため運転停止。1972 年以来 42 年ぶりに国内全原発が停止状態に。(日経: 120506)

2012. 10. 13　「さようなら原発北海道 1 万人集会」開催。1 万 2000 人が札幌行進。札幌市長も参加。(朝日: 121014)

2013. 1. 16　小樽市やニセコ町など 16 市町村、北海道電力泊原発の安全協定を道、北電と結ぶ。10km 圏の 4 町村は締結済み。後志地方の全 20 自治体が結んだことに。(朝日: 130117)

2013. 7. 23　原子力規制委員会、1、2 号機の過酷事故対策評価の不備を指摘、「審査を保留」と北電に伝える。(朝日: 130724)

2013. 8. 14　3 号機の安全審査において原子力規制委員会、北電が提出した津波と地震の想定が不適切、と指摘。北電に再検討を求める。(朝日: 130815)

2013. 10. 8　泊原発の重大事故を想定した道の原子力防災訓練に、住民 7700 人参加。現実に即した訓練としては課題残す。(朝日: 131008)

2014. 8. 5　原子力規制委員会、泊原発周辺での現地調査終了。島崎邦彦・委員長代理は積丹半島西岸の地形が「波による浸食でできた」とする北電の主張について「いまの段階では説明が不十分」と指摘。(朝日: 140806)

2014. 10. 24　泊原発の重大事故を想定した道の原子力防災訓練に、約 1100 人が原発 30km 圏外への避難を体験。全体では過去最多の約 1 万 1000 人が訓練に参加。(朝日: 141025)

2015. 4. 12　北海道知事選で現職の高橋はるみ（61）が新顔の佐藤のりゆき（65）との一騎打ちを制し、道知事初となる 4 選を果たす。(朝日: 150413)

2015. 5. 11　泊村で、原発事故発生時の被ばくを予防するための安定ヨウ素剤の住民への配布始まる。(朝日: 150512)

2015. 6. 25　北海道電力の株主総会で真弓明彦社長、「泊原発の再稼働に全力で取り組む」と表明。脱原発を求める株主グループによる「原発部門の分社化」などの提案はすべて否決。(朝日: 150626)

2015. 8. 21　北海道電力は原子力規制委員会の審査会合で、泊原発を襲う最大の津波（基準津波）の想定を従来の 8.15m から 12.63m に引きあげると説明し、大筋で了承される。(朝日: 150822)

2015. 10. 21　3 号機の重大事故を想定した道と周辺 13 町村による原子力防災訓練。警察、自衛隊など約 370 機関と住民約 9800 人が参加。(朝日: 151022)

2016. 2. 5　道と泊村、共和町、北海道電力泊原発で厳冬期の原子力防災訓練を初めて実施。(朝日: 160203)

2016. 10. 14　政府の原子力防災会議、泊原発重大事故時の 30km 圏広域避難計画を了承。通常即時避難する 5km 圏内の住民も、暴風雪の場合は屋内退避を優先することを盛込む。(朝日: 20161014)

2016. 10. 27　北海道電力、新規制基準に対応して津波の想定高さを 7.3m から 12.63m に、基準地震動を 550 ガルから 620 ガルに引き上げた結果、防波堤が想定される津波に耐えられないとの見通しを示す。(朝日: 161028)

17 年 9 月 29 日、地盤沈下に対応した新たな防潮堤の建設方針を規制委に伝える。(朝日: 171014)

2017. 2. 4　厳冬期で初となる国の原子力総合防災訓練実施。安定ヨウ素剤の配布、大雪に閉じ込められた住民の救出訓練など。内閣府や原子力規制委員会、国土交通省北海道開発局、陸上自衛隊、道、道警など 30 機関の計約 400 人と住民約 60 人が参加。(朝日: 170205)

東通原発
ひがしどおり

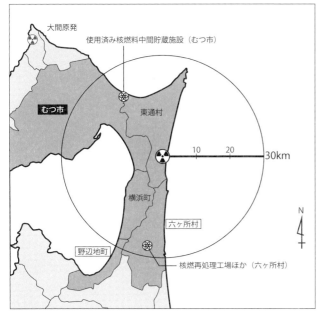

所 在 地	青森県下北郡東通村大字白糠字前坂下 34-4		
設 置 者	東北電力		東京電力
	1号機	2号機	1号機
炉 型	BWR	ABWR	ABWR
電気出力(万kW)	110	138.5	138.5
営業運転開始時期	2005.12.8	計画中	建設中
主契約者	東芝	—	—
プルサーマル導入	—	—	—

設 置 者	東京電力
	2号機
炉 型	ABWR
電気出力(万kW)	138.5
営業運転開始時期	計画中
主契約者	—
プルサーマル導入	—

出典：ポケットブック 2012．
市民年鑑 2011-12．

自治体名：人口5万人以上の自治体／自治体名：人口1万人以上〜5万人未満の自治体／自治体名：人口1万人未満の自治体

1964.10.25〜1965.1.30　県、国（通産省）から委託を受けて下北郡東通村前坂下原野を対象に、原子力発電所立地調査（地質調査）を実施。(B2-3: 70)

1965.5.17　東通村議会が原子力発電所誘致を決議。(B2-3: 70)

1965.10.2　青森県議会、東通村の原子力発電所誘致請願を採択。(B2-3: 70)

1970.6　東北電力および東京電力、東通村に原子力発電所を立地する、と公表。(B2-2: 1)

1981.9.22　総合エネルギー対策推進閣僚会議、下北原子力発電所1号機を要対策重要電源に追加指定。(B2-3: 70)

1981.12.4　東北・東京両電力、下北地点原子力発電所第1次開発計画の概要を発表（110万kW級4基、港湾2カ所）。(B2-3: 70)

1982.4.1　東北・東京両電力が計画中の下北原発を東通原発に改称。(B2-3: 70)

1982.5.26　東北・東京両電力、関係6漁業協同組合（白糠・小田野沢・尻労・猿ヶ森・老部川内水面・泊）に対し漁業補償交渉を申入れ。(B2-3: 70)

1984.9.15　原発の建設に伴う白糠・小田野沢両漁協への漁業補償で、県が72億6700万円を提示。東北・東京両電力と漁協側の双方が了承。(朝日: 840916)

1985.2.10　白糠漁協臨時総会、組合執行部の独走を批判する組合員が反対し、漁業補償金受入れと漁業権一部放棄案を否決。(朝日: 850211)

1985.2.17　白糠漁協の役員選挙で、反対派の候補3人が上位3議席を独占。反対派の花部組合長誕生。(B2-1: 90)

1990.9.18　白糠漁協、組合員1人当たり5000万円、総額326億円の補償額を県に提示（84年提示の県知事あっせん額の5倍）。(反151: 2)

1991.9.18　東通村議会、原発の早期実現を求める決議。(反163: 2)

1992.4.20　東通村、原発立地対策室を設置。(反170: 2)

1993.7.6　東北・東京両電力および尻労・猿ヶ森・小田野沢の3漁協、漁業補償協定を締結。補償額は尻労・猿ヶ森両漁協に4億1500万円。(B2-3: 70-71)

1993.11.1　東北・東京両電力および老部川内水面漁協、東通村長立会いのもと漁業補償協定を締結。補償額は1億6200万円。(B2-3: 71)

1995.1.24　東北・東京両電力、六ヶ所村長の仲介で泊漁協との漁業補償協定書締結。補償金15億6400万円。(B2-3: 71)

1996.4.17　東通原発第1次公開ヒアリングで、県反核実行委員会と「函館・下北から核を考える会」ら反対派200人が抗議。(東奥: 960418)

1996.6.26　木村守男知事、三沢市と上北郡内5町村から東通原発に関する意見聴取。これで、計画に関連ある14市町村すべてが建設に同意。(東奥: 960627)

1996.7.15　木村知事、東通原発建設に同意。安全性確保が前提。国策としての国の責任・役割を要求。(東奥: 960716)

1996.7.18 東北電力、東通原発1号機が電調審通過。（ポケットブック2012: 136）

1997.11.27 1号機の第2次公開ヒアリング開催。17人が安全性をただす意見陳述。約320人が傍聴。傍聴者からは不満の声。反対派170人は会場外で抗議集会。（東奥: 971127）

1998.8.31 通産省、東北電力に1号機原子炉設置許可。（東奥: 980901）

1999.3.24 東北電力、1号機着工。県反核実行委は青森で抗議集会。核燃料搬入阻止実行委は国、県、東北電力に抗議文を提出。（東奥: 990325）

1999.10.8 東通村の原発PR施設「トントゥビレッジ」がオープン。（東奥: 991009）

2001.3.13 東通村長選、現職の越善靖夫が無投票再選。（東奥: 010314）

2002.11.24 東通原発計画の出力増大に伴う追加漁業補償で、電力側が55億円を提示。白糠・小田野沢両漁協は「まだ不十分」と拒否。（東奥: 021125）

2003.3.24 むつ下北地域に横浜町を加えた8市町村、「むつ下北地域任意合併協議会」を設置。東通村は参加見送り。（東奥: 030325）

2003.5.9 東京・東北両電力と白糠・小田野沢両漁協、東通原発計画の追加漁業補償で協定締結。（B2-3: 72）

2003.11.19 経産省、東京電力1、2号機の設置にかかる第1次公開ヒアリングを東通村で開催。（B2-3: 73）

2004.3.2 東北電力1号機を対象に県が導入する核燃料税について、県と同電力は税率を当面の間12%とし、一定期間後に10%に引下げることで合意。5月31日、総務省の同意を得る。価格に対する税率としては全国で最高。（東奥: 040303, 040601）

2004.7.8 東北電力1号機へ核燃料初搬入。反対派が抗議活動。（B2-3: 73）

2004.11.16 東北電力1号機の試

運転を12月に控え、同原発の事故を想定した原子力防災訓練を実施。（東奥: 041117）

2004.12.15 「東通原発を止める会（伊藤裕希世話人）」と「東通原発の運転中止を求めるむつ市民の会（稲葉みどり世話人）」、東北電力に対し東通原子力発電所の操業に向けた一連の作業の中止を求める抗議文を提出。（東奥: 041216）

2004.12.27 「核燃料廃棄物搬入阻止実行委員会」、東北電力1号機試験運転開始を容認したとして県に抗議文提出。（東奥: 041228）

2005.1.21 東北・東京両電力および尻労・猿ヶ森・小田野沢の3漁協、東通村長立会いのもと追加漁業補償協定を締結。（B2-3: 73）

2005.1.24 東北電力、1号機の臨界を発表。（東奥: 050125）

2005.3.13 東通村長選で越善靖夫が3選。投票率86.29%。（東奥: 050314）

2005.4.12 「東通原発を止める会」「東通原発の運転中止を求めるむつ市民の会」、東北電力1号機で9日、制御棒の位置を確認できないために原子炉を手動停止するトラブルが発生したことを受け、同電力に対し東通原発の操業中止を求める申入書を送付。（東奥: 050413）

2005.6.29 「東通原発をとめる会」「東通原発の運転中止を求めるむつ市民の会」、1号機のトラブルで試運転中止を申入れ。（東奥: 050630）

2005.7.29 東北電力、1号機の電気出力が100%に到達したと発表。予定より1カ月遅れ。（東奥: 050730）

2005.8.10 東通村と周辺市町村、東北電力1号機の営業運転を目前に控え、東通村防災センターなどで原子力防災訓練を実施。（東奥: 050811）

2005.12.8 1号機、営業運転開始。当初予定より2カ月ずれ込んでの運転。県内では初の原発稼働、国内54基目の原発。青森県反核実行委員会は1号機の営業運転開始に反対し抗議集会開催。（東奥: 051208）

2005.12.19 改良型軽水炉導入に伴う追加漁業補償交渉で、東京・東北両電力と老部川内水面漁協が11回目の交渉。電力側がこれまで提示していた補償額に500万円を上積みした1500万円を提示。同漁協の交渉委員会は満場一致でこの額を受諾。（東奥: 051220）

2006.1.23 東北・東京両電力および老部川内水面漁協、追加漁業補償協定を締結。（B2-3: 73）

2006.9.13 東京電力1、2号機、「重要電源開発地点」に指定。（ポケットブック2012: 137）

2006.11.14 県、東通村と周辺市町村、東北電力1号機で原子力防災訓練を実施。（東奥: 061115）

2006.12.26 市民団体「下北半島の核施設を考える準備会」、「東京電力1号機の建設地は断層が多く、安全性に問題がある」として、建設中止や下北半島の核関連施設の操業中止を東京電力や県、国に要請。（東奥: 061227）

2006.12.26 東通村長、高レベル廃棄物最終処分場受入れに意欲。東奥日報記者とのインタビューで「原子力施設立地・周辺市町村が主体的役割を担うべきだ」と発言。（東奥: 061227）

2007.1.2 三村申吾青森県知事、越善靖夫東通村長の最終処分場受入れ意欲に対し、「青森県を最終処分地にしないという原則を忘れては困る」との見解を示し、県の姿勢に変わりがないことを強調。核燃反対派は越善村長発言に一斉に反発。（東奥: 070103）

2007.2.19 東北電力青森支店長、トラブル続発で陳謝。1号機で、変圧器を焦がす火災や放射能を帯びた水が排水受け口からあふれるトラブルが続発。（東奥: 070220）

2007.3.3 日本地質学会会員の松山力・元八戸高校教諭、東京電力の東通原発敷地内に多数の断層が集中していると指摘。（東奥: 070304）

2007.6.3 三村知事が大差で再選。有効投票に占める得票率は過去最高の79.31%も、投票率は38.45%

と過去最低。（東奥: 070604）

2007.9.20 中越沖地震の際に柏崎刈羽原発で観測された揺れは、六ヶ所再処理工場と、東通原発1号機で想定している最大の揺れを上回ることが日本原燃と東北電力の報告で判明。（東奥: 070921）

2008.2.15 東通原発の建設を計画している東京電力が、予定地近くの横浜断層に活断層の疑いがあるとして再調査を発表。（反360: 2）

2008.2.20 既に1号機を運転中の東北電力、「活断層でも耐震性に影響なし」としながら共同調査の方針を表明。（反360: 2）

2008.5.28 東北・東京両電力および泊漁協、六ヶ所村長の仲介案（補償金20億8000万円）を受諾、改良型BWRへの変更漁業補償協定を締結。周辺6漁協との補償交渉はすべて決着。（東奥: 080527; B2-3: 73）

2008.6.11 広島工大の中田高教授、大間原発周辺に活断層の可能性を指摘。東洋大の渡辺満久教授らが指摘した六ヶ所・東通周辺の活断層を含め、事業者側の一方的否定にマスコミなどからも強い批判。（反364: 2）

2009.3.15 東通村長選は越善靖夫が4選。投票率79.12%。（東奥: 090316）

2010.12.24 政府、東京電力の1号機に原子炉設置許可。（B2-3: 74）

2011.1.20 東北電力、国で審議中の1号機の耐震安全性評価中間報告に関連し、前年7月から行っていた地質調査結果を「断層活動の影響なし」と発表。（東奥: 110121）

2011.1.25 東京電力、1号機の着工を発表。2017年3月の運転開始を目指す。（東奥: 110126）

2011.1.28 東京電力1号機の着工を受け、市民団体「核燃料廃棄物搬入阻止実行委員会」が東京電力に抗議文を提出。（東奥: 110129）

2011.3.11 東日本大震災。東北電力1号機は点検中。震災の影響なし。（東奥: 110317）

2011.3.17 東京電力が1号機の工

事中断を発表。（反397: 2）

2011.4.7 宮城県沖を震源とする震度6強の余震で外部電源喪失、非常用ディーゼル発電機1台が起動。使用済み核燃料一時貯蔵プールは非常電源で冷却。8日に軽油漏れでディーゼル発電機が停止するも外部電源の一部復旧で全電源喪失は回避。（市民年鑑2011-12: 81; 読売: 110408）

2011.6.16 経産省原子力安全・保安院、東通原発、六ヶ所再処理工場の災害時の緊急安全対策を適切と判断した評価結果を県幹部に報告。（東奥: 110616）

2011.7.8 原子力施設の安全対策をテーマとした県内市町村長会議が開催される。稼働中の原発も含めたストレステスト（耐性評価）の実施を国が表明したことに対し、東通村長は原子力政策をめぐる政府の言動に一貫性がないと批判。（東奥: 110709）

2011.7.21 東北電力、原発の安全対策説明で東通村の全戸訪問（約2700戸）を開始。（東奥: 110722）

2011.10.8 東通村の海岸線から1.3km内陸まで過去1000年間に5度の大津波がきた、との地層調査結果を北海道大学平川一臣特任教授がまとめる。（毎日: 111008）

2011.10.24 東北電力1号機の敷地内に複数の活断層が存在するとの調査報告を、東洋大学の渡辺満久教授らが発表。（東奥: 111025）

2011.10.27 東北電力が東通原発敷地内を調査。標高8mまで過去の海水の痕跡が見られると発表。（東奥: 111028）

2011.11.8 東北電力、運転停止中の東通原発や女川原発の再稼働に向けて設置した有識者懇談会を女川原発で開催、地元関係者や外部の専門家らと意見交換。（東奥: 111109）

2011.12.8 東京電力、1月に着工した1号機の建設を断念する方針を固める。20年以降の運転開始を予定していた2号機の建設も取りやめる見通し。（読売: 111208）

2012.2.2 東通村の越善靖夫村長、経済産業省や東京電力本店を訪れ、東通原発の早期再稼働や工事再開、原子力政策の堅持を要望した。（朝日: 120203）

2012.3.27 原子力施設が集中する下北半島の8市町村、原子力災害時応援協定締結。むつ市役所での調印式には同市、東通村、大間町、六ヶ所村、風間浦村、佐井村、横浜町、野辺地町の首長らが集まる。（朝日: 120328）

2012.4.13 東北電力、東通原発の津波想定を従来より1m高い10.1mにすると発表。敷地は津波より高く原発は浸水しないが、「念のため」に原発を囲む防潮堤を1m高く積み増しするという。（朝日: 120414）

2012.5.14 原子力安全・保安院、東通原発の敷地内にある断層について東北電力に再調査を指示。活断層の可能性が否定できないとの専門家の指摘に対し、東北電力はこれまで安全性に問題ないとしてきた。（朝日: 120515）

2012.6.27 東北電力の株主総会が仙台市で開催、脱原発を訴える個人株主が出した3議案はいずれも否決される。株主の自治体の賛否は福島県とそれ以外で分かれ、福島第一原発事故の受け止め方の違いが明らかに。（朝日: 120628）

2012.12.13 原子力規制委員会、東通原発で重大事故が起きた場合の放射性物質の拡散予測の総点検結果を公表。現地にとどまった場合に1週間で100mSv被ばくする原発からの最大距離を16方位で示したうち、拡散しないとしていた西南西方向でも被ばくの恐れがあり、約1.6kmまで100mSv被ばくする。（朝日: 121220）

2013.2.18 東通原発の敷地内断層を調査している原子力規制委員会、問題の断層は活断層の可能性が高いとする報告書案を示す。断層は原子炉の近くを通っていることから耐震安全性の見直しが必要になり、東通原発の停止が長期化

する可能性が高い。（朝日: 130218）

2013.3.4 東通村、防災会議を開催。福島第一原発事故をうけた同村地域防災計画原子力編の修正案を正式に決定。PAZ（予防的防護措置準備区域）内では原発事故の際には「安定ヨウ素剤」の事前配布が盛り込まれる。（朝日: 130305）

2013.5.14 東北電力青森支店、新規制基準案に合わせて東通原発に設置するフィルター付きベント設備を2105年3月に完成させると発表。再稼働の予定には「影響しない」との考え。（朝日: 130515）

2013.5.29 東通原発の防潮堤が完成。同原発は標高13mの高台にあるが、さらに高さ3mの防潮堤を長さ約2kmにわたって築く。（朝日: 130530）

2013.6.27 9電力会社、株主総会で原発再稼働を急ぐ姿勢を鮮明に。株主からは原発の安全性などへの疑問や批判が噴出。（朝日: 130627）

2013.11.18 青森県、次年度から核燃サイクル施設の一部で「核燃料物質等取扱税」（核燃料税）税率を引き上げることが明らかに。（朝日: 131119）

2014.1.30 東北電力、東通原発の耐震基準を引き上げると発表。2011年の東日本大震災などを踏まえたもので、「基準地震動」を現在の450ガルから600ガルに見直す。新たな耐震工事も行う。（朝日: 140131）

2014.2.14 青森市、東通原発の過酷事故に備え、3年計画で全市民分の安定ヨウ素剤を公共施設に備蓄する。鹿内市長、「福島第一原発の事故の教訓から市独自でやる」と。（朝日: 140214）

2014.2.24 東通原発の敷地内断層をめぐる原子力規制委員会の専門家会合において、専門家は改めて「活断層の可能性がある」とする見解を述べる。（朝日: 140225）

2014.4.11 青森県、東通原発で重大事故が起こった場合の周辺地域住民の避難にかかる時間の試算結果を発表。原発から5〜30km圏内の住民約7万人が圏外に出るまでの時間は、冬場にマイカーで避難する住民の割合が高い場合、最長約71時間。（朝日: 140411）

2014.5.30 東北電力、東通原発をめぐり県と同村に再稼働の延期と事前了解の申し入れ。6月9日、県と東通村が了解。10日に原子力規制委員会に申請を行う。委員会は敷地内の断層問題が未決着の間は審査をしない方針。（朝日: 140531, 140610）

2014.7.22 東通原発で重大事故が起こった場合の住民避難を効率的にするため、県や国、原発から30km圏の5市町村などでつくる検討会が発足、県庁で初会合。年度内に結果を取りまとめ、地域防災計画などに反映させる。（朝日: 140723）

2014.12.22 原子力規制委員会の有識者会合、東通原発の敷地内にある断層について、活断層であることを否定できないとする報告書案をまとめる。東北電力は耐震性の再評価を迫られることになる。（朝日: 141222）

2015.3.25 原子力規制委員会、東通原発の敷地内断層を巡り専門家会合の評価書を受理。「玉虫色」となった重要施設直下の断層2本の判断が今後の焦点となる。（朝日: 150326）

2016.3.29 東北電力、女川原発と東通原発で、ケーブルなどに不適切な箇所が計218件見つかったと発表。（朝日: 16330）

2016.4.21 東北電力、女川原発2号機と東通原発の重大事故時の拠点施設について、当初予定していた免震構造ではなく耐震構造に変更すると発表。（朝日: 160422）

2017.3.30 東北電力、2017年度の供給計画を発表。2号機の着工、運転開始時期は6年連続で「未定」のまま。（朝日: 170401）

女川原発

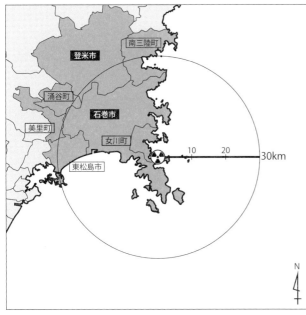

所　在　地	宮城県牡鹿郡女川町塚浜字前田1		
設　置　者	東北電力		
	1号機	2号機	3号機
炉　　　型	BWR	BWR	BWR
電気出力(万kW)	52.4	82.5	82.5
営業運転開始時期	1984.6.1	1995.7.28	2002.1.30
主契約者	東芝	東芝	東芝／日立
プルサーマル導入	—	—	了解・未装荷

出典：ポケットブック2012.
　　　市民年鑑2011-12.

自治体名：人口5万人以上の自治体／自治体名：人口1万人以上〜5万人未満の自治体／自治体名：人口1万人未満の自治体

1967.1　女川町長選挙、原発推進派現職（木村主税）が反対派候補（鈴木庄吉）を900票の差で破り6選。(B3-1: 43)

1967.3.22　原子力委員会が長期計画で女川を原発立地予定地として公表。(朝日: 670323)

1967.4.17　宮城県が原発立地調査を実施、女川を適地と発表。(B3-1: 231)

1967.9.30　女川町議会が原発誘致決議。9月28日には牡鹿町議会でも決議。(B3-1: 231)

1968.1.5　東北電力が建設地として女川を決定。(河北: 680106)

1968.3　東北電力と宮城県、宮城県開発公社設立。用地買収を開始。(B3-7: 99)

1969.1.16　女川、牡鹿、雄勝町による「女川原子力発電所設置反対3町期成同盟会」（以下「反対同盟」）発足。(B3-1: 45)

1969.3.26　東北電力、地権者と「用地買収に関する協定」調印、買収終了。(B3-7: 100)

1969.6.14　女川町漁協通常総会で、8月20日には女川町出島漁協総会で原発立地反対を決議。(B3-1: 231)

1970.5.29　1号機（BWR、52.4万kW）電調審通過。(ポケットブック2012: 136)

1970.10.23　「反対同盟」主催デモに主催者発表2200人（石巻署調べは1600人）参加。(河北: 701024)

1970.12.10　政府が女川原子炉設置許可。(河北: 701211)

1971.2.5、2.18、12.27　牡鹿町の3漁協（寄磯・鮫浦・前網）が原発建設計画に同意。(B3-1: 231)

1973.10.14　6回目「反対同盟」の原発反対総決起大会に、これまでで最高の3000人が参加、海・陸でデモ。(河北: 731015)

1977.5.22　「反対同盟」と「原水禁」共催の原発阻止県民1万人集会開催。(河北: 770523)

1978.8.28　700人の機動隊出動の下、女川町漁協臨時総会で3分の2以上の賛成（賛成454、反対124）で漁業権一部消滅を可決。(河北: 780828)

1978.10.18　東北電力は宮城県、女川町と安全協定に調印。同日、東北電力が女川町漁協と漁業補償協定（補償額59億5000万円）に調印。(河北: 781018)

1979.1.28　女川町長選で原発推進派町長が9選。現職（木村主税）5266票、原発反対同盟会長（阿部宗悦）3756票。(河北: 790129)

1979.3.17　東北電力は宮城県、牡鹿町と女川原発建設に関する安全協定を締結。同日、東北電力と牡鹿町3漁協が漁業補償協定締結。補償額は合計で20億2200万円。1号機の漁業補償総額は先に妥結の女川町漁協と合わせ79億7000万円に。(河北: 790317)

1979.3.31　東北電力、女川町の江島、出島漁協と漁業補償協定締結。補償額は計18億6000万円。(河北: 790401)

1979.4.14　宮城県知事、米国スリーマイル島原発事故（3月28日）を受け、許認可手続き凍結の方針表明。6月26日、通産大臣「安全性確保を期す」の回答を受け、凍

結を解除。(河北: 790415, 790627)

1979.6.10 雄勝東部漁協、通常総会で女川原発反対を再確認。(河北: 790611)

1979.12.8 東北電力と女川町、女川原発建設協力金13億5000万円の覚書に調印。東北電力の支払いは漁業補償と合わせて110億円で、国内原発史上最高額に。(河北: 791208, 791209)

1980.6.17 東北電力が原発建設の協力金を牡鹿町にも9億4500万円支払う覚書に調印。(河北: 800618)

1981.12.26 14人の「訴訟原告団」が東北電力を被告として女川原発の建設差止め提訴。(河北: 811227)

1982.9.21 女川町議会が2号機増設促進を決議。25日には牡鹿町議会も決議。(河北: 820922, 820926)

1982.10.8 2号機増設促進を決議した議会と町の幹部らを東北電力が供応。12月2日に「反対同盟」、贈収賄罪で告発。地検は不受理。(毎日: 821023; B3-2: 17号)

1982.11.29 東北電力が2、3号機増設計画を発表。12月14日に女川・牡鹿町、女川漁協に増設を申入れ。(河北: 821130, 821215)

1984.6.1 1号機が営業運転開始。BWR、出力52.4万kW。(河北: 840602)

1984.10.12 女川町漁協総会、増設に伴う10億4000万円の漁業補償の受諾を3分の1近くの反対を押しきって可決。23日に東北電力、女川町漁協が2、3号機増設の漁業補償協定締結。(河北: 841013, 841024)

1985.12.6 東北電力と牡鹿町3漁協、2、3号機増設に伴う漁業補償協定に調印。補償額は計4億8270万円。(河北: 851206)

1986.8.23 東北電力と江島漁協が漁業補償協定に調印。補償額は5億9500万円。(河北: 860823)

1986.12.2 2号機増設のための第1次公開ヒアリング開催。(河北: 861203)

1987.3.19 2号機(BWR、82.5万kW)電調審通過。(ポケットブック2012: 136)

1988.8.25 2号機増設に関する第2次ヒアリング開催。公聴会に抗議する反対派のデモで2人逮捕。(朝日: 880825)

1989.2.28 通産大臣が2号機設置許可。(B3-6: 91)

1989.6.30 「女川原発差し止め訴訟」に2号機建設差止めを追加。(B3-3: 178号)

1989.8.27 1号機タービン蒸気加減弁の開度を示す信号の異常変動。資源エネ庁が事故評価尺度(INES)を初適用してレベル0と評価。(JNES; 毎日: 890828)

1989.12.20 使用済み核燃料34本(6.3t)を東海再処理工場に海上輸送。搬出は初めて。(B3-5)

1990.3.13 使用済み核燃料42本(7.7t)を英国セラフィールドに向け搬出、海外輸送は初めて。5月25日には、仏のラ・アーグに34本(6.3t)を搬出。(河北: 900314; B3-5)

1992.7.10 「訴訟支援会」、科技庁の求めに応じて「県が核燃料輸送に関する情報を非公開にした」として県情報公開審査会に異議申立て。(河北: 920711)

1992.9.10 女川商工会が3号機早期着工促進を議決。28日女川町議会、牡鹿町議会が3号機早期着工促進を決議。(河北: 920911, 920929)

1993.11.25 3号機増設に係る第1次公開ヒアリング。会場に入れなかった反対派40人が会場外で抗議デモ実施。(河北: 931125, 931126)

1993.11.27 地震で1号機炉心の蒸気泡の状態が変化、中性子束の増加により自動停止。INESレベル0＋。95年8月19日、地震による燃料集合体の揺れで核反応が進み出力が急上昇したためと東北電力発表。(JNES; 河北: 931128; 毎日: 950820)

1994.1.31 「女川原発差し止め訴訟」で仙台地方裁判所が請求棄却の判決。トラブルデータを報告してこなかった東北電力を非難、安全性の立証責任は電力会社にあるとしたが、現時点での危険性は否

定。2月14日、原告団が控訴。(河北: 940131, 940215)

1994.3.17 3号機(BWR、82.5万kW)電調審通過。(ポケットブック: 136)

1994.3.30 科技庁の求めで県が部分公開としてきた核燃料輸送情報、県情報公開審査会が公開拡大を答申。5月25日、宮城県が請求者に情報開示。核燃料情報公開は全国で初めて。(河北: 940331, 940526)

1995.7.28 2号機が営業運転入り。BWR、82.5万kW。(河北: 950728)

1995.8.24 3号機増設のための第2次公開ヒアリング。阪神・淡路大震災後初のヒアリングで地震対策に質問集中。(河北: 950824, 950825)

1996.4.12 通産大臣が3号機設置許可。(河北: 960413)

1997.2.27 核燃料輸送情報を一部非公開とした宮城県に決定取消しと損害賠償を求めた裁判(「スミ消し裁判」)で、仙台地裁は「防犯上の危険性」を認めて、請求を却下。(河北: 970228)

1998.10.23 宮城県、石巻市等主催で原子力防災訓練実施。16回目の訓練で初めて住民避難訓練(バス使用)実施、女川、牡鹿町民約100人が参加。(河北: 981024)

2000.7.4 女川原発から5.5kmの山中に自衛隊訓練機2機が墜落。3月22日にも女川原発から約9.5kmの山林に1機墜落している。(河北: 000323, 000705)

2000.12.19 「女川原発差し止め訴訟」で最高裁、「上告事由に該当しない」と上告棄却。(河北: 001220)

2002.1.30 3号機が営業運転開始。(河北: 020130)

2002.9.20 東電に続き東北電力でも、再循環系配管ひび割れを国に報告していなかったことが判明。1998年の1号機定検時に2カ所、2001年に2カ所を確認していたもの。(河北: 020920, 020921)

2002.9.23 定検中の1号機炉心隔壁(シュラウド)に67カ所のひび割れ確認。虚偽記載があった東電で作業のGE関連会社、95年に1

号機でも点検作業を実施。26日までに計73カ所のひび確認。翌1月23日、ひびの長さは最大13cm、深さは最大25mmと東北電力が発表。(河北: 020924, 020927, 030124)

2002.11.28 1号機再循環系配管に4カ所、19本のひび割れを確認。データ隠しに関連した原子力安全・保安院による点検指示に基づき報告されたもの。INESレベル1。(JNES; 河北: 021129)

2003.6.9 定検中の2号機で、シュラウドの7カ所にひびを発見、16日はさらに9カ所確認。6月24日には再循環系配管1カ所に、8月1日には新たに1カ所のひびが確認される。(河北: 030610, 030617, 030625, 030802)

2003.7.3 5月21日に東北電力が提出の1号機特殊設計認可の申請(シュラウドのひびを修理しないまま運転する法的手続き)を安全・保安院が認可。再循環系配管のひび割れは交換終了している。(河北: 030704)

2003.7.23 東北電力は県の了承を得て、シュラウドにひびの認められる1号機の運転再開。シュラウド問題では国内最初の再開。(河北: 030724)

2004.2.19 女川原発の労働者被ばくが前年度に続き過去2番目の高水準に。再循環系配管の点検・取換えで定検が長期化したためと東北電力が説明。(河北: 040220)

2004.7.1 定検中の3号機で、給水加熱器内で金属片43個、その他6カ所から計54個の異物を発見、と東北電力が発表。前年11月6日には2号機圧力抑制室からも異物が発見されている。(河北: 031107, 040702)

2004.8.18 美浜の破断事故を受けた1、3号機配管肉厚の点検結果を国に報告、公表。点検対象は6442カ所、代表的な箇所を点検して他はそれをもとに推定。(河北: 040819)

2005.3.8 格納容器からの窒素漏れで2月25日に原子炉を手動停止した1号機で、2000年から漏えい量の増加に気づきながら放置と判明。INESレベル0。保安院が5月18日に改善を指示。(河北: 050308, 050312, 050519)

2005.8.16 宮城県沖地震で全3基が自動停止。9月2日、岩盤表面の地震動が設計用限界地震を超えていたと東北電力が発表。28日には2号機タービン建屋土台に19個の亀裂を発見、「コンクリート内部には達しておらず安全性に影響なし」と発表。(B3-6: 92; 河北: 050903; 毎日: 050929)

2005.12.22 安全・保安院は、2号機耐震評価を妥当と判断。翌年3月1日には3号機も妥当と判断。(河北: 051223, 060302)

2006.7.7 原子力安全・保安院、3号機の安全管理審査結果について最低のCランク評価、東北電力に品質保証改善を指示。8月23日、東北電力が報告書提出。(河北: 060708, 060824)

2006.12.7 東京電力のデータ改ざんを受けて女川を点検していた東芝(メーカー)が、1号機海水温度測定データの改ざん(1995年10月~2001年4月)を発見。基準内に収まるように計算機プログラムを設定していたもので、女川の担当課長から東芝に指示文書が出されていた。(河北: 061208)

2007.2.7 廃棄物の放射能測定値が低くなるように機器設定されていたことが判明、低レベル放射性廃棄物の六ヶ所村への搬出を延期。3月8日には、過去のデータの計算ミスや誤記を明らかに。(河北: 070208, 070309)

2007.3.30 国の指示を受けた不正総点検で、30項目1367件の不正(原子力は11件)と、東北電力発表。88年1号機定検時の作業ミスで制御棒2本が抜けるなど、3回の制御棒トラブルが判明。(河北: 070319, 070331)

2007.6.13 5月12日に1年9カ月ぶりに再起動した1号機で、起動前に1本、起動後に8本の制御棒の過剰引抜け。所定の位置に戻して運転継続、と東北電力が発表。7月9日にも制御棒の動作不良3回。5月中旬以降の制御棒トラブルは計13回。(河北: 070614, 070710)

2008.11.5 東北電力は3号機のプルサーマル計画で地元に申入れ、6日に国に許可申請。(河北: 081106, 081107)

2009.3.23 調整運転中の1号機で、操作していない制御棒1本が全引抜きから全挿入位置となる。手順書を作成していなかったため。INESレベル1。5月28日にも3号機で制御棒1本が過挿入されるトラブル。(JNES; 河北: 090324, 090529)

2009.6.10 3号機のプルサーマル導入計画をめぐり、「プルサーマル公開討論会を実現させる宮城の会」が公開討論を求めて署名提出。(河北: 090611)

2010.1.8 3号機でのプルサーマル計画を直嶋正行経産相が許可。(河北: 100109)

2010.1.31 経産省、女川町でプルサーマル計画住民説明会。2月2日には、資源エネ庁がプルサーマル計画受入れ県への交付金を最大30億円にすると立地自治体に通知。(河北: 100201, 100203)

2010.4.26 耐震指針改定(06年)を受けた東北電力による1号機耐震安全性再評価中間報告(08年)について、原子力安全委員会は妥当と評価。(河北: 100427)

2011.3.11 東北地方太平洋沖地震により3基が自動停止。(B3-8)

2011.3.20 東北電力による原発施設被害状況の確認作業報告。1号機は受電用変電器の不具合により外部電源が11時間使用不能、その間ディーゼル発電機の電力を利用。2、3号機では冷却系に海水が浸入、2号機では熱交換器の設備も浸水。非常用発電機3台のうち2台が海水浸入で起動せず、外部電源の供給で運転。(河北: 110321)

2011.4.7 東北地方太平洋沖地震時の観測データを東北電力が発表、耐震設計で想定の基準地震

動を最大11%上回る揺れを記録。津波の高さは想定の9.1mを超える約13m。敷地の高さは14.8mから1m沈下しており、津波は敷地に迫る高さだった。引き潮で潮位が海面下6mに低下、冷却システムに使う海水が取水不能となり、予備用に貯めてある海水を使用した時間が3〜4分あったことが判明。（河北: 110408）

2011.4.8 7日深夜の震度6強の余震で、点検中の1回線を除く外部電源4回線の内3回線が遮断され、1回線で冷却継続（8日10時現在2回線確保）と東北電力が発表。使用済み核燃料貯蔵プールの冷却系統が自動停止、再起動まで最大1時間20分間冷却停止状態に。プールから床に水があふれていたことも判明。（河北: 110409）

2011.5.18 東北電力、大容量の電源装置3台を海抜20m以上の敷地高台に2012年3月までに設置すると発表。防潮堤は海抜14mの敷地に3mの土を盛り、12年4月までの完成をめざすとも。（河北: 110519）

2011.7.29 2010年1月31日女川町で開催の3号機プルサーマル計画住民説明会で、社員らに参加を要請していたことを東北電力が発表。関係者96人の内60人が参加。（河北: 110730）

2011.11.13 女川町議選で、「脱原発」を訴える無所属新人が初当選。県議選でも石巻市と女川町で初めて共産党が議席獲得。原発反対勢力が支持を集める結果に。（毎日: 111114）

2012.4.26 高さ3m（海面からの高さ17m）の防潮堤本体工事が終了。海水ポンプ室を囲む高さ2mの防潮壁も設置。（朝日: 120427）

2012.6.15 宮城県内の市民団体など、女川原発の再稼働反対署名4万人分を知事に提出。（朝日: 120616）

2012.8.10 IAEA、女川原発の調査結果発表。地震の影響は小さく、調査の限りでは配管の損傷なし。（朝日: 120811）

2012.10.3 規制委、住民避難などの対応を定める原子力災害対策指針改定案を発表。防災重点区域を従来の半径8〜10kmから30kmに拡大。女川原発の対象人口は7市町、22万2849人。（朝日: 121004）

2012.10.24 原子力規制委員会、放射能拡散予測発表。福島第一並みの事故で、「1週間で100mSv」（国際原子力機関による避難基準）の被ばくは女川原発から西側で16.4km、南側は16km（石巻市中心部近く、牡鹿半島南端）。12月13日、拡散距離を一部修正。（朝日: 121025, 121214）

2013.6.24 東北電力、2、3号機フィルター付きベント取り付け工事開始。15年度中に完成予定。（B3-8）

2013.7.1 原子力規制委、東北地方太平洋沖地震による2号機のトラブルをINESレベル2と最終評価。（B3-8）

2013.10.31 東北電力、2013年度の純損益が150億円の黒字になるとの見通しを発表。前年度は1036億円の赤字。電気料金の値上げや経費削減の効果。（朝日: 131101）

2013.11.27 東北電力、免震重要棟を新設する（2016年度中の完成予定）、基準地震動を現状の580ガルから1000ガルへ引き上げと発表。（朝日: 131129; B3-8）

2013.12.27 東北電力、2号機の新規制基準への適合性審査を原子力規制委に申請。全国で16番目、東日本大震災で被災した原発の申請は初めて。（朝日: 131227; B3-8）

2015.1.27 3号機から放射性物質漏えいとの想定で、30km圏内の7市町と県が原子力防災訓練を実施。警察や自衛隊を含む63機関が参加。住民参加者を約250人に絞り、それ以外は屋内退避。（朝日: 150128）

2015.2.4 2号機の点検記録や管理で4188件の不備があったことが明らかに。前年の原子力規制庁指摘を受け、東北電力が再確認したもの。5月13日には、1、3号機で474件の不備、と発表。（朝日: 150205; B3-8）

2015.4.20 東北電力、原発30km圏内にある5市町と安全協定締結。再稼働や事故などの情報を、立地自治体以外の5市町にも伝えることに。再稼働に関する5市町の事前了解の権限は盛り込まれず。（朝日: 150421）

2016.3.29 東北電力、原子炉の緊急停止などに関わるケーブルの不適切敷設について、女川1〜3号、東通1号に計218カ所と点検結果を発表。6月29日、原子力規制委員会が保安規定違反と判定。（朝日: 160330; 東京: 160630）

2016.4.21 東北電力、2号機重大事故時の拠点施設について、当初予定の免震構造を耐震構造に変更すると発表。（朝日: 160422）

2017.1.17 東北電力、東北地方太平洋沖地震で原子炉建屋の壁に1130カ所のひび、剛性が7割低下との解析結果を原子力規制委審査会に示す。（朝日: 170118）

2017.9.14 東北電力、ほぼ完成した新防潮堤を公開。最大23.1mの津波を想定、海面からの高さ29mで全長800m。高さ6mのフィルター付きベント装置も公開。（朝日: 170915）

福島第一原発

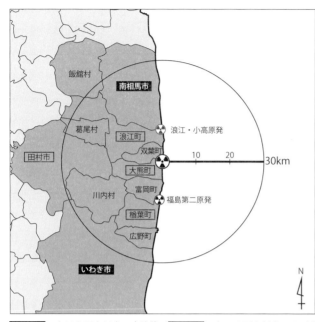

所 在 地	福島県双葉郡大熊町大字夫沢字北原 22		
設 置 者	東京電力		
	1号機	2号機	3号機
炉 型	BWR	BWR	BWR
電気出力(万kW)	46.0	78.4	78.4
営業運転開始時期	1971.3.26	1974.7.18	1976.3.27
主 契 約 者	GE	GE／東芝	東芝
プルサーマル導入	−	−	2010
	廃炉認可 2013.8.14	廃炉認可 2013.8.14	廃炉認可 2013.8.14

	4号機	5号機	6号機
炉 型	BWR	BWR	BWR
電気出力(万kW)	78.4	78.4	110.0
営業運転開始時期	1978.10.12	1978.4.18	1979.10.24
主 契 約 者	日立	東芝	GE／東芝
プルサーマル導入	−	−	−
	廃炉認可 2013.8.14	廃炉決定 2014.1.31	廃炉決定 2014.1.31

出典：ポケットブック2012.
市民年鑑2011-12.

1960.5.10　福島県が原子力産業会議に加盟。大熊・双葉地点が適地と確認。(B4-2: 133)

1960.11.29　福島県、東電に双葉郡への原発誘致を表明。(B4-2: 133)

1961.4.17　大熊町議会、原発誘致を東電と関係衆議院議員に陳情。(B4-2: 133)

1961.6.-　東電、大熊・双葉にまたがる旧陸軍飛行場跡地をメーンとする土地の取得を決定。(B4-1: 145)

1961.9.19　大熊町議会、原発誘致促進を議決。10月22日、双葉町議会が誘致を議決。(B4-2: 133)

1964.12.1　東電、福島調査所を設置。地質、気象などの基礎調査開始。(B4-1: 181; B4-2: 133)

1965.9　県開発公社、1963年12月から買収の用地（大熊町側）を東京電力に引渡す。(B4-2: 133)

1966.4.4　電調審、1号機（BWR、46万kW）を承認。(ポケットブック2012: 137)

1966.12.1　政府、1号機の設置許可。(朝日: 661202)

1966.12.8　東電、米国GE社と建設契約締結。GE社は設計から運転開始まですべて請負。(朝日: 661209)

1966.12.23　東電、漁業権損失補償協定を請戸漁業協同組合他9組合と締結。(B4-2: 134)

1967.2.2　東京電力、GE社からの核燃料購入契約に調印。(読売: 670203)

1967.7.31　県開発公社、第2期用地買収を完了。(B4-2: 134)

1967.12.22　電調審、2号機（BWR、78.4万kW）を認可。(ポケットブック2012: 137)

1968.3.29　政府、2号機設置を許可。(ポケットブック2012: 137)

1969.4.4　東京電力・県、「原子力発電所の安全確保に関する協定」締結。(朝日: 690405)

1969.5.23　3号機（BWR、78.4万kW）電調審通過。(ポケットブック2012: 137)

1969.4　坂下ダム（福島県との共有施設）建設着工。(B4-1: 185)

1970.1.23　政府、3号機設置を許可。(ポケットブック2012: 137)

1971.2.26　5号機（BWR、78.4万kW）電調審通過。(ポケットブック2012: 136)

1971.3.26　1号機、営業運転開始。(朝日: 710325)

1971.6.28　1号機、復水器真空度低下のため原子炉自動停止。(B4-2: 135)

1971.6.30　4号機（BWR、78.4万kW）電調審通過。(ポケットブック2012: 137)

1971.9.23　政府、5号機設置許可。(ポケットブック2012: 136)

1971.12.17　6号機（BWR、110万kW）電調審通過。(ポケットブック2012: 136)

1971.12　1号機で1次冷却水が漏れて作業員1人が被ばく。(朝日: 910210)

1972.1.13　政府、4号機設置許可。

（ポケットブック 2012: 137）

1972.8.8 労組員を中心に相双地方原発反対同盟結成。のち双葉地方原発反対同盟に改称。（B4-5: 337-338）

1972.12.12 政府、6号機設置許可。（ポケットブック 2012: 136）

1972.12.22 1号機、再循環ポンプ制御装置故障のため原子炉自動停止。翌年1月28日にも同様、自動停止。（B4-2: 135）

1973.6.25 1号機、放出基準の100倍の放射能廃液 3.8t 漏出、0.2t が屋外へ。7月7日、科技庁が施設改善命令。（朝日: 730627; B4-2: 136）

1974.5.2 1号機の使用済み核燃料を初めて英国の再処理工場へ搬出。（B4-1: 192）

1974.7.18 2号機営業運転開始。（ポケットブック 2012: 137）

1975.1.11 2号機、原子炉再循環ポンプシールから漏えい、原子炉手動停止。（JNES; B4-2: 137）

1975.3.9 8日に運転再開の2号機、ポンプ接続部などから1次冷却水漏れ。原子炉手動停止。（B4-4: 155）

1976.2.10 1号機、発電機励磁回路不調のため原子炉自動停止。8月12日にも。（B4-2: 139-140）

1976.3.22 「原発周辺地域の安全確保に関する協定」を改訂、立地4町を加えた3者協定に。（B4-2: 138）

1976.3.27 3号機、営業運転開始。（ポケットブック 2012: 137）

1976.4.15 福島第一周辺の松の葉から微量の放射性物質コバルト60などを検出。（朝日: 760415）

1976.5.11 4月2日に2号機タービン室で火災発生、隠蔽が発覚。（読売: 760512）

1977.5.7 2号機、燃料体6本に漏えいを発見。（朝日: 770508）

1977.10.28 県が申請していた核燃料税、自治大臣が認可。（B4-9: 203）

1978.2.6 故障続きで1年半近く運転を停止していた1号機、運転再開。3月9日、再び停止。（朝日: 780209; 反1: 2）

1978.4.18 5号機、営業運転開始。（朝日: 780419）

1978.6.22 1号機、除湿器用バルブの故障で緊急停止。同日、運転再開。（B4-2: 140）

1978.10.12 4号機が営業運転開始。日本の原子力発電能力が世界2位に。（朝日: 781013）

1978.11.2 3号機で制御棒5本が脱落、7.5時間臨界状態に。運転日誌などを改ざんして隠蔽。2007年3月22日に発覚。（市民年鑑2015: 100; 朝日: 070323）

1978.12.17 富岡町で、反原発全県活動者会議。（反9: 2）

1979.7.20 1号機、海水循環ポンプ停止により原子炉自動停止。（朝日: 790720）

1979.10.24 6号機、営業運転開始。（読売: 791025）

1980.1.23 1号機で働く作業者に目安の10倍の被ばく線量を認めていることが判明。29日、高被ばく作業者は GE 社米人約100人と判明。（朝日: 800124, 800130）

1980.1.28 第一原発沖 1km 以内で採取されたホッキ貝などから微量のコバルト60とマンガン54検出。（朝日: 800129）

1980.7.28 東電、地元7漁協に総額8億円を支払う覚書に調印。ホッキ貝の調査結果報道で市場価格が暴落したため。（朝日: 800729）

1981.4.10 1号機、蒸気配管溶接部からの水漏れ発見、原子炉手動停止。（B4-2: 143）

1981.5.12 2号機、計測用電源喪失で自動停止。その後、高圧注水系（ECCS）作動。（市民年鑑2015: 100）

1981.10.12 6号機、復水冷却配管から海水漏れ。原子炉手動停止。（市民年鑑2011-12: 91）

1982.2.14 2号機、給水制御系の故障で原子炉自動停止。17日再開。（B4-2: 144）

1982.4.28 1号機、冷却水漏れを発見。原子炉手動停止。（朝日: 820429）

1982.6.25 6号機、タービン電気油圧式制御装置の電源喪失、原子炉自動停止。（B4-2: 144）

1982.7.24 1号機、原子炉圧力低下、原子炉自動停止。（B4-2: 144）

1982.7.26 東京電力がプルサーマル推進の方針表明。（反52: 2）

1982.12.20 5号機、故障で水位低下、原子炉自動停止。21日再開。（B4-2: 145）

1983.7.2 6号機、地震により安全装置が作動して原子炉自動停止。地震感知による停止は初めて。（朝日: 830702）

1983.11.30 総合的原子力防災訓練実施。県、6町、国などから700人参加、住民は参加せず。（B4-9: 72）

1984.10.21 2号機、数秒間臨界状態に。緊急停止装置が働いていたが記録を改ざん、2007年3月30日まで隠蔽。（朝日: 070331, 070406）

1984.11.30 第一原発の総発電量が運転開始13年余りで2000億 kWh を突破、世界一に。（朝日: 841201）

1985.12.27 県・地元4町、東電との安全協定の一部改定。事故連絡の迅速化と立入り調査協力を義務づけ。（反94: 2; B4-2: 147）

1986.11.3 2号機、格納容器内床ドレン量が漸増、原子炉手動停止。（B4-2: 147）

1987.4.23 1、3、5号機、福島県沖地震（M6.5）により自動停止。（朝日: 870423）

1988.6.28 74年6月に4号機に納入した圧力容器は安全上問題があると、元原子炉設計者が証言。（朝日: 880701）

1988.7.27 3号機、原子炉格納容器内の床ドレン量増加、原子炉手動停止。（B4-2: 147）

1989.11.10 初の住民参加による原子力防災訓練実施。住民140人が自主参加。（B4-9: 77）

1990.9.9 3号機、原子炉内の「中性子束高」信号により自動停止。（朝日: 900910）

1990.10.31 原発事故・故障等評価委員会、9月の3号機の自動停止事故を INES レベル2と評価。（朝日: 901031）

1991.9.25 双葉町議会、7、8号機の増設要望を議決。(B4-2: 152)

1991.10.30 1号機、タービン建屋地階に海水の漏えい発見、原子炉自動停止。(朝日: 911031)

1991.12.25 双葉町が福島県、資源エネ庁、科技庁、東電に増設を要望。近隣6市町村の議員らでつくる相馬地方広域市町村圏組合議会、増設反対の意見書採択。(朝日: 911226)

1991.12.26 88年に白血病で死亡した福島第一原発の元労働者に労災認定。累積被ばく量40mSv。(B4-12: 15)

1992.3.11 相馬市議会、第一原発の増設反対の意見書採択。(反169: 2)

1992.9.29 2号機、原子炉水位が異常低下、原子炉自動停止。緊急炉心冷却装置(ECCS)作動。(朝日: 920930)

1992.11.9 2号機、タービンの弁開閉用モーターの故障、原子炉手動停止。(朝日: 921110)

1993.4.13 東電、通産省に使用済み燃料貯蔵プール設置許可申請。(反182: 3; B4-2: 155; 朝日: 940131)

1994.6.29 定検中の2号機、炉心シュラウドの全周に7カ所のひび。(市民年鑑2015: 101)

1994.8.22 東電、2基増設を決定、佐藤県知事に環境影響調査の実施を申入れ。(朝日: 940823)

1995.2.7 東電、第一原発の増設および巨大サッカー場寄贈を県に申入れ。(朝日: 950208)

1996.1.23 福島、福井、新潟の3県知事、昨年12月のもんじゅの事故を受け、橋本龍太郎首相らに原子力政策に関する提言。政策論議と国民の合意形成を求める。(B4-3: 43; 朝日: 960124)

1997.3.6 東電、佐藤県知事に3号機のプルサーマル実施への協力要請。(朝日: 970307; B4-3: 49)

1997.5.9 市民団体「原発の安全性を求める福島県連絡会」、第一・第二原発の総点検早期実施を東電に申入れ。(朝日: 970510)

1997.7.11 資源エネ庁、3号機のシュラウド交換を認可。シュラウドの交換は世界初。(朝日: 970712)

　　福島県「核燃料サイクル懇話会」を設置。県の全部長らを集め、98年7月までに7回開催。(B4-3: 49; B4-13: 3; B4-2: 160)

1997.7.21 東電寄贈のサッカー・トレーニングセンター「Jヴィレッジ」、楢葉町にオープン。(B4-3: 251)

1997.10.1 使用済み核燃料共用プールが運用開始。(朝日: 971002)

1998.7.22 シュラウド交換の3号機、運転再開。(朝日: 980723)

1998.11.2 県、大熊・双葉町、3号機のプルサーマル計画を事前了解。(朝日: 981103; B4-14: 58)

1999.7.2 通産大臣、3号機プルサーマル計画について原子炉設置変更許可。(B4-2: 164)

1999.7.30 リンパ性白血病で死亡した元労働者の労災認定。福島第一他で約12年間従事。(B4-8; B4-6: 16)

1999.9.27 ベルゴニュークリア社が製造したMOX燃料32体が第一原発に到着。(朝日: 990928)

2000.1.7 東電、プルサーマル計画延期を知事に伝える。一連のMOX燃料データねつ造事件を受け。(朝日: 000107)

2000.1.- 急性単球性白血病で既に死亡の元作業員、福島労基署より労災認定。福島第一、第二などで11年間従事、累積線量74.9mSv。(B4-7: 227)

2000.2.15 福島県議会、国に対する「原子力の安全確保の強化と原子力行政の信頼性に関する意見書」可決。(B4-2: 165)

2000.7.21 茨城県沖地震発生。6号機、小配管破断により原子炉手動停止。(朝日: 000721, 000722)

2000.7.23 2号機、タービン制御油の漏れ、原子炉手動停止。(朝日: 000724)

2000.8.9 福島・東京の市民団体など約860人、MOX燃料装荷差止めを求める仮処分を福島地裁に申請。(朝日: 000810)

2000.11.28 原災法施行後初の防災訓練。(朝日: 001129)

2000.12.8 7、8号機増設で、東電が関係7漁協と漁業補償協定締結。(B4-2: 167)

2001.2.6 県、事前了解の4条件が順守されていないとして、プルサーマル計画の許可凍結。(B4-14: 79)

2001.3.23 福島地裁、3号機へのMOX燃料装荷差止め仮処分申請を却下。(朝日: 010324)

2001.5.15 6号機、原子炉内冷却水のヨウ素濃度が上昇、停止。(朝日: 010516)

2001.5.17 楢葉町議会、プルサーマル導入と7、8号機増設の早期実施を求める意見書案を可決。(反279: 2)

2001.5.21 福島県庁内に「エネルギー政策検討会」設置。(B4-2: 168)

2001.5.31 県、エネルギー政策検討のための「県民の意見を聞く会」開催。(B4-2: 169)

2002.4.1 大熊町にオフサイトセンター完成、運用開始。(B4-2: 171)

2002.6.13 原子力委員会、佐藤知事に対し異例の要望書提出。14日、資源エネ庁もプルサーマル実施への結論迫る。(朝日: 020614, 020615)

2002.7.5 県議会、核燃料税条例改正案を可決。(B4-9: 209-210)

2002.8.5 県、第20回「エネルギー政策検討会」(原子力委員会との意見交換会)開催。(B4-2: 172)

2002.8.22 3号機、制御棒駆動水圧系配管36本に損傷が判明。(朝日: 020822)

2002.8.29 安全・保安院、東電福島第一、第二、柏崎刈羽の3原発の原子炉計13基で、1980年代後半〜90年代の自主点検記録に改ざんがあったと発表。2年前の内部告発による調査に東電は非協力。南直哉社長、プルサーマル計画の延期を表明。(読売: 020830)

2002.8.30 東電の点検データ改ざん疑惑で、東電社員が下請け従業員に改ざんを指示した疑い。東

電社員延べ100人が関与。(朝日: 020830, 020831)

2002.9.2 大熊町議会、3号機プルサーマル計画事前了解の白紙撤回を決定。(朝日: 020903)
トラブル隠し等の責任をとり、東電社長ら5人が9月30日付で退陣へ。(朝日: 020903)

2002.9.4 東電、7、8号機増設計画延期。(B4-2: 172)

2002.9.10 楢葉、富岡、双葉、大熊の4町長、プルサーマルと原発増設の一時凍結で合意。(B4-2: 172)

2002.9.13 安全・保安院、東電のデータ改ざん疑惑について刑事告発や行政処分の見送り。(読売: 020914)

2002.9.19 県「福島県エネルギー政策検討会「中間とりまとめ」発表。国が原発政策を抜本的に見直すことを提言。同日、原子力委員会、プルサーマルおよび核燃料サイクル推進の声明。(B4-3: 169)

2002.9.25 8月22日に制御棒駆動配管の損傷が判明した3号機、全配管のうち約85%の242本に損傷、と判明。(朝日: 020926)

2002.9.26 佐藤栄佐久知事、県議会で3号機プルサーマル事前了解の白紙撤回を表明。(朝日: 020926)

2002.9.27 総務省が核燃料税引上げに同意。(B4-9: 209-210)

2002.10.1 安全・保安院、自主点検作業記録の不正問題の中間報告公表。(反原発2002: 72-82)

2002.10.11 4号機の制御棒駆動配管10本にひび発見。(朝日: 021011)

2002.10.25 東電、1号機格納容器の気密試験データ偽装疑惑を認める。1991、92年の漏えい率検査で格納容器へ圧縮空気を不正注入する悪質な偽装工作。(朝日: 021025)

2002.11.22 3号機制御棒駆動系配管のひびは242本、うち6本は貫通、と資源エネ庁発表。(JNES)

2002.11.29 安全・保安院、格納容器漏えい率偽装で1号機を1年間運転停止とする行政処分。(朝日: 021130)

2002.12.12 「東京電力の原発不正事件を告発する会」、東電幹部らを偽計業務妨害容疑などで福島、新潟、東京の3地検に刑事告発。福島地検へは県内509人が告発。(読売: 021213)

2003.3.10 安全・保安院、シュラウドのひび修理なしで運転再開を容認。4月11日、原子力安全委も妥当との見解。(読売: 030311, 030412)

2003.4.1 国の原子力立地会議、立地域の振興に関する特別措置法の対象地域に浜通りと都路村の計16市町村を指定。(B4-2: 173)

2003.4.15 6号機、気密検査のため前倒しで運転停止。トラブル隠し、データ偽装で全原発が停止に。(朝日: 030416)

2003.5.15 双葉郡の8町村、県内全原発10基停止問題で会合、早期運転再開を安全・保安院、東京電力に要望へ。23日、佐藤県知事らに要望書提出。(朝日: 030515; 読売: 030524)

2003.7.10 佐藤知事、東京電力勝俣恒久社長との会談で6号機運転再開を認める。(朝日: 030711)

2003.7.18 安全・保安院、検査が終わった3、5号機の「安全宣言」。双葉地方エネルギー政策推進協議会は3基の運転再開を容認。(朝日: 030719)

2003.9.24 5号機で放射性蒸気漏えい、作業員1人被ばく。(朝日: 030925)

2003.10.3 東京地検特捜部、トラブル隠しで告発されていた当時の東電役員ら8人を不起訴処分に。12月4日、告発人ら検察審査会に不服申立て。(読売: 031004; 反310: 2)

2003.11.6 東電、定検中の12基について圧力抑制室の異物調査終了。12基すべてから計1094個の異物回収。第一原発1、2、4、6号機では計473個。(読売: 031107)

2004.3.18 東京第一検察審査会、東電不正事件の告発を不起訴相当と議決。26日、「東京電力は責任の重大性を認識せよと」と異例の通知。(反313: 2)

2004.11.24 第14回原子力防災訓練実施。住民や関係者ら約1100人が参加。(朝日: 041125)

2005.7.8 1号機、2年8カ月ぶりに運転を再開。(朝日: 050709)

2005.7.12 佐藤栄佐久知事、3号機のプルサーマルを認めないことを改めて示す。(朝日: 050713)

2005.9.4 県、国際シンポジウム「核燃料サイクルを考える」を東京で開催。(B4-2: 178)

2005.10.11 原子力委員会、「原子力政策大綱」を了承、14日に閣議決定。福島県提出の意見は全く反映されず。(B4-3: 206)

2005.10.28 経産省、原発が地元の意向で運転できないときは電源三法交付金をカットする方針。(B4-3: 206)

2005.12.5 4号機の運転再開。全6基が運転中に。6機すべての運転は02年4月以来。(朝日: 051206)

2006.1.31 東芝、6号機の原子炉給水流量計の試験データを改ざんしていたと発表。(朝日: 060201)

2006.2.1 資源エネ庁、6号機で制御棒全17本中9本にひび、5号機使用済み制御棒8本にひび確認、と発表。その後3号機にも。(JNES; 朝日: 060304, 060308)

2006.5.21 4号機、気体廃棄物処理系モニターが警報。キセノン133が通常の3〜20倍まで上昇。(朝日: 060523)

2006.8.11 4号機、7月末からトリチウムが周辺の海水に流出するトラブル判明。大気中にも放出。(朝日: 060812)

2006.9.27 佐藤栄佐久知事、汚職事件で責任をとり辞職。10月23日、東京地検特捜部、収賄容疑で逮捕。(朝日: 060928, 061024)

2006.10.1 4号機、放射能漏えいにより手動停止。点検中の23日、作業員1人が内部被ばく。(反344: 2)

2007.1.10 東電、4号機で温排水のデータを84年から97年まで改ざんしていたと発表。(朝日: 070111)

2007.1.31 福島第一1〜6号機と

第二1〜3号機の計9基で、1977〜02年の延べ188件の法定検査で不正行為や改ざんがあったと判明。（読売: 070201）

2007.3.1 東電、前月判明分も含め計9件の隠蔽工作や改ざんを新たに確認。福島・新潟両県の3原発17基のうち13基で延べ200件の不正があったことに。隠蔽の理由は国・自治体への報告が面倒なため。（読売: 070302）

2007.3.22 1978年11月2日、3号機定検中に制御棒5本が脱落、7.5時間も臨界状態になったことが判明。5号機で79年に、2号機で80年に制御棒の脱落があったことも。30日には、4号機での98年の脱落事故判明。（朝日: 070323, 070330）

2007.6.4 安全・保安院、第一、第二原発の臨界事故隠しやデータ改ざんの問題で特別保安検査開始。29日に終了、おおむね良好と立地4町に報告。（読売: 070605, 070630）

2007.6.15 双葉町議会、7、8号機の増設凍結を解除する決議案を賛成多数で可決。（朝日: 070616）

2008.6.- 東電、06年9月改定の原子力委員会による原発の耐震設計指針に津波対策が盛り込まれたことを受け、第一原発の津波想定。福島沖を震源とした場合、従来の想定を上回る最大15.7mの津波と試算するも、2011年3月7日まで保安院に伝えず放置。対策を実施せず。（B4-17: 178-180）

2008.10.21〜22 県・国合同の初の原子力総合防災訓練実施。延べ5600人が参加。「過酷事故」の想定はなし。（B4-9: 78-79）

2009.1.28 「県原子力発電所所在町協議会」、3号機でのプルサーマル受入れを決定。（朝日: 090129）

2010.2.16 3号機でのプルサーマル実施に関して佐藤雄平知事、3条件（①3号機耐震安全性の確認、②高経年化対策の確認、③搬入後10年経過したMOX燃料の健全性確認）を付して容認。5月26日、東電、3条件に関し「問題となる

事項なし」と報告。（B4-2: 189; 朝日: 100527）

2010.6.17 2号機、発電機トラブルで発電不能に。原子炉緊急停止。（朝日: 100618）

2010.6.30 県議会、プルサーマル計画反対請願を否決。（朝日: 100701）

2010.7.27 免震重要棟の運用開始。（B4-16: 77; 読売: 100727）

2010.8.6 佐藤雄平知事、3号機のプルサーマル受入れを表明。（朝日: 100806）

2010.9.18 3号機、プルサーマルで原子炉を起動。10月26日、営業運転開始。（朝日: 100919, 101027）

2010.11.2 5号機、原子炉水位が上昇、原子炉自動停止。（B4-2: 189; JNES）

2011.2.2 東電、福島第一、第二、柏崎刈羽で、自主定期検査漏れが新たに258機器について確認されたと発表。すでに1月28日の調査結果報告で、3原発で累計171機器と発表されていた。（反396: 2）

2011.2.7 安全・保安院、1号機の40年超え運転を認めることを原子力安全委員会に報告。（朝日: 110208）

2011.2.28 1〜6号機の33機器で点検漏れ判明。6号機残留熱除去制御系の分電盤は11年間点検せず。福島第二、柏崎刈羽でも。（朝日: 110301）

2011.3.11 東北地方太平洋沖地震、福島第一原発事故発生。（朝日: 110312）

以降は第Ⅰ部第1章「1 事故・事故処理年表」参照

福島第二原発

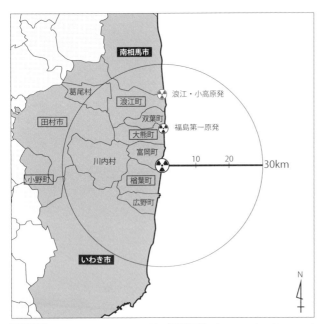

所在地	福島県双葉郡楢葉町大字波倉字小浜作12
設置者	東京電力

	1号機	2号機	3号機
炉型	BWR	BWR	BWR
電気出力(万kW)	110.0	110.0	110.0
営業運転開始時期	1982.4.20	1984.2.3	1985.6.21
主契約者	東芝	日立	東芝
プルサーマル導入	—	—	—

	4号機
炉型	BWR
電気出力(万kW)	110.0
営業運転開始時期	1987.8.25
主契約者	日立
プルサーマル導入	—

出典：ポケットブック 2012．市民年鑑 2011-12．

自治体名：人口5万人以上の自治体／自治体名：人口1万人以上～5万人未満の自治体／自治体名：人口1万人未満の自治体

1965.9 東京電力、福島第二原子力発電所立地点として富岡町、楢葉町区域を選定する方針決定。(B5-1: 571)

1967.11 富岡、楢葉、広野、川内の4町村長と全町村議会員が出席して総合開発期成同盟を結成、県知事に企業誘致を陳情。原発誘致を伏せたもの。(B5-1: 572; B5-2: 343)

1968.1.4 木村守江福島県知事、東京電力福島第二原子力発電所の建設決定を発表。(読売: 680104)

1968.6.27 富岡町毛萱地区、建設絶対反対決議。(B5-3: 82)

1969.4.25 東京電力、100万kW原発4基を富岡町・楢葉町に建設する旨発表。(B5-3: 82)

1971.8.25 「環境破壊と公害をなくす県民会議」が結成される。(B5-3: 83)

1972.2.17 「公害から楢葉町を守る町民の会」結成。(B5-2: 344)

1972.6.7 1号機（BWR、110万kW）、電源開発調整審議会（電調審）承認。(朝日: 720608)

1973.6.13 福島第二、広野火力発電に係る漁業補償が35億円で調印される。(B5-3: 84; B5-1: 573)

1973.8.28 木戸川漁協の組合員、「木戸川の水を守る会」結成、木戸川取水に反対して県に陳情。(B5-3: 84)

1973.9.18～19 原子力委、福島第二をめぐる公聴会実施。全国初の公聴会。反対派約500人が会場前に座り込み。機動隊150人が反対派をごぼう抜き。19日は実力行使なし。(朝日: 730918, 730919)

1974.1.30 「原発・火発反対福島県連絡会」の住民ら216人、福島県を相手に両発電所の建設予定地の公有水面埋立て免許取消しを求めて福島地裁に提訴。(朝日: 740130)

1974.4.30 1号機（BWR、110万kW）設置許可。(読売: 740501)

1975.1.7 地元漁民・教師ら404人、三木武夫首相を相手取り1号機の設置許可取消しを求める行政訴訟を福島地裁に提訴。(朝日: 750108)

1975.3.17 2号機（BWR、110万kW）、電調審承認。東電、電力需要の落ち込みから着工延期の意向。(朝日: 750317)

1977.3.15 3号機（BWR、110万kW）、電調審承認。(朝日: 770315夕)

1977.12.4 県原発反対共闘会議、双葉地方原発反対同盟など、「住民の生命と健康を脅かす原発建設に反対する県民総決起集会」開催。(B5-3: 91)

1978.6.19 福島第二・広野火発建設のための海水面埋立て許可の取消し訴訟で、福島地裁は原告の当事者適格性を否定、訴えを却下。7月3日に控訴するも11月27日取下げ。(朝日: 780619; B5-3: 91)

1978.6.26 政府、2号機の原子炉設置許可。(B5-3: 91)

1978.7.14 4号機（BWR、110万kW）、電調審承認。(読売: 780714)

1980.2.4 1号機原子炉補機冷却系ポンプ3台の製造過程で製造検査に重大なごまかし、との内部告発があったことが明らかに。(朝日: 800205)

1980.2.14 3、4号機の第2次公開ヒアリング開催。約1000人が会

場周辺で抗議デモ。（朝日: 800214）

1980.7.28 東京電力、地元7漁協に対し、周辺海域の汚染に8億円の補償を支払うことで調印。（反28: 2）

1980.8.5 通産省、3、4号機の設置許可。（読売: 800806）

1981.9.18 1号機、湿分分離器水位高の信号により自動停止（25日運転再開）。12月10日にも同様のトラブル（19日再開）。（B5-3: 96; JNES）

1981.10.28 1号機、タービン軸振動が増加でタービン停止、原子炉も自動停止。（朝日: 811029）

1982.4.20 1号機、営業運転開始。出力110万kW。（ポケットブック2012: 136）

1984.2.3 2号機、営業運転開始。出力110万kW。（読売: 840204）

1984.5.5 1号機、定格出力運転中、主発電機界磁喪失により主発電機が緊急停止、原子炉自動停止。（JNES）

1984.7.23 1号機の設置許可取消し訴訟で、福島地裁は「安全と認めた行政判断に合理性がある」として原告の請求を棄却。8月6日、原告団が控訴。（朝日: 840723; ポケットブック2012: 196）

1985.6.21 3号機、営業運転開始。出力110万kW。（朝日: 850622）

1987.8.25 4号機、営業運転開始。出力110万kW。（読売: 870826）

1988.3.18 1号機の出力低下。19日、原子炉を停止。22日、運転再開。軸受けの潤滑油が漏れたのが原因、と東京電力が発表。（朝日: 880318, 880323）

1988.12.3 3号機原子炉内の中性子高で、原子炉自動停止。9日、再循環冷却水の流量の一時的増加が原因と東京電力が県に通知。（朝日: 881205; 読売: 881209）

1989.2.28 原子炉再循環ポンプの部品が損傷・脱落して運転中止中の3号機で、圧力容器内から金属片が多数見つかり、一部が燃料集合体に入り込んでいたことが判明。（読売: 890301）

1989.3.17 資源エネ庁、3号機再循環ポンプ部品損傷事故で「福島第二原子力発電所3号機調査特別委員会」を設置と発表。国内の原発事故で初めて。（読売: 890318）

1989.4.12 3号機再循環ポンプ事故で、54体の燃料集合体の下部から新たに72個の金属小片を回収した、と東京電力が明らかに。これまでに燃料集合体下部から91個、炉の底から10個、ジェットポンプから13個の金属小片を回収、総数は186個。10月4日、燃料棒をすべて交換する、と東京電力が明らかに。（読売: 890413, 891005）

1990.2.22 資源エネ庁、3号機調査特別委員会の最終報告。原因はポンプ内部品の溶接不良と、異常振動警報が出たのに運転を続けた東京電力の不適切管理が重なったダブルミスとするもの。（読売: 900220, 900223）

1990.3.20 仙台高裁（石川良雄裁判長）、1号機の設置許可取消し請求訴訟で原告の控訴棄却。「反対ばかりしていないで落ち着いて考える必要がある。原発をやめるとしたら代替発電は何にするのか」とまで言及した判決に、「傲慢な判決」と怒りの言葉も。4月3日、原告が上告。（読売: 900321, 900403）

1990.9.10 3号機運転再開問題で、富岡・楢葉町の住民グループが運転再開の是非を問う「住民投票条例制定」の直接請求。（読売: 900911）

1990.12.20 3号機が2年ぶりに運転開始。（朝日: 901221）

1991.4.3 東電の株主ら5人、3号機事故をめぐり同社代表取締役らを相手に運転差止めを求める訴訟を東京地裁に提訴。（朝日: 901228, 910403）

1992.10.29 最高裁、1号機の設置許可取消し請求訴訟で原告の上告棄却。（読売: 921029）

1993.2.22 福島第二敷地内の廃棄物処理建屋で蒸気が噴出、作業員1人が全身火傷で死亡、2人が顔や足に火傷。（朝日: 930223）

1994.5.29 3号機、冷却水を循環させるジェットポンプの流量低下で原子炉手動停止。6月27日、押さえ金具に応力腐食割れ、20台のポンプすべての金具を交換、と東電発表。（読売: 940530, 940628）

1996.12.19 3号機再循環ポンプが破損した事故をめぐり、株主5人が東京電力代表取締役2人を相手に原発の運転差止めを求めた訴訟で、東京地裁が請求を棄却。（朝日: 961220）

1997.9.16 日立の沸騰水型原発配管溶接工事で、下請けが温度記録を改ざんしていたことが、日立からの報告で明らかに。全国で18基（福島第二2、4号機含む）、167カ所で改ざん。運転に支障なし、と資源エネ庁。（読売: 970917）

1998.1.20 1号機で、制御棒が作動しなくなった事故で、制御棒を製造したABB社の製造過程に問題があったとして、同社製の制御棒をすべて交換する、と東京電力が発表。INESレベル1の暫定評価（翌年4月確定）。（朝日: 980120; B5-5）

1998.10.1 福島第二原発の使用済み核燃料（44体、8t）積載の輸送船、同原発の専用港から青森県むつ小川原港に向けて出港。日本原燃の再処理工場に試験搬出。（読売: 981001; B5-4: 162）

1999.3.25 3号機運転再開差止めを求めた東京電力株主訴訟で、東京高裁は「事故発生の抽象的危険があったとしても監督官庁の指導に従う限り東電の運転再開は違法とは言えない」として、原告の請求を棄却。（東京高裁平成8年(ネ)6052）

2000.2.3〜4 福島第二での放射性物質漏れ事故を想定した県の原子力防災訓練実施。楢葉町をメイン会場に2000人が参加、住民避難訓練には150人が参加。（読売: 000205）

2000.7.17 株主5人が東京電力の会長を相手に3号機の運転差止めを求めた訴訟の上告審で、最高裁は原告側の上告を棄却。（朝日: 000718）

2000.12.18 福島第二の使用済み核燃料76体（約13t）を積載の「六栄丸」、専用港から六ヶ所村の日本原燃の再処理工場に向けて出港。(読売: 001218)

2001.5.21 福島県、「エネルギー政策検討会」を設置し、エネルギー政策全般の検討を開始する。(B5-4: 168)

2001.7.6 定検中の3号機で、シュラウドにひび割れを発見、と東京電力発表。シュラウドのひび割れは、94年に2号機で見つかって以来2例目。8月24日、東電が応力腐食割れが原因と断定、安全・保安院に報告。3号機は応力腐食割れに強いSUS316Lを使用していた。(読売: 010707, 010825)

2001.11.1 2号機、中性子量の異常信号を検知して自動停止。7日、運転員の制御棒引き抜き操作ミス、と東京電力報告。(朝日: 011101; JNES)

2002.2.19 福島第二として初の低レベル放射性廃棄物（ドラム缶2072本）積載の専用コンテナ船、六ヶ所村の低レベル放射性廃棄物埋設センターに向けて出港。(読売: 020219)

2002.8.29 安全・保安院、東京電力の福島第一、第二、柏崎刈羽の3原発の原子炉計13基で、80年代後半〜90年代の自主点検記録に改ざんが疑われる記載29件があったと発表。ゼネラル・エレクトリック・インターナショナル社（GEII）技術者による通産省への内部告発を受けて2年前から調査していたが、東京電力は「記録が残っていない」などと放置、非協力的な態度を取り続けてきたもの。(読売: 020830)

2002.8.30 東京電力のデータ改ざん疑惑で、保守担当の東電社員が自主点検を請負った会社の従業員に改ざんを指示した疑い濃厚。安全・保安院の調べで明らかに。(朝日: 020830)

2002.9.5 東京電力は3号機シュラウド4カ所にひび割れがあるの

を97年に把握していながら、2001年まで4年間、事実を隠して運転を続けていたことが、明らかに。(読売: 020905)

2002.9.19 福島県エネルギー政策検討会が「中間とりまとめ」を発表。(B5-4: 172)

2002.9.20 東京電力の社内調査で、シュラウド以外に再循環系配管でも8件の隠蔽が判明。(読売: 020920)

2002.12.12 反原発団体などで組織する「東京電力の原発不正事件を告発する会」、東電幹部らを偽計業務妨害容疑などで福島、新潟、東京の3地検に刑事告発。福島地検へは県内に住む509人が告発。(読売: 021213)

2003.1.23 全国の3180人による東電幹部らの偽計業務妨害容疑告発状を東京・新潟・福島の各地検が正式受理。10月3日、告発を東京地検が不起訴処分。12月4日、告発人らが検察審査会に不服申立て。(毎日: 030124, 031004, 031205; 反299: 2)

2003.3.10 安全・保安院、シュラウドにひびが見つかった3、4号機を含む計8基について、「5年後でも十分な構造強度を有している」と評価、ひび修理なしで運転再開を容認する方針。4月11日、原子力安全委も妥当との見解。3、4号機は再循環系配管にもひびが見つかっており、すぐに稼働できる状況ではない。(読売: 030311, 030412)

2003.4.25 再循環系配管の点検で、最終的に4号機のひびは44個、基本的にすべて取換える、と東京電力が明らかに。(読売: 030426)

2003.8.27 データ改ざんで4機すべて運転停止していた福島第二で、県の容認を受けて1号機運転再開。7カ月半ぶり。(読売: 030828)

2003.9.24 安全・保安院、3、4号機の自主点検記録改ざんに関してINESレベル1の評価結果発表。点検指示により発見された4、2号機の再循環系配管のひび割れはレベル0−。(JNES)

2003.12.5 2号機再循環系配管の補修作業員3人が、放射性物質を吸込み低レベル被ばくをしていたことが判明。健康への影響はないという。(読売: 031206)

2004.2.12 定検中の2号機使用済み燃料プールなどから、ビニール片などを含む総重量100gの異物を発見・回収、と東京電力発表。(読売: 040213)

2004.3.18 東京第一検察審査会が、東電不正事件の告発不起訴を相当と議決。26日「住民の不安から告発は無駄でなく、東電は責任の重大性を認識せよと」と異例のコメント。(反313: 2)

2004.10.16 運転を再開した4号機で、緊急時に作動する装置の弁に不具合発生。20日再起動後23日にも不具合で手動停止。原因は配管にぞうきんが詰まっていたため、と東京電力発表。(朝日: 041018; 読売: 041102)

2006.9.27 佐藤栄佐久福島県知事が、実弟の逮捕（9月25日）をきっかけに、道義的責任をとり辞表提出。(朝日: 060928)

2006.11.12 福島県知事選で佐藤雄平（民主党）が当選。(朝日: 061113)

2007.1.31 東京電力による県内の原子炉9基で検査データ改ざんが明らかに。77〜2002年の延べ188件で、原子炉格納容器内の水温が実際より低く表示されるように計器を操作したり、警報ランプの回線を切ったりしていたもの。(読売: 070201)

2007.2.18 4号機で、蒸気管の放射能レベルを監視する装置の警報が鳴り、原子炉が自動停止。4月27日、モニター筐体の静電気放電が原因、と東京電力発表。(朝日: 070219; JNES)

2007.3.1 東京電力、新たな判明分も含め隠蔽工作や改ざんを安全・保安院に報告。福島・新潟両県の3原発17基のうち13基で、定期検査時に延べ200件の不正が明らかに。隠蔽の理由は国・自治体への報告の煩雑さを避けたかった、

としている。(読売: 070302)

2007.6.4　安全・保安院、福島第一、第二原発の臨界事故隠しやデータ改ざんの問題で特別保安検査開始。29日に終了、おおむね良好と立地4町に報告。(読売: 070605, 070630)

2008.3.31　東京電力、安全・保安院に対し4号機の耐震安全性評価について中間報告。M7.1の宮城県沖地震を想定した分析で耐震基準を満たす、としている。(読売: 080401)

2008.8.4　東京電力、中越沖地震などを受けて実施した福島第一、第二原発周辺の地質調査の結果を発表。両原発の周辺海域に活断層はないと評価。(読売: 080805)

2009.4.3　東京電力、1〜3号機の耐震安全性評価に関する中間報告提出。基準地震動を建設時想定の約1.6倍(600ガル)、「双葉断層」の長さを従来の約2.5倍とするなどの基準で、すべての設備が安全基準を満たす、としている。(読売: 090404)

2010.6.18　福島第二に「緊急時対策室」が入った「免震重要棟」が完成、大規模地震発生時の活動拠点となる。(読売: 100619)

2011.2.2　東電、福島第一、第二、柏崎刈羽で、自主定期検査漏れが新たに258機器について確認されたと発表。すでに1月28日の調査結果報告で、3原発で累計171機器と発表されていた。(反396: 2)

2011.3.11〜15　東日本大震災により、稼働中の4基すべて自動停止。外部電源4回線のうち1回線で受電を継続。1、2、4号機の海水熱交換器建屋が想定(5.2m)を上回る6.5〜14mの津波で浸水、冷却用の海水ポンプが故障。冷却機能喪失により格納容器の圧力が上昇、別系統の冷却器から圧力抑制室に注水。被水した非常用冷却ポンプを補修、仮設ケーブルなどを使用して非常用冷却系のポンプを順次起動。その後3月15日までに圧力抑制室温度および原子炉冷

却材温度が100℃未満の冷温停止に至る。3号機は海水熱交換器建屋が津波で浸水したが、使用可能であった残留熱除去系ポンプにより注水、3月12日に冷温停止に至る。1、2、4号機は熱除去機能が喪失したためINESレベル3、3号機は1系統の機能喪失でレベル1と評価。(JNES; 読売: 110312, 110410, 110810)

2011.3.12　7時45分に菅直人首相が福島第二についても、3km圏内の住民に避難指示、3〜10km圏内には屋内退避を指示。(読売: 110312)

2011.6.15　福島県復興ビジョン検討委、基本方針素案に「脱原発」明記。福島第二も廃炉に。(反400: 2)

2011.8.10　福島第二でも震災直後の3日間一部電源が喪失、と東電発表資料で判明。ベントも準備。(反402: 2)

2011.11.30　佐藤雄平知事、県内原発の全基を廃炉にするよう東京電力と国に求めていく考えを表明。(朝日: 111201)

2011.12.26　原子力災害対策本部、福島第二原発の「原子炉緊急事態」解除を宣言。(反406: 2)

2012.1.17　福島第一、第二、女川の使用済み燃料プールで、冷却装置や窒素封入が一時停止。田村市の送受電設備で不具合が起き、瞬時電圧低下。(反407: 2)

2012.2.8　震災後初めて公開された福島第二原発に立入り調査した福島県の調査団、福島第二4基の廃炉を求める。(朝日: 120209)

2012.10　福島県および県議会、東電に課税していた核燃料税を今年限りで取りやめると決定。県内すべての廃炉を求めており、原発の再稼働を前提にした税制の継続は適当でないと判断。(朝日: 121024)

2013.5.30　東京電力、被災し停止中の4つすべての原子炉で「冷温停止状態を維持するための設備の復旧工事が完了した」と発表。地元は廃炉を求めている。(朝日: 130531)

2013.8.23　7月に2号機の使用済

み燃料プールから見つかった金属につき、94年の定期検査の映像記録で確認、と東電が発表。約20年間放置。(反426: 2)

2013.12.11　富岡町議会、福島第二原発の廃炉を国に求める意見書案を賛成多数で採択。県内の市町村議会では初めて。楢葉町は12日、双葉町と大熊町は20日に採択。(朝日: 131212, 131213, 131221)

2014.6.26　原発を持つ9電力会社の株主総会で「脱原発」を求める株主提案が否決。脱原発の声は根強いが、経営陣は再稼働が必要だと繰り返し訴え。安倍政権も後押し。(朝日: 140627)

2015.3.24　東京電力、3号機の原子炉からの燃料取り出し作業を完了と発表。第二原発全ての原子炉から核燃料が無くなる。(朝日: 150325)

2016.11.22　早朝に発生した福島県沖を震源とする地震の影響で、3号機の使用済み燃料プール冷却装置が一時停止。地震の揺れによる水位が変動が原因。約1時間40分後に運転再開。(朝日: 161122)

2016.12.21　福島県議会、第二原発廃炉を国に求める意見書を全会一致で可決。震度5強の地震で使用済み燃料プール冷却機能が一時停止したことを重くみた自民、民進など5会派すべてが共同提案。(朝日: 161222)

柏崎刈羽原発

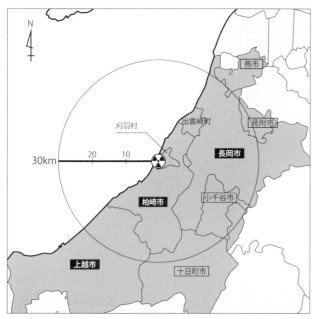

自治体名：人口5万人以上の自治体／自治体名：人口1万人以上〜5万人未満の自治体／自治体名：人口1万人未満の自治体

所 在 地	新潟県柏崎市青山町16-46		
設 置 者	東京電力		
	1号機	2号機	3号機
炉　　型	BWR	BWR	BWR
電気出力(万kW)	110.0	110.0	110.0
営業運転開始時期	1985.9.18	1990.9.28	1993.8.11
主契約者	東芝	東芝	東芝
プルサーマル導入	−	−	了解・未装荷

4号機	5号機	6号機	7号機
BWR	BWR	ABWR	ABWR
110.0	110.0	135.6	135.6
1994.8.11	1990.4.10	1996.11.7	1997.7.2
日立	日立	東芝/GE/日立	日立/GE/東芝
−			

出典：ポケットブック2012.
市民年鑑2011-12.

1966.8.19 木村博保刈羽村村長、原発建設予定地となる砂丘地の一部約52haを北越製紙から購入（所有権取得）。9月9日、木村から田中角栄のファミリー企業「室町産業」に所有権移転。10月20日、衆院予算委共産党議員が室町産業による信濃川河川敷買占め疑惑を追及。67年1月13日、登記錯誤による抹消手続きで木村村長に所有権を戻す。（新潟: 071213）

1967.9 新潟県が原発立地調査の予算化決定。11月、原発立地調査地点を柏崎市荒浜に決定。(B6-6)

1969.3.10 柏崎市議会、賛成多数（社会党反対）で原発誘致決議。前日夕には柏崎地区反戦青年委員会約100人が市内をデモ行進。6月8日には刈羽村議会が誘致決議。（新潟: 690310, 690311; B6-6）

1969.6.20 柏崎地区同盟、刈羽村で原発誘致パレード。22日、反安保県実行委員会主催の誘致反対デモに2600人参加。機動隊70人出動し反対派をごぼう抜きに。（新潟: 690621, 690623）

1969.9.18 東京電力が柏崎・刈羽の2市村にまたがる砂丘地の原発建設計画発表。最大出力600万〜800万kW、72年着工をめざす。25日、東京電力が県・市・村に正式申入れ。（朝日: 690919; 新潟: 690926）

1969.10.1 荒浜を守る会発足。(B6-6)

1970.1.21 原発反対同盟発足。8月12日、刈羽を守る会発足。(B6-6)

1971.8.15 守る会連合50人が集まり、農業・小林久雄提供700m²の土地に団結小屋・ヤグラ建設。（新潟: 710816）

1971.10.8 木村村長が東京電力に原発建設予定地の土地売却、翌日所有権移転。1971年に土地売却益4億円が、東京・目白の田中邸に運ばれていたことが、2007年12月13日の『新潟日報』スクープで明らかに。(B6-2: 72; 新潟: 071213)

1972.7.15 柏崎市荒浜で原発設置の賛否を問う住民投票、有効投票290票のうち反対が251票で半数を大きく超える。（朝日: 720716）

1974.3.24 守る会連合・反対同盟主催の原発阻止現地行動、荒浜海岸で1500人が集会。（新潟: 740325）

1974.4.17 原発建設に伴う漁業補償交渉が知事あっせんにより総額40.55億円で妥結。東京電力と柏崎、出雲崎漁協が仮調印。27日、漁業関連費1.7億円を上乗せした総額42.25億円で正式調印。（朝日: 740418, 740428）

1974.7.4 1号機電調審通過(BWR、110万kW)。原発反対同盟などの300人が経企庁前で抗議行動。（ポケットブック2012: 136; 朝日: 740704）

1974.8 1号機真下に断層があると新潟大教授が判定、と『新潟日報』が報道。75年4月、武本和幸元刈羽村議が活断層の存在を科学雑誌『技術と人間』に発表。(B6-2: 76, 38)

1976.7.5 原子力委員会、原発公聴会に代わる文書意見聴取を告示。不測の事態を懸念した新潟県知事の要請に従ったもの。反対市民会議等は公開討論を要求。8月4日、文書意見陳述締切、総数524通。（朝日: 760619; 新潟: 760706; B6-6）

1977.9.1 政府、1号機設置許可。（朝日: 770902）

1977.9.4 守る会連合・反対同盟、柏崎市で原発反対総決起集会開催、2000人参加（主催者発表、柏崎署発表1500人）。柏崎・巻原発反対県民共闘会議結成。（新潟: 770905; B6-6）

1977.10.4 機動隊が封鎖住民らを排除して、臨時柏崎市議会が市有地売却議案を可決（23対1、審議拒否10）。6日、市が東電と土地売買契約締結。（朝日: 771004, 771005; B6-6）

1977.10.22 荒浜反対派住民13人が東京電力と柏崎市を相手に、入会地不当売却に対する原発設置禁止・不当利得返還を求めて新潟地裁長岡支部へ提訴。（新潟: 771022）

1978.12.1 1号機着工。地下深くに岩盤があるため、原子炉建屋の基礎を地下45mに置く半地下式建設方法。（B6-1: 216）

1979.7.20 県民共闘会議1538人、1号機設置許可取消しを求める行政訴訟を新潟地裁に提訴。（朝日: 790721）

1980.12.4 反対派が包囲する中、前夜から会場に潜り込んだ陳述人らで2、5号機増設に伴う第1次公開ヒアリング実施。公開ヒアリングは全国初。（朝日: 801204）

1981.2.19 機動隊が県道を封鎖して団結小屋・浜茶屋を強制撤去。16日に新潟地裁が撤去の仮処分決定していたもの。（朝日: 810219）

1981.3.26 電調審、2、5号機（2基ともBWR、110万kW）認可。（朝日: 810326）

1983.1.23 2、5号機の第2次公開ヒアリング（「地元意見を聞く会」）開催。文書併用方式を初採用、一般傍聴を認めず出席者は意見提出24人と市長ら4人のみ。（朝日: 830124; B6-1: 217）

1983.5.6 政府、2、5号機設置許可。（日経: 830507）

1983.6.30 柏崎・巻原発設置反対新潟県民共闘会議が2、5号機の設置許可取消しを求めて通産相に

異議申立て。（B6-6）

1985.3.27 電調審、84年度新規着手電源に3、4号機（2基ともBWR、110万kW）追加。（朝日: 850327）

1985.9.18 1号機（110万kW）営業運転開始。（朝日: 850919）

1985 新潟県、核燃料価格の12%の徴収を定めた核燃料税を創設。（B6-2）

1986.12.20 6、7号機に改良型BWRを採用、出力を各135.6万kWに拡大することで、柏崎・出雲崎両漁協と東京電力が漁業補償に合意、調印。東電が柏崎市漁協に1億3300万円、出雲崎漁協に1億2300万円の漁業振興協力金を支払う。（新潟: 861221）

1987.4.9 3、4号機設置許可。（ポケットブック2012: 136）

1988.3.18 電調審、6、7号機に国内最大出力となる改良型BWR（135.6万kW）の採用決定。（朝日: 880319）

1990.6.3 6、7号機第2次公開ヒアリング実施。改良型BWRの安全性評価に関する意見集中、地元住民からも規模拡大に対する不安の訴え。（日経: 900604）

1990.7.18 入会地売却訴訟、団結小屋撤去訴訟で、地裁・長岡支部が浜茶屋収去命令。28日、原告が団結浜茶屋を自主的撤去。（朝日: 900718, 900729）

1990.9.28 2号機（110万kW）営業運転開始。（ポケットブック2012: 136）

1991.2.21 2号機が発電タービンの油圧系統の異常で緊急自動停止。22日、運転員のミスだったと東京電力が発表。INESレベル1。（日経: 910221, 910223; JNES）

1991.5.15 6、7号機設置許可、初の改良型BWR。（日経: 910516）

1993.8.11 3号機（110万kW）が営業運転入り。（朝日: 930812）

1994.1.27 原子力安全委、柏崎原発付近に安全上問題となる断層は存在しないとする資源エネ庁の報告書を了承。（新潟: 940128）

1994.3.24 1号機の設置許可取消

し裁判で、地裁が原告請求棄却の判決。「将来発生し得る地震の最大加速度は220ガル、耐震設計は300ガルで余裕」と、国の審査を妥当と判断。4月6日原告控訴。（B6-2: 141; 朝日: 940324, 940406）

1994.8.11 4号機（110万kW）が営業運転開始。（読売: 940811）

1996.8.24 試運転中の6号機、燃料からの放射能漏れで原子炉手動停止。翌年1月27日までに燃料被覆管に5cmの筋状亀裂を発見。（朝日: 960825; 市民年鑑2011-12: 104）

1996.11.7 6号機（135.6万kW）が営業運転開始。改良型BWRでは世界初。（朝日: 961108）

1997.3.6 東京電力、3号機でのプルサーマル計画実施を知事らに要請。（朝日: 970307）

1997.7.2 7号機（135.6万kW）が営業運転入り。東京電力の原発総出力が世界一に。（朝日: 970702）

1997.9.16 通産省・資源エネ庁、日立製作所子会社の下請け業者が配管溶接部熱処理にかかわった原発18基（柏崎刈羽含む）で、虚偽データがあったと発表。（朝日: 970917）

1998.7.20 「プルサーマルを考える柏崎刈羽市民ネットワーク」発足。11月6日に「住民投票を実現する会」設立。（B6-4: 14-1; B6-6）

1999.3.23 プルサーマル導入是非の住民投票条例案、刈羽村議会が1対14で否決、柏崎市議会も9対19で否決。（日経: 990323; 朝日: 990324）

1999.11.11 9月のJCOの臨界事故を受け、3号機プルサーマル導入の1年先送りを柏崎市長が東京電力に申入れ。18日、東電が1年延期決定。（日経: 991111, 991118）

2000.2.14 原子力安全委が3号機でのプルサーマル計画了承。3月15日、通産省が許可。（日経: 000215; 朝日: 000315）

2000.12.4 10月から発電機冷却用水素ガスの漏れが続いていた4号機を手動停止。7月に交換したばかりの絶縁ホースに亀裂。（反

274: 2; 朝日: 001205)

2001.1.19 3号機用MOX燃料輸送船が仏シェルブール港を出港。3月24日柏崎刈羽原発専用港に入港。（日経: 010120, 010324）

2001.4.18 刈羽村議会、プルサーマル計画実施の賛否を問う住民投票条例案を賛成9、反対6で可決。（日経: 010419）

2001.5.27 プルサーマルの是非を問う住民投票実施。賛成1533、反対1925でプルサーマル反対が過半数獲得。（日経: 010528）

2001.11.30 総工費84億円（うち71億円が電源三法交付金）で建設の生涯学習センター「ラピカ」に安価な部材が納入されていた問題で、会計検査院は不当な交付金は2億6054万円余りとする決算検査報告提出。12月13日、経産省が2億6000万円の交付金返還と8000万円の加算金納付を命じる。（柏崎: 000721, 011130; 日経: 011214）

2002.4.26 7号機の定検で燃料集合2体からの漏れを確認、と東京電力が発表。前年7月の放射線濃度上昇以来、9日の定検開始まで運転継続。（反289: 2; 朝日: 020426）

2002.8.23 3号機シュラウド下部リングの4カ所にひび割れを発見、と東電が発表。27日には、ひび割れが30本程度と発表。（日経: 020824, 020828）

2002.8.29 東京電力の事故隠しが発覚。80年代後半から90年代前半にかけ、自主点検で発見した圧力容器内のひび割れなど29件について記録改ざん、国に報告しなかった疑いがあると安全・保安院が発表。00年7月に元GEII（GEの下請会社）社員からの告発文を受けた資源エネ庁は東電に調査を任せ、事件の公表までに2年を要した。9月2日、東電が社員の指示による隠蔽を正式に認める。（日経: 020830, 020903; B6-3: 15-17, 40-41）

2002.12.24 安全・保安院、電力各社提出の自主点検記録の分析結果を発表。東京電力の点検記録2件の報告漏れに問題ありと指摘、報告なしに5号機制御棒を交換したことを「法令違反」と認定。（日経: 021225）

2003.1.23 東京電力のトラブル隠しで、全国の3180人による元副社長らに対する詐欺・偽計業務妨害容疑の告発状を東京・新潟・福島の各地検が正式受理。10月3日、告発を東京地検が不起訴処分。（毎日: 030124, 031004）

2003.3.20 柏崎市議会の定例本会議で、全国初となる使用済み核燃料に課税する条例を賛成多数で可決。8月1日、東電が同意。9月18日、総務省同意。（日経: 030321, 030801; 柏崎: 030918）

2003.3.29 7号機、不正問題に係る点検のため停止。1〜6号機は定期検査や点検で順次止まっており、これで全号機が停止。（日経: 030329）

2003.10.18 東京電力の各原発圧力抑制プールから相次ぎ多数の異物が発見される。1号機からは袋に包まれた電動研磨機も。非常時にECCSへの水の供給を阻害する可能性もあった。（日経: 031019）

2004.10.13 政府地震調査委員会が、全長80km超の「長岡平野西縁断層帯」が一体として動き、M8規模の地震が起こりうると評価。（B6-2: 83）

2004.11.14 柏崎市長選で原発問題「慎重」派の新人（会田洋）が1万7000票獲得。800票差で現職（西川正純）を破り当選。（柏崎: 041115）

2006.2.10 安全・保安院、7号機流量計の試験データが規格範囲内に入るように計算ソフトを改ざんした疑いで東芝に立入り調査。（日経: 060211）

2006.11.30 1、4号機冷却用海水の取水・排水時の温度差測定値を改ざんしていた、と東京電力が発表。規定値（7℃）を超えないように改ざんしていたもの。（日経: 061130）

2007.1.31 東京電力が過去199件のデータ偽装を安全・保安院、地元に報告。柏崎刈羽1号機では、緊急炉心冷却装置（ECCS）の故障データを正常に装うなど、安全の根幹にかかわる改ざんも。（日経: 070201）

2007.7.16 新潟県中越沖を震源とするM6.8の地震が発生。1号機で想定最大値273ガルを大幅に上回る680ガルを記録。稼働中の4基が自動停止、3号機変圧器で火災発生。18日までに判明した地震が原因とみられるトラブルは53件、うち放射性物質に関するトラブルは14件。（日経: 070717, 070718, 070719, 070720）

2007.7.30 中越沖地震による揺れ、最大で2058ガルに達していたと判明。原発の測定値としては過去最大で、1〜7号機すべてで設計時の想定値を大きく上回る。8月1日、26日までの確認分だけで1200件以上の機器損傷・トラブル発生、と東電発表。（日経: 070731, 070802）

2007.8.17 IAEAが中越沖地震で被災した柏崎刈羽原発の調査報告書を公表。「重大な被害はない」とするも、「地震が部品の劣化を加速する可能性を研究することが課題」と指摘。（日経: 070818）

2007.11.27 経産省が、柏崎市と刈羽村に対する電源立地地域対策交付金を、同年度に限り3倍に増額（39億円、23億円）すると発表。（新潟: 071128）

2007.12.5 02年の安全・保安院からの指示により行った海域断層の再評価で、沖合18.5kmの「F-B断層」など7本で活断層の可能性があるとの報告書を保安院に提出していたが公表はしなかったと東電が発表。中越沖地震後の音波探査で活断層と確認、長さを約23kmに訂正したとも。活断層の存在を公表する4時間前、勝俣恒久東電社長が泉田裕彦知事に30億円の寄付を申出る。（朝日: 071206; 柏崎: 071206）

2008.5.22 東京電力、耐震設計用の基準地震動を変更。従来の450

ガルから1～4号機で約5倍の最大2280ガル、5～7号機で1156ガル、国内の原発で最大値に。原発沖のF-B断層（長さ約34km）でM7.0を想定。9月22日、断層長さの評価が2km延びたことに伴い1～4号機で2300ガル、5～7号機で1209ガルに引上げ。（柏崎: 080523, 080924）

2009.4.23 安全審査が不十分として1号機の設置許可取消しを求めていた裁判、最高裁で取消し請求を棄却、国の勝訴が確定。（日経: 090424）

2009.9.3 中越沖地震被災により停止中の2号機で、再循環系配管にひびを発見と東京電力が発表。応力腐食割れだとし地震の影響を否定。（毎日: 090904）

2010.1.15 免震重要棟の運用開始。国内原発では初。（柏崎: 100114）

2011.3.11 東日本大震災発生。（朝日: 110312）

2011.4.28 東京電力、安全・保安院の指示を受け、柏崎刈羽原発に津波対策として防潮堤を設置すると発表。（朝日: 110429）

2011.12.21 『新潟日報』の全県世論調査（17～18日実施）で、脱原発が54.9%と過半数に。原発に関する調査は初めて。（新潟: 111221）

2012.1.16 定期検査1、7号機のストレステスト（耐性評価）の報告書を経済産業省原子力安全・保安院に提出。想定する地震の揺れの1.29、1.47倍まで安全の余裕があると評価。（朝日: 120117）

2012.3.9 東京電力、震度6強の地震と15mの津波に見舞われ、1～7号機すべてが被災、全交流電源喪失という想定で訓練実施、社員約300人が参加。（朝日: 120310）

2012.3.25 6号が定検入り。東電の原発全17基が停止に。（朝日: 120326）

2012.4.23 周辺住民ら（福島からの「自主避難者」も含む）132人、柏崎刈羽原発全7基の運転差止めを求めて新潟地裁に提訴。（朝日: 120424）

2012.10.24 原子力規制委員会、放射能拡散予測発表。福島第一並みの事故で、「1週間で100mSv」（国際原子力機関による避難基準）の被ばくは原発から東南東40.2kmの魚沼市山間部まで。29日、東に40.2kmの長岡市内までと訂正。（朝日: 121025, 121030）

2012.11.13 柏崎刈羽原発の再稼働是非を問う新潟県民投票条例を求める市民団体「みんなで決める会」、法定数約4万を上回る7万2027人の署名を県選管に提出。（朝日: 121114）

2013.1.23 新潟県議会、柏崎刈羽原発再稼働をめぐる住民投票条例案を賛成7、反対44で否決。知事の修正意見を酌む修正案も否決。（朝日: 130124）

2013.3.23 福島第一原発事故を受けて見直した防災計画に基づき原子力防災訓練実施。市町村や警察など61機関約1500人が参加。周辺住民約400人が30km圏外まで移動する「広域避難」も。（朝日: 130324）

2013.12.24 東電、新潟県と柏崎市、刈羽村に、6、7号の地下式フィルターベント設置の事前了解願いを提出。14年2月3日に刈羽村、15年2月4日に柏崎市が了解。（反430: 2; 朝日: 140204）

2014.4.22 新潟県、原発の半径10～30km圏内に配備しているはずの安定ヨウ素剤132万6000錠が未配備だったと発表。担当職員が虚偽の書類を作成、国の交付金800万円が支払われていた。（朝日: 140423）

2014.7.11 定例県議会、柏崎刈羽原発が停止中でも東電から税を徴収できる「出力割」を導入した県核燃料税条例案を可決・閉会。（朝日: 140712）

2015.5.19 東京電力、7号機用核燃料(燃料集合体)200体を搬入。同年度内にさらに、6号機用176体、5号機用234体の搬入も予定。（朝日: 150520）

2015.10.21 7号機で「ヨウ素フ

ィルター」取り付け工事開始。従来の金属製フィルター付きベント設備では除去不能のガス状有機ヨウ素を98%以上除去可能。（朝日: 151022）

2016.1.29 東京電力、安全上重要なケーブルが不適切に敷設されていた問題で、不適切な敷設が全7基で計約2500本とする調査結果を原子力規制委員会に報告。（朝日: 160130）

2016.2.12 原子力規制委、6、7号機再稼働に向けた審査で、敷地内に活断層はないとする東電の評価を了承。（朝日: 160213）

2016.10.16 新潟知事選、再稼働反対の米山隆一が再稼働推進の森民夫を52万8455対46万5044で破り当選。（東京: 161017）

2017.2.14 東京電力、柏崎刈羽原発の免震重要棟が基準地震動に耐えられない可能性がある、と明らかに。耐震性の解析結果は2014年に社内で出ていた。（東京: 170215, 170216）

2017.9.13 原子力規制委、6、7号機の再稼働に向けた審査で、福島第一事故を起こした東電が原発を運転する適格性を条件付きで認める。保安規定に安全に対する姿勢を明記させる。（朝日: 170914）

2017.12.27 原子力規制委、6、7号機が新規制基準に適合とする審査書を正式決定。BWRでは初めて。（東京: 171228）

東海・東海第二原発

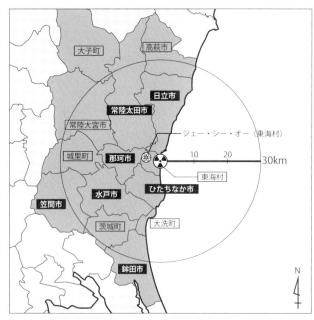

所　在　地	茨城県那珂郡東海村大字白方 1-1	
設　置　者	日本原子力発電	
	東海原発	東海第二原発
炉　　　型	GCR	BWR
電気出力（万 kW）	16.6	110.0
営業運転開始時期	1966. 7. 25	1978. 11. 28
主　契　約　者	GEC／SC	GE／日立／清水
プルサーマル導入	―	―
	廃炉認可 2006. 6. 30	

出典：ポケットブック 2012.
　　　市民年鑑 2011-12.
　　　B7-12.

自治体名：人口5万人以上の自治体／自治体名：人口1万人以上～5万人未満の自治体／自治体名：人口1万人未満の自治体

1955. 2　重光外相の指示により、原子力調査団訪英。(B7-10: 37)

1955. 3　村松村と石神村が合併し、東海村が誕生する。(B7-3)

1956. 1. 5　正力松太郎（初代原子力委員長）、5年以内に採算の取れる原発を建設したい、と談話発表。(B7-8: 86)

1956. 2. 6　茨城県、原子力研究施設誘致茨城県期成同盟結成。10日、東海村も東海村期成同盟会結成。(B7-6: 26, 80)

1956. 4. 6　原子力委、茨城県東海村を原研の敷地として選定。(年鑑2012: 324)

1956. 5. 16　正力の招へいで、英国原子力公社理事ヒントン卿来日。英国製コールダーホール改良型炉を宣伝。(B7-8: 87)

1956. 10. 15　石川一郎原子力委員を団長とする「原子力訪英調査団」派遣。翌年1月17日、コールダーホール型原子炉（天然ウラン黒鉛減速炭酸ガス冷却炉）導入を可とする報告書提出。(B7-11: 179)

1956. 10. 17　英国、軍事用プルトニウム生産と発電の二重目的炉としてコールダーホール1号炉の運転開始。(B7-11: 179)

1957. 3　原子力委員会、発電炉早期導入方針決定。原子炉地震対策小委員会設置。(B7-10: 45)

1957. 4　茨城県、衛生研究所に放射能室を新設。(B7-4: 217)

1957. 11. 1　日本原子力発電株式会社（原電）設立。閣議決定「実用発電炉の受け入れ主体について」を受けたもの。政府（電源開発）20%、民間80%（電力9社40%、その他40%）出資による。(B7-8: 89; B7-10: 45)

1957. 12. 5　原電、東海村を発電所敷地候補地に決定。(B7-4: 218)

1957　茨城県漁連、原電と原発建設をめぐる漁業交渉開始。1961年10月31日、原電・漁協の補償協定調印。補償額は1500万円。(B7-9: 204-205)

1958. 1. 17　原電、訪英調査団派遣。コールダーホール改良型炉の技術・安全・経済面についての検討。(B7-8: 108)

1958. 1　原子力地震対策小委員会、黒鉛ブロックを積み上げた炉心構造のコールダーホール型原子炉は日本に不適当と結論。(B7-10: 46; B7-8: 109-110)

1958. 3. 18　衆院、コールダーホール炉導入の公聴会開催。(年鑑1959: 15)

1958. 4. 23　原電、英国コールダーホール（GCR）改良型の調査報告書を提出。(年鑑2012: 328)

1958. 6. 16　日英原子力協力協定、日米原子力協力協定成立（発効は12月5日）。(年鑑2012: 329)

1959. 3. 16　原電、東海原発の原子炉設置許可申請。(年鑑1960: 11)

1959. 11. 9　原子力委、コールダーホール改良型炉（地震でずれない蜂の巣構造）を安全と認める答申発表。(B7-9: 180; ポケットブック1960: 17)

1959. 12. 14　東海原発（英国ゼネラルエレクトリック社製コールダーホール改良型、16.6万 kW）、電調審通過、政府が原子炉設置許可。(読売: 591215)

1959.12.22　原電、英国ゼネラルエレクトリック社とコールダーホール改良型発電炉の購入契約に正式調印。(年鑑1960: 17)

1960.1.16　東海原発が着工。9電力会社および電源開発、原電と開銀の要請で建設資金250億円を裏保証。(市民年鑑2011-12: 107; 読売: 600113)

1960.3.7　原電、英原子力公社との核燃料協定に調印(1963年初めに燃料引渡しを受ける)。(年鑑1961: 15)

1960.4　茨城県、放射能対策審議会設置。(B7-4: 218)

1962.12.1　原子力委、東海村の原子力施設を中心に半径10kmの地帯を「原子力地帯整備対象地域」と指定して原子力都市づくりを決定。(年鑑1963: 36)

1965.5.4　原電の東海原子力発電所が初臨界。(読売: 650505)

1966.7.27　国内初の商業用発電所、東海原発(黒鉛ガス冷却炉)が12.5万kWで連続送電開始。東京電力を通じて一般家庭へ送電。度重なる設計変更と難工事で工期は大幅延長、総工費340億円の見積もりは486億円に、東電への売電価格は火力発電より2円高い4円78銭。以後、商用炉は全て軽水炉となる。(読売: 660728; A1-4: 110; B7-8: 110)

1966.8.1　熱交換器蒸発器循環ポンプ停止による原子炉自動停止。(JNES)

1966.9.7　熱交換器蒸発器チューブからの漏えい、原子炉手動停止。19日も。(JNES)

1967.10.5　東海原子力発電所、全出力営業運転開始(16万6000kW)。(ATOMICA)

1967.11.18　東海原発で火災発生。翌19日、重体の作業員1人死亡。(朝日: 671120)

1969.7.4　東海発電所、使用済み燃料の英国輸送を開始。(年鑑2012: 347)

1969.10.30　科技庁、プルトニウムの保有量が287kg(東海原発使用済み燃料からの計算値)と発表。原爆10発分に相当、潜在的核保有国に。(読売: 691031)

1971.7.15　東海原発で作業者3人が法定基準を超える9.4〜3レムの被ばく。国内原発では初の被ばく事故。21日になって明らかとなったもの。(朝日: 710722)

1971.12.17　東海第二原発(BWR、110万kW)が電調審通過。(ポケットブック2012: 136)

1972.12.23　政府、東海第二原発の設置許可。(ポケットブック2012: 136)

1973.2.19　東海村を中心とする周辺住民50人余、東海第二原発に対して行政不服審査法に基づく「異議申立て」を行う。7月27日、田中角栄首相が「理由がない」として却下。(朝日: 730219, 730727)

1973.6.1　東海第二、着工。(市民年鑑2011-12: 107)

1973.9.2　東海第二の建設に伴う漁業補償に不満を持つ久慈町漁協らの漁船130隻が海上デモ。補償は原電と県漁連間で4億1800万円で妥結していたが、配分段階でこじれたもの。(朝日: 730903)

1973.10.27　周辺住民17人、「東海第二設置許可処分の取消し」を求めて水戸地裁へ提訴。(朝日: 731028)

1974.4　水戸市内で、住民グループと労組による「裁判支援の会」結成。(B7-2: 106)

1977.4.21　試運転中の東海第二原発で、再循環ポンプ翼固定ねじ10本全部が外れ、一部はちぎれ飛んでいたことが判明。(朝日: 770422)

1977.11.4　東海原発の使用済み燃料荷揚げ専用港建設で、電事連(窓口は原電)と県漁連が漁業補償協定締結。補償金12億円、振興資金5億円。(読売: 771105)

1978.3.23　東海第二原発設置許可取消訴訟第19回口頭弁論で国側、「原子力基本法は精神規定で拘束力はない」と主張。(反1: 2)

1978.11.28　東海第二原発(BWR、110万kW)、営業運転開始。100万kWを超す原発の営業運転は国内初。(朝日: 781129)

1979.7.22　東海第二原発で放射性蒸気噴出事故(23日運転再開)。(朝日: 790724)

1981.7.22　東海第二、作動試験中に誤信号で主蒸気加減弁が急閉、原子炉緊急停止。(朝日: 810723)

1981.11.12　東海原発で作業員が許容基準値の2倍を超える皮膚被ばく。破損燃料を十分除染しないままに作業を強行させていたためと、16日までに判明。(朝日: 811113, 811117)

1984.11.7　東海原発の液体廃棄物処理建屋内の配管から廃液約250Lの漏れがあるのを発見。(反81: 2)

1985.6.25　東海第二原発訴訟で水戸地裁、「原子炉を安全と認めた行政庁の判断には合理性がある」と請求を棄却。東海村に原子力施設が集中していることについても、「原子炉設置の許可に影響を与えるものではない。被ばくは許容量以下」とする。7月5日、原告が控訴。(朝日: 850625, 850706)

1985.8.9　東海原発で4日と8日に放射性ガス漏れが発生していたことが明らかに。点検のため原子炉停止。(朝日: 850809)

1986.8.17　東海第二で6月12日、雑固体廃棄物集積場で作業をしていた4人のうち1人が130ミリレムの被ばくをしていたことが判明。(反102: 2)

1987.3.29　松戸市から東海村までの約100kmを歩く「原発やめんべ行進」が松戸を出発。(朝日: 870330)

1988.12.20　東海第二原発の補機冷却用海水ポンプで、大量の座金が腐食・消失している、と共産党茨城県委員会が暴露、県に調査を申入れ。品質チェック不十分、と原電が認める。(朝日: 881221)

1988.12.20　東海原発で出力異常上昇、原子炉自動停止。翌年2月7日、制御棒の操作ミスが原因、と原電発表。(朝日: 881221, 890208)

1989.9.11　東海原発で燃料棒破損、炉心に落下して出力低下。炉内炭酸ガスの放射能レベルが上

昇。27 日、資源エネ庁が INES レベル 1 と評価。商業用原発への評価尺度適用は初。(読売: 890911; 朝日: 890928)

1992.9.26 東海原発で制御棒 1 本が炉心に落下して出力が低下する事故があり、原因調査のため手動で原子炉を停止。28 日、原因は電源回路のボルト折損による断線、と日本原電が発表。29 日運転再開。(反175: 2)

1993.5.28 定検中の東海原発の低圧タービンに、19 カ所の亀裂が判明。タービン 2 基交換のため定検を翌年 7 月まで延長、と原電が発表。(朝日: 930529)

1994.7.29 東海原発が 1 年 5 カ月ぶりに定常運転に復帰。(反197: 2)

1996.6.28 原電の取締役会、東海原発を 1998 年 3 月をめどに停止、廃炉にすると決定。(朝日: 960629)

1997.9.16 日立製作所孫請け会社が、原発配管溶接検査時に熱処理データを差替えていた問題が発覚。該当する東海第二は当分運転継続、定期検査時に調査、と原電発表。(朝日: 970917)

1997.9.17 原電、東海第二使用済み燃料の乾式貯蔵設備新設を通産省に許可申請。(反235: 2)

1997.10.13 東海原発、空気抽出器の細管 1 本に 2 カ所の穴あき、他の 79 本にも減肉と原電が発表。(反236: 2)

1998.3.31 東海原発、廃炉に向け営業運転停止。設計にかかわった英技術者等約 60 人が招待され停止式。(朝日: 980401)

1998.5.28 東海原発の使用済み燃料取出しを開始。約 3 年半かけて順次、英再処理施設へ搬出の計画。(反243: 12)

1999.4.27 東海第二で制御棒 13 本に計 72 カ所のひび割れを確認、と原電発表。6 月 16 日、米 GE 社が不純物管理に欠陥のある品を納入したため、と原電が発表。(反254: 2; 反256: 2)

2001.7.4 東海第二の原子炉設置許可処分取消訴訟で東京高裁、発電所から 100km 離れた原告 1 人の原告適格を認めず。残る 11 人について一審と同様「国の安全審査に問題はなかった」とし控訴を棄却。18 日、原告上告。(朝日: 010705, 010719)

2001.12.4 原電が東海原発の解体に着手。商業用原発では国内初の解体。(朝日: 011205)

2002.4.3 東海第二の原子炉冷却水 2 系統の一方で給水停止を確認、原子炉手動停止。(朝日: 020404)

2003.3.14 自主点検記録を総点検していた原電、ひび兆候の記載不備など東海第二で誤記・書きもれが 101 カ所判明するも、不正・改ざん等はなしと安全・保安院に最終報告書提出。(朝日: 030315)

2004.3.19 東海第二で ECCS の部品が脱落・紛失しながら 4 年以上も気づかず運転されていたことが判明。(朝日: 040320)

2004.11.2 東海第二設置許可取消訴訟で最高裁が上告棄却、上告不受理の決定。審理中にチェルノブイリ原発事故や阪神大震災発生、安全面の科学論争が続いた訴訟が提訴から 31 年を経て住民側の敗訴に。(朝日: 041103)

2005.6.17 定検中の東海第二で圧力抑制プールから異物 72 点を回収、と原電が発表。(反328: 2)

2005.7.13 定検中の東海第二で 5 月、シュラウドに 3 カ所のひびが見つかったが、健全性評価の結果は強度に問題なし、と原電が保安院に評価書提出。(反329: 2)

2005.8.7 調整運転中の東海第二で蒸気漏れ、原子炉手動停止。9 日に再起動したものの、給水ポンプ出口弁の動作不良で 10 日、再び手動停止。14 日、弁棒の破断確認。(反330: 2)

2006.3.10 原子炉等規制法等の改正（2005 年）により廃止措置の認可制が導入され、日本原電が東海原発廃止措置計画の認可申請。(B7-12)

2006.6.30 経産大臣、東海原発の廃止措置計画認可。(B7-12)

2006.8.9 原電、東海第二の安全装置流量計表示を 82 年から不正操作していた、と発表。9 月 8 日、定期検査合格のためだった、と発表。安全・保安院が厳重注意。(朝日: 060810, 060909)

2006.9.29 東海第二原発が攻撃された想定で、茨城県が国民保護訓練実施。(反: 343: 2)

2007.3.30 中国電力のデータ改ざんを受けて調査を行っていた原電、東海第二で新たに改ざんや警報機外しが 4 件判明（計約 90 件）、と発表。検査をスムーズに進めるためだった、と釈明。(朝日: 070331)

2007.5.31 安全・保安院、東海原発の廃鉄 107t は放射能が国の基準以下、通常の廃棄物として扱うことが可能、と確認。(朝日: 070603)

2007.6.6 クリアランス廃材の再利用に向けた搬出開始。東海原発から東海村内の伊藤鋳造鉄工所に廃鉄約 4t が運ばれ、溶解。大強度陽子加速器施設の遮蔽体に加工。(反352: 2)

2008.3.31 原電、東海第二沖合の 10 本の断層は 12 万～13 万年前の古い断層、耐震性は問題なし、とする耐震安全性再評価中間報告提出。(朝日: 080401)

2009.10.9 定検中の東海第二でシュラウド金属台座の溶接部に 7 カ所のひび発見、と原電が発表。(朝日: 091010)

2009.12.21～22 県内初の原子力防災訓練実施。東海第二から放射性物質放出、との想定で行った車による避難訓練で、渋滞の問題が明確に。(朝日: 091223)

2010.5.26 東海第二で排水配管に誤接続があり、放射性物質放出、と原電発表。(朝日: 100527)

2010.7.30 東海原発の解体撤去工事終了時期を 3 年延期し 14 年度に、と原電が保安院に変更届。(朝日: 100731)

2011.3.11 東北地方太平洋沖地震で東海第二の外部電源が停止。想定をわずかに下回る 5.4m の津波で非常電源の 1 台が停止、残る 2

台で冷却を継続して3日半後にやっと冷温停止状態に。2006年の新耐震基準を超える揺れを観測していたことも判明。(朝日: 110408, 110512)

2011.5.11 定検入りする東海第二の運転再開時期は白紙、と原電が見通し。プルサーマル導入の手続き開始は見送り。(朝日: 110512)

2011.6.8 東海第二のタービン羽根に地震の揺れが原因とみられる複数の傷がある、と原電が発表。(朝日: 110609)

2011.7.8 東海第二の原子炉容器内で作業の協力会社作業員が許容基準値を超える被ばく、と原電が発表。(朝日: 110709)

2011.10.11 村上達也東海村村長、細野豪志原発担当相に東海第二の廃炉を提案。18日に橋本昌知事、廃炉に否定的な考えを表明。(朝日: 111012, 111019)

2012.4.11 東海第二の再稼働中止と廃炉を求め、26団体が6万9165人分の署名を県に提出。提出は3回目で、計17万1910人分。11月15日にも3万4861人分を提出。5回目の提出で、署名の合計は27万1573人。(朝日: 120412, 121116)

2012.6.15 県議会、保護者団体などが提出していた東海第二の廃炉を求める請願を、反対多数で不採択。廃炉を求める17万人以上の署名も県に寄せられている。(朝日: 120616)

2012.7.31 村民を含む10都県の266人、東海第二原発運転差止めを求めて水戸地裁に提訴。(毎日: 120801)

2013.1.11 日本原電、上半期の純利益が過去最高の209億円に。原発休止中も東京、関西など5電力が電力購入契約を継続、「基本料」として計760億円ほど支払い。各電力の電気料金として利用者が負担。(朝日: 130111)

2013.7.5 日本原電、東海第二の防潮堤高さを17mにすることを明らかに。南海トラフ型のプレート間地震を想定したもの。(朝日: 130706)

2013.12.16 県議会、核燃料税の条例改正。停止中の原発にも課税でき、5年間で約88億円の税収に。(朝日: 131217)

2013.12.19 日本原電、東海原発原子炉解体作業の着工をさらに5年延期と決定、原子力規制委員会に廃炉計画の変更届提出。低レベル放射性廃棄物を建屋から運搬する装置の設計が遅れているため。全体の完了予定は2025年度に延期。(朝日: 131220)

2014.5.20 日本原電、東海第二再稼働に向け、新規制基準での適合審査を申請。運転開始から35年、防災重点区域30km圏内の人口は約98万人。過酷事故時の避難計画策定はゼロ。県の広域避難計画も未策定。(朝日: 140521; 反435: 2)

2014.9.24 日本原電、東海原発解体作業に伴って発生する低レベル放射性廃棄物のうち、最も濃度が低い「レベル3」(L3)を敷地内で埋設処分する方針を明らかに。原子力規制委員会の安全審査を経て、県、村の同意が得られれば、2018年度に作業開始。(朝日: 140926)

2015.3.17 日本原電と東京電力、福島第一原発の廃炉作業に協力して取り組む協定を結ぶ。原電は4月以降、100人規模の社員を福島第一原発へ派遣する。(朝日: 150318)

2016.1.27 東海原発の廃止措置から出る「極低レベル」廃棄物の敷地内埋設を、東海村村長容認。立地自治体で初。(朝日: 160128)

2017.2.9 茨城県東海村と周辺5市の首長懇談会、東海第二の再稼働をめぐる事前協議で5市にも東海村と同等の権限を与えるよう日本原電に要求。(反468: 2)

2017.11.17 日本原電、東海・敦賀原発廃炉のための解体引当金を敦賀3、4号機(建設中)の建設費に流用することを決める。原電は廃炉準備金を流用し、残高が大幅に不足している。(朝日: 171117)

2017.11.24 日本原電、18年11月に運転開始40年となる東海第二の20年間運転延長を原子力規制委員会に申請。沸騰水型の運転延長申請は初めて。(朝日: 171124)

浜岡原発

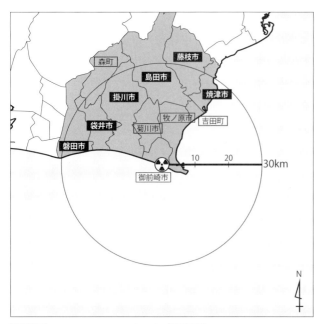

所在地	静岡県御前崎市佐倉5561		
設置者	中部電力		
	1号機	2号機	3号機
炉　型	BWR	BWR	BWR
電気出力(万kW)	54.0	84.0	110.0
営業運転開始時期	1976.3.17	1978.11.29	1987.8.28
主契約者	東芝	東芝/日立	東芝/日立
プルサーマル導入	－	－	－
	廃炉認可 2009.11.18	廃炉認可 2009.11.18	

	4号機	5号機	6号機
炉　型	BWR	ABWR	ABWR
電気出力(万kW)	113.7	138.0	140級
営業運転開始時期	1993.9.3	2005.1.18	計画中
主契約者	東芝/日立	東芝/日立	－
プルサーマル導入	了解・未装荷	－	－

自治体名：人口5万人以上の自治体／自治体名：人口1万人以上〜5万人未満の自治体／自治体名：人口1万人未満の自治体

出典：ポケットブック2015.
市民年鑑2011–2012.
朝日：091119.

1967.7.5　浜岡原発計画が『サンケイ新聞』によってスクープされる。(B8-2: 164; 静岡: 670705)

1967.7.20　浜岡町原発設置反対対策会議が発足。(B8-2: 164)

1967.7.25　榛南5漁協と遠洋漁協の6漁協で「浜岡原発設置反対協議会」結成。(B8-2: 164; B8-4: 879)

1967.8.11　7漁協が原発設置反対漁民大会開催。御前崎町長、相良町長ら参加者約900人。(静岡: 670812)

1967.8.28　浜岡町議会全員協議会で原発の受入れ用意を申合わせる。(B8-1: 235; B8-2: 879)

1967.9　中部電力、浜岡町議会に原発建設を正式に申入れ。(B8-1: 235; B8-4: 879)

1968.1.2　榛原郡3町地区漁協、「原発対策審議会(反対審議会)」を発足。(B8-2: 164)

1968.3.20　漁民の反対協議会、約200隻の海上デモ。その後陸上で抗議集会。(B8-2: 165; 朝日: 680321)

1968.7.20　反対協議会、集会、デモ約750人参加。(静岡: 680721)

1968.8.9　中部電力と浜岡町、原発設置協定を締結。(B8-2: 165)

1968.10.18〜21　浜岡原発反対県会議開催。(B8-5: 466)

1969.5.23　電調審、浜岡原発1号機(BWR、54万kW)を地元の了解を条件にして許可。(B8-2: 165; 朝日: 690524)

1969.7.1　「浜岡原発問題究明委員会」が発足。(B8-2: 165)

1970.11.16　首相、浜岡1号機の原子炉設置許可。(B8-2: 166; 朝日: 701117)

1971.2.1　中部電力と5漁協、漁業補償金約6億円で合意。(B8-2: 165-166; 朝日: 710202)

1971.3.19　静岡県、浜岡、御前崎、相良の3町が中部電力と安全協定を結ぶ。(B8-2: 166; 朝日: 710320)

1972.2.25　電調審、2号機増設計画を認可。(B822: 166; 朝日: 720226)

1973.6.9　2号機原子炉設置許可。(ポケットブック2012: 137)

1973.9.12　浜岡町議会、2号機受入れを決定。(B8-2: 166)

1974.3.4　中部電力、2号機建設で地元5漁協と、26日に残り2漁協と漁業補償に調印。(静岡: 740304; 朝日: 740327)

1974.8.13　1号機、試験発電はじまる。以後トラブル相次ぎ、たびたび停止。(B8-2: 166; 朝日: 740814)

1974.10.23　通産省の指示による点検実施、1号機再循環系パイプでひびを発見。(朝日: 741024)

1976.3.17　1号機、営業運転開始。BWR、出力54万kW。(朝日: 760317)

1977.6.8　中部電力、3号機増設を静岡県、浜岡町などに申入れ。(B8-2: 166; 朝日: 770609)

1978.9.10　3号機増設に反対する静岡県民会議結成大会。45団体750人が参加。電調審、地元の反対の声強く、決定延期。(反6: 2; B8-2: 166)

1978.10.21　浜岡町議会、3号機の増設承認。(B8-2: 486)

1978.10.31　電調審、3号機(BWR、110万kW)の設置認可。(朝日: 781101)

1978.11.29 2号機、営業運転開始。BWR、出力84万kW。（朝日：781130）

1980.12.9 資源エネ庁、M8級の地震に備え、浜岡3号機の耐震基準の1～2割強化を決定。（朝日：801209）

1981.3.19 3号機の第2次公開ヒアリング。陳述人は全員推進派。周辺で約5000人の抗議集会。（朝日：810319）

1981.7.20 1号機廃液処理施設で濃縮廃液漏えい。作業員十数人被ばく。（反40：2；朝日：810721）

1981.9.18 静岡県、関係5町と中部電力、浜岡原発の常時立入り検査を認める新安全協定調印。（朝日：810919）

1981.11.16 通産省、3号機設置許可。（朝日：811117；B8-5：494）

1982.8.27 浜岡町議会が3号機増設に同意。（静岡：820828）

1982.11.18 中部電力と周辺5漁協、3号機増設に伴う漁業補償で仮調印。福田町漁協は、83年1月5日に調印。（静岡：821119；B8-5：497）

1983.3.3 英輸送船、浜岡原発の使用済み燃料を積み、英国へ。（反60：2）

1983.4.13 参議院特別委で共産党議員が浜岡原発から約4kmの地点に活断層の疑い、と追及。（朝日：830414）

1985.3.22 中部電力、4号機増設を浜岡町、静岡県、7漁協に申入れ。（静岡：850322）

1986.4.3 4号機の増設で浜岡町と中部電力が協定書調印。（静岡：860403）

1986.8.5 4号機の増設に伴い、第1次公開ヒアリング開催。25人が意見陳述、約350人が傍聴。（朝日：860805）

1986.10.27 電調審、4号機（BWR、113.7万kW）を当年度の電源開発基本計画に追加、着手を承認。（朝日：861027）

1987.8.28 3号機が営業運転開始。出力110万kW。（静岡：870829）

1988.8.10 通産省が4号機の設置を許可。（朝日：880810）

1988.9.19 定検中の1号機原子炉本体から冷却水漏れ。国内初。後に、応力腐食割れによる亀裂が原因と発表。運転再開は89年8月24日。（朝日：880919、890425、890825）

1989.9.20 3号機主蒸気隔離弁1つの作動確認できず、手動停止。10月13日再起動。（静岡：890920、891014）

1991.4.4 3号機で給水ポンプの異常により、自動停止。（朝日：910404）

1991.6.21 燃料被覆管表面に大量の剥離が見つかった1号機の運転を1年ぶりに再開。（静岡：910622）

1991.6.25 2号機使用済み核燃料をフランスへ搬送。7月9日にイギリス着。（静岡：910625、910709）

1992.6.26 中部電力株主総会で、2号機のひび割れを隠していたことが判明。（朝日：920627）

1993.3.8 浜岡原発低レベル放射性廃棄物を六ヶ所村・低レベル廃棄物埋設センターへ初搬出。（朝日：930309）

1993.5.6 浜岡原発で働いていた中部電力孫請け社員が被ばくが原因で白血病で死亡したとして、両親が労災認定申請。（朝日：930506）

1993.9.3 4号機が営業運転開始。出力113万7000kW。（朝日：930904）

1993.12.13 中部電力、浜岡町と関係7漁協に5号機の増設申入れ。（朝日：931213）

1994.7.27 磐田労働基準監督署、白血病死した社員の労災認定。福島第一に続き2例目。（朝日：940727）

1994.12.4 1号機、手動停止。26日発電再開。（朝日：941205；静岡：941227）

1996.2.6 5号機増設に関し、「浜岡原発とめようネットワーク」が浜岡町長に公開質問状提出。（朝日：960207）

1996.3.18 5号機増設について、町議会で浜岡町長は町民自らが賛否を決めるとの考え示す。（朝日：960319）

1996.6.14 「浜岡原発とめようネットワーク」が県民約1万2000

人分の署名を添え、浜岡町長に5号機増設白紙撤回を申入れ。（静岡：960614）

1996.7.12 5号機増設で、静岡県内約40団体が浜岡町長らに抗議文提出。（朝日：960713）

1996.8.5 原発問題を考える会が町長に5号機増設の是非を問う住民投票の実施求め、署名提出。（反222：2）

1996.10.7 浜岡町議会全員協議会、5号機増設同意を決定。（朝日：961007）

1996.12.25 浜岡町が中部電力と5号機増設に関する協定を締結。25億円の財政協力金が条件。（静岡：961225）

1997.1.28 中部電力社長、浜岡原発におけるプルサーマル計画を表明。（朝日：970129）

1997.3.27 電調審で5号機（ABWR、138万kW）増設に着手承認。（ポケットブック2012：136）

1998.6.4 5号機増設に係る第2次公開ヒアリング。周辺では市民団体が申入れや抗議活動。（朝日：980605）

1998.8.18 5号機増設に係る漁業補償交渉で2漁協との補償協定締結。他の5漁協とは調印済み。（反246：24）

1998.12.25 通産省、5号機増設許可。（朝日：981226）

2001.2.1 浜岡原発使用済み核燃料約11tを、六ヶ所村に建設中の再処理工場に向け初搬出。（朝日：010202）

2001.11.7 1号機でECCS配管の一部破断、放射能を含む蒸気が建屋内に漏出。この事故を受け、13日2号機停止を表明。また26日、圧力容器内の溶接部2カ所の亀裂確認。（朝日：011108、011114、011127）

2001.12.1 静岡県内外の市民団体が1号機配管破断事故を受け浜岡町内で抗議活動、中部電力に1、2号機の廃炉要望。（朝日：011202）

2001.12.13 中部電力、1号機配管破断の原因は水素爆発の可能性との中間報告を保安院に提出。25

日、圧力容器は7月上旬から漏水と公表。(静岡: 011214; 朝日: 011226)

2001.12.21 浜岡町議会が、配管破断の原因究明などを国に求める意見書を採択。(朝日: 011222)

2002.2.23 「浜岡原発とめよう裁判の会」が結成大会。(朝日: 020224)

2002.4.24 1号機の配管破裂、圧力容器からの漏水事故で、中部電力が最終報告書。漏水は応力腐食割れが原因と説明。(朝日: 020425)

2002.4.25 「浜岡原発とめよう裁判の会」が運転差止め仮処分申請。原告1016人。7月19日第1回口頭弁論。(朝日: 020426, 020720)

2002.5.25 24日に2号機原子炉を起動した翌25日深夜に冷却水漏れを発見。原子炉を手動停止。(反291: 2)

2002.6.6 焼津市議会、2号機の廃炉を含めた改善策を中部電力に申入れ。以後、自治体議会で同様の決議が相次ぐ。(朝日: 020607, 020619, 020703; 静岡: 020612, 020619)

2002.9.20 中部電力、1、3号機再循環系配管溶接部付近のひび割れの兆候9カ所を未報告と公表。3号機を点検のため停止し、4基すべて停止。(朝日: 020921)
　4号機シュラウド下部リングにひび割れ発見。(朝日: 020921)

2002.10.1 富士市議会、国や県に浜岡原発の安全指導・対策を求める意見書可決。(静岡: 021002)

2002.10.11 静岡市議会、国に安全確認まで浜岡原発再開を認めないことを求める意見書可決。(静岡: 021012)

2002.10.27 「東海地震の心配がなくなるまで浜岡原発停止」を訴え、市民団体約450人が集会。(朝日: 021028)

2002.10.30 4号機再循環系配管にひびの兆候2カ所発見と、中部電力公表。(朝日: 021030)

2002.11.8 中部電力、88～91年発見の傷10カ所未報告、うち2カ所が必要肉厚以下である箇所を約4年放置と発表。(朝日: 021109)

2003.2.25 4号機などのシュラウ

ドびび割れは直ちに補修する必要なしとの保安院の安全評価を、安全委が妥当と認定。(朝日: 030226)

2003.3.10 定検中の3号機でシュラウドに6カ所のひび発見、と中部電力発表。24日には全周の7割で63カ所確認。以後、1～4号機でひび割れ発見が相次ぐ。(朝日: 030311, 030325, 030404, 030528; 静岡: 031121)

2003.7.3 市民団体、1～4号機の運転差止めを求める民事訴訟を静岡地裁に提起。(朝日: 030704)

2003.9.19 保安院、中部電力などにおけるシュラウド、再循環系配管損傷10件を、INESでレベル1と評価。(朝日: 030920)

2004.7.31 4号機建設時のコンクリート試験で虚偽報告と、元従業員がインターネット新聞で内部告発。(反317: 2)

2004.11.16 定検中の4号機のシュラウドにひび割れ、と中部電力が発表。(反321: 2)

2005.1.18 5号機、営業運転開始。ABWR、出力138万kW。(朝日: 050118)

2005.1.28 1～5号機について、従来の約600ガルから約1000ガルの地震に耐えられる補強工事実施、と中部電力発表。(朝日: 050129)

2005.3.22 静岡地裁、浜岡原発運転差止め訴訟で耐震設計のデータ開示を求める決定。中部電力は即時抗告。06年3月15日東京高裁、開示取消しを決定。原告側は特別抗告せず。(朝日: 050322; 静岡: 060316)

2005.4.15 2号機の設計技術者が会見、設計段階の1972年耐震計算担当者から2号機の耐震偽装について聞いたと告白。告発文書を保安院に提出。中部電力は否定。(静岡: 050416)

2005.9.13 中部電力、10年度から浜岡4号でのプルサーマル発電計画を静岡県に報告。(静岡: 050913)

2006.1.27 中部電力、1、2号機の耐震補強のための運転停止を11年3月まで延長と発表。(朝日:

060128)

2006.6.15 5号機自動停止。蒸気タービンの羽根が破損。6月30日に破損は51本と公表。07年2月8日まで運転停止。(朝日: 060615, 060701, 070209)

2006.8.1 定検中の3号機で、除染作業中の1人が基準を上回る被ばく。7日には制御棒1本にひび割れ、16日はさらに4本に見つかったと発表。(反342: 2)

2006.9.23 3号機で誤って放射能を帯びた水7tを放出。(反343: 2)

2007.3.30 中部電力が、浜岡原発における14件の計器の不正操作、データの改ざんを公表。(朝日: 070331)

2007.6.25 原子力安全委員会、4号機プルサーマル計画承認。7月4日経産省が許可。(朝日: 070626; 静岡: 070701)

2007.8.31 浜岡周辺のボーリング調査を行った藤原治(産総研)・平川一臣(北海道大)らは、想定される東海地震の3倍規模の地殻変動が過去5000年に少なくとも3回起きたと、日本第四紀学会で報告。(朝日: 070904; B8-6)

2007.10.26 浜岡原発訴訟で、静岡地裁は運転差止めを認めず。原告側は即日控訴。(朝日: 071026)

2007.11.15 4号機冷却材浄化系自動停止。異音のため、原子炉手動停止。(反357: 2)

2008.2.29 静岡県知事、4号機のプルサーマル計画の受入れを正式表明。(朝日: 080301)

2008.12.19 御前崎市と静岡県、中部電力がMOX燃料輸送の安全協定締結。(反370: 3)

2008.12.30 11月5日手動停止し前日に運転再開した5号機、再び手動停止。09年6月23日に原因と対策を中部電力が保安院に報告。25日再起動。(反370: 3; 反376: 2)

2009.1.30 1、2号機が運転終了。(反371: 2)

2009.4.13 委託先の検査担当者が5号機における01年の配管溶接熱処理データ改ざんを公表。97年に

も同様改ざん。（反374: 2）

2009.5.5　4号機、気体廃棄物処理系の水素濃度上昇、原子炉手動停止。（反375: 2）

2009.8.11　M6.5の駿河湾地震で、4、5号機が自動停止。最大439ガルを記録。（朝日: 090811, 090814）

2009.11.18　経産省、1、2号機の廃炉計画を認可。（朝日: 091119）

2009.12.1　3号機で貯蔵タンク点検中放射性廃液漏えい、作業員29人被ばく。最大被ばく量は0.2mSv。（反382: 3）

2009.12.15　地震で自動停止した5号機の停止を5カ月延長と中部電力発表。以後、延期を繰返す。（反382: 3; 反387: 2; 反391: 2）

2011.1.15　5号機の再開を立地4市が15日了承、静岡県は24日に了承。2月23日地震以来約1年半ぶりに営業運転再開。（反395: 2; 朝日: 110224）

2011.3.11　東日本大震災発生。（朝日: 110311）

2011.3.15　御前崎市長が4号機でのプルサーマル計画拒否の意向。17日には、菊川市長、静岡県知事も同様の意向を表明。（反397: 2; 朝日: 110318）

2011.3.24　清瀬市議会浜岡原発即時停止の意見書可決。（朝日: 110325）

2011.3.30　静岡県知事、3号機起動について、住民不安を理由に一転して認めないと表明。（朝日: 110331）

2011.4.12　中部電力、浜岡原発の津波対策として、15m超の防波堤建設を表明。（朝日: 110413）

2011.4.25　静岡県知事、6号機新設は困難との判断。（朝日: 110426）

2011.5.6　菅直人首相、浜岡原発全基の一時停止を要請。14日までに全3基停止。（朝日: 110507）

2011.5.15　中部電力、5号機冷温停止中に原子炉内に海水混入と発表。6月17日に調査経過公表。（朝日: 110516, 110618）

2011.6.28　中部電力の株主総会、浜岡原発閉鎖などの提案を反対多数で否決。運転再開に対する

厳しい意見も。（朝日: 110628; 静岡: 110628）

2011.7.1　静岡県民ら、浜岡原発閉鎖を求め静岡地裁に提訴。（朝日: 110701）

2011.7.22　中部電力、浜岡原発津波対策として18mの防潮堤建設を発表。（朝日: 110723）

2011.7.29　中部電力、07年8月の浜岡原発プルサーマルシンポジウムの際保安院からの参加者動員と発言依頼があったと公表。住民約10人への発言依頼認める。（朝日: 110729）

2011.9.12　静岡県知事、使用済み核燃料の処理にめどがつくまで再起動を認めない考えを示す。（朝日: 110914）

2011.9.26　牧之原市長、市議会の浜岡原発の永久停止決議を受け、「永久停止は譲れない」と表明。（朝日: 110927）

2011.10.3　焼津市長、浜岡原発の永久停止を表明。（朝日: 111004）

2011.11.11　浜岡原発の津波対策防波堤の本体工事開始。（朝日: 111111）

2011.12.16　吉田町議会が浜岡原発の廃炉を、藤枝市議会は再稼働認めずと決議。13日には三島市議会も廃炉決議。以後県内自治体議会で決議相次ぐ。（朝日: 111217, 111222）

2012.12.27　高さ18mの防波壁工事ほぼ完了。2013年末までにさらに4mかさ上げ。（朝日: 121228）

2013.6.21　中部電力、3、4号機の低圧タービン6基すべてに多数のひびが見つかったと発表。経年劣化が原因、順次タービンを交換する。（朝日: 130622）

2013.12.3　中部電力、浜岡原発の敷地内の約6000年前の地層から、最大8mの津波の跡が確認されたと発表。（朝日: 131203）

2014.8.29　1、2号機、廃炉に伴う解体撤去物の搬出始まる。（朝日: 140830）

2015.12.26　中部電力が2011年から建設の防波壁完成。遠州灘に面

して標高22m、全長1.6kmの壁。（朝日: 151226）

2016.6.29　中部電力、延焼防止用分離板の不適切設置やケーブルの不適切敷設について、原子力規制委員会から保安規定違反の判定を受けたと発表。15年11月、停止中の3〜5号機中央制御室床下の緊急点検を開始、約500カ所で不具合発見。（朝日: 160630）

2016.7.8　中部電力、31km圏の緊急時防護措置準備区域（UPZ）に含まれる7市町と安全協定締結。「事前了解権」は盛り込まれず。既に立地自治体の静岡県、御前崎市のほか隣接3市と安全協定締結済み。（朝日: 160709）

2017.6.1　浜岡原発の運転終了を求めている住民訴訟の弁護団、4、5号機下の断層が新規制基準における活断層の可能性があると、原子力規制委に書面提出。3、4号機方向に延びる活断層の存在も指摘（専門家による地質調査から判明）。（朝日: 170602）

志賀原発

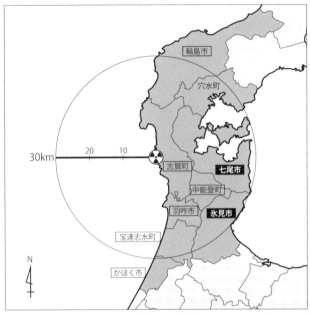

所 在 地	石川県羽咋郡志賀町字赤住1		
設 置 者	北陸電力		
	1号機	2号機	
炉　　　型	BWR	ABWR	
電気出力(万 kW)	54.0	135.8	
営業運転開始時期	1993. 7. 30	2006. 3. 15	
主 契 約 者	日立	日立	
プルサーマル導入	—	—	

出典：ポケットブック 2012.
　　　市民年鑑 2011-12.

自治体名：人口5万人以上の自治体／自治体名：人口1万人以上～5万人未満の自治体／自治体名：人口1万人未満の自治体

＊志賀原発は1号機の着工に至る直前までは、「志賀原発」ではなく「能登原発」という通称が用いられていた。「志賀原発」が正式名称となったのは1988年11月28日以降のことである。

1967.7.6 中西陽一石川県知事、北陸電力社長との会談で、能登半島に原発建設の方針決定。(B9-3: 10, 140)

1967.11.10 志賀町議会、全員協議会で、能登原発の建設受入れを全会一致で決定。(B9-7: 76)

1967.11.14 北陸電力、建設予定地を志賀町赤住と富来町福浦の2地区に決定。(B9-3: 140)

1968.3.24 福浦地区の地主40人が参加した「福浦区原発反対地主協議会」が発足。(B9-7: 76)

1970.10.30 北陸電力、一部地主の反対により福浦地区での用地確保を断念。翌日、赤住地区の追加買収を申入れ。(B9-3: 140)

1971.8.11 赤住地区内8団体による「赤住区原発問題対策協議会」設置。112世帯すべて参加。(B9-7: 77-78)

1972.4.16 「対策協議会」の原発問題総括説明会で住民投票提案。20日、地区臨時総会で了承。(B9-7: 78)

1972.5.1 赤住の原発推進派、「赤住同志会」を結成。(B9-7: 78)

1972.5.20 原発建設の是非を問う赤住地区住民投票実施。投票率89.5%。県および町は開票中止を求め介入。(B9-7: 79-80; B9-3: 20-23)

1972.8.18 赤住地区の総会で、県・町の「調停」案再検討。開票せずに住民投票を破棄、原発建設は継続審議に。(B9-7: 80)

1973.3.24 赤住地区総会で原発と土地追加買収の受入れを決定。(B9-7: 82; B9-3: 24-26)

1973.4.20 「能登原発反対各種団体連絡会議」が発足。(B9-3: 37-39)

1977.10.5 北陸電力、8漁協（志賀、高浜、柴垣、羽咋、福浦、富来湾、西海、西浦）に海洋調査申入れ。11月2日、8漁協、反対決議。(B9-7: 83)

1981.2.28 志賀、高浜両漁協が海洋調査受入れ。3月5日福浦漁協、3月8日羽咋漁協が受入れ決定。(B9-7: 84-85)

1981.3.1 志賀町で、賛成派により「能登原子力発電所立地対策協議会」設立。(朝日: 810302)

1982.10.31 志賀町長選挙で原発賛成派・野崎外雄が3選。(朝日: 821101; B9-3: 85)

1983.6.19 北陸電力、海洋調査海域のうち南半分の漁業権を持つ4漁業（賛成派）に対し補償金1億2000万円を払うことで調印。(朝日: 830630)

1983.6.29 石川県、原発立地企業が実施する環境影響評価のための海洋調査を代わりに実施すると表明。(朝日: 830630)

1984.3.09 石川県による肩代わり海洋調査開始。翌年8月、石川県が海洋調査結果を3.47億円（調査費用＋北電の受益）で北電に譲渡。(B9-3: 73-76)

1986.4.5 「ふるさとを守る会」が原発賛否の住民投票条例を求めて、志賀町に4020人の署名提出。

5月26日、条例案否決。(B9-3: 86-89)

1986.9.3 通産省による1号機建設に向けた第1次公開ヒアリング、計画発表以来19年を経て開催。(読売: 860903)

1986.12.1 北陸電力、志賀町漁協と漁業補償協定調印。翌年3月までに他の3漁協とも調印。(B9-3: 118-119)

1986.12.18 1号機 (BWR、54万kW)、電調審通過。(ポケットブック2012: 136)

1988.8.22 1号機、原子炉設置許可。(ポケットブック2012: 136)

1988.12.1 北陸電力、1号機の建設工事に着手。チェルノブイリ原発事故後日本では初。(毎日: 881202)「能登原発をやめさせよう!住民訴訟原告団」、1号機の建設差止めを求める民事訴訟を金沢地裁へ提起。原告は3000人。翌89年7月14日、第2次提訴。(毎日: 881201; 朝日: 890714)

1992.6.9 1号機の試運転を前に、西日本で初めての住民避難を含めた防災訓練実施。(朝日: 920609)

1993.2.7 能登半島沖にM6.6の地震発生。(朝日: 930208)

1993.5.24 北陸電力、石川県と志賀町へ2号機建設を申入れ。(朝日: 930525)

1993.7.30 1号機、営業運転開始。(朝日: 930730)

1994.8.25 88年提訴の1号機建設差止め訴訟の金沢地裁判決、原告らの請求棄却。ただし安全性の立証責任を電力会社に求める。31日、原告が名古屋高裁に控訴。(朝日: 940825, 940831)

1994.8.26 判決翌日、1号機で再循環ポンプ2台のうち1台がトラブルで自動停止。志賀町は運転停止を発電所に申入れ。(朝日: 940826)27日、原子炉手動停止。(市民年鑑2015: 132)

1996.2.25 志賀町「子供達の明日を考える父母の会」、自主防災訓練実施、約500人参加。(朝日: 960326)

1996.5.15 1号機、再循環ポンプ

異常の検査のため手動停止。住民に不信感をもたらす。(朝日: 960515)

1997.2.24 「志賀原発2号機増設ちょっと待って!はがきキャンペーン」で集まった2万7222枚のはがき、石川県知事に提出。(朝日: 970225)

1997.3.6 石川県議会、2号機立地促進を求める決議を可決。(朝日: 970307)

1997.3.18 反原発団体「反原発市民の会・富山」と「いらんちゃ原発連絡会」、北陸電力に2号機建設の凍結を申入れ。(朝日: 970320)

1997.3.27 2号機 (ABWR、135.8万kW) 電調審通過。(ポケットブック2012: 136)

1997.12.22 羽咋市、原発事故に備えてマニュアルを作成、ヨウ素剤1万6000錠と合わせて市内に分散配備。(朝日: 971223)

1998.1.10 1号機、復水器に海水混入し手動停止。3月20日、再起動。(朝日: 980110, 980127, 980321)

1998.7.15 1号機からの使用済み核燃料集合体84体を英国の核燃料再処理工場に向け搬出。労組や市民グループ抗議行動。(朝日: 980716)

1998.9.9 名古屋高裁金沢支部、1号機運転差止め訴訟で原告の控訴棄却。22日原告ら上告。(朝日: 980909, 980923)

1999.4.14 通産省、2号機設置許可。(朝日: 990415)

1999.6.18 定検中の1号機で臨界事故発生。北電は2007年3月15日に発覚するまで隠蔽。(毎日: 070316)

1999.8.31 2号機建設差止めを求め、地元住民・市民グループら135人、北電を相手取り金沢地裁に提訴。(朝日: 990831)

1999.9.2 北陸電力、2号機を本格着工。(朝日: 990901)

2000.12.19 1号機運転差止め訴訟の最高裁判決、原告上告棄却。(朝日: 001220)

2001.3.10 羽咋市で自主防災に取組む「命のネットワーク」結成。会員家族150世帯約700人にヨウ

素剤8000錠を配布。年4回放射線監視。(北国: 010226; B9-2: 58)

2001.7.2 1号機から出た使用済み核燃料、日本原燃六ヶ所再処理工場へ搬出。(朝日: 010704)

2002.4.2 調整運転中の1号機、再循環ポンプに異常振動、手動停止。13日、再起動。(朝日: 020402, 020413)

2003.6.12 1号機で復水器配管溶接部にひび発見。19日にも同様のひび発見。(朝日: 030613, 030620)

2003.7.29 1号機で再循環系配管にひび発見。8月26日、計9カ所のひび発見。9月3日にも新たに2カ所発見。(朝日: 030730, 030827, 030904)

2004.4.13 2号機建設に関わる検査で、機器の試験漏れ、記録改ざんなどの不正判明。(朝日: 040414, 040511)

2004.10.6 1号機の非常用炉心冷却水内で、異物46点を発見・回収。18日にも5点の異物を発見。(朝日: 041007, 041009, 041019)

2005.4.1 羽咋市で、北陸電力の鉄塔1基が地滑りにより倒壊し送電できず。1号機を手動停止。(朝日: 050402)

2006.1.26 試運転中の2号機で、非常用冷却系配管弁に異常発見、原子炉手動停止。(朝日: 060127)

2006.3.15 2号機、営業運転開始。(ポケットブック2012: 136)

2006.3.24 2号機建設差止め訴訟で、金沢地裁 (井戸謙一裁判長) は、「想定を超えた地震動によって原発事故が起こり住民が被ばくする可能性がある」と原告側の主張を認め、運転差止めを言渡す。国の耐震設計審査指針の不備を指摘。運転中の原発に対して差止めを認めた初めての判決。27日に北電は控訴。(朝日: 060325)

2006.5.10 定検中の1号機の制御棒に計5カ所のひび割れ発見。応力腐食割れか。(朝日: 060511)

2006.8.5 2号機で、タービンの羽258枚に異常発見、運転停止。(朝日: 060805)

2006.9.28 2号機で、高圧タービン内部に直径2〜3mmの粒状金属約900個。翌年1月までに2136個を回収。(朝日: 060929, 061013; 反347: 2)

2006.11.4 1号機の発電機付属設備で異常振動があり、手動停止。(朝日: 061107)

2007.3.15 99年6月18日に起こった1号機での臨界事故が発覚。発電所長らがデータを改ざんし隠蔽していたことが社員アンケートにより発覚。保安院、運転停止を指示。翌年4月、INESレベル2と評価。(毎日: 070316; JNES)

2007.3.25 能登半島沖でM6.9の地震発生。1号機使用済み核燃料プールから水あふれ。耐震設計の不十分さが明らかに。(朝日: 070326)

2007.4.11 日本原子力技術協会、1号機で99年6月に起きた臨界事故を分析、「即発臨界」で炉内は暴走状態だった可能性を示唆。(朝日: 070411)

2007.4.19 北電、3月の地震で志賀原発の耐震設計の想定を最大1.9倍上回る揺れがあったと発表。(朝日: 070420)

2007.12 北陸電力が2003年、付近の海域で断層再調査を行っていたことが明らかに。新たに8本の活撓曲を確認したが4年間秘匿。(B9-6: 51)

2008.4.1 1年8カ月ぶりに起動した2号機、試験運転中に手動停止。30日、長期停止による結露が原因と発表。(朝日: 080402; 読売: 080501)

2009.1.29 安全・保安院、北陸電力による2号機の耐震安全性再評価結果を妥当とする見解。(朝日: 090130)

2009.3.18 名古屋高裁金沢支部、2号機の運転差止めを求めた控訴審で、一審を破棄、原告の請求を棄却する判決。住民側は31日に最高裁へ上告。(朝日: 090319; B9-4: 54-56; ポケットブック2012: 197)

2009.5.13 臨界事故隠し発覚で停止していた1号機、2年2カ月ぶりに営業運転を再開。(朝日: 090514)

2009.11.13 定検後の調整運転中の2号機で、非常用ディーゼル発電機2台から潤滑油が漏れ、手動停止。(朝日: 091113, 091205, 091210)

2010.10.28 2号機運転差止め訴訟、最高裁(桜井龍子裁判長)は、石川・富山など12都県の原告80人の上告を退ける判決。(朝日: 101030)

2010.12.1 1号機で再循環ポンプ軸封部の機能低下、交換のため原子炉手動停止へ。(朝日: 101202)

2010.12.13 12日に再起動した1号機でトラブル、再度手動停止へ。(朝日: 101214, 101220)

2011.1.21 2号機で、格納容器内の除湿装置で排水漏れの疑いがあり、原子炉手動停止。(朝日: 110122)

2011.2.28 1号機、新品に交換した再循環ポンプ軸封部で再度機能低下。3月1日に原子炉手動停止。繰り返される原子炉停止に、志賀町長、北陸電力に苦言。(朝日: 110301, 110305)

2011.3.11 東北地方太平洋沖地震発生。能登地方に津波注意報発令。1、2号機は停止中。(朝日: 110312)

2011.3.12 福島第一原発の水素爆発事故、自治体、住民に衝撃。北陸電力は「想定外」と。「命のネットワーク」の住民ら、志賀町で脱原発への緊急アピール。(朝日: 110313)

2011.3.18 北陸電力、1、2号機の再開遅らせると表明。(朝日: 110319)

2011.3.29 石川県、金沢市内で27日にヨウ素131を検出したと発表。福島原発事故の影響か。(朝日: 110329)

2011.3.30 北陸電力、志賀原発が停止でも、水力・火力発電所の稼働で安定供給が可能と発表。(朝日: 110331)

2011.4.22 北陸電力、福島原発事故を受けての緊急安全対策を発表。電源車の配備、緊急訓練などに約3億円。高さ4mの防潮堤の構築や大容量電源車の配備などを予定。(朝日: 110423)

2011.4.26 石川県内在住の福島県出身者でつくる「ふくしま311・石川結の会」が志賀原発廃炉やプルサーマル計画中止を求める要望書を県と北電に提出し、記者会見。(朝日: 110427)

2011.6.3 羽咋市議会、原発の安全対策や防災対策重点地域(EPZ)の拡大などを含む意見書を全会一致で可決。24日には氷見市議会も。(朝日: 110604, 110625)

2011.7.24 金沢市で志賀原発の廃炉を求める「7・24さよなら!志賀原発」集会。約3000人が参加。(朝日: 110725)

2011.8.19 石井隆一富山県知事、EPZが拡大された場合は電力会社と安全協定を結ぶと表明。七尾市、羽咋市、中能登町の3首長、石川県副知事に対し、EPZの拡大や原子力安全協定への参加を申入れ。(朝日: 110820)

2011.9.5 山辺芳宣羽咋市長、市として原子力防災計画を策定すると発表。10月1日には住民の被ばくを想定した防災総合訓練を初めて実施。(朝日: 110906, 111002)

2011.9.14 富山市で「脱原発アクションinとやま」集会開催。約200人が参加。(朝日: 110915)

2011.10.3 「反原発市民の会・富山」、富山県市長会と県に対し、電力会社と早期に安全協定を結ぶよう求める申入書を提出。(朝日: 111004)

2011.10.14 原発から30km圏内に市の全域が入る七尾市と越前市、原子力防災を視野に入れた災害時相互応援協定を結ぶ。(朝日: 111015)

2011.10.18 市民団体、労働組合など12団体、志賀原発の再稼働中止などを求める要望書を県に提出。5月に続き、再度働きかけ。(朝日: 111019)

2011.10.27 市民団体のメンバーによる「さよなら志賀原発 緊急アクション」、富山市県庁前公園で29日まで座り込み実施。(朝日: 111028)

2011.11.9 金沢地区平和運動セン

ターなど、金沢市長に志賀原発廃炉の要望等を含む申入書を提出。金沢市は北陸電力の株主。(朝日：111110)

2011.12.10 七尾市で、志賀原発廃炉を求める「12・10さよなら！志賀原発」集会。計500人参加。(朝日：111211)

2011.12.13 能登半島の奥に位置する珠洲市、輪島市、能登町、穴水町の2市2町、志賀原発で事故が起きた際の避難方法や物資輸送などに関する要望を石川県に要請する方針。(朝日：111214)

2011.12.14 北陸電力、1号機のストレステスト（耐性評価）1次評価に着手したと発表。(朝日：111215)

2011.12.28 富山・石川両県の市民団体、北陸電力に原発を再稼働しないよう要請。福島県からの避難者も参加。(朝日：111229)

2012.1.27 桜井森夫小矢部市長、原発事故に備え独自に安定ヨウ素剤を備蓄する考えを明らかに。市町村単独での備蓄は富山県では初めて。2月には氷見市も安定ヨウ素剤備蓄を予算に盛込む。(朝日：120128, 120221)

2012.2.22 石井隆一富山県知事と堂故茂氷見市長、久和進北陸電力社長に対し、志賀原発に関する原子力安全協定締結を含む安全対策7項目を申入れ。(朝日：120223)

2012.3.9 安全・保安院による専門家の意見聴取会で、複数の委員が活断層に関する北電の見解を批判。28日、保安院は北電・志賀原発を含む8原発等に対し、活断層の連動による地震動への耐震性を見直すよう求める。(朝日：120310, 120329)

2012.6.26 石川・富山両県の住民120人（弁護団長岩淵正明）、北陸電力を相手取り、志賀原発の運転差止めを求めて金沢地裁に提訴。現在の耐震設計が活断層の連動性を考慮しておらず重大事故の危険があると訴え。(朝日：120626, 121004)

2012.7.17 安全・保安院の調査により、1号機直下の断層が活断層の可能性が高いと判明。同年4月の敦賀原発に続き2例目。18日、保安院、関電と北電に対し、追加調査を指示。(朝日：120717, 120718)

2012.8.18 富山市の市民ら約730人、志賀原発の再稼働反対と廃炉を求める大規模な集会。(朝日：120819)

2012.8.24 原子力安全・保安院、志賀原発を含む計6カ所で原発敷地内の活断層について再調査が必要と評価。(朝日：120825)

2012.9.1 東洋大の渡辺満久教授（変動地形学）、1号機直下の断層について「活断層以外にあり得ない」、「志賀原発は廃炉に」と改めて主張。(朝日：120902)

2012.10.1 北陸電力、福島原発事故を受けた安全対策の一環としての防潮堤と防潮壁の工事終了と発表。防潮堤は長さ700m、高さ4m（標高15m）。防潮壁は高さ4mで4カ所、長さ約100〜180m。(朝日：121002)

2012.11.22 北陸電力、1号機に交換用のウラン燃料84体を搬入したと発表。(朝日：121123)

2012.12.7 北陸電力、志賀原発敷地内の断層が活断層ではないとする追加の中間報告。12万〜13万年前より後に動いた形跡はなかったと主張。(朝日：121208)

2013.9.19 石川県、志賀原発の事故などで奥能登地域が孤立した場合に備え、被災者や物資の海上輸送に関する協定を、県漁協など2団体と締結。(朝日：130920)

2013.11.9 志賀原発の再稼働に反対し廃炉を求める集会が志賀町で。県労連などでつくる実行委の主催で約500人が参加。(朝日：131110)

2014.4.14 日本科学者会議石川支部など4団体、志賀原発西側の海岸付近に隆起した形跡があると発表。北陸電力が問題ないとしている富来川南岸断層の活動性を主張。(朝日：140415)

2014.4.25 北陸電力、2013年度連結決算を公表。志賀原発が稼働しない中でも黒字達成。(朝日：140426)

2014.8.12 北陸電力、2号機の再稼働に向け新規制基準に基づく審査を規制委員会に申請。(朝日：140812)

2014.8.13 志賀原発敷地内の活断層の有無について結論が出る前の再稼働の審査申請に対し「富山県平和運動センター」など3団体が抗議。「住民を無視し、規制委の存在も軽んじている」と批判。(朝日：140814)

2014.11.2 国の原子力総合防災訓練が石川、富山両県で初めて行われる。3日と合わせて計3700人以上が参加。住民からは不安の声も。(朝日：141103)

2016.3.3 原子力規制委員会の有識者会合、志賀原発敷地内の断層について、活断層の可能性が否定できないと正式に結論。(朝日：160303)

2016.10.7 北陸電力、28日未明からの大雨で2号機地下スペースに大量の雨水が入り、電気設備の漏電が発生していたことを明らかに。(朝日：161008)

2017.10.24 北陸3県の警察と陸上自衛隊、非常事態に備え志賀原発周辺で実動訓練。テロリストが原発に侵入、自衛隊に治安出動命令が出されたという想定で、機動隊員約50人と陸上自衛隊約50人が参加。(朝日：171028)

2017.10.30 北陸電力、2号機安全性向上工事の終了時期を1年延長、2018年度内と発表。(朝日：171031)

敦賀原発

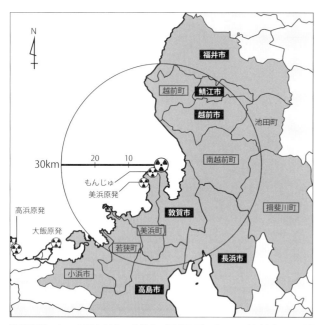

所　在　地	福井県敦賀市明神町1		
設　置　者	日本原子力発電		
	1号機	2号機	3号機
炉　　型	BWR	PWR	APWR
電気出力(万kW)	35.7	116.0	153.8
営業運転開始時期	1970.3.14	1987.2.17	計画中
主契約者	GE	三菱重工	―
プルサーマル導入	―	―	―
	廃炉認可 2017.4.19		

	4号機
炉　　型	APWR
電気出力(万kW)	153.8
営業運転開始時期	計画中
主契約者	―
プルサーマル導入	―

自治体名：人口5万人以上の自治体／自治体名：人口1万人以上～5万人未満の自治体／自治体名：人口1万人未満の自治体

出典：ポケットブック 2015.
市民年鑑 2011-2012.
朝日：170420.

1957.4.17　「福井県原子力懇談会」設立。(B10-3: 22)

1962.5.7　原電、当初原発を予定していた川西町は地質上不適当と判明、敦賀と美浜を県に推薦。(B10-3: 5)

1962.6.11　敦賀市議会、全員協議会で、原発誘致を決定。(B10-3: 37)

1962.8.2　敦賀地区労、原子炉誘致反対を決定。27日、市長宛てに公開質問状。(B10-3: 41)

1962.9.21　敦賀市議会、原発誘致を決議。(B10-17: 30)
敦賀地区労、原発学習のための講演会を開催。400人参加。(B10-3: 41)

1962.11.9　通産大臣、敦賀半島に原発建設決定を閣議報告。敦賀地区は原電に決定。(B10-17: 30)

1964.6.22　敦賀市議会、「原子力発電所特別委員会」設置。(B10-17: 30)

1965.5.19　電調審、65年度電源開発基本計画を決定。敦賀原発(30万kW)の着工盛込む。(朝日：650520)

1965.10.11　原電、原子力委員会に、敦賀原発の設置申請。(朝日：660423)

1966.2.23　原電と敦賀市漁協、漁業補償額5100万円で締結。(B10-16: 4)

1966.4.22　政府、敦賀原発1号機の設置を正式に認可。(朝日：660423)

1966.7　県道立石－敦賀－佐田線(原電道路)が全通。(B10-2: 171)

1967.2.27　敦賀原発1号機、着工。(B10-2)

1969.11.16　敦賀原発、試運転による2万kWの発送電開始。(朝日：691118)

1970.1　敦賀市が行った市民アンケートで、市民全体の25%が原発ができて悪かったと回答。(B10-3: 39)

1970.3.14　1号機、営業運転開始。沸騰水型軽水炉、35.7万kW。この日大阪にて万国博覧会開幕。敦賀原発から送電。(朝日：700314; B10-18)

1971.1.25　敦賀原発排水溝付近で、ムラサキイガイからコバルト60を検出と水産庁が公表。(朝日：710126)

1971.6　敦賀青年会議による市民の意識調査で、市民の80%が原発に不安を感じ、69%が市長の原発運転休止要求を支持。(B10-11: 41)

1971.8.3　福井県、敦賀市、美浜町、高浜町は、原発の安全性確保の覚書を、原電、関西電力、動燃と締結。(朝日：710804, 710810)

1971.11.13　「原子力発電所反対若狭湾共闘会議」結成。県および地元市町村議会に対し若狭湾の原発集中基地化に反対する請願署名運動を展開、12月議会に提出。いずれも3月議会で不採択。(B10-3: 45)

1972.1.24　福井県と敦賀市、原電との間で協定書を締結。(B10-17: 70)

1972.1.30　推進団体「県原子力平和利用協議会」結成。(B10-3: 46)

1972.12.7　1号機、原子炉起動用変圧器故障により停止。(朝日：721207)

1974.4.15 敦賀原発の元労働者岩佐嘉寿幸、日本初の原子炉被ばく訴訟を大阪地裁に提起。(朝日: 740418)

1975.3.19 岩佐嘉寿幸、敦賀労基署に日本で初めての原発労働者の労災認定を申請。(B10-8: 13)

1976.7.25 「原子力発電に反対する福井県民会議」結成。(B10-16: 8)

1977.5.11 原電、敦賀原発2号機増設に伴う施設計画変更届出書を通産省へ提出。(朝日: 770512)

1977.6.9 福井県議会、2号機の建設促進請願を採択。(B10-17: 31)

1977.8 原発を新増設しないことを求める署名活動。2人の僧侶が13日間のハンスト実行。1カ月で10万2464人分の署名を県知事に提出。(B10-15: 14)

1978.1.18 敦賀市民の会、住民投票条例制定の直接請求。敦賀市は請求代表者証明書交付を拒否。3月8日、この行政処分取消しを求め福井地裁に提訴。(B10-16: 12)

1978.1.23 通産省、要対策重要電源に敦賀2号を追加。(反0: 2)

1978.2.16 『福井新聞』、敦賀原発の危険作業に黒人労働者延べ200人が従事と報道。労働大臣は86人の外国人が従事したが被ばく基準以下と述べる。実際は日本人労働者より大量被ばくしていたことが後日判明。(B10-1: 75)

1978.2.26 1号機、圧力系異常で緊急停止。28日運転再開。(反1: 2)

1978.9.8 原電、2号機建設に関する地元説明会。(反6: 2)

1978.12.27 2号機(PWR、116万kW)、電源開発調整審議会が着手認可。(朝日: 781228)

1979.3.28 原電、2号機の設置許可を申請。(B10-17: 22)

1979.5.28 使用済み核燃料英仏移送船、敦賀から出港。(反14: 2)

1979.9.3 1号機で主蒸気管サンプリング配管から放射性蒸気漏れ、停止(8日再開)。(朝日: 790904)

1980.3.27 1号機、試験用パイロット弁に異物、自動停止(28日再開)。(反24: 2)

1980.4.3 1号機、作業管理ミスで給水電源が切れ自動停止。(反25: 3)

1980.4 敦賀市の直接請求拒否処分取消し訴訟が和解。市長の私的機関として「原発懇談会」設置、市民代表が参加。(B10-16: 16)

1980.9.3 2号機が通産省の安全審査をパス。(朝日: 800904)

1980.11.20 2号機の第2次公開ヒアリング(原子力安全委員会主催)開催。反対運動側は「公開ヒアリング闘争」を展開。(B10-17: 22; B10-14: 55)

1980.12.24 敦賀市漁協、2号機増設に伴う漁業権放棄協定に調印。総額25億2000万円。(反33: 2)

1981.1.10 1号機の給水加熱器で放射能漏れ事故。原因はひび割れ。4月1日まで公表されず、秘密裏に修理。(B10-6: 102; B10-5: 17)

1981.1.14 1号機、原子炉格納容器内の機器駆動用窒素ガス漏えい事故で停止。16日再開。(反34: 2)

1981.1.24 1号機の給水加熱器で再度、放射能漏れ事故。1月10日の事故と同様秘密裏に修理。(B10-6: 102)

1981.3.8 1号機の廃棄物処理建屋内でフィルタースラッジ貯蔵タンクから高濃度の放射性廃液が漏えい。4月8日に事故が判明。(B10-6: 101)

1981.3.30 岩佐嘉寿幸がおこした原発労災裁判で、大阪地裁は原告の訴えを棄却。(B10-7: 31-33)

1981.4.8 敦賀原発前面海域で採取したホンダワラから高濃度のコバルト60などを検出。(B10-17: 268)

1981.5.11 福井県民会議(時岡孝史代表)が、原電鈴木俊一社長と前敦賀発電所長を、電気事業法と原子炉等規制に関する法律違反の疑いで福井地検に告発。(朝日: 810511)

1981.5.18 通産省、1号機における一連の事故とその隠蔽について「最終報告書」を出す。(B10-9: 102)

1981.5.20 原発反対福井県民会議、敦賀原発の永久停止などを求める署名を開始。(B10-9: 104)

1981.5 敦賀市の青年層中心に「暮らしの中から原発を考える会」結成。月1回のデモなど行う。(B10-14: 46)

1981.6.9 敦賀市で「原子力発電と地域問題を考える市民連合大集会」開催。原発推進を訴える。(B10-9: 103)

1981.6.17 資源エネ庁が敦賀原発の運転停止(6月18日〜12月17日)処分を発令。(朝日: 810618)

敦賀市の原発反対派1万9251人、推進派5万6566人、それぞれ市議会に請願書提出。22日、推進請願を6対3で採択。(朝日: 810623)

1981.7.1 日本初の原発下請労働者の組合「運輸一般関西地区生コン支部原子力発電所分会」結成。斉藤征二会長。(B10-10: 40)

1981.7.9 福井県議会、敦賀原発推進請願(署名三十数万)を採択、反対請願(署名約10万9000)は不採択。(B10-9: 105)

1981.9.4 原電、「おわび料」として敦賀市に2億円を寄付。(朝日: 810905)

1981.11.30 原電と県漁連、9億9000万円の漁業補償協定締結。(B10-16: 19)

1981.12.17 福井地検、電気事業法違反等で住民らが告発した原電社長らの不起訴処分を決定。(B10-2: 66; B10-16: 24)

1982.1.22 放射能漏れとその事故隠しで、運転を停止していた1号機が10カ月ぶりに運転再開。(朝日: 820128)

1982.1.26 2号機、原子炉設置許可。(B10-17: 22)

1982.4.20 2号機、着工。主契約者は三菱重工業。建設工事費3896億円。(B10-17: 31; B10-2: 225)

1982.5.19 1号機、蒸気漏れで手動停止。(朝日: 820519)

1983.2 敦賀市の高木孝一市長、志賀町での講演で、「原発受入れでたなぼた式の町づくりができる、50年後に障害児が生まれるかもわからないが今の段階ではやったほうがよい」と原発をPR。(B10-1: 123)

1983.4.15 1号機、ドレン配管か

らの蒸気漏れで停止。配管を取換え 17 日再開。(反61: 2)

1983.4.26 福井地検が敦賀原発の事故隠しについて、検察審査会は「不起訴不当」の議決。(B10-16: 26)

1983.5.14 敦賀市で「原発下請け労働者の生活と権利を守る会」設立準備会。(反62: 2)

1983.10.4 敦賀原発の地下式放射性廃棄物貯蔵庫の建設につき、福井県が事前了承。(反68: 2)

1983.12.28 事故隠しの敦賀1号機事件で福井地検、再度不起訴処分決定。(B10-16: 27)

1984.10.8 原電、通産省にプルサーマル計画許可申請。(反80: 2)

1985.4.12 原電プルサーマル計画を、中川平太夫福井県知事、高木孝一敦賀市長が了承。(朝日: 850418)

1985.5.13 1号機で蒸気配管からの漏れを発見、手動停止。(反87: 2)

1986.3.28 1号機で主蒸気管の枝管からの冷却水漏れが見つかり、運転停止。31日再開。(反97: 2)

1986.8.22 1号機が営業運転を再開。新たに MOX 燃料2体を装荷し、プルサーマル実証試験開始。(朝日: 860823; B10-20)

1987.2.17 2号機、営業運転開始（加圧水型軽水炉、116万kW）。(B10-18)

1987.10.1 1号機の原子炉が自動停止。(B10-2: 33)

1988.3.20 敦賀市で広瀬隆反原発講演会。過去最多の出席者。(B10-12: 59)

1991.7.22 1号機で定検中、放射能を含んだ蒸気が漏れているのを発見、原子炉を手動停止。(朝日: 910723)

1992.5.29 原電と美浜町、敦賀原発について隣接協定に調印。(反171: 2)

1992.6.22 原子力安全委のシビアアクシデント対策勧告を受け、通産省が運転開始から10年以上の原発の総点検と事故防止対策の実施を電力会社に通知。敦賀、美浜、福島第一原発各1号機が対象。(朝日: 920623)

1993.2.25 原電が3、4号機の増設を、市に正式申入れ。(反180: 2)

1993.3.12 敦賀市に隣接する南条郡河野村議会、3、4号機の増設に反対する申入書を全会一致で採択。福井県内の自治体で初。(朝日: 930314)

1993.4.30 3、4号機の増設問題で、敦賀市長が、1号機廃炉など7項目提言。受入れに道。(朝日: 930921)

1993.11.2 1号機で2日から格納容器内の冷却器排水増加、9日原子炉手動停止。19日、再循環ポンプの施工ミスが原因、と原電発表。配管系の一部改良。25日、発電再開。(反189: 2)

1993.11.26 「原発新設・増設について住民投票条例をつくる会」(坪田嘉奈弥代表委員)が有権者の約4分の1にあたる1万989人の有効署名を添え、条例制定の請求。12月6日、市議会、条例案否決。(朝日: 931127, 931208)

1993.12.15 敦賀原発増設問題で、「福井県原子力発電所準立地市町村連絡協議会」は、県と県議会に増設反対を文書で申入れ。(朝日: 931216)

1993.12.21 1号機で冷却器排水の増加が見つかる。22日、原子炉手動停止。翌年1月20日、事故原因は復水戻り配管の小配管の疲労割れと原電が発表。(朝日: 931222; 反191: 2)

1993.12.24 3、4号機増設請願を県議会が採択。(朝日: 931225)

1994.4.12 1号機、高圧タービンで蒸気漏れ、原子炉手動停止。7月26日、運転再開。(朝日: 940413; 反197: 2)

1995.1.10 3、4号機増設に反対する「草の根連帯」が、反対署名を県知事に追加提出。合計21万3749人。(B10-16: 56)

1995.4.23 敦賀市長選。「計画白紙」の新人河瀬一治が、「計画凍結」の現職を抑え当選。(朝日: 950424)

1995.11 「原子力施設耐震安全性にかかる県民説明会」開催。(B10-4: 151)

1996.8.1 1号機で再循環ポンプの1台に機能低下、原子炉を手動停止。9日発電再開。(朝日: 960801, 960809)

1996.10.4 1号機の再循環ポンプ3台中1台の機能低下。原子炉手動停止。15日再開。(朝日: 961014)

1996.12.24 2号機で1次冷却水漏れ、原子炉手動停止。配管本体に亀裂。(朝日: 961225, 961228)

1997.2.20 1号機、調整運転中に、原子炉手動停止。駆動水圧系配管に穴と、24日に原電。3月3日、施工時の配管溶接ミスと発表。3月28日、送電再開。(朝日: 970225, 970304, 970331)

1997.9.17 敦賀原発を含む18基の原発工事で、記録改ざんが内部告発で発覚。(朝日: 970917)

1997.10.2 1号機で制御棒駆動水圧系の弁のゴム膜に亀裂が生じ空気漏れ。7日交換。17日再起動。(反236: 2)

1997.10.24 1号機、制御棒駆動の定期試験で制御棒1本が不作動。手動停止。98年1月20日、製造ミスと原電発表。6月19日、再起動。(朝日: 971025, 971108, 980121, 980620)

1998.7.7 福井県と敦賀市、1、2号機の使用済み燃料貯蔵設備の増強計画了承。(朝日: 980708)

1999.6.14 市民団体「原発の安全性を求める嶺南連絡会」、敦賀市議会に増設反対の陳情。(朝日: 990615)

1999.6.25 敦賀市議会、3、4号機増設の促進陳情を採択。反対陳情は不採択。(朝日: 990626)

1999.7.12 運転中の2号機1次冷却水51tが漏えい。8月13日、配管のひび割れが原因、と原電発表。(B10-17: 257; B10-16: 67)

1999.12.10 原電、1号機シュラウド交換作業中、9カ所のひび割れと約80カ所の微細な傷を発見と発表。12月22日の発表では、亀裂は310カ所に。(朝日: 991210, 991223)

2000.2.13 原電、敦賀2号機、東海第二でのプルサーマル計画延期

を表明。(反263: 2)

2000.2.21 冷却水漏れ事故後の2号機、営業運転再開。(B10-17: 259)

2000.11.14 1号機のシュラウド交換が完了。01年3月15日、営業運転再開。(反273: 2; 朝日: 010316)

2002.2.22 3、4号機増設に係る第1次公開ヒアリング。(反283: 2)

2002.6.12 福井県知事が3、4号機増設に同意を表明。(朝日: 020614)

2002.7.31 原電、3、4号機建設のための漁業補償として約40億円を敦賀市漁協に支払うと発表。(朝日: 020801)

2002.12.12 2号機のタービン建屋で火災。原子炉を手動停止。(反298: 2)

2002.12.25 福井県知事、敦賀市長が、3、4号機増設計画を事前了解。(反298: 2)

2003.2.27 1号機で再循環ポンプ2台の軸封部シール機能低下。28日に手動停止、と原電が発表。(反300: 2)

2003.9.20 2号機、作業員1人が5分で所内規定超の1.68mSvの被ばく。(反307: 2)

2004.2.25 2号機で使用済み燃料プールの水が飛散、作業員8人が浴びる事故。3月3日発表。(反312: 2)

2005.6.5 2号機の格納容器内で1次冷却水漏れを発見。8日に発表。9日に原子炉を手動停止。(反328: 2)

2005.9.8 1号機の給水ポンプ2台中1台から冷却水漏れ。9日停止。原子炉出力を50%に下げて調査。(反331: 2)

2006.10.4 細管から純水漏れ、2号機を手動停止。全細管の半数に減肉と13日、原電が発表。(朝日: 061005)

2008.2.1 原子力安全委員会専門委員の中田高副査、杉山雄一副査、敦賀原発の下にある浦底断層は明らかに活断層であると発言。(B10-19)

2008.5.14 1号機の再循環ポンプ1台の軸封部に機能低下、15日に原子炉手動停止。31日再起動。(反363: 2)

2008.7.13 1号機で再循環ポンプ1台の軸封部機能低下。16日に原子炉を手動停止。(反365: 2)

2009.2.17 原電、10年末に40年となる1号機の40年超運転を国に申請。(朝日: 090217)

2009.5.2 2号機で2次系純水10t余りが漏えい。(反375: 2)

2009.9.3 保安院が1号機を初の40年超運転原発として認可。(朝日: 090903)

2010.2.21 福井県・敦賀市が、1号機の40年超運転を了承。22日、市民団体が抗議文を県に提出。(朝日: 100222, 100223)

2010.3.14 1号機が営業運転開始から40年。(朝日: 100314)

2010.7.21 原電が1号機再循環ポンプなど12機器内の溶接部の40年間検査漏れを発表。(朝日: 100722)

2011.1.24 1号機のポンプ不作動で、保安規定違反として保安院が厳重注意。(反395: 2)

2011.2.2 3、4号機の運転開始延期を原電が発表。(反396: 2)

2011.3.11 東日本大震災発生。(朝日: 110312)

2011.5.7 2号機で1次冷却水の放射能濃度上昇。7日、原子炉を手動停止。8日、排気筒から放射性ガス漏れ。21日に再び放射性ガス漏れ。(朝日: 110508, 110509, 110522)

2011.8.2 福島、滋賀、京都、大阪の住民約170人が福井県内の原発7基の再稼働を差止める仮処分を求め大津地裁に提訴。(朝日: 110803)

2012.3.18 岐阜県で原子力災害に備えた初めての大規模訓練。福井県でも同じ想定で実施。(朝日: 120319)

2012.4.23 原子力安全・保安院、敦賀など3原発と「もんじゅ」について、地震の揺れの想定を引き上げる方針。(朝日: 120424)

2012.4.24 2号機直下の断層が活断層である可能性が、安全・保安院の現地調査で判明。2号機廃炉の可能性発生。(朝日: 120425)

2012.5.21 敦賀商工会議所、原発

停止に伴う影響を尋ねるアンケートを実施。半数を超える企業が「すでに影響がある」と回答。(朝日: 120521)

2012.10.19 枝野幸男経済産業相、原電が計画している3、4号機の建設を認めない考え。(朝日: 121020)

2012.12.10 敦賀原発敷地内の断層を調査した規制委員会、2号機の原子炉建屋直下の断層を活断層の可能性が高いと判断。翌11日、日本原電は、「科学的な見地から疑問がある」として規制委に公開質問状。12日に開かれた県議会の原子力発電・防災対策特別委員会では、規制委への批判相次ぐ。14日、電事連の八木誠会長(関西電力社長)も疑問を呈す。(朝日: 121211, 121212, 121213, 121215)

2013.3.19 敦賀市、原発の重大事故に備えた地域防災計画の素案を公表。(朝日: 130320)

2013.3.29 日本原電、3、4号機の本体着工を2013年度も見送ると発表。(朝日: 130330)

2013.5.15 規制委員会の有識者会合、2号機の原子炉建屋直下の断層を「活断層」と断定する報告書作成。22日、規制委で了承。規制当局が原発の重要施設の下に活断層があると認めるのは国内で初めて。敦賀市の河瀬一治市長、6月4日上京して規制庁に再審議を求める意見書を提出。(朝日: 130516, 130522, 130605)

2013.6.6 2号機直下の断層問題をめぐり、規制委員会と日本原電が敦賀市議会で開いた説明会は大荒れの展開に。(朝日: 130607)

2013.6.10 西川一誠福井県知事が上京、菅義偉・内閣官房長官らと会談、2号機直下の断層の再評価などを要請。(朝日: 130611)

2013.6.19 脱原発を求める住民団体「若狭連帯行動ネットワーク」、日本原電に公開質問状、2号機の速やかな廃炉を求める。28日、原電は「活断層ではないと確信している」とし、廃炉にせず再稼働を目指すと回答。(朝日: 130620, 130629)

2013.7.16 日本原電、規制委に対し行政不服審査法に基づく異議申し立て。23日、同じく断層の現場検証などを申し立て。（朝日: 130716, 130724）

2013.7.31 河瀬一治敦賀市長、2号機の断層をめぐり、規制委に意見書を提出。（朝日 130801）

2013.8.1 2号機原子炉建屋直下の断層について、日本原電が検証を委託した専門家ら、「活断層ではない」とする評価をまとめる。（朝日: 130802）

2013.10.2 規制委員会、日本原電から出されていた規制委の命令取消を求める異議申立を却下。（朝日: 131002）

2014.1.20 規制委、2号機再評価のための現地調査を開始。日本原電が「活断層ではない」とする独自の追加調査の結果を出し、再審議を求めたため。（朝日: 140120）

2014.4.14 規制委員会の有識者会合で、4人の外部専門家はいずれも「活断層」とした規制委の判断は変わらないとする認識を示す。（朝日: 140415）

2014.6.3 2号機直下の断層問題で、日本原電、外部の専門家チームに改めて現地調査を依頼。専門家らは「活断層ではない」と日本原電の主張通りの見解を示す。（朝日: 140604）

2014.8.27 敦賀市の反原発運動の中心的存在で、自然保護活動にも取り組んできた「つるが反原発ますほのかい」代表の太田和子死去。84歳。（朝日: 140909）

2014.9.22 敦賀市長、規制委あてに、2号機の断層問題について意見書提出。（朝日: 140923）

2014.11.19 規制委員会の有識者会合、2号機の原子炉建屋直下の断層を改めて「活断層」と認定する報告書案。（朝日: 141120）

2015.1.7 敦賀市長、規制委員長宛てに意見書提出。（朝日: 150108）

2015.1.29 県は2月22日から、敦賀原発と「もんじゅ」から5km圏内の3歳以上の住民に、安定ヨウ素剤を事前配布することを明らかに。（朝日: 150129）

2015.3.18 日本原電、1号機の廃炉を決定。（朝日: 150319）

2015.3.25 規制委員会、「活断層の可能性がある」とした有識者会合の報告を受理。今後、新基準の適合性審査に場を移す。（朝日: 150325）

2015.4.27 敦賀市長選、5期務めた現職が引退、原発を推進する渕上隆信（54）が初当選。（朝日: 150427）

2015.6.30 日本原電、敦賀原発に廃止措置準備グループを配置。（朝日: 150701）

2015.11.5 日本原電、2号機の再稼働を目指して、新規制基準に基づく審査を規制委員会に申請。重要施設直下の活断層を指摘された原発の申請は初めて。（朝日: 151106）

2015.11.25 日本原電、敦賀市内全戸と周辺町の区長宅の約2万8300戸を訪問し、2号機の審査申請内容を説明すると発表。（朝日: 151125）
渕上隆信敦賀市長、2号機の断層の再調査と公正な審査を求める意見書を規制委に提出。（朝日: 151126）

2017.4.19 原子力規制委員会、運転開始から40年以上の1号機の廃炉計画を認可。玄海、美浜（2基）、島根原発も。福島第一原発事故後、新規制基準の下での廃炉認可は初めて。（朝日: 170419）

2017.11.17 日本原電、東海・敦賀原発廃炉のための解体引当金を敦賀3、4号機（建設中）の建設費に流用することを決める。原電は廃炉準備金を流用し、残高が大幅に不足している。（朝日: 171117）

美浜原発

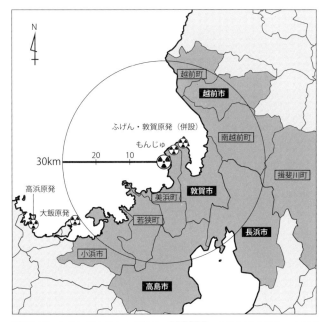

所　在　地	福井県三方郡美浜町丹生66号川坂山5-3		
設　置　者	関西電力		
	1号機	2号機	3号機
炉　　　型	PWR	PWR	PWR
電気出力(万kW)	34.0	50.0	82.6
営業運転開始時期	1970.11.28	1972.7.25	1976.12.1
主契約者	WE/三菱原子力	三菱原子力	三菱商事
プルサーマル導入	−	−	−
	廃炉認可 2017.4.19	廃炉認可 2017.4.19	

出典：ポケットブック 2015.
　　　市民年鑑 2011-2012.
　　　朝日：170420.

自治体名：人口5万人以上の自治体／自治体名：人口1万人以上〜5万人未満の自治体／自治体名：人口1万人未満の自治体

1957.4.17　「福井県原子力懇談会」設立。原子力平和利用の推進・開発を目的とする私的機関で知事が会長、福井大学長が副会長。(B11-13: 22; B11-7: 140)

1962.5.20　美浜町議会、全員協議会で原発誘致を決議。(B11-13: 37)

1962.7.12　県開発公社が用地買収を進め、同社と日本原電との間で美浜町の丹生地区の土地売買契約締結。(B11-13: 5; B11-7: 140)

1962.11.9　福田一通産相、敦賀半島に原子力発電所建設決定を閣議報告。日本原電から関西電力(関電)が美浜地区売買契約上の地位を継承することで県開発公社、日本原電、関電が覚書締結。(B11-7: 140)

1965.11.30　県道白木線の羽生地区までの改良工事決定。総額2億5900万円のうち、1億6500万円を関電が負担。(B11-6: 4)

1966.4.4　1号機(PWR、34万kW)、電調審承認。(ポケットブック 2012: 136)

1966.5.31　関西電力と丹生漁協、総額1億1200万円の漁業補償協定締結。(B11-6: 4)

1966.12.1　政府、1号機の原子炉設置許可。(朝日: 661202)

1967.12.22　2号機(PWR、50万kW)、電調審承認。(ポケットブック 2012: 136)

1969.2　「福井県環境放射能測定技術会議」設立。原発周辺の環境放射能の常時モニタリング。県衛生研究所・水産試験場および3電力会社の専門技術者で構成。(B11-13: 8)

1970.11.28　1号機(PWR、34万kW)営業運転開始。日本で3番目、加圧水型では日本初の商業用原子炉。(朝日: 701129)

1971.5.12　1号機、保安基準限度に近い放射能を含む1次冷却水漏えい、原子炉手動停止。(読売: 710513)

1971.6.30　3号機(PWR、82.6万kW)、電調審通過。(ポケットブック 2012: 136)

1971.8.3　県、美浜町と関西電力が美浜原発の安全性確保に関する「覚書」締結。地元市町が立入り調査して直接企業に措置を求めることができる。(朝日: 710804)

1971.9.26　日向、美浜、菅浜の3漁協組合員と家族ら350人、3号機設置に反対して美浜町漁民総決起大会開催。(福井: 710710)

1971.11.21　福井県・京都府の若狭湾岸住民団体や住民ら350人が参加して「原発反対若狭湾共闘会議」総決起大会。若狭湾の原発集中に反対する請願署名運動を展開、12月福井県議会に提出(いずれも不採択)。(B11-13: 45; 福井: 711122)

1971.12.23　美浜町議会、原発を住民サイドで監視する「美浜町原子力発電所環境安全監視委員会」設置を決議。環境中の放射能、温排水の漁業への影響について定点観測・データ蓄積。(B11-13: 8; 朝日: 711224)

1972.3.13　政府、3号機設置許可。(ポケットブック 2012: 136)

1972.6.13　1号機2次冷却系の放射能濃度上昇。35時間後の14日深夜、原子炉手動停止。蒸気発生

器細管からの1次系水漏れによるもの。(B11-1: 565-566)

1972.7.25 2号機（PWR、50万kW）、営業運転開始。（ポケットブック2012: 136）

1973.3 定検中の1号機で、蒸気発生器細管に多数の減肉発見。健全管を含め1900本に施栓、施栓率22.7％に。(B11-1: 566-567)

1973.5.24 定検中の1号機加圧型燃料棒被覆管1本にピンホール、非加圧型燃料棒32本に変形発見と関西電力表明。実際は加圧型燃料棒2本が合計170cm折損、被覆管や燃料ペレットが炉内を循環する状態になっていたことを76年7月に発覚するまで隠蔽。（福井: 730525; B11-2: 377-378; B11-4: 272-283）

1973.8.24〜26 「原発反対若狭湾共闘会議」、日本科学者会議と共催で原発の若狭湾集中問題について「原発問題若狭シンポジウム」開催。美浜原発の設計基準に欠陥との報告も。(B11-13: 46; 福井: 730826)

1974.7.17 1号機で蒸気発生器細管からの放射能漏れ、原子炉手動停止。定検以外の運転停止は5回目。（朝日: 740718）

1975.1.8 2号機で蒸気発生器細管からの放射能漏れ、原子炉手動停止。5月6日、細管1本にピンホール、265本に減肉、と判明。（朝日: 750109, 750506）

1976.12.1 3号機（PWR、82.6万kW）、営業運転開始。（朝日: 761202）

1976.12.4 国（科技庁、通産省）、1973年3月頃に発生した1号機燃料棒破損事故を初めて認める。内部告発書簡をもとに事故疑惑を報告した田原総一朗の著作公表後、国会で石野久雄（社会党）が追及。3日から資源エネ庁が立入り調査、定検時に炉心から取出す際に折損、と関西電力が説明。(B11-2: 377-378; B11-4: 272-283; 朝日: 761208)

1977.8.9 科技庁・通産省、1号機の燃料棒折損事故原因および今後の対策を原子力委に報告。原因は冷却水のジェット流による燃料棒の振動とするもの。後日、京大原

子炉実験所のグループが、回収された燃料ペレットの分析データを基に、燃料棒の温度上昇の可能性を指摘。（読売: 770810; B11-2: 380-383）

1978.6.27 原子力委員会原子炉安全専門審査委員会、燃料棒破損および熱交換器細管からの放射能漏れで4年間運転停止中の1号機の事故処理対策と運転再開の安全性の確保について報告。7月18日、原子力委員会が1号機の運転再開を認める。（朝日: 780628, 780719）

1979.2.24 関西電力、3号機の制御棒案内管支持ピンのすべてがひび割れ（1本断裂）、106本全部を交換、と発表。28日、原子力安全委が国内の加圧水型原子炉の点検を決定。（朝日: 790225, 790301）

1979.3.28 米ペンシルベニア州スリーマイル島原発で事故。（朝日: 790328）

1979.4.3 スリーマイル島と同様の2次冷却水供給停止事故が73年7月13日に2号機で発生していたことが判明。原子炉緊急停止、補助ポンプの稼働で数時間後に運転再開したもの。（朝日: 790404）

1979.7.23 スリーマイル島事故を契機に、緊急炉心冷却装置（ECCS）の不備が指摘され運転停止していた加圧水型原子炉7基（美浜3基を含む）、「新たな回路併設」するよう通産省が通達。原子力安全委が認可。（朝日: 790724）

1980.12.25 蒸気発生器細管の損傷で1974年7月から営業運転がストップしていた1号機が6年5カ月ぶりに営業運転再開。細管を洗浄、2208本に施栓（施栓率25％）したもの。（朝日: 801111, 801225）

1981.5.22 定検作業中の1号機で1次冷却水3tが噴出、作業員3人が被ばく（10ミリレム以下）。放射性ガス1キュリーが外部に放出される。（朝日: 810524）

1982.3.19 3月10日に運転再開した1号機で、蒸気発生器細管から放射能漏れ。20日に原子炉手動停止。4月27日、蒸気発生器細管2本に漏えい、と関西電力が発表。

（市民年鑑2011-12: 133; B11-6: 24）

1983.6.27 資源エネ庁が定検中の原発の検査状況を発表。1号機で13本、3号機で108本の蒸気発生器細管異常が見つかり施栓。3号機では燃料体1体に漏えい、給水加熱器受衝板に損傷も発見、取換え。(B11-6: 26)

1983.8.19 81年5月17日の定検入り以降、相次ぐトラブルや違法補修工事発覚などで運転をストップしたままの1号機が2年3カ月ぶりに営業運転再開。（朝日: 830820）

1984.1.17 1号機で1次冷却水1tが漏えい、格納容器内の放射能が20倍に上昇。（福井: 840118）

1988.4.25 1号機、プルサーマル試験用の燃料（米WH社製）を装荷、調整運転に入る。1月22日に県・美浜町が了承していたもの。（朝日: 880426; B11-6: 38）

1989.5.14 福井県の「原発反対福井県民会議」と「あつまろう若狭へ関西連絡会」の約1000人が美浜原発へデモ、原発前で手をつないで「人間の鎖」を作り原発廃止を訴える。（朝日: 890515）

1989.6.22 関西電力、1号機蒸気発生器細管6本に孔食、と発表。2次冷却水側からの腐食は初。6本を施栓、代わりに過去に施栓した320本を再使用。（朝日: 890622; B11-6: 40）

1989.8.25 福井県・美浜町・敦賀市、33機関が参加した防災訓練を7年ぶりに実施。不安を与えないため住民の参加なし。（朝日: 890826）

1989.10.17 資源エネ庁、細管の施栓率は50％に達しても安全性に問題なし、との安全評価結果を発表。1号機施栓率は国内原子炉で最高の28％。（朝日: 891018）

1990.3.28 「反原発県民会議」、1号機の永久停止を求めた4万5660人分の署名を関西電力に提出。（B11-6: 42）

1991.2.9 2号機（施栓率6％）で蒸気発生器細管がギロチン破断、放射能に汚染した1次冷却水が2次冷却水系に大量流出。原子炉が緊

急停止し、緊急炉心冷却システム（ECCS）が作動。漏水量が 55t と関西電力が認める。(朝日: 910210; B11-5: 32-33)

1991.2.16 資源エネ庁、2号機事故について事故調査特別委員会の設置を決定。福島第二3号機再循環ポンプ事故以来2度目。(毎日: 910216)

1991.2.19 通産省、加圧型炉を保有する5社に対し、2次冷却水の放射能濃度が通常より 20% 程度上昇した場合は即刻運転停止するよう指示。(朝日: 910220)

1991.3.11 資源エネ庁と関西電力、2号機事故原因を発表。メーカー（三菱重工）施工時の蒸気発生細管振れ止め金具取付けミス、振動による金属疲労で破断したもの。(毎日: 910312)

1991.8.28 2号機事故を契機に結成された「県原子力発電所準立地市町村連絡協議会」の原発周辺7市町村、関西電力・日本原電などとの間で異常発生時の連絡体制などを定めた安全協定に調印。(読売: 910829)

1991.9.6 運転再開直後の1号機で、蒸気発生器の水位が異常低下、原子炉自動停止。9月17日、原因は主給水バイパス制御弁の部品へのテープくず混入。安全性にかかわる事象で暫定評価レベル2、と資源エネ庁発表(9月27日確定)。(読売: 910906; JNES)

1991.11.26 資源エネ庁、2号機事故について、安全性に影響を与える事象でレベル3と発表。92年8月以降の国際原子力事象評価尺度（INES）ではレベル2相当。(読売: 911127; JNES)

1991.12.20 関西電力、2号機蒸気発生器の交換計画を国に申請。県と美浜町は同意。92年10月20日、通産相が認可。大飯1号機、高浜2号機の蒸気発生器交換は7月に申請済み。(朝日: 911221; B11-6: 49)

1992.2.3 関西電力が美浜町の新庁舎建設に7億円の寄付をしてい

ることが明らかに。(朝日: 920204)

1992.7.30 1号機、蒸気発生器から放射能水漏えい、原子炉手動停止。INES レベル1。10月30日に資源エネ庁、蒸気発生器細管に局部腐食発生、計 244 本の損傷を確認と発表。伝熱管 244 本に施栓、1号機の施栓率は 21.2% に。(朝日: 921031; JNES)

1994.2.18 1号機で2次冷却水に放射能漏れ、原子炉を手動停止。6月15日、蒸気発生器細管1本が応力腐食割れ、と資源エネ庁発表。(朝日: 940218; JNES)

1994.3.9 通産省、関西電力が申請していた福井県内4基（美浜1、2号機含む）の蒸気発生器交換工事を認可。(朝日: 940310)

1994.10.13 蒸気発生器を交換した2号機が営業運転を再開。細管破断の大事故から3年8カ月ぶり。(読売: 941014)

1995.5.12 定検中の3号機で、蒸気発生器細管 480 本に損傷が見つかる。201 本はスリーブ補修、279 本に施栓、と資源エネ庁発表。施栓率 13.3%。(朝日: 950513; JNES)

1996.4.3 蒸気発生器取換え工事を終了した1号機、本格運転を再開。(朝日: 960404)

1998.2.27 関西電力、従来 60 日程度を要した定期検査を約 40 日間に短縮する計画。稼働率アップにより、当年度約 10 億円のコスト抑制となる。(朝日: 980227)

1998.11.10 3号機の使用済み核燃料貯蔵プールの容量拡大および1、2号機との共用化を通産省が許可。(朝日: 981111)

2001.8.30 翌年7月に運転開始から 30 年になる2号機の運転を、さらに 10 年間継続する方針を関西電力が県と美浜町へ報告。(朝日: 010831)

2001.10.11 美浜町の商工会・観光協会・農協・旅館組合など8団体、美浜原発の増設を求める請願書を大村茂町議会議長に提出。15日、「安全で住みよい美浜をつくる会」が反対陳情書を。(朝日: 011012,

011016)

2001.12.21 美浜町議会が増設促進の請願・陳情を採択。(朝日: 011221)

2002.11.15 3号機1次冷却ポンプの配管バルブ付近から放射能を含んだ1次冷却水が約 5.6t 漏えい、原子炉を手動停止。(朝日: 021115)

2003.12.25 美浜町が 93 〜 01 年度に関西電力などから計約 15 億 5000 万円の寄付を受けていたことが同町議の情報公開請求で明らかに。(朝日: 031225)

2004.8.9 3号機タービン建屋内で2次系配管破裂、100℃ を超える大量の蒸気が噴出。作業員4人死亡、2人重体（25日に1人が死亡）、5人が重火傷。86年に米・サリー原発でも同様の事故発生。(読売: 040810, 040826)

2004.8.10 関西電力、3号機事故の破損箇所が検査対象から漏れ、運転開始から 28 年間無点検だったことを明らかに。前年 11 月に下請けの点検会社「日本アーム」から無点検を指摘されたが、8月 14 日開始予定の定検まで引延ばしていたもの。別の配管にも点検リスト漏れがあることも判明。(読売: 040810, 040811)

2004.8.10 総合資源エネルギー調査会原子力安全・保安部会に「3号機2次系配管破損事故調査委員会」を設置。(B11-7: 144)

2004.8.11 安全・保安院、美浜の蒸気噴出事故を受け、全原発配管の減肉検査体制の総点検と報告を電力各社に要請。(朝日: 040812)

2004.8.12 関西電力、3号機事故の破損箇所が 91 年に計算上の寿命を迎えていたことを認める。検査漏れ判明後も寿命計算せず。(読売: 040813)

2004.8.16 3号機事故、原子炉の自動停止は配管破断から6分後、水蒸気漏えいは 38 分間で 800t、蒸気発生器の水位が大幅に低下、と判明。2次系の補助ポンプが稼働し、かろうじて炉心溶融はまぬかれる。国内最大の原発事故。(読

売: 040816）

2004.9.27 3号機蒸気噴出事故で安全・保安院、関西電力に対し電気事業法に基づく運転停止命令を出す。初の適用。（朝日: 040927）

2005.3.3 安全・保安院、関西電力が配管の交換を先延ばししていた不適切行為が92年度から78件、何度も先送りした悪質事例が11件あった、と明らかに。（朝日: 050304）

2005.5.11 関西電力は3号機の2次系配管で、管理指針などに基づく5734カ所の点検を終え、県原子力安全専門委員会に報告。計29カ所の配管の厚さが国の技術基準を下回り、検査台帳漏れは計36カ所。（朝日: 050511）

2005.6.3 安全・保安院、3号機の蒸気噴出事故を回避できなかったのは関西電力、三菱重工、日本アームの不適切な保守管理・品質保証活動が根本原因と指摘。安全文化の欠如があったとして INES レベル1に評価。（JNES; 読売: 050604）

2006.1.30 関西電力、12月に運転開始30年の3号機の高経年化技術評価報告書、安全・保安院と県、美浜町に提出。点検検査の充実で健全性維持可能とする。（福井: 060131）

2007.2.7 関西電力、国の最終検査が終了したことを受け、3号機の営業運転を約2年半ぶりに再開。（朝日: 070208）

2007.11 2006年度の一般会計補正予算に約9億円の匿名の寄付金を計上していた美浜町で、同年度さらに約3億円の匿名寄付があったことが判明。関西電力と日本原電とみられる。（朝日: 071102）

2010 運転年数が30年を超える1号機に伴う「共生交付金」25億円（2010〜2013年度）が交付される。40年を超える2010年度には1億円を加算。（B11-10: 576-581）

2010.6.28 安全・保安院、1号機の40年超運転を認める。関西電力、最長10年の運転継続と大型後継機建設の検討を始める、と発表。

（読売: 100629）

2010.8.11 美浜町議会、1号機の40年超運転継続について後継原発の設置を前提に了承することを決定。（朝日: 100812）

2010.11.28 1号機、営業運転開始から40年となる。（朝日: 101129）

2011.3.11 東日本大震災発生。（朝日: 110312）

2011.8.2 滋賀県など4府県の住民170人、美浜1、3号機を含む定検中の福井県内原発7基の再稼働を認めない仮処分を大津地裁に申請。（朝日: 110803）

2011.11.4 福井県と県内立地4市町に匿名を希望する大口寄付が2010年度までに少なくとも計502億円寄せられていた、と情報公開請求などで判明。大半が電力業界からと思われ、福島第一事故後も継続。（朝日: 111104）

2012.2.3 市民団体「みなで決めよう『原発』国民投票」、電力大消費地の東京都と大阪市で原発の是非を問う住民投票実施を求めて署名活動。5万5000超の有効署名（有権者の50分の1を上回る）を大阪市に提出。3月27日、市議会本会議で、維新、自民、公明、民主系など各会派が反対し、否決される。（朝日: 120214, 120328）

2012.7.19 25日に運転開始から40年となる2号機、経済産業相が40年超運転を認可。（東京: 120720）

2013.6.4 滋賀県、緊急時迅速放射能影響予測システム（SPEEDI）による放射性物質の拡散予測を公表。福井県内4原発で福島原発並み事故の場合、甲状腺被ばく線量100mSv の範囲が滋賀県内にも至る。県琵琶湖環境科学研究センターのシミュレーションでは、琵琶湖の汚染により飲料水が緊急時の基準を超えるケースも。（朝日: 130605, 131118）

2013.10.25 福井県、全国初の「廃炉・新電源対策室」を新設。（東京: 131026）

2013.12.24 滋賀、大阪両府県の住民57人、関西電力の3原発の運

転差し止めを求めて大津地裁に提訴。（朝日: 131225）

2015.3.17 関西電力、低出力の1、2号機の廃炉を決定。安全対策に大きな費用がかかり、効率が悪いとの判断。（朝日: 150318）

2015.11.26 関西電力、16年12月に運転開始から40年を超える3号機について、20年間の運転延長を原子力規制委員会に申請、県と美浜町に報告。（朝日: 151127）

2016.2.12 関西電力、1、2号機の廃炉計画の認可を原子力規制委員会に申請。作業は2016年度から始めても45年度までかかり、費用は計680億円と見込む。（朝日: 160213）

2016.3.8 美浜町、2016年度当初予算案発表。一般会計は80億9973万円で15年度と比べて9.4%減（1、2号機廃炉で電源立地地域対策交付金が7億8500万円減収、固定資産税が7400万円以上の減収）。一般会計に占める原発関連収入の割合は41.49%。（朝日: 160308）

2016.11.16 原子力規制委、40年超運転を目指す3号機について、20年間の運転延長を認可。高浜1、2号機に続き2例目。（朝日: 161117）

2016.12.9 福井県民3人、3号機の運転延長取り消しを求めて名古屋地裁に提訴。（朝日: 161210）

17年4月5日、新たに県民ら70人が提訴。（朝日: 170406）

2017.4.19 原子力規制委、美浜1、2号機の廃炉計画を認可。他に敦賀、玄海、島根原発の各1基も。新規制基準下の廃炉認可は初。（朝日: 170419）

大飯原発

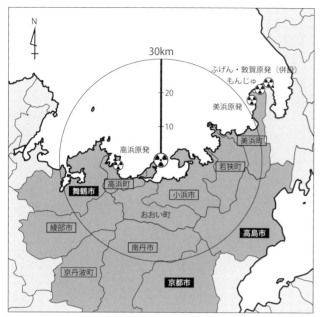

自治体名：人口5万人以上の自治体／自治体名：人口1万人以上〜5万人未満の自治体／自治体名：人口1万人未満の自治体

所　在　地	福井県大飯郡おおい町大島1字吉見1-1		
設　置　者	関西電力		
	1号機	2号機	3号機
炉　　型	PWR	PWR	PWR
電気出力(万kW)	117.5	117.5	118.0
営業運転開始時期	1979.3.27	1979.12.5	1991.12.18
主契約者	WH/三菱商事	WH/三菱商事	三菱重工
プルサーマル導入	−	−	
	廃炉認可 2017.12.22	廃炉認可 2017.12.22	

	4号機
炉　　型	PWR
電気出力(万kW)	118.0
営業運転開始時期	1993.2.2
主契約者	三菱重工
プルサーマル導入	−

出典：ポケットブック2012. 市民年鑑2011-12.

1969.4.4 中川平太夫県知事、時岡民雄大飯町長、鈴木俊一関西電力副社長および時岡収次熊谷組副社長で大飯発電所誘致について協議。大飯町と関西電力、「誘致仮協定書」締結。（福井：720312；B12-6: 21）

1969.4.10 大飯町議会、原子力発電所の誘致を決議。（B12-3: 148）

1969.8.15 関西電力と大島漁協、漁業補償にかかる仮協定締結。（福井：720313, 720318）

1970.10.28 電源開発調整審議会が1、2号機（PWR、117.5万kW）を承認。（B12-1: 1193）

1971.1.23 関西電力、内閣総理大臣に大飯発電所1、2号機の原子炉設置許可申請。（B12-3: 148）

1971.6.13 「大飯町住みよい町造りの会」（永谷刀禰会長）結成。17日、町長に原発建設中止の要望書提出。（福井：710614；B12-3: 149）

1971.6.21 大飯町定例議会、「原子力発電所の安全性に関する意見書」採択。通産省、科技庁、県、関西電力に送ることを決定。（福井：710622）

1971.7.8 大飯町長、関西電力との「仮協定書」の破棄を表明。7月10日、町議会了承。（B12-3: 149）

1971.7.14 町造りの会、ビラを配り時岡町長リコール署名運動開始。（福井：710715）

1971.7.16 時岡町長、「争い避けたい」として町議会に辞表を提出。21日受理。（福井：710717；B12-3: 149）

1971.8.16 大飯町長に永谷良夫が無投票当選。町民感情を尊重する対話市政を打出す。（福井：710816）

1971.11.20 永谷良夫大飯町長、県に大飯発電所原子炉設置許可に係る延期の陳情。（B12-3: 149）

1971.11.27 大飯町議会、議員提案の原子炉建設工事一時中止決議を10対4の大差で否決。（福井：711128）

1972.4.4 県および大飯町と関西電力、紛争を収めて平穏に建設を進めるため基本協定調印。（福井：720405）

1972.4.18 県、町共催で、「大飯原電の安全性問題説明会」開催。専門家3人。住民ら150人参加、安全・遺伝などについて激論。（福井：720419）

1972.4.26 大島漁業組合、仮漁業協定破棄を関電に通告。（B12-5: 101）

1972.7.3 知事あっせんにより、県・大飯町と関西電力が安全協定締結。（福井：720704）

1972.7.4 原子力委が1、2号機設置許可を佐藤栄作首相に答申。首相、設置許可。（B12-5: 89）

1972.10.21 1号機着工。（B12-1: 1195）

1972.11.14 2号機着工。（B12-1: 1195）

1973.12.25 大島漁業組合と関西電力、漁業補償本協定に調印。（B12-5: 102）

1974.6.1 大島半島と本土を結ぶ青戸大橋と原発道路10.5kmが開通。（B12-5: 104）

1976.7.25 「原子力発電に反対する福井県民会議」結成大会、県民

500 人が参加。(福井: 760726)

1976.8.21 自治省、日本初の核燃料税新設を認可。(B12-5: 116)

1978.3.27 電源開発調整審議会が3、4号機を承認。(B12-1: 1201)

1979.3.27 1号機営業運転開始。加圧水型軽水炉（PWR）、出力 117 万 5000kW。炉心・原子炉系は WH 社製。(市民年鑑2011-12: 136)

1979.4.14 米国のスリーマイル島原発事故（3月28日）を受け、通産相・科技庁長官・原子力安全委員長が、1号機の運転停止を関西電力に指示。16日運転停止。(朝日: 790414, 790416)

1979.6.8 福井県が、1号機の運転再開を認めることを決定。(朝日: 790608)

1979.6.12 原発反対福井県民会議、再開容認に抗議。東大公害自主講座も反対の緊急声明、2万 2000 人余の署名を首相官邸に提出。「原子力政策に抗議し、すべての原発を止めさせる行動実行委員会」の約 40 人が通産省を訪れ、要求書を提出。(朝日: 790613)

1979.6.13 通産省、関西電力に1号機の運転再開を指示。(朝日: 790613)

1979.7.12 原発反対福井県民会議、通産省と原子力安全委に1号機の運転再開に反対する1万 4300 人余りの署名を提出。(反16: 2)

1979.7.14 1号機が緊急停止。配線のショートによりタービンが止まり、蒸気管の圧力が下がったため ECCS が作動。16日運転再開。(朝日: 790715, 790717, 790811)

1979.12.5 2号機が営業運転開始。加圧水型軽水炉（PWR）、電気出力 117.5 万 kW。炉心・原子炉系は WH 製。(年鑑2011-12: 136)

1981.4.20 1号機で操作ミスによる大量の1次冷却水漏れ。作業員3人被ばく。(朝日: 810423, 810424)

1981.10.22 関西電力、1号機蒸気発生器細管 26 本に応力腐食割れ。外側の細管と合わせ 754 本に施栓、と発表。(B12-4: 19)

1983.11.28 町造りの会、3、4号機増設について町民投票条例の制定を求める直接請求。(B12-3: 150)

1983.12.26 3、4号機増設について町民投票条例の制定を求めた直接請求を町議会が否決。(B12-3: 150, 反70: 2)

1984.1.17 大飯町議会が3、4号機の増設を見込んだ町振興案を可決。(反71: 2)

1984.3.22 福井県議会が3、4号機の増設促進の請願を採択。(B12-3: 151)

1984.10.16 3、4号機増設につき隣接の小浜市で賛否を決める「市民投票をすすめる会」が発足。(反80: 2)

1984.11.16 通産省、3、4号機増設に伴う第1次公開ヒアリング開催。原発反対福井県民会議は約 2000 人を動員、デモで4人が逮捕。(朝日: 841116)

1984.12.15 小浜市と関西電力が安全協定を改定、調印。(反82: 2)

1985.1.31 電源開発調整審議会、今年度の電源開発計画に大飯3、4号機（PWR、118 万 kW）を新規電源として追加することを決定。(朝日: 850131)

1985.6.12 3、4号機増設に伴う大島漁協と関西電力との漁業補償交渉が 25 億円で妥結と判明。(反88: 2)

1985.7.25 資源エネ庁、1号機の蒸気発生器細管 1111 本に異常と発表。(B12-4: 31)

1985.11.27 地震に伴い1号機が自動停止。同日中に運転再開。蒸気を大気中に逃したため、100m の高さに蒸気が噴出、「原発爆発か」と周辺でパニックに。電源脱落による混乱は、中国電力管内まで及ぶ。(反93: 2)

1986.11.11 3、4号機増設のための第2次公開ヒアリング。反原発県民会議・県評は小浜市で 200 人が参加して住民自主ヒアリング。(B12-4: 33)

1987.2.10 3、4号機原子炉設置許可。(市民年鑑2011-12: 136)

1987.5.29 3、4号機増設工事着工。(B12-1: 1208-1209)

1987.12.25 通産省、違法工事で、大飯2号機と美浜3号機に運転停止命令。(B12-4: 37)

1988.8.15 1号機で、1次冷却水中の放射能濃度が上昇、最高で平常値の約 1000 倍の放射能漏れ。(朝日: 880816)

1989.11.29 1号機蒸気発生器細管 411 本に損傷発見。(B12-4: 41)

1991.1.18 福井県、1号機の蒸気発生器細管 368 本にひび割れと発表。1号機細管の損傷は 4042 本に。(朝日: 910119)

1991.5.8 福井県、1号機の核燃料に製造ミスと発表。1988 年夏以降3回の放射能漏れの原因。(朝日: 910509)

1991.12.18 3号機営業運転開始。加圧水型軽水炉（PWR）、電気出力 118 万 kW。炉心・原子炉系は三菱重工製。(市民年鑑2011-12: 136)

1992.3.27 定検中の1号機で蒸気発生器細管 399 本に新たな損傷を発見と関電発表。これで補修細管は計 6959 本、等価施栓率は 16.5% に。(朝日: 920328)

1993.2.2 4号機が営業運転開始。加圧水型軽水炉（PWR）、電気出力 118 万 kW。炉心・原子炉系は三菱重工製。(市民年鑑2011-12: 13)

1993.7.29 福井県、1号機で蒸気発生器の細管 421 本に新たな損傷が見つかったと発表。(朝日: 930730)

1995.2.25 2号機で蒸気発生器が細管損傷を起こし、放射能汚染された蒸気を大気中に放出。原子炉を手動停止。(朝日: 950225, 950228)

1995.2.27 福井県、2号機の事故を受け関西電力に厳重抗議。(反204: 2)

1997.3.7 関西電力が2号機の蒸気発生器を新型に取換える工事に着手。92 年以降交換対象とされた7基の最後。(朝日: 970308)

1997.3.28 関西電力と日本原電が、福井県知事にプルサーマル導入計画実施を申入れ。(朝日: 970329)

1999.1.29 2号機で制御棒1本が作動中に炉内に落下。炉の手動停

止作業中に別の異常発生、原子炉緊急停止。（朝日：990130）

2002.6.21　関西電力、大飯原発で「高燃焼度燃料」を採用する計画。国内で2例目。（朝日：020622）

2004.8.17　4号機、美浜2号機、高浜2号機を運転停止。美浜原発3号機の蒸気噴出事故を受け安全点検のため。（朝日：040817）

2004.8.18　3号機と高浜原発3、4号機で新たに11カ所の検査漏れが見つかったと関西電力。11基の原発のうち通常の定検に入った2基を含め計7基が停止する事態に。（朝日：040819）

2005.12.22　大雪のため大飯原発で送電線に異常が発生、原発4基の送電が停止。関西電力の全送電量の約17％が失われ、京阪神の約70万世帯が停電。（朝日：051223）

2006.10.18　関西電力、耐震安全性評価実施計画書を安全・保安院に提出。9月策定の原発「新耐震設計審査指針（新指針）」を受け。（朝日：061019）

2006.12.13　3、4号機で温度計の測定値が、98年以降改ざんされていたことが判明。（朝日：061213）

2006.12.14　測定値改ざん問題を受けて、福井県が関西電力に厳重注意。（朝日：061215）

2008.3.31　関西電力など、原発の耐震安全性の再評価を福井県に報告。06年9月改定の耐震設計審査指針（新指針）に基づくもの。断層の一部を新たに「活断層」と認め、想定地震の揺れも従来予想の最大1.5倍に。（朝日：080325, 080401, 080412）

2008.4.17　3号機原子炉容器の管台溶接部でひびが見つかったと関西電力発表。原子炉容器でのひびは国内初。（朝日：080418）

2008.7.30　関西電力、運転開始から09年で30年を迎える1号機、11月18日には2号機について、それぞれ10年間運転延長する方針を県とおおい町に報告。（朝日：080731, 081118）

2011.3.10　1号機が前年12月から

の定検を終え起動。（朝日：110310）

2011.3.11　東日本大震災発生。（朝日：110312）

2011.3.13　11日の東日本大震災を受け県知事が関西電力等の幹部を集め、安全性の再検証と管理強化を要請。（朝日：110314）

2011.3.15　福島第一原発の冷却不能を受け、おおい町長が「立地町として多大な衝撃を受けた」と議会で答弁。県の原子力防災計画の改定にも言及。（朝日：110316, 110328）

2011.7.16　1号機が運転を停止。緊急時の炉心冷却系のトラブルのため。（朝日：110716, 110717）

2011.7.22　4号機が定検のために停止。（朝日：110723）

2011.8.2　滋賀県・京都府・大阪府・福井県の住民約170人、停止中の福井県内の原発7基について再稼働を認めない仮処分を大津地裁に申立て。（朝日：110803）

2011.12.5　福井県内や関西の13市民団体、大飯町長・小浜市長・市議会議長に3、4号機の運転再開を認めないよう要望書を提出。（朝日：111206）

2012.3.12　関西などの住民259人、3、4号機を再稼働しないよう関西電力に求める仮処分を大阪地裁に申立て。（朝日：120313）

2012.4.3　3、4号機の再稼働に向けて、首相官邸で関係閣僚の初会合。野田佳彦首相、安全対策の暫定基準を作るよう安全・保安院に指示、判断を先送り。（朝日：120404）

2012.5.19　細野豪志原発相、関西7府県などによる関西広域連合の会合に出席。大飯原発の再稼働へ理解を求めるも安全基準に対する疑問が相次ぐ。（朝日：120520）

2012.5.31　橋下徹大阪市長、再稼働反対から一転して「事実上容認」に。滋賀県知事も同調。（朝日：120601）

2012.6.12　近畿6府県と福井県、岐阜県の住民計134人が国を相手取り、再稼働の停止を関西電力に命じるよう求める訴訟を大阪地裁に起こす。（朝日：120613）

2012.6.16　西川知事、野田首相と会談、再稼働に同意。首相、関係閣僚会合で再稼働を正式決定。首相官邸前で約400人が抗議集会。（朝日：120616）

2012.6.22　再稼働撤回を求める市民ら、首相官邸前で抗議集会。主催者発表で約4万人、警視庁調べで約1万人が参加。（朝日：120623）

2012.7.1　3号機が起動。全国の原発稼働ゼロ状況が約2カ月で終わる。2日に臨界、5日から発電、9日よりフル稼働。（朝日：120702, 120705, 120709）

2012.7.18　4号機が再起動。19日臨界、21日送電開始、25日からフル稼働。（朝日：120719, 120721, 120726）

2012.7.18　嘉田由紀子滋賀県知事、4号機の再起動を受け、脱原発依存社会の実現に向けて「40年廃炉方針」を堅持し、早急に廃炉計画を示すよう国に要求。（朝日：120719）

2012.8.3　3号機、営業運転を開始。（朝日：120804）

2012.8.22　野田佳彦首相、大飯原発の再稼働に反対する市民団体のメンバー10人と面会、「基本的な方針は脱原発依存」とする一方、再稼働の中止には応じず。（朝日：120823）

2012.9.20　関西電力、中間連結決算の業績予想で赤字は過去最悪の1250億円の見通し。（朝日：120921）

2012.10.1　関西広域連合、関西電力管内の同年夏の電力は、3、4号機の再稼働がなくても足りていたとする検証結果発表。（朝日：121002）

2012.11.3　敷地内の断層が活断層である疑いがある大飯原発で、原子力規制委員会が現地調査。調査後、メンバーの意見は分かれ見解は示されず。関西電力側は10月31日に活断層はないとする調査中間報告。（朝日：121101, 121103）

2012.11.9　アジェンダ・プロジェクトなど10の市民団体、大飯原発の運転停止を求める要望書を京都府に提出。（朝日：121110）

2012.11.17　おおい町大島地区で

第Ⅱ部　日本と世界の原子力発電　第 5 章　日本の原子力発電所および関連施設

原発事故時の避難道路となるバイパス計画の説明会。住民からは「道路が渋滞し、避難道路の意味がない」など厳しい意見。(朝日: 121118)

2012.11.26　関西電力、家庭などの電気料金を 13 年 4 月から平均 11.88% 値上げする計画を経産省に申請。関電の原発は福島原発事故後相次いで停止、代わりに動かした火力発電の燃料費がかさんで経営が急速に悪化。(朝日: 121126)

2012.11.29　京都府などの住民 1109 人、関西電力を相手取り 1 〜 4 号機の運転差し止めを求めて京都地裁に提訴。(朝日: 121130)

2012.12.20　全国で唯一稼働中の 3、4 号機の運転の是非が争われた訴訟の判決で大阪地裁の田中健治裁判長、安全面の判断には踏み込まず請求を却下。翌年 1 月 4 日、原告 3 人が大阪高裁に控訴。(朝日: 121221, 130105)

2013.3.11　大飯原発の運転差し止めを求めている裁判の原告団に 35 人が加わり 2 次提訴。(朝日: 130312)

2013.4.16　大阪地裁の小野憲一裁判長、3、4 号機運転差し止めを求めた地元住民ら 262 人の仮処分申し立てを却下。26 日、住民ら 253 人が即時抗告。(朝日: 130417, 130427)

2013.4.17　「原発設置反対小浜市民の会」、大飯原発の運転差し止め却下を受け、「旧態依然の『安全神話』の復活を危惧する」などと抗議声明。(朝日: 130418)

　　滋賀県や京都府の住民、福井県内の関西電力の原発 7 基を稼働しないよう求め、関西電力を相手取り大津地裁に提訴する方針。(朝日: 130418)

2013.4.18　関西電力、3、4 号機について、新しい原発の規制基準案に「適合している」とする報告書を原子力規制委員会に提出。(朝日: 130419)

2013.6.28　3、4 号機をめぐり、関電への定期検査終了証の交付取り消しを求めた住民訴訟の控訴審判決で、大阪高裁は一審判決を支持

し、住民側の控訴を棄却。(朝日: 130629)

2013.11.15　原子力規制委、大飯原発の重要施設直下にある断層は活断層ではないとする報告書案をまとめる。(朝日: 131116)

2013.12.3　京都府を中心とした住民らが大飯原発の運転差し止めなどを関電と国に求めた訴訟で、新たに 856 人が京都地裁に追加提訴。(朝日: 131203)

2013.12.14　滋賀県を中心とした住民らが、大飯・高浜・美浜の原発 11 機の運転差し止めを求め、大飯地裁に提訴。(市民年鑑2015: 78; B12-6)

2014.5.9　大飯原発の再稼働差し止めを求めた仮処分申請の即時抗告審で、大阪高裁は住民側の申し立てを却下。(朝日: 140510)

2014.5.21　住民らが関西電力に大飯原発 3、4 号機の運転差し止めを求めた訴訟の判決で、福井地裁の樋口英明裁判長は 250km 圏内に住む住民らは差し止めを求めることができると判断し、運転差し止めを命じる判決。福島原発事故後、原発の運転差し止めを認めた判決は初めて。(朝日: 140521)

2014.5.22　関西電力、運転差し止めを命じた福井地裁の判決を不服とし、名古屋高裁金沢支部に控訴。(朝日: 140522)

2014.5.26　福井原発滋賀訴訟弁護団、声明文を原子力規制委員会などに郵送。運転差し止め判決「市民感覚にも合致する画期的な判決」と評価、国と規制委に「速やかに脱原発へと政策転換するべき」とし、関西電力には「再生可能エネルギーの拡大にかじを切るべき」と訴え。(朝日: 140528)

2014.11.27　3 府県の住民 178 人が、高浜と大飯原発の再稼働を禁止するよう大津地裁に求めた仮処分の申し立てが却下される。住民側は即時抗告せず。(朝日: 141128, 141202)

2014.12.5　地元住民ら、高浜原発と大飯原発各 3、4 号機の再稼働

禁止を求める仮処分を、福井地裁に申し立て。(朝日: 141206)

2014.12.24　関西電力、家庭向けの電気料金平均 10.23% の再値上げを経済産業省に申請。(朝日: 141224)

2015.1.29　関西電力と国に対し、大飯原発の運転差し止めなどを求めた訴訟で、新たに 730 人が京都地裁に追加提訴。今回で 3 次提訴。(朝日: 150130)

2016.1.13　新たに 393 人が京都地裁に追加提訴。今回が 4 次提訴。これで原告は計 3086 人に。(朝日: 160114)

2016.1.25　民主、共産などの県議 6 人と市町議 129 人の計 135 人、高浜と大飯原発の再稼働に反対する声明、政府や関電に送付。(朝日: 160126)

2016.7.13　原子力規制委員会、大飯原発で想定される地震の揺れについて再計算、最大揺れは 644 ガル、審査で了承した 856 ガルを下回ると公表。前委員長代理島崎邦彦（東京大名誉教授）による「関電の手法は過小評価になる可能性がある」との指摘を受け、別の手法で再計算したもの。(朝日: 160713)

2017.4.24　3、4 号機の運転差し止め訴訟の控訴審で前原子力規制委員会委員長代理島崎邦彦（地震学者・東大名誉教授）、「地震想定に用いた計算方法は誤り」と証言。(朝日: 170425)

2017.5.24　原子力規制委員会、再稼働を目指す 3、4 号機の安全対策が新規制基準に適合とする「審査書」を正式決定。新基準適合は 7 例目。(朝日: 170524)

2017.12.22　関西電力、2019 年に運転期限の 40 年を迎える大飯原発 1、2 号機の廃炉を正式に決定。運転延長しても採算が合わないと判断。(朝日: 171222)

高浜原発

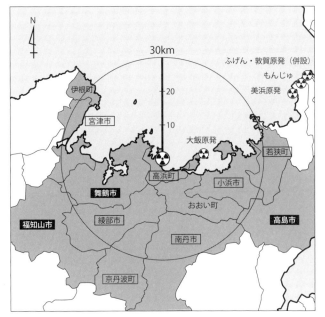

所　在　地	福井県大飯郡高浜町田ノ浦1		
設　置　者	関西電力		
	1号機	2号機	3号機
炉　　　型	PWR	PWR	PWR
電気出力(万kW)	82.6	82.6	87.0
営業運転開始時期	1974.11.14	1975.11.14	1985.1.17
主　契　約　者	WH/三菱商事	三菱商事	三菱商事
プルサーマル導入	−	−	2010

	4号機
炉　　　型	PWR
電気出力(万kW)	87.0
営業運転開始時期	1985.6.5
主　契　約　者	三菱商事
プルサーマル導入	2016

出典：ポケットブック2012.
　　　市民年鑑2011-12.

自治体名：人口5万人以上の自治体／**自治体名**：人口1万人以上〜5万人未満の自治体／自治体名：人口1万人未満の自治体

1965.7.12　高浜町、福井県に田ノ浦地区への原子力発電所誘致を陳情。(B13-4: 151)

1966.10.28　高浜町議会、原子力発電所誘致を決議。(B13-4: 151)

1967.6.3　関西電力、高浜発電所建設計画樹立。関西電力、県および高浜町に協力要請。(B13-4: 151)

1967.9.21　県および高浜町と関西電力、高浜原子力発電所用地推進会議を設置。(B13-4: 151)

1967.9　高浜町内浦地区で、「原発設置反対同盟」結成。(B13-3: 4)

1969.5.23　1号機（加圧水型軽水炉、電気出力82.6万kW)、電調審通過。12月12日、原子炉設置許可。(市民年鑑2011-12: 142)

1970.5.29　2号機（加圧水型軽水炉、電気出力82.6万kW)、電調審通過。11月25日、原子炉設置許可。(市民年鑑2011-12: 142)

1971.8.3　敦賀原発の相次ぐ事故を受け、関西電力と県・高浜町が原発の安全確保についての覚書締結。平常・緊急時の連絡、通報、県市町の立入り調査などを規定。(福井: 710804)

1974.11.14　1号機（PWR、82.6万kW)、営業運転開始。(市民年鑑2011-12: 142)

1975.9.9　石川・福井・京都・兵庫・鳥取・島根の漁連と関西電力が高浜原発に関する安全協定に調印。(朝日: 750910)

1975.11.14　2号機（PWR、82.6万kW)、営業運転開始。(市民年鑑2011-12: 142)

1976.7.25　「原子力発電に反対する福井県民会議」結成、500人が参加して敦賀市で大会。(福井: 760726)

1976.10.22　福井県核燃料税条例、成立。11月施行。(B13-3: 9)

1977.9.19　反原発県民会議、3、4号機増設反対署名10万2464人分を中川平太夫知事に提出。(B13-3: 11)

1977.9.30　県議会、高浜町提出の「3・4号機増設促進陳情」を採択。(B13-3: 11)

1978.2.15　定検中の1号機、46本の蒸気発生器細管にひび割れ発見。(B13-3: 12)

1978.3.27　3、4号機（PWR、87万kW）が電調審通過。(市民年鑑2011-12: 142)

1979.11.3　2号機で1次冷却水漏れが見つかり、原子炉手動停止。5日、県原子力安全対策課、制御棒が自動的に挿入される（132気圧）寸前であったことを発表。(朝日: 791104, 791105)

1980.3.12　「高浜の海と子供たちを守る母の会」、女性365人署名の「高浜3・4号機増設の慎重な安全審査を求める請願」を町議会に提出（13日不採択）。(反24: 2)

1980.7.28　原子力安全委員会、高浜原発3、4号機および福島第二原発3、4号機について、安全性に問題なしと通産大臣に答申。米国スリーマイル島原発事故後、国内初の原発増設。(朝日: 800729)

1980.7.31　定検中の1号機、蒸気発生器細管69本に応力腐食割れ、閉栓。(B13-3: 17)

1980.8.4　通産省が、3、4号機についての原子炉設置許可。(朝日: 800806)

1982.3.4 定検中の2号機で、196本の蒸気発生器細管に異常発見。(B13-3: 24)

1983.7.25 定検中の2号機で、蒸気発生器細管402本に異常、制御棒案内支持ピン3本に腐食割れ。(B13-3: 26)

1984.11.22 2号機で蒸気発生器細管507本に腐食発見、施栓。(B13-3: 29)

1985.1.17 3号機、営業運転開始。加圧水型軽水炉（PWR）、電気出力87万kW。(市民年鑑2011-12: 142)

1985.6.5 4号機、営業運転開始。加圧水型軽水炉（PWR）、電気出力87万kW。(市民年鑑2011-12: 142)

1987.7.11 1号機で蒸気発生器内の金具脱落で原子炉停止。冷却材ポンプの羽根を壊し、破片が原子炉本体にまで入る事故。(朝日: 870903, 871224)

1988.6.8 高浜原発で少年3人が被ばく労働をしていたことが判明。他人の住民票で下請会社と契約、働かせていた暴力団組長ら逮捕。(反124: 2)

1988.8.17 2号機で蒸気発生器細管から1次冷却水が2次系に漏れ、微量の放射能を含んだ空気が排気筒を通じて大気中に漏えい。周辺への影響はなし。18日、事故原因調査のため2号機を停止。(朝日: 880818)

1988.10.17 2号機で、蒸気発生器細管378本に亀裂発見。施栓。(朝日: 881018)

1988.10.21 IAEAの運転管理調査団、3、4号機についての3週間の調査日程を終了。「ともに可能な限り最高水準で運転されている」との見解を示す。(朝日: 881021)

1989.5.31 2号機の運転再開に抗議し、反原発団体の女性ら6人が関西電力本社前と近くの公園でハンストを開始。(朝日: 890601)

1989.11.29 3号機で蒸気発生器の細管計23本に損傷発見。(朝日: 891130)

1990.3.13 定期検査中の4号機で蒸気発生器細管21本に損傷発見。(朝日: 900314)

1990.6.29 2号機の蒸気発生器細管598本に損傷発見。(朝日: 900630; B13-3: 43)

1990.10.5 京都府議会、2号機蒸気発生器交換を求める意見書を全会一致で採択。京都市議会も。(B13-3: 43; 朝日: 901009)

1990.11.15 2号機の運転再開に反対する京阪神住民7230人、行政不服審査法に基づく異議申立て。(朝日: 901116)

1990.11.30 兵庫県内の35市民団体（1万5100人余）でつくる「若狭の原発を案じる兵庫連絡会」、2号機運転見合わせを県議会に請願、関係省庁と関西電力への意見書提出を求める。(朝日: 901201)

1990.12.4 兵庫県議会、「高浜原発2号機の運転を見合わせる請願」を採択。(朝日: 901205)

1991.1.31 1号機、蒸気発生器細管69本に損傷、全数に施栓。(B13-3: 44)

1991.2.5 2号機が営業運転を再開。(朝日: 910206)

1991.3.20 2.9に起きた美浜2号機の事故の主因とされる「振れ止め金具」の取付けミスが高浜2号機の3つの蒸気発生器全部でも起きていることが判明。通産省は関西電力に対し、高浜2号機の運転を停止し調査するよう指示。21日運転停止。(朝日: 910320, 910321, 910322)

1991.3.25 全国の市民団体、すべての加圧水型原発の停止などを求める要望書と署名5万6976人分を通産省に提出。(朝日: 910326)

1991.6.19 定検中の2号機で蒸気発生器細管163本に損傷が見つかったと福井県が発表。(朝日: 910620)

1991.7.25 関西電力、高浜2号機と大飯1号機の蒸気発生器の交換を通産省に申請。実際の取換えは3年後の見通し。(朝日: 910726)

1991.10.27 関西電力、相次ぐ訴訟や署名にもかかわらず、2号機の運転を強行再開。(B13-3: 47)

1992.5.19 関西電力、定検中の1号機で蒸気発生器細管109本に損傷を発見したと発表。(朝日: 920520)

1992.11.25 定検中の2号機の蒸気発生器細管365本に損傷を発見。(朝日: 921126)

1993.4.19 関西電力、1号機、美浜1、3号機、大飯2号機の蒸気発生器交換を通産省に申請。(朝日: 930420)

1993.6.2 定検中の1号機で、蒸気発生器細管118本に損傷発見。(朝日: 930603)

1993.12.24 大阪地裁、2号機運転差止め請求棄却の判決。蒸気発生器細管が破断する危険性を否定できないとしつつも、炉心溶融に至る危険性は否定。翌年1月7日、破断の危険性が認められたことで原告は実質的勝訴として控訴せず、判決確定。(朝日: 931224, 940108)

1994.1.5 2号機定検入り。蒸気発生器の交換始まる。(朝日: 940105)

1994.10.26 1号機、蒸気発生器細管214本に新たな損傷。(B13-3: 53)

1996.3.15 定格出力運転中の1、2号機定検作業中の作業員が誤って2号機電気回路を隔離、原子炉自動停止。INESレベル1。(JNES)

1997.3.28 関西電力社長と日本原電社長が、福井県知事にプルサーマル実施を申入れ。(朝日: 970329)

1997.11.11 国がプルサーマル計画につき公開討論会を福井県で初めて開催。(朝日: 971112)

1998.5.11 プルサーマル導入のため、関西電力が原子炉等規制法に基づき3、4号機の原子炉設置変更許可を資源エネ庁に申請。(朝日: 980512)

1998.10.13 原電工事と原燃輸送が、科学技術庁で記者会見。原電工事がかかわった使用済み燃料用各種輸送容器の大半でデータ改ざんがあったとする調査結果を発表。関西電力が発注したMOX燃料の輸送容器でも改ざんが判明。(朝日: 981013)

1998.12.16 通産省、プルサーマル導入に伴う原子炉設置変更を許可。国内初の認可。(朝日: 981217)

1999.6.17 県、高浜町、3、4号機のプルサーマル計画について事前了解。（朝日：990618）

1999.9.14 3号機用に製造されたMOX燃料のデータにねつ造があったと通産省が発表。英核燃料会社（BNFL）が内部告発を認めたもの。（B13-2: 4；朝日：990915）

1999.9.17 地元住民により「プルサーマル計画などの可否を問う住民投票条例を実現する会」結成。（朝日：990919）

1999.10.1 4号機用MOX燃料を積んだ英国の輸送船が高浜原発に到着。環境保護団体や反原発団体の約200人が反対集会。（朝日：991002）

1999.11.1 関西電力、MOX燃料問題についての最終報告書を福井県に提出。4号機用は問題なし、3号機用燃料はすべて作り直し。（朝日：991101）

1999.12.9 英紙『ガーディアン』、4号機用燃料にも検査データの不正があると報道。（朝日：991211；B13-2: 23）

1999.12.16 関西電力が記者会見で、4号機用MOX燃料の使用中止を発表。（朝日：991217；B13-2: 28）

2000.1.5 「住民投票条例を実現する会」が高浜町長に条例制定の直接請求。町選管の審査を終えた賛同署名数は1984人。（朝日：000105）

2000.1.17 直接請求による住民投票条例案が、高浜町臨時町議会で否決。（朝日：000118）

2000.7.11 通産省・資源エネ庁と英貿易産業省、高浜原発に搬入済みのMOX燃料を英国に返却することで正式合意。補償として英核燃料会社（BNFL）が関西電力に約64億円支払うことに。（朝日：000711,000712）

2001.6.14 1、2号機使用済み燃料84本を初めて六ヶ所再処理工場へ搬出。16日、専用港を出港。（朝日：010615,010616）

2002.7.4 MOX燃料の返還輸送船が出港。グリーンピースのほか「反原発県民会議」「原発設置反対小浜市民の会」などが抗議行動。（朝日：020705）

2004.3.19 福井、京都、大阪の4市民団体が知事の計画了承の撤回を求める申入書を提出。（朝日：040320）

2004.3.20 知事がプルサーマル計画再開を正式に承認。（朝日：040321）

2004.8.12 9日の美浜原発3号機の蒸気噴出事故を受け、知事が関西電力社長と会談。プルサーマル再開も保留の意向を示す。（朝日：040812）

2004.8.13 知事の要請を受け、関西電力が全原発を順次停止し緊急点検を決定。（朝日：040814）

2007.2.23 県が県内に原発のある関西電力、日本原電、日本原子力研究開発機構の3事業者の幹部を県庁に呼び安全管理を徹底するよう厳重注意。データ改ざんやトラブルが相次いだため。（朝日：070224）

2008.1.30 知事がプルサーマル計画の再開を了承。（朝日：080131）

2010.6.30 仏からのMOX燃料を積んだ輸送船が高浜原発に到着。（朝日：100630）

2010.11.25 「反原発県民会議」「美浜・大飯・高浜原発に反対する大阪の会」「グリーン・アクション」などの13人が県庁を訪れ、プルサーマル計画中止の要望書を提出。（朝日：101126）

2010.12.22 3号機、原子炉起動。（朝日：101223）

2010.12.25 3号機でプルサーマル発電の試運転開始。「反原発県民会議」は関電社長に抗議文。（朝日：101225, 101226）

2011.1.21 3号機でプルサーマル発電開始。（朝日・110122）

2011.3.11 東日本大震災発生。（朝日：110312）

2011.8.2 福井、滋賀、京都、大阪の住民約170人が福井県内の原発7基の再稼働を差止める仮処分を求め大津地裁に提訴。（朝日：110803）

2012.1.13 関西電力、1号機のストレステスト1次評価の報告書を原子力安全・保安院に提出。大飯3、4号機、美浜3号機、日本原電の敦賀2号機に続き、県内で5例目。（朝日：120114）

2012.1.19 高浜原発の事故を想定した複合災害避難訓練が舞鶴市で行われ、5km圏内の住民ら計約370人が参加。（朝日：120220）

2012.2.21 3号機が停止し、関西電力管内で稼働中の原発がゼロに。（朝日：120220）

2012.9.3 福井県、最大8.7mとなる津波予測の見直し結果を公表。高浜原発は最大3.74mで敷地の高さ3.5mを超え浸水する恐れ。県内に14基ある原子炉には「影響なし」と県。（朝日：120903）

2013.4.25 滋賀県の嘉田由紀子知事、関西広域連合の首長会合において MOX燃料による高浜原発の再稼働に反対、「原発を稼働しなければ電力料金が上がると脅しのように言われるのは納得いかない」と批判。（朝日：130426）

2014.2.7 原子力規制委員会、3号機のMOX燃料20体について、輸入燃料体検査の合格証を関西電力に交付。（朝日：140208）

2014.8.31 高浜原発の重大事故を想定し、初めて30km圏に範囲を広げた県原子力防災総合訓練を実施。120の関係機関から約2000人、住民約2000人が参加したが、30km圏内の県民5万5000人のうち避難したのはわずか491人。（朝日：140831）

2014.11.27 3、4号機と大飯3、4号機の再稼働禁止の仮処分を求めた滋賀、京都、大阪3府県の住民計178人に対し、大津地裁（山本善彦裁判長）は請求を却下。（朝日・141127）

2015.2.12 原子力規制委員会、3、4号機について新規制基準を満たすと認める審査書を正式決定。前年9月の九州電力川内原発に続き2例目。（朝日：150212）

2015.3.20 高浜町議会、3、4号機の再稼働に同意。（朝日：150320）

2015.4.14 福井地裁の樋口英明裁判長、住民らの訴えを認め、3、4号機の運転を禁じる仮処分を決

定。新規制基準は緩やかにすぎ合理性を欠くと指摘、新基準を満たしても安全性は確保されないと判断。原発に対する市民の不安や疑問が背景に。（朝日: 150414）

2015.4.15 　3、4号機の再稼働を禁じた福井地裁の仮処分決定について、原子力規制委員会の田中俊一委員長、事実関係に誤認があると反論。（朝日: 150416）

2015.5.18 　3、4号機の再稼働差し止めの仮処分決定の執行停止を申し立てた関西電力に対し、福井地裁の林潤裁判長は請求を却下。（朝日: 150520）

2015.8.4 　原子力規制委員会、3号機の再稼働の前提となる工事計画を認可。（朝日: 150805）

2015.12.5 　高浜原発の再稼働に反対する全国集会が福井市内で開催。（朝日: 151206）

2015.12.14 　「もう動かすな原発！福井県民署名」県実行委員会、県内外で集めた約9万5000人分の署名を県に提出、3、4号機の再稼働を認めないよう申し入れ。署名は3月分と合せて29万9659人分。（朝日: 151215）

2015.12.18 　高浜原発で過酷事故が起きた場合の広域避難計画が、政府の原子力防災会議で了承される。議長の安倍首相、原子力政策全体に政府が責任を持って取り組む考えを表明。西川一誠福井県知事、「評価する」とのコメントを発表。（朝日: 151219）

2015.12.24 　3、4号機の再稼働をめぐり、福井地裁の林潤裁判長、「安全性に欠けるとはいえない」と判断、再稼働を即時差し止めた4月の仮処分決定を取り消す。評価が一転し、住民らは落胆。（朝日: 151225）

2016.1.16 　高浜原発の地元住民ら、3、4号機の運転差し止めを求めて福井地裁へ提訴すると発表。原告の「福井から原発を止める裁判の会」は、県内外から参加を募る。（朝日: 160117）

2016.1.25 　高浜原発での過酷事故に備えて策定された住民避難計画について、広域避難先に指定されている4府県56市町のうち、受入れ計画を策定したのは7市で全体の1割、9割超が受入れに不安や課題を抱えていることが判明。政府が了承した広域避難計画のもろさが露呈。（朝日: 160125）

2016.1.25 　滋賀県と関西電力、高浜原発についての原子力安全協定を締結。（朝日: 160125）

2016.1.30 　関西電力、3号機が30日朝「臨界」に達したと発表。再稼働は3年11カ月ぶり。（朝日: 160130）

2016.2.24 　運転開始から40年を超えた1、2号機の新規制基準適合を認める審査書案を、原子力規制委員会が了承。運転延長をめざす原発では初めて。（朝日: 160225）

2016.2.26 　4号機、4年7カ月ぶりに再稼働。新規制基準下での再稼働は2カ所4基目。関電は高浜2基の再稼働を受け、電気料金を5月1日から値下げすると発表。プルサーマル発電は、新基準下で3号機に次いで2基目。（朝日: 160227）

2016.3.9 　1～2月に再稼働したばかりの3、4号機をめぐり、大津地裁の山本善彦裁判長、滋賀県の住民29人の訴えを認め、稼働中の原発に対しては初めて2基の運転を差し止める仮処分を決定。福島原発事故の原因が解明されていない中で、地震・津波への対策や避難計画に疑問が残ると指摘。安全性に関する関電の証明は不十分と判断。（朝日: 160310）

2016.3.10 　3号機の運転が停止、稼働する原発は、九州電力川内原発1、2号機のみに。（朝日: 160311）

2016.3.22 　高浜原発の運転差し止め仮処分決定をめぐり、関西電力の八木誠社長が18日「上級審で逆転勝訴した場合、申し立てた住民への損害賠償請求は検討の対象になりうる」と発言、住民側の弁護団が抗議文を送った。発言は「申立人へのどう喝で断じて容認できない」、「全国の原発に新たに仮処

分が申し立てられるのをけん制するのが目的」として発言撤回を求める。（朝日: 160323）

2016.4.14 　高浜町、名古屋市、大阪府、京都府、滋賀県など14都府県の住民76人、運転開始後40年超の1、2号機について、運転期間延長の不認可を求める行政訴訟を名古屋地裁に起こす。老朽原発の危険性を訴える提訴は全国初。（朝日: 160414）

2016.6.20 　原子力規制委員会、運転開始後40年超の1、2号機について60年までの運転延長を認可。福島第一原発事故後に運転期間を原則40年とする制度ができてから初めて。（朝日: 160621）

2017.3.28 　大阪高裁（山下郁夫裁判長）、大津地裁による3、4号機運転差し止め仮処分決定を取り消す。「安全性が欠如しているとはいえない」との判断。（朝日: 170329）
　4月4日、住民側が抗告断念。（朝日: 170404）

2017.5.17 　関西電力、4号機を再稼働。関電の運転再開は司法判断で3号機が停止した2016年3月以来、約1年2カ月ぶり。（朝日: 170518）
　6月6日、3号機を再稼働。（朝日: 170607）

島根原発

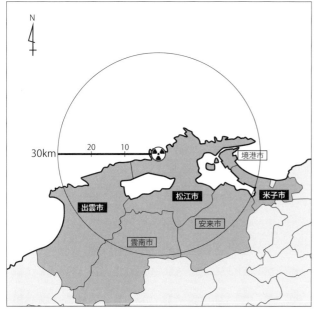

自治体名：人口5万人以上の自治体／自治体名：人口1万人以上～5万人未満の自治体／自治体名：人口1万人未満の自治体

所　在　地	島根県松江市鹿島町片句654-1		
設　置　者	中国電力		
	1号機	2号機	3号機
炉　　　型	BWR	BWR	ABWR
電気出力(万kW)	46.0	82.0	137.3
営業運転開始時期	1974.3.29	1989.2.10	建設中
主契約者	日立	日立	日立GE/東芝
プルサーマル導入	−	了解・未装荷	−
	廃炉認可 2017.4.19		

出典：ポケットブック2015.
　　　市民年鑑2011-2012.
　　　朝日：170420.

1966.10.11　中国電力、島根半島に原子力発電所を建設すると発表。田部長右衛門島根県知事、全面協力の意思表明。(中国：661012)

1966.11.18　中国電力、島根県議会全員協議会で「鹿島町を原子力発電所設置予定地としたい」と明らかに。(読売：661119)

1967.6.16～23　中国電力による町内地区別説明会。(B14-1)

1967.12.22　鹿島町長、町議会本会議において原子力発電所正式受入れ表明。(B14-1)

1968.7.18　中国電力と地元が用地買収の協定書・覚書に調印。田部県知事のあっせんにより買収額は3億7000万円、関係10団体・150人に支払われる。(中国：680719)

1968.12.21　片句漁協、漁業補償妥結。(B14-1)

1969.5.23　1号機（BWR、46万kW）、電源開発調整審議会（電調審）通過。(読売：690524)

1969.9.30　御津漁協、漁業補償妥結。(B14-1)

1969.10.28　恵曇、古浦、手結漁協、漁業補償妥結。(B14-1)

1969.11.13　政府、1号機原子炉設置許可。(ポケットブック2012：136)

1972.3.27　中国電力・島根県・鹿島町、「島根原子力発電所周辺地域住民の安全確保等に関する協定」調印。必要な場合は知事が認める科学者らの立入り検査を電力会社に義務付ける内容を盛込む。(中国：720328)

1973.9.22　試運転中のトラブル多発で総点検中の1号機、97本中36本（約4割）の欠陥制御棒（上下逆セット）を発見。(朝日：730923)

1974.3.29　1号機、営業運転開始。全国で6基目、国産第1号の原発。(ポケットブック2012：136)

1974.6.8　排水口周辺海域で「うるみ現象」が発生、海底の透視度が低下して磯見漁業に影響が出ている問題で、漁協が中国電力に対策要望書提出。(B14-1)

1975.9.8　地元漁協の依頼により1年間「うるみ現象」を調査していた島根県が、「原発の温排水が原因」と断定。温排水による補償問題は全国初。(朝日：750909)

1977.10.7　中国電力と御津漁協、「うるみ現象」補償として過去分補償2983万円、将来迷惑料1700万円、各年補償890万円を支払う契約書調印。将来の水産振興対策費として3300万円を鹿島町に寄付する約束も。(中国：771008)

1979.7.14　松江市で、反原発中国5県共闘会議主催の1号機操業停止・2号機計画反対の集会とデモ（2500人参加）。(中国：790714)

1979.11.20　自治省が島根県の核燃料税新設を許可。(反20：2)

1980.7.28　中国電力が島根県、鹿島町に2号機増設を申入れ。(日経：800728)

1980.10.8　中国電力、2号機増設の環境影響調査書を通産省に提出（9～21日地元で縦覧）。(B14-1)

1981.1.28　2号機の第1次公開ヒアリング、陳述人などが前夜から会場内に泊まり込み強行開催。反対派5000人が1200人の機動隊と対立。(朝日：810129)

1981.2.4　島根原発公害対策会議

と県評、「他原発の視察旅行費用として鹿島町原発対策協が中国電力から3200万円を受取ったのは贈収賄に当たる」と、中電社長・鹿島町長ら13人を松江地検に告発。（中国：810205）

1981.3.16 島根県議会が2号機建設推進を採択し、反対請願を不採択。19日、知事が同意表明。（日経：810317, 810320）

1981.3.26 電調審が2号機（BWR、82万kW）を認可。（朝日：810326）

1983.5.13〜14 2号機第2次公開ヒアリング開催。陳述32人、傍聴514人。反対派の参加で議論は活発になったが、答弁が官僚的との不満も。（朝日：830514, 830515; B14-1）

1983.9.22 政府、2号機設置変更許可。（ポケットブック2012: 136）

1984.3.29 中国電力、2号機増設に関して御津漁協と漁業補償妥結。4月3日に恵曇漁協と、5月31日に大芦漁協と、7月6日に加賀漁協と漁業補償妥結。補償総額は40.91億円。（B14-1; B14-2: 231）

1985.6.17 中国電力、1号機の使用済み核燃料をフランスとイギリスに送るための船積み作業開始。海外の再処理工場に送り出すのは初。（毎日：850618）

1988.8.27 鹿島町南講武で発見された活断層について資源エネルギー庁が現地調査を実施。1、2号機の耐震安全性に影響するものではないとの見解を発表。（中国：880828）

1989.2.10 2号機（BWR、82万kW）が営業運転開始。（朝日：890211）

1989.9.5 島根県、中国電力島根原発に対する「核燃料税」の課税延長を自治省に申請、延長内諾の通知を受ける。1990年度からの5年間で、約29億円の税収が見込まれる。（毎日：890906）

1992.2.20 1号機が落雷の影響で原子炉自動停止。中性子束を計測する電気回路に誤信号が発生したもの。INESレベル1。（朝日：920220; JNES）

1992.11.12 鹿島町商工会の臨時総会で3号機建設推進を決議、

鹿島町議会に提出。中国電力が3号機増設を検討することを明らかに。（朝日：921113）

1993.6.23 鹿島町議会、3号機の増設促進請願を採択。94年2月17日、町長が中国電力に増設要請。（反184: 2; B14-1; 朝日：940218）

1995.1.26 中国電力が島根県庁で記者会見。島根原発「周辺30km以内に大きな地震をもたらす活断層はないと判断、最高M6.5の直下型地震を想定した構造で安全性を確保している」と安全性確保を強調。（山陰中央：950127）

1995.1.30 2号機でスクラム排出容器の水位が上がり、原子炉が緊急自動停止。2月2日、廃棄物処理系の弁を誤って閉じた人為ミス、と中国電力が発表。INESレベル1。（朝日：950130; 日経：950202; JNES）

1995.2.1 3号機増設反対の市民団体、宍道断層の存在を理由に「原子炉の運転中止、増設取りやめ」を求める要求書を中国電力に提出。（朝日：950202）

1995.3.7 中国電力が松江、鹿島、島根の1市2町に配達された朝刊各紙に、「島根原発の直下に地震の原因となる活断層はない」と説明したチラシ7万枚を折り込み配布。（毎日：950308）

1995.10.23 阪神大震災（同年1月）を踏まえ、現行の「耐震指針」以前に安全審査を終えていた原発の耐震強度を再点検。中国電力、資源エネ庁に1号機の安全性確認報告を提出。（朝日：951024）

1997.3.12 中国電力が県、鹿島町に3号機増設申入れ。住民の反対で新規立地が困難となり島根に集中。反対派との会見も実施。（朝日：970313; 山陰中央：970313）

1997.4.1 総合エネルギー対策推進閣僚会議が3号機を「要対策重要電源」に指定。（中国：970403）

1997.9.16 資源エネ庁、日立製作所子会社の下請け業者が配管溶接部熱処理に関わった原発18基（島根1、2号機含む）で虚偽データがあったと発表。日立社長への告発

文で発覚したもの。（朝日：970917）

1997.10.17 島根県が大事故を想定した防災計画の資料を公開。原発から6km以内で最大2000人以上の避難者が出ると予想。6月に、県情報公開審査会が「公開すべき」と答申していたもの。（中国：971018）

1998.8.17 3号機増設に伴う地質調査で、「原発から2kmの南講武地区に推定8kmの活断層が見つかった」と中国電力が発表。増設計画に変更はなしとする。（中国：980818）

1998.10.9 中国電力、「3号機増設に伴う宍道断層周辺活断層調査結果報告書」を資源エネ庁、県に提出。「1、2号機の耐震安全性は確保」とする。19日、原子力安全委員会が了承。（中国：981010; 日経：981020）

1998.11.11 3号機増設に係る第1次公開ヒアリング。原発付近の活断層問題を中心に安全性に関する質問が集中。陳述人19人、特別傍聴人42人、傍聴人198人。（B14-1; 朝日：981112）

1999.4.8 原発近くに活断層が見つかった問題で、140人の原告が中国電力を相手に1、2号機の運転差止めを求めて松江地裁に提訴。（中国：990409）

2000.3.16 鹿島町議会、3号機の増設同意を議決。賛成13、反対1、欠席1。（中国：000317）

2000.6.27 電調審電源立地部会、3号機増設の見返りとなる地域振興計画を了承。7月24日、島根県知事、3号機増設の電調審上程同意書を提出。02年3月7日、83事業、総額1131億円分の地域振興計画案を国に提出と、島根県が報告。（日経：000628, 000725; 山陰中央：020308）

2000.8.21 3号機（ABWR、137.3万kW）が電調審通過。（日経：000822）

2000.10.28 島根原発を対象に、原子力災害対策特別措置法に基づく初の国主導の防災訓練。通産省、

松江市など73機関と住民ら1万2000人参加。（日経: 001028）

2001.9.7 中国電力が島根原発の地元の鹿島町、島根町に計10億円の匿名寄付を行っていたことが判明。（中国: 010908）

2001.10.16 中国電力と島根県、鹿島町が島根原発の安全協定を改定。情報公開、事前協議の対象の拡大など。（中国: 011017）

2002.5.31 3号機増設に関し中海・宍道湖の湖底地下のボーリング調査をした中国電力が、原発の耐震設計に影響を与える活断層はなかったとする調査結果を安全・保安院に提出。（中国: 020601）

2002.9.12 島根町に、中電からとみられる匿名の寄付が3億円あったことが明らかに。前年も6億円の寄付。鹿島町は02年はすでに7億円の寄付を受けている。（朝日: 020913）

2002.10.8 94年に1号機シュラウドに3カ所のひび割れが見つかっていたが中国電力は国に報告せず、00年に「予防保全」の名目で交換していたことが発覚。（日経: 021008）

2002.10.23 国土地理院が制作した「都市圏活断層図」で、3号機増設の安全審査に伴い、中国電力が「活断層でない」とした中海北部沿岸を活断層と定義していることが明らかに。（山陰中央: 021024）

2003.3.24 中国電力、3号機増設で恵曇漁協と漁業補償契約を締結。補償総額54.6億円。（山陰中央: 030325）

2003.10.1 中国電力、島根漁協と18.5億円の漁業補償契約締結。既に妥結の2漁協を加えた漁業補償総額は96.8億円。（中国: 031002）

2003.12.2 中国電力、1号機の定検で作業員1人がちりを吸込んで内部被ばく、と発表。11月22日にも作業者1人が所内基準を上回る被ばく。いずれも健康に影響はないとしている。（中国: 031203）

2003.12.13 中国電力、3号機増設が電調審で了承された00年前後、

地元鹿島町に36億円程度の寄付を申入れていたことが判明。隣接する3市町への寄付金総額はこれまでに72億円に上るとみられる。（山陰中央: 031214）

2004.2.10 島根県、3号機増設について公有水面埋立て免許を中国電力に交付。県と松江、鹿島、島根3市町は、今後04年度から09年度で計144億円の電源立地地域対策交付金が見込まれる。（朝日: 040210）

2004.7.21 3号機増設に係る第2次公開ヒアリング開催。（中国: 040722）

2005.4.26 経産省、3号機増設に係る原子炉設置変更許可証交付。（中国: 050427）

2006.2.2 島根県、松江市と中国電力が島根原発の安全協定改定。高経年化対策、風評被害補償を盛込む。（中国: 060203）

2006.4.22 中国電力が松江市内3カ所で開催した2号機プルサーマル計画説明会が終了。6月16日に島根県の澄田信義知事、プルサーマル計画容認を表明。7月4日に島根県議会、プルサーマル計画容認を賛成多数で了承。（中国: 060423, 060616, 060705）

2006.8.20 島根原発近くに新たな活断層を発見した中田高広島工大教授ら、新たな断層は880〜1440年に発生した「出雲地震 M7.0〜7.4」による可能性が高く、十数万年の間に同規模の地震が少なくとも7回以上と発表。（中国: 060821）

2006.10.23 島根県知事、松江市長、中国電力にプルサーマル適用に伴う原子炉設置変更申請を了承と回答。同日、中電が国に原子炉設置変更申請。（中国: 061024）

2007.3.19 3号機建設のための海面埋立て許可は違法として、岩ノリ漁業者ら4人が島根県を相手取り、取消しを求めた裁判で、松江地裁が原告不適格として訴えを却下。（中国: 070320）

2007.3.30 東京電力のデータ改ざんを受けて電力12社が総点検。

全国の原発をめぐるずさんな管理や隠蔽工作の実態が明らかに。島根原発では29件。（中国: 070331）

2007.4.10 2号機で、90年代から復水流量の計器数値を操作、定格出力の範囲内で発電量を増やすようにしていたことが判明。（中国: 070410）

2008.3.28 中国電力、安全・保安院指示による新耐震指針に基づく既存原発（1、2号機対象）の安全性再評価、中間報告書を提出。活断層の長さを2倍、想定加速度を2倍に引上げたが、耐震性には余裕があり問題なしとするもの。（中国: 080329）

2008.8.27 安全・保安院が島根原発周辺の海底活断層調査を開始。中間報告審査の材料とする。（中国: 080828）

2008.12.25 原子力安全・保安院、1、2号機の耐震性再評価を妥当と評価。（中国: 081226）

2009.3.19 2号機でのプルサーマル計画で島根県、松江市が事前了解。08年10月28日に経産省が許可済み。（中国: 081029, 090320）

2009.6.12 中国電力、2号機でのプルサーマル計画について、10年度開始目標を15年度以降に延期すると発表。（山陰中央: 090613）

2009.9.17 中国電力が仏メロックスと、2号機プルサーマル用MOX燃料の加工契約を締結。（中国: 090917）

2010.3.30 定検の点検漏れが123件判明、と中国電力が発表。4月30日、総点検の結果、点検漏れが計506カ所、点検計画書記載ミス1159件、と中国電力が調査結果を発表。（日経: 100331, 100430）

2010.5.31 1、2号機運転差止め訴訟で松江地裁、「国の指針に基づく対応をしており、危険とは言えない」と請求棄却。（日経: 100601）

2010.7.9 1、2号機で機器の点検・交換漏れがあった問題で、09年度保安活動総合評価が最低の「1」、と安全・保安院が公表。9月6日、中国電力提出の再発防止策を含む

保安規定変更を経産省が承認。(日経: 100710, 100906)

2011.2.15 3号機の営業運転予定（12月）を12年3月に延期、と中国電力が発表。制御棒駆動機構に異物が混入し動作不良のため、205体すべてを分解点検する。(中国: 110216)

2011.3.11 東日本大震災発生。(朝日: 110311)

2011.3.24 中国電力、1、2号機の追加津波対策を島根県と松江市に伝える。使用済み燃料プールを冷やす代替手段の確保、海抜40m級の高台に緊急用の発電機を設置など。(中国: 110325)

2011.5.9 中国電力、島根原発での最大津波の高さ5.7mの想定を現時点では変更しないことを明らかに。防波堤の高さを15m程度かさ上げする対策は進める。(山陰中央: 110510)

2011.5.31 中国電力、12年3月に予定していた3号機の営業運転開始を延期すると発表。製造元の日立製作所が被災し、不具合の点検が終わらないため。(中国: 110601)

2011.12.8 中国電力、非常時の拠点強化のため免震棟を新設、14年運用へ。(中国: 111209)

2012.4.27 中国電力、2011年度決算を発表。売上高は1994年度の連結決算発表以来最高の1兆1813億円。関西電力など他社への電力販売量が増加。(朝日: 120428)

2012.5.9 市民団体「さよなら島根原発ネットワーク」、島根原発の稼働を認めないよう知事に求める署名6万人超分を提出。(朝日: 120510)

2012.11.21 島根県、島根原発の事故を想定した広域避難計画を発表。原発30km圏内の全住民約40万人について島根、岡山、広島の61市町村に避難先を指定。原発事故の広域避難計画で立地圏外に避難先を指定するのは全国初。(朝日: 121122)

2013.1.26 島根原発（松江市）の事故を想定して島根、鳥取両県と30km圏内の6市、30km圏外への

住民避難訓練を初めて実施。6市の住民約800人がバス計27台で移動。(朝日: 130126)

2013.4.24 島根・鳥取住民ら428人、国・中国電力を相手に3号機運転差止めなどを求めて松江地裁に提訴。(毎日: 130425)

2014.3.11 島根県議会、市民グループ直接請求の「県エネルギー自立地域推進基本条例」案を否決。「島根原発・エネルギー問題県民連絡会」が直接請求に必要な50分の1（約1万2000人）を大きく上回る8万3000人の署名を提出していたもの。(朝日: 140312)

2015.4.30 中国電力、運転開始から40年を超える1号機を正式に廃炉と決定。(朝日: 150501)

2016.1.28 中国電力、2号機の新規制基準適合性審査で再調査を求められていた宍道断層の長さについて、22kmから25kmに見直す方針を固める。「基準地震動」も再計算する。(朝日: 160128)

2016.7.4 中国電力、1号機の廃止措置計画認可と、2号の特定重大事故等対処施設の設置等に係る原子炉設置変更許可を規制委に申請。(反461: 2)

2017.4.19 原子力規制委、1号機の廃炉計画を認可。玄海1号機、敦賀1号機、美浜原発1、2号機も。福島第一原発事故後、新規制基準の下での廃炉認可は初めて。(朝日: 170419)

2017.10.25 中国電力、2、3号機安全対策工事の完了時期が1年延期と発表。「宍道断層」の長さ評価が25kmから39kmに延長、基準地震動引き上げとなるため。延期は5度目。(朝日: 171026)

伊方原発

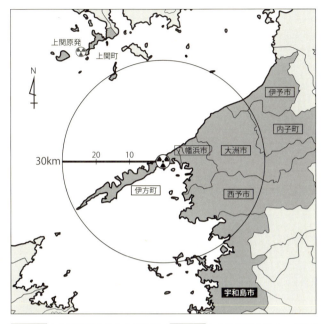

自治体名：人口5万人以上の自治体／自治体名：人口1万人以上～5万人未満の自治体／自治体名：人口1万人未満の自治体

所在地	愛媛県西宇和郡伊方町九町コチワキ3番耕地40-3		
設置者	四国電力		
	1号機	2号機	3号機
炉型	PWR	PWR	PWR
電気出力(万kW)	56.6	56.6	89.0
営業運転開始時期	1977.9.30	1982.3.19	1994.12.15
主契約者	三菱重工	三菱重工	三菱重工
プルサーマル導入	−	−	2010
	廃炉認可 2017.6.28		

出典：ポケットブック2015.
　　　市民年鑑2011-2012.
　　　朝日：170629.

1960.12.- 四国電力、伊方原発調査開始。(B15-30: 81)

1963頃 通産省による原発候補地のうち、徳島県海南町と愛媛県津島町は住民が強力に反対、第3の候補地伊方町は当局が強引なやり方で誘致。だまされて仮契約したとする地主9人が四国電力への土地引渡しを拒否、松山地裁に訴えられる。(B15-3: 76-77, 82)

1966.9.- 伊方原発の建設に反対する住民組織「八西連絡協議会」、陳情書を原子力安全委員会に提出。(B15-3: 82)

1969.3.24 四国電力に対し、伊方町地主52人と2漁協および伊方町長が原発誘致陳情。(B15-31)

1969.7.8 『新愛媛新聞』、伊方町と四国電力が原発建設を計画、用地買収交渉中とスクープ。(B15-2: 1)

1969.7.28 伊方町臨時町議会、原発誘致を満場一致で決議。(B15-10)

1969.10.- 川口寛之元伊方町長を委員長に「伊方原発誘致反対共闘委員会」を結成。(B15-3: 226)

1970.3 八幡浜市、西宇和郡に、伊方原発誘致のための「八西原子力発電所誘致期成会」発足。(B15-31)

1970.6.6 伊方原発建設に反対して小中学校が同盟休校。(B15-30: 81)

1970.7.3 伊方町役場に原発反対派400人が抗議デモ。(B15-30: 82)

1970.9.21 四国電力、正式に伊方原発建設を決定。(B15-31)

1970.10.- 愛媛県議会で原子力発電所建設促進を可決。(B15-10)

1971.4.24 町見漁協の定期総会で原発建設絶対反対決議。(B15-2: 10)

1971.12.26 町見漁協、10月に次ぐ再度の臨時総会。漁業権放棄を可決。補償金6億5000万円。(B15 2: 18)

1971.- 「伊方原発阻止闘争支援の会」が大阪市立大学学生部気付で組織。(B15-3: 227)

1972.2.12 第58回電源開発調整審議会で1号機建設承認。(B15-10)

1972.4.- 漁業補償契約最終調印。(B15-10)

1972.8.1 愛媛地評（総評愛媛県地方労働組合評議会）、社会党県本部、地元民主団体と反対共闘会議結成。(B15-30: 82)

1972.8.25 原発反対連絡協議会結成。(B15-30: 82)

1972.11.29 内閣総理大臣から1号機原子炉設置許可。(B15-10)

1972 関西労学共闘、愛媛大学共闘委員会、総評松山地協により現地闘争団を組織。(B15-3: 227)

1973.4.20 伊方町九町の反対派地主で「自然を守る会」会長の井田与之平の妻、キクノが自殺。(B15-2: 28)

1973.6.7 1号機建設着工。(B15-10)

1973.8.27 住民35人、国を相手に伊方原発設置許可処分取消しを求める訴訟を松山地裁に提起。原発に関する初の行政訴訟。(B15-3: 228)

1973.9.4～1977.10.25 伊方原発訴訟を支援する会が『伊方訴訟ニュース』(No.1～50)を発行。(B15-31)

1974.2.18 四国電力事務所前で反対派が41日間の座り込み抗議。機動隊により排除。(B15-30: 82)

1975.3.17　第66回電源調整審議会で2号機の建設承認。(B15-10)

1976.3.31　愛媛県、伊方町、四国電力、安全協定調印。原子炉総数は2基までと明記。(B15-2: 57)

1976.8.31　1号機のための初の核燃料輸送中、反対派の漁船43隻に行くてを阻まれ立ち往生。(B15-2: 65)

1977.9.30　1号機（加圧水系軽水炉（PWR）、出力56.6万kW）営業運転開始。(B15-25)

1978.2.21　2号機建設着工。(B15-10)

1978.4.25　1号機の設置許可取消し訴訟で、松山地裁が訴えを棄却。住民らは30日に高松高裁に控訴。(反1: 1)

1978.6.9　伊方町住民ら33人、2号機増設の設置許可取消しを求める行政訴訟を提起。(反3: 2; B15-3: 230)

1978.8.21　地震予知連絡会、M7級地震が起こる可能性のある新特定観測地域に、伊予灘および日向灘周辺を含む8地域を選定。(B15-18)

1978.10.4　1次冷却材漏れ、原子炉手動停止。(市民年鑑2008: 155)

1980.4.24　8回目の核燃料輸送中、伊方沖で漁船23隻に進路を阻まれる。8人が逮捕。3日後、釈放。(B15-2: 69)

1980.5.7　四国電力、3号機の増設を県と伊方町に申入れ。(B15-2: 60)

1981.9.19　伊方町議会、3号機増設を全会一致で決議。(B15-10)

1981.9.24　伊方原発から約3kmの瀬戸町の足成港で魚の大量死が発生。その後3カ月にわたり伊予灘の5町で62種類の魚が死ぬ。漁協、町、県で調査するも原因不明。(B15-2: 102)

1981.9.27　伊方町、3号機受入れを条件に「個人還元」補助金を公約。(読売: 810927)

1981.10.2　愛媛県議会で3号機建設促進を決議。(B15-10)

1981.11.28　瀬戸町議会議員協議会、3号機増設に協力合意。(B15-2: 105)

1982.3.19　2号機（加圧水型軽水炉（PWR）、出力56.6万kW）営業運転開始。(B15-25)

1982.9　2度目の魚大量死。その後大量死は7回にわたって起き、県調査グループの調査によるも、その原因は不明。(B15-2: 112)

1982.11.18　3号機増設に伴う、第1次公開ヒアリング開催。(B15-10)

1983.3.18　第91回電源調整審議会で3号機建設承認。(B15-10)

1983.4　「伊方原子力広報センター」設立。(B15-9)

1984.12.14　高松高裁、1号機の設置許可取消しを求める行政訴訟で控訴棄却。27日、原告住民らが最高裁に上告。(ポケットブック2012; B15-24)

1984.12　3号機増設に伴う漁業補償最終調印。(B15-10)

1985.10.4　3号機増設に伴う第2次公開ヒアリング開催。(B15-10)

1986.5.26　中曽根康弘首相から3号機設置許可。(B15-10)

1987.10.8～9、19～21　2号機で出力調整実験、地元住民に知らせず実施。(毎日: 880112)

1987.12月末　対岸大分県の「グループ原発なしで暮らしたい」が出力調整実験中止を求める署名を開始。全国から反響。(毎日: 880112)

1988.1.25　伊方原発の出力調整実験に反対して1000人以上が高松市の本社前で抗議行動。(反119: 1)

1988.1.28　原発誘致を検討してきた窪川町藤戸進町長、辞職。新町長には、反原発派の中平一男が当選。6月定例議会で原発問題終結宣言。(高知: 880129, 880321; 赤旗: 880627)

1988.2.12　2号機で出力調整実験実施。四国電力本社前で3000人が「原発サラバ記念日全国の集い」。大分県の「グループ原発なしで暮らしたい」が全国に呼びかけた反対署名は100万人超。(反120: 1)

1988.2.28～29　東京で伊方原発の出力調整実験反対行動。(B15-33: 26)

1988.3.9　2号機ですべての制御棒集合体に先端部の膨張や被覆管の減肉を発見。(市民年鑑2008: 155)

1988.4.23～24　東京で「チェルノブイリから2年、いま全国から原発とめよう1万人行動」、2万人集結。(B15-33: 57)

1988.10.29～30　「原発とめよう伊方集会」開催。300人が人間の鎖で伊方原発を囲む。(反128: 3)

1989.2.3　88年秋、原発周辺海域での4回目のカワハギの大量死発生が明らかに。(南海日日: 890211)

1989.8.27　3号機建設を阻止する「'89原発とめよう伊方集会」全国から参加。(朝日: 890828)

1990.3.29　3号機起工式。(南海日日: 900329)

1990.7.26　2号機で実施した出力調整実験は違法として告発した件で、松山地検は不起訴に。その後、松山検察審査会に申立てるも、不起訴相当に。(南海日日: 900726; B15-7: 910121)

1990.10.23　伊方越漁港（原発から3km）で、イワシやアイゴの大量死。いずれも定期点検中に発生。(南海日日: 901023)

1991.2.28　「八幡浜原発から子供を守る女の会」、美浜原発事故を受け、八西地方5町と八幡浜市議・首長、計123人を対象に「原発問題アンケート」実施。(朝日: 910317)

1991.6.27　伊方原発周辺の海底土が、コバルト60で汚染されていることが判明。(南海日日: 910628)

1991.9.27　台風19号により50万Vの四国中央東幹線12基の鉄塔倒壊。(B15-21)

1992.2.4　四国電力八幡浜営業所前で伊方原発反対の祈念中の僧侶を、警察署員が連行。(南海日日: 920206)

1992.10.29　東京電力福島第二原発1号機と四国電力伊方原発1号機の設置許可取消しを住民らが求めた原発訴訟で、最高裁が上告を棄却。(朝日: 921029)

1994.12.15　3号機（加圧水型軽水炉、出力89万kW）営業運転開始。(B15-10)

1996.1.14　3号機定検中、2次系

の蒸気が外部に放出と四国電力発表。(B15-25)

1996.5.10 高知大学の岡村真教授、伊方原発が並ぶ佐田岬半島沿いの伊予灘海底にA級活断層発見との論文を発表。(B15-2: 115)

1996.9.19 県活断層調査委員会を設置。(反225: 3)

1996.11.12 株主総会における差別で脱原発株主6人が四国電力を訴えた訴訟で最高裁が上告棄却。(反225: 4)

1997.8.11 四国電力、伊方原発周辺の活断層について、大地震が起きても耐震設計には余裕があるとの報告を県と伊方町に提出。(B15-2: 116)

1997.12.16 県活断層調査委員会、1万年前から活動していないことを確認と発表。(B15-2: 120)

1998.1.21〜5.10 1号機蒸気発生器および低圧タービン取替え工事。(B15-25)

1998.3.18 県活断層調査委員会、一転して、1万年前以降、数千年間隔で活動していて注意が必要な活断層、と発表。(B15-2: 121)

2000.6.16 JCO臨界事故を教訓とし「伊方原子力発電所 原子力事業者防災業務計画」制定。(B15-25)

2000.12.15 住民らが2号機の設置許可取消しを求めた訴訟で、松山地裁が訴えを棄却。ただし安全審査の判断は結果的にみて誤りと認める。判決まで22年。原告らは司法に絶望し控訴せず。(反274: 3)

2001.8.10 愛媛県オフサイトセンター全国で2番目に本格始動。(B15-13)

2004.5.10 四国電力、愛媛県に3号機のプルサーマル計画を申入れ。全国で3カ所目。(朝日: 040510)

2004.5.19 1号機通常運転中、送電線への遮断機が作動し、送電停止。(B15-25)

2004.9.4 四国電力、伊方町でプルサーマル導入説明会。(朝日: 040905)

2005.2.13〜3.31 3号機、高燃焼度燃料導入に伴う工事。(B15-25)

2005.3.28 国がプルサーマル導入

計画を許可。(市民年鑑2010: 172)

2005.9.5〜2006.2.2 2号機、高燃焼度燃料導入に伴う工事。(B15-25)

2005.10.13 「原発さよなら四国ネットワーク」や「伊方原発プルサーマル計画の中止を求める愛媛県民共同の会」、7万人の署名を原子力安全・保安院へ、27日には県に申入れ。(B15-8: 051013)

2006.3.28 国がプルサーマル計画実施を許可。(B15-8: 060328)

2006.4.3 四国電力が伊方町戸別訪問開始。(B15-8: 060403)

2006.6.4 伊方町で国主催「プルサーマルシンポジウム」開催。福島原発事故後の2011年7月、定員600人の過半数、発言者の3分の2(10人)が四国電力関連であったことなどが明らかに。(B15-25)

2006.6.29 鬼北町町議会プルサーマル計画許可の再検討を含む国への意見書を決議。(B15-8: 060629)

2006.7.23 「愛媛県プルサーマル公開討論会」開催。(B15-25)

2006.9.12 県伊方原発環境安全管理委員会専門部会、プルサーマル導入に際し、国の安全審査を妥当と判断。(愛媛: 060912)

2006.9 1号機(運転年数29年)の健全性について評価実施。60年の長期運転継続も可能との報告。(B15-6)

2006.10.13 愛媛県と伊方町が3号機へのプルサーマル導入を事前了解。(B15-25)

2009.2.24〜6.28 2号機中央制御盤等取換え工事。(B15-25)

2009.3.9〜7.13 1号機中央制御盤等取換え工事。(B15-25)

2010.3.4 3号機でプルサーマル発電を開始。(B15-25)

2010 核燃料サイクル交付金の地域振興計画として愛媛県立中央病院、避難道路・避難所・消防施設その他の整備に59.6億円。(B15-11)

2011.3.7 3号機運転中、中央制御室内の放射線量が一時的に60μSv/hに上昇。異常は確認されず。(B15-9)

2011.3.11 東日本大震災発生。(朝

日: 110312)

2011.12.8 1〜3号機の運転差止めを求める民事訴訟、松山地裁に提起。(ポケットブック2012: 195)

2012.1.13 四国電力、定期検査のため2号機の発電を停止。初めて全3基同時停止に。(朝日 120114)

2012.2.11 「グリーンピース・ジャパン」、伊方町で紙風船約200個を放ち、放射能の拡散調査。(朝日: 120212)

2012.2.16 島根、伊方の両原発から30km圏内で防災訓練。従来の10km圏から拡大。例年の4倍近い約9500人が参加。(朝日120216)

2012.3.6 原子力安全・保安院、2号機の10年間の運転延長を認める審査結果案。(朝日120307)

2012.3.12 愛媛県商工会議所連合会、1、2号機の再稼働を認めず、異例の再稼働反対表明。(朝日120314)

2012.3.28 1〜3号機の運転差し止めを求め、18都府県の322人が松山地裁に提訴。(朝日120329)

2012.4.14 「原発をなくす高知県民連絡会」が高知市内で結成総会。約130人が参加。(朝日120415)

2012.5.9 「原発に反対する上関町民の会」、伊方原発の再稼働を認めないよう上関町長に要請。(朝日: 120510)

2012.5.27 大阪市で、原発再稼働反対集会。近畿2府4県から約2000人が参加。(朝日120528)

2012.6.10 松山市内で「伊方原発をとめる会」主催のデモ行進。県内外から約1300人が参加。(朝日120612)

2012.6.27 四国電力の株主総会、原発からの撤退要求相次ぐ異例の展開に。(朝日120628)

2012.7.5 県議会で、再稼働を認めないなど伊方原発にかかわる請願143件すべてが不採択に。(朝日: 120706)

2012.8.4 高松市で将来のエネルギー政策について政府による国民の意見聴取会。12人のうち半数が「原発ゼロ」表明。(朝日120805)

2012.9.5 八幡浜、大洲、西予3

市、伊方原発周辺の安全確保に関する覚書を四国電力と県との間で初めて締結。（朝日: 120906）

2012.10.3　四国電力、管内の同年夏の最大電力が過去10年で最低と発表。節電の効果とも。（朝日: 121003）

2012.10.23　伊方原発事故を想定した防災訓練を、近隣6県合同で初めて実施。（大分合同: 121023）

2012.12.19　県、伊方原発の重大事故に備える緊急時防護措置準備区域（UPZ）を原発から半径30km、予防的防護措置準備区域（PAZ）を半径5kmとする方針を固める。（朝日: 121220）

2013.3.10　高知市で「原発をなくし、自然エネルギーを推進する高知県民連絡会」が、「3・11を忘れない！原発ゼロ大行動 in 高知」開催。約800人参加。（朝日: 130311）

2013.5.19　四国電力、2012年度連結決算、2期連続の赤字。（朝日: 130519）

2013.7.9　「原発さよなら四国ネットワーク」など、四国電力原子力本部に再稼働申請の撤回を申し入れ。（朝日: 130709）

2013.8.20　伊方原発の運転差し止め訴訟で、380人による第3次提訴。原告数は1002人に。（朝日: 130821）

2013.12.1　松山市で「伊方原発をとめる会」の集会。国内外から約8000人が参加。（朝日: 131202）

2014.6.12　愛媛県と隣接する6県、「伊方発電所原子力防災広域連携推進会議」初会合。原発事故時の防災対策での連携強化確認。（朝日: 140613）

2014.7.25　四国電力、原発事故時の「緊急時対策所」について新たな施設を建設と発表。（朝日: 140726）

2014.9.28　5km圏内に住む伊方町民に初めての安定ヨウ素剤事前配付。（朝日: 140929）

2015.1.28　四国電力、2014年度第3四半期の連結決算が黒字に。（朝日: 150129）

2015.5.20　原子力規制委員会、3号機の新規制基準適合の「審査書案」了承。（朝日: 150520）

2015.6.4　四国知事会議、国に対して伊方原発の安全対策の強化などを求める3つの緊急提言。（朝日: 150605）

2015.6.7　「伊方原発をとめる会」、松山市で再稼働に反対する集会。約2500人参加。（朝日: 150608）

2015.6.25　伊予市議会、伊方原発の再稼働をしないよう求める陳情を反対多数で不採択。（朝日: 150626）
　　四国電力の株主総会、再稼働めぐり株主から厳しい意見相次ぐ。（朝日: 150626）

2015.7.15　原子力規制委員会、3号機が新規制基準を満たすとする審査書決定。（朝日: 150715）

2015.10.6　3号機の再稼働について伊方町議会が同意。（朝日: 151006）

2015.10.5　「伊方原発をとめる会」、公開討論会などを求める13万人余りの署名を知事に提出。（朝日: 151006）

2015.10.9　愛媛県議会、3号機の再稼働を認める決議。（朝日: 151009）

2015.10.15　「未来を考える脱原発四電株主会」、3号機再稼働に関する公開質問状を提出。（朝日: 151016）

2015.11.30　「原発さよなら四国ネットワーク」など、高松市で再稼働阻止を訴え。（朝日: 151130）

2016.1.18　「住民投票を実現する八幡浜市民の会」、再稼働の是非を問う住民投票条例制定を求める直接請求。有効署名は9939人分。28日、八幡市議会は条例案を否決。（朝日: 160118, 160129）

2016.3.11　1〜3号機の運転差し止めを求め、9都府県の67人が広島地裁へ集団提訴。（朝日: 160311）

2016.3.24　豊後高田市議会、3号機の再稼働中止を政府に求める意見書を可決。杵築、竹田、由布に続いて4例目。（朝日: 160325）

2016.3.25　四国電力、1号機を廃炉にすると発表。（朝日: 160325）

2016.3.27　「原発をなくす香川の会」、高松市中心部をデモ行進。（朝日: 160328）

2016.5.31　愛媛県民12人、3号機の運転差し止めを求める仮処分を松山地裁に申請。（朝日: 160531）

2016.6.27　大分県内在住の男性1人、3号機の運転差し止め仮処分を大分地裁に申請。（朝日: 160630）
　　「伊方原発をとめる大分裁判の会（準備会）」も7月中の申請を決定。（反460: 2）

2016.6.24〜27　3号機に燃料装荷。157体中、16体がMOX燃料。（反460: 2）

2016.8.12　3号機が再稼働。（朝日: 160813）
　　15日、発電・送電開始。（朝日: 160816）

2017.3.30　広島地裁、広島市と松山市住民計4人による3号機運転差し止め仮処分申請を却下。（朝日: 170331）

2017.6.28　原子力規制委員会、9月に運転開始から40年となる1号機の廃炉計画を認可。（朝日: 170629）

2017.7.21　松山地裁（久保井恵子裁判長）、愛媛県内の住民11人による3号機運転差し止め仮処分申請を却下。新規制基準や四国電力の安全対策に「不合理な点はない」とする。住民側は即時抗告。（朝日: 170721）

2017.11.14　伊方原発で過酷事故との想定で愛媛県原子力防災訓練実施、100機関2万3000人が参加。佐田岬半島住民約4700人のうち約300人も参加、フェリーや海上自衛隊艦船で大分県の別府港や佐賀関港に避難。（朝日: 171115）

玄海原発

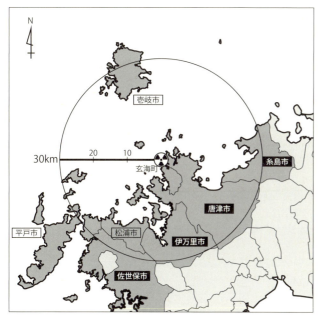

所　在　地	佐賀県東松浦郡玄海町大字今村字浅湖 4112-1		
設　置　者	九州電力		
	1号機	2号機	3号機
炉　　　型	PWR	PWR	PWR
電気出力(万 kW)	55.9	55.9	118.0
営業運転開始時期	1975. 10. 15	1981. 3. 30	1994. 3. 18
主 契 約 者	三菱重工	三菱重工	三菱重工
プルサーマル導入	―	―	2009
	廃炉認可 2017. 4. 19		

	4号機
炉　　　型	PWR
電気出力(万 kW)	118.0
営業運転開始時期	1997. 7. 25
主 契 約 者	三菱重工
プルサーマル導入	―

自治体名：人口5万人以上の自治体／ 自治体名 ：人口1万人以上～5万人未満の自治体／自治体名：人口1万人未満の自治体

出典：ポケットブック 2015.
市民年鑑 2011-2012.
朝日：170420.

1965. 4　国は九州の原発調査地点として値賀崎を決定。地元と話し合い開始。(佐賀: 650405; B16-9)

1965. 9　佐賀県が国の委託で値賀崎地点の地質調査実施。(B16-13)

1966. 6　玄海町議会、原発誘致を決定。(B16-9; B16-10)

1967. 7　原子力発電所誘致促進期成会設立。(B16-9)

1968. 6. 3　九州電力、原発建設地を値賀崎に正式決定。(佐賀: 680604)

1968. 10　県、原子力発電所設置促進対策協議会を設置。(B16-9)

1970. 5. 12　1号機（PWR、55.9万 kW)、電源開発調整審議会承認。(ポケットブック2012: 137)

1970. 12　国は九州電力に対し、原子炉設置を許可。(B16-9)

1971. 3. 16　1号機起工式。(佐賀: 710317)

1972. 7　佐賀県、原子力発電所周辺環境調査を開始。(B16-13)

1972. 11　県と玄海町、九電と「原子力発電所の安全確保に関する協定書」締結。(B16-13; B16-10)

1972. 12　九州電力、県と玄海町に2号機建設申入れ。(B16-9)

1974. 4　佐賀県、発電所周辺の温排水調査を開始。(B16-13)

1974. 6. 13　池田直知事、2号機の建設同意書提出。(佐賀: 740614)

1974. 6. 21　反対派連絡会議ら約900人のピケを機動隊が排除し、1号機ウラン燃料を搬入。(佐賀: 740622)

1974. 7. 4　2号機（PWR、55.9万 kW)、電源開発調整審議会承認。(ポケットブック2012: 137)

1974. 12　佐賀県原子力防災計画を作成。(B16-13: 120930)

1975. 1. 28　1号機初臨界。九州で初めて。(佐賀: 750129)

1975. 6. 12　10日1号機で放射能漏れがあったと九州電力発表。玄海町への報告は事故後2日目。蒸気発生管の細管損傷が原因。(B16-1: 243; 佐賀: 750613)

1975. 7. 11　唐津市議会、「玄海原子力発電所の安全確保に関する意見書」を可決。(佐賀: 750712)

社会党調査団、「安全性確立まで1号機の運転停止と、玄海2号機、川内1号機の建設計画中止」を九州電力に申入れ。(佐賀: 750712)

1975. 8. 26　永倉三郎九州電力社長、地元了解あれば試運転再開と表明。近隣町村は条件付きで了解。(佐賀: 750827)

1975. 8. 28　試運転再開を通産省認可。県も同意。(佐賀: 750829)

1975. 8. 29　玄海、肥前、鎮西、呼子と唐津市5市町、政府と池田知事に安全確保対策の確立について要望。(佐賀: 750829)

1975. 8　佐賀県、原子力対策室設置。(B16-13)

1975. 10. 15　1号機、九電初の営業運転開始。加圧水型軽水炉（PWR)、出力 55.9万 kW。(佐賀: 751016)

反対県民会議、九電佐賀支店で抗議行動。(佐賀: 751016)

1976. 1. 23　国は九州電力に対し、2号機原子炉設置許可。(B16-13)

1976. 6. 11　2号機着工。(佐賀: 760612)

1976.7 佐賀県、環境放射線監視テレメーターシステム設置。(B16-12)

1978.12.25 永倉九州電力社長、3、4号機増設計画を県と玄海町に申入れ。(佐賀: 781226)

1979.4.14 米国スリーマイル島事故（3月28日）を受け、通産省より点検指示のため1号機運転中止。(佐賀: 790415)

1979.4 核燃料税施行。(B16-13)

1979.8.1～3 スリーマイル島事故と同型の1号機で、資源エネ庁検査官による特別保安監査実施。6日、問題なしと説明。(佐賀: 790802)

1979.8.9 安全性に係る国主催説明会（佐賀市）。6時間に及ぶ論争に。(佐賀: 790810)

1979.8.11 香月熊雄知事、1号機の再開に同意。県原子力安全協議会主催の意見聴取会は、反対県民会議の阻止行動により中止。(佐賀: 790812)

1979.9.5 1号機が営業運転再開。(反18: 2)

1979.10 使用済み核燃料を再処理工場へ船舶輸送開始。以後毎年実施。(B16-13)

1979.12.3 1号機、微小な異物混入が原因で原子炉停止。九電、5日まで公表せず。(佐賀: 791207; B16-13)

1979.12.27 1号機運転再開。(佐賀: 791228)

1980.4 国は唐津市に玄海運転管理専門官事務所を開設。(B16-9)

1981.3.11 2号機で給水弁の故障により原子炉緊急停止。(佐賀: 810312)

1981.3.30 2号機が営業運転開始。加圧水型軽水炉（PWR）、出力55.9万kW。(B16-9)

1981.4.10 香月熊雄知事、3、4号機増設に伴う公開ヒアリングを、民主的に運営するよう通産省と資源エネ庁に申入れ。(佐賀: 810411)

1981.7.11 「郷土の自然を守る会」、香月知事に3、4号機増設反対の申入れとともに町有権者過半数の2643人の増設反対署名提出。(佐賀: 810712)

1982.5.22 玄海町議会臨時議会、「玄海原子力発電所3、4号機増設の促進を要望する意見書」を14対1で採択。守る会と反対県民会議、共産党北部委員会は抗議。(佐賀: 820523)

1982.7.16 3、4号機に係る通産省の第1次公開ヒアリングを唐津市で開催。反対派が排除された原発推進ヒアリングに。(佐賀: 820718)

1982.9.21 3、4号機（PWR、118万kW）、電源開発調整審議会承認。(B16-13)

1982.12.10 九電と玄海漁連（27漁協）、3、4号機増設に伴う協力金で合意。総額112億円に。(佐賀: 821210)

1983.9.2 1号機、雷撃により自動停止。(B16-9: 110911)

1984.6.18 3、4号機に係る第2次公開ヒアリング開催。(佐賀: 840619)

1984.10.12 国、3、4号機設置許可。(B16-9)

1987.12 「原子力発電所の安全確保に関する協定」の一部変更（教育訓練の徹底、原子炉停止時の取扱いの明確化）。(B16-9)

1988.6.6 1号機、1次冷却水漏れによる原子炉停止。7日、原因はパイプ溶接部のピンホールと九州電力断定。定検は合格。(佐賀: 880608)

1988.8.14 1次冷却水漏れで停止していた1号機、住民の抗議の中で運転再開。(反126: 2)

1990.9.25 1号機の定検中、蒸気発生器に細管損傷294本を発見。第5回定検から8年連続で損傷発生。(佐賀: 900926)

1992.1.10 玄海1号機で蒸気発生器細管163本に新たな損傷発見。損傷率は34.7%。(反167: 2; B16-1: 245)

1993.9.24 3号機タービン軸振動のため原子炉手動停止。(B16-9)

1994.3.18 3号機、国内47基目の営業運転開始。PWR、出力118万kW。(B16-9)

1994.10.25 1号機蒸気発生器交換終了、原子炉起動。(佐賀: 941025)

1996.10.23 4号機が初臨界。11月

には試運転開始。(B16-9)

1997.5.28 3月に起きた1号機の復水器細管損傷事故は水質調査用のアンモニアによる腐食、と九州電力発表。(反231: 2)

1997.7.25 4号機営業運転を開始。PWR、出力118万kW。1号機からの総投資額9200億円。(佐賀: 970726)

1998.6.1 佐賀県と玄海町、九州電力が安全協定を改定。プルサーマル導入も事前了解事項に。(佐賀: 980602)

1999.1.29 1号機定格出力運転中、1次冷却ポンプ封水戻り流量漸増のため原子炉手動停止。2月9日、原因はポンプ軸部内の微少な金属くずのためと九電発表。(B16-9; 佐賀: 990210)

1999.7.18 1号機で復水器細管損傷のため出力50%に低下。(B16-13)

1999.9.24 台風18号により管内の鉄塔15基が損壊。(B16-12)

2000.4 国が唐津市に玄海原子力保安検査官事務所を設置。(B16-13)

2000.8.11 「からつ環境ネットワーク」など県内3団体、原発の段階的廃止とプルサーマル計画中止を求める緊急声明発表。(佐賀: 000812)

2002.4 緊急事態応急対策拠点施設「佐賀県オフサイトセンター」が唐津市西浜町で運用開始。(B16-13)

2004.3.18 九州電力、1号機高経年化技術評価は適切との経産省通知を授受と発表。(B16-12)

2004.4.1 九電に対する核燃料税条例施行。(B16-13)

2004.4 九州電力、3号機でのプルサーマル実施を正式表明。(B16-8)

2004.9.16 4号機通常運転中、発電機冷却用水素ガス補給量増加のため、原子炉を手動停止。(B16-12)

2005.2.20 九州電力、プルサーマル実施に向けた公開討論会を玄海町で実施。(佐賀: 050221)

2005.7.9 2号機通常運転中、1次冷却材中のヨウ素濃度増加により原子炉手動停止。(B16-12: 120919)

2005.9.7 経産省、3号機のプル

サーマル実施のための設置変更許可。（佐賀: 050908）

2005.10.2　経産省、玄海町でプルサーマル・シンポジウム。（B16-13）

2005.12.25　古川康知事、プルサーマル計画に関する県主催公開討論会を唐津市で開催。（佐賀: 051226）

2006.2.17　玄海町議会、プルサーマル計画推進を求める意見書を採択。（佐賀: 060218）

2006.2.21　唐津市、プルサーマル導入は容認しがたいとする報告書を古川知事へ提出。（佐賀: 060221）

　　古川知事、定例県議会でプルサーマル導入計画を事前了承する意向を議論前に宣言。（佐賀: 060222）

2006.3.22　県議会、古川知事に「慎重な推進」を求める決議を賛成多数で採択。（佐賀: 060323）

2006.3.26　古川知事と寺田虎男玄海町長、松尾九電社長に3号機のプルサーマル計画を事前了解。（佐賀: 060327）

　　県平和運動センターと社民党県連、プルサーマル計画同意白紙撤回を要求。共産党県委員会は抗議声明。「やめようプルサーマル佐賀」は4000人分の署名提出。（佐賀: 060327）

2006.6.20　唐津市議会、プルサーマル計画実施の是非を問う住民投票条例制定を求める議案を否決。（佐賀: 060621）

2006.12.13　「プルサーマル・大事なことは住民投票で決めよう県民の会」、条例制定請求の署名簿5万3000人分を提出。（佐賀: 061214）

2007.2.1〜2　プルサーマル計画の是非を問う県民投票条例案、臨時県議会文教厚生常任委員会で否決。本会議でも否決。（佐賀: 070202, 070203）

2007.10　佐賀県、原子力理解促進大会を武雄市で開催。翌11月には佐賀市で開催。（B16-13）

2008.6.23　九州電力、6月20日の4号機自動停止の原因は、パッキンを配管内部に置き忘れ、ポンプが詰まったため、と発表。（佐賀: 080623）

2008.11.19　放射性物質の放出を想定した原子力防災訓練を初めて2日間実施。（佐賀: 081119）

2009.3.31　核燃料税条例の適用期間が終了。09年度から核燃料税市町村交付金創設。（B16-6）

2009.5.22　「プルサーマルと佐賀県の100年を考える会」約100人、発電所入口で計画中止要望。（佐賀: 090523）

2009.7.3　県議会、市民団体が提出したプルサーマル実施延期を求める請願を不採択。（佐賀: 090703）

2009.10.2　県議会、プルサーマル実施延期の請願を不採択。全国約44万人の署名とともに「NO！プルサーマル佐賀ん会」が提出。（佐賀: 091002）

2009.10.15　MOX燃料装填、約2週間遅れで開始。（佐賀: 091015）

2009.11.5　3号機、国内初のMOX燃料によるプルサーマルが初臨界。12月2日、商業運転開始。（B16-2: 319; B16-4: 211; 佐賀: 091202）

2010.6.28　MOX燃料2回目の搬入作業完了と九州電力発表。（B16-12）

2010.8.9　「玄海原発プルサーマル裁判の会」、23日九州電力を相手に3号機のMOX燃料使用差止請求を佐賀地裁に提訴。民事訴訟。（佐賀: 100810）

2010.12.8　佐賀県平和運動センターなど4団体、3号機のプルサーマル運転中止を県に申入れ。（佐賀: 101208）

2010.12.9　3号機で1次冷却水のヨウ素濃度上昇。11日、運転停止。（佐賀: 101210; ）

2011.2.8　前年12月に起きた3号機放射性ヨウ素の漏えいは、燃料棒に開いた微小な穴が原因と九州電力発表。（佐賀: 110209, 110223）

2011.3.9　3号機、MOX燃料装填開始。（佐賀: 110309）

2011.3.11　東日本大震災発生。（朝日: 110312）

2011.5　福島原発事故を受け、佐賀県議会原子力安全対策等特別委員会設置。（佐賀: 130809）

2011.7.7　プルサーマル裁判の会、2、3号機の再稼働差止めの仮処分申請。（ポケットブック2012: 195）

2011.7.29　佐賀県主催の05年12月の3号機「プルサーマル公開討論会」に、九州電力が参加者のほぼ半数を動員していたことが判明。（佐賀: 110730）

2011.9.20　九州電力第三者委、5月の玄海原発再稼働をめぐる国の説明会における「やらせメール問題」で、古川康知事側から九電に賛成意見投稿の要請があったと報告。（佐賀: 110921）

2012.1.18　「玄海原発プルサーマル裁判の会」、3号機の運転差し止めを九電に求める新たな裁判を佐賀地裁に提起。（朝日: 120119）

2012.1.30　「原発なくそう！九州玄海訴訟」（29都府県の1704人が原告）が、国と九州電力を相手に「原発の操業は憲法の保障する人格権、生存権を侵害する」として、玄海原発1〜4号機の操業差止めを求め、佐賀地裁に提訴。（佐賀: 120131）

2012.3.12　「原発なくそう！九州玄海訴訟」で、新たな原告1370人が佐賀地裁に追加提訴、原告数は計3074人で過去最多に。（朝日: 120313）

2012.4.16　玄海原発から半径30km圏内に入る長崎県壱岐市の白川博一市長（15日再選）、「原発は廃止が原則」、再稼働については「明確に反対」と主張。（朝日: 120417）

2012.4.24　長崎の県北漁業協同組合長会、玄海原発の再稼働に反対する決議。（朝日. 120425）

2012.5.15　唐津市の唐津上場商工会、玄海原発の停止が続く場合の経済的な損失は、少なくとも年間34億円になると試算。（朝日: 120516）

2012.5.27　玄海原発などの再稼働阻止を求め、佐賀市で「さよなら原発！5・27佐賀」集会。九州各地から2000人参加、デモ行進。（朝日: 120528）

2012.6.14 長崎県の漁業協同組合連合会（漁連）、長崎市内の総会で、国と九電に反対決議。（朝日：120614）

2012.12.20 「原発なくそう！九州玄海訴訟」で570人が追加提訴。原告数は全都道府県計5493人に。（朝日：121221）

2013.3.6 玄海町から風船を飛ばし原発事故の影響を調べている市民団体「原発なくそう！九州玄海訴訟 風船プロジェクト」が廃炉などを求める知事あての要請書提出。（朝日：130307）

2013.3.28 原子力政策大綱策定にあたり原子力委員会が2005年8月22日に佐賀市で開いた市民公聴会（179人参加）で、九州電力が社員ら約150人を動員していたことが明らかに。発言した21人のうち7人が九電の社員。（朝日：130328）

2013.4.12 「原発なくそう！九州玄海訴訟」で新たに604人が追加提訴、原告数は6097人に。（朝日：130413）

2013.7.12 九州電力、3、4号機について新規制基準による安全審査を原子力規制委員会に申請。25日、規制委は同原発を優先して審査する方針決定。（朝日：130713, 130725）

2013.8.9 「原発なくそう！九州玄海訴訟」で654人が追加提訴、原告数は計6751人に。（朝日：130811）

2013.11.13 「玄海原発プルサーマルと全基をみんなで止める裁判の会」の384人が、3、4号機の運転禁止命令を規制委に求める行政訴訟を佐賀地裁に提起。（朝日：131114）

2013.11.21 「原発なくそう！九州玄海訴訟」で386人が追加提訴、原告数は計7137人に。（朝日：131122）

2014.2.16 佐賀市で再稼働に反対する「さようなら原発！九州総決起集会」、約2200人参加。（朝日：140217）

2014.6.3 「原発なくそう！九州玄海訴訟」で新たに582人が佐賀地裁に10次提訴、原告数が計8070人に。（朝日：140604）

2014.6.17 「さよなら原発！佐賀連絡会」などのメンバー、玄海原発などの再稼働中止を求める署名12万5052人分を県に提出。（朝日：140624）

2014.9.10 「原発なくそう！九州玄海訴訟」で450人が追加提訴、全原告数は8500人を超える。（朝日：140911）

2014.9.25 糸島市議会、玄海原発を再稼働させないよう国に求める意見書案を賛成少数で否決。（朝日：140926）

2014.12.18 「原発なくそう！九州玄海訴訟」で363人が第12次提訴。原告数は計8879人に。（朝日：141219）

2015.3.18 九州電力、臨時取締役会で、10月で運転開始から40年になる1号機の廃炉を決定。（朝日：150318）

2015.4.3 3号機でのMOX燃料の使用差し止めを求めた訴訟で佐賀地裁が訴えを棄却したのを受け、原告の市民団体らが、判決を不服として福岡高裁に控訴。（朝日：150404）

2015.4.27 1号機、運転終了。九州電力、関西電力、日本原電の3電力、運転開始から40年前後となる原発計4基を正式に廃炉に。（B16-14；朝日：150428）

2015.6.11 「原発なくそう！九州玄海訴訟」で第14次追加提訴。新たに270人が加わり、原告数の総計は9396人に。（朝日：150612）

2015.10.30 「玄海原発プルサーマルと全基をみんなで止める裁判の会」、1〜4号機すべての運転差し止めを求めた佐賀地裁での訴訟に、3号機を対象に原告226人を追加提訴。（朝日：151031）

2015.11.19 「原発なくそう！九州玄海訴訟」で278人が追加提訴。原告数が初めて1万人を超える1万87人に。（朝日：151120）

2015.11.28 事故を想定した3県の合同防災訓練に約6000人参加。福島原発事故を受けた合同訓練は3回目。（朝日：151128）

2016.4.14 熊本地震発生(M6.5)、最大震度7。16日に本震(M7.3)、最大震度7。その後も余震が続く。（B-16-15：1）

2016.5.17 九州電力、安全審査で認可された「免震重要棟」を免震ではなく耐震に変更すると、県と玄海町などに伝える。安全性を優先した結果と強調。（朝日：160518）

2016.10.26 4号機の運転差し止めを求め、146人が佐賀地裁に仮処分申し立て。（反464：2）

2016.12.9 政府の原子力防災会議、玄海原発の広域避難計画を了承。30km圏の人口は計約26万人。離島が20島あり、計約2万人が暮らす。橋がなく陸路で避難できない16島は船などで島外に避難、荒天の場合は島内の放射線防護対策施設に退避も。（朝日：161209）

2017.1.18 原子力規制委、3、4号機の新規制基準適合の審査書を正式決定。美浜3号機に続き5カ所目。（朝日：170118）

2017.1.27 「原発なくそう！九州玄海訴訟」のメンバー81人、3、4号機の再稼働差し止めの仮処分を佐賀地裁に申請。（朝日：170128；反467：2）

2017.4.19 原子力規制委員会、運転開始後40年超の1号機の廃炉計画認可。敦賀、美浜（2基）、島根原発も。新規制基準下の廃炉認可は初めて。（朝日：170419）

2017.6.13 佐賀地裁、市民団体「玄海原発プルサーマルと全基をみんなで止める裁判の会」202人による3、4号機差し止め仮処分申し立てを却下。23日、福岡高裁に即時抗告。（朝日：170613, 170624）

川内(せんだい)原発

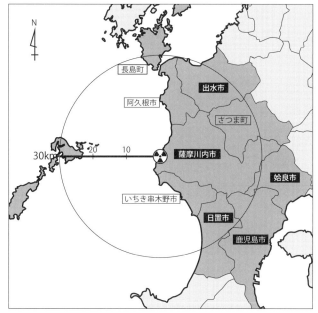

所在地	鹿児島県薩摩川内市久見崎町字片平山 1765-3
設置者	九州電力

	1号機	2号機	3号機
炉型	PWR	PWR	APWR
電気出力(万kW)	89.0	89.0	159.0
営業運転開始時期	1984.7.4	1985.11.28	計画中
主契約者	三菱重工	三菱重工	—
プルサーマル導入	—	—	—

出典：ポケットブック 2012．
市民年鑑 2011-12．

自治体名：人口5万人以上の自治体／自治体名：人口1万人以上～5万人未満の自治体／自治体名：人口1万人未満の自治体

1964.11.20　通産省、鹿児島県に川内市寄田地区の原発立地調査を委託。翌年3月まで地質調査実施。(B17-2: 82)

1964.12.15　川内市議会、全会一致で川内原発の誘致議決。(B17-2: 82)

1965.7.19　鹿児島県議会、川内市の原発誘致の陳情を採択。(B17-2: 82)

1965.7.22　川内市で、川内原子力発電所誘致促進期成会が発足。(B17-1: 253)

1967.7.20　九州電力、現地調査を開始。(B17-2: 82)

1967.7.21　串木野・阿久根漁協の約500人、現地調査中止を求めてデモ。(B17-1: 255)

1968.5.1　九州電力、川内調査所を開設。(B17-2: 82)

1968.5.31　瓦林潔九州電力社長、金丸知事、横山正元川内市長に原発を川内に建設すると伝達。(B17-1: 282)

1969.3.1　串木野市漁協、原発建設反対を決議。(B17-4: 2)

1970.5.-　川内市労評、期成会を脱退。(B17-1: 259)

1972.11.4　県総評・北薩労評、川内原発反対共闘会議を結成。北薩地区など7地区労、県民総決起集会を開催。(B17-1: 259; 南日本: 721105)

1973.7.7　川内市で公害から川内の自然と住民のいのちをまもる会（代表・永井小八郎）結成。(B17-4: 70)

1973.8.-　福壽十喜、期成会会長を辞任・脱会。他市議の脱会も相次ぎ期成会は解散寸前に。(B17-1: 259)

1973.9.-　久見崎町原発反対母親グループ結成。有権者425人中75%の反対署名を市議会に提出。その後切崩しにより反対は少数派に。(B17-2: 60; B17-7: 34-35)

1973.11.15　地元の原発反対14団体により川内原発建設反対連絡協議会（反対連協）結成。(南日本: 731116)

1973.12.-　川内市議会に155人の署名と原発反対の請願書を提出。(社会新報: 731223)

1974.2.3　川内市、原発の安全問題を聞く会を開催。1250人が参加。(南日本: 740204, 740205; B17-7: 35)

1974.2.4　反対連協、川内原発反対市民総決起集会を開催。約500人が参加。(南日本: 740205)

1974.3.8　反対連協、市議会に原発反対署名1万3198筆を提出。(南日本: 740309)

1974.3.20　川内原発反対県民総決起集会開催、県下62団体1000人余が参加。(南日本: 740321)

1974.3.25　川内原発建設反対漁業者協議会、原発反対漁民総決起集会を開催。約2000人が参加。串木野市でも3漁協が集会。(南日本: 740326)

1974.3.27　自治労青年婦人部、'74春闘勝利・川内原発阻止総決起集会を開催。市議事堂内で約1000人が座り込み。500人がデモ。(南日本: 740328)

1974.4.8　川内市内水面漁協、反対を訴え水上デモ。(毎日: 740409)

1974.5.13　枕崎市議会、原発反対陳情を採決。(南日本: 740514)

1974.5.21 川内市漁協、原発建設に伴う漁業補償合意。30日臨時総会で正式受諾。(南日本: 740522, 740531)

1974.5.28 寄田町原発反対同盟結成。(南日本: 740529)

1974.6.1 川内原発反対県民集会に住民団体など500人。(南日本: 740602)

1974.6.28 川内市議会本会議開会。賛否両派の住民ら1500人余が市役所広場に集結、機動隊出動。賛成陳情を強行採択。深夜、反対派による抗議の大集会。(南日本: 740629, 740630)

1974.7.18 川内市寄田町の3地区公民会、川内原発決議に抗議し、公民会解散を通知。(南日本: 740719)

1974.7.26 県議会、原発賛成陳情を採択。機動隊出動。(B17-1: 263)

1974.9.8 川内市長選、現職横山正元が原発反対の前市議会議長福壽十喜に敗れる。28日、新市長、建設認めぬと表明。(B17-7: 36; 読売: 740929)

1975.1.16 福壽市長、永倉九州電力社長に建設延期を要求。(B17-1: 266)

1975.3.17 政府、電調審にて74年度電源開発基本計画から川内原発を外すことを決定。(B17-1: 266)

1975.5.12 九州電力副社長、7月の電調審開催同意を申入れ。金丸知事は推進を約束。13日福壽市長は拒否。(B17-1: 267)

1975.10.9 県議会本会議、建設反対陳情を不採択。(B17-1: 267)

1975.10.30 県、川内市民会館で原発問題講演会を開催。反対派はボイコット、独自講演会開催。(B17-1: 268)

1975.12.3 県、川内市で原子力問題に関し地元の意見を聞く会開催。反対派約2060人と賛成派約2000人が対立、機動隊出動。(B17-1: 268)

1975.12.12～13 反対連盟、久見崎の地質・地盤調査実施。九州電力が行った地質調査で、データねつ造の事実を当時の作業員が告

発。(読売: 751230; B17-8: 124)

1976.1.22 川内市、川内市民会館で原発安全問題討論会を実施。(B17-1: 271)

1976.2.4～6 共闘会議・反対連協、上京し、電調審上程への反対を陳情。(B17-4: 14)

1976.3.27 川内原発1号機(PWR、89万kW)電調審通過。(ポケットブック2015: 121)

1976.6.24 衆議院科学技術振興対策特別委員会調査団が川内市で現地調査と意見聴取。(B17-1: 273)

1976.10.23 共闘会議・反対連協、九州電力の追加調査に抗議する県民大集会、約3000人参加。(B17-4: 24)

1977.3.29 九州電力、2号機増設を申入れ。(日経: 770330; B17-4: 24)

1977.8.- 県公害反対連協・反対連協、原発建設反対・安全審査の中止を求め署名運動を展開。(B17-4: 24)

1977.11.21 参議院科学技術振興対策特別委員会で、ボーリング作業中野近夫参考人、地質標本ねつ造を証言。(読売: 771122; B17-9: 102)

1977.12.13 原子力委員会、1号機設置許可を答申。(朝日: 771214)

1977.12.19 九州電力、鎌田要人知事および福壽市長らに対し、2号機増設計画促進を陳情。(南日本: 771223)

1977.12.22 原子炉設置許可に抗議する市民集会。(B17-4: 24)

1978.2.14 1号機設置許可に対し、7000人以上の住民が首相に異議申立て。(B17-2: 780215)

1978.5.2 県、川内市、九州電力、1号機に伴う建設協定を締結。(B17-2: 83)

1978.7.14 第75回電調審で2号機(PWR、89万kW)の電源開発基本計画への組入れが決定。(B17-2: 83)

1978.11.8 川内原発起工式。抗議集会に約2000人が参加。(B17-1: 275)

1979.3.31 反対連協、米国スリー

マイル島事故(28日)を受け、川内市と九州電力に原発建設即時中止を申入れ。(B17-1: 277)

1979.4.3 福壽市長、安全性確保まで原子炉搬入を認めぬと表明。(読売: 790404)

1979.4.10 県、九州電力に川内原発の安全性確保を要請。(B17-2: 83)

1980.4.24 反対連協や労組員ら313人が国を相手取り、1号機設置許可取消しの行政訴訟を鹿児島地裁に提起。(朝日: 800425)

1980.7.17 2号機に係る公開ヒアリングに機動隊600人。反対派は集会、デモに約1200人参加。(B17-1: 292)

1980.12.22 通産大臣、2号機増設の原子炉設置変更許可。(読売: 801223)

1981.2.7 県、川内市と九電、2号機に係る建設協定を締結。(B17-2: 83)

1981.2.18 反対派住民、異議申立人6535人分の署名を通産大臣に提出。(南日本: 810219)

1981.3.6 鹿児島地裁、1号機設置許可取消しの訴えを棄却。(B17-1: 278)

1981.5.7 2号機着工。(B17-2: 83)

1982.6.12 県、川内市、九州電力が川内原発に関する安全協定締結。(B17-2: 83)

1982.11.26 第1回原子力安全対策連絡協議会を開催。以降3カ月ごとに開催。(B17-2: 84)

1983.8.22 第1回原子力防災訓練。以後毎年実施。(B17-2: 84)

1983.8.25 1号機、初臨界。(B17-2: 84)

1983.12.2 1号機、50%出力負荷遮断試験時にバイパス弁作動遅れで自動停止。5日再開。(B17-2: 84)

1983.12.20 1号機、2次冷却水系作動異常により運転停止。(B17-1: 279)

1984.7.4 1号機、営業運転を開始。(日経: 840704)

1985.3.18 2号機、初臨界。(B17-2: 84)

1985.11.28 2号機、営業運転開

始。(B17-2: 84)

1991. 7. 17 1号機調整運転中、中性子検出器故障のため原子炉手動停止。19日起動。(B17-2: 86)

1992. 2. 17 九州電力、川内市に3、4号機増設を表明。(読売: 920217)

1994. 11. 22 県・川内市等、初の住民の被ばく・除染を盛込んだ原発防災訓練を実施。(朝日 941122)

1996. 4. 26 反原発・かごしまネットが発足。(B17-11: 120511)

1996. 10. 27 1号機定検中、制御棒駆動装置から放射性物質含む1次冷却水漏れ。(朝日: 961028)

1996. 11. 22 九州電力、1号機冷却水漏れの損傷の原因は応力腐食割れと推定。(朝日: 961123)

1997. 3. 26 鹿児島県北西部地震(M6.6)。気象庁・科技庁地震計は震度7.5相当の加速度を記録。九州電力は震度4相当として原発運転を続行。(朝日: 970327)

1997. 5. 13 川内市で震度6強を記録した第二北西部地震が発生。原発は通常運転を続行。(読売: 970518)

1997. 5. 30 3月26日の地震で、震度7相当の加速度を観測していたと判明。(朝日: 970531)

1997. 6. 26 串木野市の川内原発の安全を考える会、7000人の署名を九州電力に提出。(朝日: 970627)

1998. 4. 3 県、原発放水口の放射線検出器が前年末、過去最大値4710cpmを記録と発表。(朝日: 980404)

1998. 10. 13 原燃輸送らによる検査データ改ざん問題で、川内原発2基のデータも改ざんと九電発表。(朝日: 981013)

1998. 11. 10 1号機通常運転中、格納容器雑排水急増のため手動停止。20日、原因は弁閉鎖の不具合と発表。22日送電再開。(朝日: 981111, 981121)

1999. 8. 25 1号機、タービンソレノイド動作のため自動停止。9月2日運転再開。(朝日: 990826)

2000. 9. 8 九電、3号機増設に伴う環境調査申入れ。(朝日: 000909)

2000. 11. 30 水産関係4団体と県内沿海漁協67団体、川内原発増設計画対策漁協協議会を発足。(朝日: 001201)

2000. 12. 13 斉藤洋三阿久根市長、3号機増設反対を表明。(朝日: 001213)

2000. 12. 26 笠沙町議会、原発増設反対を決議。(朝日: 001227)

2001. 1. 30 高尾野町議会、3号機増設反対を決議。(南日本: 010131)

2001. 3. - 「原発はいらない！有機農業者の会」結成、7日デモ。(朝日: 010308)

2001. 3. 21 下甑村議会、増設反対陳情を採択。22日、鹿屋市議会も反対決議。(朝日: 010322, 010324)

2001. 4. 3 オフサイトセンターを着工。(南日本: 010404)

2003. 4. 1 「川内原発3号機増設を止める会」発足。(朝日: 030403)

2003. 6. 25 「止める会」、環境調査に反対する署名2万2495人分を須賀知事に提出。(朝日: 030626)

2003. 7. 7 川内市議会、使用済み核燃料税課税条例案可決。(読売: 030707)

2003. 10. 1 九州電力、環境調査を開始。(朝日: 031001)

2004. 9. 10 1号機定検中、伝熱管292本に損傷を確認。(B17-2: 88)

2004. 12. 15 2号機定検中、伝熱管426本の旧振止め金具部に磨耗減肉を確認。(朝日: 041216)

2005. 2. 9 2号機、蒸気漏れにより停止。22日運転再開。(B17-2: 88)

2006. 1. 13 1号機定検中、伝熱管13本に損傷を確認。(朝日: 060114)

2006. 6. 1 九州電力、3号機環境影響評価に着手。(毎日: 060602)

2007. 6. 11 1号機調整運転中、C復水ブースタポンプ電動機の故障のため手動停止。(朝日: 070612)

2009. 1. 8 九州電力、県・薩摩川内市に3号機増設申入れ。(B17-2: 90)

2009. 2. 12 川内商工会議所他53団体、3号機増設の建設促進期成会設立総会を開催。(朝日: 090214)

2009. 2. 21 共闘会議等、3号機増設に反対し九州ブロック集会を開催、約1150人が参加。(朝日: 090222)

2009. 4. 26 宮崎・鹿児島両県の反原発団体が「原発を止めよう、100日行動委員会」を共同で設立。(朝日: 090428)

2009. 9. 2 「100日行動委」、3万1178人分の反対署名を九州電力に提出。(朝日: 090903)

2010. 4. 20 薩摩川内市議会、3号機増設計画で公聴会。(朝日: 100422)

2010. 5. 18 3号機増設に係る第1次公開ヒアリング。(朝日: 100519)

2010. 5. 26 川内原発3号機増設を問う市民投票実現の会、請求代表者証明書の交付申請。(南日本: 100527)

2010. 6. 7 薩摩川内市議会、3号機増設賛成陳情を採択。岩切秀雄市長、増設同意を表明。(朝日: 100608)

2010. 6. 29 いちき串木野市議会、3号機増設賛成陳情採択。(朝日: 100701)

2010. 8. 16 3号機増設を問う住民投票条例制定を請求する署名簿5688人分を、市選管に提出。(朝日: 100818)

2010. 10. 4 鹿児島県議会企画建設委、3号機増設賛成陳情のみ採択。7日の本会議でも。(朝日: 101008)

2010. 10. 6 市民ら65人、3号機増設に伴う環境影響評価のやり直しを求め鹿児島地裁に提訴。(B17-5)

2010. 10. 14 薩摩川内市議会、市民投票条例案を否決。(朝日: 101015)

2010. 11. 19 伊藤祐一郎知事、3号機増設同意を表明。(朝日: 101119)

2010. 11. 30 川内市漁協、増設に係る漁業補償受諾。(南日本: 101201)

2010. 12. 16 経産省、3号機を重要電源開発地点に指定。(朝日: 101217)

2011. 3. 11 福島第一原発事故発生。(朝日: 110311)

2011. 3. 25 福島事故を受け、薩摩川内市議会、増設基準見直し・災害対策を求める決議。いちき串木野市議会、3号機増設凍結を全会一致で決議。(朝日: 110326)

2011. 3. 30 出水市長、九電に増設凍結の申入書。31日、長島・さつま両町長、5月18日には阿久根町長も。(朝日: 110331, 110401, 110519)

2011.4.11 九州電力、増設手続き当面見合せを表明。(朝日: 110412)

2011.5.23 県町村会、九電に増設凍結等を緊急申入れ。(朝日: 110524)

2011.6.21 伊藤知事、増設同意を見直す考えなしと表明。(朝日: 110622)

2011.6.28 岩切秀雄薩摩川内市長、条件付で1号機再開を容認。日置市議会、原発依存縮減方針を緊急決議。7月5日には始良市議会も増設中止決議。(朝日: 110629, 110706)

2011.7.29 九電、住民説明会で約200人、ヒアリングで約340人を動員していたことが判明。(朝日: 110730)

2011.8.26 九州電力、1号機でストレステストを開始。2号機は10月7日から。(読売: 110827, 111008)

2011.12.14 九州電力、1、2号機のストレステスト1次評価を安全・保安院に提出。(読売: 111215)

2012.2.10 「川内原発建設反対連絡協議会」、3号機増設中止を求める要望書と市民1万3504人の署名を岩切秀雄市長に提出。(朝日: 120211)

2012.3.5 県内5つの市民団体、伊藤祐一郎知事あてに脱原発を求める要請書を渡す。(朝日: 120306)

2012.5.30 「原発なくそう!九州川内訴訟」の原告団1114人、九州電力と国を相手取り、川内原発の差止めを求めて鹿児島地裁に提訴。10月3日に566人が2次提訴、13年3月28日に278人が3次提訴。(朝日: 120531, 121004, 130329)

2012.6.1 伊藤祐一郎県知事、3号機の増設計画を凍結と述べる。(朝日: 120602)

2012.7.8 鹿児島県知事選投開票、現職の伊藤祐一郎氏が3選。(朝日: 120709)

2012.9.9 薩摩川内市で「再稼働阻止!エネルギー政策転換!さようなら原発!九州集会」に約1000人。(朝日: 120911)

2012.10.3 川内原発差し止め訴訟で、566人が2次提訴。原告数は1680人に。(朝日: 121004)

2012.10.23 市民らが3号機環境影響評価のやり直しを求めた訴訟で、鹿児島地裁が訴えを却下。原告、控訴せず。(朝日: 121024, 121103)

2013.3.10 福島第一原発の事故から2年を前に、鹿児島市で「3・10さよなら原発!かごしまパレード」。(朝日: 130311)

2013.3.28 川内原発差し止め訴訟で278人が3次提訴、原告は合わせて1958人に。(朝日: 130329)

2013.6.2 「首都圏反原発連合」など3つの団体、都内で抗議行動。参加者数は計8万5000人。鹿児島市では「ノー・ニュークス・フェスティバル」に約2100人。(朝日: 130603)

2013.7.8 九州電力、1、2号機再稼働に向けた安全審査を原子力規制委に申請。(南日本: 130708)

2013.7.28 久見崎海岸で「かごしま『風船飛ばそう』プロジェクト!2013」、約300人が約1000個の風船を空に飛ばす。(朝日: 130729)

2013.12.15 薩摩川内市で、再稼働反対集会およびデモ行進。県内外から約1800人が参加。(朝日: 131216)

2014.3.16 鹿児島市で脱原発を訴える市民集会。約6000人が参加。県内で過去最大規模。(朝日: 140317)

2014.5.30 川内原発操業差し止め訴訟の原告住民、1、2号機を再稼働しないよう求める仮処分申請。(朝日: 140530)

2014.6.11 再稼働に反対するいちき串木野市「避難計画を考える緊急署名の会」が集めた署名が1万1809筆に。(朝日: 140615)

2014.6.28 首都圏反原発連合など3団体、東京で川内原発再稼働反対集会。約5500人参加。(朝日: 140629)

2014.8.31 JR川内駅前で再稼働に反対する集会。1200人参加。(朝日: 140901)

2014.9.10 規制委員会、1、2号機が新規制基準を満たすとする「審査書」を正式決定。全国で初めて。(朝日: 140910)

2014.9.16 川内原発操業差し止め訴訟で237人が6次提訴。原告数は2479人に。(朝日: 140917)

2014.9.28 鹿児島市で県内過去最大規模の反対集会。約7500人が参加。(朝日: 140929)

2014.10.28 川内市議会、再稼働に賛成。11月7日、県も同意。新規制基準下の立地自治体の同意は初めて。(朝日: 141028, 141108)

2014.11.12 1、2号機の設計変更の許可取り消しを求め、1400人が規制委員会に異議申し立て。(朝日: 141113)

2015.1.23 九電、2015年3月期決算で4期連続赤字へ。(朝日: 150123)

2015.2.9 半径40km圏の熊本県水俣市の住人や水俣病患者ら、九電に再稼働反対を申し入れ。(朝日: 150210)

2015.4.22 鹿児島地裁の前田郁勝裁判長、運転差し止め仮処分申請を却下。5月6日、住民側、即時抗告。(朝日: 150422, 150507)

2015.5.27 規制委、川内原発の「保安規定」を認可し、再稼働の審査終了。(朝日: 150527)

2015.6.7 福岡市で再稼働反対集会「GOODBYE NUKES 6・7 ストップ再稼働!」に1万5000人が参加。(朝日: 150610)

2015.6.28 川内原発再稼働「住民は不同意」と訴え、現地で170人抗議集会。(朝日: 150629)

2015.7.31 九電、2015年4〜6月期決算で6年ぶり黒字に。(朝日: 150801)

2015.8.5 規制委員会、1号機の30年を超す運転認可。(朝日: 150806)

2015.8.9 市民団体、原発近くで再稼働に反対する集会。約2000人参加。(朝日: 150810)

2015.8.11 1号機が再稼働。東日本大震災後の新規制基準下で全国初。「原発ゼロ」が1年11カ月で終わる。14日、発送電開始。9月11日、営業運転開始。(朝日: 150811, 150814, 150911)

2015.8.28 運転差し止め訴訟で、

189 人が第 7 次提訴、原告数は 2668 人に。(朝日：150829)

2015.10.12 「ストップ再稼働！3・11 鹿児島集会実行委員会」、鹿児島市で集会。約 1800 人参加。(朝日：151014)

2015.10.15 2 号機、再稼働。(朝日：151015)

2015.11.17 2 号機、営業運転開始。(朝日：151118)

2015.11.18 規制委員会、2 号機の 30 年を超す運転認可。(朝日：151119)

2015.12.11 規制委員会、1、2 号機の設置変更許可取り消しの異議申立を棄却。(朝日：151215)

2015.12.20 県と周辺市町、防災訓練、2 段階の避難実施検証。(朝日：151221)

2015.12.26 九州電力、川内原発免震重要棟の新設計画を撤回。対策所の広さが 3 分の 1 以下の暫定施設を使い続けるとする。(東京：151226)

16 年 1 月 6 日に田中俊一原子力規制委員長、「設置を前提として再稼働の許可を得ており、約束を守ってもらわねばならない」と述べる。(東京：160107)

2016.3.13 鹿児島市で「ストップ川内原発！3・13 かごしまパレード」。2012 年から 5 回目。約 1500 人参加。(朝日：160314)

2016.4.6 福岡高裁宮崎支部（西川知一郎裁判長）、1、2 号機運転差し止めを求めた住民側の抗告を棄却。新規制基準や原子力規制委の審査に「不合理な点はない」とする。住民側、特別抗告や許可抗告断念。(朝日：160407, 160409)

2016.7.6 熊本、福岡、鹿児島各県の住民ら約 30 人、九州電力本店で川内原発の運転停止を求める署名を手渡す。熊本地震本震が起きた 4 月 16 日に高木博史・岐阜経済大学准教授（熊本市出身）がインターネットで呼びかけ、約 12 万 6000 人の署名が集まる。(朝日：160407)

2016.7.10 鹿児島県知事に三反園

訓、初当選。28 日就任。川内原発の停止・再点検申し入れを表明。(朝日：160711, 160728)

2016.7.28 川内原発運転差し止め訴訟、新たに 113 人が鹿児島地裁に提訴（第 9 次提訴）。原告の総数は 40 都道府県の計 2782 人に。(朝日：160729)

2016.8.26 鹿児島県三反園訓知事、稼働中の川内原発を直ちに停止、安全性を再検証するよう九州電力瓜生社長に要請。(朝日：160827)

9 月 5 日に九州電力社長、鹿児島県知事の要請を拒否。10 月以降の定期検査入りまで稼働する方針を示す。9 月 6 日、定検入り。(朝日：160905, 160910)

2016.10.26 原子力規制委員会、従来の 10 倍の濃度の火山灰を想定した対策を電力各社に求めることを決定。新規制基準適合が認められた川内原発や伊方原発などにも評価・報告を求める。(朝日：161027)

2016.12.8 九州電力、定期検査を終えた 1 号機の運転を再開。鹿児島県三反園訓知事は発言無く、起動を事実上容認。(朝日：161209)

2017.2.8 原子力規制委員会、川内原発で新設する「緊急時対策所」を耐震構造とする計画について、新規制基準を満たすとして正式に許可。当初免震構造で審査に合格、再稼働後に耐震構造へ変更して規制委などから批判を浴びていた。(朝日：170209)

ふげん原発

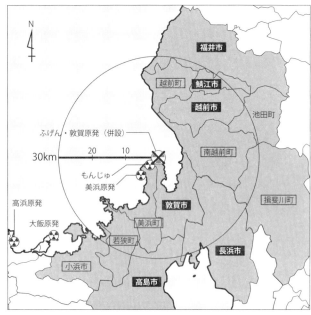

所 在 地	福井県敦賀市明神町3
設 置 者	原子力機構
炉 型	ATR
電気出力(万kW)	16.5
営業運転開始時期	1979. 3. 20
主 契 約 者	動燃事業団
プルサーマル導入	1981
	廃炉認可 2008. 2. 12

出典：ポケットブック 2015.
市民年鑑 2015.

自治体名：人口5万人以上の自治体／自治体名：人口1万人以上〜5万人未満の自治体／自治体名：人口1万人未満の自治体

1964.10.7 原子力委員会に「動力炉開発懇親会」が設置される。在来型導入炉から高速増殖炉に至る各種動力炉の開発の進め方について検討。(B18-2: 124; B18-1: 26, 619)

1966.5.18 原子力委、「動力炉開発の基本方針について」を発表。高速増殖炉と新型転換炉の二元開発方針、後者については重水減速沸騰軽水冷却型炉を指定。(B18-2: 125; B18-1: 620)

1967.10.2 動力炉・核燃料開発事業団（動燃）が正式発足。(B18-1: 621)

1968.8.14 動燃、新型転換炉の建設候補地を敦賀1号機の敷地内に決定。(B18-4: 144)

1968.8.20 敦賀市議会、新型転換炉原型炉建設計画を承認。(B18-4: 145)

1970.4.8 新型動力炉の名称について、高速増殖炉実験炉を「常陽」、原型炉を「もんじゅ」、新型転換炉原型炉を「ふげん」と決定発表。(B18-1: 623-624)

1970.11.30 政府、ふげんの設置許可。(B18-1: 624)

1971.11.21 福井県・京都府若狭湾岸の住民団体、「原発反対若狭共闘会議」結成。(B18-3: 5)

1976.7.25 「原子力発電に反対する福井県民会議」結成大会、県民500人が参加して敦賀市で開催。(福井: 760726)

1978.3.20 最小臨界に達する。5月9日、全炉心臨界に。(B18-4: 145)

1979.3.20 本格稼働開始。(B18-1: 26)

1981.9.2 国産初のプルトニウム・ウラン混合燃料の装荷開始。(朝日: 810903)

1981.10.10 初の国産プルトニウム・ウラン混合燃料による発電開始。(朝日: 811011)

1981.10.13 1次冷却水漏れ、運転停止。15日再開。直後にタービン異常、発電のみ停止。(B18-3: 19)

1982.2.8 タービン系配管で穴あき、放射性冷却水1tが漏えい、停止。(B18-3: 24)

1982.8.27 原子力委、「新型転換炉の実証炉計画の推進について」を発表。実証炉に必要な研究開発およびMOX燃料の加工は動燃が行い、実証炉の建設・運転は電源開発が行うことに。(B18-1: 29, 641)

1982.12.29 人形峠事業所で濃縮したウラン燃料を装荷。(B18-4: 145)

1984.5.11 東海事業所で再処理し、回収したウランを使用したMOX燃料を装荷。(B18-4: 145)

1985.5.31 ATR実証炉建設推進委員会、大間ATR実証炉の建造計画を正式決定。(B18-1: 646)

1985.11.15 使用済み燃料を東海再処理工場に向け初搬出。(B18-3: 31)

1985.12.17 冷却材への本格的な連続水素注入開始。国内初。(B18-4: 145)

1992.7.10 動燃、ふげんをプルトニウム専焼炉として活用することを決めたと報道。(毎日: 920710)

1995.7.11 電気事業連合会、電源開発が設置主体となり大間町に建設を予定していた新型転換実証炉について、建設計画から撤退する

と表明。建設費、発電コストとも現行の通常原発（軽水炉）の３倍になり採算のめどが立たないため。代わって改良型沸騰水型軽水炉（フルMOX-ABWR）を建設。（山陰中央: 950825; B18-2: 240-241）

1995.8.25 原子力委、新型転換炉実証炉の建設中止を決定。（山陰中央: 950825）

1995.12.8 科技庁、ふげんの研究炉としての存続を福井県などに報告。廃炉を求めていた市民団体は反発。（毎日: 951209）

1997.4.14 重水精製装置から重水漏れ、排気筒の「トリチウム放射能高」警報。地元への連絡なし。（朝日: 970416）

1997.4.15 動燃、14日の事故について、漏れをとめて放射能濃度が下がったため「連絡不要」と判断したと弁明。もんじゅのビデオ隠し、東海再処理工場の虚偽報告に続く不祥事に。科技庁長官、ふげんの運転停止へ。異例の処置。（朝日: 970416）

1997.4.16 ４月14日の事故について11人が被ばくしていたことが判明。また、過去２年余りの間に起きた11回の重水漏れ事故について、地元に通報していなかったことも明らかに。（朝日: 970417）

1997.4.17 福井県内の労組など12団体と個人でつくる「原発問題住民運動県連絡会」が動燃にふげんの永久停止を求める抗議文。（朝日: 970418）

1997.4.18 ３月11日の動燃再処理工場の火災・爆発事故とそれに関連した虚偽報告事件を受けて「動燃改革検討委員会」が発足。（B18-2: 274）

1997.4.21 動燃の一連の事故や不祥事の責任を問い、動燃が全理事を減給に。（朝日: 970422）

1997.7.2 自民党行政改革推進本部、動燃改革案を発表。新型転換炉、ウラン濃縮工場、海外ウラン探鉱の３業務は３年後廃止に。（朝日: 970703）

1997.7.3 科技庁、ふげんを一定期間運転したあと廃炉にする方針。（朝日: 970704）

1997.7.10 地元商店主や会社経営者による原発推進団体「福井県原子力平和利用協議会」が、ふげん廃炉に反対する要望書を敦賀市長に提出。（朝日: 970714）

1997.8.1 動燃改革検討委員会が「動燃改革の基本的方向」を報告。組織名を「核燃料サイクル開発機構」と改め、海外ウラン探鉱、ウラン濃縮研究開発、新型転換炉研究開発を廃止することを勧告。（B18-2: 275-276）

1997.11.12 科技庁と動燃、福井県・県議会・敦賀市に廃炉計画を提示。2002年度まで５年間運転後廃炉に。（朝日: 971113）

1998.4.1 動燃、廃炉に向けた「廃止措置プロジェクトチーム」を設置。（朝日: 980401）

1998.10.1 「核燃料サイクル開発機構（核燃機構）」が発足。（朝日: 981001, 981002）

1999.1.11 定検中に復水器から冷却用の海水約500m³が漏れる。放射性物質は含まれず。（朝日: 990123）

1999.2.1 定検中に炉心の核燃料を取出す燃料交換機の先端が原子炉の底部に衝突し損傷。（朝日: 990204）

1999.3.18 原子炉建屋内の核燃料交換プールの水1.75tが排水用の溝に流出。（朝日: 990319）

1999.7.2 重水精製装置建屋内でトリチウムを含む重水約50Lが漏れ、大気中に放射能が放出。重水漏れは92年8月以来、今回で19回目。（朝日: 990703）

1999.8.4 所長、敦賀市役所で記者会見。「現場の作業管理の技量が落ち、異常発生に対しても職員の共通認識の持ち方にずれがあった」と説明。（朝日: 990805）

1999.8.20 調整運転していたふげんで、タービン建屋内のポンプから放射能を帯びた1次冷却水約500Lが漏えい。（朝日: 990826）

1999.10.19 「原子力発電に反対する福井県民会議」と「高速増殖炉な

ど建設に反対する敦賀市民の会」、核燃機構に対し、2003年の運転停止を前倒しするよう求める要請書提出。（朝日: 991020）

2001.4.13 建屋の排気筒部分でトリチウム濃度が通常値の約２倍になっていることが判明。（朝日: 010524）

2001.5.21 ４月に判明したトリチウム濃度の上昇について、県は安全協定に基づく通報が遅れたとして口頭で厳重注意。（朝日: 010524）

2001.12.19 政府、特殊法人改革の一環として、核燃機構と日本原子力研究所を統合し独立行政法人とすることを決定。（朝日: 011220）

2002.3.20 核燃機構、福井県と敦賀市に廃炉の基本方針を提出。運転停止後、廃炉の準備期間が約10年。解体作業に着手し用地を更地に戻すまで約15年。解体とそれに伴って生じる廃棄物の処分等にかかる費用総額は千数百億円に上る見通し。（毎日: 020321; 朝日: 020321）

2002.4.21 排気筒から微量の放射性物質が外部に漏れ、原子炉を緊急停止。（朝日: 020426）

2002.4.25 燃料集合体１体からの放射能漏れを確認。燃料棒の破損は初めて。（朝日: 020426）

2003.3.29 運転終了。運転終了までに累積772体のMOX燃料を用い、1.9tのプルトニウムを消費。（朝日: 030330）

2003.4.7 炉心内の使用済み燃料集合体（224本）の取出し開始。8月13日、終了。（B18-4: 145）

2003.7.4 廃棄物処理建屋焼却炉内から焼却灰が漏えい。漏えいした焼却灰の放射能は約4.6×10^6Bqと推定。（JNES）

2003.7.8 ４日の事故について核燃機構副理事長が福井県と敦賀市に陳謝。県や市は再発防止や風評被害対策を要請。（朝日: 030709）

2003.9.8 トリチウム除去装置建屋の火災警報が鳴り、隣接する重水精製建屋の排気筒から白煙。（朝日: 030909）

2003.9.30 核燃機構、開発業務の

終了を原子力委員会に報告。（朝日：030930）

2005.10.1 核燃機構と原研が統合し、「独立行政法人日本原子力研究開発機構（原子力機構）」発足。（朝日：051001）

2005.11.7 「福井県における高経年化調査研究会」が発足。（朝日：051108、060215）

2006.11.7 原子力機構、廃止措置計画を国に提出。今後解体に伴って発生する数十万tに及ぶ放射性廃棄物の処理が大きな課題。（朝日：061108）

2007.2.10 ふげんで実施された建屋のコンクリート劣化調査で、実際にコンクリート片を抜取って行った強度の実測値が設計基準値を下回っていたことが原子力安全・保安院の調べで判明。（朝日：070210）

2008.2.12 原子力規制委、廃炉計画認可。「ふげん発電所」を「原子炉廃止措置研究開発センター」に改称、今後は廃炉研究を進めることに。（朝日：080213）

2008.6.16 廃炉に向けた本格的な解体作業が開始。（朝日：080616）

2009.10.8 原子炉補助建屋内で、トリチウムを含んだ重水約70mLが漏れ、作業員1人が被ばく。（朝日：091009）

2009.10.9 福井県、8日の被ばくについて原子力機構に厳重注意。（朝日：091010）

2010.4.22 関西電力と原子力機構が、ふげんの施設内に高経年化分析室を開設。（朝日：100423）

2011.3.11 東日本大震災発生。（朝日：110311）

2012.2.23 原発で大事故が起きた際の住民の避難経路について、福井県は自治体ごとに避難先を定めた「避難に関する暫定措置案」を示す。福島の原発事故の教訓を踏まえ、避難時の混乱を避けるのが狙い。（朝日：120224）

2013.1.11 関西電力と日本原電、原子力機構は、原発の過酷事故を想定した防災計画の修正案を敦賀市など立地自治体に提出。規制委員会が防災の重点区域の目安を原発から半径30kmに拡大したため、原子力機構ではふげんで岐阜県を含める方針。（朝日：130112）

2013.2.13 原子力機構、廃炉作業中の「ふげん」で、冷却水漏れや地震・津波の発生を想定した総合防災訓練を実施、職員ら約150人が参加。（朝日：130214）

2013.3.15 原子力機構、廃炉作業中の「ふげん」で、通常値の倍以上の放射性物質のトリチウムが外部に漏れたと発表。年間管理量の0.1％で、環境への影響はない。蒸気を水に戻す装置のスイッチを入れ忘れた人為ミスが原因。（朝日：130316）

2013.3.19 滋賀県高島市、関西電力など3事業者から示された原子力安全協定案の受け入れを表明。要望から約1年半かけて締結の見通し。敦賀、もんじゅ、ふげん、美浜、大飯の各原発が対象。福井県内の隣接自治体が結んでいるものとほぼ同じ内容。高島市の福井正明市長、高浜原発についても、引き続き協定の締結を求める考え。（朝日：130320）

2013.4.5 滋賀県と同県長浜、高島両市は、関西電力など3事業者と原子力安全協定を締結。関電が福井県外の自治体と協定を結ぶのは福島第一原発の事故後では初めて。（朝日：130405）

2013.4.10 福井県、原発事故を想定した住民避難計画を、対象13市町に初めて説明。原発の半径5km圏に絞り、それより以遠の計画は先送り。県が3月29日付で定めた計画は、敦賀、小浜、美浜、おおい、高浜5市町の原発から5km圏内の住民計7631人が対象で避難先は県内に限定。逃げる手段は自家用車を原則に。多くの住民の不安を解消するには程遠い内容。（朝日：130411）

2013.4.19 原子力機構、濃縮廃液貯蔵タンクから、微量の放射能を含む廃液漏れの跡が見つかったと発表。環境への影響はない。（朝日：130420）

2013.4.25 原発の事故を想定し、放射性物質の拡散予測をする「SPEEDI」の表示端末が大津市の県庁と、湖北（長浜市）、高島の両合同庁舎に設置、運用開始。（朝日：130426）

2013.7.5 原子力機構、海水ポンプが故障し、使用済み核燃料プールなどの冷却が不可能になったと発表。月内にモーターを交換する。（朝日：130706）

2013.12.19 関西電力、日本原電、原子力機構が原発事故時の防災計画を修正、政府と規制委に届け出。国の指針により、30km圏にある京都府、滋賀、岐阜両県の市町名を明記し、事故時に地元と同時に一斉通報する運用に改め。（朝日：131220）

2014.1.24 敦賀市はふげんを対象に含めた地域防災計画（原子力災害対策編）を改定。（朝日：140125）

2014.9.29 原子力機構、東海再処理施設の主要機能を廃止する方針を明らかに。残っているふげんの使用済み燃料の処理は、フランスへの委託を検討。（朝日：140929）

2015.3.17 原子力機構、廃棄物貯蔵庫のドラム缶から放射性物質約100gが漏れているのを発見。20日に発表。外部への影響はないと説明。（朝日：150321）

2015.5.1 原子力機構、廃棄物貯蔵庫で、ドラム缶2本から微量の放射性物質漏れが見つかったと発表。今後年1回だった点検を毎月に変更。（朝日：150502）

2017.1.30 原子力機構、保安規定に定められた手続きを経ず不適切に修正した点検記録の文書が計326頁分あった、と原子力規制委に報告し、発表。「不正な改ざんはない」とする。（朝日：170131）

2月15日に原子力規制庁、保安規定違反と認定。（朝日：170216）

高速増殖炉もんじゅ

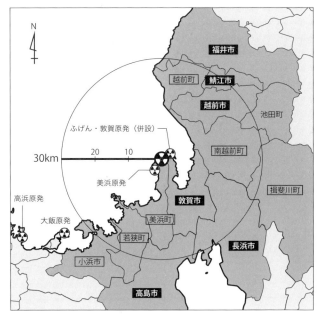

所　在　地	福井県敦賀市白木2-1
設　置　者	原子力機構
炉　　　型	FBR
電気出力(万kW)	28.0
営業運転開始時期	建設中
主　契　約　者	東芝／日立／富士／三菱重工
プルサーマル導入	1994
廃炉決定	2016.12.21

出典：ポケットブック2012．
　　　市民年鑑2011-12．

自治体名：人口5万人以上の自治体／自治体名：人口1万人以上～5万人未満の自治体／自治体名：人口1万人未満の自治体

1970.5.4　敦賀市、動力炉・核燃料開発事業団（動燃）からの高速増殖炉原型炉建設の調査申入れを了承。(B19-4)

1970.6.6　敦賀市白木地区、市議会に高速増殖炉原型炉建設促進を陳情。翌日、中川平太夫福井県知事に陳情。(JAEA)

1975.7.5　敦賀市議会、白木地区の建設請願書を採択。(B19-1: 444)

1975.12.17　敦賀市白木地区、県議会に高速増殖炉原型炉調査推進を請願。(B19-4)

1976.4.15　「高速増殖炉に反対する敦賀市民の会(敦賀市民の会)」結成。(B19-1: 444)

1976.7.25　「原子力発電に反対する福井県民会議（県民会議）」結成。(B19-1: 444)

1976.10.1　県民会議、もんじゅ建設反対の署名3万665人分を矢部千恵夫敦賀市長に提出。(B19-1: 444)

1977.9.19　県民会議、福井県知事にもんじゅ建設中止を求める10万2464人分の署名提出。(B19-1: 444)

1977.11.14　敦賀市民の会、原発建設の市長同意を住民投票で決定する条例制定の直接請求を敦賀市長に提出。(B19-1: 444)

1977.11.17　敦賀市、原発建設は地方公共団体の事務事項でないとし、条例制定の申請書受理を拒否。(B19-1: 444)

1978.2.18　県民会議、2回目のもんじゅ建設反対署名1万2810人分を敦賀市に提出。(B19-1: 444)

1978.3.3　原発建設を問う市条例制定申請書非受理を違法として、敦賀市民の会が市長を提訴。(反1: 2)

1978.11.14　動燃、地元説明会開催。11月21日にも開催。(B19-4)

1980.9.11　科技庁、美浜町議会に地元説明会実施。(B19-4)

1980.9.13　科技庁、敦賀市議会に地元説明会実施。(B19-4)

1980.9.26　科技庁、県議会全員協議会で説明。(B19-4)

1981.3.12　敦賀市民の会・地区労、もんじゅの公聴会を市議会に請願（24日不採択）。(反36: 2)

1982.2.22　科技庁、第1次安全審査の地元説明会開催。県庁前で県民1800人が抗議。(朝日: 820223; B19-2: 258)

1982.4.30　美浜町議会、もんじゅ建設に同意。(朝日: 820430)

1982.5.7　中川平太夫知事が建設に同意。敦賀市長は5月4日、美浜町長は5月6日に建設同意。(B19-5: 25)

1982.7.2　原子力安全委員会、第2次公開ヒアリング開催。県民1万人が抗議。(B19-2: 258)

1983.2.26　敦賀市漁協、もんじゅ建設に伴う漁業補償を16億1500万円で承認。動燃と協定調印。(B19-5: 26)

1983.5.27　内閣総理大臣、原子炉設置許可。(B19-4)

1985.9.26　県民会議参加の住民を中心に40人が、動燃を相手にもんじゅの建設・運転差止めを求める民事訴訟と、国を相手に設置許可（1983年5月）の無効確認を求める行政訴訟を福井地裁に提起。(朝

日: 850926)

1985.10.28 建設工事、本格着工。
（ポケットブック2012: 702）

1987.12.25 もんじゅの設置許可の無効確認を求めた行政訴訟で、福井地裁は住民の訴えを棄却。住民側は名古屋高裁に即日控訴。（朝日: 871226）

1989.7.19 名古屋高裁はもんじゅ設置許可無効確認の行政訴訟で原子炉から半径20km以内の住民にのみ原告適格を認め、審理のやり直しを命じる。（名古屋高裁金沢支部昭和63(行コ)2）

1989.8.1 もんじゅの行政訴訟、原告・被告とも控訴。（B19-5: 41）

1991.7.20 もんじゅ訴訟原告団、内部告発による中間熱交換器配管設計ミス発表。（B19-5: 46）

1992.3.27 県民会議、蒸気発生器細管に溶接ミスがあり、検査でトラブルが発生との内部告発を発表。（B19-5: 48）

1992.4.27 動燃、2次系配管にナトリウム流入作業実施。（朝日: 920428）

1992.5.29 動燃と福井県、敦賀市、美浜町が安全協定に調印。（朝日: 920529）

1992.7.7 動燃、プルトニウム約170kgを東海事業所からもんじゅへ輸送開始。以後8回実施。（朝日: 920707）

1992.9.22 もんじゅ設置許可の無効確認を求めた行政訴訟で、最高裁は原告全員の原告適格を認め福井地裁に審理やり直し命令。（朝日: 920922）

1994.4.5 もんじゅ初臨界。（朝日: 940405）

1994.11.15 炉物理試験終了。3カ月間の設備点検の後、核加熱試験の計画。（B19-5: 53）

1995.1.12 動燃、もんじゅについて福井県漁業協同組合連合会との間で漁業協定締結。（B19-4）

1995.2.21 起動試験中もんじゅで熱出力を上げる際、蒸気過多に。（反204: 2）

1995.3.14 動燃、蒸気過多を設計ミスとし、タンクの改良、配管交換を決定。15日、原子炉の手動停止。（朝日: 950315）

1995.5.22 5月8日に再開した起動試験を自動停止。動燃、6月8日、水・蒸気系流量調整不適切のためと発表。（朝日: 950609; B19-5: 57）

1995.8.29 国内の高速増殖炉初の発送電を約1時間、フル出力の約5%（約1万4000kW）実施。（朝日: 950829）

1995.12.8 2次主冷却系配管からナトリウムが漏れ、空気中の酸素か水蒸気と反応し煙が発生（ナトリウム事故）。1.5時間後に原子炉停止。（朝日: 951209）

1995.12.20 動燃が、もんじゅ事故直後に漏出箇所のビデオ映像を隠していたことが明らかに。（読売: 951221）

1996.1.7〜8 動燃・科技庁は、ナトリウム漏れの原因を温度検出器のさやの折損と、ほぼ断定。（反215: 2）

1996.1.13 もんじゅ事故の内部調査を担当していた動燃の総務部次長が自殺。（読売: 960113）

1996.5.14 もんじゅの運転凍結を求める市民団体が、約24万人の署名を中川秀直科技庁長官に提出。合計100万人を突破。（朝日: 960515）

1996.9.20 動燃、ナトリウム漏れ事故原因を県や敦賀市など地元自治体に説明。（朝日: 960920）

1996.12.8 もんじゅ前で永久停止を求める全国集会。武生市では市民団体主催で動燃との対話集会。（反226: 3）

1997.3.26 「もんじゅ県民署名草の根連帯」が、もんじゅの永久停止を求める署名16万5088人分を栗田幸雄知事に手渡す。（朝日: 970327）

1997.3.27 科技庁、ナトリウム事故を動燃が暫定評価したINESレベル0＋から1へ。（朝日: 970327）

1997.4.16 科技庁、原子炉等規制法違反（虚偽報告）の疑いで、動燃と幹部職員3人を告発。（B19-5: 62）

1997.7.18 福井地検、もんじゅ事故で虚偽報告をしたとして動燃および管理職員を原子炉等規制法違反で略式起訴。動燃理事長ら4人は不起訴処分。（読売: 970718）

1997.7.22 敦賀簡裁、もんじゅ事故の虚偽報告を原子炉等規制法違反として動燃に罰金20万円、職員2人に罰金10万円の略式命令。（読売: 970723）

1997.9.10 政府、もんじゅに1年間の運転停止命令。動燃が罰金刑を受けたことに伴う行政処分。（朝日: 970911）

1997.9.12 原子力安全委、ナトリウム事故に関する地元説明会を敦賀市内で開催。科技庁と事故調査特別部会が報告。（朝日: 970913）

1997.12.25 もんじゅの永久運転停止を求める県民署名2次分（5万4225人）を栗田知事に提出。1次分と合わせ最終署名は21万9313人。（B19-5: 63）

1998.2.22 もんじゅ事故調査をめぐり、県民会議が安全委・科技庁・動燃と初の公開討論会開催。（朝日: 980223）

1998.4.17 もんじゅで、制御棒の引上げ時にトラブルが続いていたことが判明。（市民年鑑2011-12: 170）

1998.5.29 動燃、安全総点検の最終報告書を福井県と敦賀市や越前町など6市町村に提出。（朝日: 980530）

1998.9.10 科技庁、もんじゅの運転再開をめざし敦賀市で住民説明会開催。約930人参加。（朝日: 980911）

1998.9.11 科技庁、住民説明会を福井市で開催。約470人参加。（朝日: 980912）

1998.10.1 法改正により、動燃を改組し、「核燃料サイクル開発機構（核燃機構）」が敦賀本部に発足。（B19-4）

1998.10.15 元幹部4人の不起訴処分の不当申立てに福井検察審査会、不起訴相当の議決。（朝日: 981016）

1999.2.3 もんじゅで電源盤のス

イッチ切り忘れ。ナトリウムを誤加熱。(市民年鑑2011-12: 170)

1999.2.19 もんじゅでヒーターの入れ忘れ。ナトリウムが固化。(市民年鑑2011-12: 171)

2000.3.22 もんじゅ行政・民事両訴訟で福井地裁、国や核燃機構の主張をほぼ全面的に認める判決。3月24日、原告控訴。(朝日: 000322; B19-5: 68)

2001.2.16 内閣府、文科省、核燃機構はもんじゅの運転再開について福井県議会と敦賀市議会へ説明会開催。(朝日: 010217)

2001.6.5 原子力発電に反対する県民会議、ストップ・ザ・もんじゅなど4団体が、廃炉を求める署名77万人分を政府に提出。(朝日: 010605)

2001.6.13 もんじゅで冷凍機のモーターが自動停止。(市民年鑑2011-12: 171)

2002.8.4 住民投票を経てもんじゅの運転再開を、と「県民投票を実現する会(代表玉村和夫)」発足。(朝日: 020804)

2003.1.27 もんじゅ設置許可の無効確認訴訟において、設置許可処分無効の判決。原発訴訟における初の原告勝訴判決。(名古屋高裁金沢支部平成12(行コ)12; B19-6: 23)

2003.1.31 もんじゅ行政訴訟で、国側は判決を不服とし、最高裁に上告の受理申立書提出。(朝日: 030131)

2003.2.8 日弁連、もんじゅの廃炉と高速増殖炉計画、核燃サイクル計画の放棄を求める会長声明。(朝日: 030209)

2003.3.9 原告住民らは名古屋高裁金沢支部で係争中のもんじゅ民事訴訟取下げを決定。(朝日: 030309)

2003.3.27 安全・保安院は設置許可処分無効判決について、判例違反や原子炉等規制法の解釈誤認とし上告理由書を最高裁に提出。(朝日: 030327)

2003.11.13 もんじゅで中性子計測の電源が約20分間遮断。(市民年鑑2011-12: 171)

2003.11.21 西川一誠福井県知事は、もんじゅの安全確保等に関する要請書を核燃機構に提出。(JAEA)

2005.5.30 もんじゅ設置許可無効訴訟で最高裁は、控訴審判決を全面的に退ける逆転判決。(最高裁第一小法廷平成15(行ヒ)108)

2005.6.28 もんじゅ行政訴訟で原告は逆転敗訴の最高裁判決を不服として再審請求。(朝日: 050628)

2005.10.1 核燃機構は、行政構造改革で日本原子力研究所と統合、日本原子力研究開発機構(原子力機構)に再編。もんじゅ建設所は高速増殖炉研究センターとなる。(JAEA)

2005.11.6 「とめよう『もんじゅ』関西連絡会」が公開討論会開催。(朝日: 051108)

2005.12.15 もんじゅ行政訴訟で最高裁は原告の再審請求を棄却。住民の敗訴が確定。(朝日: 051216)

2007.5.14 ナトリウム事故で自殺した職員の遺族が動燃に損害賠償を求めた訴訟で、東京地裁は原告の請求を棄却。(朝日: 070514)

2007.7.6 原子力機構、ナトリウム漏れ火災時に緊急注入する窒素ガス流量計に誤設定と発表。(朝日: 070707)

2007.10.26 ナトリウム漏えい検出器の誤警報のトラブルで原子力機構は接触不良が原因と発表。(朝日: 071027)

2008.3.26 安全・保安院、もんじゅ原子炉設置変更許可処分に対する住民の異議申立てを棄却。(朝日: 080327)

2008.3.31 原子力機構らによる共同地質調査で、もんじゅ直下数kmと横数百mに活断層判明。(朝日: 080401)

2008.4.4 原子力機構、ナトリウム漏れ誤警報の原因を取付けミスと発表。完成当時からミス。(朝日: 080405)

2008.4.18 原子力機構は新たに8基の検出器の破損を発見。計17基。(朝日: 080419)

2008.5.16 原子力機構は誤作動した検出器と同型約250基の交換を発表。計97基で不具合。(朝日: 080517)

2008.5.19 安全・保安院は原子力機構の品質管理態勢や危機管理意識を問題視、特別保安検査入り。(朝日: 080520)

2008.7.10 安全・保安院は原子力機構の検出器誤作動と通報遅れ等を批判。国から交換を指示された腐食配管もそのまま。(朝日: 080711)

2008.9.9 原子力機構、もんじゅの屋外排気ダクトの腐食孔を確認。(JAEA)

2008.10.22 安全・保安院、保安検査で原子力機構の改善状況と設備の保守管理体制が不十分と県と敦賀市に報告。(朝日: 081023)

2009.2.5 安全・保安院、排気ダクトの腐食穴のトラブルをINESのレベル1に認定。(朝日: 090206)

2009.2.27 原子力機構、検出器の総点検結果を保安院に提出し、県と敦賀市などに報告。温度計など4347個のうち148個に不具合。幹部2人も厳重注意処分に。(朝日: 090228)

2009.5.15 原子力機構、本来より小さく耐震強度を見積もる強度計算ミスを2件発表。(朝日: 090516)

2009.10.29 ナトリウム漏れ事故のビデオ隠し問題で自殺した職員の遺族が起こした損害賠償請求訴訟で、東京高裁は虚偽発表の強要はなかったとして控訴を棄却。(東京高裁平成19(ネ)3320)

2009.12.5 「09もんじゅを廃炉へ!全国集会実行委員会」や県民会議など5団体が県庁と敦賀市役所へ運転再開を認めないよう申入れ。(朝日: 091205)

2009.12.11 安全・保安院、原子力機構の組織体制や運転管理の改善を点検する意見聴取会を開催。(朝日: 091211)

2010.3.18 原子力安全専門委、もんじゅの試運転再開を認めた国の判断および耐震安全性の再評価を妥当と評価。(朝日: 100319)

2010.4.26　西川福井県知事、川端達夫文科相・直嶋正行経産相と会談し北陸新幹線敦賀延伸を含む地域振興策や安全対策で運転再開最終合意。（朝日：100426）

2010.4.28　西川知事、河瀬敦賀市長運転再開了承。（朝日：100429）

2010.5.3　安全・保安院の最終検査終了。問題はないと結論。（朝日：100503）

2010.5.7　安全・保安院は前日の誤警報を検出器の不具合が原因と見解。原子力機構は公表が遅れたことを謝罪。（朝日：100507）

2010.5.8　もんじゅ、午前10時36分に臨界に達する。（朝日：100508）

2010.5.8　ナトリウム温度が設定値を超え警報作動。5月10日、原子力機構は原子炉内の制御棒の操作ミスを発表。（朝日：010509、100511）

2010.5.16　もんじゅ最初の試験日程を終えて原子炉停止。再起動後の警報は290回以上。（朝日：100517）

2010.5.23　もんじゅ再起動。窒素圧力の監視装置の警報が222回で回路切断。（朝日：100524、100604）

2010.6.2　使用前検査を終え原子炉停止。保安院は安全基準を満たすと判定。（朝日：100603）

2010.8.26　燃料交換に使う炉内中継装置」（3.3t）が原子炉容器内で落下。（朝日：100827、100828）

2010.9.3　原子力機構は、落下原因を装置をつかむウインチねじの不具合と発表。（朝日：100904）

2010.10.29　事業仕分けでもんじゅの存続自体に疑問視。（朝日：101030）

2010.12.27　もんじゅの作業ミスで敦賀市全域の約3万5000戸が瞬間的に低電圧になる。（朝日：101228）

2010.12.28　原子力機構、非常用ディーゼル発電機シリンダーに少なくとも7本の亀裂を確認。（朝日：101229）

2011.1.13　使用済み燃料保管施設でポンプ停止のトラブル。安全・保安院の指摘を受け公表。（朝日：110115）

2011.2.15　原子力機構、炉内中継装置の復旧に計約17億5000万円を要することを表明。（朝日：110216）

2011.2.15　原子力機構、水・蒸気系の機能の確認試験。配管のつなぎ目5カ所で水漏れ確認。（朝日：110216）

2011.5.24〜7.2　炉内中継装置引抜き作業および工事。（B19-4）

2011.7.8　原子力機構、炉内中継装置の内部で金属製のピンが断裂していたと発表。（朝日：110709）

2011.7.8　原子力機構、別の非常用発電機にも強度不足の部品があったと発表。（朝日：110709）

2011.8.29〜2012.8.8　炉内中継装置落下に係る復旧工事。（B19-4）

2011.11.20　「提言型政策仕分け」で仕分け人全員がもんじゅの研究開発費の無駄を指摘。（朝日：111121）

2011.11.26　細野豪志原発相はもんじゅの廃炉も含めて検討していく意向を示す。（朝日：111127）

2012.1.31　ナトリウム漏れ事故の内部調査を担当して自殺した男性の損害賠償訴訟で最高裁は遺族の上告を退ける。（朝日：120202）

2012.2.16　ナトリウム漏れを監視する装置が約6時間にわたり停止。（朝日：120217）

2012.3.9　原子力機構はもんじゅの原子炉容器内の装置落下の最終報告書を保安院に提出。（朝日：120310）

2012.4.11　「原発問題住民運動福井県連絡会」は脱原発を求める7229人の署名を県に提出。（朝日：120412）

2012.4.27　原子力機構は2、3月のナトリウム漏れ監視装置の故障は人的ミスが原因と発表。（朝日：120428）

2012.7.19　保安院はもんじゅの装置炉内落下事故をINESでレベル0－と評価。（朝日：120721）

2012.9.7　文部科学省は初めてもんじゅの廃炉を含めた来年度予算の概算要求をする。（朝日：120908）

2012.9.13　西川一誠知事はもんじゅの廃炉に反発。原子力機構は「原子力機構敦賀懇話会」を開催し、もんじゅの利点を強調する。（朝日：120914）

2012.12.5　原子力規制委員会はもんじゅの管理不備1万点を保安規定違反と認定。（朝日：121205）

2012.12.8　県民会議、原水爆禁止日本国民会議、原子力資料情報室、ストップ・ザ・もんじゅ、反原発運動全国連絡会が敦賀市内でもんじゅ廃炉の全国集会を開く。（朝日：121209）

2013.2.7　原子力機構は安全上最も重要な5機器について未点検を点検終了と報告と公表。（朝日：130208）

2013.4.30　原子力機構はもんじゅ直下には活断層がないとする報告書を規制委員会に提出。（朝日：130501）

2013.5.17　原子力機構の鈴木篤之理事長は機器点検漏れの責任をとって辞任。（朝日：130530）

2013.5.30　規制委員会、もんじゅの点検漏れ問題で、原子力機構に安全管理体制の改善を命令。（朝日：130530）

2013.6.7　敦賀市原発懇談会が市役所で開催され市民からは不信や不満の声が相次ぐ。（朝日：130608）

2013.6.21　原子力機構は点検放置の機器が新たに約2000個見つかったと発表。（朝日：130622）

2013.7.31　規制庁は保安検査の結果、新たに65個の点検放置を保安規定違反と結論づける。（朝日：130801）

2013.9.30　原子力機構は点検放置の機器数を1万4316点と発表。（朝日：131001）

2013.12.7　もんじゅ廃炉を求める市民団体の全国集会が敦賀市白木海岸で開催される。（朝日：131208）

2014.10.12　原子力機構はナトリウム漏れの監視カメラ3分の1が故障していたことを公表。（朝日：141012）

2014.12.5　6市民団体が西川一誠知事にもんじゅの閉鎖を求める要望書を提出。（朝日：141206）

2014.12.6 もんじゅ廃炉や原発再稼働中止を求める市民団体の全国集会が敦賀市内で開催。(朝日：141207)

2015.1.28 原子力機構は運転再開準備の禁止命令解除に向けた報告書で未点検機器数を約400個少なく記載していたと発表。(朝日：150129)

2015.3.25 原子力規制委員会は新たに安全上重要な機器の点検放置が見つかったと表明。(朝日：150326)

2015.10.21 原子力機構は、最重要機器15点が92年以来点検されていたなかったことを公表。(朝日：151021)

2015.11.4 規制委員会はもんじゅの運営主体を保安規程違反が相次ぐ原子力機構から変更するよう馳浩文部科学相に勧告。(朝日：151114)

2015.12.5 もんじゅ廃炉を求める市民団体の全国集会が福井市文化会館で開催され約750人が集まる。(朝日：151206)

2015.12.25 もんじゅの廃炉を求める住民らが規制委に対し設置許可の取り消しと1983年の設置許可の無効確認を求める訴え。(朝日：151226)

2016.7.22 原子力機構が分解点検が必要な機器を2カ月放置。未点検を示す警報を見過ごす。(朝日：160722)

2016.7.27 「もんじゅに関する市民検討委員会」が県と県議会、敦賀市と市議会にもんじゅの廃炉を申し入れる。(朝日：160804)

2016.8.3 原子力機構は使用済み燃料プールの警報を5カ月間放置。(朝日．160804)
　原子炉補助建物の冷凍機が自動停止のトラブル。(朝日：160805)

2016.9.10 ナトリウム漏えい検出器のケーブルを誤って抜き運転表示ランプが停止するミス。(朝日：160917)

2016.9.13 ナトリウム漏えい検出設備の点検中、運転中の検出設備の電源を切ってしまうミス。(朝日：160917)

2016.9.21 原子力関係閣僚会議で、もんじゅの廃炉と新たな高速炉開発計画の方針を合意。(朝日：160922)
　福井県議会は政府に核燃料サイクルの推進を求める意見書を可決。(朝日：160922)

2016.9.23 福井県知事は県議会議長と経産相と会談し廃炉について「国の裏切り」と述べる。(朝日：160924)

2016.10.7 もんじゅに代わる高速炉開発計画に関する政府の「高速炉開発会議」が初会合。(朝日：161009)

2016.10.18 敦賀市原子力発電所懇談会で地元説明がなく廃炉方針が決まったことへ反発の声。(朝日：161019)

2016.10.20 パソコンの誤操作で空間放射線量のデータ送信できないなど人為的ミスが続く。(朝日：170216)

2016.10.21 美浜町議会はもんじゅ存続の意見書を可決。(朝日：161022)

2016.11.2 原子力規制庁はもんじゅの保安検査で保守管理上の多くの問題点を指摘。(朝日：161103)

2016.11.25 文科省、経産省と福井県の「もんじゅ関連協議会」で県知事は廃炉方針を批判。(朝日：161126)

2016.11.30 ナトリウム漏えい検出器のポンプを誤作動させポンプが自動停止し警報が鳴るミス。(朝日：170216)
　高速炉開発会議はもんじゅに代わり実証炉を建設する方針を公表した。(朝日：161130)

2016.12.3 敦賀市でもんじゅ廃炉を求める21年目の全国集会。約600人がデモ行進。また同市東洋町の集会には800人参加した。(朝日：161204)

2016.12.8 敦賀市はもんじゅ廃炉によって固定資産税が約2億円減少し、電源三法交付金は約3000万円減額されるとの試算を示す。(朝日：161209)

2016.12.19 もんじゅ協議会で知事は政府の廃炉決定に反発し、また原子力機構が廃炉作業を担うことに強い懸念を示す。(朝日：161219)

2016.12.21 政府は原子力関係閣僚会議を開き、もんじゅの廃炉を決定。(朝日：161221)

2017.1.10 福井県や原発立地市町による「県原子力環境安全管理協議会」が開催。政府の廃炉決定を批判する意見と廃炉作業を原子力機構が担うことに疑問の声。(朝日：170111)

II-5-3 建設中および計画中原発施設年表

大間原発

所　在　地	青森県下北郡大間町大字奥戸字小奥戸281
設　置　者	電源開発
	1号機
炉　　　型	ABWR
電気出力(万kW)	138.3
営業運転開始時期	建設中
主契約者	日立GE／東芝
プルサーマル導入	了解・未装荷

出典：ポケットブック2012．
　　　市民年鑑2011-12．

自治体名：人口5万人以上の自治体／自治体名：人口1万人以上〜5万人未満の自治体／自治体名：人口1万人未満の自治体

1976.4　青森県下北郡大間町商工会が大間原発誘致のための「原子力発電所新設に係る環境調査の早期実現」の請願を提出。(東奥：760622)

1976.5.4　大間町議会全員協議会、「原発誘致のための環境調査早期実現」を働きかける請願書を可決。(東北：760524)

1976.5.28　組織労働者を中心に組織された大間原発反対共闘会議、大間町公民館で「原発を考える住民のつどい」開催。(B20-1：36；東北：760529)
　　　6月20日、「原発建設反対、海を守る現地集会」開催。(東北：760621)

1976.6.24　大間町議会、6月定例会で「原子力発電所新設に係る環境調査の早期実現の請願」を採択。(東北：760625)

1976.6.29　下北郡大間漁協、総代会で原子力発電所建設の適否を決める環境調査の実施を認める決定。(東奥：760629)

1976.7.1　下北郡佐井村漁協、大間への原子力発電所誘致に反対する決定。周辺漁協が意思表示をしたのは初めて。(東奥：760702)

1976.12　奥戸漁協、12月末に臨時総会で「原発新設に係る環境調査」の実施に同意。(東奥：780207)

1978.4.7　下北郡の佐井村漁協、電源開発の大間原発建設事前調査拒否を村長に通知。(反1：2)

1978.5.26　大間町、電源開発に対し、カナダ型重水炉（CANDU）立地の環境調査申入れ。(反2：2；東奥：780526)

1979.2　電源開発、日加原子力協力協定が決着したのを機に、大間町を立地候補地点に選びCANDU炉導入を計画。(日経：790205)

1979.8　原子力委、大間町のCANDU炉導入見送り。経済効率の悪さが理由。(B20-6：38, 268)

1982.8　原子力開発利用長期計画で電源開発を実施主体とするATR実証炉計画決定。(B20-6：268)

1983.3　原子力委、大間町をATR実証炉立地点に決定。立地調査、基本計画を示す。9電力社長会、ATR実証炉立地調査の実施了承。(B20-6：268；反60：2)

1983.7.16　電源開発が大間原子力調査所を設置。環境調査実施へ。(反65：2)

1984.8　「大間原発反対共闘会議」が「大間原発を考える会」に改称、組合員以外にも会員を募る。(B20-1：37)

1984.12　大間町議会、原発誘致決議を賛成16、反対1で採択。大間町と電源開発、大間、奥戸漁協に対し原発調査委員会設置のための臨時総会開催を要求。(B20-6：38-39)

1985.1.29　大間漁協臨時総会、原発調査対策委員会設置決議を否決。3分の2が反対。30日、奥戸漁協でも圧倒的多数で否決。(B20-6：39-40)

1985.5.31　政府のATR実証炉建設委員会、ATR実証炉の建設計画を正式決定。(朝日：850601)

1985.6.18　政府、総合エネルギー対策推進閣僚会議を開催。静岡県浜岡町と青森県大間町の2カ所を重要電源立地に指定。(朝日：850624)

1986.12　建設予定地に土地を所有

する反対派漁民十数人、「大間原発に土地を売らない会」結成。(B20-6: 42, 269)

1987.5 電源開発の藤原一郎社長、大間町を訪れ原発計画推進を要請。町は「調整懇談会」開催、電源開発が原発計画を説明。町民参加者は300人。(B20-6: 42-44)

1987.6.6 大間漁協臨時総会、原発調査対策委員会の設置を可決。賛成332、反対116。(B20-6: 45; 反112: 2)

1988.4.21〜22 大間町の奥戸漁協臨時総会、85年1月の原発調査対策委員会設置反対決議の撤廃を議決(賛成145票、反対131票)。漁業補償交渉窓口の設置決定。賛成144票、反対132票の僅差。(反122: 2)

1988.8.25 電源開発、大間町ATR実証炉の電調審上程について、当初予定の88年12月を1年繰延べ89年12月とする。地元漁協を中心に反対が根強く、漁業補償などの建設交渉が難航しているため。着工、運転開始時期もそれぞれ1年遅れに。(朝日: 880826; 日経産: 880826)

1989.3 大間漁協、原発交渉委員会設置を承認。(B20-6: 269)

1989.10.26 電源開発、大間町のATR実証炉計画地の地権者代表委に価格を初提示。原発用地130haのうち120haを占める地主430人に対し、1m^{2}2000円の買収価格。(反140: 2)

1989.11.29 政府、電源開発調整審議会を開催。地元との調整がつかない大間原発、89年度の新規着手地点組入れは見送り。(毎日: 891130)

1990.11.27 大間ATRの建設スケジュールをまた1年繰延べにすることを建設推進委(資源エネ庁・科技庁原子力局・電源開発・電事連・動燃)が決定。4回目の見直し。(反153: 2)

1991.9.19 大間原発への給水用とされる奥戸川ダム建設が北限のサル生存に脅威とされる問題で、青森県が環境アセスメントを開始。

(反163: 2)

1992.1.10 奥戸漁協、大間原発の設置に伴う漁業補償の交渉委設置を決定。(反167: 2)

1992.9.12 電源開発、大間原発計画に係る漁業補償額提示。大間漁協に対して漁業補償金52億円、水産振興基金20億円、奥戸漁協に対して同28億円、10億円提示。(反175: 2; 朝日: 930410)

1993.10.5 大間、奥戸両漁協と大間町、町議会が青森県に、ATR実証炉の計画に伴う漁業補償交渉の仲介を正式要請。同日、電源開発も正式に仲介を要請。(反188: 2)

1994.4.22 大間漁協、電源開発の提示した漁業補償金96億100万円でATR実証炉の受入れを決定。(朝日: 940426)

1994.4.25 奥戸漁協臨時総会、電源開発提示の48億8100万円(水産振興基金10億円を含む)の補償金を受入れ、原発建設を認めることを決議。(朝日: 940426)

1994.5.18 電源開発と大間・奥戸両漁協が、大間ATR実証炉計画に係る漁業補償協定に調印。(反195: 2)

1994.11.29 ATR実証炉建設推進委、大間原発の建設計画をまた1年先送り。8度目の延期。(反201: 2)

1995.7.11 電事連、大間ATRの見直しを通産省など関係5省庁、団体に要請。ATR実証炉の計画を中止し、軽水炉を発展させた「最新型軽水炉」に切替えるというもの。ATRは建設費・発電コストが軽水炉の3倍、採算が合わないとの判断。(反209: 3; 朝日: 950712)

1995.7.18 田中真紀子・科学技術庁長官(原子力委員長)、電力業界がATR計画から撤退することもやむなし、企業の基本は採算との認識を初めて示す。(朝日: 950718)

1995.8.25 原子力委員会、ATR実証炉建設計画中止を決定。MOX燃料を利用できる改良型軽水炉建設を進めると決定。(朝日: 950826; 毎日: 950826)

1995.8.29 電源開発、ATRに代わ

るABWR開発のため、96年度は99億円を設備資金計画に盛込むことを明らかに。40億円が技術開発用調査費、残る59億円が建設予定地に対する地元振興費や漁業補償の追加費など。(朝日: 950830)

1995.11.25 電源開発が大間町議会と地元2漁協にATRからABWRへの計画変更を説明。138万3000kWと国内最大規模になり、温排水の拡散範囲は2倍。(反213: 2)

1995.12.26 国の96年度予算にABWRの開発資金として、99億円の計上が決定。(朝日: 951226)

1995 大間の対岸、函館市で「ストップ大間原発道南の会」結成。(B20-2: 70)

1996.10.30 青森県平和労組議、大間原発予定地内の用地約1970m^{2}を購入する契約を地権者と結ぶ。購入した用地を県内外の反原発グループや個人に分筆し、「一坪地主運動」を進める方針。(朝日: 961031)

1997.1.19 前町長の病気退職に伴う大間町長選、前助役浅見恒吉が元代議士秘書竹内滋仁を破り初当選。ともに原発推進の立場。(朝日: 970120)

1997.2.13 青森県反核実行委、原子炉建屋建設予定地内にある共有地の地権者と売買契約交渉をしていることを明らかに。(朝日: 970214)

1997.4.8 大間原発予定地の購入を進めている労組や市民ら、「大間原発に反対する地主の会」を発足。(朝日: 970409)

1997.5.29 電源開発、非公開の原発交渉委員会で、温排水の拡散範囲が広がる分のみ追加補償するとの漁業補償案を大間漁協に初めて提示。漁協は補償案を拒否。(朝日: 970529)

1997.7.22 奥戸漁協の原発交渉委員会、電源開発の漁業補償金提示の条件としているコンブ漁場造成の同社試算に納得せず交渉決裂。(朝日: 970723)

1997.8.4 大間原発反対の一坪地

主運動による分筆登記申請を、青森地方法務局むつ支局が却下。(反234: 2; 朝日: 970805)

1997.10.1 大間原発に反対する地主の会と電源開発、現地で分筆登記に向けた境界確定に合意。県反核実行委員会や個人で購入した2977m²(3区画)のうち、測量業者が分筆対象地の1977m²(2区画)について線引き。(朝日: 971002)

1997.10.21 奥戸漁協の原発交渉委員会、補償金提示の前提条件となっていた代替コンブ漁場の造成費について、電源開発側が示す3億5000万円で了解。(朝日: 971022)

1997.11.14 大間原発計画に伴う漁業補償交渉で、電源開発が大間、奥戸両漁協に各10億円、6億円を提示。2漁協とも不満表明。(反237: 2; 朝日: 971115)

1997.11.18 大間原発に反対する地主の会、青森地方法務局むつ支局へ建設予定地の分筆登記を再申請。(朝日: 971119)

1997.12.16 大間原発計画地の一坪地主運動で、所有権移転の登記申請開始。(反238: 2; 朝日: 971217)

1998.8.21 大間原発の建設計画に係る漁業補償の追加交渉で、奥戸・大間の両漁協と電源開発が補償協定書に調印。(朝日: 980822)

1998.10.27 大間原発計画の電調審上程を12月から99年7月に延期、と電源開発が発表。(朝日: 981028)

1998.12.17 大間原発建設に係る第1次公開ヒアリング開催。対象は大間町、風間浦村、佐井村、むつ市の住民のみ。函館市民は対象外。(朝日: 981218; B20-7: 125)

1999.8.3 電調審、国の電源開発基本計画に大間原発を組入れ。原子炉建屋部分を含む未買収地を残しての見切り発車。(朝日: 990804)

1999.9.8 電源開発、大間原発の原子炉設置許可申請。フルMOXのABWR。原子炉建屋部分を含む未買収地がありながら、申請を強行。(朝日: 990909)

2000.7.13 函館市内の住民らが

1998年12月の大間原発公開ヒアリングで意見陳述できなかったのは実施要項違反として国に慰謝料支払いを求めた訴訟(99年2月4日提訴)で、「ヒアリングは地元住民に理解と協力を求めるもので安全性に関する意見聴取が目的ではない」として函館地裁が訴えを棄却。(朝日: 000714; B20-7: 126)

2001.4.14 大間原発準備工事を中断。用地買収ができず。(朝日: 010415)

2001.10.24 電源開発、経産省に大間原発の安全審査一時保留願い提出。安全・保安院が了承。(反284: 2; B20-6: 271)

2002.2.7 電源開発、大間原発建設をまた1年延期すると発表。(朝日: 020207)

2003.2.10 電源開発、未買収用地の用地買収を断念。青森県、大間町などに、炉心位置を南に200m移動させると表明。(毎日: 030211; B20-6271)

2003.6 電源開発、建設予定地内の共有地地権者で唯一土地売却を拒否している熊谷あさ子に対し共有地分割訴訟を提起。(反326: 4)

2004.3.18 電源開発、炉心位置を約200m南に移動させることを盛込んだ原子炉設置許可申請を安全・保安院に再提出。(朝日: 040319)

2005.2.21 原発建設予定地内の共有地地権者で電源開発と係争中の熊谷あさ子、大間原発建設差止めを求めて提訴。(反324: 2)

2005.5.10 青森地裁、大間原発計画地内の土地を共有する熊谷あさ子に対し電源開発が共有地明け渡しを訴えた裁判で、「被告の所有部分はわずかで、同社の独占取得が相当」として明け渡しを命じる判決。(朝日050511; 反327: 2)

2005.10.19 大間原発計画で第2次公開ヒアリング開催。函館市民4人参加、意見を述べる。敗訴となったが2000年の「ヒアリング訴訟」の成果。(朝日: 051020; B20-7: 126-127)

2006.3.31 大間原発計画をめぐる

共有地分割裁判の控訴審で、地権者の訴えを排し金銭解決の判決。(反337: 2)

2006.10.12 大間原発計画地内の共有地分割裁判で、最高裁が住民の上告を棄却。(朝日: 061013)

2006.12 ストップ大間原発道南の会などを中心に「大間原発訴訟準備会」発足。(B20-2: 74)

2007.1.12 大間原発準備工事の差止めを求めた訴訟で、原告(熊谷あさ子)の死により訴訟取下げ。(朝日: 070113; B20-7: 120)

2008.4.23 大間原発原子炉設置許可。(ポケットブック2012: 137)

2008.4.24 大間原発訴訟準備会、「大間原発訴訟の会」に改称。(B20-3)

2008.5.27 大間原発が着工。原子炉は日立、タービンは東芝に発注。(朝日: 080528)

2008.6.11 広島工大の中田高教授が大間原発周辺に活断層の可能性大と指摘。東洋大の渡辺満久教授らが指摘した六ヶ所・東通周辺の活断層ともども、事業者側の一方的否定にマスコミなどからも強い批判。(毎日: 080612)

2008.9.21 原発建設予定地内(あさこはうす)で反核ロックフェスティバル「大MAGROCK」と「大間原発反対現地集会」開催。以後毎年1回開催。主催は最初の3回は八戸市の市民団体ピースランド、4回目からは各種団体や個人。(B20-4)

2009.11.12 電源開発と7電力会社が大間原発用のプルトニウム譲渡契約。(反381: 2)

2010.7.28 大間原発訴訟の会、国に原子炉設置許可取消しと損害賠償を、電源開発に建設差止めと損害賠償を求める4件の訴訟を函館地裁に提起。原告は北海道から沖縄までの170人。その後設置許可取消しの行政訴訟は取下げ。(B20-2; B20-4)

2011.3.11 東日本大震災発生。福島第一原発で過酷事故。(朝日: 110312)

2011.3.17　電源開発が大間原発の工事中断を発表。（反397: 2）

2011.5.24　大間原発の計画遅れで、大間町と町議会が電源開発に14億円の財政支援を要請。（反399: 2）

2012.6.17　大間原発建設反対集会とデモ行進、「大間原発に反対する地主の会」（今村修代表）が所有する原発敷地に隣接する私有地で開催。函館市民を中心に、関東、広島県など県内外の210人が参加。地元での原発反対デモ行進は30年ぶり。（朝日: 120618; B20-7: 188）

2012.9.15　枝野幸男経済産業相、「すでに設置・工事許可を与えた原発について変更することは考えていない」と、三村申吾知事らとの会談で表明。（朝日: 120915）

2012.9.25　函館市議会、大間原発の凍結を求める決議を全会一致で可決。同月、道南の福島町議会も凍結決議。（B20-6: 273）

2012.10.1　電源開発、大間原発の建設再開を正式に発表。福島第一原発事故以後、原発工事再開の表明は初。函館市などの周辺自治体は建設再開に反発。（朝日: 121001, 121005）

2012.10.13　泊原発再稼働反対、大間原発建設中止などを求める「さようなら原発北海道1万人集会」、札幌市中央区で開催、1万2000人参加（主催者発表）。（朝日: 121014）

2012.10.15　函館市の工藤寿樹市長を含む北海道南部の首長ら、大間原発建設の無期限凍結を首相官邸、経産省、電源開発に申入れ。（朝日: 121016）

2012.12.18　函館市議会、大間原発建設差し止め請求訴訟の準備費約2300万円を含む予算案を可決。（朝日: 121219）

2012.12.26　原子力規制委員会の田中俊一委員長、大間原発稼働の条件に活断層の確認が必要との見解を示す。（朝日: 121227）

2013.3.11　電源開発、新規制基準に適合させるため、大間原発で追加の地質調査を自主的に行うと発表。調査開始、とりまとめ時期は未定。（東京: 130312）

2013.5.14　「大間原発訴訟の会」「大間原発現地集会実行委員会」「大間原発に反対する会」「函館・下北から核を考える会」「弘前・核に反対する会」5団体の代表15人、大間町長に建設断念を申入れ。（B20-7: 176）

2013.10.19　大間原発に反対する市民団体など、津軽海峡を挟んで函館市と大間町で集会。大間町の集会には労働組合のメンバーら約600人（主催者発表）参加、集会とデモ行進。函館では市民ら約80人が参加、約30km先に原発を望む函館山（標高334m）山頂から登山道をデモ行進。（東京: 131020）

2014.3.26　函館市議会、国と電源開発に対して大間原発建設差し止め請求訴訟を起こす議案を可決。北海道電出身の2議員退席後、全会一致で可決。（朝日: 140327; 反433: 2）
　4月3日、東京地裁に提訴。原発差し止め訴訟で自治体が原告になるのは初めて。（朝日: 140404）

2014.12.16　電源開発、原子力規制庁へ大間原発の新規制基準の適合申請。建設中原発の新規制基準への申請は初。（朝日: 141217）

2015.1.27　原子力規制委、新規制基準の適合審査会合開催。今後の大間原発審査の主な論点として、MOX燃料を100%使う世界初の「フルMOX」など24項目を示す。（朝日: 150128）

2015.3.25　函館市町会連合会、大間原発の建設差し止めを求める14万6184人分の署名を集め、経済産業省に提出。署名集めは前年12月に開始。（東京: 150325）

2015.4.26　函館市長選、大間差止め訴訟を主導した現職の工藤寿樹が再選。対立候補（広田）は大間原発建設に反対するも提訴については「市の訴訟の取り下げを検討したい」と主張。（東京: 150427）

2016.4.20　電源開発、子会社のジェイウインド大間が大間牧場周辺に建設していた風力発電9基が完成、5月に営業運転開始と町議会に報告。出力は1万9500kW、東北電力に売電する。（朝日: 160421）

2016.7.17　大間原発敷地に隣接する共有地で「大間原発反対現地集会」開催、集会後に町内をデモ行進。全国から約450人（主催者発表）参加。（朝日: 160718）

2016.9.9　電源開発、原子力規制委による新規制基準適合性審査が長引き、11月頃と見込んでいた安全強化対策工事開始を18年後半に延期、と発表。2022年度頃としていた運転開始時期もずれ込む見通し。（朝日: 160910; 反463: 2）

2017.1.15　大間町長選、反原発候補（野崎尚文）も立候補し、16年ぶりの選挙戦に。現職の金沢満春が2081票（野崎尚文1523票）で4選。（朝日: 170117）

2017.4.14　函館市民ら計37人、大間原発建設差し止めと精神的苦痛への損害賠償を求め、国と電源開発を相手取り函館地裁に提訴。第9次訴訟、原告数は計1168人に。（朝日: 170415）

2017.6.2　函館市、ふるさと納税制度で大間原発建設差止め訴訟の費用を募り、寄付が1000万円を超える。2カ月で前年度の寄付額の10倍以上に。（東京: 170603）

2017.6.6　電源開発、敷地内を通る4本の断層の追加調査することに。「活断層ではない」と主張するも原子力規制委の指摘を受け、データの拡充が必要と判断したもの。（朝日: 170607）

上関原発
かみのせき

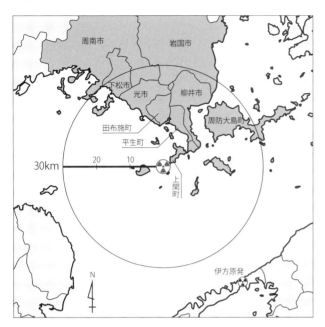

所　在　地	山口県熊毛郡上関町大字長島
設　置　者	中国電力

	1号機	2号機
炉　　　型	ABWR	ABWR
電気出力(万kW)	137.3	137.3
営業運転開始時期	計画中	計画中
主契約者	－	－
プルサーマル導入	－	－

出典：ポケットブック 2012.
　　　市民年鑑 2011-12.

自治体名：人口5万人以上の自治体／自治体名：人口1万人以上～5万人未満の自治体／自治体名：人口1万人未満の自治体

1982.2～　中国電力、上関漁協と商工会の役員や婦人団体を中心に相次ぎ原発の「視察旅行」を実施。(B21-2: 2)

1982.9.21　上関町の加納町長、「町民同意が得られれば、原発を含めた企業誘致を」と発言。(朝日: 821229)

1982.11　原発予定地対岸 3.5km に位置する祝島（人口1334人）で9割を超える住民が原発反対組織「愛郷一心会」を結成。(日経: 830422)

1982.12　上関町内に推進派組織「上関町の発展を考える会」設立。(日経: 830422)

1983.2.27　「原発に反対し上関町の安全と発展を考える会」結成。(B21-2: 2)

1983.4.24　上関町長選挙で原発誘致派片山秀行が58％の票を獲得して初当選。(日経: 830425)

1984.6.29　上関町議会、「事前環境調査（立地可能性調査）受入れの請願」を賛成16反対1で可決。(B21-3: 36)

1986.2.9　原発問題を最大の焦点にした上関町議員選挙で、推進派11人と反対派7人が当選。(日経: 860211)

1986.8　上関町、原発立地による電源三法交付金109億円、固定資産税400億円を見込み、地域振興ビジョンをまとめる。(B21-3: 57)

1988.2.2　山口県警平生署、公職選挙法違反（虚偽登録）と公正証書原本不実記載と行使の疑いで152人を山口地検に書類送検。(B21-3: 60)

1988.3.26　山口地検、不正転入事件で中国電力社員6人と町長の次男の計7人を正式起訴、111人を略式起訴。89年に有罪判決。(B21-3: 62; B21-1: 199-202)

1988.9.5　上関町の片山町長、中国電力に立地環境調査を申入れ。(日経: 881029)

1988.10.28　中国電力、上関町に郵送で「誘致を受諾」と回答。(日経: 881029)

1989.8.19　中国電力、光・熊毛地区の8漁協からなる漁業権管理委員会（「共109号」）に対し、立地環境調査への同意を要請。(B21-3: 68)

1990.4.26　祝島漁協、臨時総会で立地環境影響調査拒否を決議。(B21-3: 74)

1990.11.15　「愛郷一心会」の山戸貞夫会長ら6人、建設予定地の土地2万6500m^2 を共同購入。(B21-3: 76)

1991.6.19　中国電力が立地対象地区内の地権者約50人に「管理協力料」の名目で総額1300万円を支払ったことが明らかに。(B21-3: 80-81)

1991.10.26　推進派が運動組織を再編して「上関町まちづくり連絡協議会」を結成。(B21-3: 82)

1992.2.14　祝島「愛郷一心会」が「上関原発を建てさせない島民の会」へ改称。(B21-3: 83)

1992.8.12　中国電力、光・熊毛地区栽培漁業センターに、環境調査への同意を条件として約7億円を基金協力すると回答。(B21-3: 84)

1992.8.16～20　祝島「島民の会」により、島おこしのため1000年

続く県無形民俗文化財神事である「祝島神舞」を 12 年ぶりに再開。（山口: 920812）

1994.1 祝島を含む 8 漁協で共有していた埋立予定海域の地先漁業権が四代と上関の単独漁業権に変更される。（B21-16: 98）

1994.6.18 「島民の会」、四代田ノ浦に団結小屋を設営。太陽光パネルや風力発電装置を取付ける。（B21-3: 98）

1994.7.18 周辺の 2 市 3 町の商工団体が「上関原子力発電所立地促進商工団体協議会」を結成。（B21-3: 100）

1994.8.11 共 107 号委員会、環境影響調査への同意を決議。祝島漁協は途中退席。（日経: 940812）

1994.9.5 中国電力、共 107 号委員会、四代、上関の 2 漁協と環境調査協定書に調印。迷惑料は約 1 億 7000 万円前後。（日経: 940906）

1994.9.13 総合エネルギー対策推進閣僚会議、上関原発を「要対策重要電源地域」に指定。指定により、今後 3 年間で最高 9 億円の交付金が支給される。（日経: 940914）

1994.9.20 祝島漁協、共 107 号委員会と 7 漁協を相手取り、調査同意決議の無効確認を求める訴訟を提起。（山口: 940921）

1994.11.7 山口県、立地環境調査のための一般海域占用を許可。漁船 40 隻約 300 人が抗議活動。（日経: 941108）

1995.2.3 祝島漁協と組合員 4 人、調査の差止めを求める仮処分を申請。（B21-3: 120）

1995.10.11 山口地裁、立地環境調査差止仮処分申請について、共同漁業権、漁業行使権に基づく差止め請求権を認めながらも、差止め請求は却下。（反212: 2）

1996.4.21 四代地区田ノ浦にある反対派地権者の山林で立木トラスト運動開始。（西日本: 960407; 朝日: 960422）

1996.11.13 中国電力、14 年越しの原発計画を正式に上関町、山口県、関係漁協に申入れ。（山口: 961114）

1997.3.15 広島で「上関原発止めよう！広島ネットワーク」結成。（B21-2: 12）

1997.7.6 「地権者会」（146 人）と中国電力が土地の補償基準額についての協定書に調印。相場の倍以上の価格。（B21-3: 146; B21-2: 12）

1998.7.24 中国電力の貝川副社長ら、県商工委員会で、総額 2 億円の四代地区支援事業について「道義的責任」と発言。（日経: 980725）

1998.12.12 四代地区住民総会が反対派の包囲で開催されず、役員会で共有地 5 万 m² 中、9500m² を中電社有地と等価交換する契約書に調印。（中国: 981213）

1999.2.5 四代地区住民 4 人が、共有地（入会地）に関する決定は全地権者による総意を必要とするとして、契約無効、所有権移転登記抹消を求めて提訴。（朝日: 990206）

1999.4.24 上関町長選で、現職の片山秀行町長が 5 度目の当選。（日経: 990428）

1999.4.27 中国電力、通産省省議決定に基づく 15 項目の環境影響評価書を提出。（日経: 990428）

1999.5.19 原発建設予定地で、希少種である世界最小のクジラの一種スナメリ（ネズミイルカ科）の遊泳を確認。（B21-2: 12）

1999.6.12 国の環境影響評価法と山口県環境影響評価条例施行。県条例は学識者による県独自の審査と公聴会の制度をもつ。（B21-3: 175-176）

1999.8.23 貝類研究者 8 人、予定地周辺海域で希少種を含む 91 種の貝類を確認。「貝類にとり『究極の楽園』というべき唯一無二の環境」との見解を表明。（朝日: 990824）

1999.9.25 市民運動家と自然科学者らで、「長島の自然を守る会」を結成。（B21-11）

1999.11.16 山口県環境影響評価技術審査会、希少生物について継続調査を求める審査書を提出。（日経: 991117）

1999.11.25 二井知事、追加の環境

影響調査を求める意見書を資源エネ庁に提出。（日経: 991126）

1999.12.14 資源エネ庁環境審査部会、中国電力の環境影響評価準備書を基本了承の上、希少生物の補足調査と埋立て造成計画の一部変更を要請。（中国: 991215）

2000.4.26 第 107 号共同管理委員会、祝島漁協を除く 7 漁協の賛成で補償金 125 億 5000 万円で建設同意契約に調印。（中国: 000426）

2000.6.13 祝島漁協、漁業補償契約無効の確認を求めて訴訟を提起。（中国: 000614）

2000.10.31 通産省主催の第 1 次公開ヒアリング開催。反対派はヒアリングをボイコットし、別個にシンポジウムを開催。（日経: 001031, 001101; 毎日: 001031, 001101）

2000.11.9 通産省環境審査会顧問会原子力部会、環境影響評価準備書の追加調査結果の内容を妥当として了承。（日経: 001110）

2000.12.17〜18 朝日新聞社による世論調査（有効回答者数は 686 人）で、上関町では賛成：反対：その他が 33：46：21、周辺 2 市 5 町では 21：58：21、県全体では 24：47：29 との結果に。（朝日: 001220）

2001.3.22 大島町議会、上関原発反対の請願を満場一致で採択。（中国: 010323）

2001.3.28 柳井市、上関原発について両論併記の文書を二井知事に提出。以後、平生町、大島町、田布施町、大和町、大畠町が同様の意見書を提出。（日経: 010329）

2001.4.19 日本生態学会、経産省や環境省などにアセスの根本的なやり直しを求める要望書を提出。（西日本: 010420）

2001.4.23 二井知事、6 項目 21 件の留保条項を付けて建設に実質同意する意見書を資源エネ庁に提出。（日経: 010424）

2001.6.11 経産省、2001 年度の電源開発基本計画に、上関 1、2 号機を正式に組入れ。共に 137.3kW で総工費 8000 億円。（日経: 010612）

2003.2.7 柳井市を中心とした合

併協議会で、上関町が合併の枠組みから離脱。原発関連交付金の取扱いで合意できず。（日経: 030208）

2003.3.16 神社本庁が神社地売却を拒んできた四代八幡宮の林晴彦宮司を解任。（日経: 030318）

2003.3.28 山口地裁、入会権確認訴訟で反対派住民の使用収益権を確認。原発立地を事実上不可能とする内容。（日経: 030329）

2003.4.27 上関町長選で、推進派の統一候補である前町長夫人の加納簾香が反対派の山戸貞夫町議を破って当選。（日経: 030421）

2003.8.19 4月の上関町選にからむ買収事件で加納町長が辞任。（中国: 030820）

2003.10.5 やり直し町長選で、推進派の柏原重海が反対派の山戸貞夫候補を破り当選。（反308: 2）

2003.12.21 四代八幡宮の役員会、神社地売却を決定。（B21-2: 19）

2004.10.5 四代八幡宮、神社地売却契約（約1億5000万円）を締結。中国電力は原発用地の8割を確保。（日経: 041006）

2004.11.6 神社の氏子4人、「全員の同意なしに売却処分や樹木の伐採はできない」として、所有権移転登記抹消を求めて提訴。（日経: 041107）

2005.4.13 中国電力、原子炉設置許可申請に向けた詳細調査開始。反対派100人が現場で抗議。（日経: 050413; B21-2: 21）

2005.8.1 祝島漁協と組合員53人が詳細調査差止めを求める仮処分申請。阻止行動が続く。（反330: 2）

2005.10.20 広島高裁、入会権訴訟で原告の入会権を全面否定する判決。法学者野村泰弘、矢野達雄らはこの判決を法理に反すると強く批判。（日経: 051020; B21-13; B21-14）

2006.3.23 山口地裁、漁業補償無効確認訴訟で、無効確認と原発建設差止めの訴えを退ける。他方、「許可漁業」「自由漁業」操業の権利を認めて原告漁民による迷惑行為受忍の義務なしとした。（日経: 060324）

2006.4.25 詳細調査のための大型海上ボーリング台船設置作業が祝島漁船団の抗議で中止に。反対3団体が県庁前で抗議の座り込み。（反338: 2）

2007.6.15 広島高裁、漁業補償契約無効確認訴訟で、原告側逆転敗訴の判決。（中国: 070615）

2008.4.14 最高裁、入会地訴訟の上告を棄却（賛成3反対2）。2審判決での入会権の存否判断は是認せず。（日経: 080415）

2008.6.17 中国電力、「公有水面埋立免許願書」を申請。（反364: 2）

2008.6 原発予定地海域で国の天然記念物、絶滅危惧種II類であるカンムリウミスズメを確認。（西日本: 080701）

2008.10.20 祝島漁業者84人が埋立免許差止めを求めて提訴。（中国: 081021）

2008.10.22 山口県、上関町議会議決を受けて公有水面埋立免許（期間3年）を交付。（日経: 081023）

2008.11.4 最高裁、漁業補償契約無効確認訴訟の上告を棄却。祝島漁業者の敗訴が確定。（山口: 081105）

2008.12.2 祝島住民ら住民111人と周辺希少生物6種を原告として、埋立免許取消しを求める「自然の権利訴訟」を提起。（山口: 081203）09年10月に地裁が却下。（山口: 091021）

2009.2 県漁協祝島支店で、漁業補償金受け取り拒否を決議。2011年、2012年にも同様の決議。（朝日: 150415）

2009.4.22 原水禁山口県民会議など5団体が上関原発中止を求める100万人署名を開始。（B21-2: 26）

2009.9.10 中国電力、浮標設置作業を開始。反対派の漁船約30隻とシーカヤック隊が阻止行動。（日経: 090911）

2009.10.9 中国電力、反対派39人に対し阻止行動禁止の仮処分を申請。（山口: 091017）

2009.10.29 中国電力、海面埋立て工事準備継続。祝島では「島民の会」が海上阻止行動の継続を30日に決議。（日経: 091103）

2009.12.15 中国電力、祝島住民2人とシーカヤッカー2人を相手に約4800万円の損害賠償を求めて提訴。（山口: 091216）

2009.12.18 中国電力、1号機の原子炉設置許可申請書を提出。（日経: 091219）

2010.1.18 山口地裁、海面埋立て工事に対する住民の妨害行動を禁じる仮処分申請を認める。（反382: 2）

2010.2.15 日本生態学会など3学会が建設工事の一時中断と生物多様性保全のための適正な調査を求める要望書を中国電力と政府宛に提出。（朝日: 100216）

2010.3.3 中国電力、反対派の妨害行動1日について制裁金936万円の連帯支払いを命じる「間接強制」の申立て。（朝日: 100311）

2010.3.31 山口地裁、反対派40人に対し、仮処分違反の場合には1日500万円の支払いを命じる。（朝日: 100403）

2010.4.26 2カ年にわたる取材を経て、纐纈（はなぶさ）あや監督作品『祝（ほうり）の島』完成試写会開催。2012年7月にイタリア環境映画祭ドキュメンタリー部門で最優秀賞受賞。（B21-17）

2010.9.9 最高裁、神社地所有権問題で入会権の確認を除き双方の上告不受理を決定。（山口: 100916）

2010.10.13 沈殿池から白い濁水が海域に40分間流出。祝島島民たちが工事作業を阻む実力行使で抗議。（中国: 101015）

2010.12.13 中国電力、上関町に6億円を寄付。07年8月以来5度目で寄付総額は24億円。別に、国体上関会場（町体育館）へのアクセス道路を建設、町に寄付する予定。（山口: 101229）

2010.12.15 中国電力が熊毛断層につき追加の地質調査を県内3カ所で開始。（山口: 101216）

2011.1.14 祝島島民の会を母体にした「祝島千年の島作り基金」が発足。エネルギー自給率100%を

目指す。（朝日：110119）

2011.2.21　中国電力、埋立て工事を再開。工事は抗議行動で中断。中電は航行妨害禁止の仮処分を申立て。（日経：110223）

2011.3.1　中国電力、山口地裁に反対派の妨害行為1日につき制裁金936万円の連帯支払いを求める申立て。（中国：110301）

2011.3.13　山口県、福島第一原発事故を受けて、中国電力に「極めて慎重に対応してほしい」と要請。（日経：110315）

2011.3.15　中国電力、敷地造成工事を一時中断。（日経：110316）

2011.3.29　山口地裁、「間接強制」で、住民12人と「島民の会」に1日70万円を支払うよう命令。（中国：110330）

2011.4.1　中国電力、工事関係船舶の航行妨害禁止を求める仮処分命令の申立てを取下げ。（日経：110402）

2011.5.27　周南市議会、上関原発の中止を求める意見書を全会一致で可決。（山口：110528）

2011.6.16～10　周防大島町議会、宇部市議会など周辺11の自治体が上関原発の凍結や慎重な対応を求める決議。（山口：110617; 中国：111015）

2011.7.7　二井知事、中国電力に「公有水面埋立免許の延長は現時点では認めることは難しい」との方針を伝える。（山口：110708）

2011.7.8　山口県議会、上関原発建設計画について事実上の一時凍結を求める意見書を全会一致で可決。（日経：110709）

2011.8.1　上関原発計画の中止を求める第3次署名分が経産大臣宛に提出される。累計で100万9527筆。（朝日：110802）

2011.11.22　上関町で原発がない場合の町づくりを考える第1回「地域ビジョン検討会」開催。（日経：111123）

2012.7.2　中国電力、予定地海岸での反対派による工事妨害を禁じた仮処分について、申請を取り下げ。（朝日：120703）

2012.7.30　山口県知事選、二井前知事の方針を踏襲し原発計画「凍結」を掲げた山本繁太郎が脱原発を掲げた飯田哲也を破って当選。（朝日：120730）

2012.9.6　最高裁、埋立て側事業者に「妨害予防権」を認める初めての判断を示す。（朝日：120906）

2012.9.14　民主党政権、30年代に原発稼働ゼロを目指すエネルギー・環境戦略をまとめる。（日経：120915）

2012.9.19　民主党政権の枝野幸男経産相、国内12基中、上関原発など未着工の9基について、「原発の新増設は行わない」原則の適用対象と表明。（朝日：120920）

2012.10.5　中国電力、埋立て免許の延長を県に要請。（日経：121006）

2012.12.27　自民党政権の茂木敏充経産相、着工前の9基の原発計画について、「今後の政治判断」によると発言。（朝日：121227）

2013.2　県漁協祝島支店で、初めて漁業補償金約10億8000万円の受取りを可決。議長権限で無記名投票の結果31対21。（朝日：130301）

2013.3　県漁協祝島支店の反対派32人が補償金受取り拒否の文書を県漁協に提出。（朝日：150415）

2013.4.20～21　朝日新聞社による県内有権者対象の世論調査実施。上関原発建設に反対58％、賛成15％。（朝日：130426）

2013.12.12　「神社地訴訟」差戻し控訴審で、原告敗訴。原告側弁護人の中尾英俊（法学者で入会権研究の権威）は「何も審理していない」と批判。（朝日：131213）

2014.3.16　町道蒲井四代線で中国電力が総額約2億円の道路拡幅、新設工事実施との報道。完工後に上関町に引き渡す。（朝日：140316）

2014.5.14　山口県、中電に対し公有地水面埋め立て免許延長申請について、6回目の補足説明を要請。（日経：140515）

2014.6.11　工事妨害を禁じた仮処分決定取消しを求めた申立てについて、中国電力と住民の和解成立。

（朝日：140613）

2014.10.1　祝島の人口450人に。島民の75％が65歳以上。32年前の約3分の1に減少。町人口は半減。（朝日：141017）

2015.4.14　県漁協会合、祝島支店分の補償金配分案を24対28で否決。（朝日：150415）

2015.4.28　上関町総合文化センター（総工費約10億6000万円、内約9億1000万円が原発関連交付金）完成式典実施。これで、温泉施設、道の駅と合わせ大型3施設がそろう。（朝日：150429）

2015.6.12　最高裁、神社地訴訟で住民側の上告を受理しないと決定。（朝日：150616）

2015.9.2　上関町長選で原発推進派で現職の柏原重海、無投票当選。（日経：150902）

2016.6.30　中国電力、建設予定地の断層についてボーリング調査を開始。（日経：170804）

2016.8.3　4年近く公有水面埋立免許延長の判断を先送りしてきた山口県、条件付きで許可。「本体工事の着工時期の見通しがつくまで埋立工事をしないこと」を中電に要請。（日経：160804）

2016.8.23　中国電力、県側の要請を「重く受け止める」と回答。（日経：160824）

2016.8.30　敷地造成工事妨害をめぐり6年8カ月続いた損害賠償訴訟、和解成立。中電は損害賠償請求を放棄、表現行為を尊重する、被告側は工事船舶の航行を妨げないことを確約。（朝日：160831）

2017.10.1　「上関原発のない未来を！柳井地域の会」（代表は中川隆志市議）設立。（朝日：170921）

2017.11　祝島の人口、381人に。上関町人口は2874人。（B21-18）

Ⅱ-5-4 核燃料再処理施設・廃棄物施設

核燃料再処理施設年表

六ヶ所村

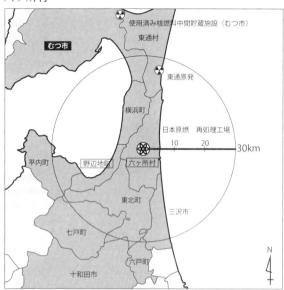

東海村

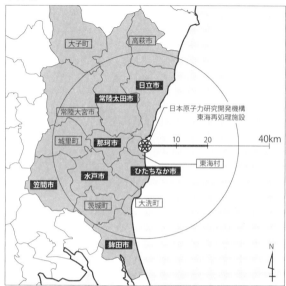

自治体名：人口5万人以上の自治体／自治体名：人口1万人以上～5万人未満の自治体／自治体名：人口1万人未満の自治体

1956.4.6　原子力委、茨城県東海村を原研の敷地として選定。(年鑑2012: 324)

1956.5.19　科学技術庁発足（長官：正力松太郎）。6月15日に日本原子力研究所発足。(年鑑2010: 323; B22-16: 313)

1956.8.10　原子燃料公社（原燃）設立。ウラン探索・精製、核燃料加工・再処理を担う。同年、倉吉出張所、翌年人形峠出張所開設。(B22-20: 34, 233; 年鑑1957: 26; B22-21)

1956.9.6　原子力委、初の「原子力の研究、開発及び利用に関する長期計画」（原子力長計）策定。原子力研究所の研究内容として燃料再処理および廃棄物処理を上げる。(B22-21)

1959.3.18　原子燃料公社（原燃）東海製錬所で最初の金属ウランを製造。28日開所式。(年鑑1960: 11-12)

1961.2.8　原子力委、「原子力の研究・開発及び利用に関する長期計画（第2回）」を発表。核燃料再処理、プルトニウム燃料および増殖炉の開発を明記（原研、原燃が担当）。(B22-21)

1961.4.28　原燃東海製錬所、国産ウラン原鉱石から約200kgの純国産金属ウランの精錬に成功。(読売: 610429)

1963.2.21　原研再処理試験室で爆発事故、放射能汚染。誤って高濃度の硝酸を揮発性廃液中に投入したもの。(B22-14: 32)

1964.12.21　茨城県議会、再処理施設建設に反対を決議。翌年1月21日には勝田市議会が反対を決議。(B22-13: 94)

1966.6.-　県漁連、再処理施設の東海村設置反対を決議。(ATOMICA)

1967.4.13　原子力委、「原子力の研究・開発及び利用に関する長期計画」で、高速増殖炉と新型転換炉の二元開発を軸とした核燃料サイクル確立の方向性示す。(B22-16: 386; B22-15)

1967.10.2　原子燃料公社を吸収合併し「動力炉・核燃料開発事業団（動燃）」が発足。動力炉開発および核燃料開発を一元的に担うことに。(B22-17: 126)

1968.5.16　原研、国産1号機使用済み燃料棒からプルトニウム18gを初抽出。10月2日にも105gを抽出、純度96%。(年鑑1969: 22, 31)

1968.9.30　日立市市議会、核燃料再処理施設の東海村設置反対を満場一致で決議。(年鑑1969: 31)

1969.5.30　「新全国総合開発計画」（新全総）閣議決定。むつ小川原を大規模工業基地の候補地に指定。(B22-4: 1)

1970.10.23　動燃、人形峠鉱業所にウラン精鉱一貫プラント完成、操業開始（鉱石処理量1日50t）。(年鑑1971: 23)

1971.3.25　第3セクターむつ小川原開発株式会社設立。開発地域の用地取得、分譲を行う。資本金15億円（後に60億円）。出資者は国（北海道東北開発公庫）、県、民間企業。(B22-9)

1971.6.5　政府、動燃の東海村使用済み核燃料再処理施設の建設を認可。7日には茨城県も許可。(朝日: 710606)

1971.6.19　県漁連、再処理施設の設計・工事方法認可取消しを水戸地裁に請求。7月7日には建設工事禁止の仮処分を水戸地裁に申請。

（朝日：710708）

1971.9 水戸地裁、県漁連による再処理施設の認可取消し請求を却下。翌年12月、東京高裁が控訴棄却。（ATOMICA）

1971.10.15 六ヶ所村開発反対同盟が発足。（B22-5：332）

1972.2.7 動燃・東海事業所に、国内初のプルトニウム燃料加工工場完成。16日から運転開始。（朝日：720208）

1972.6.8 青森県、むつ小川原開発第1次基本計画と住民対策大綱を決定。工業用地5000haに石油精製、石油化学、火力発電の各施設を立地する石油コンビナート。（B22-9）

1974.11.29 茨城県漁連と動燃、再処理施設設置に伴う漁業補償協定に調印。（ATOMICA）

1975.4.24 東海再処理施設で、作業員10人が数レムの被ばく。同時に10人もの被ばくは初。（朝日：750425）

1975.10.6 東海再処理施設のウラン試験認可（9月5日試験開始）に、住民71人が行政不服審査に基づく異議申立て。（年鑑1976：779-780）翌年6月30日、科技庁が却下。（朝日：760701）

1975.12.20 青森県、オイルショック後の石油需給を見直し、むつ小川原開発第2次基本計画を決定。（B22-3：382）

1977.3.21 六ヶ所村開発反対同盟、「六ヶ所村を守る会」に改称。開発を認め、条件闘争に転換。（B22-6：441）

1977.9.12 使用済み核燃料再処理施設運転に関する日米共同決定調印。従来、米の同意が必要とされていた米国製濃縮ウランの使用済み核燃料再処理が年間99tまで可能となる。東海再処理施設が運転可能に。（B22-22：176）

1977.9.22 東海再処理施設が試運転を開始。11月7日、単体プルトニウム819.5gを抽出。国内で初。（朝日：770922, 771108, 771111）

1977.9.30 電力10社、仏原子燃料サイクル会社（COGEMA）と再処理委託契約に調印。1982～1990年の期間に核燃料1600tの処理を委託。（B22-28；朝日：771001）

1978.5.24 電力10社と英BNFL社、使用済み燃料再処理委託契約に調印。（B22-19）

1979.6.1 原子炉等規制法の改正案が成立。使用済み燃料再処理の民営化に道を開く。（B22-23：15）

1979.6.14 むつ小川原港建設に伴う漁業補償交渉で、六ヶ所村内3漁協のうち2漁協が県と協定調印。補償額は計133億円。（B22-9）翌年3月31日、六ヶ所村泊漁協は33億円、東通村白糠漁協は5億5000万円で漁業補償協定調印。（B22-8：070204）

1979.9.12 動燃が岡山県人形峠に建設していたウラン濃縮試験工場の第1期工事（遠心分離機1000台）が完成、運転開始式を行う。日本は8番目のウラン濃縮国に。12月26日、初めて国産濃縮ウラン（3.2%）300kgを回収。（朝日：790913, 791227）

1980.3.31 核燃料サイクルの事業化を目的として、「日本原燃サービス株式会社」発足。電力9会社、日本原電が出資。（年鑑2012：364）

1980.8.7 東海村の動燃プルトニウム混合転換施設着工。米国の要請により核兵器原料になりにくい転換方式（液状で混合）を開発。（朝日：800808）

1981.1.17 東海再処理施設が本格操業入り。国内再処理需要の30%を処理可能に。（朝日：810118）

1981.4.17 東海再処理施設で放射性物質が工業用水に混入、近くの川に流出していたことが明らかに。10日近く流れていたことも想定される。（朝日：810418）

1981.4.23 人形峠で生産された濃縮ウラン約1tが、新型転換炉「ふげん」の燃料用に東海村の燃料製造会社に向けて初出荷。翌年12月25日、「ふげん」に装荷。（朝日：810424；反57：2）

1982.6.30 「原子力開発利用長期計画」の改定。高速増殖炉の実用化によるプルトニウムの利用を2010年以降に先延ばし。（B22-24）

1983.2.19 東海再処理施設で、溶解槽から放射性物質漏れ。他方の溶解槽がピンホールのために運転停止しており、全面運休に。（朝日：830220）

1985.4.9 青森県北村知事、県議会全員協議会で核燃施設立地受入れを表明。受入れ施設は再処理工場、ウラン濃縮工場、低レベル放射性廃棄物貯蔵施設。（B22-9）

1985.4.18 青森県（北村知事）、六ヶ所村（古川伊勢松村長）、原燃サービス、原燃産業の4者が電事連を立会人として「核燃料サイクル施設の立地協力に関する基本協定書」を締結。（B22-2：69）

1985.4.26 「むつ小川原第2次基本計画一部修正」を閣議口頭了解。核燃料サイクル基地の立地がむつ小川原開発の一部となる。売れ残り用地と借入金を抱えて困窮していたむつ小川原開発の救済という側面が強い。（東奥：850426）

1985.5.28 青森県臨時議会、直接請求で提案されていた「核燃料サイクル施設建設立地に関する県民投票条例」を否決。（東奥：850528）

1985.7.11 六ヶ所村漁協、核燃サイクル施設立地に係わる海域調査に合意。7月31日に六ヶ所村海水漁協、8月19日に八戸漁連および八戸地区原燃対策協議会、8月23日に三沢市漁協も合意。（東奥：850712；B22-10：80）

1986.12.12 東海再処理施設で放射能汚染事故があり、ポンプ点検中の作業員1人がプルトニウム汚染。（読売：861214）

1986.6.23 動燃東海事業所で査察中のIAEA査察官を含む12人がプルトニウム汚染。許容基準値の10分の1以下。（朝日：860624, 860625）

1987.12.12 青森県農業4団体の核燃料サイクル建設阻止農業者実行委員会が発足。これ以降、核燃反対は全県的な規模の運動へ広がっていく。（B22-3：385）

1988. 5. 25　新日米原子力協定の承認案が参院で可決成立。核燃料サイクル継続が可能に。有効期限は30年。(反123: 2; B22-25: 340)

1988. 6. 30　ストップ・ザ・核燃署名委員会、青森県知事にサイクル施設建設白紙撤回の署名簿約37万人分提出。(B22-8)

1988. 8. 10　科学技術庁、青森県六ヶ所村ウラン濃縮工場を正式に事業許可。(東奥: 880811)

1988. 9. 1　東海再処理施設で、作業中の不手際から職員と作業員の計7人が被ばく、うち3人は放射性物質を吸入。健康上問題はない、と動燃発表。(朝日: 880902, 880909)

1989. 4. 9　六ヶ所村で「核燃阻止全国集会」。参加者が1万人を超える。「核燃いらね！ 4・9大行動」運動の高まりの象徴。(東奥: 890410)

1989. 5. 18　人形峠のウラン濃縮原型プラント第2期工事分が完成、全面操業入り。年間で100万kWの原発を1年半運転可能な濃縮ウランを生産。(朝日: 890518)

1989. 7. 13　核燃阻止1万人訴訟原告団、ウラン濃縮施設の事業許可の無効確認と許可取り消しを求める訴訟を青森地裁に提訴。(東京: 890714)
　02年3月15日、青森地裁は請求を棄却。(朝日: 020316)
　06年5月9日、高裁が上告棄却。07年12月21日、最高裁が、住民側上告を棄却。(ポケットブック 2012: 196)

1989. 8　青森県内の農協の過半数が核燃反対を決議。8月のみで22農協が表明。(東奥: 890901; B22-3: 385)

1989. 10. 4　東海再処理施設から放射性ヨウ素が通常の10倍も放出されていたことが判明、運転を緊急停止。6日、廃ガスを処理する工程で配管の継ぎ目からヨウ素を含む水が漏れていたため、と判明。(朝日: 891005, 891007)

1990. 3. 17　六ヶ所村議会、電源三法交付金を含む新年度予算案を可決。(東奥: 900317)

1990. 11. 30　核燃施設低レベル放射性廃棄物貯蔵施設、六ヶ所村で着工（事業許可は11月15日）。(B22-2: 386)

1990. 12. 20　核燃立地協定破棄を求める52万余人分の署名が青森県に提出される。(B22-7: 28)

1991. 2. 3　核燃政策が最大の争点となる青森県知事選で、推進派の北村正哉が反対派の金沢茂、凍結派の山崎竜男を破り4選（得票は順に32万5985票、24万7929票、16万7558票）。この知事選をピークに反核燃運動は下火に。(B22-3: 386)

1991. 7. 25　県、六ヶ所村、原燃産業、ウラン濃縮工場に関する安全協定締結。(B22-1: 63)

1991. 8. 2　原子力委員会が、核燃料リサイクル専門部会の報告を了承し、軽水炉でプルトニウムを利用する新計画を決定。(反162: 1)

1991. 10. 30　原子力安全委、六ヶ所村で再処理工場と高レベル放射性廃棄物貯蔵施設についての公開ヒアリング開催。(東奥: 911031)

1992. 1. 9　動燃・東海事業所の高レベル放射性物質研究施設分析室で、作業員2人がプルトニウムの体内汚染。1人は年間被ばく限度の1.4倍の内部被ばく。プルトニウムによる被ばくで法令値を超えたのは初めて。マニュアルの不備が原因。(朝日: 920110, 920122)

1992. 7. 1　原燃サービスと原燃産業が合併、日本原燃が発足。資本金1200億円、社員1050人。(東奥: 920702)

1992. 7. 6　大量のプルトニウム（170kg前後）積載トラック4台、「もんじゅ」に向け動燃・東海事業所を出発。輸送情報は非公開。9月3日には2回目、11月12日に3回目の輸送。(朝日: 920707, 920904, 921113)

1992. 11. 27　動燃、「もんじゅ」の臨界を93年3月から10月に再度延期、と発表。東海事業所のプルトニウム燃料製造で大量の不良品が発生したため。(朝日: 921128)

1992. 12. 24　国が青森県六ヶ所村再処理工場事業許可。(B22-2: 71)
　93年4月28日、着工。(B22-1: 64)

1993. 1. 5　フランスからの返還プルトニウム約1t積載のあかつき丸、東海港に入港。茨城県警は1100人の警備態勢、反対デモ参加者は約640人。(朝日: 921230, 930105, 930106)

1993. 9. 17　1万人訴訟原告団、高レベルガラス固化体貯蔵施設の事業許可取消しを求めて青森地裁に提訴。(B22-7: 34)

1993. 12. 3　1万人訴訟原告団、六ヶ所再処理施設の事業指定処分取消しを求めて青森地裁に提訴。(ポケットブック2012: 195)

1993. 12. 27　東海再処理施設で、フィルター交換作業の4人が被ばく。1人は法令値の2倍の被ばく。マニュアル違反やマニュアル不備が原因。(朝日: 931228, 940107, 940114)

1994. 5. 9　動燃のプルトニウム燃料製造機器に、操業開始以降約70kgのプルトニウムが残留していることが明らかに。核爆弾を製造できる量を見過ごすおそれがあり、査察を行っていたIAEAが動燃に厳重注意。(朝日: 940510)

1994. 6. 24　原子力委、原子力長計公表。核燃料サイクル計画に基づくプルトニウムの需給はバランスしており、余剰プルトニウムを持たないとの原則に沿っている、とする。(B22-26)

1995. 1. 12　高速増殖炉の使用済み燃料からプルトニウムを回収するための再処理技術を実証する「リサイクル機器試験施設」、動燃東海事業所で着工。(朝日: 950112)

1995. 4. 25　海外からの第1回返還ガラス固化体搬入で輸送船が六ヶ所沖に到着。青森県知事、青森を最終処分地に選定しないとの科技庁長官の確約文書提出を受け、翌26日に接岸を許可。(B22-3: 386)

1995. 12. 8　高速増殖炉もんじゅ、ナトリウム漏れ事故で原子炉停止。(B22-7: 42)

1997.1.14　通産省、総合エネルギー調査会、高速増殖炉開発政策を転換、プルサーマル計画の推進を決める。（東奥: 970115）
　2月4日、閣議決定。（B22-9）

1997.3.11　動燃の東海再処理施設のアスファルト固化処理施設で火災、鎮火10時間後に爆発。セシウム137などの放射性物質が外部に漏えい。被ばく所員は30人。国際原子力事象評価尺度（INES）でレベル3。（朝日: 970311, 970312, 980421）

1997.4.29　動燃が再処理施設の火災後に撮影の現場写真を処分していたことが判明。12月10日、水戸簡裁が再処理施設事故の虚偽報告で動燃と元部長らに罰金の略式命令。（朝日: 970430, 971211）

1997.12.5　日本は余剰プルトニウムを持たないことを、IAEAに通知する形で国際的に宣言。（B22-27）

1997.12.15　科技庁の動燃事故調査委員会、報告書提出。運転条件変更など複数の要因の相乗効果で発熱・発火とし、原因特定されず。火災に関する安全審査の不備指摘。（朝日: 971216）

1998.10.1　動燃から業務と人員を引継ぎ、特殊法人「核燃料サイクル開発機構（核燃機構）」発足。（朝日: 981001）

1999.2.1　動燃再処理施設事故の虚偽報告で水戸検察審査会、副所長ら2職員の不起訴を不当とする議決を公表。水戸地検が略式起訴したのは2人のみで、市民団体が審査申立てをしていたもの。（朝日: 990202）

1999.4.26　日本原燃、六ヶ所再処理工場の操業開始を03年から05年7月に延期すると発表。総工費は8400億円から2兆1400億円に増大。（B22-12）

1999.9.30　東海JCO転換試験棟で、常陽（FBR）のウラン燃料作成作業中に臨界事故発生。作業者3人が16〜20、6〜10、1〜4Gyの被ばく（後に2人死亡）。INESレベル4。（ポケットブック2008: 161）

2000.5.31　「特定放射性廃棄物の最終処分に関する法律」が参議院本会議で可決、成立。6月7日公布。（年鑑2012: 399）

2000.10.12　六ヶ所再処理工場へ使用済み核燃料を搬入する前提となる安全協定と覚書締結。木村知事、橋本六ヶ所村長、竹内哲夫日本原燃社長の協定当事者3人と立会人の太田宏次電事連会長が署名。（B22-8: 061010）

2000.11.20　東海再処理施設、3年8カ月ぶりに運転再開。JCO事故の濃縮ウラン溶液の処理から始める。前日および当日、市民団体らが抗議集会。（朝日: 001120, 001121）

2000.11.24　原子力委、新「原子力研究・開発及び利用に関する長期計画（原子力長計）」を決定。核燃料サイクルを国策と位置づける。（年鑑2000: 28; 朝日: 001121）

2000.12.19　六ヶ所再処理工場に使用済み燃料の本格搬入開始。（B22-1: 65）

2001.3.23　核燃人形峠センター、最終製品の完成式を行い、22年間にわたったウラン濃縮原型プラントの運転を終了。（朝日: 010324）

2001.4.6　東海村の核燃機構への課税額が通常の2倍、と朝日新聞の調査で判明。東海村、5月2日に評価額修正。9月25日に超過額の一部2400万円還付を決定。（朝日: 010407, 010503, 010926）

2001.4.2　核燃機構、20年にわたり二重帳簿で裏金を捻出していたことが明らかに。最近5年間分でも254億円、給与水増しや地元対策などに流用。（朝日: 010403, 010419, 011105）

2002.11.1　日本原燃、六ヶ所再処理工場の化学試験開始。（B22-1: 65）
　03年12月24日、終了。（東奥: 031225）

2003.4.1　東海再処理施設のプルトニウムの受入れ量と発電所からの払出し量の差が59kgと、文科省が原子力委に報告。（朝日: 030402）

2003.11.11　総合資源エネルギー調査会電気事業分科会コスト等検

討小委員会第4回会合においてバックエンド・サイクル事業のコストの全容が明らかに。事業総額は80年で18兆9000億円。（ATOMICA）

2004.7.3　通産省が94年、使用済み核燃料サイクルと再処理せずに地中に埋める直接処分とのコスト比較をしていたことが朝日新聞調査で判明。直接処分は核燃料サイクルの2分の1。電事連も94年〜95年に試算、と判明。（朝日: 040703, 040707）

2004.11.12　「原子力開発利用長期計画（原子力長計）」の新計画策定会議、再処理路線の継続方針を決定。（B22-9）

2004.12.21　六ヶ所再処理工場でウラン試験（稼働試験）開始。本格操業に向け機器の不具合・故障を操業前に洗い出す目的。06年1月21日には、試運転。（B22-9）

2005.2.18　政府、「原子力発電における使用済燃料の再処理等のための積立金の積み立て及び管理に関する法律」閣議決定。（年鑑2012: 415）

2005.5.13　原子炉等規制法の改正案と、再処理費用積み立ての新法案が参議院本会議で可決・成立。（朝日: 050514）

2005.10.1　日本原子力研究所と核燃機構が統合され、原子力研究開発機構（原子力機構）が発足。（朝日: 051002）

2005.11.21　使用済み燃料貯蔵・管理を行う「リサイクル燃料貯蔵」がむつ市に設立。（ATOMICA）

2006.1.12　核燃施設立地反対連絡会議、青森県反核実行委員会、核燃料廃棄物阻止実行委員会の反核燃3団体が、再処理工場での試運転中止を求め共闘していく方針決定。（東奥: 060113）

2006.3.31　原子力機構、東海再処理工場での使用済み燃料再処理終了、と発表。30年間で1116t、国内の使用済み燃料の5%を処理。今後は「ふげん」のMOX燃料の再処理および日本原燃・六ヶ所再処理施設への技術協力を進める。

（朝日：060401）

日本原燃、六ヶ所再処理工場で、プルトニウムを抽出するアクティブ試験を開始。（東奥：060401）

2007.1.31 日本原燃、六ヶ所再処理工場の操業開始を3カ月遅らせて、2007年11月にすると発表。（東奥：070201）

2007.9.6 原子力安全委員会、MOX燃料加工工場についての公開ヒアリング開催。（東奥：070907）

2008.2.14 原燃は再処理工場のアクティブ試験の第5ステップを開始。（東奥：080215）

2008.5.24 核燃料再処理施設の直下に、これまで未発見だった活断層が存在する可能性が高いとの研究を渡辺満久東洋大学教授らがまとめる。（東奥：080524）

2008.6.27 安全・保安院、東海再処理施設の運転再開をめぐる異議申立てを棄却。申立てから27年経過。（朝日：080628）

2008.12.19 日本原燃が実施した再処理工場の耐震性再評価について、原子力安全・保安院は、妥当とする報告書案を提示。（東奥：081220）

2009.7.2 1991年11月7日提訴の六ヶ所低レベル放射性廃棄物埋設センターの事業許可取消し訴訟上告審で、最高裁が上告棄却の判決。（ポケットブック2012：197）

2009.7.10 安全・保安院、再処理工場の設計と工事の認可などに対する住民側からの異議申立て10件を棄却。（東奥：090711）

2010.2.1 経産省、原発のプルサーマルに同意した自治体に最大30億円を支払う交付金を新設。（朝日：100203）

2010.3.1 石田徹資源エネ庁長官が、青森県三村知事に、海外返還低レベル放射性廃棄物を六ヶ所村で受入れるよう要請。（東奥：100302）

2010.5.13 日本の電力10社、英国に再処理を委託した使用済み核燃料を英国内でMOX燃料に加工した上で引き取ることで、英国原子力廃止措置機関（NDA）と合意したと発表。（朝日：100514）

2010.6.4 経済産業省、「原子力発電推進行動計画」をまとめる。基幹電源として2030年までに14基以上建設、核燃料サイクルの推進など。（B22-18）

2010.7.13 石田資源エネ庁長官、「青森県を廃棄物の最終処分地にしない」とする直嶋経産相名の確約文書を蝦名副知事に交付。電気事業者、日本原燃も確約書。（東奥：100714）

8月19日、三村知事、海外返還低レベル放射性廃棄物受入れを表明。（東奥：100820）

2010.8.31 むつ市で、使用済み核燃料中間貯蔵施設が着工（12年7月に操業予定）。（東奥：100831）

2010.9.10 日本原燃、再処理工場の完工予定を2年遅らせ、12年10月に延期すると発表。（東奥：100910）

2010.12.10 原子力安全委、六ヶ所再処理工場の耐震性、「妥当」と評価。（朝日：101211）

2011.3.11 東北地方太平洋沖地震が発生。原子力機構・東海再処理施設の複数の建物で2006年の新耐震基準を超える揺れがあった、と8月30日に発表。（朝日：110312, 110831）

2011.4.7 東北地方太平洋沖地震の余震による停電で、六ヶ所村の再処理工場、ウラン濃縮工場などで11～15時間、外部電源を喪失。（東奥：110408）

2011.8.26 再生可能エネルギー特別措置法が成立。（東奥：110827）

2011.11.25 原子力安全・保安院、原発の安全性を確認するストレステストについて、核燃料サイクル関連施設を対象に追加、事業者に実施を指示。（東奥：111126；B22-11）

2011.12.21 国がエネルギー政策の見直しを表明したことを受け、むつ市、大間町、東通村、六ヶ所村の4首長らが経産省や民主党本部を訪問、核燃料サイクル事業を含む原子力政策の堅持を要望。（東奥：111222）

2012.4.19 原子力委員会の小委員会、核燃料全て再処理（30年まで

サイクル継続）の場合の発電コストは再処理廃止（直接処分）の約1.5倍との試算結果を公表。直接処分の場合は、再処理施設の廃止費用などの「政策変更コスト」が4.65兆円必要。（東京：120419）

2012.9.7 六ヶ所村議会、国が使用済み核燃料の再処理路線から撤退するなら、同村に貯蔵中の使用済み核燃料の搬出などを求める意見書を全会一致で可決。（東京：120908）

2012.9.14 政府のエネルギー環境会議がまとめた新しいエネルギー政策「革新的エネルギー・環境戦略」で、「30年代に原発稼働ゼロ」、再生可能エネルギーの発電量3倍などを示しつつも、核燃料サイクル政策の継続も盛込む。（朝日：120915）

2013.11.27 原子力規制委員会、「核燃料施設等に係る新規制基準」制定。福島第一原発事故を教訓に、施設に応じて過酷事故や地震、津波への対策を強化。12月18日、施行。（朝日：131128, 131218）

2014.1.7 日本原燃、六ヶ所再処理工場の本格操業を目指し、新規制基準への適合審査を原子力規制委員会に申請。（朝日：140107）

2014.9.29 原子力研究開発機構、東海再処理施設の廃止を表明。新規制基準への対応には1000億円以上、存続は困難と判断。16年9月8日、「廃止措置」の完了まで約70年かかるとの見通しを明らかに。（東京：140929, 160909）

2015.11.16 原燃、六ヶ所再処理工場の完成目標時期を「18年度上期」に延期と発表。23回目の延期。（東京：151117）

2016.1.25 東海再処理工場の高レベル廃液ガラス固化が9年ぶりに再開。新規制基準適合性審査に未合格のまま、廃液での保管はリスクが大きいとして特例的に許可。（反455：2）

2016.3.31 日本原燃、六ヶ所村再処理工場の不適切なケーブル敷設は351本と発表。柏崎刈羽原発の不適切ケーブル敷設問題を受け、

原子力規制委が原発と再処理工場に調査を指示していたもの。（朝日：160402）

2016.4.9　第31回「4・9反核燃の日」全国集会、青森市内で開催。約1100人参加。1985年4月9日の北村正哉青森県知事による核燃施設受け入れ以後毎年開催。（朝日：160410）

2016.5.11　使用済み核燃料再処理事業の枠組みを変更する「再処理等拠出金法」、参院本会議で可決、成立。国の認可法人「使用済燃料再処理機構」を設置、日本原燃に業務を委託する形に変更。電力会社が再処理費用を認可法人に拠出することを法的に義務付ける。国の関与を強め、安定的に再処理事業を継続するのが狙い。（東京：160512）

2016.10.3　核燃料再処理事業の新たな実施主体「使用済燃料再処理機構」設立、青森市で開所式。（朝日：161004）

2016.11.25　原子力施設が立地する福井、青森両県8市町村の首長、世耕弘成経済産業相や松野博一文部科学相に核燃料サイクルの着実な推進を要望。世耕経産相、「核燃料サイクル推進の方針は変わらない」と回答。（朝日：161126）

2016.12.21　政府原子力関係閣僚会議、核燃料サイクルの中核施設である高速増殖炉もんじゅの廃炉を正式決定。（朝日：161222）

2017.6.30　原子力研究開発機構、東海再処理施設の廃止計画を原子力委に申請。廃止完了までに70年、費用（国費）は約1兆円。1981年からこれまでに原発約10基分に当たる1140tの燃料を処理。（朝日：170701）

2017.9.23　18年7月に30年の満期を迎える日米原子力協定、米トランプ政権が自動延長を容認することが明らかに。米国務省、核不拡散上の懸念から明確なプルトニウム削減計画を日本に求める方針。（朝日：170923）

高レベル放射性廃棄物処理問題年表

1960.10.19 原子力委員会に放射性廃棄物処理懇談会設置、それを引き継ぎ翌年2月22日、廃棄物処理専門部会を設置。(B23-13; B23-14)

1962.4.11 原子力委員会の廃棄物処理専門部会、中間報告書において、高レベル放射性廃棄物の最終処分の方法として深海処分と地層処分を挙示。国土狭あいな日本として海洋投棄の研究開発推進を提言。ただし、安全性が確認されるまでは処分すべきではないとする。(B23-3)

1972.11 「廃棄物その他の物の投棄による海洋汚染の防止に関する条約(ロンドン条約)」、国際海事機関(IMO)ロンドン本部で採択。75年8月に発効。(ATOMICA)

1973.6.25 原子力委員会の環境・安全専門部会放射性固体廃棄物分科会、中間報告書公表。高レベル廃棄物の処分は、アメリカ等と同様人造の保管施設を用いた保管方式が適当、とする。(B23-4)

1976.7.12 放射性廃棄物処分のあり方を討議する初の国際シンポジウム、米デンバーで開催。米、英、仏、西独、日本など7カ国の原子力機関代表と約700人の専門家、最終処分技術確立、規制等のための国際機関の設立などの意見まとまる。(朝日: 760714)

1976.10.8 原子力委員会、「放射性廃棄物対策について」を決定、基本方針を示す。1)高レベル廃棄物は安定な形態に固化し一時貯蔵した後、地下に処分、2)必要な調査、研究開発を推進、3)処分については国が責任を負い、経費は発生者負担の原則。(B23-5; B23-1; ATOMICA; 朝日: 761009)

1976.10.27 財団法人原子力環境整備センター発足(2000年11月に改組、公益財団法人原子力環境整備・資金管理センターに名称変更)。放射性廃棄物の処分、それ

に伴う環境保全の調査研究等を実施。(ATOMICA)

1977.9.30 電力10社と仏COGEMA社、再処理委託契約に調印。1982年～90年の期間に核燃料1600tの処理を委託。発生する放射性廃棄物は日本に持帰る。(B23-1; 朝日: 771001)

1978.5.24 電力10社と英BNFL社、再処理委託契約に調印。(B23-1)

1979.1.23 原子力委員会に放射性廃棄物対策専門部会を設置。80年12月19日、「高レベル放射性廃棄物処理に関する研究開発の推進について」公表。(ATOMICA; B23-15; B23-16)

1979.3.17 政府、海洋投棄規制条約(ロンドン条約)承認条件を国会に提出。1980年10月25日批准。(ATOMICA)

1980.12.19 原子力委員会の専門部会が高レベル放射性廃棄物の地中埋設案を報告。81年1月8日、政府が放射性廃棄物の海洋投棄断念の意向を明らかに。(B23-19: 31)

1981.4.6 三菱金属、北海道下川鉱山で高レベル廃棄物地層処分の地層適性試験開始。動燃からの受注。(反37: 2)

1982.3.9 北海道幌延町長、放射性廃棄物処理場の誘致を正式表明。(朝日: 820310)
　3月18日、浜頓別町議会が誘致反対を決議。(B23-9: 160)

1982.12.15 動燃、高レベル放射性物質研究施設で実廃液のガラス固化のホット試験開始。(ATOMICA; 朝日: 821215)

1984.3.8 原子力安全委、放射性廃棄物安全規制専門部会を設置。(年鑑2012:369)

1984.4.20 低レベル放射性廃棄物貯蔵施設を下北半島に設置したい、と電事連が青森県に要請。高レベル放射性廃棄物貯蔵施設を幌延町に建設する、と科技庁が明ら

かに。(読売: 840421)

1984.7.3 横路孝弘北海道知事、道議会で幌延町への高レベル廃棄物処分施設立地に反対を表明。自民党は猛反発。(道新: 840704)

1984.6.15～16 全民労協が政策・制度要求中央討論集会。同盟系の全炭鉱が「放射性廃棄物の廃鉱への投棄」を雇用策に提案。(読売: 840617)

1984.8.16 道議会で、動燃の幌延「貯蔵工学センター計画概要」が明らかに。高レベル・低レベル廃棄物の貯蔵(30～50年)と地下数百mへの永久処分研究のための施設を計画。(道新: 840817)

1984.9.21 中川町議会が、幌延高レベル廃棄物施設反対の請願を満場一致で採択。全道で初めて。(道新: 840922)

1985.1.26 幌延、天塩、豊富、中川、稚内、名寄の住民団体などが「核廃棄物施設の誘致に反対する道北連絡協議会」を設置。(B23-9: 161)

1985.5.22 原発廃棄物施設誘致反対道民連絡会議が動燃理事長に対して道民100万人の反対署名を提出。(道新: 850523)

1985.6.3 動燃、横路孝弘北海道知事と道議会議長に対し「貯蔵工学センター」建設に係る幌延町の現地調査の実施を申入れ。(B23-1)

1985.9.13 横路孝弘北海道知事、動燃の「貯蔵工学センター」の立地環境調査を拒否。10月1日、北海道議会が自民党などの賛成多数で立地環境調査促進決議。(朝日: 850914, 851002)

1985.10.7 原子力委員会放射性廃棄物対策専門部会、「放射性廃棄物処理処分方策について」をとりまとめ。動燃は開発プロジェクトの中核機関として体制を整備、国の責任の下に処分の実施担当主体を決定。電気事業者は処理・貯蔵・処分の費用を負担。(B23-1; 朝

日: 851008)

1985.11.28 衆院科学技術委で動燃が、貯蔵工学センターでは超ウラン（TRU）廃棄物も貯蔵する計画、と認める。現地では1500人が抗議集会。(道新: 851129)

1986.4 動燃、東濃鉱山で地層処分の基礎研究を開始。ガラス固化用材料の腐食実験など。(朝日: 020708)

1988.2.9 動燃の高レベル廃液ガラス固化技術開発施設、内閣総理大臣が建設許可。6月29日、着工（東海再処理工場敷地内）。91年から試運転開始予定。(反120: 2; ATOMICA)

1988.10.25 原子力委、高レベル廃棄物の群分離と消滅処理の技術開発を本格化するとの「群分離・消滅処理技術研究開発長期計画」を決定。(ATOMICA; 朝日: 881026)

1989.10.26 参院予算委で科技庁局長、政令改正で電源三法交付金を幌延に適用する方針を表明。(道新: 891026)

1991.3.15 岡山県湯原町議会、町への放射性廃棄物持込みを拒否する町条例を全会一致で可決。全国で初。(朝日: 910317)

1991.10.4 高レベル放射性廃棄物対策推進協議会設置し、初会合。科学技術庁、通産省資源エネルギー庁、動燃、電事連により構成。(B23-1; ATOMICA)

1991.10.30 日本原燃サービス、高レベル放射性廃棄物貯蔵管理センターおよび再処理工場に係る公開ヒアリングを六ヶ所村で開催。議論は平行線。(B23-1; ATOMICA; 朝日: 911031)

1992.3.26 原子力安全委、六ヶ所高レベル廃棄物貯蔵施設の安全性確保は可能と内閣総理大臣に答申。4月3日、事業許可。(B23-1; 朝日: 920403)

1992.7.1 日本原燃サービスおよび日本原燃産業が合併し、「日本原燃」設立。(ATOMICA)

1992.8.28 原子力委員会放射性廃棄物対策専門部会、「高レベル放射性廃棄物対策について」をとりま

とめ。2030～40年代半ばまでに最終処分開始、官民の役割分担を提案。(B23-1; 朝日: 920829)

1992.9.29 動燃、高レベル廃棄物処分技術報告書を公表。2年間の腐食実験結果から、「最低1000年間は放射能が処分容器から外に漏れ出ることはない」と結論。(B23-1; 朝日: 920930)

1993.3.30 政府、「平成5年度原子力開発利用基本計画」決定。電源立地の推進補助金を幌延にも初適用。科技庁、6月18日に申請通りの3996万円、11月25日に3884万円の交付を決定。(道新: 930331, 930619, 931126)

1993.8.11 南太平洋フォーラム、核廃棄物の海洋投棄の全面禁止、核実験凍結の無期限延長などを中心とする共同声明。(反186: 2)

1993.9.17 1万人訴訟原告団、高レベルガラス固化体貯蔵施設の事業許可取消しを求めて青森地裁に提訴。(B23-70: 34)

1994.5.18 高レベル廃棄物を核物質防護の対象から外す法令改正公布。(読売: 940519)

1994.6.24 原子力委員会、原子力開発利用長期計画をとりまとめ。高レベル放射性廃棄物は安定な形態に固化、30～50年間程度冷却のため貯蔵後、深地層中に処分。2030年代から40年代半ばまでの操業開始をめどとする。貯蔵工学センター建設予定地として初めて幌延を明記。(ATOMICA; 朝日: 940624; 道新: 940624)

1994.9.20 青森県が課税する核燃税の対象に高レベル廃棄物管理施設と再処理施設を加えることを、自治省が内諾。10月12日、青森県議会が核燃料物質等取扱税に係る条例改正。(反199: 2; 反200: 2; 東奥: 940921)

1994.9.30 北村正哉青森県知事、六ヶ所村に建設中の高レベル放射性廃棄物貯蔵施設について、「青森県を最終処分地にしないという確約を国が公文書でしない限り、安全協定は結べない」と県議会で表

明。(朝日: 941001)

1994.11.19 科技庁が青森県の要求を受け、「海外からの返還高レベル廃棄物の最終処分地は青森県としない」ことを文書回答。(ATOMICA; 朝日: 941119)

1994.12.24 青森県六ヶ所村議会、95年春に搬入が予想されるフランスからの返還高レベル放射性廃棄物受入れの是非を問う住民投票条例案を否決。(朝日: 941225)

1994.12.26 高レベル廃棄物貯蔵で日本原燃と青森県、六ヶ所村が安全協定締結。翌年1月25日、周辺6市町村とも安全協定締結。(B23-1; 朝日: 941226; ATOMICA)

1995.1.18 六ヶ所村の高レベル廃棄物貯蔵施設が竣工。科技庁の使用前検査に合格。保安規定も同日認可。(反203: 2; B23-1)

1995.2.20 動燃、高レベル放射性廃棄物のガラス固化を初めて実施、報道陣に公開。(朝日: 950221)

1995.2.23 第1回ガラス固化体返還輸送の輸送船、仏シェルブール港を出港。輸送ルート非公開の航海に、中南米、アフリカ、太平洋の諸国が通航拒否などを表明。(B23-1; 朝日: 950224)

1995.4.25 木村守男青森県知事、国による「青森県を最終処分地にしないこと」の確約が不十分として、フランスからの返還廃棄物輸送船のむつ小川原港への接岸を拒否。同日夕、田中真紀子科技庁長官が「青森県知事の了承なくして青森県を最終処分地にしない」ことを文書で確約。(B23-1; 朝日: 950425, 950426)

1995.4.26 第1回ガラス固化体返還輸送の輸送船、青森むつ小川原港に入港。青森県知事の入港拒否で1日延期しての入港。(B23-1; ATOMICA; 朝日: 950426)

1995.8.21 動燃事業団、岐阜県、瑞浪市および土岐市に「超深地層研究所」計画を申入れ。堆積岩帯の幌延に対して、花こう岩帯での研究が目的。(反210: 2; B23-1; 道新: 950822)

1995.9.14 科技庁長官が瑞浪市に「深地層研究所には放射性廃棄物を持込ませないし、処分場にしない」旨の回答書。（読売: 950919）

1995.12.28 瑞浪超深地層研究所建設に関する協定書、岐阜県、瑞浪市、土岐市と動燃の4者が調印。調印一時凍結の住民投票直接請求を押し切る。地元住民ら約20人が県庁で抗議。（反214: 2; B23-1; 朝日: 951228）

1996.5.27 高レベル事業推進準備会、高レベル放射性廃棄物の処分費用は3兆〜5兆円と試算。費用推計がまとまるのは初。（朝日: 960528）

1997.2.26 1月13日にフランスを出港の高レベル廃棄物輸送船、タスマン海を北上、と電事連が発表。28日、ナウル首相は経済水域内航行の通知を遺憾とし、輸送自体に反対を表明。（反228: 2）

1997.3.18 2回目となる返還高レベル廃棄物（ガラス固化体）、むつ小川原港に入港。97年度には60本を搬入、と31日、日本原燃が計画発表。（反229: 2; B23-1; 朝日: 970318）

1997.4.15 原子力委員会原子力バックエンド対策専門部会、「高レベル放射性廃棄物の地層処分研究開発等の今後の進め方について」をとりまとめ公表。（B23-20）

1997.9.19 原子力委、高レベル廃棄物の処分に関する「地域での意見交換会」を初めて大阪で開催。10月30日札幌、幌延「貯蔵工学センター」計画白紙撤回を求める意見多数。12月11日名古屋、瑞浪地層研究計画をめぐり「最終処分地になりかねない」との発言多数、実質的議論に入れず閉会。（朝日: 970920, 971031, 971212）

1998.2.26 科技庁、幌延町の「貯蔵工学センター」計画取りやめと深地層研究施設建設を北海道に申入れ。（道新: 980226, 980227）

1998.5.26 高レベル廃棄物処分懇談会、処分事業計画および研究開発計画の指針をまとめる。（朝日: 980527）

1998.10.12 核燃機構が、幌延町への深地層研究所建設計画を道知事に正式提案。研究開始は2000年頃、期間は20年。「処分場の懸念は消えない」と市民団体は不信感募らす。（道新: 981012）

1998.11.17 核燃機構、「幌延町への高レベル廃棄物中間貯蔵施設の立地は将来ともない」と原子力委員会で表明。科技庁に報告。道、町にもその旨説明。（反249: 36; 東奥: 981118）

1999.3.30 岐阜県土岐市議会、放射性廃棄物持ち込み禁止条例可決。（朝日: 990401）

1999.11.24 総合エネルギー調査会原子力部会、高レベル放射性廃棄物処分費用を3兆408億円と試算。（年鑑2012: 398）

1999.11.26 核燃料サイクル開発機構、「高レベル廃棄物処分の安全性は確保できる」との報告書（研究開発第2次とりまとめ）を原子力委に提出。（朝日: 991126; ATOMICA）

2000.5.11 幌延町議会、「深地層研究の推進に関する条例」可決。研究施設は受入れるが町内への放射性廃棄物の持込みは拒否。放射性廃棄物の定義、罰則規定なし。（道新: 000511; B23-12）

原子力委が超ウラン（TRU）廃棄物処分の基本方針を決定。（ATOMICA）

2000.5.31 高レベル放射性廃棄物の地層処分を定めた「特定放射性廃棄物の最終処分に関する法律」成立。通産省が処分計画を5年ごとに策定、電力会社などが設立する「原子力発電環境整備機構」が実際の処分にあたる。（道新: 000531）

2000.8.3〜21 深地層研究所受入れの是非について、道による「道民の意見を聴く会」始まる。3日幌延町の参加者50人余、賛成意見が多数。浜頓別、中頓別では8割が反対意見。札幌では住民投票を求める意見が多数。（道新: 000804, 000811, 000814）

2000.10.14 堀達也北海道知事、幌延町への深地層研究所の建設計画受入れを表明。（ATOMICA）

2000.10.18 高レベル廃棄物処分の実施主体となる「原子力発電環境整備機構（NUMO）」の設立を通産相が認可、設立。（朝日: 001019; ATOMICA）

2000.10.24 道条例「北海道における特定放射性廃棄物に関する条例」制定。処分研究推進、廃棄物持込みは「受入れ難い」とする。（道新: 001024; B23-10）

2000.11.1 高レベル廃棄物処分の資金管理主体に「原子力環境整備・資金管理センター」を通産省が指定。（反273: 2）

2000.11.16 核燃機構と北海道、幌延町が深地層研究所設置で協定。放射性廃棄物持込みなし、研究終了後は埋戻し、将来とも中間貯蔵施設の設置なしを明記。（道新: 001117; B23-11）

2001.1.10 アルゼンチンのブエノスアイレス行政裁、日本に向かっている高レベル廃棄物輸送船の領海通過を禁止する決定。南米各国も輸送に懸念。（朝日: 010111）

2001.2.21 六ヶ所管理施設に6回目の海外返還高レベル廃棄物搬入。（朝日: 010221）

2001.10.29 原環機構、高レベル処分の概要地区選定に関する基本的な考え方を公表。翌年度に調査受入れ希望市町村を公募。03〜07年をめどに選定。（反284: 2）

2001.12.26 瑞浪市議会が超深地層研究所計画への市有地賃貸契約締結案を可決。放射性廃棄物持込み拒否条例案は否決。（朝日: 011227）

2002.7.8 核燃機構、「瑞浪超深地層研究所」の建設に着手。主立坑（直径6.5m）と換気立坑（同4.5m）の2本を地下1000mまで掘り、500m付近と最深部に研究用水平坑道をつくる。（朝日: 020708）

2002.12.19 NUMO、高レベル放射性廃棄物の最終処分施設の設置可能性調査を希望する自治体の公募を開始。（ATOMICA）

2003.7.11 幌延町において核燃料サイクル機構幌延深地層研究所の

着工式。（ATOMICA）

2003.8.26 政府、「使用済み核燃料管理および放射性廃棄物の安全に関する条約」加入を閣議決定。（ATOMICA）

2003.11.11 総合資源エネルギー調査会電気事業分科会コスト等検討小委員会第4回会合においてバックエンド・サイクル事業のコストの全容が明らかに。事業総額は80年で18.9兆円。（ATOMICA）

2004.7.1 島根県西ノ島町議会、「放射性廃棄物持ち込み及び原子力関連施設立地拒否」条例可決。これまでに全国7市町で制定。（朝日:040704）

2004.10.7 原子力委員会技術検討小委員会、核燃料サイクルに関する4種類の基本シナリオのコスト試算内容を了承。（ATOMICA; B23-18）

2005.1.28 核燃機構、高レベル処分予定地選定のために83〜88年に全国で実施した地質調査報告書を一部開示。開示を命じた前年12月17日の名古屋地裁判決を受けたもの。3月30日、残りの不開示部分を開示。（朝日:050128; 反322:4; 読売:050331）

2005.4.1 フランスから日本への10回目の高レベル廃棄物輸送に対し、ニュージーランド環境省が排他的経済水域に入らないよう要求。7日には太平洋島しょ国会議が航行に懸念を示す声明発表。輸送船は20日、むつ小川原港に到着。（反326: 2; 朝日:050421）

2005.5.13 バックエンド積立金法、参院本会議で可決、成立。（ATOMICA）

2005.10.1 原研と核燃リサイクル機構が統合し、「日本原子力研究開発機構」が発足。（ATOMICA）

2005.10.11 経産省、バックエンド積立金法に基づき、資金管理法人に原子力環境整備促進・資金管理センターを指定。（ATOMICA）

2005.10.14 原子力委がまとめた原子力政策大綱を閣議決定。核燃料サイクル路線堅持を掲げる。（日経: 051014）

2005.11.9 幌延深地層研究センターで地下施設掘削工事開始。4.6haの用地に深さ500mの立坑3本、350〜500mの2地点に600mの環状水平坑道を建設予定。13年完成をめざす。（道新: 051109）

2006.4.18 原子力委員会、TRU廃棄物と高レベル廃棄物の併置処分で技術的妥当性を示す。5月22日、総合エネ庁の放射性廃棄物小委が報告書案骨子を了承。（ATOMICA; 朝日:060523）

2006.9.12 高知県東洋町がNUMOによる高レベル放射性廃棄物最終処分場候補地公募に応募を検討していることが明らかに。田嶋裕起町長、応募検討の事実認める。既に3月20日付で応募書類を提出していたことが翌年1月15日明らかに。（朝日:060912, 070116）

2006.10.16 高知県議会、東洋町放射性廃棄物処分場誘致を否決。（朝日:061017）
翌年1月15日、徳島県議会が誘致反対決議。（朝日:070116）

2007.2.9 東洋町議会、臨時議会で「放射性廃棄物等持ち込みに反対する決議案」と田嶋町長に対する辞職勧告決議案を賛成多数で可決。（朝日: 070210）

2007.3.27 経産省、NUMOに東洋町での高レベル放射性廃棄物最終処分場候補地文献調査を認可。（日経: 070327）

2007.4.22 東洋町の出直し町長選、沢山保太郎が前町長田嶋裕起を大差で破って当選。投票率89.26%。23日に新町長、文献調査の白紙撤回をNUMOに申入れ。（朝日: 070423）

2007.4.26 経産省、NUMOの事業計画変更届を認可。東洋町での計画断念が確定。（朝日: 070426）

2007.5.20 東洋町議会、放射性核物質（核燃料・核廃棄物）の持込み拒否条例を全会一致で採択。（朝日: 070521）

2007.6.6 高レベル廃棄物処分関連3法の改正成立。原子炉等規制法改正により高レベル放射性廃棄物が核物質防護の対象に。最終処分法の改正でTRU等廃棄物と高レベル放射性廃棄物の併置処分が可能に。（反352: 2; 東奥: 070607; B23-17）

2007.9.12 総合エネ調小委、東洋町での敗北を受け、「高レベル廃棄物処分場選定に国からの申入れ方式を追加する」案まとめ、意見公募。（朝日: 070912）

2007 原環機構（NUMO）、文献調査に応募した自治体に交付される2億1000万円を、07年度からは総額20億円に引上げると発表。概要調査で交付される70億円を足すと最大で90億円に。（B23-8: 166）

2008.1.31 総合エネ調の放射性廃棄物小委、高レベル廃棄物処分の基本方針・計画を改定。08年中の概要調査地区選定は変えず、精密調査地区の選定と処分場選定を2〜3年延期。処分開始は37年頃を堅持し、調査と工事の期間を削減。（反359: 2; 東奥: 080202）

2008.3.11 青森県議会、高レベル放射性廃棄物処分地拒否条例案否決。賛成は6日に同案を提出した5人のみ。（朝日: 080312）

2008.3.14 宮城県大郷町議会、放射性廃棄物拒否条例案を可決。研究所等廃棄物の処分地誘致の考えを撤回しない町長の姿勢に歯止め。（反361: 2）
高レベル廃棄物処分の基本方針・計画を閣議決定。処分対象にTRU廃棄物を追加、交付金による地域支援の明記、処分地選定スケジュールの変更など。（読売: 080315）

2008.4.2 NUMOがTRU廃棄物の処分場公募を開始。（朝日: 080403）

2008.4.24 電事連、電力10社と日本原燃、青森県を高レベル廃棄物処分場にしないと三村申吾知事に確約。25日、経産相が確約書を手交。処分地不明のまま、再処理本格操業へ。（朝日: 080425; 東奥: 080426）

2010.3.9 英から初めての返還ガラス固化体が到着。今後10年かけ850本返却される。（朝日: 100310）

2011.3.11 東日本大震災発生。(朝日: 110312)

2011.3.23 道北連絡協議会など、福島第一原発事故を受け、幌延深地層研究センターに研究中止を申入れ。4月13日、「すでに廃棄物があり、地層処分の研究は大切」と研究センター長が回答。(道新: 110324, 110415)

2011.12.29 東海再処理施設の地下にある高レベル放射性廃液貯槽について、15mの津波で電源や冷却機能を失っても海水に水没して冷却可能、廃液の漏出もなし、と原子力機構が想定していることが明らかに。11月29日には、市民団体らが早急な固化処理を要求していた。(朝日: 111130, 111229)

2012.9.11 日本学術会議が、原子力委員会に対して、高レベル放射性廃棄物問題についての「回答」を手交。科学的知見の自律性、暫定保管、総量管理、多段階の意思決定を提案。(B23-2)

2012.12.18 原子力委員会、日本学術会議からの「回答」を受け、「今後の高レベル放射性廃棄物の地層処分に係る取組について（見解）」を発表。暫定保管や総量管理など、学術会議からの提言の意義に言及するも、高レベル廃棄物処分政策の抜本的見直しには踏込まず。(B23-6)

2013.2.28 英国からの返還ガラス固化体28本、六ヶ所村の日本原燃高レベル放射性廃棄物貯蔵管理センターに搬入。英仏からの返還は1995年から始まり15回目。六ヶ所村で貯蔵のガラス固化体は計1442本に。(朝日: 130228)

2013.7.9 文科省、高レベル放射性廃棄物の減量につながるとされる「核変換」技術について検討する作業部会を設置。(朝日: 130710)

2013.5.27 日本原燃、高レベル放射性廃棄物のガラス固化を行う「ガラス溶融炉」の試験が終了、と発表。(朝日: 130528)

2013.10.9 幌延深地層研究センター、地下350mの水平周回坑道貫通と発表。坑道は「8の字形」で総延長は約750m、地上と3本の立坑でつながる。(朝日: 131010)

2015.1.15 幌延深地層研究センター、地下350mの試験坑道で高レベル廃棄物模擬体を使った研究開始。実環境での研究は国内初。5年ほどで掘り出し腐食具合などを確認。(朝日: 150116)

2015.4.28 日本学術会議、高レベル放射性廃棄物処分に関する政策提案発表。2012年提案の具体的方策等を挙げる。(JAIF)

2015.5.22 政府、高レベル廃棄物の処分地選定を国主導の方式に転換する基本方針を閣議決定。科学的適性地域を国が有望地として示し、調査を自治体などに申し入れ、20年程度かけて文献調査、概要調査、精密調査へ進む。2002年から原子力発電環境整備機構(NUMO)実施の候補地公募では、東洋町（後に撤回）を除いて応募自治体はゼロ。(朝日: 150523)

2015.5.23 高レベル廃棄物の最終処分に関する国民の関心を高めるためのシンポジウム、経産省と原子力発電環境整備機構（NUMO）共催で東京都内で開催。約350人参加。全国9カ所（各電力管内1カ所）で順次開催。(朝日: 150524)

2016.1.26 経産省、「沿岸海底下等における地層処分の技術的課題に関する検討会」初会合開催。4月16日、中間とりまとめ案公表。沿岸海底下（15km）の地層処分は可能とする。(東京: 160127; 反455: 2)

2016.4.5 瑞浪超深地層研究所、再冠水試験を報道機関に初めて公開。1月に坑道を900tの水で満たし、3月から水圧、水質の観測を開始したもの。(朝日: 160405)

2016.8.9 経産省、高レベル廃棄物最終処分地としての適性を判断する基準決定。海岸から15km以内の海底を「より適性の高い地域」とする。(東京: 160810)

2016.10.20 英国からの返還ガラス固化体の運搬船、むつ小川原港に接岸。1995年の返還開始から18回目、今回の132本を含め1830本を六ヶ所村に貯蔵。今後、さらに380本入荷の予定。(朝日: 161021)

2017.7.28 経産省、高レベル放射性廃棄物最終処分場候補地の適性を分類した「科学的特性マップ」を公表。処分場の調査受け入れを自治体に打診する方針。青森県、福島県は除外。(朝日: 170729)

2017.9.27 高レベル放射性廃棄物の最終処分地について、近畿と福井の自治体担当者ら向けの説明会を大阪市内で開催。10月から、福島を除く46都道府県で意見交換会を開く。(朝日: 170928)

　11月14日、資源エネルギー庁や原子力発電環境整備機構（NUMO）開催の全国説明会で、広報業務を委託された業者が謝礼を約束して大学生を動員していたことが明らかに。(朝日: 171115)

第6章
世界の原子力発電所

II-6-1 立地と基数

原発関連世界地図

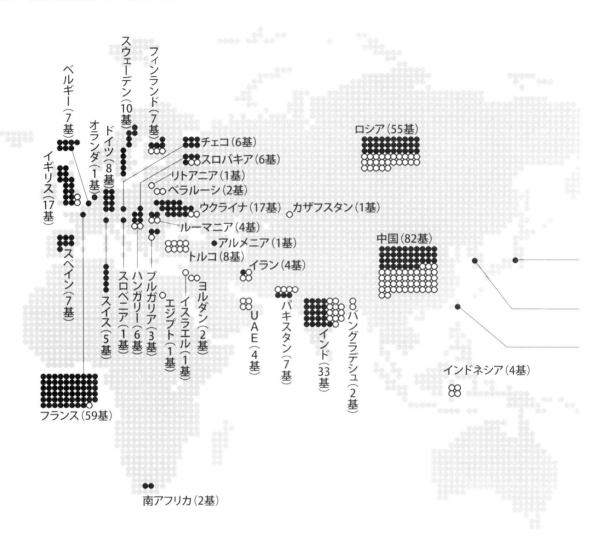

1 立地と基数

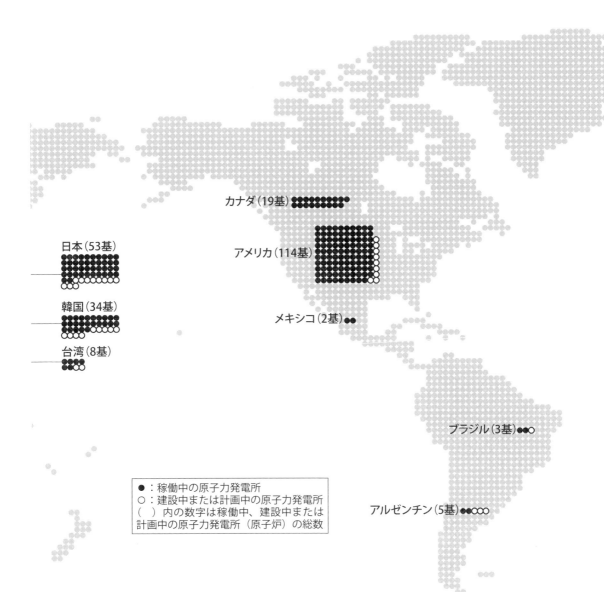

出典：日本原子力産業協会，2017，『世界の原子力発電開発の動向 2017 年版』日本原子力産業協会．

アメリカ・カナダの原発地図

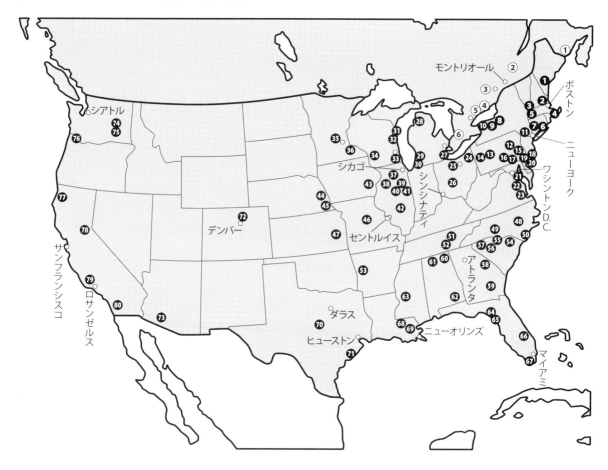

■アメリカ合衆国

❶ メイン・ヤンキー ☢✕
❷ シーブルック ☢
❸ バーモント・ヤンキー ☢✕
❹ ピルグリム ☢
❺ ヤンキー・ロー ✕
❻ ミルストン ☢☢✕
❼ コネティカット・ヤンキー ✕
❽ ジェームズ・A. フィッツパトリック ☢
❾ ナイン・マイル・ポイント ☢
❿ ロバート・E. ギネイ ☢
⓫ インディアン・ポイント ☢☢✕
⓬ サスケハナ ☢☢
⓭ ビーバーバレー ☢☢
⓮ シッピングポート ✕
　　シッピングポートⅡ ✕
⓯ リメリック ☢☢
⓰ スリー・マイル・アイランド ☢✕
⓱ ピーチ・ボトム ☢☢✕

⓲ オイスター・クリーク ☢
⓳ セーレム ☢☢
⓴ ホープ・クリーク ☢
㉑ カルバート・クリフス ☢☢
㉒ ノース・アナ ☢☢
㉓ サリー ☢☢
㉔ ペリー ☢
㉕ デービス・ベッセ ☢
㉖ ピクァ ✕
㉗ エンリコ・フェルミ ☢✕
㉘ ビッグ・ロック・ポイント ✕
㉙ パリセード ☢
㉚ ドナルド・C. クック ☢☢
㉛ キウォーニ ✕
㉜ ポイント・ビーチ ☢☢
㉝ ザイオン ✕✕
㉞ ラクロス ✕
㉟ モンティセロ ☢
㊱ プレーリー・アイランド ☢☢
㊲ バイロン ☢☢

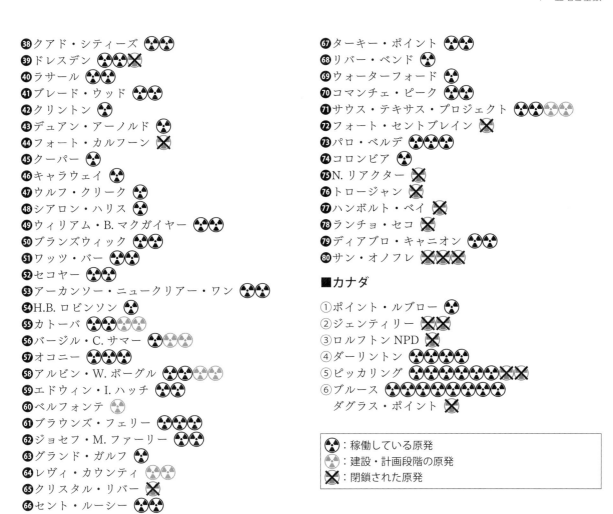

出典：日本原子力産業協会，2017，『世界の原子力発電開発の動向 2017 年版』日本原子力産業協会．

旧ソ連・ロシアの原発地図

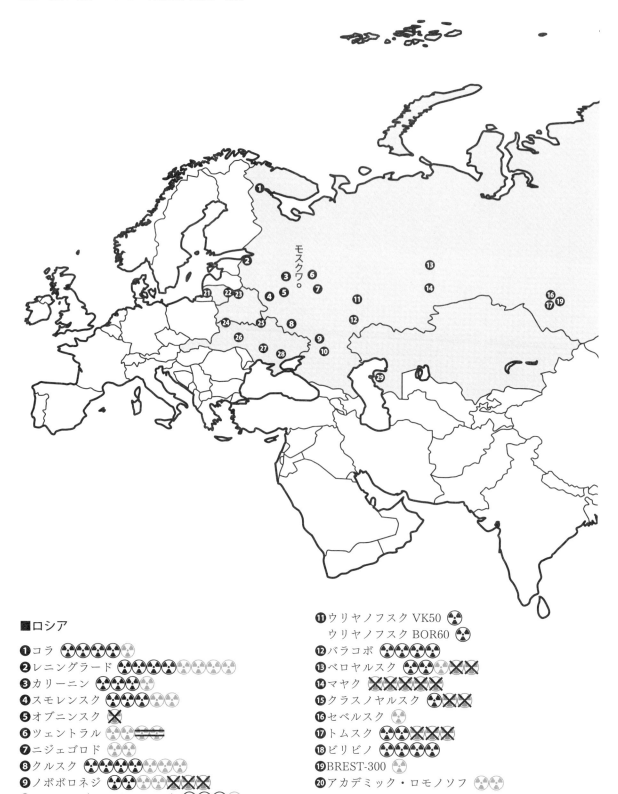

■ロシア
- ❶ コラ
- ❷ レニングラード
- ❸ カリーニン
- ❹ スモレンスク
- ❺ オブニンスク
- ❻ ツェントラル
- ❼ ニジェゴロド
- ❽ クルスク
- ❾ ノボボロネジ
- ❿ ロストフ（ボルゴドンスク）
- ⓫ ウリヤノフスク VK50
  ウリヤノフスク BOR60
- ⓬ バラコボ
- ⓭ ベロヤルスク
- ⓮ マヤク
- ⓯ クラスノヤルスク
- ⓰ セベルスク
- ⓱ トムスク
- ⓲ ビリビノ
- ⓳ BREST-300
- ⓴ アカデミック・ロモノソフ

1 立地と基数

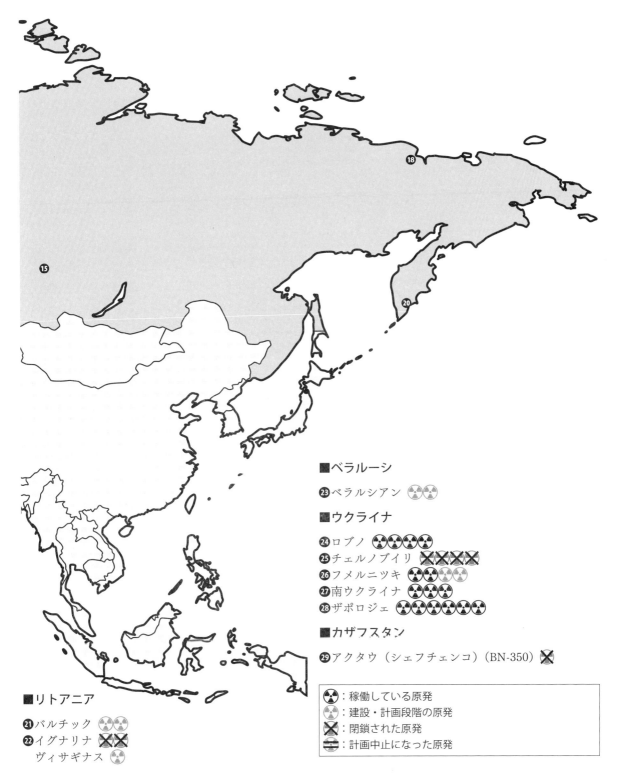

出典：日本原子力産業協会，2017，『世界の原子力発電開発の動向 2017年版』日本原子力産業協会．

第II部 日本と世界の原子力発電　第6章 世界の原子力発電所

ヨーロッパの原発地図

1　立地と基数

■フィンランド

❶ハンヒキビ

❷オルキルオト

❸ロビーサ

■スウェーデン

❹フォルスマルク

❺オゲスタ

❻オスカーシャム

❼リングハルス

❽バーセベック

■オランダ

❾ドーデバルト

❿ボルセラ

■ベルギー

⓫ドール

⓬BR3

⓭チアンジュ

■スペイン

⓮サンタマリア・デ・ガローニャ

⓯ホセ・カブレラ

⓰トリリョ

⓱アルマラス

⓲アスコ

⓳バンデリョス

⓴コフレンテス

■スイス

㉑ベツナウ

㉒ライブシュタット

㉓ゲスゲン

㉔ミューレベルク

■イタリア

㉕トリノ・ベルチェレッセ

㉖カオルソ

㉗ラティナ

㉘ガリリアーノ

■チェコ

㉙テメリン

㉚ドコバニ

■スロバキア

㉛ボフニチェ

㉜ホモフチェ

■ハンガリー

㉝パクシュ

■スロベニア

㉞クルスコ

■ルーマニア

㉟チェルナボーダ

■ブルガリア

㊱ベレネ

㊲コズロドイ

：稼働している原発

：建設・計画段階の原発

：閉鎖された原発

：計画中止になった原発

出典：日本原子力産業協会, 2017, 『世界の原子力発電開発の動向 2017 年版』日本原子力産業協会.

イギリスの原発地図

❶ ドーンレイ ☢☢
❷ トーネス ☢
❸ ハンターストン ☢☢☢
❹ チャペルクロス ☢☢☢☢
❺ ハートルプール ☢☢
❻ ウィンズケール ☢
❼ コールダー・ホール ☢☢☢☢
❽ ヘイシャム ☢☢☢
❾ ウィルファ ☢☢
❿ トロースフィニッド ☢☢
⓫ バークレー ☢☢
⓬ オールドベリー ☢☢
⓭ ヒンクリー・ポイント ☢☢☢☢☢☢
⓮ サイズウェル ☢☢☢
⓯ ブラッドウェル ☢☢
⓰ ダンジネス ☢☢☢
⓱ ウィンフリス SGHWR ☢

☢	：稼働している原発
☢	：建設・計画段階の原発
☢	：閉鎖された原発

出典：日本原子力産業協会, 2017, 『世界の原子力発電開発の動向 2017 年版』日本原子力産業協会.

1 立地と基数

フランスの原発地図

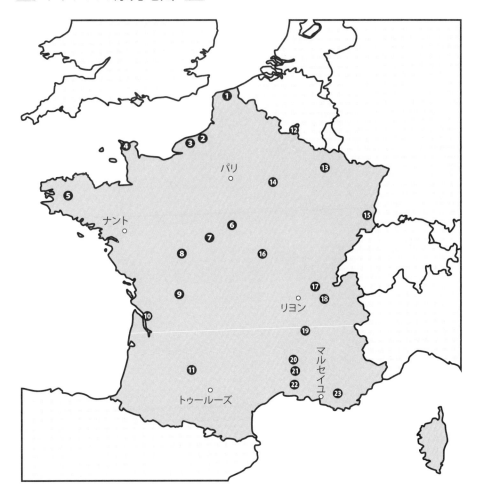

❶ クラブリーヌ ☢☢☢☢☢☢
❷ パンリー ☢☢
❸ パリュエル ☢☢☢☢
❹ フラマンビル ☢☢⚛
❺ モンダレー EL-4 ❌
❻ ダンピエール ☢☢☢☢
❼ サンローラン・デゾー ☢☢❌❌
❽ シノン ☢☢☢☢❌❌❌
❾ シボー ☢
❿ ルブレイエ ☢☢☢☢
⓫ ゴルフェッシュ ☢☢
⓬ C.N.A. セナ ❌
　　ショー ☢☢
⓭ カットノン ☢☢☢☢
⓮ ノジャン・シュール・セーヌ ☢☢
⓯ フェッセンハイム ☢☢
⓰ ベルビル ☢☢
⓱ ビュジェイ ☢☢☢☢❌
⓲ スーパー・フェニックス ❌
⓳ サンタルバン=サンモーリス ☢☢
⓴ クリュアス ☢☢☢☢
㉑ トリカスタン ☢☢☢☢
㉒ フェニックス ❌
　　マルクール ❌❌
㉓ ラプソディ ❌

☢：稼働している原発
⚛：建設・計画段階の原発
❌：閉鎖された原発

出典：日本原子力産業協会, 2017, 『世界の原子力発電開発の動向 2017 年版』日本原子力産業協会.

第Ⅱ部 日本と世界の原子力発電 第6章 世界の原子力発電所

ドイツの原発地図

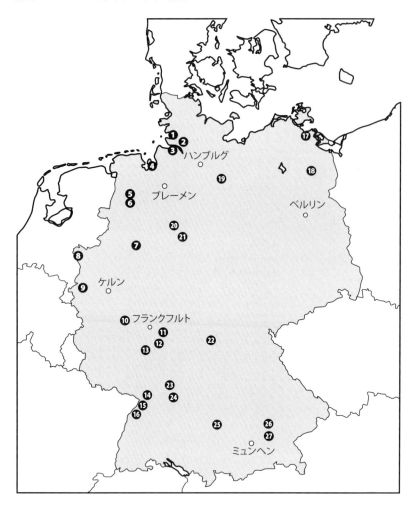

❶ ブルンスビュッテル ☣
❷ ブロックドルフ ☢
❸ シュターデ ☣
❹ ウンターベーザー ☣
❺ エムスラント ☢
❻ リンゲン KWL ☣
❼ THTR-300 ☣
❽ カルカール SNR-300 ☣
❾ ユーリッヒ AVR ☣
❿ ミュルハイム＝ケールリッヒ ☣
⓫ グロスベルツハイム ☣
⓬ カール ☣
⓭ ビブリス ☣☣
⓮ フィリップスブルク ☢☣
⓯ カールスルーエ MZFR ☣
⓰ カールスルーエ KNK ☣
　 カールスルーエ KNK-Ⅱ ☣
⓱ ノルト（グライフスバルト）☣☣☣☣☣
⓲ ラインスベルク ☣
⓳ クリュンメル ☣
⓴ グローンデ ☢
㉑ ビュルガッセン ☣
㉒ グラーフェンラインフェルト ☢
㉓ オブリッヒハイム ☣
㉔ ネッカー ☢☣
㉕ グンドレミンゲン ☢☢☣
㉖ イザール ☢☣
㉗ ニーダーアイヒバッハ KKN ☣

☢：稼働している原発
☣：閉鎖された原発

出典：日本原子力産業協会，2017，『世界の原子力発電開発の動向 2017 年版』日本原子力産業協会．

中国・韓国・台湾の原発地図

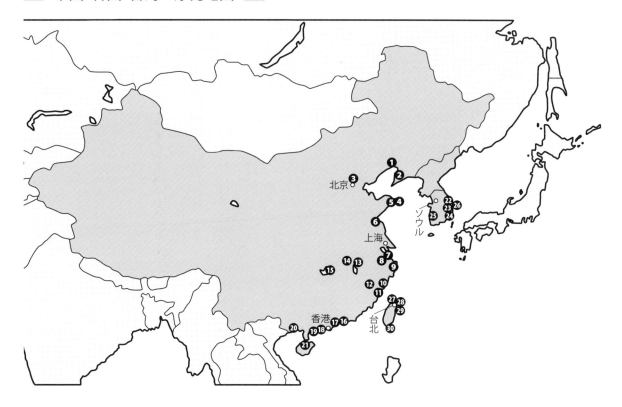

■中国

① 徐大堡
② 紅沿河
③ CEFR
④ 華能山東石島湾
　栄成山石島湾
⑤ 海陽
⑥ 田湾
⑦ 方家山（泰山I拡張）
⑧ 泰山
⑨ 三門
⑩ 寧徳
⑪ 福清
⑫ CDFR
⑬ 彭沢
⑭ 咸寧＝大畈
⑮ 桃花江
⑯ 陸豊
⑰ 広東大亜湾
　嶺澳
⑱ 腰古（台山）
⑲ 陽江
⑳ 防城港
㉑ 昌江（海南）

■韓国

㉒ 蔚珍
　新蔚珍
㉓ 月城
　新月城
㉔ 古里
　新古里
㉕ 霊光
㉖ 天地

■台湾

㉗ 金山
㉘ 竜門
㉙ 国聖
㉚ 馬鞍山

☢：稼働している原発
☢：建設・計画段階の原発

出典：日本原子力産業協会，2017,『世界の原子力発電開発の動向 2017年版』日本原子力産業協会．

第Ⅱ部　日本と世界の原子力発電　第6章　世界の原子力発電所

東南アジアの原発地図

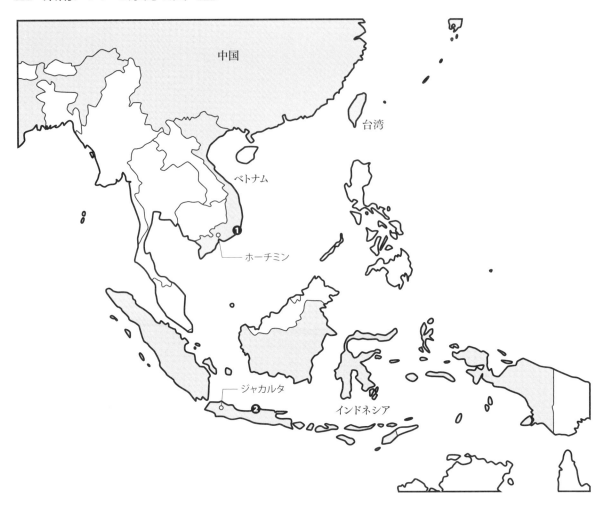

■ベトナム

❶ニントゥアンⅠ
　ニントゥアンⅡ

■インドネシア

❷名称未定

：建設・計画段階の原発
：計画中止になった原発

出典：日本原子力産業協会，2017，『世界の原子力発電開発の動向 2017 年版』日本原子力産業協会．

南アジアの原発地図

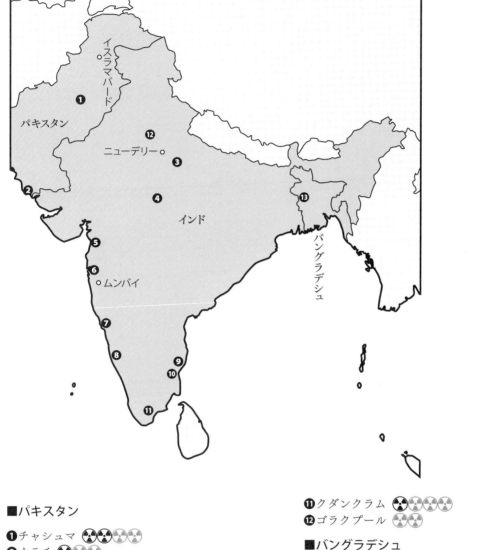

出典：日本原子力産業協会，2017，『世界の原子力発電開発の動向 2017年版』日本原子力産業協会．

中近東の原発地図

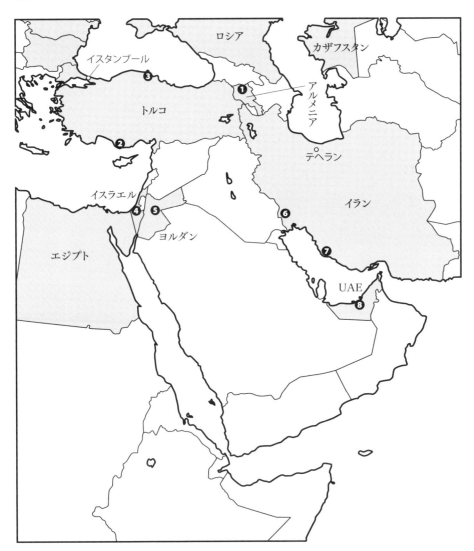

■アルメニア
❶アルメニア ☢✖

■トルコ
❷アックユ ☢☢☢☢
❸シノップ ☢☢☢☢

■イスラエル
❹名称未定 ☢

■ヨルダン
❺名称未定 ☢☢

■イラン
❻ダールホヴェイン ☢
❼ブシェール ☢☢☢

■UAE
❽バラカ ☢☢☢☢

☢：稼働している原発
☢：建設・計画段階の原発
✖：閉鎖された原発

出典：日本原子力産業協会, 2017, 『世界の原子力発電開発の動向 2017 年版』日本原子力産業協会.

アフリカの原発地図

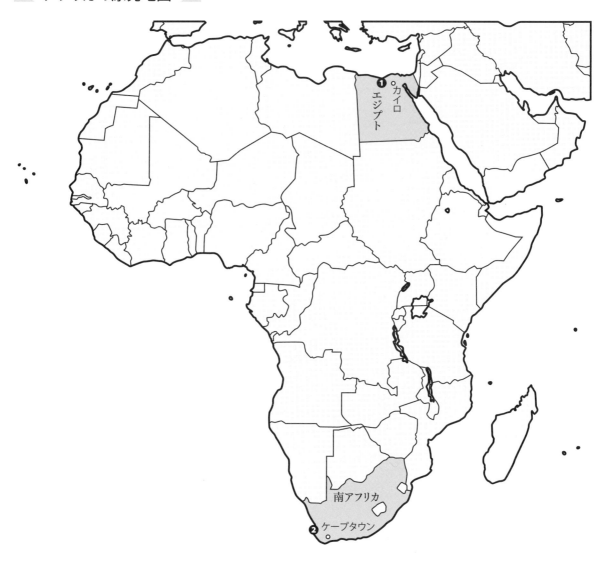

■エジプト

❶エルダバ ☢☢

■南アフリカ

❷クバーグ ☢☢

> ☢：稼働している原発
> ☢：建設・計画段階の原発

出典：日本原子力産業協会，2017，『世界の原子力発電開発の動向 2017 年版』日本原子力産業協会．

世界の原発基数と設備容量の推移

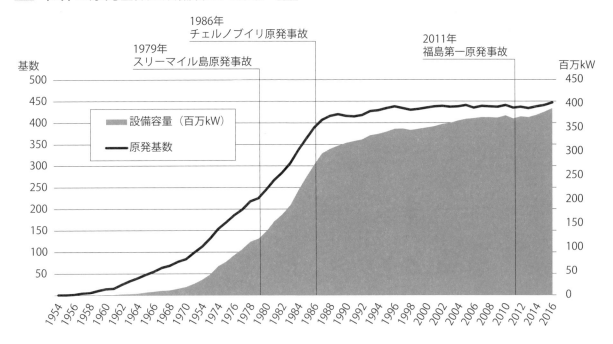

出典：IAEA, The Power Reactor Information System, https://www.iaea.org/pris/ （170928 アクセス）.

II-6-2 各国・地域別年表

アメリカ

稼働中の原発数	99 基
建設中／計画中の原発数	4 基／10 基
廃炉にした原発数	34 基
高速増殖炉	なし（3 実験炉閉鎖、1 実証炉計画中止）
総出力	9987 万 kW
全電力に原子力が占める割合	19.7%
ウラン濃縮施設	ルイジアナ・エナジー・サービス（URENCO USA）（3 施設閉鎖）
使用済み燃料再処理施設	なし（3 工場閉鎖）
ＭＯＸ利用状況	2 基
高レベル放射性廃棄物処分形態	使用済み燃料、ガラス固化体の地層処分
高レベル放射性廃棄物最終処分場	長期管理戦略を検討中

2016 年 12 月 31 日現在
参考資料：IAEA, 2017, *Nuclear Power Reactors in the World (2017 Edition)*.
　　　　　日本原子力産業協会, 2017, 『世界の原子力発電開発の動向 2017』.
　　　　　ポケットブック 2015.

1945. 8. 6　広島に原爆投下。（年鑑 2012: 317）

1945. 8. 9　長崎に原爆投下。（年鑑 2012: 317）

1946. 11. 26　米原爆傷害調査委員会（ABCC）が広島で発足。（年鑑 1957: 3）

1947. 1. 1　原子力法施行。原子力委員会（AEC）設立。（ATOMICA）

1951. 12. 20　世界最初の実験的原子力発電、高速実験炉 EBR-1（100kW）で実施。（ATOMICA）

1953. 12. 8　アイゼンハワー大統領、国連で原子力平和利用を提言。（年鑑 1962: 25）

1954. 3. 1　マーシャル群島ビキニ環礁で水爆実験（暗号名「ブラボー」）を開始。マーシャル諸島の島民や第五福竜丸などの漁船員らが被ばく。（年鑑 2010: 323）

1954. 8. 30　アイゼンハワー大統領、原子力改正法案に署名。AEC は原子力利用の推進と規制の二重の役割を負う。（F1-31；年鑑 1971: 23）

1955. 11. 14　原子力非軍事利用に関する日米協定調印。（年鑑 1957: 19, 61）

1956. 1. 5　AEC、ネバダ核実験場の降灰は人体に害なしと発表。（年鑑 2013: 323）

1956. 6. 12　米科学アカデミーと英医学協会、「放射能の影響報告書」を発表。許容量限界度引下げと廃棄物完全処理を勧告。（年鑑 1957: 25）

1957. 3　ブルックヘブン国立研究所、原子力事故の可能性と影響に関する研究報告書（WASH-740）を議会に提出。原子力災害補償制度確立の契機に。（F1-18: 184；F1-2: 21；F1-7: 146）

1957. 9. 2　アイゼンハワー大統領、原子力災害国家補償法（プライス・アンダーソン法）に署名。事業者の損害賠償責任を 5 億 6000 万ドルに。（F1-40；年鑑 1962: 32-34）

1957. 12. 10　AEC、放射線許容量を 3 分の 1 に切下げる。公衆の年間許容量は 0.5 レムへ。（年鑑 1967: 786）

1958. 5. 26　ペンシルベニア州で初の商業用シッピングポート原発（PWR、6 万 kW）操業開始。（年鑑 1959: 16）

1960. 4. 15　イリノイ州ドレスデン原発 1 号機（GE 社、BWR、19.7 万 kW）電力系統接続。GE 社の契約方式は「ターンキー」契約と呼ばれ、以後原子炉売込み成功の大きな要因に。（ATOMICA；F1-16: 219）

1961. 1. 3　アイダホ国立原子炉試験場の SL-1 号炉で出力暴走事故。3 人が死亡。約 160 億ガロンの放射性液体廃棄物を井戸に流していたことも判明。（F1-27: 138-149；F1-19: 258）

1962　原子炉級プルトニウムの核爆発実験に成功。77 年まで機密指定に。（日経: 131110）

1963. 8. 23　エンリコ・フェルミ 1 号炉（高速増殖炉、FBR）、臨界。低出力試験に入るが 1964 年を通じ問題続出。（年鑑 1964: 31；F1-7: 207）

1964. 10　ブルックヘブン国立研究所、WASH-740 の改訂版作成。炉心溶融事故の財産損害を数倍に再評価。AEC はこの改訂版を非公開に。（F1-7: 147）

1964. 10. 27　AEC、カリフォルニア州ボデガ・ベイ原発建設計画に対し、耐震設計の点から不適当と判断。同計画に対して住民が大規模な反対運動を展開。（年鑑 1967: 84；F1-8: 57）

1964　ニュージャージー州のオイスター・クリークで GE 社の沸騰水型原子炉が発電（50 万 kW）に成功。原子力時代の到来を宣伝。

1969.9.23、電力系統接続。(F1-16: 348)

1966.10.5 エンリコ・フェルミ1号炉（FBR）で、炉心溶融事故発生。(F1-48; F1-7: 208)

1968.2.26 日米原子力協定調印。(年鑑1969: 17)

1969.5.11 コロラド州ロッキー・フラッツの工場でプルトニウム火災発生。周囲でプルトニウム汚染。(F1-16: 474)

1969.11 AEC、両院合同委員会公聴会に商業用原子炉が放出した放射能一覧を提出。1967年に原子炉2基が通常運転で放出していた70万キュリーは小規模戦術核降下物放射能量に匹敵。(F1-28: 74)

1969 非営利団体「憂慮する科学者同盟（UCS）」がマサチューセッツ科学技術研究所に組織される。(F1-54)

1970.1.1 国家環境政策法（NEPA）施行。世界で最初に環境アセスメントを法制化。(F1-24: 8-9; F1-22)

1971.6.7 AEC、軽水炉型発電所の放射能放出基準を従来の100分の1（年間5レム）とする新方針を発表。(年鑑1972: 13)

1971.7.23 コロンビア特別区連邦高等裁判所、メリーランド州のカルバート・クリフス原発建設について、AECに環境影響評価実施を命令。以後、全原発計画に許認可前の環境影響評価を義務付け。(F1-1: 51)

1972.8.27 AEC、エンリコ・フェルミ炉について運転許可更新申請を認めず、運転中止を命令。(F1-7: 209)

1973.5.31 消費者運動家のR.ネーダーと環境保護団体「地球の友」が稼働中の原子炉20基の運転停止を提訴。6月28日に却下。(年鑑1974: 9)

1973.6.22 米ソ原子力平和利用協定調印。(年鑑1974: 10)

1974.6.30 AEC、前年に検査した1288カ所の原子力施設で、3333件の安全基準違反があったと発表。(F1-17: 23)

AECを廃止し、原子力規制委員会NRCを設立。(年鑑1975: 264)

1975.3.22 アラバマ州ブラウンズ・フェリー原発で火災発生。電源喪失で、1号機の緊急炉心冷却装置（ECCS）が完全に、2号機で部分的に作動不能に。(F1-6: 77; ATOMICA)

1975.4.30 NRC、軽水炉からの被ばく線量設計目標値を決定。個人被ばく量は全身で年間最大5ミリレムに。(年鑑2013: 356)

1975.10.30 NRC、ラスムッセン教授らによる最終評価報告書（WASH-1400）を公表。「大災害を伴う原子炉事故が起きる確率は、100万年に1回程度」との内容。(年鑑1975: 780; F1-18: 270)

1975 J.フラー、『消滅するところだったデトロイト』において1966年のエンリコ・フェルミ炉事故の隠蔽工作を描く。(F1-18: 243)

1976.2.2 GE社の3人の技師が、BWR型炉の危険性を内部告発して辞職。(F1-18: 243; 朝日: 760204)

1976.5 英の疫学者A.スチュアートと統計学者J.ニールがハンフォードのプルトニウム生産工場労働者についての疫学的研究を開始。低レベルの被ばくでも一般住民に比べがん死亡率が高いと指摘。(F1-16: 583)

1976.6.2 カリフォルニア州議会、「ウォーレン・アルキスト法修正条項」（通称原子力安全法）を可決。放射性廃棄物の恒久的処分システムが開発されるまで原発の新増設を禁止。(F1-12: 99)

1976.10.28 フォード大統領、核燃料再処理を3年間凍結することなどを内容とする原子力規制強化政策を発表。(ATOMICA)

1976.11.2 オレゴン、ワシントン、ミズーリの3州で原発にかかわる住民投票実施。ミズーリ州で未稼働建設中の原発建設コストを公益事業体が料金に含めて回収することを禁止する法が成立。(F1-52: 73; F1-36)

1977.4.7 カーター大統領、核拡散防止の観点から使用済み核燃料の再処理を無期延期。(年鑑1978: 169)

1977.4.30 ニューハンプシャー州シーブルックで反原発運動家2000人が建設途中の原発敷地を占拠。(F1-18: 228)
地元漁民も不服従市民運動「はまぐり同盟 Clumshell Alliance」を組織して抗議。(F1-16: 491)

1977.8.4 エネルギー省（DOE）設置法案成立。原子力の研究開発業務を担う。(F1-24: 228)

1978.3.10 カーター大統領、核不拡散法に署名。(F1-9)

1978.11.7 原発建設の規制強化を求める住民投票法案がモンタナ州とハワイ州で可決成立。オレゴン州でも未稼働の原発建設費の電気料金算入禁止を求めた住民投票法案を可決。(市民年鑑2004: 244)

1978.12 NRC、緊急時対策に関する報告書を発表し、緊急時対応計画ゾーン（EPZ）の考え方を提示。(F1-49)

1978 公益事業政策規制法成立。電力会社に再生可能エネルギーの購入義務を負わせる。(F1-18: 251; 年鑑1998-1999: 340)

1979.1.19 NRC、ラスムッセン報告書（WASH-1400）への支持を撤回。(年鑑1979: 346; F1-8: 52)

1979.2.9 憂慮する科学者同盟（UCS）、原発の事故・欠陥の一覧表を発表。(年鑑1980: 495)

1979.3.13 原発事故を扱った映画『チャイナ・シンドローム』公開。(年鑑2013: 362)

1979.3.28 ペンシルベニア州東部のスリー・マイル・アイランド（TMI）原発2号機（B&W社製PWR、95.6万kW）で冷却材喪失による炉心溶融事故。INESレベル5。(F1-6: 83)

1979.4.7～8 サンフランシスコの反原発集会に2万5000人が参加。ニューヨーク、ボストン、フィラデルフィアなど主要都市でも3000人規模の集会開催。(F1-11: 260-261)

1979.4.12 NRC、TMI原発事故の原因調査に基づき、同様の事故を

防ぐための 11 項目にわたる緊急対策を決定、全米の原子力発電所に通達。(日経: 790413)

1979. 8. 2 NRC、事故原因を運転員の操作ミスと発表。(日経: 790803)

1979. 9. 23 ニューヨークでの反原発集会に 20 万～ 25 万人が参加。マディソン・スクエア・ガーデンでの反原発チャリティーコンサートに延べ 10 万人の聴衆が参加。(F1-11: 266-268)

1979. 10. 23 NRC 原子炉規制局、TMI 事故報告書を発表。(年鑑1980: 497)

1979. 10. 30 大統領特別調査委員会(ケメニー委員会)、NRC の改組など 7 項目の勧告を含む TMI 事故報告書を大統領に提出。(年鑑1980: 497)

1979. 12. 6 自主的な安全規制機関として電気事業者が米原子力発電運転協会(INPO)をジョージア州アトランタに設置。(年鑑2013: 263)

1980. 1. 24 NRC の TMI 事故特別調査グループ(ロゴビンググループ)、「最大の欠陥は管理問題」とする報告書を発表。(年鑑1981: 474)

1980. 2. 12 カーター大統領、放射性廃棄物管理総合政策を発表。(年鑑2013: 364)

1980. 8. 8 NRC と連邦緊急事態管理庁(FEMA)が「1980 年防災ガイドライン」を作成。原子力施設敷地外緊急時対応計画書の提出を原子力事業者、州および地方政府に求める。(F1-49; F1-5: 28)

1980. 11. 4 原発に関する住民投票を 5 州で実施。ワシントン州が放射性廃棄物の持込み禁止法案を可決。(市民年鑑2004: 244)

1980. 12. 13 低レベル廃棄物の州内処分を義務づける低レベル放射性廃棄物政策法案可決。(年鑑1982: 485)

1981. 10. 8 レーガン大統領、原子力推進政策を発表。使用済み核燃料再処理の禁止も解く。(F1-40)

1981. 11. 3 原発への公費投入規制を求めた住民投票法案、ワシントン州で可決。(市民年鑑2004: 244)

1982. 2. 26 新日米原子力協定調印。(年鑑1982: 470)

1982. 8. 5 NRC、クリンチ・リバー高速増殖炉のサイト準備工事申請を認可。(年鑑1983: 481)
　会計検査院(GAO)は翌年 2 月に再考の必要ありとの報告書を提出。(年鑑1983: 119)

1982. 11. 2 マサチューセッツ州、原発規制強化を求めた住民投票法案を賛成 67% で可決。(市民年鑑2004: 244)

1982. 12. 20 放射性廃棄物政策法成立。DOE が高レベル放射性廃棄物処理場を選定する、事業者に放射性廃棄物基金への拠出を義務付けるなど。(F1-24: 234; ATOMICA)

1982 J. アービングら、ロッキー・フラッツ等のプルトニウム汚染を追ったドキュメンタリー映画『ダーク・サークル』を制作。(F1-19: 267)
　ニューヨーク州サフォーク郡、ショーラム原発建設反対を決議。避難計画の策定承認に関与しないとした。(F1-74: 30)

1983. 1. 7 レーガン大統領、放射性廃棄物政策法に署名。(年鑑2013: 368; F1-40)

1983. 4. 20 連邦最高裁、カリフォルニア州法(1976 年の原子力安全法)を合憲と判決。コネチカット、メイン、オレゴン、モンタナ、メリーランド、ウィスコンシンの各州も同様の州権限を規定。(年鑑1984: 505; 日経: 830423)

1983. 5. 2 連邦最高裁、ワシントン州で成立したハンフォード・サイトへの放射性廃棄物の州外からの持込みを禁じた州法を違憲と判決。(年鑑1984: 505)

1983. 5. 5 ニュージャージー州プリンストンのプラズマ物理研究所につくられたトカマク核融合試験炉 TFTR 完成、試験運転開始。(年鑑2013: 368)

1983. 10. 26 議会上院、クリンチ・リバー高速増殖炉予算を否決、計画は中止に。(年鑑1984: 270, 506)

1984. 11. 6 原発に関する住民投票

を 3 州で実施。廃棄物処分場建設に関する規制強化法案をオレゴン州とサウスダコタ州で可決。(年鑑1985: 170; 市民年鑑2004: 244)

1985. 7. 23 米中、原子力協力協定に調印。(年鑑1986: 520)

1986. 1. 15 改正低レベル廃棄物政策法成立。(年鑑1986: 267; F1-50)

1986. 5. 28 DOE、高レベル放射性廃棄物処分場の最終候補地をネバダ州ユッカマウンテン、ワシントン州ハンフォード、テキサス州デフスミスの 3 地点とすると発表。(ATOMICA)

1986. 11. 4 ワシントン州で放射性廃棄物処分地の計画撤回を求める住民投票が行われ賛成 84% で可決。(市民年鑑2004: 244)

1986. 12. 9 バージニア州南東部サリー 2 号機、運転開始から 8 年で 2 次冷却系配管の大破断事故。作業員と検査員 8 人中 4 人死亡。(市民年鑑2010: 325; F1-7: 196; F1-77: 861216)

1987. 10. 29 NRC、緊急時計画規則を改定。緊急時計画に州政府が参加、同意しなくても FEMA の妥当性評価に基づいて NRC による運転認可を可能にする。(年鑑1988: 274, 519)

1987. 12. 17 放射性廃棄物政策修正法成立。最終処分場としてユッカマウンテンが適しているかの調査を DOE に求める。(ATOMICA)

1988. 8. 20 連邦議会でプライス・アンダーソン法の修正法案可決。最高賠償責任額を従来の 10 倍の約 72 億ドルに引上げるなど。(F1-5: 40)

1988. 11. 8 ワシントン州で廃棄物除染特別基金の創設法案を可決。(年鑑1989: 279; 市民年鑑2004: 244)

1989. 2. 28 ロング・アイランド電力会社社長とニューヨーク州知事、商業運転開始直前のショーラム原発の閉鎖、解体についての合意文書に署名。(F1-75: 890301; 年鑑1993: 62)

1989. 4. 7 NRC、原子力規則 10 CFR-part52 を制定して許認可の簡素化を決定。(年鑑1989: 277; F1-5:

2　各国・地域別年表（アメリカ）

1989.5.15　ワシントン州環境庁、合衆国環境保護庁、DOEの3者の合意によりハンフォードの除染のための法的枠組みを決定。（朝日: 890516）

1989.6.6　カリフォルニア州ランチョ・セコ原発、住民投票で運転継続を認めず。公営電力は公約と民意に従って閉鎖を決定。（年鑑1990: 285; F1-14: 99）

1989.6　コロラド州ロッキー・フラッツのプルトニウム・ピット工場に、連邦捜査局（FBI）が強制立入り捜査。12月に操業停止。（F1-55）

1990.10.5　核兵器実験やウラン採掘・製造で被ばくし、がんなど特定の病を発症した軍人、住民、労働者に対する補償法案（Radiation Exposure Compensation Act）が成立。（F1-43）

1990.12.13　NRC、公衆の放射線被ばく線量限度を、国際基準に合わせ年間0.5レムから0.1レムに引下げ。（日経 901214）

1991.11.15　NRCが既存の原発運転可能期間を20年間延長することを可能にする新規則を発令。（年鑑1996: 554; 日経: 911116）

1992.2.26　ヤンキー・アトミック電力会社、圧力容器劣化の指摘を受けてきたヤンキー・ロー原発の閉鎖を発表。解体費用は推計で3億7000万ドル。（年鑑1992: 281; F1-30: 23）

1992.10.24　ブッシュ（父）大統領、「1992年エネルギー政策法」に署名。新規案件の一括認可が可能となる。（ATOMICA; 年鑑1993: 117, 295; F1-45）

1993.1.4　オレゴン州ポートランド電力会社、蒸気発生器の修理費用が高額なことからトロージャン原発の廃炉を決定。（F1-26）

1993.7.8　R.ネーダーが率いるパブリック・シチズン、危険性の高い米国の商業用原子炉50基に関する報告書を発表。（日経: 930709）

1994.3.31　アメリカ原子力協会など5つの原子力関連団体、原子力エネルギー協会（NEI）を発足。（年鑑1994: 276）

1994.6.2　パブリック・シチズン、全国で係争中の訴訟について報告書を公表。WH社製原子炉につき、蒸気発生管の金属劣化による相次ぐ故障について指摘。（F1-25）

1995.2　DOE、米国政府による人体への放射能影響実験をまとめた報告書（通称「DOEロードマップ：The DOE Road map」）を発表。（F1-37）

1996.4　連邦エネルギー規制委員会（FERC）、電力会社に自社の送電網の開放を命じる。（年鑑1997: 307）

1996.12.4　コネチカット・ヤンキー原発、経済的理由による閉鎖を決定。（年鑑1997: 306）

1997.4.10　ニュージャージー州のジェネラル・パブリック・ユーティリティ（GPU）社、運転管理費の高さと安い代替電源の存在から、オイスタークリーク原発の売却と早期閉鎖を決定。（年鑑2013: 391）

1997.8.6　メイン州メイン・ヤンキー原発、経済的理由から廃炉を決定。（F1-21: 301; 年鑑1998-1999: 346）

1997.11　「21世紀へ向けた国家エネルギー研究開発に関する大統領諮問委員会報告書」公表。地球温暖化の観点から原子力を評価。（F1-5: 20）

1999.8.6　DOE、ネバダ州ユッカマウンテン最終処分場建設計画の環境影響評価を公表。（年鑑2013: 397）

1999.12.15　NRC、WH社のAP600型炉に最終設計認証を与える。（年鑑2013: 398）

2000.3.23　NRC、メリーランド州カルバート・クリフス1、2号機の運転許可20年延長を認可。初の運転年数更新許可。（F1-40）

2001.3.30　NRC、許認可手続き簡素化のため、「将来認可プロジェクト機構（FLPO）」の創設を発表。（ポケットブック2015: 748）

2001.5.17　ブッシュ（子）大統領、積極的に原子力を推進していく「国家エネルギー戦略」を発表。（年鑑2001-2002: 26）

2001.6.6　国立科学アカデミー、放射性廃棄物について、深地層への埋設が唯一科学的に信頼しうる長期の解決法であるとの報告書を公表。（F1-46: 2001）

2001.7.23　アメリカ主導の「第4世代原子炉国際フォーラム」発足。（年鑑2013: 402）

2001.9.11　同時多発テロ事件発生。NRC、発電所施設に対して防護の強化を指令。（ATOMICA）

2001.11.30　連邦政府監査院GAO、ブッシュ政権にユッカマウンテン計画決定を無期限延期すべきと勧告。（F1-46: 2001）

2002.2.14　DOE、「原子力2010」を策定。原子炉許認可コストの半額政府負担、許認可の遅れによる損害補填、連邦リスク保険の整備等が盛込まれる。（F1-3）

2002.3.19　オハイオ州デービス・ベッセ原発で、圧力容器上ぶたの金属材に著しい減耗を発見。NRC、INESレベル3と評価。（朝日: 020320）

2002.7.23　ブッシュ大統領、ユッカマウンテンを高レベル放射性廃棄物処分場とする共同決議案に署名し、建設が正式決定。（年鑑2001-2002: 28）

2003.10.21　核廃棄物技術評価局（NWTRB）、DOEに対し、ユッカマウンテン計画は厳密な基準を満たしていないと警告。（F1-46: 2003）

2004.7.9　連邦控訴裁判所、ユッカマウンテンを最終処分場とした議会の決議は、EPA基準と95年米科学アカデミーの報告書基準を満たしておらず無効と判決。（年鑑2006: 198）

2004.11.2　ワシントン州で、放射性廃棄物等について汚染除去を優先し、また公衆参加を規定する住民投票法案を賛成69%で可決。（F1-36）

2005.8.8　ブッシュ大統領、「2005年包括的エネルギー政策法」に署名。原発について税の優遇や債務

保証を柱とする推進策を含む。（ATOMICA; F1-3）

2005.12.30 NRC、WH社の原子炉AP1000に最終設計認証を与える。（年鑑2013: 418）

2006.2.6 DOE、1977年から停止していた再処理再開を発表。同日、兵器転用を困難にする次世代の再処理技術を共同開発する国際原子力パートナーシップ（GNEP）構想を発表。（ATOMICA; 年鑑2013: 419; 日経: 060207）

2007.4. 米日首脳会談で「原子力エネルギー行動計画」に合意。（日経: 070623）

2007.5.21 米が提唱しているGNEP閣僚会議開催。日仏露中が参加。（ポケットブック2015: 754）

2007.7.27 米とインドの原子力協力協定交渉最終合意。米国がインド国内での再処理を容認。（日経: 070728）

2007.9.24 NRGエナジー社、テキサス州における135万kWのABWR2基の建設運転一括認可をNRCに申請。新設申請は30年ぶり。東芝が建設を主導。（年鑑2013: 426; 日経: 070926）

2007.10.29 全米科学アカデミー、ブッシュ政権によるGNEP構想について、「技術面、財政面でリスクが大きい」として計画の見直しを求める報告書を公表。（F1-46: 2007）

2008.5.6 米、ロシアと原子力協力協定を締結。（年鑑2013: 428）

2008.6.3 DOE、ユッカマウンテン高レベル放射性廃棄物処分場の建設免許をNRCに申請。（日経: 080604）

2009.2.17 NRC、原発の新規建設に関し、航空機テロを考慮した安全性の確保を設計上求めることを決定。（ATOMICA）

2009.3.27 NRC、原発事業者に対しサイバー攻撃に対する安全強化を要請。（F1-47）

2009.5 オバマ政権、ユッカマウンテン処分場計画への2010年度予算を大幅に削減し、事実上中止。（F1-4: 88）

2010.1.27 オバマ大統領、一般教書演説で「米国内に安全でクリーンな次世代の原発を建設する」と表明。（日経: 100130）

2010.1 DOE長官、ユッカマウンテン計画の中止を受けて、米国の原子力の将来に関するブルーリボン委員会を設置。（F1-32）

2010.2.16 オバマ大統領、ジョージア州ボーグル原発2基の建設計画に対し83億3000万ドルの政府保証融資を供与すると発表。（日経: 100217）

2010.2.24 バーモント州上院、バーモント・ヤンキー原発について2012年以降の継続稼働に必要な州の認可を与えないと決議。（F1-30）

2010.8.10 NRC、米国内の原発の地震リスクに関する報告書を発表。（F1-39）

2010.12.8 エクセロン社、オイスタークリーク発電所を10年前倒しで閉鎖と発表。（年鑑2013: 433）

2011.2 憂慮する科学者同盟（UCS）、『原子力 補助金なしでは生存し得ない』を公刊。（F1-29）

2011.3.11 日本の福島第一原発1号機から4号機でINESレベル7複合原子力事故発生。米軍、「トモダチ作戦」と名づけた被災地支援を自衛隊と共に開始。最大1万6000人を投入、艦船約20隻や約160の航空機により物資の配布や人命の救助に当たる。（日経: 110421）

2011.4 米政府、福島での有事に備えて、放射性物質に対応できる米海兵隊「特殊兵器事態対処部隊CBIRF」の約150人を日本に派遣。（日経: 110421）

2011.4 DOE、福島の事故収束に向け、原子力関連の国立研究機関による高度な除染技術協力や専門家チームの派遣など支援措置検討。（日経: 110426）

2011.7.13 NRC調査委員会、福島原発事故を受けた包括的評価の結果、米原発は「安全に運転できる」と結論づけるとともに12の安全策を勧告。（日経: 110715）

2011.7.29 ブルーリボン委員会、中間貯蔵施設の建設を勧告する報告書をDOEに提出。（ポケットブック2015: 762）

2011.9.13 NRC、ユッカマウンテン処分場計画の活動終了を発表。（年鑑2013: 437）

2011.10.20 NRC、福島事故後の12の勧告のうち、「全交流電源の喪失」や「自然災害の再評価」など、7項目を直ちに実施するよう指示。（F1-57: 12）

2011.12.22 NRC、WH社製AP1000に設計認証を与える。（年鑑2013: 437）

2012.1.26 ブルーリボン委員会、DOEに最終報告書を提出。地元の同意に基づく処分地選定手法を探る重要性などを明言。（F1-58: 233）

2012.1.30 NRC、バイロン原発2号機が外部電源喪失で自動停止と発表。（ポケットブック2015: 713）

2012.2.9 NRC、ジョージア州ボーグル原発3、4号機建設計画につき34年ぶりの新設認可。AP1000で2基の建設費用は140億ドル。（F1-59: 302-303）

2012.5.17 これまでの小型原子炉SWR開発計画にエクセロン、ドミニオンなど12の原子力事業者を加えた「NexstartSMR連合」形成発表。（F1-60: 507）

2012.6.6 議会下院、2011年度以来途絶えていたユッカマウンテンの地層処分場建設計画の技術審査を完了させる経費を認める。（F1-61: 577）

2012.8.15 米戦略国際問題研究所（CSIS）、「日米同盟──アジアにおける安定」を発表。原子力開発における日米協力、国際展開、積極的な海外輸出を提言。（F1-62: 702）

2012.8.27 エンタジー社、州政府と係争中のバーモント・ヤンキー原発を採算性を理由に2014年に閉鎖すると発表。（F1-76: 120828）

2012.8.28 エクセロン社、南部テキサス州の原発新設計画を撤回すると発表。（日経: 120829）

2012.10.22　ドミニオン社、ウイスコンシン州キウォーニ原発（59万kW、PWR）を来年閉鎖、廃止と公表。（F1-63: 15）

2012.10.30　NRC、大型ハリケーン「サンディ」により、ニューヨーク州とニュージャージー州で3基の原子炉停止、オイスター・クリーク原発で警戒宣言と発表。（F1-63: 14）

2013.2.5　デューク・エナジー社、フロリダ州クリスタル・リバー原発3号機（89.9万kW、PWR）の閉鎖を決定。（F1-64: 261）

2013.2　ビスコンティ研究所の世論調査で、米国の原発支持率が福島事故発生前の68%に回復したことが判明。（F1-64: 260）

2013.6.7　カリフォルニア州のサザン・カリフォルニア・エジソン社、蒸気発生器破損で停止中のサン・オノフレ原発2号機と3号機の閉鎖決定を発表。（ポケットブック2015: 767）

2013.7.30　仏電力公社（EDF）、米国内で5基を運転する合弁会社からの撤退を表明。（日経: 130806）

2013.8.1　デューク・エナジー社、フロリダで計画していた原発2基の新設計画を凍結と発表。（日経: 130806）

2014.3.5　濃縮ウラン生産会社ユーゼックが経営破綻し、米連邦破産法11条の適用を申請。福島事故後の価格下落による。（日経: 140307）

2014.7.24　米科学アカデミー、福島を教訓に、米国内の避難計画の見直しを検討するよう求めた報告書を公表。（日経: 140726）

2014.9.16　NRC、3.5世代と呼ばれるGE日立ニュークリア・エナジー社製ESBWR（出力155万kW）に設計認証を与える。（F1-65: 758）

2014.9.30　DOE、先進的プロジェクト（受動的安全系など設計改善や小型モジュール炉開発（SMR）に126億ドルの政府融資保証を提供する案を発表。（F1-65: 758）

2015.4.21　オバマ大統領、中国との原子力協力協定改定に同意。米

国製の原発の対中輸出を拡大。（日経: 150422）

2015.4.22　米、民生用放射性廃棄物最終処分の方針を変更。当面、地上の倉庫で厳重保管。（日経: 150422）

2015.6.15　改訂米韓原子力協定調印。使用済み核燃料再処理とウラン濃縮に一定の道を開く。（F1-66: 574; 日経: 150423）

2015.9.23　テラパワー社、第4世代の進行波炉を中国核工業集団公司と共同開発する覚書を締結。40年間燃料交換なしで継続運転が可能とされる。（F1-67: 763）

2015.10.13　エンタジー社、マサチューセッツ州ピルグリム原発（71万kW、BWR）の閉鎖を決定。電力価格の低下で採算性が悪化。（F1-68: 40）

2015.10月中旬　NRC、BWRにフィルターつきベント（排気）装置の設置を義務付けない方針を決定。設置には1基あたり数十億円かかるとされる。（日経: 151015）

2015.11.6　ドミニオン・バージニア・パワー社、サリー原発（80万kW、PWR）2基について、80年間の運転を念頭に2度目の運転期間延長をNRCに申請。（F1-69: 76）

2016.6.2　エクセロン社、クリントン、クアド・シティーズ両原発の早期閉鎖を発表。イリノイ州議会で事業者を財政支援する法案が成立する見通しがなく、存続を断念。（F1-70: 463; 日経: 160603）

2016.6.6　エクセロン社、ペンシルベニア州ピーチ・ボトム2、3号機の運転延長2度目の申請へ。許可されれば80年間の運転。世界の実績は最長47年。（反460: 2）

2016.6.16　フォート・カルフーン原発を年末に閉鎖すると所有者オマハ公営電力の取締役会で決定。運転開始から43年。（反460: 2）

2016.6.21　NRC、エンタジー社のリバー・ベンド3号機の建設・運転一括許可申請取り下げを承認。新認可制度で申請された18件中、撤回は6件目。4件が審査保留。許可は4件（うち2件は未着工）。

（反460: 2）

2016.6.29　米国、カナダ、メキシコ3カ国が2025年までに原子力を含むクリーン電源で総発電量の50%を発電するとの共同声明を発表。（F1-71: 526）

2016.8.1　ニューヨーク州の公営事業委員会、州北部の3原発への補助金を含むクリーンエネルギー基準を承認。これにより原発の早期閉鎖が回避される見込み。（F1-72: 588）

2016.8.31　米国とインド、共同声明でアンドラ・プラデシュ州コバダでのWH社製AP1000を6基建設する計画の推進を確認。（F1-73: 639）

2017.2.20　米電力大手NRGエナジーが進める「サウス・テキサス・プロジェクト（STP）」と呼ぶ計画から東芝が撤退と報道。（日経: 170220）

2017.3.13　GE日立ニュークリア社、小型原子炉（SMR）の開発でARCニュークリア社との提携を発表。（日経: 170315）

2017.3.14　サザン・カリフォルニア・エジソン社のサン・オノフレ原発（カリフォルニア州）の事故と廃炉をめぐる損害賠償請求で、蒸気発生器を納入した三菱重工が電力会社に約1億2500万ドルを支払う仲裁裁定を受けたと発表。（日経: 170315）

2017.3.28　東芝の子会社WH社が米連邦破産法11条の適用を申請することが明らかに。（日経: 170328）

2017.5.30　エクセロン社、スリー・マイル・アイランド原発1号機を2019年9月末までに閉鎖すると発表。電力価格の下落と設備の老朽化で採算が悪化。（日経: 170531）

■ イギリス

稼 働 中 の 原 発 数	15 基
建 設 中 ／ 計 画 中 の 原 発 数	0 基／ 2 基
廃 炉 に し た 原 発 数	30 基
高 速 増 殖 炉	なし（実験炉 1 基、原型炉 1 基閉鎖）
総 出 力	891.8 万 kW
全電力に原子力が占める割合	20.4%
ウ ラ ン 濃 縮 施 設	カーペンハースト（URENCO UK）
使 用 済 み 燃 料 再 処 理 施 設	セラフィールド・B205、THORP（NDA）
Ｍ Ｏ Ｘ 利 用 状 況	
高レベル放射性廃棄物処分方針	ガラス固化体　50 年間貯蔵の後地層処分
高レベル放射性廃棄物最終処分場	未定

2016 年 12 月 31 日現在
参考資料：IAEA, 2017, *Nuclear Power Reactors in the World (2017 Edition)*.
　　　　　日本原子力産業協会，2017,『世界の原子力発電開発の動向 2017』.
　　　　　ポケットブック 2015.

1942～45　英科学者、「ケベック」合意に基づき米の「マンハッタン計画」に参加、原爆完成に協力。44 年にカナダ参加。(F3-2: 263; F3-22: 25)

1946.1.1　原子力研究所（Atomic Energy Research Establishment: AERE）、ハーウェルに設立。(F3-30)

1946.11.6　原子核エネルギーの開発と管理のための原子力法成立。(F3-22: 附2; F3-36)

1947.1　閣内委員会、原爆製造を正式決定。(F3-25: 10)

1947.5　プルトニウム生産用原子炉 2 基を、戦時中の TNT 工場跡のセラフィールド（ウィンズケールに改名）に建設することを決定。(F3-25: 10)

1950.10　ウィンズケールのプルトニウム生産 1 号炉（天然ウラン黒鉛減速ガス冷却型、マグノックス炉とも呼ばれる）臨界。51 年 6 月、2 号炉臨界。2 基で年に 45kg のプルトニウム（10 個の原爆分）を生産。(F3-25: 10)

1951.7　ウィンズケールの軍事用再処理工場 B204 で最初のプルトニウムを分離。(ATOMICA)

1952.10.3　最初の原爆（プルトニ

ウム型、25kt）実験をオーストラリア・モンテベロ島で実施。世界で 36 回目の実験。(F3-22: 附7; F3-24: ix)

1952.12.29　ケープンハースト・ウラン濃縮工場操業開始。(ATOMICA)

1953.1　チャーチル首相、コールダホール原子力発電所（天然ウラン黒鉛減速ガス冷却炉：GCR）建設を認可。(F3-25: 11)

1953.10.15　アボリジニの住むオーストラリアの砂漠地帯エミュー・フィールド（Emu Field）で 2 回目の原爆（10kt）実験実施。27 日には 3 回目実施。(F3-24: ix)

1954.1　原子力法改正。原子力の平和利用推進を明記。(年鑑1959: 104)

1954.2.5　ハーウェル原子力研究所でプルトニウムを原料とする高速増殖実験炉（ZEPHYR）の操業開始。(F3-22: 附9)

1955.2.15　原子力白書を発表。65 年までに 12 基の原子力発電所を建設（合計出力 150 万～ 200 万 kW）、75 年には総発電量の 4 分の 1（1000 万～ 1500 万 kW）を原発で供給するとする。(F3-13: 51)

1956.4.26～28、5.8～9　ブラッドウェルで原発建設に関する英で初

の公聴会実施、5 日間で 598 人、13 団体（ヨットやカキ業者など）参加。57 年着工。(F3-26: 114)

1956.10.17　世界初の工業規模の原発コールダーホール 1 号炉（黒鉛減速ガス冷却型：GCR、6.5 万 kW）が操業開始。プルトニウム生産用に設計され発電機能は二次的。(F3-25: 13-14)

1957.5.14～15　ヒンクリーで、原発建設に関する英で 3 度目の公聴会。農業に適さない土地で、地域団体や土地所有者の反対は少数。反対は外部からの団体。57 年着工。(F3-26: 115)

1957.5.15　最初の水爆実験(Mt 級の性能、高度 3 万フィートから投下）をクリスマス島で実施。(F3-22: 129)

1957.10.10　ウィンズケールの軍事用プルトニウム生産炉で英国史上最悪の事故。原子炉内温度が急激に上昇し、ウラン燃料（ウラン 8t）と黒鉛が燃焼。放射能（2 万キュリー）を帯びた水蒸気が広く欧州を汚染。牛乳の出荷が停止される。INES レベル 5。(F3-1: 40-41; F3-25: 15-16)

1957.10.26　マクミラン首相、ウィンズケール事故に関する「ペニー

報告書」に政府機密 30 年法適用を指示。報告書の全文公表は 92 年。（F3-1: 46-48; F3-25: 16）

1960.6.20 政府、原子力白書公表。原発建設計画を 300 万 kW に縮小。新鋭火力発電のコスト低下を反映したもの。（F3-21: 12-13）

1960.7 「原子力施設（許可および保険）法」成立。施設に対する査察制度を確立、設置許可は敷地単位。戦闘以外の事故責任は事業者が負う（上限 500 万ポンド）。（年鑑1960: 91-92; JAIF）

1962.10.17 ドーンレイ高速増殖実験炉 DFR（1.5 万 kW）で発電開始（59 年 11 月 14 日臨界）。63 年 6 月、全出力運転達成。（年鑑1963: 33; 年鑑1965: 127）

1963.2 ウィンズケールの改良型黒鉛減速ガス冷却炉（AGR、2.5 万 kW）が運転開始。燃料は 2% 濃縮ウラン、発電効率および経済性は米国製軽水炉より低い。（F3-1: 34-35）

1963.11.16 ウィンズケールの改良ガス冷却炉（AGR）で事故発生、6 人被ばく。（ATOMICA）

1964.4.15 エネルギー大臣、「第 2 次原子力発電計画」を議会に提出。70 ～ 75 年の 6 年間に 500 万 kW（4 カ所）の原子力発電所の運転開始を計画。（年鑑1965: 125; 年鑑2012: 338）

1964.6.7 ウィンズケール第 2 再処理工場 B205 が運転開始。（年鑑1965: 24）

1965.6.16 ダンジネス A 原子力発電所 1 号炉（GCR、55 万 kW）臨界。（年鑑1966: 23）

1965.6.25 サイズウェル原子力発電所 1 号炉（GCR、32 万 kW）臨界。66 年 1 月、営業運転開始。3 月には 2 号機、営業運転開始。（年鑑1966: 24; F3-27: 140）

1969.8 ウィンズケール再処理工場に、改良ガス冷却炉（AGR）実験炉から最初の使用済み核燃料が搬入される。（F3-1: 57）

1970.3.4 英・西独・オランダ 3 国のガス遠心分離によるウラン濃縮共同事業、ユーラトムの承認を得て正式調印（3% 濃縮ウランを年間 1350t 生産）。（ATOMICA）

71 年 8 月 30 日、新会社（URENCO）をロンドンに設立。（年鑑2012: 351）

1970.8.21 ドーンレイ高速増殖実験炉でナトリウムの漏えい事故による火災が発生。約 8 時間燃える。（年鑑2012: 349）

1971.3.9～5.6 改良ガス冷却炉（AGR）建設に対する初の公聴会（33 日間）、コナーズキーで開催。既に火力発電所が立地しており、地元保守派が支持。住民 3643 人の署名による反対嘆願書提出、建設計画取下げ。（F3-26: 118）

1971.4.1 原子力公社の一部を切離し、核燃料公社（BNFL）設立。国内外の核燃料生産・再処理を行う。（年鑑1972: 272）

1973.9.26 ウィンズケールの使用済み核燃料再処理工場 B204 の火災で放射能漏れ事故発生。揮発性ルテニウムにより運転員 35 人が被ばく。同工場は閉鎖される。（F3-1: 119-120）

1974.3.2 ドーンレイ高速増殖原型炉 PFR（25 万 kW）が臨界。シャフト故障など施設の故障が続き、75 年 2 月に送電開始。（F3-2: 298; 年鑑1976: 319）

1976.6 BNFL 社、使用済み核燃料再処理工場（THORP）建設を含むウィンズケール拡張計画を申請。（F3-1: 69）

1976.8 BNFL 社、ウィンズケールの B38 廃棄物貯蔵タンクからの放射性廃液の漏えいを認める。6 週間前に発見するも拡張計画承認への影響を考え、秘密にしていたもの。（F3-1: 122-123）

1977.2.9 放射線防護委員会、ウィンズケールの被ばく労働と白血病・がんの発生に因果関係は見られないとする報告書公表。（F3-1: 155）

1977.3.23 ドーンレイ高速原型炉 PFR の送電開始（75 年 2 月）を受け、ドーンレイ高速実験炉 DFR

廃止。（年鑑1978: 303）

1977.11 カーリスル高等裁判所、骨髄腫で死亡した労働者へ補償金の支払いを燃料公社に命ずる判決。被ばく労働によるがん発生を認めた英国初の判決。（F3-1: 175-176）

1977.12 1976 ～ 77 年には AGR 原発 4 カ所が運転開始。77 年の原発発電量は全電力量の 14%（370 万 kW）に。（年鑑1978: 301）

1978.1 エネルギー大臣、米企業がライセンスを持つ加圧水型軽水炉 10 基の導入を公式に認可。（F3-1: 35）

1978.5.15 下院、核燃料再処理工場（THORP）建設を含むウィンズケール拡張計画を賛成 186、反対 56 で認可。（F3-1: 112-113）

1978.5.24 BNFL 社、日本の電力 9 社および日本原電と再処理依託契約に調印。1600t を処理、処理費 3 億ポンド、核燃料輸送費 2 億ポンド、日本は建設費も負担。（F3-2: 290-291）

1979.4.19 BNFL 社、ウィンズケールの再処理工場で 3 月、9000L、3 万キュリーの放射性廃液が地下の土壌に漏出する事故があったと報告。後に、高レベル放射性廃液の漏えいは 20 年間継続、約 4 万 L、10 万キュリーの放射性廃液が地下の土壌に漏出、と判明。（反100: 80; F3-1: 126-129）

1979.7.16 ウィンズケール再処理工場で火災事故、6 人が放射能汚染。（朝日: 790718）

1981.1.30 英国初の加圧水型原発サイズウェル B の建設許可申請。（F3-16: 669）

1981 BNFL 社、ウィンズケールの呼称をセラフィールドに変更。（F3-1: 137）

1982 オックスフォード大・政治的生態学研究グループ、ウィンズケール事故の影響を検討。スリーマイル島事故の 100 ～ 1000 倍の放射性ヨウ素放出。250 人の甲状腺がん、死者は 13 ～ 30 人と推計。（F3-1: 48-49）

1983.1 サイズウェルB原発（PWR）に関する公聴会開始、議題は建設の必要性、経済性、安全性、環境問題など。2年2カ月の会期を経て83年3月終了。(年鑑1984: 239; 年鑑1985: 237)

1983.10.24 原子力産業放射性廃棄物管理公社（NIREX）第1回報告書、中低レベル廃棄物陸地処分サイト2カ所を選定。その後ビリンハイムは地元住民の反対や処分技術の問題で候補から外される。(年鑑2012: 369; 年鑑1985: 239)

1983.11.1 ヨークシャー・テレビ、『ウィンズケール・核の洗濯場』を放映。セラフィールド（元ウィンズケール）周辺の小児性白血病多発を報告。(F3-1: 151)

1983.11.11〜16 セラフィールド（元ウィンズケール）の核燃料再処理工場、運転ミスで高放射性廃溶媒を数回アイリッシュ海に放出。19〜20日の2日間、近隣25マイルの海岸が閉鎖される。(F3-1: 132-133; ATOMICA)

1984.1.10 欧州5カ国（仏、ベルギー、西独、英、伊）、商業用高速増殖炉とその核燃料サイクル開発に関する長期協力協定に調印。(年鑑1985: 238, 512)

1984.2.7 中央電力庁とフランス電力が高速増殖炉共同研究の協定。仏が建設するスーパーフェニックスIIに英が15%の建設費を負担。(年鑑1985: 512)

1984.7.13 環境大臣依頼の調査委員会、セラフィールド近辺のがん発生に関する「ブラック報告書」発表。セラフィールド近郊村で10歳未満の白血病発生率が全国平均の10倍だが異常ではないという評価。(F3-1: 157-158; 年鑑1985: 512)

1985.11 原子力産業放射性廃棄物公社（NIREX）、UK NIREX Ltd.として株式会社化。中央電力庁、BNFL社など4者が出資。(年鑑1986: 237)

1985.12 85年末、稼働中の原子炉は37基、1114.8万kW。85年の総発電量に占める原子力の割合は18%。(年鑑1986: 235)

1987.1.19 セラフィールド再処理工場で放射能漏れ、12人が汚染。30日には配管の亀裂から再び放射能漏れが見つかり、運転停止。(反107: 2)

1987.2.27 ドーンレイ高速増殖原型炉で蒸気発生器細管の大破損事故。(市民年鑑2006: 321)

1987.3.12 長期間（82〜86年にかけて計340日）の公聴会を経て、エネルギー相がサイズウェルB（PWR）建設を承認。(年鑑1987: 244)

1987.10.5 57年のウィンズケール原子炉事故の除染が30年ぶりに始まる。施設内部の放射能が100分の1まで低下、作業が可能になったもの。(反115: 2; F3-1: 52)

1987.12 政府機密30年法で封印されたウィンズケール事故に関する「ペニー報告書」公表。当時の政府が事故を過小に発表していたことが明らかに。放出された放射能はスリーマイルの7倍。(F3-1: 49-50)

1989.3.20 バークレイ原発が運転停止。商業炉としては初の廃炉。(年鑑1990: 249, 539)

1990.2 政府依頼のサザンプトン大疫学教室によるセラフィールド調査結果「ガードナー報告」発表。セラフィールド労働者居住地区で小児がんが多発。核施設で働く父親の精子遺伝子の変異が子どものがん発症の可能性を高めると報告。(F3-1: 160-163)

1990.3.31 「電気法」施行。発電事業の完全自由化、小売部門の部分自由化実施。原子力発電はコスト割高で民営化の段階に達していないとして国営のまま。(F3-14: 32; F3-3: 6)

1991.2.26 セラフィールド再処理工場の高レベル廃棄物ガラス固化施設が運転開始。(年鑑1992: 548)

1991.7.23 NIREX、低中レベル廃棄物埋設施設地にセラフィールドを選定。(年鑑1992: 549)

1992.1.23 放射線防護庁、被ばくと白血病に有意な関係があると発表。(年鑑1993: 559)

1992.9.8 セラフィールド再処理工場で配管腐食によりプルトニウム硝酸塩溶液30Lが容器から漏れる事故。ISENレベル3。16日、約1カ月間の施設閉鎖をBNFL社が発表。(反175: 2; JNES)

1993.12.10 英がオーストラリアで行った核実験に対し、約30億円の賠償金を支払うことで両国が合意。(反190: 2)

1993.12.15 政府、核燃料再処理工場（THORP）の操業を許可。(年鑑1994: 533)

1994.1.13 グリーンピース、THORP建設認可の政府決定について司法審査を請求。3月4日高等法院、政府決定を支持する判決。(F3-23: 190-191; 年鑑1995: 545)

1994.1.17 BNFL社の再処理工場THORPが操業開始。(年鑑1995: 545)

1994.3.31 ドーンレイ高速増殖原型炉運転打切り、高速炉開発から完全撤退。93年3月には英・仏・独共同で開発を進めていた欧州高速炉から撤退している。(年鑑1994: 236)

1994.12.20 カンブリア州議会、セラフィールドの中低レベル廃棄物地層処分の地下研究施設建設計画申請拒否を決議。(年鑑1995: 546)

1995.2.14 英国初の加圧水型軽水炉サイズウェルB（126万kW）が初送電。9月営業運転開始。(年鑑1996: 560; F3-16)

1995.5.9 貿易産業省、原子力政策白書を発表。ブリティッシュ・エナジー（BE）社を設立し96年7月に民営化、新規原発建設は市場原理に委ねる、など。(F3-11: 51)

1995.12.11 BE社、ヒンクリーポイントCとサイズウェルCの原発建設計画を撤回すると発表。経済的な理由による。(年鑑1996: 290, 562)

1996.7.- 4月に設立した持ち株会社BE社の全株式を一般公開。AGR、PWRを有する原子力発電所はBEグループ下で民営とな

る。マグノックス炉（黒鉛減速ガス冷却炉）12基はBEから切離し国有のマグノックス・エレクトリック社（97年12月にBNFL社に吸収合併）に移管。(年鑑1997: 313)

1997.2.4 セラフィールドの核燃料再処理工場（B205）で、放射能を含む気体が環境中に放出され、従業員数人が身体汚染を受ける。INESレベル2。(F3-33: 1; F3-34: 49; JNES)

1997.11 放射線防護庁、「放射線作業従事者の子孫の発がんに関する連関調査」発表。1990年の「ガードナー報告」を受けて実施したもので、父親の被ばくと子どもの小児白血病に相関なしと結論。(年鑑1998: 379)

1998.6.5 貿易産業相、経済上の理由で原子力公社のドーンレイ再処理施設を閉鎖、と発表。(年鑑1998: 378)

1998.6.26 BNFL社、米CBS社（旧WH社）の原子力事業部門WELCO社買収で合意。BNFL社は燃料、再処理、発電部門、原子炉設計・製造部門を擁する総合原子力企業に。(F3-11: 52)

1999.9.14 BNFL社が製造した関西電力・高浜原発3号機用MOX燃料について、燃料の寸法検査データに偽造があったと日本の通産省が発表。3人の従業員が古いデータシートを利用して品質検査をパスさせたとして停職になっている。(朝日: 990915; F3-43: 990922)

2000.2.18 原子力施設調査局、BNFL社の日本向けMOX燃料検査データねつ造について報告。96年から従業員が組織的・意図的に異物混入などを行っていた。(朝日: 000219)

2000.5.23 BNFL社、全マグノックス炉20基の閉鎖発表。マグノックス用燃料製造と再処理施設も閉鎖に。(年鑑2000: 333)

2002.4.1 2000年公共事業法に基づき、非化石燃料系電力購入義務に代えて再生可能エネルギー購入義務命令施行。電力小売業者に対して一定割合の再生可能エネルギー証書購入を義務付ける。(F3-12: 365; F3-6: 45)

2002.7.4 「原子力の負の遺産管理行動戦略」公表。クリーンアップなどの負の遺産の清算に政府が責任を持つという基本方針を示す。(F3-8: 32)

2002.9.5 経営危機に陥ったBE社が政府に緊急の財政支援を要請。9日、政府が4億1000万ポンド（約780億円）の緊急資金援助を決定。(年鑑2004: 294; 日経: 020910)

2003.2.24 政府、「エネルギー白書」発表。エネルギー効率の改善と再生可能エネルギーの促進に主眼を置き、原発の新規建設は提案しないとする。原子力発電はオプションとして維持する。(F3-20: 41, 47; F3-37)

2003.5.8 BE社再建計画の支援を目的とした電気事業法改正法成立。原子力債務に対する政府支援の上限を撤廃。翌年9月22日、EUがBE社再建案を承認。(年鑑2005: 105)

2004.7.22 「エネルギー法」成立。「原子力廃止措置機関（NDA）」の設立を明記。(朝日: 040726)

2005.4.1 原子力廃止措置機関（NDA）設立。20の民生用原子力施設の廃炉、放射性廃棄物の管理などを担当する。(年鑑2012: 416)

2005.4.20 セラフィールドのTHROPで、前処理工程の配管破損を確認。ウラン硝酸溶液の漏えい量は83m^{3}で、ウラン19t（プルトニウム200kg）を含む。INESレベル3（5月11日評価）。操業を一時停止。(ATOMICA; JNES)

2005.5.26 THROPを運転する英国原子力グループ（BNG）、THORP事故に関する「調査委員会報告書」をまとめる。配管損傷は2004年7月頃から始まり05年1月15日頃には破断したと推定。(F3-29; F3-31)

2005.5.31 科学技術会議、「英国の電力供給戦略（An Electricty Supply Strategy for the UK）」公表。二酸化炭素排出削減目標達成のために原発が必要と強調。(F3-9: 79-82; 年鑑2006: 219)

2005.6.10 環境放射線医学検討委員会、原発の半径25km以内に居住する子どもの小児がん増加は認められない、とする報告書発表。(年鑑2006: 220)

2006.3.2 原子力廃止措置機関（NDA）、原子力債務の廃止措置計画をまとめた事業戦略の政府承認を得て公表。総費用627億ポンド、措置完了は2150年とするもの。(F3-19: 54-59)

2006.3.15 政府の諮問機関「持続可能な開発に関する委員会（SDC）」、ポジション・ペーパー「低炭素社会における原子力の役割」を発表。原子力発電は解決策とならない、とする。(F3-4: 78-81)

2006.7.31 放射性廃棄物管理委員会、深地層処分を採用。サイトが完成するまでは中間貯蔵、地元自治体からの自発的誘致が原則、とする最終報告書を政府に提出。(年鑑2008: 227)

2007.4.2 原子力廃止措置機関（NDA）、NIREX社を統合し、「放射性廃棄物管理局（RWND）」を設立。地層処分の計画立案・開発を行う。(年鑑2008: 228)

2007.5.23 政府、原子力コンサルテーション文書（The Future of Nuclear Power）を発表。原子力発電所の新規建設を解禁するほか、再生可能エネルギーの割合を2015年までに15%（現在の3倍）に上げる目標を設定。(F3-20: 43; 日経: 070524)

2007.9.29 初の商業用原子炉コールダーホール原発（セラフィールド）爆破解体。(朝日: 071001)

2008.1.10 政府が「原子力白書」発表。新規原発建設の推進を決定。民間業者が競争市場で原発を建設するための環境整備を進める。前年のパブリックコメント回答（2728件）を反映したもの。(東奥: 080111; F3-7: 46-49)

2008.6.12 政府が「安全に放射性

廃棄物を管理する 地層処分実施のための枠組み」を公表。地層処分を原則として処分場完成まで中間貯蔵する方針。放射性廃棄物の処分場候補地の公募を開始。(F3-10: 47-54)

2008.9.24 仏電力公社、BE 社を買収することで両社が合意したと発表。英国内に 4 基の原発（欧州加圧水型炉、合計出力は 640 万 kW）を新設する。(日経: 080925)

2010.1.21 英国から日本への初の返還ガラス固化体（高レベル放射性廃棄物)を乗せた輸送船が出港。(東奥: 100122)

2010.5.13 英国と日本の電力会社 10 社は再処理を委託した使用済み核燃料を、英国内で MOX 燃料に加工した上で引取ることで合意。(東奥: 100514)

2011.3.11 東日本大震災、福島第一原発事故発生。(朝日: 110311)

2011.3.15 EU、緊急の閣僚級会合開催。域内 14 カ国で運転中の 143 基の原子炉について統一基準で安全性検査(ストレステスト)の実施を決定。(年鑑2012: 434; 朝日: 110526)

2011.6.23 エネルギー気候変動省、「国家政策表明書（案）」を議会に提出。原発新設計画を維持する方針を公式に表明、2025 年末までに原発を新設する候補地 8 カ所を指定する。7 月 18 日、議会下院が承認。(年鑑2012: 220; F3-38)

2011.8.3 NDA、福島第一原発の事故の影響で日本からの注文低迷が見込まれることから、セラフィールドの MOX 燃料加工工場を閉鎖すると発表。(年鑑2012: 437)

2011.10.11 原子力規制庁 ONR、原発安全評価（ストレステスト）の最終報告書発表。原発運転縮小や新規立地方針の変更を行う必要はないと指摘。(朝日: 111012; F3-38)

2012.1.26 原子力規制庁(ONR)、ヒンクリーポイント C 原発建設にサイト許可。(F3-41: 78)

2012.2.29 世界最古のオールドベリー原発 1 号機 (23 万 kW) が 44 年で運転終了。(ポケットブック2015: 763)

2012.3.10〜11 福島事故から 1 年、ヒンクリーポイント原発周辺で約 800 人の市民が原発増設反対の 24 時間デモ。(東京: 120312)

2012.11 政府、新エネルギー法案を発表。低炭素発電電力の長期固定価格買い取り制度を原発へも適用(世界初)。(年鑑2016: 266, 268; F3-39: 36-37)

2013.10.21 政府、ヒンクリーポイント C 原発建設で、仏電力公社（EDF）と仏アレバ、中国の電力 2 社と合意。新設は 25 年ぶり。稼働後 35 年間、固定価格買い取り制度で支援。(F3-39: 36-37; 朝日: 131022)

2014.5.26 青森県六ヶ所村に 4 月、英国から返還された高レベル放射性廃棄物の処理費用が 1 本あたり 1 億 2800 万円だったことが明らかに。海外処理廃棄物の返還が始まった 1995 年の 3 倍。(朝日: 140526)

2014.10.8 欧州委員会、ヒンクリーポイント C 原発に対する固定価格買い取りなど英政府の支援を合法と判断。翌年 7 月 6 日、オーストリア政府が裁定を不服として司法裁判所に提訴。「原発は旧来技術、最新技術を支援する補助金の対象ではない」とする。(反440: 2; 年鑑2016: 262; F3-40: 180)

2015.12.30 原子力廃止措置機関（NDA)、唯一稼働中のマグノックス炉（1 号機、50 万 kW）の永久封鎖を発表。(F3-42: 154)

2016.7.7 日本原電、日立傘下で英国の原発事業会社「ホライズン・ニュークリア・パワー」に参画することに。英国で日立ら 3 社が調印。(東京: 160708)

2016.8.5 ドーンレイ・サイト・レストレーション社（DSRL)、閉鎖済みドーンレイ高速実験炉の高レベル放射性液体金属冷却材（ナトリウム・カリウム）、10 年掛けて約 68t の処理完了と発表。(JAIF)

2016.9.15 政府、フランス電力公社（EDF）がヒンクリーポイントに建設する原発計画を最終承認。

29 日、英政府と仏電力、中国広核集団が契約・合意文書に調印。事業費約 2 兆 4300 億円で、中国広核集団（CGN）が 3 分の 1 を出資する。(東京: 160916; 反463: 2)

2018.1.11 日立が英国で進める原発事業（ホライズン社）に、日英両政府が官民で総額約 3 兆円を投融資することで合意したことが明らかに。日本分の融資には政府保証をつける。(朝日: 180111)

フランス

稼 働 中 の 原 発 数	58 基
建 設 中 ／ 計 画 中 の 原 発 数	1 基／ 0 基
廃 炉 に し た 原 発 数	12 基
高 速 増 殖 炉	なし（実験炉 1 基、原型炉 1 基、実証炉 1 基、閉鎖）
総 出 力	6313 万 kW
全電力に原子力が占める割合	72.3%
ウ ラ ン 濃 縮 施 設	トリカスタンに 1 施設（AREVA NC） （2012 年、EURODIF 閉鎖）
使用済み燃料再処理施設	ラ・アーグ UP2-800、UP-3（AREVA NC 社）
Ｍ Ｏ Ｘ 利 用 状 況	23 基（累積装荷 3500 本）
高レベル放射性廃棄物処分方針	ガラス固化体の地層処分
高レベル放射性廃棄物最終処分場	未定（ビュール地下研究施設で研究中）

2016 年 12 月 31 日現在
参考資料：IAEA, 2017, *Nuclear Power Reactors in the World (2017 Edition)*.
　　　　　日本原子力産業協会，2017,『世界の原子力発電開発の動向 2017』.
　　　　　ポケットブック 2015.

1945.10.18 科学、産業および国防分野における原子力活用のため、原子力庁（CEA）が創設される。科学局長官に J. キュリーが就任。(F4-9: 457; F4-22: 309)

1946 「電気事業の国有化に関する法律」制定により、フランス電力公社設立。発電、送配電、電力輸出入事業を独占。(F4-15: 88)

1948.12.15 仏で第 1 号原子炉 EL-1（ZOE）が初臨界（天然ウラン重水減速型研究用 156kW）。焼結酸化ウラン燃料体を世界ではじめて使用。(ATOMICA)

1950.4.28 核兵器使用禁止を求める「ストックホルム・アッピール」を主導したとして、CEA 科学局長官 J. キュリー罷免される。(F4-22: 310)

1952.7 最初の「原子力 5 カ年計画」策定。400 億フランという破格の予算が付く。(F4-22: 312)

1954 仏初の発電兼プルトニウム生産炉マルクール 1 号（天然ウラン黒鉛ガス冷却型：GCR、電気出力 0.3 万 kW）の建設開始。55 年に 2 号、56 年に 3 号（いずれも黒鉛炉、3.8 万 kW）の建設開始。同時期、マルクールに再処理施設 UP1 も建設開始。(F4-15: 86)

1956.1.6 発電兼プルトニウム生産炉マルクール 1 号（黒鉛ガス冷却型、プルトニウム年間生産量 10kg）が臨界。9 月 28 日送電開始。(F4-19: 40)

1957 原子力庁による設計・製造、電力公社施主による発電用原子炉シノン 1 号（黒鉛炉、7 万 kW）の建設開始。運転開始は 64 年。(F4-15: 88-89)

1958.1.1 ユーラトム（ヨーロッパ原子力共同体）条約発効。(F4-19: 63)

1958.7.21 マルクール発電兼プルトニウム生産炉 2 号運転開始（4 万 kW、プルトニウム年間 50kg 生産）。(F4-19: 67)

1958 マルクールの再処理工場（UP1）でプルトニウム生産炉（黒鉛ガス冷却型）の燃料再処理開始。翌 59 年に最初のプルトニウム抽出。(F4-15: 86; F4-22: 316)

1960.2.13 サハラ砂漠レガヌ実験施設で、初の核実験を実施。プルトニウム型。61 年 4 月 15 日までに計 4 回大気圏内核実験を実施。(F4-1: 1)

1961.8.20 「大気汚染および悪臭防止法」制定。この法が 2006 年までフランスの原子力施設の安全性を規制する法的根拠となる。(F4-30: 13-22)

1961.11.7 タン・アフェラの花こう岩帯の実験施設で地下核実験を開始。66 年 2 月 16 日までに計 13 回実施。(F4-1: 1)

1962.5.1 ベリル（Béryl、現アルジェリア）の地下核実験で爆発事故が発生。放射能に汚染された煙霧および岩滓など（汚染物の 5 ～ 10%）が地下から漏れ出し、周辺 150km が汚染されて遊牧民 240 人が被ばく。(F4-1: 5; F4-25: 45)

1962 仏で初の軽水炉（ショー原発、加圧水型：PWR、30.5 万 kW）、ベルギーとの国境近くに着工。フラマトム社（米 WH 軽水炉技術の受け皿として創設）がターンキー方式で建設。運転開始は 67 年。(F4-15: 90-91; F4-16: 94-95; F4-22: 324)

1963.8.5 米・英・ソ 3 国、部分的核実験停止条約に正式調印。大気圏内、水中の核実験を禁止。仏・中国は非調印。(F4-27: 264-268, 附4)

1966.3.9 原子力損害賠償に関する条約（パリ条約）を批准。(F4-40)

1966.6.30 ラ・アーグで黒鉛炉燃料再処理施設UP2運転開始。76年からは軽水炉燃料の再処理開始。(F4-19: 161, 275)

1966.10 高速増殖炉（実験炉）ラプソディの2次系ナトリウム注入用配管の破損でナトリウム漏れ発生。(ATOMICA)

1966〜74 アルジェリア独立に伴い、フランス領ポリネシアのムルロア環礁およびファンガタウファ環礁で大気圏内核実験を計46回実施。(F4-6: 9-10)

1967.1.28 高速増殖炉ラプソディ臨界。3月17日に定格出力2万kWを達成。(F4-19: 167)

1967.4.6 ピエールラット・ウラン濃縮工場での高濃縮ウラン生産開始を発表。米・ソ・英・中に続いて5番目。(F4-19: 167; F4-27: 269)

1968.10.15 仏最初の発電炉マルクール1号廃棄決定、運転停止。(F4-19: 185)

1968 マルクールに高速増殖炉フェニックス（原型炉、25万kW）の建設開始。営業運転開始は1974年2月。(ATOMICA)

1969.10.17 サン・ローラン・デゾー原発1号炉（黒鉛炉、48万kW）で、50kgのウランの炉心融解事故が発生。(F4-38: 110714)

1969.11.14 ポンピドー大統領府、従来の天然ウランガス冷却炉に代えて、アメリカの濃縮ウランを燃料とする軽水炉を導入する方針発表。(年鑑1971: 242)

1969 ラ・マルシェに低中レベル放射性廃棄物の貯蔵センター開設。(F4-23: 142; F4-54: 92-93)

1971.2.26 閣僚会議、第6次エネルギー計画（71〜75）を決定。75年までに軽水炉8基800万kWの建設に着手、欧州濃縮ウラン工場の建設など。7月29日に発表。(F4-19: 215, 219)

1971.4.12 フェッセンハイムで反原発団体1500人によるフランス初の反原発デモ運動が行われる。(F4-34)

1971.7 フェッセンハイム1号炉

（PWR、90万kW）の建設開始。営業運転は77年12月30日。(ATOMICA)

1973.3 原子力施設の安全審査体制強化のため、産業研究省内に原子力施設安全本部（SCSIN）を設置、大臣諮問機関として原子力最高審議会（CSSN）設置。(年鑑1980: 227)

1973.8.31 高速増殖炉フェニックス（原型炉、25万kW）が臨界。74年12月送電開始。(F4-19: 243, 257)

1973 ユーロディフ社（仏、伊、ベルギー、スペイン、スウェーデンの共同出資で設立）、トリカスタンにガス拡散法による濃縮施設の建設開始。79年3月操業開始。(F4-16: 102; F4-19: 307)

1974.3 政府、石油ショックを受けて「メスメル・プラン」発表。火力発電所建設はゼロ、年500万kWの原発建設を25年間続けるというもの。それにより79年までに90万kWを28基、130万kW級を16基発注、81年には原発発電量が火力発電を抜く。(F4-16: 99-101)

1975.4.6 フラマンビルとポール・ラ・ヌベルの2地域で、原発問題に関してフランスで初めての住民投票が行われる。前者は428対248で誘致決定、後者は385対1250で反対多数。(F4-29: 48-49)

1976.1 原子力庁（CEA）、生産局を分離独立させてCOGEMA社設立。世界初のフル・サイクル（核燃料サイクルで生産される全核物質を供給できる）の核燃料サイクル会社。(F4-16: 102; 年鑑1980: 227)

1976.7 高速増殖炉フェニックスの中間熱交換器2次系で10Lのナトリウム漏れ。10月にも10Lの漏れ発生。(ATOMICA)

1976.12 ラ・アーグの核燃料再処理施設UP2に前処理施設（HAO）が完成、軽水炉燃料の再処理開始。87年からは軽水炉燃料専用となる。(年鑑1995: 254)

1977.3.7 フェッセンハイム1号

機（PWR、92万kW）が初臨界。12月31日に営業運転開始。(ATOMICA)

1977.5 クレイマルビルで高速増殖炉スーパーフェニックス（実証炉、120万kW）の建設開始。(ATOMICA)

1977.7.31 高速増殖炉スーパーフェニックスの建設に反対する市民数万人が敷地内でデモ。保安機動隊と衝突し、1人の死者発生。(F4-41: 111216; 読売: 770801)

1978.4.28 カーン行政裁判所、フラマンビル原発建設免許の執行停止を命令。5月2日、原発建設計画再検討の訴えを支持する裁定。原発訴訟における住民側初の勝訴。(F4-11: 64; F4-19: 293)

1978.9.17 ブルターニュ地方のプロゴフで5000人が反原発デモを展開。11月18日にはカンペールで8000人が反原発デモ。(F4-7: 8)

1979.1.23 国外（日本）からの最初の使用済み核燃料、シェルブール港に到着。抗議活動が続く。(F4-42: 111216; 朝日: 790124)

1979.6.2〜3 初の国際共同反原発運動が米・スイス・西独・仏・ベルギーなどで展開。ブルターニュ地方のプロゴフで1万5000人が反原発デモに参加。(年鑑2012: 363; F4-7: 8)

1979.9 運転開始間近のグラブリース原発とトリカスタン原発で、原子炉容器に接続するパイプに多数のひび割れを発見、と労組が暴露。政府は欠陥を1年半も隠蔽。(読売: 791105)

1979.11.7 放射性廃棄物管理機関（ANDRA）、原子力庁の下部組織として設立される。放射性廃棄物の処理と管理が法により義務付けられる。(F4-23: 148; F4-19: 315)

1980.2.29 プロゴフで原発建設反対住民がバリケードを設置、12人が逮捕。黒い金曜日と呼ばれる。3月16日にはブルターニュ地方ラ岬で、5万人が反原発デモ。5月24〜25日にはプロゴフで、約10万人が「反原発聖霊降臨祭」に参

加。（F4-7: 8）

1980.3.13 サン・ローラン・デゾー原発の2号炉で、20kgのウランの炉心融解事故発生。（F4-28: 110714）

1980.4.1 運転中または建設中の原発周辺市町村に対して平均15%の電気料金を割引く「地域別料金制度」を実施。（年鑑2012: 364）

1980.4.15 ラ・アーグ核燃料再処理工場が漏電火災で停電、高レベル放射性廃液が一時冷却不能で沸騰状態に。（朝日: 800419; F4-20: 84-85）

1981.5.21 フランソワ・ミッテラン（社会党）が大統領就任。27日、政府がプロゴフ原子力発電所の建設中止を決定。（朝日: 810522; F4-7: 8）

1981.7.30 政府、建設中および計画段階の5原子炉建設中断を閣議決定。11月25日、3原発の建設凍結を解除。29日、ゴルフシュ原発建設地で3000人の反原発デモ。（朝日: 810731, 811126, 811201）

1981.12.6 仏の核実験でムルロア環礁が沈下、実験でまき散らされた放射性物質や放射性廃棄物がサイクロンで環礁外に流出していることが英紙報道で明らかに。仏政府は汚染を否定、実験続行を表明。（朝日: 811207, 811210; F4-3: 153-154; F4-26: 44-46）

1982.12.16 高速増殖炉フェニックスのタービン室で放射能漏れを検知、自動停止。1次冷却系ナトリウムの漏れ発生。83年2月15日にも同様の事故発生。（F4-19: 351）

1983.1.3 仏電力公社（EDF）、82年に全電力の48%を原子力で供給したと発表。（年鑑2012: 368）

1984.10.5 仏核燃料再処理工場から日本に返還されるプルトニウム250kgを積んだ「晴新丸」が、シェルブール港を出港。7月22日に、仏米の軍艦が護衛することで、米政府は輸送を承認していた。（読売: 840724; 朝日: 841006）

1984.1.10 欧州5カ国（仏、ベルギー、西独、英、伊）が商業用高速増殖炉とその核燃料サイクル開発に関する長期協力協定に調印。（日経: 840111）

1984.8.25 六フッ化ウラン450t（使用済み核燃料から回収したもの）積載の仏貨物船がベルギー沖で沈没。仏は放射能漏れの兆候なしと強調。10月3日ウラン入りコンテナ回収。（朝日: 840830; 年鑑2012: 370）

1985.9.7 高速増殖炉スーパーフェニックス（出力120万kW）が世界初の臨界。86年1月14日、仏国内に送電開始。12月、100%出力に達する。（朝日: 850908, 860115; ATOMICA）

1986.5.2 チェルノブイリ原発事故（4月26日）に対し、ピエール・ペルラン放射線防護中央局局長が「仏では特別な健康対策を実施する理由がない」と発言。（F4-10）

11年9月7日、被ばくの危険性についての警告を怠ったとして詐欺罪に問われていた裁判で、パリ控訴院は甲状腺がん被害者の訴えを退け免訴の判決。（F4-37）

1987.3.9 高速増殖炉スーパーフェニックスで燃料貯蔵タンクの亀裂からナトリウム漏れ。修理のため5月末から無期限停止。（市民年鑑2006: 321; 朝日: 870529）

1987.3 放射性廃棄物管理庁、高レベル放射性廃棄物埋設のための地下研究施設の候補地4カ所を発表。3候補地で反対運動激化。90年2月に1年間の計画凍結を決定。（F4-18: 143-144; F4-12: 160-161）

1987.11.25 原子力庁が高速増殖炉スーパーフェニックスIIの建設計画を白紙撤回。（朝日: 871126）

1990.7.3 6月12日再開の高速増殖炉スーパーフェニックスがポンプトラブルで運転停止。1次冷却系ナトリウムの酸化・固化でフィルターが目詰まり。INESレベル2。94年8月まで停止。（朝日: 901017; F4-19: 33）

1991.12.30 「長寿命放射性廃棄物の研究に関する法律（バタイユ法）」制定。高レベル・長半減期廃棄物の核種変換、地下深層貯蔵、地表貯蔵の研究を行い、2006年に議会が適切な処分法を決定、と規定。（F4-23: 145; F4-44: 39; F4-47: 91）

1992.11.7 日本へのプルトニウム運搬船あかつき丸、プルトニウム1tを積んでシェルブール港を出港。航路は秘密で無寄港。（毎日: 921109）

1994.3.31 解体中の高速実験炉ラプソディで、ナトリウムタンクの爆発事故発生。1人が死亡、4人が重軽傷。放射能で汚染されたナトリウムの火災も。（朝日: 940401, 940402）

1994.8.4 事故のため90年7月から停止していた高速増殖炉スーパーフェニックス、長寿命の放射性廃棄物を燃焼させる研究炉として運転再開。（朝日: 940805）

1994.11.15 8月に再臨界した高速増殖炉スーパーフェニックスがアルゴンガス漏れで運転停止。12月26日には蒸気発生器からの蒸気漏れで再度運転停止。（年鑑1995: 254）

1995.2.23 日本に返却される核燃料再処理後の高レベル放射性廃棄物（ガラス固化体28本、14t）を積んだ英国船がシェルブール港を出港。輸送ルートは非公開。1月30日に予想ルート沿岸の約20カ国が抗議表明を出していた。（朝日: 950130, 950224）

1996.1.29 シラク大統領、28日の核実験を最後に実験終了と発表。仏の核実験は1960年以来、計210回。包括的核実験禁止条約（CTBT）調印へ。（朝日: 960130）

1996.1.30 シラク大統領、南太平洋核実験場の基地撤去とポリネシア行政府への2000億円の交付金支払いを決定。（朝日: 960201）

1996.8.13 ラ・アーグ核再処理工場周辺の河川で、高レベルのトリチウム（一般の700倍）、セシウム137（150倍）を検出。住民の白血病発症率も国内平均の2.8倍に。仏NGOの調査結果。（毎日: 960814）

1997.1.10 ブザンソン大学ビール教授によるラ・アーグ再処理工場周辺の子どもの白血病多発に関する論文を英医学誌が掲載。(中日: 970813; F4-31)

1997.2 ラ・アーグの子どもを含む50人のメンバーで「怒れる母親たち」を創設。ラ・アーグ再処理工場周辺の白血病多発に関して行政による再調査を求める。(F4-18: 125-126)

1997.6.18 ラ・アーグ再処理工場周辺の白血病多発に関して、政府が任命した科学委員会が5月29日付の暫定報告で追認と『ルモンド』紙報道。6月末の住民集会で科学委員長が否定。(中日: 970813; F4-31)

1997.6.20 ラ・アーグ再処理工場から大西洋に排出される廃液から通常の海水の1700万倍の放射能検出とグリーンピースが発表。(毎日: 970621)

7月10日、政府の調査結果が出るまで進入禁止と環境相が表明。(読売: 970711)

1998.2.2 高速増殖炉スーパーフェニックスの即時廃炉を政府が正式決定。トラブル続きで12年間の平均稼働率は6%強、解体は2005年以降になる。(朝日: 980203)

1998.5.6 仏原発からラ・アーグの再処理工場に使用済み核燃料を輸送する容器の外殻から、基準を数百〜数千倍上回る放射能検出と『リベラシオン』紙が報道。汚染は1990年代初頭から続く。貨車の放射能汚染も判明、輸送中止に。(毎日: 980507; 朝日: 980507)

1999.7.8 政府が任命した専門家委、ラ・アーグ再処理工場からの放射能放出と周辺地域の小児白血病多発の関連性を否定する最終調査結果発表。(年鑑2000: 340)

1999.8.3 ムール県ビュールに、高レベル放射性廃棄物保管の地下研究所設置を国が許可。深さ450m（粘土質地層）に研究所を開設する。(F4-23: 146; F4-47: 91-93)

1999.12.27〜28 ジロンド川の洪水でブレイエ原発原子炉建屋が浸水、外部電源の部分喪失発生。バックアップ電源が機能。INESレベル2。(F4-46: 69-72)

2000.2.1 「電力公共サービスの現代化および発展に関する法律（電力自由化法）」採択。自由化の範囲は「EU電力指令（1996年12月）」で義務付けられた最低ラインで大口需要家のみ。(年鑑2000: 338)

2000.3.25 仏核燃料公社（COGEMA）のMOX燃料で検査データ処理に誤り、とグリーンピースが発表。高浜3、4号機用のMOX燃料集合体を製造中。30日「データを抽出、記載するソフトに不具合があった」とCOGEMAが発表。(朝日: 000326; 反265: 2)

2001.9 原子力産業界を再編、持ち株会社アレバ社（AREVA）設立、フラマトムANP社（原子炉製造）、COGEMA社（燃料サイクル）を傘下に置く。原子力業務効率化・国際競争力向上を目指す。(ATOMICA)

2002.2 原子力安全・放射線防護総局（DGSNR）発足、環境・産業・厚生大臣の直轄下に。(ATOMICA)

2003.1.7 原子力安全・放射線防護総局（DGSNR）、高速増殖炉フェニックス（原型炉）の運転再開を認可。高速増殖炉スーパーフェニックス（1998年廃炉）に代わり長半減期放射性廃棄物の「核種転換処理」実験実施。08年をめどに最終閉鎖。(年鑑2005: 112)

2003.1.8 今後30年間のエネルギー政策決定プロセスに国民を参加させるため、「エネルギーに関する国民討論」を開催すると政府公表。3〜5月の間に6回の会議開催。「国民討論」を受けて、11月7日に政府は「エネルギー白書」を発表。「エネルギー政策指針法」の草案となるもの。(F4-50: 43-45)

2004.10.4 アレバ社の工場で、核兵器解体で得られる高純度プルトニウムを原発燃料に転換する試験を開始する。世界初。(日経: 041004)

2004.10.21 電力株式会社（EDF、旧電力公社）が、第3世代型原子炉（欧州加圧水型炉EPR、160万kW）1号機の立地をフラマンビルに決定。「環境保護強化に関する法律」に基づき、公開討論会20回を計画。(日経: 041022; F4-50: 37-48)

2005.6.11 仏伊が原子力を中心とするエネルギー分野での協力協定調印。フラマンビルに建設予定の欧州加圧水型炉EPRに、伊最大の電力会社（ENEL）が12.5%出資することに。(F4-50: 47)

2005.7.13 国民討論、議会審議を経て「エネルギー政策指針法」制定。多数の原子炉が寿命を迎える2020年に向けた新規原子炉と核廃棄物管理の技術開発を課題とする。(F4-2; F4-48: 20-27)

2005.10.22 全国公開討論委員会（CNDP）、高レベル・長寿命放射性廃棄物に関する公開討論会をパリで開催。全国13都市で計15回実施。(F4-49: 110-113)

2006.4.14 シェルブールで3万人のフラマンビル原発増設反対デモ。(反338: 2)

2006.5.4 仏初の欧州加圧水型炉（EPR、160万kW）がフラマンビル・サイトで着工。(年鑑2012: 420)

2006.6.13 「原子力に関する透明性および安全性に関する法律」を制定。旧原子力安全庁を独立行政機関とし、原子力の安全性を監視し、信頼性のある情報を国民に提供すると規定。地域情報委員会（CLI）の設置も規定。(F4-3; F4-24: 56-70; F4-53: 162-164)

2006.6.28 「放射性物質および放射性廃棄物の管理に関する法律」制定。1991年制定のバタイユ法の後継。長寿命放射性廃棄物処分に関する今後の方針・研究スケジュールを明記。(F4-4; F4-51: 101-104; F4-52: 10-11)

2006.11 大統領直属の原子力安全機関（ANS）設立。原子力安全・放射線防護総局（DGSNR）と地方原子力安全局を統括。(ATOMICA)

2007.5 原子力安全機関（ASN）、2006年の「管理計画法」を基に放

射性物質および放射性廃棄物管理国家計画を公表。廃棄物の中間貯蔵、最終的な管理方策の検討目標を設定。3年ごとに更新。(F4-30: 13-43)

2008.7.7 トリカスタン原子力施設内のソカトリ社(SOCATRI)のウラン施設で約30m³のウラン排水が漏出し、近隣の河川に流れ込む事故が発生。(F4-5: 1; 中日: 080712)

2009.6.24 政府が低レベル長半減期放射性廃棄物の処分場予定地として2自治体を選定した、と放射性廃棄物管理機関が発表。直後に両自治体が辞退、再選定に。(F4-55: 78-80)

2009.11.2 アレバ社製の欧州加圧水型炉EPRの制御系に問題、と英、仏、フィンランドの規制当局が声明。(反381: 2; F4-13: 68)

2010.1.5 「フランスによる核実験の被害者の認定および補償に関する法律」制定。フランスの核実験によって被ばくしたすべての人に補償を受ける権利を認める。(F4-8; F4-25: 49)

2010.11.5〜9 仏再処理工場から独ゴアレーベン中間貯蔵施設に高レベル廃棄物輸送。両国の反原発活動家数万人が反対集会、搬入は2日遅れ。(中日: 101108, 101110)

2011.3.11 東日本大震災、福島第一原発事故発生。(朝日: 110311)

2011.3.14 サルコジ大統領、大統領府で与党議員に対し「脱原発は論外」と強調。6月27日には、第4世代原発を開発するために今後10億ユーロを投資することを表明。(F4-43)

2011.3.24〜25 EU首脳会議、年内に域内全原発143基の安全性検査(ストレステスト)を実施するとの声明発表。(F4-43)

2011.4.12 ストラスブール市議会、1977年運転開始のフッセンハイム原発の閉鎖決議案をほぼ全会一致で可決。(F4-43)

2011.4.25 福島第一原発事故を受け、仏独をつなぐアルザスの6つ

の橋で原発反対派6000人以上がデモ。(F4-39: 111207)

2011.6.26 フェッセンハイム原発の即時閉鎖を求め、5000人以上がデモ。5kmにわたる人間の鎖で発電所を囲む。(F4-36)

2011.9.12 マルクールに隣接するCEN-TRACO廃棄物処理・調整プラントで溶融炉爆発・火災発生。1人が死亡、4人が重軽傷。INESレベル1。(JNES)

2011.12.21 福島事故後の安全評価検査で、カトノム2、3号機燃料貯蔵プールの不備を発見。INESレベル2。(JNES)

2012.1.3 原子力安全機関(ASN)、福島原発事故を受けて実施した国内原発58基のストレステストの最終報告書を政府に提出。稼働中原発を直ちに停止する必要はないとする。(F4-43)

2012.3.11 脱原発を訴える市民グループなど、原発や核関連施設が密集する南部リヨン−アビニョン間約230kmで「人間の鎖」を実施、約6万人参加。(東京: 120312)

2012.9.14 オランド大統領、仏最古のフェッセンハイム原発を2016年末までに閉鎖すると発表。大統領選挙で任期中の閉鎖を公約していた。(東京: 120915)

2013.2.6 放射線防護原子力安全研究所、福島原発事故と同規模の事故が起きた場合の避難民は10万人、被害額はGDPの20%に相当する約55兆円との試算結果発表。(反420: 2)

2013.7.15 トリカスタン原発で、「グリーンピース」の活動家らが敷地内に侵入、壁面にメッセージを映し出して政府に閉鎖を訴える。29人を拘束。(東京: 120915)

2013.7.29 原子力安全規制当局(CASN)、運転開始後三十数年が経過したピュジェイ原発4号機の40年運転継続を認める。40年認可は5基。(F4-57: 633)

2014.10.10 国民議会(下院)、「エネルギー移行法」可決。総発電量に占める原子力のシェアを2025

年までに50%(現在75%)に削減する。オランド大統領が公約していたもの。15年7月22日、下院で可決成立。(F4-58: 11; JAIF)

2015.4.7 原子力安全機関(ASN)、建設中のフラマンビル3号機の一部に金属組成の異常が存在、と明らかに。ASNの指示による調査で、16年6月までに58基中18基で異常が判明。(F4-55: 48-50; 東京: 161117)

2015.6.3 政府、財政難のアレバ社原子炉事業をフランス電力(EDF)が取得する救済方針を決定。7月30日、両社が了解覚書に調印。アレバ社は福島事故後の新設減少と欧州加圧水型炉EPRの建設遅れで巨額負債を抱え、事実上倒産。(朝日: 150605; F4-59: 508; 年鑑2017: 302)

2015.9.3 EDF、2007年着工のフラマンビル3号機(EPR、165万kW)の起動予定を2018年第4四半期に繰り延べ、と発表。2005年着工のフィンランド・オルキルオト3号機(EPR)も18年末まで延期で、アレバ社倒産の一因に。(年鑑2017: 301)

2016.10.18 原子力安全局(ASN)、日本鋳鍛造製の下鏡を備えた5基の蒸気発生器の定検前倒しを指示。原子炉容器などの鍛造鋼に炭素偏析が見つかっていた。(反464: 2; 東京: 161019)

2016.11.15 アレバ社、原子炉事業子会社の売却でフランス電力と正式契約。(反465: 2)

2017.7.5 高浜原発4号機向けのMOX燃料を積んだ輸送船、シェルブール港を出港。MOX燃料価格は1体当たり10億円超、1999年の最低値の約5倍と、財務省貿易統計などから明らかに。(東京: 170706, 171217)

第II部　日本と世界の原子力発電　第6章　世界の原子力発電所

■ ドイツ ■

稼　働　中　の　原　発　数	8 基
建 設 中 ／ 計 画 中 の 原 発 数	
廃　炉　に　し　た　原　発　数	28 基
高　速　増　殖　炉	なし（実験炉 1 基閉鎖、原型炉 1 基計画中止）
総　　　出　　　力	1079.9 万 kW
全 電 力 に 原 子 力 が 占 め る 割 合	13.1%
ウ　ラ　ン　濃　縮　施　設	グロナウ（URENCO）
使 用 済 み 燃 料 再 処 理 施 設	なし（WAK 運転終了、WA-350 建設中止）
Ｍ　Ｏ　Ｘ　利　用　状　況	12 基（累積装荷 1774 本 ＋ α）
高レベル放射性廃棄物処分方針	ガラス固化体および使用済み燃料の地層処分
高レベル放射性廃棄物最終処分場	未定（ゴアレーベンは 2013 年白紙撤回）

2016 年 12 月 31 日現在
参考資料：IAEA, 2017, *Nuclear Power Reactors in the World (2017 Edition)*.
　　　　　日本原子力産業協会，2017，『世界の原子力発電開発の動向 2017』.
　　　　　ポケットブック 2015.

1955.5　パリ諸条約の発効により、連合国によってドイツにおける原子力研究が正式に許可される。(F5-29: 20)

　　最大の電力消費産業である化学、電機、鉄鋼産業界が原子力開発の研究班を設置。(F5-36: 57)

1955.10.6　「連邦原子力問題省（BMAt）」の設立決定。(F5-29: 20)

1956.1　「ドイツ原子力委員会（DAtk）」発足。産業界・学界・政府代表による諮問機関。(F5-36: 57)

1956　「第 1 次原子力計画」(56 〜 62 年) 策定。(F5-36: 59)

1958.8　「原子炉安全委員会（RSK）」が発足。(F5-29: 20)

1959.12.23　「原子力の平和利用およびその危険の防止に関する法律」(原子力法) 認証。原子力発電所の認可・監視に関する規制責任は連邦政府から州政府に。使用済み燃料の貯蔵、再処理、輸送および中間貯蔵は事業者の責任、廃棄物処分は連邦政府の責任と規定。(F5-32: 814; F5-41)

1960.11　西ドイツ最初の発電炉、カール原発（実験炉）運転開始。(F5-36: 59)

1966.5.1　カールスルーエ原発の建設開始。(F5-26: 86)

1966.8.26　ユーリッヒ研究用原子炉運転開始。(F5-18: 22)

1967.4.4　アッセ II への放射性廃棄物の貯蔵許可。(F5-2)

1967.4.12　グンドレミンゲン A 原発、商用運転開始。(F5-18: 22)

1968.10　リンゲン原発、商用運転開始。(F5-29: 292)

1969.3　オーブリッヒハイム原発、商用運転開始。(F5-29: 292)

1971.4.20　グロースヴェルツハイム原発、運転停止（廃炉）。(F5-18: 22)

1972.5.19　シュターデ原発、商用運転開始。(F5-29: 292)

1972.8.30　アッセ II への中レベル放射性廃棄物搬入開始。(F5-2)

1972　連立政権下、原子力開発の所管省を連邦研究技術省に再編成。政治的統制を強める。(F5-36: 73)

1973.4.1　国際ナトリウム増殖炉建設会社、カルカー高速増殖炉の建設を開始。(F5-30: 42-45; F5-8)

1973.9.26　連邦政府初の包括的なエネルギー計画を策定。(F5-41: 31)

1974.2.21　カールスルーエ原発 1 号機、商用運転開始。(F5-18: 22)

1974.8　ヴィール原発周辺で 3000 人が反対デモ。(F5-37: 119)

1974.9.1　カールスルーエ原発 1 号機、運転停止。(F5-18: 22)

1974.10　連邦政府、石油ショックを受けて 73 年策定のエネルギー計画を改定。原子力と天然ガス利用加速を決定。(F5-36: 73)

1975.2.11　ヴィール村当局が村有地を 200 万マルクでバーデンヴェルク社に売却。(F5-27: 292)

1975.2.23　ヴィールの森で本格的な敷地占拠。2 万 8000 人が参加し、ドイツ初の反原発コミューンを形成。11 月 7 日まで継続。(F5-27: 292)

1975.2.26　ビブリス A 原発、商用運転開始。(F5-29: 292)

1975.11.11　ヴュルガッセン原発、商用運転開始。(F5-18: 22)

1975.12.7　東ドイツ北部のグライフスヴァルト原発 1 号機でケーブル火災事故が発生。事故は 1989 年にテレビ報道され 90 年 2 月に『シュピーゲル』誌が報じるまで隠蔽。(F5-31: 74-78)

1976.8　原子力法改正。事業者は使用済み核燃料の前処理、中間貯蔵、再処理に、国は最終処分場整備に責任を負う。(F5-36: 87)

1976.11.13　ブロクドルフ原発建設現場で約 4 万人の反対派が敷地占拠、警察隊と衝突。(F5-16: 13)

1976.12.16または18 連邦首相、連邦議会で、使用済み核燃料処理能力の確保を原発建設認可再開の前提条件とすることを表明。(F5-36: 87)

1976 放射線研究協会、コンラート旧鉄鉱山にて放射性廃棄物最終処分場としての適合調査を開始。(F5-2)

1977.1.31 ビブリスB原発、商用運転開始。(F5-29: 292)

1977.2.9 ブルンスビュッテル原発、商用運転開始。(F5-29: 292) シュレスヴィヒ行政地方裁判所、ブロクドルフ原発建設差止めの判決。使用済み核燃料の処理が未確定な状況では新たな原発建設は認められないとする。1977年10月にリューネブルク行政高等裁判所が追認。(F5-16: 13)

1977.2.22 ニーダーザクセン州首相、地質的に安定した岩塩層のある同州内ゴアレーベンを「放射性廃棄物総合処理センター」計画の立地点として正式発表。(F5-29: 100; F5-5)

1977.2 原子力に関わる電力会社12社がドイツ核燃料再処理有限会社（DWK）を設立。(F5-36: 89)

1977.3.12 ゴアレーベンで1万5000人が抗議行動。(F5-16: 14; F5-29: 115)

1977.3.14 フライブルク行政地方裁判所、「安全上の疑義」を理由にヴィール原発の建設を差止める判決。(朝日: 770315)

1977.3.19 グローンデ原発建設現場に反対派2万人突入。(F5-16: 14)

1977.4.12 ヴュルツブルク行政地方裁判所、グラーフェンラインフェルト原発の建設の差止めを求める住民の訴えを退ける判決。(朝日: 770413)

1977.5.6 連邦政府、「核廃棄物処理の基本原則」で、廃棄物処分を原発認可再開の条件に。(F5-36: 89)

1977.7 グローンデ原発冷却塔建設現場で反対派が敷地占拠を開始。ヴィールに次いでドイツで2例目の本格的な敷地占拠。8月23

日に強制排除。(F5-16: 16-17)

1977.9.1 新聞報道で、アーハウス放射性廃棄物中間貯蔵施設建設計画が明らかになる。(F5-1)

1977.9.24 カルカー高速増殖炉建設に反対し、カルカー市街中心部で大規模デモ集会。ドイツ国内外から約5万人参加。(F5-8; F5-16: 17)

1977.10 ドイツの地方議会に初めて緑の党の先駆となる議員が誕生。(F5-37: 125)

1978.6.18 ブルンスビュッテル原発で放射能漏れ事故発生。州政府による発表は2日後。(朝日: 780621)

1978.9.15 オルデンブルク行政地方裁判所、ウンターヴェーザー原発の操業許可取消しの訴えを却下。(朝日: 780916)

1978.11.30 アーハウス市議会、中間貯蔵施設の受入れを表明。(F5-1)

1978.12.8 カルカー高速増殖炉の着工許可について連邦憲法裁判所は、高速増殖炉の着工手続きを定めた原子力法は憲法に違反しないとの判断を下す。(朝日: 781210)

1978.12.22 リューネブルク行政高等裁判所、クリュンメル原発の操業差止めを求める訴えに対し、条件付きで操業を認める判決。(朝日: 781223)

1979.3.3 カールスルーエ原発2号機、商用運転開始。(F5-18: 22)

1979.3.14 ゴアレーベンで中間貯蔵施設建設のための試掘作業開始。地元住民はデモ集会やバリケード封鎖など抗議行動。(F5-16: 25; F5-9)

1979.3.25 ゴアレーベンの使用済み核燃料総合処理センターに反対する地元住民らによる「ゴアレーベン行進」開始。最終日までにドイツ反原発運動史上最大のデモに拡大。(F5-16: 25; F5-9; F5-56: 790401)

1979.3.28〜31 ハノーファーにて総合処理センターの実現可能性に関する「ゴアレーベン・ヒアリング」開催。最終日に州首相が当初の規模では政治的に実現不可能として計画撤回発言。(F5-16: 25; F5-38: 24)

1979.3.29 グローナウ市とウラニート社、ウラン濃縮工場設置のための協定に調印。(F5-19: 44)

1979.5.1 ゴアレーベン使用済み核燃料再処理施設の建設申請を州政府が却下。(F5-55: 790502)

1979.5.16 ニーダーザクセン州首相、ゴアレーベンへの使用済み核燃料再処理施設の建設断念を発表。中間貯蔵施設や最終処分場の建設計画は続行。(F5-28: 75; F5-5)

1979.5.16 イザール原発で放射能漏れ事故発生。(朝日: 790517)

1979.5 連邦議会、「将来の原子力政策に関する特別調査委員会」（第1次）を設置。報告書は80年6月に発行。雇用や福祉を損なわずに原発なき未来も可能との結論。(F5-36: 96)

1979.9.6 ウンターヴェーザー原発、商用運転開始。(F5-29: 292)

1979.9.28 各州の首相、使用済み核燃料再処理施設を国内にできる限り早期に建設する方針で合意。(F5-17: 15; F5-41: 32)

1979.10.14 ボンで10万人規模の反原発デモ。(朝日: 791015)

1980.1.8 グンドレミンゲン原発A号機の解体を所有電力会社が決定。(反22: 2) 2005年末に解体撤去完了。(F5-40)

1980.3.26 フィリップスブルク第一原発、商用運転開始。(F5-11)

1980.5.3 ゴアレーベンの中間貯蔵施設予定地で反対派が敷地占拠。6月4日に強制排除により終了。(F5-5: 120814; F5-28: 78; F5-38: 23)

1981.2.28 ブロクドルフ原発の建設再開に反対し、5万人（警察発表）が抗議行動。(F5-8; 朝日: 810302)

1981.5.26〜27 ゴアレーベンを管轄するガルトウ村、DWKの中間貯蔵施設設置申請を認める決定（7月27日に建設許可）。使用済み核燃料再処理施設は拒否。(F5-9)

1981.6.20 東ドイツのモルスレーベン（1969年まで岩塩採掘坑）に、5年間の期限付きで放射性廃棄物処分施設としての操業許可。

(F5-2)

1981.10.10 ボンで30万人が反核デモ集会。原発反対だけでなく核兵器の廃絶も訴える。(朝日: 811011)

1982.1.27 ゴアレーベン放射性廃棄物中間貯蔵施設の建設開始。(F5-16: 51; F5-9: 120806)

1982.2.18 DWKが建設法に基づき、オーバープファルツ行政官区政府にシュヴァンドルフ郡内3地点の候補地への使用済み核燃料再処理施設の建設許可を申請。(F5-15: 146)

1982.3.27 シュヴァンドルフ郡内への使用済み核燃料再処理施設建設に反対する初の大規模デモがシュヴァンドルフ市内で開催され、約1万5000人が参加。(F5-15: 146; F5-16: 52)

1982.5.26 アーハウス中間貯蔵施設の建設許可申請。(F5-19: 32)

1982.6.17 グラーフェンラインフェルト原発、商用運転開始。(F5-11)

1982.8.31 連邦物理技術研究所、コンラートへの低レベル放射性廃棄物処分場の建設許可を申請。(F5-2)

1982.9.4 ゴアレーベンの中間貯蔵施設建設現場付近で1万人が大規模抗議行動。(F5-16: 52-53)

1982.9.17 オーバープファルツ行政官区政府、DWKの使用済み核燃料再処理施設建設許可申請を認める決定。(F5-22: 31)

1982.10.2 カルカー高速増殖炉建設現場周辺でドイツ・オランダの反対派約2万人が大規模な抗議行動。(朝日: 821004)

1983.8.30 バーデン・ヴュルテンベルク州首相、ヴィール原発建設断念を発表。(F5-3)

1983.9.3 ゴアレーベンの放射性廃棄物中間貯蔵施設が完成。(F5-9)

1984.1.10 仏、ベルギー、西独、英、伊が、商業用高速増殖炉と核燃料サイクル開発に関する長期協力協定に調印。(反71: 2)

1984.3.30 建設工事に地裁の停止命令が出たイザール原発2号機に

ついて、上級審が逆転判決。工事再開。(反74: 2)

1984.4.- アーハウス中間貯蔵施設、建設開始。(F5-19: 31)

1984.4.10 アーハウス中間貯蔵施設に隣接の土地を所有する畜産農家が建設許可を違法とし、ミュンスター行政裁判所に提訴。(F5-19: 34-35)

1984.10.8 ゴアレーベン中間貯蔵施設の使用開始。(F5-16: 59)

1985.1.18 グンドレミンゲンC原発、商用運転開始。(F5-11)

1985.2.1 グローンデ原発、商用運転開始。(F5-11)

1985.2.4 DWK、ヴァッカースドルフへの使用済み核燃料再処理施設建設を正式発表。(F5-16: 59)

1985.2.15 ヴァッカースドルフ使用済み核燃料再処理施設建設に反対し4万人がデモ行進。(F5-16: 59)

1985.4.15 ネッカーヴェストハイム原発2号機、商用運転開始。(F5-11)

1985.4.18 フィリップスブルク原発2号機、商用運転開始。(F5-11)

1985.5.31 ミュンスター行政高等裁判所、アーハウス中間貯蔵施設に反対する住民の訴えを認め、建設の一時中止を命令。(F5-2)

1985.8.15 グローナウウラン濃縮工場、操業開始。(F5-19: 41)

1985.12.19 ベルリンの連邦行政裁判所、ヴィール原発の建設許可を取消す判決。ヴィール原発の建設中止が正式に決定。(F5-3)

1985.12.21 12月11日にヴァッカースドルフ使用済み核燃料再処理施設建設予定地でDWKが森林の伐採作業を開始したのを受け、反対派がコミューンを形成し敷地占拠を開始。伐採作業は中断。(F5-28: 105; F5-23: 198; F5-57: 851212)

1986.1.7 ヴァッカースドルフの敷地占拠が警察隊の強制撤去により終了し、伐採作業が再開される。(F5-20: 60; F5-28: 107)

1986.3.30〜31 ヴァッカースドルフ再処理施設建設現場付近で反対派が「復活祭デモ集会」を開催し、

延べ10万人以上が参加。(F5-16: 62)

1986.4.22 モルスレーベンの放射性廃棄物処分場について東ドイツ原子力安全放射能防護庁が操業延長を許可。(F5-2)

1986.4.26 ソ連のチェルノブイリ原発で事故が起こる。(ポケットブック2012: 702)

1986.4.30 ゴアレーベン核燃料貯蔵社(BLG)、パイロットコンディショニング施設(PKA)の建設許可をニーダーザクセン州に申請。(F5-9)

1986.5.7 ハム・ユントロップ原発で放射能漏れ事故発生。運営会社は、異常な放射能値をチェルノブイリ事故によるとしていたが、州当局の調査で隠蔽が発覚。原子炉は運転停止。(朝日: 860602)

1986.5.18〜19 聖霊降臨祭に際したアクションデー。ヴァッカースドルフ使用済み核燃料再処理施設建設現場付近で5万人以上(2日間延べ)が抗議行動。(F5-16: 64)

1986.6.6 連邦環境・自然保護・原子炉安全省(BMU、後に環境・自然保護・建設・原子炉安全省、以下「連邦環境省」)設置。(F5-4)

1986.6.7 ブロクドルフ原発周辺で約10万人が抗議行動。ヴァッカースドルフでは約3000人が抗議行動。(F5-16: 64)

1986.6.27 SPDが原発反対の方針を含む新綱領案を発表。(反100: 2)

1986.9.20 東ドイツのプロテスタント教会指導部、原発政策を批判する報告書を全国宗教会議に提出。(反103: 2)

1986.10.7 ブロクドルフ原発、稼働。これに抗議しハンブルクで1万人が抗議行動。(F5-16: 67)

1987.4.14 ミュンスター行政高等裁判所、原子力法に基づき、アーハウス中間貯蔵施設への使用済み核燃料の貯蔵を認める決定。(F5-1)

1987.9.24 ドイツ労働総同盟が脱原発の方針を決議。(反115: 2)

1987.10.8〜10 ヴァッカースドルフ使用済み核燃料再処理施設の建設現場で「オータム・アクショ

ン」。バリケード封鎖、デモ行進、集会などが行われ2万人が参加。（F5-16: 72）

1988初め 放射性廃棄物スキャンダル（トランス・ニュークリア社による賄賂、偽装表示、内容物取換え、基準超過、容器行方不明など）が明るみに。（F5-43: 213）

1988.2.1 ミュンスター行政高等裁判所、アーハウス放射性廃棄物中間貯蔵施設の建設工事再開を許可。4月5日に作業再開。（F5-1）

1988.4.20 ハム＝ユントロップ原発、運転停止（廃炉）。（F5-11）

1988.7.8 子会社の「核スキャンダル」を理由に1月に操業停止処分を受けたヌーケム社、88年限りの核燃料生産中止を表明。（反125: 2）

1988.8.27 連邦政府、シュレスヴィヒ＝ホルスタイン州政府（SPD）に対し、ブロクドルフ原発の運転再開手続きをするよう要求（ノルトライン・ヴェストファーレン州のSPD政府にもカルカー高速増殖炉の運転開始手続きを要求中。）（反126: 2）

1988.9.7 ニーダーザクセン州議会、BLGのゴアレーベン・パイロットコンディショニング施設建設を認める決定。（EJZ: 880908）

1988.9.10 87年8月に運転を開始したばかりのミュルハイム・ケルリッヒ原発に対し、連邦行政裁判所が操業停止命令。13年前の建設認可手続きを違法とする判断。（反127: 2）

1988.10.15 ヴァッカースドルフ使用済み核燃料再処理施設の建設現場付近で5万人が抗議行動。（F5-16: 76）

1989.6.1 DWK、ヴァッカースドルフ使用済み核燃料再処理施設の建設中止を発表。これにより、ドイツ国内での使用済み核燃料再処理は事実上不可能に。（F5-57: 890602）

1989.6.6 連邦政府、フランス政府と使用済み核燃料再処理委託に関する協定締結。イギリス政府とも締結（7月25日）。ドイツの原発の使用済み核燃料は全てフラン

ス、ラ・アーグ、イギリス、セラフィールドで再処理されることに。（F5-25: 4; F5-56: 890607）

1989.10.15 アーハウス放射性廃棄物中間貯蔵施設が完成。（F5-1）

1989.11 連邦放射線防護局（BfS）を設置。連邦環境省の管轄下で、放射性廃棄物処分場の建設・操業、核燃料・放射性物質の輸送許可、核燃料貯蔵の許可などを行う。（F5-35）

1989.12.18 ガルトウ村議会がゴアレーベン・パイロットコンディショニング施設（PKA）の建設許可を5対3で可決。（F5-9: 120814）

1990.1.31 ゴアレーベンのPKAに対し、反対派住民がリューネブルク行政高等裁判所に建設差止めを求める行政訴訟を提訴。（F5-9）

1990.2.3 ゴアレーベンで東西ドイツ初の合同反対集会。約5000人が参加。（F5-9）

1990.5.13 ノルトライン・ヴェストファーレン州とニーダーザクセン州の州議会選挙でSPD勝利、連邦参議院でも第1党に。（反147: 2）ニーダーザクセン州ではSPDと緑の党の連立政権誕生。（F5-41: 33）

1990.6.1 東ドイツ環境相、グライフスバルト原発第1、4号機の運転停止を発表。2、3号機は2月に運転停止。（朝日: 900602）

1990.10.3 東西ドイツ統一。旧東ドイツのグライフスヴァルト発電所（旧ソ連型加圧水炉5基および建設中3基）、西ドイツの基準を満たせず閉鎖。（F5-42: 114）

1990.12.11 ハナウMOX燃料工場で爆発事故。作業員2人が負傷し、軽度の放射能汚染。（朝日: 901213）

1991.1.1 「再生可能エネルギー発電の電気事業者系統への供給法」施行。（反155: 2）

1991.1.20 ヘッセン州議会選挙でSPDと緑の党が多数派に。ビブリス原発運転再開やハナウMOX燃料工場の認可に歯止め。（反155: 2）

1991.3.21 連邦政府、カルカー高

速増殖炉の建設断念を発表。ノルトライン・ヴェストファーレン州政府が燃料装荷認可を拒否、発給の見込みがないため。（朝日: 910322; F5-41）

1991.6.17 ハナウMOX燃料工場で汚染事故。州政府が操業停止を命令。（反160: 2）

1991.8.23 カールスルーエ高速実験炉運転停止（廃炉）。（反162: 2）

1992.3.13 アーハウス放射性廃棄物中間貯蔵施設への使用済み核燃料の搬入が原子力法に基づき認可される。（F5-1）

1992.6.25 アーハウス放射性廃棄物中間貯蔵施設への使用済み核燃料搬入開始。後に放射性廃棄物の搬入も。（F5-1）

1993.8.13 ゴアレーベン中間貯蔵施設にドイツ各地の諸原発からの低レベル放射性廃棄物の搬入。地元住民らは座り込みなど抗議行動。（F5-9）

1993.12.8 ノルトライン・ヴェストファーレン州環境省、高レベル廃棄物の処分施設がないことを理由にミュルハイム・ケルリッヒ原発の運転許可申請を却下。（反190: 2）

1994.4.22 1991年の事故以来休止中のハナウMOX燃料工場の操業停止を電気事業連合が発表。（反194: 2）

1994.5.13 改正原子力法案を連邦議会が可決。使用済み燃料の直接処分が可能に。（反195: 2）

1994.7.13 ゴアレーベンの中間貯蔵施設への低レベル放射性廃棄物の搬入。この輸送搬入の際に一時的にデモ行為が禁止される。（F5-9）

1994.8.9 連邦行政裁判所、ハナウへの新たなMOX燃料工場の建設許可を無効とした前年の行政裁判決を破棄。州政府は、次段階以降の許可を出さず操業阻止の構え。（反198: 2）

1994.12.18 アーハウスで核燃料中間貯蔵施設への抗議行動「日曜散歩」が開始される。以来、毎月第3日曜日にデモ行進。（F5-1）

1995.1.5　ザクセン・アンハルト州政府、連邦政府にモルスレーベン低・中レベル放射性廃棄物処分場の閉鎖を要求。(反203: 2)

1995.6.1　ヴュルガッセン原発の閉鎖を電力会社が発表。(反208: 2)

1995.7.7　ハナウに新設を進めていたMOX燃料工場の操業断念をジーメンス社が発表。(反209: 4)

1996.5.6〜8　仏ラ・アーグの使用済み核燃料再処理施設からゴアレーベン中間貯蔵施設へ、返還ガラス固化体キャスク運搬開始。輸送路周辺で数々の抗議行動。以後、キャスク輸送のたびに抗議行動（2011年の第12回まで）。(F5-16: 110-111, 134, 137-141, 144; F5-5; F5-9)

1998.1.14　連邦行政裁判所、地震の危険性の評価が不十分だったとしてミュルハイム・ケルリッヒ原発の運転許可を無効とした行政高等裁の判決を支持する判決。(反239: 2)

1998.3.19〜21　アーハウス中間貯蔵施設に放射性廃棄物輸送。21日には1万2000人がミュンスター市内で抗議集会。(F5-1)

1998.4　1996年2月の第1次欧州電力指令を受けて、カルテル法とエネルギー経済法が修正され、交渉ベースの電力市場自由化へ。(F5-44: 302)

1998.5.21　連邦環境相メルケル、国内外からのすべての使用済み核燃料・放射性廃棄物の輸送を止めると発表。(F5-16: 135)

1998.10.27　SPDと緑の党の連立政権が誕生。シュレーダー（SPD）が首相に就任。「原子力発電の可能な限り速やかな撤退」を掲げる。(F5-56: 981030)

2000.2.24　データねつ造したMOX燃料を使用していたウンターヴェーザー原発の一時停止を電力会社が発表。(反264: 2)

2000.3.29　再生可能エネルギー法認証。4月1日発効。電力事業者に、送電網に供給された再生可能エネルギーの買取りが義務付けられることになった。(F5-33: 305)

2000.6.14　連邦政府と電力業界、脱原発に向けた合意実現。32年間の運転期間を経た原子炉から順次閉鎖、使用済み核燃料再処理の海外委託を2005年7月をもって停止と決定。電力会社は使用済み核燃料の中間貯蔵施設を原発敷地内に設置することに。(F5-56: 000616)

2000.10.10　RWE社、運転停止中のミュールハイム・ケルリッヒ原発の廃棄を正式に発表。(朝日: 001012)

2001.1.31　独仏首脳が非公式会談を行い、98年以来停止していたフランスからドイツへの高レベル放射性廃棄物の返還を再開することで合意。(朝日: 010201)

2001.4.17　連邦放射線防護庁、モルスレーベン放射性廃棄物処分場の操業継続を断念。(F5-2: 120806)

2001.6.11　シュレーダー首相、国内20基の原発について、32年間の運転期間を経たものから順次閉鎖するとした主要電力4社との協定に調印。(朝日: 010612)

2001.9.5　連邦政府が脱原発法案を閣議決定。(反283: 2)

2002.4.22　改正原子力法認証。新規の原子力発電所建設・操業を禁止、原子炉運転期間を開始後32年に。事業者の損害賠償額を25億ユーロに増額。(F5-34: 1351; F5-41)

2002.6.3　ニーダーザクセン州環境省、コンラート処分場の使用計画を許可。これに対して、ザルツギッター市および周辺自治体が認可取消しを求めリューネブルク行政高等裁判所に提訴。(F5-2: 120806)

2003.11.14　シュターデ原発の送電停止。廃炉へ。(朝日: 031114)

2004.7.21　改正再生可能エネルギー法認証。8月1日施行。①再生可能エネルギー割合を2010年までに12.5%以上、2020年までに20%以上に、②大口電力需要者への優遇措置、③風力発電設置効率重視の買取り価格設定、④バイオガス発電、小型水力発電の買取り価格改善など。(F5-34: 1918)

2005.7.1　使用済み核燃料再処理

の海外委託を終了。(F5-16: 139-140)

2005.11.22　A.メルケル（CDU）が連立政権（CDU/CSU、SPD）の首相に就任。(朝日: 051123)

2006.3.8　リューネブルク行政高等裁判所、コンラート処分場の認可取消しを求めるザルツギッター市などの訴えを退ける。(F5-2)

2007.7.21　ブルンスビュッテル原発、運転停止。(F5-12)

2008.4.21　アッセIIの放射性廃棄物貯蔵施設での廃液漏れが発覚。(F5-2)

2008.6.16　アッセII放射性廃棄物貯蔵施設、制限値の8倍のセシウムの貯蔵、ストロンチウムとプルトニウムの存在が発覚。(F5-2)

2008.8.12　アッセIIを管理するヘルツホルムセンターが2005年から08年にかけて2万m^3以上の汚染水を運び出していたことが発覚。(F5-2)

2009.1.30　連邦議会で改正原子力法可決、アッセII放射性廃棄物貯蔵施設の閉鎖が決定。(F5-2)

2009.10.28　第2次メルケル政権発足。原発運転期間延長の意向を示す。新規建設禁止は維持。(朝日: 091029)

2010.4.24　新政権の原子力政策に反発する大規模デモ。クリュンメル原発とブルンスビュッテル原発とのあいだ約120kmにわたって10万〜12万人が「人間の鎖」の抗議行動。(F5-12)

2010.9.5　連邦政府、国内の原発17基の稼働期間を8〜14年間延長する方針を発表。電力業界に対しては2011年から6年間、年間23億ユーロの核燃料税を課す。(朝日: 100907)

2010.9.18　連邦政府による原発稼働期間延長の方針に反発し、ベルリンで大規模デモ。(朝日: 100919)

2010.9.28　連邦政府が原子炉の稼働期間延長を閣議決定。(F5-12)

2011.3.11　日本で東日本大震災発生。福島第一原発でレベル7の事故発生。(朝日: 110312)

2011.3.14　福島第一原発の事故を

受け、原発の稼働期間延長を見直すと連邦首相が発表。各地で脱原発のデモ集会。(F5-56: 110315)

2011.3.15 連邦首相、1980年以前に稼働開始した原発7基を安全点検のため3カ月間停止させると発表。原発運営会社との合意を経ず、政令として実行。(F5-56: 110316)

2011.3.16 ネッカーヴェストハイム原発1号機、運転停止（廃炉）。(F5-6)

2011.3.17 連邦環境省、原子炉安全委員会（RSK）に17基の原発のストレステスト実施を要請。(F5-56: 110318)

2011.3.18 ウンターヴェーザー原発、運転停止（廃炉）。(F5-7: 120804)

2011.3.22 連邦政府、脱原発を倫理的な側面から議論するための「安全なエネルギー供給のための倫理委員会」設置を発表。(F5-56: 110323)

4月4日に第1回会合。(F5-56: 110405)

2011.3.26 ドイツ各地で計25万人の反原発デモ。(F5-56: 110828)

2011.4.15 連邦首相と16州首相、原発早期廃止で合意。(反398: 2)

2011.4.25 ドイツ全土で約12万人が復活祭デモ。(F5-56: 110426)

2011.5.14 原子炉安全委員会、ストレステストの結果を連邦政府に提出。航空機の落下を除いておおむね高い耐久性を有するとの内容。(F5-56: 110516)

2011.5.28 国内21都市で大規模デモ。あわせて16万人が参加。(F5-56: 110530)

2011.5.30 ビブリス原発A、B号機、運転停止（廃炉）。(F5-56: 110531)「倫理委員会」の最終報告書を受け、連邦政府は2022年までに脱原発を実現するという方針発表。(F5-56: 110531)

2011.6.3 連邦首相と16州首相、脱原発を段階的に行うことで合意。使用済み核燃料の最終処分場はゴアレーベン以外の候補地を探すことで合意。(F5-56: 110604)

2011.6.30 連邦議会、2022年まで

の脱原発を盛込んだ第13次改正原子力法を可決。8月6日施行。(朝日: 110701)

2011.11.11 連邦環境相、最終処分場立地選定を白紙に戻すと発表。(F5-56: 111112)

エーオン社、福島第一原発事故直後に停止した同社所有の2基分の損失補償を求め連邦憲法裁判所に提訴。(F5-58: 111116)

2011.12.15 連邦環境省、16州と使用済み核燃料最終処分場の立地点選定行程について合意、「ドイツにおける発熱放射性廃棄物の安全処分」を発表。(F5-4)

2012.1.1 2012年改正再生可能エネルギー法施行。電力市場での直接取引を選んだ発電事業者は、直接取引の販売価格と固定価格との差額を受け取ることができる。(BGBl.I S.1634)

2012.11.1 ヴァッテンファル社、シュレスヴィヒ・ホルシュタイン州農業・環境・農村省にブルンスビュッテル原発の廃炉作業の許可を申請。(F5-47)

2013.6.28 連邦議会、「高レベル放射性廃棄物最終処分場の立地選定に関する法律」可決。ゴアレーベンでの最終処分場調査を中止。2031年まで候補地の選定し直し。(F5-46)

2013.12.17 第3次メルケル政権発足。脱原発方針は堅持。2035年に再生可能エネルギーによる電力供給を55～60%とする目標を掲げる。(F5-56: 131218)

2014.1.1 連邦政府、最終処分場の選定手続きを管理・監督するための機関として、連邦放射性廃棄物処分庁を設置。その後、連邦放射性廃棄物最終処分安全庁に改称。(F5-48)

2014.4 「高レベル放射性廃棄物の貯蔵に関する委員会」発足。高レベル放射性廃棄物に関する調査・評価を行い、最終処分場の立地選定基準を連邦議会に提言する役割。5月22日に第1回会合。(F5-49)

2014.8.1 2014年改正再生可能エ

ネルギー法施行。固定価格買い取り制度（FIT）に代わりフィード・イン・プレミアム（FIP）を採用。市場価格に応じて売電収益が変動することに。(BGBl. I. S. 1066)

2014.夏 ヴュルガッセン原発の廃炉作業が終了。(F5-50)

2015.6.27 グラーフェンラインフェルト原発、運転停止（廃炉）。(F5-58: 150627)

2015.8.24 シュレスヴィヒ・ホルシュタイン州農業・環境・農村省、クリュンメル原発の廃炉作業認可。2019年作業開始予定。(F5-51)

2016.6 バーデン・ヴュルテンベルク電力社、州環境省に稼働中のフィリップスブルク原発2号機とネッカーヴェストハイム原発2号機の廃炉作業許可を事前申請。2019年と2022年に操業終了、廃炉作業を開始するため。(F5-52)

2016.7.5 高レベル放射性物質の貯蔵に関する委員会、連邦議会に最終報告書提出。探査対象地域住民の選定過程への関与が重視されることに。(F5-53)

2016.7.14 連邦政府、放射性廃棄物最終処分の実施主体として国有の有限会社「連邦最終処分機関（BGE）」設立。7月8日に成立した「最終処分にかかる新体制のための法律」に基づく。(F5-54)

2016.12.6 連邦政府の脱原発政策によって財産権を侵害されたとして、エーオン社、ライン・ヴェストファーレン電力社、ヴァッテンファル社が損害賠償を求めていた訴訟で、連邦憲法裁判所が連邦政府の賠償責任を認める判決。(F5-56: 161207)

2017.3.23 連邦議会、「高レベル放射性廃棄物最終処分場の立地選定に関する法律」改正を可決。31年までを目標に放射性廃棄物最終処分場の立地選定開始。(F5-58: 170324)

第II部　日本と世界の原子力発電　第6章　世界の原子力発電所

スウェーデン

稼　働　中　の　原　発　数	10 基
建　設　中　／　計　画　中　の　原　発　数	
廃　炉　に　し　た　原　発　数	3 基
高　速　増　殖　炉	
総　　　　　出　　　　　力	974.0 万 kW
全電力に原子力が占める割合	40.0%
ウ　ラ　ン　濃　縮　施　設	
使　用　済　み　燃　料　再　処　理　施　設	
Ｍ　Ｏ　Ｘ　利　用　状　況	3 基（装荷認可）
高レベル放射性廃棄物処分方針	使用済み燃料の地層処分
高レベル放射性廃棄物最終処分場	候補地：エストハンマル自治体のフォルスマルク

2016 年 12 月 31 日現在
参考資料：IAEA, 2017, *Nuclear Power Reactors in the World (2017 Edition)*.
　　　　　日本原子力産業協会, 2017, 『世界の原子力発電開発の動向 2017』.
　　　　　ポケットブック 2015.

1947　政府が民間企業数社とともに、核兵器開発とウラン製造を指揮する組織として原子力開発センターを設立。ソ連からの脅威に対抗し中立を維持するため。(F7-13; F7-20: 172)

1954　原子力開発センター、最初の実験炉 R1 を注文。以後、R2、R3、R4（未完成）を建設。いずれも国内産天然ウランを活用する重水減速炉。(F7-13)

1956　原子力法制定。国会が原子力計画を承認し、開発機関を設立。74 年 7 月に原発検査局（SKI）となる。(ATOMICA)

1957　スウェーデン世論調査研究所 SIFO の調査で、40% の国民が核兵器所有に賛成、36% が反対。(F7-25: 60)

　核開発の軍事目的でストックホルム郊外オゲスタの R3 実験用原子炉着工。(日経: 941126; F7-31: 941125)

1958夏　反核世論が高揚。スウェーデン反核行動グループ AMSA 結成。(F7-19: 61)

1958　放射線防護法成立。規制と検査に責任をもつ規制官庁として放射線防護研究所（SSI）設立。(ATOMICA)

1961.6　SIFO の世論調査で、核武装に反対する人が 36% から 56% に増加。(F7-19: 61)

1964.3　バッテンフォール社、オゲスタ小規模電気・熱併給重水炉（1 万 kW）を運転開始。74 年 6 月 2 日閉鎖。(F7-13; ATOMICA)

1968　政府とアセア社がアセア・アトム社を設立。同社は独自技術で沸騰水型軽水炉を開発、以後、国内に 9 基を建設。(ATOMICA; F7-20: 172)

　国会が核兵器の保有は自国の利益にならないと宣言。(F7-2: 235)

1972.2.6　アセア・アトム社設計による商業炉、オスカーシャム 1 号機（BMR、44 万 kW）が発電を開始。開発された原子炉は高い設備利用率、低い被ばく線量などの運転実績と独自のフィルターベント装置の据付けで知られる。(ATOMICA; F7-11; F7-13)

1972　電力会社 4 社、スウェーデン核燃料供給会社（SKBF）を共同出資により設立。後にスウェーデン核燃料・廃棄物管理会社 SKB に改組。(ATOMICA)

1973.3.27　日本と原子力平和利用に関する交換公文を締結。(ポケットブック 2015: 456)

1976.5.25　EC とスウェーデンの間で、核融合・プラズマ物理学に関する研究協力協定調印。(日経産: 760525)

1976.8　バーセベック原発に向けた反核デモ行進に約 7000 人が参加。(F7-20: 180)

1976.9　総選挙で社会民主労働党が敗北、原子力開発反対を主張した中央党が第 1 党に。(ATOMICA)

1977.2　新連合政権の下、王立エネルギー調査委員会設立。原発廃止、石油使用の削減による、経済、雇用、貿易、対外関係、国民の健康と環境に及ぼす影響を検討する。(ATOMICA; F7-20: 183)

1977.3　バーセベック原発に向かうノルディック・バーセベック行進が約 2 万人の参加者を集める。(F7-20: 180)

1977.4.25　フェルセリニング社、バーセベック 2 号（58 万 kW）、リングハルス 3 号（90 万 kW）の両発電所の使用済み核燃料をフランスのラ・アーグ再処理工場で 79 年まで処理する協定に調印。(日経: 770425)

1977.9　王立エネルギー委員会、環境保護団体に「もう 1 つの提案」をするよう 20 万クローナを提供。

「環境運動からのもう 1 つのエネルギー計画」（MARTE として知られる）が提示される。（F7-20: 183）

1977 新規原子炉への燃料装荷の条件として、電力会社に使用済み燃料あるいは高レベル廃棄物を安全に処分することを求める「条件法」成立。（ATOMICA）

1978.9 スタズビック社、核燃料棒の燃焼実証実験を日本の三菱重工業から受注。原発の運転出力を調整する「負荷追従運転」の研究開発をめざす。（日経: 780920; 日経産: 781206）

1978 スウェーデン未来研究事務局の報告書「石油を超えるスウェーデン 原子力への傾斜と太陽への選択」公表。広く国民に読まれる。（F7-3）

1979.4 スリーマイル島原発事故後、社会民主党がそれまでの国民投票反対の姿勢を転換。自由党と穏健党もこれに続く。（F7-20: 186）

1980.3.23 政府、3 択で問う「原子力に対する国民投票」を実施。選択肢 1 は、80 年時点で稼働中、完成、建設中の 12 基を寿命まで使用する案、選択肢 2 は、選択肢 1 の内容に加えて、省エネの推進、地域住民による安全委員会設置等を提案。選択肢 3 は、稼働中の 6 原子炉を 10 年以内に廃止する案。結果は 75.6% の投票率で、選択肢 1 が 18.9%、選択肢 2 が 39.1%、選択肢 3 が 38.7%、無効が 3.3%。
（F7-1: 242; F7-12; F7-20: 189-193）

1980.6 国会、「2010 年までに 12 基の原子炉すべてを段階的に廃棄する」と決議。原子炉の寿命を 25 年と計算。（F7-1: 240）

1981.9.20 国民投票を契機に環境党・緑が生まれる。（F7-18: 2）

1981 放射性廃棄物管理全般の費用を賄う基金をつくるため、資金確保法を制定。（F7-11: 23）

1982 スタズビック研究所を中心とした 10 カ国共同研究「マルビッケン 5」計画が始動。事故で放出される大量の核分裂生成物や核燃料物質は早期に減衰するとの研究仮説を実証しようとするもの。（日経: 830131）

1984.10.9 フランスの国営核燃料会社との使用済み核燃料再処理契約（90 年度以降分）を破棄。（日経: 841009）

1984 「原子力活動法」を制定。原子力事業者の処分技術開発、サイト選定、実施の責任を規定。（F7-11: 16）

電力各社、共同出資でスウェーデン核燃料・廃棄物管理会社（SKB）を設立。（F7-11: 17）

1985 オスカーシャム自治体で岩盤地下 30m に使用済み核燃料を 30 〜 40 年間中間貯蔵する施設の操業開始。（F7-11: 12; F7-21: 258; 年鑑2012: 236）

1986.4.27 スウェーデン各地で放射能異常値を検出。29 日にソ連のタス通信がチェルノブイリ原発事故を発表。（日経: 860430, 860515）

1986秋 全国で 9 万 5000 頭のトナカイが捕獲され、その約 70% が放射能許容基準を超え出荷できず。（F7-24: 138）

1986 SKB 社、オスカーシャム自治体のエスポ島にエスポ岩盤研究所を設立する計画公表。（F7-11: 16）

1987.5 政府、チェルノブイリ原発事故で放出されたセシウムの 1 割がスウェーデンに堆積と発表。（日経産: 870514）

政府、原発 2 基を 96 年までに廃止するとの法案を議会に提出。（日経: 880110）

1988.4.27 低・中レベル放射性廃棄物の最終処分施設操業開始。フォルスマルク原発の沖合 3km、海底下 50m の花こう岩岩盤内にあり、貯蔵容量 6 万 3100m^3。20 万 m^3 まで拡張する計画。（F7-11: 18; 年鑑2013: 258）

1988.6.9 国会、原発 2 基を 90 年代半ばに閉鎖し、2010 年までに 12 基、合計 965 万 kW の原子炉を全廃するとの政府の政策を承認。主力産業である電力多消費型の製紙、金属、化学業界で原発廃棄に不安が広がる。（F7-1: 220; 日経: 880609,

881125, 890407, 900518）

1988.9 環境党・緑が初めて国会に 20 議席を獲得。（F7-2: 141）

1990.1.19 アセア・ブラウン・ボベリ社（ABB）、米国コンバスチョン・エンジニアリング（CE）を買収（約 60 億ドル）して世界第 4 位の原発メーカーに。（日経: 900119, 920226）

1990.11 世論調査実施。「原発廃止に反対」と「廃止は延期」の合計が 64%。（日経: 910416）

1990 原子力による発電電力量は 730 億 kWh で、水力に次いで 46.5% を占める。（ATOMICA）

政府と電力会社が共同でエネルギー開発公社（SWEDCO）を設立。大型風力プラント、バイオマスの有効利用、コジェネレーション（熱電併給）を推進する。（日経: 920720）

税制構造改革を決定。二酸化炭素税、二酸化硫黄排出税、窒素酸化物排出税を導入し、所得税と法人税を減税。翌年 1 月 1 日施行。（F7-1: 239）

1991.5.15 SKB 社と日本の動力炉・核燃料開発事業団、高レベル放射性廃棄物の地層処分技術を共同研究する協定を締結と発表。（日経: 910516）

1991.6.12 国会、原子力閉鎖計画破棄を含む新エネルギー政策を承認。（ATOMICA）

1991 政府、国営電力会社バッテンフォールの送電部門を分離・独立させる決定。（ATOMICA）

1992.1 政府、220kV、400kV の基幹送電線を所有・運用する中立的な国有系統運用局を設立。（ATOMICA）

1992 SKB 社、高レベル放射性廃棄物最終処分場の建設地の公募開始。（F7-11: 28）

環境省の下に放射性廃棄物問題について独自の評価を行う「原子力廃棄物評議会」を設置。（F7-11: 17）

1993 SKB 社、高レベル放射性廃棄物最終処分場サイト選定の公募に

345

応じた 2 つの自治体で実施可能性調査を実施したが、住民投票で反対多数となり、撤退。(F7-11: 20)

1994.11.13 ヨーロッパ連合加盟問題で国民投票実施。加盟が決定。翌年 1 月 1 日に加盟。(F7-24: 145)

1995 エスポ岩盤研究所が操業を開始。国際的な共同研究を推進。(F7-11: 16)

資金確保法を改正。原子炉を 40 年以上運転する場合に発生する追加費用等を事業者に義務づける。(F7-11: 26)

1996.4 電力研究所、「スウェーデンの持続可能な電力システム 2050 年のビジョン」を公表。原発への依存なしに達成可能であるとした。(F7-1: 244)

1996.9.17 ヨーラン・ペーション首相、「緑の福祉国家（Green Welfare State）への転換」と呼ばれる施政方針演説を行う。(F7-1: 51)

1996 新電気事業法施行。卸市場、小売市場の全面自由化を実施し、ノルドプール（Nord Pool）と呼ばれる北欧電力取引所（1993 年～）に参加。(ATOMICA)

1997.2.4 与党社会民主党が中央党、左翼党との「3 党合意に基づくエネルギー政策」公表。①全原発を閉鎖する最終期限は設定しない、②バーセベック原発を閉鎖する、③バッテンフォール社が原発解体、代替電源等に指導的役割を果たす、④原子力企業の賠償責任を増やす等の内容。(ATOMICA)

1997.2 「電力自由化の EU 指令」発効。(F7-1: 242)

1997.12 国会で政策的理由による原発の段階的閉鎖を可能にする法律「脱原子力法」を可決。(年鑑2013: 254)

1998.2 政府、シドクラフト社にバーセベック原発（出力 60 万 kW、BWR、1975 年運転開始）の停止を命令。シドクラフト社は最高裁と欧州委員会に提訴。政府は和解交渉で、①年間約 44 億円の補償金の支払い、②不足する電力を国営電力会社から無償で補填、などの条件を示したが失敗。(日経: 990304)

1998.6 新しい環境法体系である「環境法典」を制定。翌年 1 月 1 日施行。(F7-1: 53)

1999.6.16 バーセベック原発訴訟で最高行政裁判所が「政府の決定を覆す根拠はない」と判決。(日経: 991122)

1999.11.30 シドクラフト社、バーセベック原発 1 号機を閉鎖。(F7-1: 241; 日経: 991122, 991201; ATOMICA)

2000.5 政府、バーセベック原発 2 号機を含む残り 11 基をすべて 20 年までに閉鎖する方針を決定。(F7-24: 143)

2000.11 SKB 社、高レベル放射性廃棄物最終処分場調査候補地としてオスカーシャム、エストハンマル、ティーエルプ自治体内の 3 カ所を選定。(F7-11: 20)

2001.11 政府、最終処分場のサイト調査候補地結果を承認。(F7-11: 22)

2001.12 エストハンマル議会、賛成 43、反対 5 で処分場のサイト調査受入れの方針を決定。(F7-11: 22)

2002.3.15 政府が新エネルギー政策を発表。政府が電力会社と交渉、契約し、電力会社が市場動向を見て原発廃止を行う。(F7-1: 241)

2002.3 オスカーシャム議会、賛成 49（全会一致）で最終処分場サイト調査の受入れを決定。(F7-11: 20)

2002.4 ティーエルプ議会、反対 25、賛成 23 で処分場サイト調査の受入れに反対を表明。(F7-11: 20)

2005.5.31 バーセベック原発 2 号機（60 万 kW、BWR、77 年 9 月運転開始）強制閉鎖。政府が、総額 56 億クローナ（約 840 億円）の支払いに合意。(F7-1: 241; ATOMICA)

2005.6.15 スタズビック社、2 基の研究用原子炉を閉鎖。(F7-14: 33-34)

2005.12 政府が原発税を翌年から約 2 倍に引上げることを決定。総額約 30 億クローナ（約 420 億円）が原発利用上の負担に。(ATOMICA)

2006.6.14 野党 4 党、政権奪取に向けて、脱原子力政策の撤回で合意。(ポケットブック2015: 753)

2006.7.25 フォルスマルク 1 号機において、INES レベル 2 の異常事象発生。原子炉スクラムに 2 系統の電源系の機能不全、2 台の非常用ディーゼル発電機の自動起動失敗が重なる。(年鑑2013: 256)

2006.9.17 穏健党を中心に中道右派 4 党が連立政権発足。中央党が長年の脱原子力政策を放棄して、既存原子炉出力の増強方針に合意。(年鑑2013: 256)

2006.9 原子力発電検査機関（SKI）がフォルスマルク発電所について「安全文化が欠けている」として特別監査を 09 年 4 月まで実施。(年鑑2013: 256)

2008.2 政府の要請で、国際原子力機関の運転管理評価チームがフォルスマルク発電所の評価を実施。安全文化についての国民の疑問の声に答えるため。(年鑑2012: 235)

2008.3 政府、2020 年までに再生可能エネルギーの比率を 50% に高めることなどを確認。原子力利用については、既存の原子炉が技術的、経済的寿命に達した場合に、新設のものに取替え、移行期間を延長する。(F7-23: 4)

2008.7.1 原子力発電検査機関（SKI）と放射線防護機関（SSI）を合併。環境省の下に放射線安全機関（SSM）を設置。(年鑑2013: 256)

2008 放射線安全機関（SSM）、使用済燃料の処分に関係する安全規則等を制定。(F7-11: 18)

2009.2.5 中道右派連合政権、脱原子力政策を転換。①稼働中の 10 基について建替えを承認するなどの内容。(F7-16: 3-5; ATOMICA; 年鑑2012: 233)

2009.6 SKB 社、地質条件の優位性を理由に、高レベル放射性廃棄物の処分地建設予定地としてエストハンマル自治体のフォルスマルクを選定。(F7-11: 22)

2009.7 SSM がリングハルス発電所を特別監査。通常監査で、安全管理と手順書の遵守が不十分だっ

たため。(年鑑2013: 256)

2010.6.17 国会、既設原子炉10基の建替えに限り新設を認める法案を賛成174、反対172の小差で可決。11年1月発効。一方、原子力損害賠償限度額を引き上げる法案は2016年10月現在発効せず。(F7-11: 10; 日経: 100618; 年鑑2017: 310)

2011.3 SKB社、使用済み燃料の処分場とキャニスター封入施設の設置許可申請をSSMと土地・環境裁判所に提出。(F7-11: 6, 21; 年鑑2012: 236)

2011.4 SKB社による、最終処分場についての世論調査(対象は各800人)結果公表。オスカーシャムとエストハンマル両自治体の住民の80%以上が最終処分場建設を支持、また、両自治体の75%以上が、現世代が問題を解決すべきと考えている。(年鑑2012: 236)

2011.5 リングハルス2号機の格納容器漏えい検査中、格納容器内に置き忘れられた集じん機から火災が発生。すすの除去に8カ月を要した。(年鑑2013: 256)

原子力安全訓練センターが委託した世論調査結果(対象1000人)で、69%が原発の運転継続を支持(10年8月の調査に比べ8%減少)。順次閉鎖を支持した人は24%。(年鑑2012: 235)

2012.10.4 欧州委員会、域内145基を対象としたストレステスト(耐性評価)の最終報告を公表。フィンランドとスウェーデンの計4基の原発で、全電源喪失後1時間以内に自動的に電源を回復できないことが問題視される。(朝日: 121005)

2012.12 SSM、オスカーシャム原発が安全管理の問題を長く解決できなかったとして、特別監査体制におくことを決定。(年鑑2014: 266)

2013.5.22 バッテンフォール社、所有する7基で大規模改修を行い、内5基について最長で60年間稼働継続する計画を発表。04年から10年間で500億クローナ(7400億円)を支出、13年から17年で

160億クローナ(2400億円)をかけ、既設炉の出力増加と改良工事を実施する。(年鑑2014: 265; F7-27: 432)

2013.6 SSMによるリングハルス4号機の特別監査解除。12月に政府が4号機の出力増加を承認。(年鑑2015: 217)

2014.1.16 バッテンフォール社、高経年炉の建て替えを念頭に、環境影響評価のための諮問会議を地元住民を含む関係者と開催すると発表。(F7-28: 228)

2014.9 総選挙により社会民主党と環境党を中心にした少数連立政権が発足。超党派によるエネルギー委員会設置とバッテンフォール社の新規原発建設計画の中断を声明。(年鑑2016: 280)

2014.10 SSM、炉心冷却にかかわる安全対策として、2017年までの可搬式発電機、貯水槽などの設置、2020年までの常設独立炉心冷却システムの設置を運転中の全原子炉に求めた。(年鑑2016: 282)

2014.12 政府、原子力事業者に課す廃棄物基金への拠出金単価(2015～2017)を、事業者平均で2.2エーレ(0.33円)/kWhから4.0エーレ(0.6円)に引き上げることを決定。(年鑑2016: 282)

2014.12 SKB、低・中レベルの10万8000㎥の放射性廃棄物と9基のBWR圧力容器を処分する施設の増設を申請。23年の操業開始を予定。(年鑑2016: 283-284)

2015.4.28 バッテンフォール社、2018～2020年にリングハルス1、2号機を閉鎖すると決定。電力市場価格の低下、税負担の増加、新たな安全要求による発電コストの増加が理由。2014年の原発発電コストは30エーレ/kWh前後で、原子力税と廃棄物基金への拠出金が30%を占める。(年鑑2016: 282; F7-29: 444)

2015.6 国会、原子力税を1万2648クローナ(19万円)/MWt/月から1万4770クローナ(22.2万円)に引上げる補正予算案を可決。8月か

ら実施。電気料金で7エーレ(0.9円)/kWhに相当する。(年鑑2016: 282)

2015.9.4 リングハルス社、株主総会で、2号機を19年、1号機を20年に閉鎖することを最終的に決定。(F7-30: 764)

2015.10 OKG社が株主総会でオスカーシャム1号機を早期に、13年6月から改良工事中の2号機を運転再開せずに閉鎖すると決定。(年鑑2017: 310)

2015.12 総発電電力量に占める原子力の割合は7%減少。ノルドプールの15年の卸売り電力価格は、水力発電の増加により21エーレ(2.7円)/kWhへと8エーレ低下。(年鑑2017: 310)

2016.6 与野党が2040年までに再エネ電力を100%にする新エネルギー政策に合意。政治的に原発を閉鎖しない、原子力税を2年間で廃止することにも合意。一般電力消費者に課されるエネルギー税の増税で減税分を賄う。(年鑑2017: 310)

第Ⅱ部　日本と世界の原子力発電　第6章　世界の原子力発電所

旧ソ連・ロシア

	ロシア	ウクライナ	リトアニア	ベラルーシ	アルメニア	カザフスタン
稼 働 中 の 原 発 数	35 基	15 基			1 基	
建 設 中 ／ 計 画 中 の 原 発 数	7 基／22 基	2 基／0 基		2 基／0 基		
廃 炉 に し た 原 発 数	6 基	4 基	2 基		1 基	1 基
高 速 増 殖 炉	実験炉2基稼働中／実験炉、実証炉各1基計画中					
総 出 力	2611.1 万 kW	1310.7 万 kW			37.5 万 kW	
全 電 力 に 原 子 力 が 占 め る 割 合	17.1%	52.3%			31.4%	
ウ ラ ン 濃 縮 施 設	ウラル電気化学コンビナート他、4 施設（TVEL）					
使用済み燃料再処理施設	マヤーク RT-1（2 施設操業中）					
M O X 利 用 状 況	1 基（FBR）					
高 レ ベ ル 放 射 性 廃 棄 物 処 分 方 針	地層処分					
高 レ ベ ル 放 射 性 廃 棄 物 最 終 処 分 場	複数の潜在的サイトについて調査を実施					

2016 年 12 月 31 日現在
参考資料：IAEA，2017，*Nuclear Power Reactors in the World (2017 Edition).*
　　　　日本原子力産業協会，2017，『世界の原子力発電開発の動向 2017』．
　　　　ポケットブック 2015．

1922.12.30　第 1 回全連邦ソビエト大会でソビエト社会主義共和国連邦成立を宣言。（朝日: 221231）

1940.7　ソ連科学アカデミー、アメリカとドイツに遅れないよう、核エネルギーの技術利用開発をソ連副首相 N.A. ブルガーニンに要請。（F8-38: 55）

1943.4.12　ソ連科学アカデミー秘密研究所第 2 研究室（後のクルチャトフ研究所）設立。（F8-1: 13）

1945.8.12　米国プリンストン大学 H.D. スマイスが執筆したマンハッタン計画実施に関する詳細な報告書 "Atomic Energy for Military Purpose" を、ソ連邦のちょう報組織が入手、モスクワに送る。（F8-40: 71）

1945.8.20　国家防衛委員会、原爆開発を国策として進めることを決定。（F8-2: 15）

1947　ソ連最大の核実験施設がカザフスタンのセミパラチンスクに作られる。（F8-25: 71）

1948.6.19　南ウラルの秘密都市チェリャビンスク 40（後に、チェリャビンスク 65、そして生産合同マヤークへと改称）の原爆用プルトニウム生産炉（軍用炉）1 号が設計出力（10 万 kW）に達する。（F8-1: 17）

当初から様々なトラブルが多発。（F8-40: 75-76）

1948.12.22　チェリャビンスク 40 で使用済み燃料を再処理して原爆用プルトニウムを抽出する工場が運転を開始。高レベル放射性廃液が当初はテチャ川などに、51 年 10 月以降 56 年までカラチャイ湖に放出されて、流域住民 12 万 4000 人が被害を受けた。（F8-1: 21; F8-41: 72-73; F8-41: 22）

1949.9.24　ソ連、原爆所有を公表。（年鑑2013: 318）

1952.4　ソ連で濃縮ウラン黒鉛原子炉の運転開始。（年鑑2013: 319）

1953.5　チェリャビンスク 40（計 6 基の工業炉が操業）で最初の臨界

事故発生。（F8-41: 73）

1953.8.12　世界最初の水爆実験（400kt）がセミパラチンスクで行われる。（F8-1: 年表; F8-28）

1954.6.27　モスクワ南西のオブニンスクでソ連最初の原子力発電所（黒鉛減速軽水冷却炉、RBMK、5000kW）運転開始。（F8-1: 38）

以後、85 年末までに 43 基、合計 2719 万 kW の発電量の原子炉が運転される。（日経: 860930）

1954.9.14　ウラル南部で、軍事演習として地上での核爆発実験実施。（読売: 900915; F8-21: 79-111）

1955.4.29　ソ連、東欧 5 カ国と原子力協力協定締結と発表。（年鑑2013: 321）

1955.9.21　北極海のノーバヤ・ゼムリヤ島水中での原爆実験（3.5kt）実施。（F8-29: 202）

以後、島では大気中実験 87 回、水中 3 回、地下 42 回の実験を実施。（F8-21: 68）

1956.4.23　フルシチョフ第一書

記、水爆の空中爆発実験に成功と発表。(年鑑2013: 324)

1957.9.29 チェリャビンスク40の放射性廃棄物貯蔵施設で冷却系統が故障してタンク1個が爆発。ウラル東部地域が放射能に汚染された。この大事故は後に「ウラルの核惨事」あるいはキシュテム事故と呼ばれる。(F8-1: 21; F8-41: 73; F8-21: 35; ATOMICA)

1959.1.17 ソ連最初の原子力潜水艦K-3就航。1991年のソ連崩壊までに250隻の原子力潜水艦が建造された。(F8-27)

1963 セミパラチンスクでの核実験を地上から地下核実験に切替える。実験場閉鎖までに186の地下トンネルが掘られ、大気圏内116回、地下340回の計456回の核実験を実施。(F8-23: 36; F8-31)

1966〜1991 極東海域において液体放射性廃棄物の海洋投棄が行われる。(F8-5: 78)

1967.春 チェリャビンスク・コンビナートに隣接し放射性廃棄物が廃棄されていたカラチャイ湖が干上がり、放射性物質が飛散して、周囲の住民が被ばく。(ATOMICA)

1969.12 デミトロフグラードにある原子力研究所の高速増殖実験炉BOR-50が初臨界達成。(F8-1: 年表)

1973.7.16 カザフスタンにある世界最初の高速増殖炉原型炉BN-350が営業運転開始。(F8-1: 年表) 99年4月、経済合理性がないことを理由に閉鎖。(年鑑2013: 289)

1973.11 ソ連高速増殖炉BN-350の蒸気発生器6基中3基でナトリウム漏えい事故発生。(ATOMICA)

1974.11.1 レニングラード原発1号機(最初のソ連独自のチャンネル型黒鉛減速沸騰軽水冷却炉RBMK-1000)が営業運転開始。その後の原子力開発の主流になる。(F8-1: 年表)

1975.6.29 ソ連クルチャトフ原子力研究所の核融合研究装置トカマク運転開始。(ATOMICA)

1975.11.30 レニングラード原発1号機で放射能漏れ事故。推定150万キュリーの放射性物質が放出された。(朝日: 960120)

1977 生産合同マヤークが操業する再処理工場RT-1で使用済み核燃料の引受け開始。(F8-1: 年表; ATOMICA)

1978.5.16 ソ連邦最高会議、「環境変更技術の軍事的またはその他敵対的利用の禁止に関する条約」を批准。台風の進路、ダムの破壊など環境を原子力を利用して改変することを防ぐ。(朝日: 780517)

1978.5.27 ウクライナ初の原発であるチェルノブイリ原発1号機(RBMK型、電気出力80万kW)が営業運転開始。(ATOMICA)

1980.4.8 ソ連、ナトリウム冷却の高速増殖炉BN-600(電気出力60万kW)運転開始(注: 増殖炉の名称をもつが正確には増殖を達成していない)。(年鑑2013: 364)

1980.6.19 共産圏経済援助相互会議(COMECON)総会、原子力利用拡大のコミュニケを採択。(年鑑2013: 365)

1984.5.31 31日付の『ワシントン・ポスト』紙が、CIAの極秘文書をもとに、ソ連における核開発史上起きた多くの被ばく死を報道。(反75: 2)

1985.2.21 ソ連が原子力施設への国際査察受入れに合意し、IAEAとの協定に調印。(反84: 2)

1986.4.26 ウクライナのチェルノブイリ原子力発電所4号機(RBMK、100万kW)で史上最悪のINESレベル7の出力暴走事故発生。(F8-2: 4-8; 日経: 860930)

1986.6 ソ連の行政体制全体の改革実施。コーカサス、ミンスク、オデッサ、アゼルバイジャンなどで予定していた20基の原発建設を白紙撤回。(F8-2: 3; 日経: 890417)

1986.8.14 ソ連、IAEAにチェルノブイリ事故報告書を提出。(年鑑2013: 373)

1986.10.3 ソ連最大の弾道ミサイル原潜が2基の原子炉と34の核弾頭を積んで大西洋のバミューダ諸島北東約1000kmの海域で爆発、沈没。(日経: 000831; F8-21: 125)

1988.1.21 党中央機関紙、ソ連南部クラスノダール地区の住民がこの地区に予定されていた原発を建設中止に追込んだと報道。(朝日: 880122)

1988.6.3 リトアニアのイグナリナ原発で1月から4月にかけて計4回の放射能漏れがあったと、スウェーデン防衛研究所が発表。(反124: 2)

1988.9 リトアニアのイグナリナ原発で火災が発生。これを機に同原発の国際監視を求める請願書に30万人以上の人々が署名。(F8-22: 69)

1988.12.7 アルメニアで大地震。反原子力運動の焦点のひとつだったメタモール原発は地震を契機に翌89年運転停止に。(ATOMICA)

1988.12.23 アルメニア地震を受けて、ソ連は、立地の適切さに懸念のある4カ所の追加建設計画など計6つの原発計画を放棄すると発表。(ATOMICA)

1988.12.28 核融合試験装置T-15が稼働開始。(年鑑2013: 377)

1989.6.16 国営タス通信が、1957年の「ウラルの核惨事」を初報道。(反136: 2)

1989.9.29 ソ連における"アトミック・ソルジャー(被ばく兵士)"の実態を国防省機関紙が初めて発表。(反139: 2)

1989 カザフスタンにおいて反核運動団体ネバダ・セミパラチンスクが結成される。1991年にはセミパラチンスク実験場を閉鎖に追込む。(F8-50: 990228; F8-31)

1990.5.18 日本海沿岸の港湾都市ワニノで、退役原潜の解体場建設をめぐり住民集会開催。その後、沿岸住民10万人の抗議行動発生。(F8-21: 157)

1990.10.1 セミパラチンスク州議会、核実験禁止を決議。25日にカザフ共和国最高会議が実験禁止を盛込んだ主権宣言採択。(反152: 2)

1990.11.15 エストニア共和国政府が原発建設禁止を決定。(反153:

2)

1991.4.18 日ソ原子力協力協定締結。（反158: 2）

1991.9.6 リトアニア独立運動、8月のクーデター、ラトビア、エストニアの独立宣言等を経て、ソ連国家評議会がリトアニア、ラトビア、エストニアの独立を承認。（F8-42）

1991.10.17 「ソ連核実験被害者同盟」第1回大会開催。（反164: 2）

1991.10.24 『プラウダ』紙が26日付でチェルノブイリ原発の閉鎖をウクライナ共和国政府と最高会議チェルノブイリ問題委員会が決定と報じる。（日経: 911027）

1991.10 ロシア領内の発電、送電、配電に関する電気事業全般を管理運営するロスエネルゴ創設。（F8-2: 11）

1991.12.21 ソ連邦が消滅、独立国家共同体（CIS）成立。（反166: 2）

1992.1.29 旧ソ連原子力・産業省の業務をロシアに正式移管。ロシア連邦原子力省（MINATOM）に改組。（F8-2: 14）

1992.3.24 レニングラード原発3号機（RBMK）でレベル3の重大な設備事故発生。（日経: 920327, 920328, 920331）

1992.4.16 16日付のウクライナ紙、チェルノブイリ事故当時のゴルバチョフソ連共産党書記長が被害報道を抑えるよう指示していたことなどを示す同党政治局の秘密文書を暴露。（反170: 2）

1992.7.8 ミュンヘンサミットのG7プラス1会合でエリツィン大統領がロシア国内の危険度の高い旧ソ連製原発を閉鎖する考えを示す。G7の勧告に応じたもの。（日経: 920710）

1992.7.21 アメリカ、ロシア、日本が国際核融合実験炉の工学設計を行う協定に調印。（反173: 2）

1992.9.7 大統領令により、原子力省の下部機関として、国有国営の原子力発電事業社ロスエネルゴアトムを設立。（F8-2: 12）

1992.12.15 リトアニアの首都ビ

リニュスの北方60kmにあるイグナリナ原発で放射能漏れ事故が発生。（日経: 921216）

1993.4.6 シベリアのオビ川上流の秘密都市トムスク7の再処理施設でINESレベル3に相当する爆発事故。（F8-1: 62）

1995.1.8 イランのブーシェフル原発の完成をロシアが支援する契約に調印。（反203: 2）

その後、11年9月3日に6万kWで電力の供給を開始。（F8-2: 46）

1995.11.20～23 世界保健機関（WHO）、「チェルノブイリおよびその他の放射線事故の健康影響に関する国際会議」を開催。悪性の甲状腺がん患者が子どもを中心に増加したと結論。（日経: 951124）

1995.12.20 ウクライナと先進7カ国（G7）、チェルノブイリ原発の閉鎖で覚書調印。（年鑑2013: 389）

1996.10～11 ロシアで広がっているストライキが、核兵器施設、原子力発電所、軍の一部にも波及。（日経: 961102）

1996.12.8 ロシアで住民投票実施。チェルノブイリ事故で凍結されたコストロマ原発建設再開に87%が反対。（反226: 3）

1997.6.12 ウラジオストック近郊で、放射性廃棄物の貯蔵・処理施設建設の是非を問う住民投票実施。反対94%に達するが、投票率44%で不成立。ただし、23日に市議会が設置禁止を決議。（反232: 2）

1997.6.20～22 デンバーサミットでチェルノブイリ・シェルター実施計画（SIP）を承認。総額8億ドルの支援案。基金（CSF）を設立、12月より運営開始。（日経: 970610; 年鑑2013: 294）

1997.8.17 沿海地方シコトフスキー地区で、原潜からの放射性廃液の貯蔵・処理施設の建設をめぐり住民投票実施。93%が反対。（反234: 2）

1997.9.5 旧ソ連・ロシアによる放射性廃棄物の海洋投棄に関して「影響は見られない」との日韓露とIAEAの共同調査報告書を日本

科学技術庁が公表。（反235: 2）

1998.7 「1998年～2005年および2010年までの期間のロシア原子力開発計画」を政府承認。30年の設計運転終了後の原子炉に対し、30年の寿命延長措置を実施する。（F8-19: 216）

1999.10.2 アメリカとロシアが、核物質の登録、管理、防護分野における政府間協力協定に調印。（反260: 2）

2001.7.11 プーチン大統領、外国の使用済み燃料の中間貯蔵、再処理受託を目的に、国内受入れを可能にする関連3法案に署名。（年鑑2013: 402）

2001.9.8 ロシア政府、政令で全国の民間原子力発電所をロスエネルゴアトムの傘下におくことを決定。（ATOMICA）

2003.8.28 政府、「2020年までのロシアのエネルギー戦略」を承認。（F8-15）

2004.3.9 大統領令により、ロシア原子力省（MINATOM）を連邦原子力庁（ROSATOM）に改組。2004年5月に首相直属に。（F8-13; ATOMICA）

2004.4 ウクライナ、運転中の原子炉16基のうち2010～19年に寿命30年を超える12基の運転期間を15年以上延長することを決定。（年鑑2013: 295）

2004.5.1 リトアニアがEUに加盟。加盟と引換えに、2000年5月にイグナリナ原発1号機閉鎖、02年6月に2号機の閉鎖を承認。（年鑑2013: 390）

2004.10.6 ロシア議会、高速増殖炉と燃料サイクルによる持続可能な開発を骨子とするエネルギー戦略（2005～2010年）を承認。（年鑑2013: 413）

2006.1 プーチン大統領、総発電電力量に占める原子力シェアを2009年の17.8%から2020年には22%、2030年には25%まで高め、世界水準の稼働率90%を目指すと述べる。（ATOMICA）

2006.6.14 世界初の海上浮遊型原

子力発電所の建設に着手。沿岸工業都市に電力を供給する。(年鑑2013: 421)

2006.7.18 ベロヤルスクで高速増殖炉 BN-800 (86.4 万 kW) 着工。(年鑑2015: 237)

2006.10 ロシア政府、「2007 年〜2010 年および 2015 年までを展望したロシアの原子力産業の発展」を決定。(F8-2: 13; F8-19: 212)

2007.1.19 ロシア議会、国家持ち株会社アトムエネルゴプロムを設立する原子力新法を制定。(ATOMICA)

2007.4.5 リトアニア議会、エストニア、ラトビア、ポーランド 3 国との原子力発電所共同建設について、既存のイグナリナ原発のサイトで 160 万 kW2 基を 2015 年までに運転開始する建設計画を承認。(年鑑2013: 424)

2007.5 シベリア南東部のアンガルスクに国際ウラン濃縮センターを設立。IAEA の監視下に低濃縮ウランを約 120tU 備蓄し、各国に供給する。(ATOMICA)

2007.7.6 ロシア、ウラン採掘から原発の建設、運転にいたる原子力産業界の 55 社を統合し、民生用原子力部門の中核となる国営企業アトムエネルゴプロム（AEP）を設立。(F8-2: 年表; 年鑑2014: 289)

2007.12.3 原子力庁を再編し、民生と軍事両方を含み原子力分野のすべての活動を統括する国営公社ロスアトムを設立する設置法成立。翌年 3 月 20 日施行。ロシア原子力業界を統合する。(年鑑2014: 289; ATOMICA)

2008.2.12 ロシア、インドとクダンクラム原発にロシア製原子炉 4 基を建設することで合意。(ポケットブック2015: 755)

2008.2 ロシア、「2020 年までの電源立地総合計画」を政府決定。標準シナリオとして 2014 年までに毎年 2 基、15 年から 3 基以上建設、12 年から 19 年の間に合計出力 3 万 2100kW (30 基超) の新規運転開始をめざす。(F8-2: 14)

2008.8 リトアニア北東部のウテナ州ビサギナスに新規の原発を建設するビサギナス原子力発電社が発足。エストニア、ラトビア、ポーランドの電力会社も資本参加の予定。11 年 5 月に米 WH 社と日立が応札。周辺自治体住民の世論調査では 62% が賛成、ビサギナス町では 88% が賛成。(F8-20: 30)

2008.8.11 国内 11 基の原発（設備合計約 2300 万 kW）を運転するロスエネルゴアトムが株式会社化され、エネルゴアトムと改称。(F8-12)

2008.9.20 政府、ロスアトムの「09 〜 15 年の長期計画」を承認。将来はナトリウム冷却型高速炉を基本とした完全な閉鎖系核燃料サイクルに関する新技術基盤へ移行させる。(F8-15)

2009.1 ベラルーシ北西部のリトアニア国境に近いオストロベツ村を候補として 120 万 kW のロシア軽水炉 AES-2006 型炉 2 基の建設確定。総事業費約 94 億ドル。(年鑑2013: 292)

2009.2 ウクライナ政府、国有エネルゴアトム社の国内集中型乾式使用済み燃料貯蔵施設建設計画を認可。立地地点はチェルノブイリの立入禁止地区内。(年鑑2013: 296)

2009.3.3 ロスアトム社が独ジーメンス社と合弁企業設立について覚書に署名。ロシア型 VVER の改良、新規原発の建設、燃料サイクルに関わる。ロシア側が 50% ＋ 1 株をもち経営権を握る。(F8-14)

2009.3 リトアニア議会、イグナリナ原発サイト隣接区域に建設予定のビサギナス原発の建設を認める法案を採択。(年鑑2013: 291)

2009.5.12 ロシアと日本、原子力協定締結。2012 年 5 月 3 日発効。(日経: 090603)
目的の 1 つは「再処理回収ウランの再濃縮」。(F8-14; F8-11: 216; 学会誌2012年54巻7号6頁)

2009.11.12 メドベージェフ大統領、次世代原子炉、新型炉（VVER-ToI）の開発を両院議会で発表。(年鑑2013: 284)

2009.11 「2030 年までのロシアのエネルギー戦略」を政府承認。(F8-19: 203)

2009.12.7 インドと原子力協定に調印。軍事技術分野での連携にも合意。(日経: 091208)

2009.12.7〜19 気候変動枠組み条約第 15 回締約国会議（COP15）の期間中、ロシアが原子力産業に依拠する「気候ドクトリン」を発表。(F8-19: 208; 年鑑2013: 281)

2010.2 目標計画「2010 〜 2015 年期および 2020 年展望の次世代原子力技術」を策定。(F8-19: 212)

2010.3.12 ロシアがインドに最大 12 基の原発を建設する協力合意文書に調印。(年鑑2013: 432)

2010.3.29 ロスアトムと IAEA、IAEA 加盟国に低濃縮ウランを供給する国際ウラン濃縮センター（IEUC）をロシアに設置する合意文書を交換。(年鑑2013: 432; F8-11: 207)

2010.6.30 世界初の海上浮遊型原子力発電所（FNPP）となるアカデミーク・ロモノソフの進水式実施。(F8-18: 44-45)

2010.9.24 ロスアトム社、2010 年に新たに 13 の原子力協力に関する政府間協定に調印し、2010 年末までにさらに 17 の協定調印を予定と議会報告。イラン、中国、インド、トルコ、ベトナム、ナイジェリア、バングラデシュなど。(年鑑2013: 279)

2011.3 メドベージェフ大統領、福島の事故を受けて、最新の安全技術をもつロシアの発電基準を広めることが、そして巨大地震と津波が起こりうる地域には建設を制限する指針が必要、と意見表明。(年鑑2012: 261)

2011.3.15 プーチン首相、ベラルーシのルカシェンコ大統領との間で、ロシア製原発を北西部リトアニア国境に近いオストロベツ村に建設することで合意。ロシアは建設資金として 60 億円を融資する破格の条件を提示。欧米や日本企

業の5割から7割とされる建設費の安さ、武器供与やエネルギー開発支援を組合わせたパッケージ戦略で受注を拡大。(日経: 110621)

2011.4.19 チェルノブイリ国際支援会議で、新シェルターと放射性廃棄物処分場建設のため、EUなど30の国と国際機関が総額約5億5000万ユーロ（650億円）の追加資金拠出を表明。(日経: 110420)

2011.5 福島原発事故を受けてエネルゴアトムがWANO（世界原子力発電事業者協会）の支援により原発の安全点検を実施。(F8-19: 218)

安全性システム向上対策（総コスト5億3000万ドル）を実施。(F8-20: 31)

2011.7 「放射性廃棄物管理法」(連邦法第190号「放射性廃棄物管理および個別のロシア連邦法の改正について」)を制定。旧ソ連時代の「核の遺産」を含むすべての放射性廃棄物を管理する。(F8-19: 213; F8-21: 205)

2011.7.14 リトアニアのビサギナス原発建設について、日立とGEの合弁会社である日立ニュークリア・エナジーが優先交渉権を得たと日立が発表。総出力130万kWのABWR1基を建設予定。(年鑑2013: 436)

2012.3 放射性廃棄物管理法に基づいて国営企業ノオラオ社（NORAO）設立。(F8-33: 205)

2012.6 リトアニア議会がビサギナス原発（2021年稼働予定、最新の改良型沸騰水型原子炉ABWR、総事業費約4000億円)について日立製作所と米国GE社との建設事業権契約締結を承認。(日経: 120625)

2012.9.25 ロシアで29番目の商業原子炉カリーニン4号機が営業運転開始。開発利用規模でロシアは世界4位に。(F8-43: 773)

2012.10.14 リトアニアでビサギナス原発建設の是非を問う国民投票を実施。投票率は50%強で賛成34%、反対62%。議会選挙でも計画に慎重な労働党、再検討を求め

る社会民主党が議席を伸ばす。(日経: 121015)

2013.1.15 プーチン大統領、バングラデシュが計画している100万kW級ロシア製軽水炉2基に、5億ドルを融資と発表。(ポケットブック2015: 765)

2013.1 ロシア、経済協力開発機構原子力機関（OECD/NEA）の31番目の加盟国に。(F8-44: 509)

2013.末 ロシアの低、中、高レベル放射性廃棄物の総量は、液体状約4億9000万㎥、固体状9000㎥と見積もられる。これらは全国120企業の830カ所の1次貯蔵施設と3カ所の液体廃棄物地下注入施設で貯蔵されている。(F8-48)

2014.3.17 ウクライナ政府、チェルノブイリ原発の約42億円をかけた永久閉鎖・密封管理プロジェクトを確認。(F8-45: 306)

2014.8.3 リトアニア政府、国民投票で反対多数となり凍結されていたビサギナス原発の建設協議を日立と再開することで合意。原発推進派の大統領が5月に再選されて協議が進捗。(日経: 140803)

2014.11.11 ロシア、イランへの最大8基の原子炉新設を盛りこんだ議定書に調印。(ポケットブック2015: 771)

2014 「原子力産業エネルギー開発」を制定。世界市場におけるロシアの原子力技術の優位性確保を目標とする。(年鑑2017: 333)

2015 2015年時点での国内外での建設・計画中のロシア型PWR（VVER）は47基。(年鑑2016: 301)

2015.5.8 原子力規制庁、多目的高速中性子研究炉建設許可を発行。(F8-46: 509)

2015.6.11 IAEA、加盟国のニーズに応えるため低濃度ウラン備蓄バンクの設立でカザフスタンと協定を締結。(ポケットブック2015: 772)

2016.1 ロシア型VVERの国内原子炉基数は、運転30基、建設11基、計画16基。国外での基数は運転38基、建設9基、計画19基。VVERの1基あたり総工費は50

億～60億ドルで、資金の大半をロシアが融資する方式。累積運転年数は1300炉年。(年鑑2017: 324)

2016.3.23 ロシア初の120万kW級原子力発電所に原子力規制庁が運転許可を与えたとエネルゴアトム社が公表。(F8-47: 343)

2016.10 リトアニア、反原子力政策の「農民・グリーン同盟」が第1党に。エネルギー省は「原発計画を凍結する」と発表。(日経: 170703)

2016.11.1 ロシアの高速実証炉BN-800がベロヤルスク原発4号機として営業運転開始。(F8-49)

2016.12.5 放射性廃棄物管理実施主体の国営企業ノオラオ社（NORAO）がロシア初の低中レベル放射性固体廃棄物受入れ処分開始を公表。高レベル放射性ガラス固化体の処分については、エニセイスキーで最終処分場を立地する計画で、処分技術等の研究を行っている。(F8-48)

中国

稼 働 中 の 原 発 数	36 基
建 設 中 ／ 計 画 中 の 原 発 数	21 基／31 基
廃 炉 に し た 原 発 数	
高 速 増 殖 炉	稼働中なし／実験炉建設中
総 出 力	3138.4 万 kW
全電力に原子力が占める割合	3.6%
ウ ラ ン 濃 縮 施 設	漢中、蘭州（中国核工業集団公司）
使 用 済 み 燃 料 再 処 理 施 設	蘭州（中国核工業集団公司）
Ｍ Ｏ Ｘ 利 用 状 況	
高レベル放射性廃棄物処分方針	ガラス固化体の深地層処分
高レベル放射性廃棄物最終処分場	未定

2016 年 12 月 31 日現在
参考資料：IAEA, 2017, *Nuclear Power Reactors in the World (2017 Edition)*.
　　　　　日本原子力産業協会，2017,『世界の原子力発電開発の動向 2017』.
　　　　　ポケットブック 2015.

1950.5.19 中国科学院に近代物理研究所設立。同年 10 月 17 日に重点を原子物理の研究に置くことを決定。(F9-3: 129)

1952 近代物理研究所が「53 〜 57 年科学技術発展 5 カ年計画」を制定。核物理実験と原子炉建設の条件を作ることを目標に掲げる。(F9-3: 129)

1955.1.15 中央書記処拡大会議において、核開発を決議。(F9-3: 130)

1955.1.29 ソ連・中国間で、ソ連による原子炉および核分裂物質の援助に関する協定締結。(F9-3: 131)

1956.1 科学技術発展 12 カ年計画策定。原子力の平和利用を第 1 項に掲げる。(F9-3: 132)

1956.11.16 核工業主管官庁として第 3 機械工業部を設置。58 年 2 月 11 日には第 2 機械工業部に改組。(F9-3: 132)

1957.5 近代物理研究所を中国原子力科学研究院（北京原研）に改組。(F9-15: 96)

1957.10.15 「中ソ国防新技術協定」締結。ソ連が中国に原爆のサンプル、資料を提供する約束。その後協定の履行は何度も延期され、59 年 6 月 20 日の協定破棄に至る。(F9-3: 134-139)

1958.6.13 ソ連の援助で 1956 年 5 月着工の、中国初の 0.7 万 kW 重水型研究炉が臨界。(F9-3: 135; F9-15: 96)

1958後半 包頭核材料工場（内蒙古自治区）、蘭州ウラン濃縮工場（甘粛省）、酒泉原子力連合企業（甘粛省）、西北核兵器研究製作基地（青海省海北チベット族自治州）の建設開始。(F9-3: 137; F9-1: 44)

1960.7.16 中ソ関係悪化により、ソ連政府は中国政府に対し技術援助中止を通告。31 日、新疆で中ソ国境紛争発生。8 月 23 日までにソ連専門家全員が帰国。(F9-11: 32; F9-3: 139-140)

1962.8 第 2 機械工業部が「64 年、遅くとも 65 年上半期までに原子爆弾を爆発させる」との 2 カ年計画提出。中央政治局会議で承認。(F9-3: 160)

1962 核の自主開発体制強化のため、周恩来首相をトップ（主任）とする中央専門委員会発足。開発・施策・実験等に関する最高意思決定機関。(F9-16: 6)

1963.8.5 米・英・ソ 3 国、部分的核実験停止条約（PTBT）に正式調印。大気圏内、水中の核実験を禁止。中国は全面的禁止を提案し

て非調印。(F9-20: 272-276)

1963 蘭州ウラン濃縮工場（ガス拡散方式）稼働開始。翌年 1 月 14 日には濃度 90% の濃縮ウラン 235 製造に成功。(F9-16: 8; F9-22)

1964.10.16 中国初の核実験が成功、新疆ウイグル自治区周辺上空とみられる。燃料はウラン 235。世界で 5 番目、アジアで最初の核保有国となる。(朝日: 641017; F9-3: 24)

1967.6.17 西部地区上空で初の水爆実験に成功したと発表。世界で 4 番目。(朝日: 670618)

1968.9 酒泉の軍事用再処理パイロットプラント操業開始。(F9-2: 48)

1968.12.27 1 年ぶり、西部地区上空で 3Mt 級の水爆実験実施。酒泉の再処理パイロットプラントで抽出したプルトニウムを使用。(F9-3: 214; F9-2: 48)

1970.4 パイロットプラントの経験を基に酒泉に本格的な軍事用再処理プラントを建設、操業開始。(F9-2: 48)

1972 周恩来首相が上海核工程研究設計院を設立、平和利用の原子炉開発を指示。(F9-16: 4)

　　73 年から秦山原子力発電用原

1978.11.24 フランスの中国への原子炉輸出をアメリカ政府が承認。（朝日: 781125）

1980.10.16 通算27回目の核実験をロプノール大気圏内で実施。大気圏内での実験はこれが最後、以後はすべて地下実験。（F9-3: 215; 朝日: 801017）

1982.12.10 全人代で「経済社会発展第6次5カ年計画（1981～1985）」を正式採択。2000年までに1000万kWを建設することが提示され、秦山原子力発電所の建設計画が盛込まれる。（F9-15: 95-96）

1983.12.7 中国の原爆製造工場で1969年に起きた放射能汚染事故で、少なくとも20人が被ばくしたことを中国当局者が認めた、と香港の右派紙が報道。（反70: 2）

1984.1.1 国際原子力機関（IAEA）に正式加盟。（朝日: 840104）

1984.9.5 都市農村建設環境保護部が「原子力発電所基本建設環境保護管理弁法」を公布。（F9-18: 347）

1984.10 国家科学技術委員会に、民生用原子力安全の主管官庁として国家核安全局（NNSA）を設置。（F9-15: 96; 朝日: 841110）

1985.1.18 中国と香港が広東大亜湾原発の建設で合弁会社設立の契約に調印。発電量の7割は香港に送られるが、原発の風下に当たることから反対運動が起きる。（朝日: 850119; 反83: 2）

1985.3.21 自主設計の秦山原発（30万kW、PWR）着工。三菱重工業の圧力容器など機材・材料は日・独・仏などの外国製。システム構成や技術項目などはウェスチングハウス（WH）社PWR炉の完全コピーとの指摘も。（F9-18: 74; F9-17: 14）

1985.7.23 李先念国家主席がワシントンD.C.訪問、米・中「原子力平和利用協力協定」調印。（F9-22）

1985.7.31 平和利用分野に限った日中間の原子力協力協定調印。86年7月10日発効。これにより国産原発技術や機器の売込みが可能

に。有効期間は15年。（朝日: 850801, 860711）

1985.9.24 IAEA総会で、中国が原発の査察受入れを表明。これにより、全ての核兵器保有国（5カ国）がIAEAの保障措置を適用されることに。（朝日: 850925）

1986.6.27 原子力安全専門家委員会設立。（朝日: 860629）

1986.8.17 広東省大亜湾地区の原子力発電所計画について、反対派香港住民が100万人の反対署名簿を北京の中国当局に手渡す。26日、香港賛成派代表団が北京で核工業部長と会見。（朝日: 860820, 860830）

1986.10.29 国務院、「中華人民共和国民生用原子力施設安全監督管理条例」を公布。（F9-18: 171）

1987.8.7 中国・香港の合弁会社による広東大亜湾原発1号機の原子炉基礎工事始まる。88年4月7日には2号機。いずれも仏フラマトム社製原子炉（PWR型、98.4万kW）をターンキー方式で導入。（F9-18: 74; F9-17: 14-15）

1988.9.15 核工業部を分割、非軍事利用現業部門を中国核工業総公司とする。200以上の企業体を擁し、原子力発電および原子力全般の研究・開発を担当。（年鑑1995: 293）

1989.6.4 天安門事件発生。90年1月30日、天安門事件を受け、米国上院が対中経済制裁法案可決、大統領に送付。（F9-11: 102）

1989.8.5 中国で80～85年に1200人以上が放射性物質（研究・工業用）の被ばく事故にあい、20人近くが死亡と、英字紙『チャイナ・デーリー』が報道。（朝日: 890806）

1991.4.9 全人代で「第8次5カ年計画（1991～95）」採択。国産技術を中心とする）「秦山II発電所の建設を重点的に」推進すると明記。（F9-15: 96）

1991.7.27 国家核安全局が「原子力発電所の立地点選定に関する安全規定」を改正、公布。（F9-18: 309-

329）

1991.12.15 中国初の自主開発原発、浙江省秦山1号機が送電開始。（朝日: 911215）

1991.12.31 中国がパキスタンに原発（秦山I期同型機、30万kW）1基を輸出する契約調印。（毎日: 920101）

1992.2.13 秦山1号機の試運転に協力するため、日本の電事連が専門技術者7人を12日間の予定で派遣。（読売: 920211）

1992.3.9 NPT（核拡散防止条約）に加盟。（年鑑2012: 383）

1992 中国核工業総公司とロシア企業、ロシアの遠心分離技術による濃縮工場建設の契約に調印。漢中に工場建設。（F9-18: 55, 127）

1993.2.21 中国がイラン南部バルチスタン州に30万kWの原発2基を建設する契約に両国が調印。（朝日: 930223）

1993.4.18 ワシントンD.C.に本拠を置くチベット国際キャンペーンが、チベット高原における核研究の存在を公表。核廃棄物のずさんな処理で水が汚染され、約50人のチベット人が死亡とも。国家核安全局は全面否定。（F9-22; 毎日: 930420）

1993.6.17 国家核安全局が「民生用核燃料サイクル施設安全規定」公布。（F9-18: 171）

1993.8.1 初の輸出原発としてパキスタン・チャシュマ原発（秦山I期同型機、30万kW）着工。秦山原発は三菱重工の原子炉圧力容器を使用しており、日中原子力協定で転売は不可。（朝日: 930802; F9-16: 5）

1993.8.4 国務院が「原子力発電所の原子力事故応急管理条例」公布。連絡系統の明確化、人民解放軍の支援などを規定。（F9-18: 171; 朝日: 930818）

1993.11.9 中国政府が、放射性廃棄物の貯蔵施設を全国に4カ所作る方針を表明。（朝日: 931110）

1994.2.1 広東大亜湾1号機（98.4万kW、仏フラマトム社のターン

キー方式で建設）が営業運転入り。先に建設開始した秦山1号機よりも先に。(F9-18: 74)

1994.2.2 秦山1号機で、原子炉冷却材ポンプの電圧低下（発電機主励磁用カーボン・ブラシ摩耗が原因）により、原子炉、タービン緊急停止。INESレベル0。(JNES)

1994.4.1 秦山1号機（自主開発PWR、30万kW）が2年半の試運転を経て営業運転を開始。(F9-18: 74)

1994.5.6 大亜湾2号機（98.4万kW）、営業運転開始。(F9-18: 74)

1994.7.2 広東大亜湾原発で冷却水漏れ、2日から運転ストップ。「小事故は外部通報せず内部処理」と発電所側が発言。2月末に電気系統、5月末には送電系の事故も発生。(朝日: 940709, 940720)

1994.9 2番目の原子力事業会社となる中国広東核電集団公司（CGNPC）設立。中国核工業総公司と広東省政府が45%ずつ出資。(F9-16: 12)

1995.2.25 広東大亜湾1号機で、高温状態での制御棒落下試験において、制御棒の落下時間が基準値を超過。その後も一部の落下時間がさらに延長。INESレベル1。(JNES)

1995.9.15 中国による相次ぐ核実験に対して、カザフスタンやキルギスタンの住民のあいだで環境汚染への懸念や反発が生じる。中国とカザフスタンの合意により、核実験の周辺環境への影響を調査することに。(朝日: 950916)

1996.3.17 全人代で「第9次5カ年計画（1996～2000）と2010年までの長期目標の綱要」採択。原子力発電を適度に発展させるとする堅実路線へ再転換。原子炉輸入による電力高コスト化が問題に。(F9-15: 102-103)

1996.6.2 秦山II期1号機着工。97年4月1日に2号機が着工。フランスの技術をベースにした自主設計PWR（65万kW）で、圧力容器は三菱重工製。(F9-18: 74; F9-6: 37)

1996.6.8 包括的核実験禁止条約（CTBT）の交渉中に、ロプノールで通算44回目の地下核実験実施。中国政府、CTBT調印予定の9月前にさらに1回実施し、その後は一時停止すると声明を発表。(読売: 960609; F9-3: 89)

1997.5.15 嶺澳1号機着工。11月28日に2号機が着工。仏PWR（100万kW）をターンキー方式で導入。タービンと発電機は英国系企業製。(F9-18: 74; F9-4: 199)

1998.1 中国原子能科学研究院が高速増殖炉実験炉（2万kW）を北京市郊外に建設開始。(ATOMICA)

1998.3.10 朱鎔基首相の行政改革により原子力関係行政組織を改組。原子力規制当局を推進側から分離（国家核安全局を環境保護総局に移管、核安全局とする）。(F9-12: 42)

1998.6.8 秦山III期1号機着工。9月25日には2号機が着工。カナダ開発の加圧重水型原子炉CANDU（70万kW）をターンキー方式で導入。(F9-18: 74; F9-4: 198)

1998.8.19 敦賀の「ふげん」で、中国技術者4人等の研修開始。炉心や燃料の管理技術を3～9カ月研修の予定。(朝日: 980820)

1998 甘粛省蘭州に使用済み燃料の再処理パイロットプラント着工。(F9-18: 56)

1999.7.1 中国核工業総公司（旧CNNC）の現業部門を中国核工業集団公司（CNNC）と核工業建設集団に分割。前者は中央政府が直接管理、傘下に100以上（2008年現在）の企業、研究所を抱える。(F9-12: 42; F9-18: 104)

1999.7.4 前年7月、中国が自力で設計・建設した秦山1号機の原子炉の一部が構造的欠陥のため破損して1次冷却水の放射能が上昇、稼働停止してWH社が修理していたことが明らかに。設計の不備が原因で燃料集合体9体が破損したもので、定検時に発覚。中国国内では公表されていない。(毎日: 990705)

9月23日、修理完了、1年ぶりに発電再開。(読売: 990924)

1999.10.20 ロシア・中国共同プロジェクトによる田湾1号機（ロシア型PWR＝VVER、106万kW）着工。00年9月20日には2号機着工。中国初の全面デジタル化計装・制御系は独ジーメンス製。(F9-18: 74; F9-14: 40)

2001.3.5 「第10次5カ年計画（2001～05）」を全人代で採択。国産化をベースに原子力を適度に発展させるという堅実路線が再確認される。経済効果の確保と発電単価低減をめざすもの。(F9-15: 103)

2002.4.15 秦山II期1号機（国産PWR、60万kW）が営業運転開始。2号機の運転開始は04年5月3日。(F9-18: 74)

2002.5.28 嶺澳1号機（仏PWR、100万kW）が営業運転開始。03年1月8日には2号機も営業運転開始。(F9-18: 74)

2002.12.31 秦山III期1号機（CANDU、70万kW）が営業運転開始。2号機は03年7月24日に運転開始。(F9-18: 74)

2002.12 WTO加盟（2001年11月）を受けた電力体制改革で、発送電分離を実施。旧国家電力公司の発電と送配電資産を5大発電公司と2大送電公司に移管。(F9-13: 52)

2003.6.28 第10期全人代常務委員会で、「中華人民共和国放射性汚染防治法」採択、10月1日施行。「原子力法」がまだ制定されておらず、同法が「原子力基本法」の役割を果たす。(F9-18: 171, 287-302)

2003.9 蘭州再処理工場が大亜湾原発の使用済み燃料の受入れ開始。(F9-18: 56)

2005.2.28 全人代常務委員会で「再生可能エネルギー法」を採択。アジアで初。技術サポート・優遇措置に加えて再生可能エネルギー電力の購入を義務化。06年1月施行。(F9-6: 170; F9-4: 245, 245-257)

2006.3.18 国家環境保護総局（SEPA）公布の「環境影響評価公衆参加暫行弁法」施行。(F9-18: 104)

2006.8 国防科学技術工業委員会、「原子力産業『第11次5カ年』発展計画」公表。原子力発電の積極的推進を盛込む。有能な人的資源の不足に言及。(F9-18: 133)

2006.12.16 中国の原発4基(山門2、海陽2)新設でWH社が第1交渉権を獲得。100万kW級の改良型加圧水型炉「AP1000」の技術移転了解覚書に米中政府が調印。(朝日: 061217; F9-9: 55)

2007.5.17 田湾1号機(ロシア型PWR＝VVER、100万kW)が営業運転開始。8月16日に2号機営業運転開始。(F9-18: 74)

2007.7.24 WH社が4基(100万kW級の改良型加圧水型炉AP1000)の建設契約を締結。米社の受注は初めて。1、2号機はWH社連合が主要責任を負う。(F9-18: 92-93)

2007.8.18 紅沿河原子力発電所(仏技術をベースに独自設計した第2世代改良型PWR＝CPR1000、111万kW)の主体工事が開始。(F9-18: 91)

2007.8 「再生可能エネルギー中長期発展計画」を公表。再生可能エネルギーの割合を2010年までに10%、20年までに15%に上げるという目標。(F9-10: 36)

2007.11.2 中国国家発展改革委員会、「原子力発電中長期発展計画2005～2020年」を公表。原子力発電所の設備容量を現在稼働中の907万kWから2020年までに4000万kWに拡大(総発電量の4%)。「PWR・高速炉・核融合炉」路線堅持の方針。(F9-18: 31-41, 197-216; F9-5: 164)

2007.11.26 仏アレバ社と中国広東核電集団有限公司がEPR(欧州加圧水型軽水炉、170万kW)2基の契約締結。使用済み燃料の再処理・サイクル、高レベル放射性廃棄物最終処分等の技術協力を含む契約。(F9-18: 34-35; F9-10: 38)

2007.12.7 海南島近くの乳山原発建設計画(1995年に山東省政府提案、06年5月にプロジェクト再開)

に地元住民の反対の声が上がっている、と新華網が伝える。(F9-18: 103)

2008.5.12 四川大地震発生。核関連施設も倒壊などの被害を受けたが、詳細は不明。(朝日: 080523)

2008.7.23 大地震のあった四川省で原発建設計画が進行中と判明。地震後の調査で、「地盤への影響なし」の報告書作成、と現地紙が報道。(朝日: 080723)

2008.9.18 中国の田湾原発で8月26日、爆発・火災事故があった、と香港紙が報道。(朝日: 080919)

2009.3 浙江省三門原子力発電所1号機が着工。第3世代原子炉AP1000(WH社製PWR、100万kW)の導入は世界初。12月には2号機が着工。(F9-6: 204)

2009.12 広東核電集団が仏電力会社と合弁し、広東省台山原発有限公司を設立。技術・運営管理ノウハウを吸収するため。翌年1月に広東台山原子力発電所(仏アレバEPR、175万kW)建設開始。(F9-6: 188)

2010.7.1 「侵権責任法」施行。環境汚染損害では汚染者が立証責任を負う。民生用原子力施設の事故の場合は賠償額の上限が法定される可能性がある。(F9-7: 222-223; F9-18: 283-285)

2010.7.21 原子能科学研究院が北京郊外に建設中の高速増殖炉実験炉が初臨界。(年鑑2012: 433)

2010.9.20 嶺澳II1号機(第2世代改良型PWR＝CPR1000、108万kW)が営業運転開始。(市民年鑑2011-12: 277)

2010.11.15 10月、大亜湾原発1号機の定検中に、冷却水配管の亀裂から漏れた放射性物質で作業員数人が被ばくと、同原発に出資する香港核電投資が公表。健康被害・外部への影響はなし。INESレベル1。5月にも放射能漏れ事故を起こしている。(朝日: 101117)

2011.3.11 東日本大震災、福島第一原発事故発生。(朝日: 110311)

2011.3.14 第12次5カ年計画を採

択して全人代閉幕。当初の計画を前倒しして「2015年までに新たに設備容量4000万kWの原発建設を行う」との内容。(F9-19: 177)

2011.3.16 東日本大震災を受け、緊急国務院常務会議開催。「原子力安全計画」策定まで新規建設の審査を一時停止、稼働中や建設中のものも安全検査し、基準に満たない計画は直ちに停止と決定。(朝日: 110319; F9-5: 165)

2011.5.13 中国電力企業連合会が、内陸部で計画していた原発計画の中止を発表。冷却水の確保、事故時の汚染水などの問題を重視。(F9-19: 181-182)

2011.7.21 高速増殖実験炉(CEFR、2万kW)、発電開始。(F9-21)

2011.8.7 嶺澳II2号機(100万kW)が営業運転開始。6月に、3.11を受けた臨時の精密検査に時間が掛かり、本格稼働が遅れる。福島第一事故後、世界初の運転開始。(朝日: 110616, 110808)

2011.9 原発急増で技術者の養成が緊急課題になっており、フランスの協力を受けて広東省珠海の「中仏核工学技術学院」開院。仏がカリキュラム作成。(読売: 111130)

2011.10.20 中台会談で原子力発電安全協定に署名。東日本大震災を受けたもので、事故を緊急通報する仕組み、事故の未然防止協力が柱。(朝日: 111021)

2011.12.1 国務院、「第12次5カ年計画」発表。気候温暖化対策として温室効果ガス排出権取引の試験導入を盛り込む。(F9-24: 27-28)

2012.2.9 内陸部で初の原発となる彭沢原発建設計画に対し、隣接する望江県政府が中国政府に建設中止を求めていると、北京紙『新京報』が伝える。(東京: 120210)

2012.4.8 中国核工業集団公司(CNNC)、秦山原発2～4号機(PWR、65万kW)が営業運転開始と発表。(F9-25: 435)

2012.10.18 国家核安全局、原発の耐水・耐震性の向上、水素除去装

356

置の整備など 2015 年までに 798 億元（約 1 兆円）の投資が必要とする安全計画を公表。福島原発事故を受けて策定していたもの。(朝日: 121219)

2012. 10. 25 政府、福島原発事故を受けて中断していた原発の建設再開を決定、と中国各紙が報道。内陸部で計画・建設中の原発は 2015 年まで凍結。(東京: 121026)

2012. 12. 6 福建省と広東省で福清原発 4 号機と陽江原発 4 号機の建設工事開始。福島原発事故後、新規着工は初めて。(東京: 121207)

2013. 2. 17 東北部で初となる紅沿河原発 1 号機（PWR、110 万 kW）が発電開始、と新華社が伝える。大連市中心部から百数十 km の郊外にあるためインターネット上などで稼働開始反対の声が上がっていた。6 月、営業運転開始。(東京: 130218; F9-26: 489)

2013. 7. 12 4 日に建設計画が公示された広東省江門市の核燃料工場、反対する市民 1000 人以上が抗議デモ。香港でも懸念の声。13 日、地元政府が計画取り消しを決定。住民の反対で変更されるのは異例。(東京: 130713, 130714)

2013. 10. 21 英国政府、ヒンクリーポイント原発建設で仏電力公社（EDF）と仏アレバ、中国の電力 2 社と合意。(朝日: 131022)

2014. 3. 25 中国広核集団有限公司（CGN）、陽江原発 1 号機が営業運転開始と発表。CGN が仏の技術を元に自主開発した 100 万 kW 級 PWR。(F9-27: 365)

2014. 5. 4 寧徳原発 2 号機（PWR、108 万 kW）が営業運転開始。(F9-28: 434)

2014. 5. 13 中国で 20 基目となる紅沿河 2 号機（PWR、110 万 kW）が営業運転開始。(F9-29: 485)

2014. 12. 19 原子能科学研究院（CIAE）、高速増殖実験炉（CEFR：熱出力 6.5 万 kW、電気出力 2 万 kW のナトリウム冷却・プール型）がフル出力で 72 時間安定的に発電、と発表。(F9-30: 251)

2015. 3. 11 中国政府、福島原発事故後に凍結していた新規原発の着工認可を再開したことが明らかに。(朝日: 150312)

2015. 7. 15 中国国家核電技術公司（SNPTC）と中国電力投資集団公司（CPI）の合併で国家電力投資集団公司（CNNC）発足。第 3 の原子力発電事業者となる。(F9-31: 631)

2015. 9. 12 陸豊原発計画のための農地強制収用をめぐる村民の抗議行動、武装警官隊が村を包囲、電力や通信を切断して村民 19 人を拘束（100 人以上との情報も）。(反451: 2)

2016. 1. 1 陽江原発 3 号機、防城港原発 1 号機、営業運転開始。2016 年 1 月 1 日現在の運転中原発は 30 基、2850 万 kW。(年鑑2017: 419; F9-23: 46)

2016. 1. 27 国務院（政府）、初の原子力白書「中国の原子力緊急時対応白書」を発表。2020 年までに運転中 5800 万 kW、建設中 3000 万 kW の建設を中期目標として明示、2030 年までに原発強国を目指すと宣言。(F9-23: 45)

2016. 8. 6〜7 再処理工場建設候補地に連雲港が有力とする 7 月の報道を受けて数千人規模の抗議行動。10 日、建設地選定は一時停止と連雲港市が発表。(反462: 2)

2016. 10. 1 広西防城港核電有限公司（FCGNP）、中国で 34 基目の商業炉として広西省チワン族自治区の防城港原発 2 号機（PWR、108 万 kW）が営業運転開始条件達成と発表。(JAIF)

2017. 2. 20 広核電力股分公司（CGN パワー社）、広東省台山原発で 2009 年から建設中の仏アレバ社製欧州加圧水型炉（EPR）2 基（各 175 万 kW）の営業運転開始を当初予定から約半年先送り、と表明。(JAIF)

2017. 9. 18 中国核工業集団公司（CNNC）、福清原発 4 号機が 17 日に営業運転開始条件を達成と発表、37 基目の商業炉。(JAIF)

2017. 12. 29 中国核能電力股分有限公司（CNNP）、自主開発技術による電気出力 60 万 kW の高速実証炉（CFR600）を福建省寧徳市の霞浦で本格着工と発表。2023 年完成予定。(JAIF)

第Ⅱ部　日本と世界の原子力発電　第6章　世界の原子力発電所

台湾

稼　働　中　の　原　発　数	6基
建　設　中／計　画　中　の　原　発　数	2基
廃　炉　に　し　た　原　発　数	
高　速　増　殖　炉	
総　　　　出　　　　力	505.2万kW
全電力に原子力が占める割合	13.7%
ウ　ラ　ン　濃　縮　施　設	
使　用　済　み　燃　料　再　処　理　施　設	
Ｍ　Ｏ　Ｘ　利　用　状　況	
高レベル放射性廃棄物処分方針	使用済み燃料を中間貯蔵後、深地層処分
高レベル放射性廃棄物最終処分場	未定

2016年12月31日現在
参考資料：IAEA, 2017, *Nuclear Power Reactors in the World (2017 Edition)*.
　　　　　日本原子力産業協会, 2017, 『世界の原子力発電開発の動向2017』.
　　　　　ポケットブック2015.

1946.5　政府資本により「台湾電力公司」設立。台湾全土の発送電・配電を独占的に行う。(ATOMICA)

1949.5.20　国民党政府、戒厳令布告。(朝日: 490521)

1955.6　行政院内に原子力委員会設置。原子力政策立案、研究開発、推進・規制等原子力行政全般を所管。(年鑑1957: 163)

1955.7.18　アメリカと、原子力平和利用に関して原子力協力協定調印。(朝日: 550719)

1961　清華大学スイミング・プール型研究用原子炉（熱出力1000kW）初臨界。(F10-2: 65)

1967.11.8　原子力委員会、50万kWの原子力発電所を島内4カ所に建設すると発表。(ATOMICA)

1968.5.9　原子力法公布。(F10-1: 954)

1968　原子力研究所設立。基礎研究、原子炉技術開発、核燃料・核廃棄物管理を担う。(ATOMICA)

1968　核拡散防止条約（NPT）に署名、批准。(年鑑2010: 146)

1971.7.26　原子力損害賠償法公布、発効。無過失・厳格責任、賠償措置の強制、責任限度額、国の補完的救済などを規定。(F10-13)

1971.10.25　国連総会、中国加盟案

76対35で可決。国民党政府（台湾）は脱退表明。(朝日: 711026)

1971.12.9　IAEA理事会、台湾追放・中国参加案を賛成13、反対6、棄権5で採択。台湾は、米国およびIAEAの3者間の協定(71年12月6日)に基づいて、保障措置を実施。(朝日: 711210; ATOMICA; F10-10)

1972.2　第一原発金山1号機（BWR、63.6万kW）着工。台湾初の原発で、首都台北市の北28kmに位置する。原子炉はGE製MarkⅠ、タービン発電機はWH製、ターンキー方式で建設。(F10-21; 年鑑1990: 302)

1973.8　第一原発金山2号機（BWR、63.6万kW）着工。(年鑑1990: 302)

1975.8　第二原発国聖1号機（GE製BWR、98.5万kW）着工。台北市の北23kmに位置。(年鑑1990: 302)

1975.10　第二原発国聖2号機（GE製BWR、98.5万kW）着工。(年鑑1990: 302)

1976.10.23　原子力委員会、核廃棄物は離島に処分すると発表。(F10-20)

1977　台湾電力公司、政府経済部

（日本の経済産業省に相当）監督下の政府出資株式会社となる。(ATOMICA)

1978.5　第三原発馬鞍山1号機（WH製PWR、95.1万kW）着工。11月には2号機（WH製PWR、95.1万kW）着工。南部の台湾第2の都市高雄市の南80kmに位置。(年鑑1990: 302)

1978.10　第一原発金山1号機、試運転中に放射性気体漏れ発生。(市民年鑑2011-12: 280)

1978.12.10　台湾電力公司、第一原発金山1号機（BWR、64.1万kW）の営業運転を開始。(F10-24: 134)

1979.7.15　第一原発金山2号機（BWR、64.1万kW）の営業運転開始。(F10-24: 134)

1980　行政院原子力委員会と台湾電力、蘭嶼島で魚の缶詰工場をつくるという名目で核廃棄物処分場建設を開始する。(F10-14: 98)

1981.10　台湾電力、第四原発竜門1、2号機を台北県貢寮郷に立地と決定。(F10-4: 91)

1981.12.28　第二原発国聖1号機（BWR、100万kW）、営業運転開始。(F10-24: 134)

1982.1.7　第一原発金山の作業員、原子炉修理中に転落、大量の放射

能被ばく。3日後に死亡。(市民年鑑 2011-12: 280)

1982.5 蘭嶼島の放射性廃棄物貯蔵所に低レベル廃棄物の貯蔵を開始。使用年限は50年、ドラム缶33万4000個の予定。(F10-8: 188)

1983.3.16 第二原発国聖2号機（BWR、99万kW）営業運転開始。(F10-24: 134)

1984.7.27 第三原発馬鞍山1号機（PWR、96.2万kW）営業運転開始。(F10-24: 134)

1984.10 第三原発馬鞍山1号機の取水口の潜水洗浄に従事した作業員3人、数日中に相次いで死亡。(市民年鑑2011-12: 280)

1985.5.18 第三原発馬鞍山2号機（PWR、96.3万kW）営業運転開始。(F10-24: 134)

1985.7.7 第三原発馬鞍山タービン室で火災事故発生、運転再開まで1年2カ月停止に。(市民年鑑2011-12: 280; F10-8: 33)

1986.5.9 経済部次長、チェルノブイリ事故を受けて第四原発竜門の基礎工事を停止したことを明らかに。(朝日: 860510)

1986.7 第三原発馬鞍山の排水口付近の海域で、大量のサンゴの白化・死滅が判明。(F10-8: 33)
翌年7月10日、第三原発馬鞍山の排水と関係があると判明、原子力委員会が人為的ミスの有無を調査。(F10-20)

1987.4.14 原子力委員会、第二原発国聖の大修理を視察。40余りのミスがあり、台湾電力を改革督促リストに入れると発表。(F10-20)

1987.7.15 38年続いた戒厳令解除。集会・デモは、3日前に地元警察へ申請することを義務付ける。(朝日: 870715)

1987.11.1 台湾環境保護連盟（環保連盟）発足。反核も主要活動の1つ。(F10-1: 88)

1987.12.7 ヤミ族（先住民族）の青年三十数人、蘭嶼島の放射性廃棄物貯蔵所に関する政府、原子力委員会による買収工作に抗議行動。(F10-8: 189)

1987 全発電量に占める原子力発電の割合は48.5%に。(年鑑1990: 302)

1988.2.20 ヤミ族青年連誼会、蘭嶼島核廃棄物貯蔵所前で伝統的扮装で抗議行動。(F10-8: 190)

1988.3.6 塩寮住民による「塩寮反核自救会」発足。1500人の住民参加。(F10-1: 89)

1988.3.26～27 スリーマイル島事故9周年、環保連盟を中心に30以上の反核団体が金山、馬鞍山、竜門で抗議デモ。参加者約4000人。(F10-1: 89)

1988.4.22 台湾電力本社前（台北市）で、年内着工予定の第四原発貢寮郷塩寮の竜門原発に反対するハンストが始まる。24日には市民2000人のデモ。(F10-1: 89)

1988.9 政府、放射性廃棄物管理政策発表。96年までにサイト選定、2002年までに操業開始というもの。(年鑑1995: 298)

1989.1 第三原発馬鞍山1号機、反応炉制御棒に底栓亀裂発生。制御棒が重大破損、すべての制御棒を取替え。(F10-8: 33)

1991.8.5 原子力研究所のコバルト60照射工場で爆発、台湾史上最大の放射線傷害事故。操作ミスで作業員1人が6レムの被ばく、1年間5レムの規定を超える。(F10-20)

1991.10.3 第四原発竜門予定地でデモ隊と警官隊が衝突、警官1人が車にひかれて死亡。「塩寮反核自救会」の幹部全員を逮捕。翌年3月2日、2人に10年～無期、15人に3～10カ月懲役の判決。(F10-8: 192; F10-1: 227)

1992.7.30 台湾電力社宅鉄筋の放射能汚染（コバルト60）が判明。原発廃材を利用したもの。原子力委員会に送られた手紙で判明。12月24日に撤去工事開始。(F10-7: 26)

1992.8.21 マンションの放射能汚染を告発する手紙が自由新報社に届き、報道で発覚。22日、原子力委員会が汚染を確認。85年3月に住民（歯科医）の依頼で調査した

調査会社からの報告を受けた原子力委員会は、8年間秘匿していた。(F10-7: 26-30)

1993.3.20 第二原発国聖2号機、燃料交換時の作業ミスで、作業員3人が過剰被ばく。(市民年鑑2011-12: 280)

1993.5.30 蘭嶼島の放射性廃棄物貯蔵所に反対するヤミ族の長老ら30人、内政部（内務省）で伝統的よろいかぶと姿による抗議行動。テレビで大きく報道される。(F10-8: 190)

1993.6.23 立法院で、第四原発竜門推進派立法委員と反対派立法委員の間で流血事件発生。立法院で第四原発予算案を可決し、再審しないことを決定。(F10-20)

1994.5.22 第四原発竜門建設予定地の貢寮郷で、住民投票実施。自治体レベルでは初。有権者の58.3%が投票、建設反対が98%に。住民投票に法的拘束力なし。(年鑑1995: 298; F10-9: 20)

1994.5.29 全国反原発デモ、3万人参加。これまでで最大の参加者。(F10-8: 193)

1994.6.19 台北県万里金山郷長、原発の補償金が少ないと抗議。郷民を動員して7月1日から電気代の支払いを拒否。(F10-20)

1994.7.12 立法院、第四原発竜門建設予算42億米ドルを可決。院外で数千人の反対派が抗議、一部が機動隊と衝突。院内では野党議員が議長に襲い掛かるなどの乱闘。(年鑑1995: 297)

1994.9.13 前省議員林義雄が発起し「第四原発住民投票促進会」設立。21日、「島一周千里苦行」を宣言。10月25日、苦行隊が竜山寺に到着して34日間の苦行終了。(F10-20; F10-1: 358)

1994.9.29 放射能汚染のマンションの住民、国に1億2000万元の賠償を求めて台北地方法院に提訴。(F10-22)

1994.11.27 台北県で原発推進議員のリコール選挙と第四原発竜門建設の是非を問う住民投票。リコ

ールは、投票率が 21.4％で規定の 50％に達せず不成立。建設計画は、約 87％が反対。(反201: 2; F10-1: 359)

1994.12.3 反核の陳水扁が台北市長に当選。11 月 23 日に、当選後は第四原発竜門の住民投票を行うと宣言していた。(F10-1: 358-359)

1994.12.30 環境影響評価法公布。(F10-1: 956)

1995.3.21 原子力委員会、桃園県亀山郷で 1 カ所 300 戸の住宅区が放射能汚染していることを明らかに。95 年までに発見された放射能汚染ビルは 79 棟 902 戸に。(F10-16; F10-8: 26)

　最終的にマンション等 1664 戸(学校 10 校含む)が見つかる。(東京: 170412)

1995.6.9～10 蘭嶼島の核廃棄物処分場拡張反対・処分場閉鎖を求め、ヤミ族の人々が立法院、台湾電力で連日の行動。19 日には監察院に請願書提出。(反208: 2; F10-1: 407)

1995.10.9 蘭嶼島の放射性廃棄物処分場拡張予算が立法院通過。(反212: 2)

1996.4.5 第三原発馬鞍山 1 号機、排気配管が爆発、放射性蒸気漏れ。冷却材喪失状態に。(市民年鑑2011-12: 280)

1996.4.27 台湾電力が蘭嶼核廃棄物処分場に「臨時」貯蔵しようとした金山原発の核廃棄物、住民らが荷揚げ港を占拠して阻止。29 日に台湾電力、搬入予定の 168 桶の核廃棄物を第二原発の中間貯蔵施設に戻す。(反218: 2; F10-16)

1996.5.24 立法院、民進党立法委員提案の原発建設計画の撤回案を 76 対 42 で可決。憲法第 57 条に基づく初の政策変更請願。行政院の拒否権行使により再審議に。(F10-16; F10-9: 8-10, 44)

1996.5.25 台湾電力公司、GE と第四原発建設の主契約。下請けの日立と東芝が原子炉の設計と炉心機器、圧力容器、燃料などの製造・納入を担当。タービンは三菱重工

が落札。(F10-9: 8-10)

1996.10.18 立法院、第四原発竜門建設再考(原発廃止の否決)案を半数の議員がボイコットする中で強行採決。83 対 0 で可決。(朝日: 961020; F10-9: 44)

1996.11.11 反核団体、日本に赴き日立・東芝(第四原発竜門原子炉等納入予定)に抗議書提出。(F10-1: 406)

1997.1.11 台湾の低レベル廃棄物の北朝鮮受入れについて、台湾電力と北朝鮮国家核安全監視委員会が契約。ドラム缶 6 万本を処分する。17 日に韓国政府、契約を承認しないよう台湾当局に要請。(朝日: 970112, 970119)

1997.5.14 修正原子力損害賠償法公布。1998 年 5 月 14 日発効。事業者責任は有限、賠償措置額は 42 億台湾ドル、損害額が超過した場合には政府が貸付けを行う。(F10-13)

1997.9.21 計画中の竜門原発地元住民ら約 300 人、約 120 隻の漁船で日本からの原子炉搬入阻止を想定した海上デモ。(F10-1: 485)

1998.1.7 原子力委員会、北朝鮮での低レベル廃棄物処分契約凍結の方針を表明。アメリカの意向を受けたとも。(反239-2; F10-9: 36)

1999.3.17 原子力委員会、第四原発竜門の建設認可。29 日、1 号機着工。柏崎刈羽と同型の ABWR、135 万 kW。(年鑑1999: 294)

1999.8 第四原発竜門 2 号機着工。(年鑑2005: 4)

1999.9.1 第一原発金山の核廃棄物輸送車両が転覆、廃棄物容器すべて谷に転落。(F10-1: 542)

1999.9.21 台湾中部で M7.6 の地震発生。変電所倒壊や送電線の切断のため、金山 2 号機と、国聖 1、2 号機の計 3 基が一時運転停止。1 基は定検中。3 基とも震源からの距離は約 200km。(読売: 990923)

2000.5.6 陳水扁新政権が原発建設計画を見直し。閣僚内定者らが「計画再評価委」設置の方針。(反267: 2; F10-1: 641)

2000.10.27 行政院、第四原発竜門の建設中止を宣言。工事は 34.85％まで進行していたもの。国民党など各野党は一斉に反発、張俊雄行政院長の弾劾手続きに乗出す。(読売: 001028; 年鑑2005: 47)

2000.11.12 反原発団体、台湾各地で 10 万人規模のデモ実施。(朝日: 001114)

2001.1.31 立法院、第四原発の建設続行を求める決議を賛成 135、反対 70、棄権 6 で可決。(朝日: 010201; F10-1: 727)

　2 月 14 日、行政院が建設続行を正式発表。(朝日: 010215)

2001.2.24 台北市内で、原子力発電所建設の是非を住民投票にかけることを求める約 5 万人の反核デモ。(朝日: 010225; F10-1: 728)

2001.3.17 第三原発馬鞍山で電源喪失事故。外部電源からの送電が塩分を含んだ霧のため不安定になり、出力を 70％に降下。翌 18 日に 1 号機の配電盤で発火、外部電源からの受電停止で原子炉停止に。非常用発電機も 2 時間稼働せず。(反277: 2; 読売: 010319)

2001.8.10 行政院、12 日実施を検討していた第四原発竜門の是非めぐる国民投票の見送りを発表。(反282: 2; F10-1: 729)

2002.3.25 放射能汚染ビル裁判で住民勝訴。原子力委員会の過失を認めた高裁判決を受け、同委が原告に謝罪。(反289: 2; F10-1: 770)

2002.8 低レベル放射性廃棄物処理場の小坵島建設案、計画中止が正式決定。(年鑑2005: 50)

2002.12.11 環境基本法公布。環境優先理念、非核国家目標を盛込む。(F10-1: 957)

2003.5.7 「非核国家推進法草案」閣議決定。原子力発電の比率を下げ、徐々に原発を停止、原子炉の新設禁止などを明記。(年鑑2005: 48)

2003.6.13 台湾に輸出される日立製原子炉圧力容器、呉港を出港。輸出に反対する市民団体が海上デモ。(朝日: 030614)

2003.11.27 第四原発竜門の建設

続行をめぐる「国民投票法」が立法院で成立。全有権者の過半数の投票率で成立、という野党が提案したハードルの高いもの。(F10-5: 5)

2004.3.20 総統選挙と同時に実施が予定されていた原発建設続行の是非を問う住民投票は、投票項目から外される。(年鑑2005: 48)

2004.10.13 台湾が80年代半ばまでプルトニウムの抽出実験をしていた模様、とAP通信が伝える。IAEA査察の過程で採取した環境サンプルからプルトニウムが検出されたもの。(朝日: 041014)

2006.5.29 台湾電力、2007年に石門郷の第一原発金山敷地内に使用済み燃料処分場建設を計画、2年後に万里郷の第二原発国聖敷地内にも建設計画。27日に説明会開催、約500人の住民と処分場建設を議論。(F10-16)

2007.7.31 台湾電力による第一、第二原発使用済み燃料処分場建設申請に対し、金山、万里、三芝、石門住民が結集して抗議。(F10-16)

2007.12.24 原子力委員会、第一原発金山が40年間運転の期限切れ後も20年延長が申請できることを確認。環保連盟、「非核国家」政策を無視した延長は誤りと指摘。(F10-17)

2008.6 エネルギー分野の基本政策「永続的エネルギー政策綱領」を策定。再生可能エネルギーの利用や省エネの推進を打出す。(ATOMICA)

2008.8.29 経済部、低レベル放射性廃棄物処分場の候補地として台東・達仁、屏東・牡丹、澎湖・望安を公表。翌年2月28日、サイト選定委員会が台東・達仁、澎湖・望安の2カ所を推薦候補とする。(年鑑2010: 144)

2008.12.3 原子力委員会、第一原発金山使用済み燃料乾式貯蔵施設の建設を許可。(F10-11)

2009.9 望安を低レベル放射性廃棄物処分場推薦候補地とされた澎湖県、サイト候補地を自然保護区

に指定。(年鑑2012: 156)

2010.3.31 第四原発竜門1号機、建設中に中央制御室が大火災。(市民年鑑2011-12: 280)

2011.3.11 東日本大震災・福島第一原発事故発生。(朝日: 110312)

2011.4.30 福島事故を受け、台北、高雄など4都市で数万人の反原発デモ。建設中の第四原発竜門の建設中止、第一〜三原発の総点検・運転期間延長禁止を訴える。(F10-24: 16; 年鑑2013: 168)

2011.6.26 民進党主席の蔡英文、民間フォーラムに参加、2025年の非核化をめざすと発言。「第四原発は運転しない、第一〜三原発は延長稼働しない」と宣言。(F10-16)

2011.10.20 海峡交流基金会、中国の海峡両岸関係協会と「海峡両岸原子力発電安全協力協定」締結。原発事故時の通報システムや安全面での協力と交流を取決め。(読売: 111021)

2011.11.3 馬英九総統、新エネルギー政策を発表。原子力への依存を低減させていく基本方針を示し、①既存の6基に40年の運転期間を設定し、段階的に閉鎖、②建設中の第四原子力発電所2基を2016年までに完成させる。(F10-24: 16)

2012.3.11 福島原発事故から1年、台北市で5000人が脱原発のデモ。台中、高雄と3市で100余の団体、約1万人が反原発デモ。(東京: 120312)

2012.11.3 政府、原発の免許有効期間40年を延長しない方針を定めたエネルギー政策発表。(反417: 2)

2013.3.9 福島事故から2年、台北、高雄など4都市で脱原発のデモ、20万人以上（主催者発表）が参加。放射性廃棄物貯蔵施設がある蘭嶼島の少数民族も参加。(東京: 130310)

2013.4.26 立法院（国会）、第四原発建設停止をめぐる住民投票案（与党国民党が提案）について審議入り。野党は即時停止を求めて住

民投票に反対。(朝日: 130428)

2013.8.9 1970年代に運転開始の第一原発1号機と2号機の使用済み核燃料プール周辺から、セシウムなどの放射性物質を含む水が2009年から外部に漏えいしていたことが判明。(東京: 130809)

2014.3.8 台北、高雄、台中、台東市などで、稼働中の3カ所の原発の即時廃炉や第四原発建設中止を求めて1万人がデモ。(東京: 140309)

2014.4.27 馬総統、第四原発1号機は密閉管理状態に、2号機は建設作業凍結と発表。26日から市民団体などが台北市内で反原発のデモ、約5万人（主催者発表）が台北駅前の道路で座り込みを続けていた。(F10-25: 434; 東京: 140428)

2015.4.16 行政院（内閣）、放射性廃棄物管理機関の創設法案承認。台湾電力から放射性廃棄物の管理監督責任を引き継ぐ行政法人。(JAIF)

2015.7.1 台湾電力、新北市に建設中の第四原発を封印。安全性への疑問から建設中止の声が高く、馬英九政権が計画を凍結していた。(朝日: 150702)

2016.3.12 台北市など4都市で反原発集会。台北では次期総統の蔡英文主席が率いる民進党など約7000人が参加。(東京: 160313)

2017.1.11 立法院で、2025年までの脱原発を定めた「電気事業法改正案」が可決・成立。(朝日: 170112)

第Ⅱ部　日本と世界の原子力発電　第6章　世界の原子力発電所

■ 韓国 ■

稼　働　中　の　原　発　数	25 基
建 設 中 ／ 計 画 中 の 原 発 数	3 基／6 基
廃　炉　に　し　た　原　発　数	
高　速　増　殖　炉	
総　出　力　（　運　転　中　）	2307.7 万 kW
全 電 力 に 原 子 力 が 占 め る 割 合	30.3%
ウ　ラ　ン　濃　縮	
使 用 済 み 燃 料 再 処 理 施 設	
Ｍ　Ｏ　Ｘ　利　用　状　況	
高レベル放射性廃棄物処分方針	使用済み燃料の地層処分
高レベル放射性廃棄物最終処分場	未定

2016 年 12 月 31 日現在
参考資料：IAEA, 2017, *Nuclear Power Reactors in the World (2017 Edition)*.
　　　　　日本原子力産業協会，2017，『世界の原子力発電開発の動向 2017』．
　　　　　ポケットブック 2015.

1956.2.3　韓米原子力協定（「原子力の非軍事的利用に関する韓米双務協定」）に署名、発効。(F11-1; F11-3)

1957.8　韓国、IAEA に正式に加入。(F11-1; F11-3)

1958.1.29　駐韓米軍に核兵器配置。朝鮮半島に初の核兵器配置。57 年 6 月に駐韓米軍司令官が停戦協定 13 条 D 項（朝鮮半島外部からの武器搬入を禁ずる）無効を宣言していた。(F11-35: 570622, 580130; F11-21: 28-31)

1958.3.11　原子力の開発、利用および安全規制の根拠などを定めた原子力法（法律第 483 号）公布。(F11-3; F11-11: 105)

1958.12.3　米の GA(General Atomic) 社と、TRIGA Mark-II (0.1 万 kW) の購買契約成立。(F11-3)

1959.3.1　韓国原子力研究所を開所。研究開発のための原子力事業本部と放射性廃棄物管理センターを置く。(F11-3; ATOMICA)

1961.7.1　電力会社を統廃合し韓国電力を発足（初代社長は朴英俊）。(F11-3)

1962.11　原子力院に原子力発電対策委員会設置。「原子力発電推進計画案」を立案する。71 年頃から施設容量 150 万 kW 級の原発建設を構想。(F11-1)

1967.12　原子力発電調査委員会で、最初の原発建設予定地に慶尚南道東萊郡（のち梁山郡）長安面古里を選定。(F11-1)

1967　第 2 次電源開発 5 カ年計画を上方修正、1974 年に 50 万 kW 級 1 基、1976 年にも同レベル 1 基の原発を完成させる計画。(F11-1)

1968.7.1　韓国、核拡散防止条約（NPT）に署名。(F11-3)

1969.1.14　原子力損害賠償法公布。(F11-3)

1971.3　古里原発 1 号機（WH 社製加圧水型軽水炉 PWR、58.7 万 kW）着工。ターンキー方式。(F11-3; 年鑑1985: 284)

1975.6.12　朴正煕大統領、『ワシントン・ポスト』紙とのインタビューで韓国が核兵器を持つ意思を表明。(F11-33: 980927; F11-23)

1975.7.22　「長期電源開発計画」発表。2000 年までに 25 基、2 億 5000 万 kW（総発電設備の 52%）の原発建設を計画。(年鑑1976: 376)

1977.3.1　古里 2 号機（WH 社製 PWR、65 万 kW）着工。ターンキー方式。(F11-3; 年鑑1985: 284)

1977.5.3　月城 1 号機（カナダ原子力公社製加圧型重水炉 CANDU、67.8 万 kW）着工。ターンキー方式。(F11-3; 年鑑1985: 284)

1978.4.29　古里 1 号機（PWR、58.7 万 kW）営業運転開始。古里 1 号機と月城 1 号機は、運転開始後の数年間、初期トラブルに見舞われ設備利用率は低水準。(F11-2: 503; ATOMICA)

1979.4.9　古里 3、4 号機（WH 社製 PWR、95 万 kW）着工。国産化率 29.2%。(F11-3; ATOMICA)

1980.9　韓国電力の 100% 子会社として韓国重工業設立。原子炉および周辺機器を独占的に製造。(年鑑1985: 283)

1982.1.1　韓国電力株式会社が国有化され、韓国電力公社 KEPCO 発足。長期的な電源開発や原子力発電促進などを一元的に行う。(F11-3)

1982.3.5　蔚珍 1、2 号機（FRAMATOME 製 PWR、95 万 kW）着工。(F11-3; ATOMICA)

1982.11.11　韓国核燃料株式会社設立。(F11-3)

1983.4.22　月城 1 号機（CANDU、67.9 万 kW）、営業運転開始。(F11-12: 503)

1983.7.25　古里 2 号機（PWR、65

万kW）、営業運転開始。(F11-1; F11-2: 503)

1984.5 「ベクテルスキャンダル」発覚。古里3、4号機、霊光1、2号機発注獲得の過程で米軍事多国籍企業ベクテル社と韓国高官間で贈収賄。『マルチナショナル・モニター』誌が掲載。(F11-6: 77; F11-7: 106; F11-8)

1984.5 公害問題研究所（1983年設立）、声明書「原子力発電所建設を中断せよ」を発表。(F11-4: 54)

1984.10.22 韓国環境庁、古里原発近くの海水が放射能で汚染されているとの資料を国会に提出。(反80: 2)

1984.12.29 月城1号機で11月25日、24tの重水流出事故があったことが判明。(反82: 2)

1985.9.30 古里3号機（PWR、95万kW）、営業運転開始。(F11-2: 503)

1986.4.29 古里4号機（PWR、95万kW）、営業運転開始。(F11-2: 503)

1986.5 「原子力法」改正により、原子力委員会を強化し国務総理の直属機関に。(年鑑1990: 294)

1986.8.25 霊光1号機（PWR、95万kW）、営業運転開始。(F11-2: 503)

1987.6.10 霊光2号機（PWR、95万kW）、営業運転開始。(F11-2: 503)

1988.10.10 蔚珍1号機（PWR、95万kW）、営業運転開始。(F11-2: 503)

8月に月城1号機で2tの1次系重水漏れ、と判明。(反128: 2)

1988.12.5 霊光住民、月城・古里住民らと霊光3、4号機建設反対のデモと座り込み。韓国で最初の実践的な反原発運動。(F11-10: 168)

1988 韓国初の反核団体、平和研究所設立。「反戦」「反核」「軍縮」を運動目標とする。(F11-4: 52)

1989.4.8 古里原発近くで放射性廃棄物の不法埋設再発見。12日、周辺住民がソウルの韓国電力本社で抗議、28人が逮捕される。(反134: 2)

1989.4.15 全国核発電所追放運動本部（全核追本）結成。原発11、12号機（霊光3、4号機）の建設

阻止、放射性廃棄物処分場建設反対を掲げ始動。(F11-4: 56)

1989.7.29 霊光原発の補修作業員の妻が2回にわたり無脳児を死産・流産、と『全南毎日新聞』が報道。(反137: 2; F11-4: 340)

1989.8.2〜4 科学技術処、無脳児事件について現地調査を実施。(F11-4: 340)

1989.9.29 全核追本、「原子力発電所11、12号機（霊光3、4号機）建設反対100万人署名運動本部」設置。12月13日までに15万人の署名を集め、ソウルYMCA大講堂で国民大会開催。(F11-4: 57, 340)

1989.9.30 蔚珍2号機（PWR、95万kW）、営業運転開始。(F11-2: 503)

1989.12.10 「原子力安全の日」制定。(F11-3)

1989.12.22 蔚珍3、4号機（PWR、100万kW）に建設許可。韓国重工業が初めて共同設計に加わる。国産化率79%。(反142: 2; ATOMICA)

1990.6.20 蔚珍生存権委、韓国電力に「原発周辺畜産農家奇形畜牛発生についての疫学的調査依頼」と題した陳情書を提出。(F11-4: 347)

1990.6.21〜22 韓国原子力安全技術院、奇形の仔牛が発生した蔚珍付近関連地域を調査。(F11-4: 346)

1990.11.2 韓国科学技術処、放射性廃棄物処分場を含む原子力関係の2つの研究所を安眠島に設置すると発表。(F11-4: 306)

1990.11.5 安眠島核廃棄場設置反対闘争委員会（安眠島反闘委）結成。6日、核廃棄場建設反対決死隊大会を開催。1000人を超す住民と共にデモ行進。地域の里長14人が辞表提出、地域全体の45%（1500人）にあたる小中高生が登校を拒否。(F11-4: 307)

1990.11.8 安眠島住民等約1万5000人による放射性廃棄物処分場反対大規模デモ、反闘委幹部8人が警察に連行される。公報処長官、「安全性に問題はない」とし、住民を説得したのち推進することを発表。(F11-4: 308-309)

1991.6.22 ソウル大学医大教授などで構成された疫学調査チーム、原発近隣住民の放射能被害は原発との関連性なしと発表。(F11-4: 342)

「緑色ドンアリ（サークルの意）」準備委員会、ソウル大疫学調査チームの調査結果に対し、反ばくする声明を発表。奇形児出生の分布図を提示。(F11-4: 343)

1991.7.23 蔚珍郡臨時議会、議員十余人全員一致で原発建設反対を決議。(F11-4: 348)

1991.8.17 蔚珍闘争委、北部（蔚珍）と南部（厚浦）に分かれて集会およびデモ開催。8000人が参加、すべての国道を占拠。30人が連行される。(F11-4: 348)

1991.11.5 全国核廃棄場および核発電所建設反対対策委員会、ソウルの香隣教会で結成大会開催。公害追放運動連合（公追連）など23団体が参加。(F11-4: 316)

1991.11.8 盧泰愚大統領、「朝鮮半島の非核化と平和構築のための宣言」発表。再処理、濃縮施設の保有を放棄。92年1月21日、北朝鮮と韓国、「朝鮮半島の非核化に関する共同宣言」に正式調印。(F11-3)

1991.12.27 原子力研究所が放射性廃棄物処分場建設候補地6カ所を発表。各地で処分場計画に激しい抗議、大規模な越年集会、デモ開催。(反166: 2)

1991.12〜1992.1 蔚珍住民、放射性廃棄物処分場敷地選定に抗議する大規模なデモを連日展開。参加者は数百人から1000人に及び、逮捕者が続出。(F11-4: 350)

1992.1.7 科学技術処長官、「住民の合意なく放射性廃棄物処分場建設は敢行しない」こと、安眠島には入らないことを記者会見で発表。(F11-4: 319)

1992.4.26 全国核廃棄場および核発電所建設反対対策委員会、チェルノブイリ事故発生6周年を迎え声明発表。2030年までの原発50基追加建設計画の白紙化を要求。

1992.6.26 原子力委員会、原子力研究開発中長期計画を確定。2010年を目途に高速増殖炉実証炉の建設を目指すことに。(F11-3; F11-10: 161)

1993.3.9 科学技術処長官、安眠島を含む地域について「住民の絶対多数が賛成しない限り放射性廃棄物処分場候補地に選定しない」と記者会見で発表。(F11-4: 328)

1993.10.16 社会運動協議会、霊光3、4号機の即時撤去、5、6号機の建設計画撤回、原発被害の即時補償などを要求する声明書発表。原子力発電所郡対策協議会も牛市で郡民決議大会開催、街頭デモ。(F11-4: 344)

1993.12.16 「放射性廃棄物管理事業促進および施設周辺地域支援に関する法律案」が国会通過。(F11-3)

1993 ソウル公追連ほか8地域の団体が連合し、環境運動連合を結成。反原発運動を含め、国内の環境問題を総体的に扱う。(F11-5: 163)

1994.2 科学技術処、放射性廃棄物処分場誘致地域に対して500億ウォンの地域発展基金を出す旨の広告を新聞に掲載(同年4月にも同様の広告を掲載)。(F11-4: 355)

1994.4.17 蔚珍郡議会、3万人を目標とした放射性廃棄物処分場設置反対署名運動開始(同年5月末までに約1万5000人が署名)。(F11-4: 355)

1994.5.16 蔚珍箕城面の放射性廃棄物処分場誘致準備委員会、科学技術処に誘致申請書を提出。(F11-4: 356)

1994.5.30 蔚珍郡議会、蔚珍原発建設および核廃棄場設置反対闘争委員会、箕城面核廃棄場反対闘争委員会が連合し、蔚珍郡民総決起大会を開催、8000人余が参加。デモ行動は31日まで続く。(F11-4: 356)

1994.6.1 科学技術処長官、慶尚北道知事に「この地域に放射性廃棄物管理施設は設置しない」と通知。(F11-4: 357)

1994.8.4 韓国商工部長官および韓国電力社長を歴任した安秉華、原発建設工事受注をめぐり総額12億ウォンの収賄容疑で逮捕される。(F11-12: 30)

1994.10.20 定格運転中の月城1号機、弁作動機構の故障により加圧器水位が低下、原子炉停止。約6.6tの重水が重水回収系に流入。INESレベル2。(JNES)

1994.12.21 政府、仁川市にある住民10人の堀業島に低レベル廃棄物処分施設を建設すると決定。22日、公告。(F11-10: 174; F11-3)

1995.3.9 「朝鮮半島エネルギー開発機構(KEDO)」設立。北朝鮮への軽水炉建設に協力。(年鑑1995: 285)

1995.3.31 霊光3号機(PWR、100万kW)、営業運転開始。(F11-2: 503)

1995.11.30 政府、堀業島の放射性廃棄物処分場計画撤回を発表。韓国科技処が活断層の可能性を指摘していたもの。(F11-3; 反212: 2)

1996.1.1 霊光4号機(PWR、100万kW)、営業運転開始。(F11-2: 503)

1996.1.31 霊光郡、霊光5、6号機の建設許可を取消し。21日に許可を出すも住民の反対(庁舎内座り込み)で行政がまひ状態になったため。(反216: 4)

1996.9.17 霊光郡、霊光5、6号機の建設許可取消し(1月31日発表)を撤回。(反223: 2)

1997.2.18 通商部、原発周辺地域に対する支援金を、既存・新規の原発敷地と同水準に増額。(F11-3)

1997.7.1 月城2号機(CANDU、70万kW)、営業運転開始。(F11-2: 503)

1998.7.1 月城3号機(CANDU、70万kW)、営業運転開始。(F11-2: 503)

1998.7 政府、国営企業11社の民営化計画発表。韓国重工業は即時民営化、韓国電力は2002年までに段階的に民営化。(年鑑1999: 283)

1998.8.11 蔚珍3号機(PWR、100万kW)、営業運転開始。(F11-2: 503)

1998.8.25 産業資源部、第4次長期電力需給計画発表。2015年までに総設備容量を8083万kWに拡充予定。(F11-3)

1999.10.1 月城4号機(CANDU、70万kW)、営業運転開始。(F11-2: 503)

1999.10.4 月城3号機で、冷却用ポンプの整備中に部品が破損。重水45Lが漏れて22人被ばく。(反260: 2; F11-3)

1999.12.31 蔚珍4号機(PWR、100万kW)、営業運転開始。(F11-2: 503)

2001.4.4 韓国電力公社の分割民営化。発電部門は火力5社(順次民営化)と国有の水力原子力発電会社に、送電・配電部門は韓国電力公社に。(反278: 2; F11-3)

2001.7.1 放射性廃棄物管理施設の敷地誘致手順、「公募方式」から「事業者主導方式」に転換。(F11-3)

2002.2.4 産業資源部と韓国水力原子力、放射性廃棄物処理場の候補地に全羅北道の高敞と、慶尚北道の蔚珍と盈徳の4カ所を選定。(F11-31: 020205)

2002.2.6 民主労総など41団体が合同し、核廃棄場白紙化原発追放反核国民行動が発足。発足式と廃棄物処理場候補地決定糾弾集会がソウル市の大学路で開催される。(F11-32: 020206)

2002.4.5 蔚珍4号機、蒸気発生器細管ギロチン破断事故発生。(市民年鑑2011-12: 280)

2002.5.21 霊光5号機(PWR、100万kW)、営業運転開始。(F11-2: 503)

2002.12.24 霊光6号機(PWR、100万kW)、営業運転開始。(F11-2: 503)

2002.12.26 韓国水力原子力、中低レベル放射性廃棄物のガラス固化技術開発を完成、商業化に着手。(F11-3)

2003.2.4 産業資源部と韓国水力原子力、低レベル廃棄物処分・使

用済み燃料貯蔵の候補地4カ所（南亭面、近南面、弘農邑、海里面）を選定、発表。(反300: 2; F11-3)

2003.12.10 産業資源部、全羅北道扶安郡蝟島の原発廃棄物管理施設建設を再検討すると発表。地元住民による自主投票で反対が多数を占めたもの。(F11-3; F11-19: 25)

2004.2.4 産業資源部、原発廃棄物管理施設建設敷地について新規誘致公募を公告。(F11-3)

2004.2.14 扶安で放射性廃棄物処分場をめぐる自主住民投票実施。反対が92%弱。16日、政府は法的効力なしと確認。(反312: 2; F11-3)

2004.5.31 原発廃棄物管理施設建設敷地誘致請願締切り。計7市1郡10地域から申請。(F11-3)

2004.7.29 蔚珍5号機（PWR、100万kW）、営業運転開始。(F11-2: 503)

2004.8 韓国政府、82年度のプルトニウム抽出と00年度のウラン濃縮実験の疑惑に関する報告書をIAEAに提出。(F11-31: 040919; F11-34: 040920)

2004.8.29～9.5 韓国の核疑惑に関する第1次IAEA視察団、現地調査。9月4日に韓国原子力研究所所長、00年度に3回ウラン濃縮実験実施と証言。(F11-35: 040904; F11-31: 040919)

2004.9.13 IAEA事務総長、韓国のウラン濃縮およびプルトニウム抽出実験に対して憂慮を表明。(F11-25)

2005.3.31 中低レベル放射性廃棄物処分施設の誘致地域支援に関する特別法（法律第9885号）制定。住民投票法と合わせ、誘致を円滑に進めるための法整備。(F11-11: 112)

2005.4.22 蔚珍6号機（PWR、100万kW）、営業運転開始。(F11-2: 503)

2005.5.12 韓国原子力研究所、高レベル放射性廃棄物地下処分研究施設着工。(F11-3)

2005.9.15 放射性廃棄物立地選定委員会の調査の結果、群山市、浦項市、慶州市、盈徳郡が誘致候補地として選定される。(F11-15)

2005.11.2 産業資源部長官の要求に基づき、放射性廃棄物処分場候補地の4地方自治体で誘致賛否を問う住民投票実施。賛成率が89.5%を占めた慶州市を処分場誘致地として決定。(F11-15)

2005.12.29 電源開発事業推進委員会、慶尚北道慶州市陽北面奉吉里一帯の敷地を中低レベル放射性廃棄物処分施設建設予定敷地に選定。3000億ウォンの支援と韓水原（韓国水力原子力）の本社移転などの恩恵。(F11-3)

2006.5.9 慶尚北道慶州市に放射性廃棄物処分場特別支援金3000億ウォンが支給される。(F11-3)

2007.6.9 古里1号機、30年の設計寿命期間満了による稼働停止。(F11-3)

2007.12.7 第35次原子力安全委員会、設計寿命（30年）を満了した古里原発1号機に10年間継続運転許可。(F11-3)

2008.1.17 古里原発1号機、出力100%到達。30年の設計寿命期間（30年）満了後、国内で最初の再稼働。(F11-3)

2008.3.28 放射性廃棄物管理法（法律第9884号）制定。放射性廃棄物の管理に関する事項を総合的に規定。(F11-3; F11-11: 112)

2008.4.15 国内最初の140万kW級新型原発・新古里原発3、4号機、建設許可取得。(F11-3)

2009.1.2 韓国放射性廃棄物管理公団設立。高レベル廃棄物の処理責任を負う。(F11-3)

2009.12.28 教育科学技術部、慶州の中低レベル放射性廃棄物処分施設に対して建設・運営を許可。(F11-3)

2010.1.13 李明博大統領、非常経済対策会議で「原子力輸出産業化戦略」を発表。2030年までに総80基の原発輸出を目標とする。(F11-13)

2010.8.5 知識経済部と慶州市、放射性廃棄物処分場建設・運営および誘致地域支援に関する相互協力了解覚書を締結。(F11-3)

2010.9.17 試運転中の新古里1号機、高温停止状態で原子炉冷却系弁開放。約423tのホウ酸水を格納容器内に噴射。INESレベル2。(JNES)

2011.2.28 新古里1号機（PWR、100万kW）、営業運転開始。(F11-2: 503)

2011.3.11 東日本大震災、福島第一原発事故発生。(朝日: 110311)

2011.4 ソウル大学医学研究院原子力影響・疫学研究室、「原発従事者および周辺地域住民の疫学調査研究」をまとめる。原発から5km以内女性住民の甲状腺がん発生率は30km以遠の2.5倍と判明。(F11-26: 12)

2011.5.6 国内21基の原発の安全対策を発表。政府は5年間で計1兆ウォン（約740億円）投じる。(F11-20)

2011.9.19 釜山地裁、古里1号機の運転差止め申請について、「具体的な危険性が認められない」として棄却。(F11-20)

2011.12.2 原子力安全委員会、新蔚珍原発1、2号機（140万kW、欧州加圧水型原子炉APR1400）の建設許可。(F11-20)
12年5月4日、起工式。福島原発事故後の原発の建設は初めて。(朝日: 120505)

2012.3.4 「脱原発」を掲げる「緑の党」が結党大会、2030年までの「脱原発」を目指すと決定。党員は約6600人。(朝日: 120305)

2012.3.10 福島原発事故から1年、ソウル市庁舎前広場で「脱原発」を訴える集会開催。市民ら5000人以上が参加。(東京: 120311)

2012.3.13 原子力安全委員会、古里原発1号機で2月9日に全交流電源が12分間喪失する事故があったと発表。前所長の指示による組織ぐるみの隠蔽。(朝日: 120314, 120316)

2012.7.20 韓国で22基目となる新古里2号機（PWR、100万kW）

が商業運転開始。福島原発事故後の運転開始は初めて。(朝日: 120721)

2012.7.27 全電源喪失の事故隠しが問題になった古里1号機の隣接集落住民約400人、集団移転の実現を求めて原発前で集会。(朝日: 120728)

2012.11.5 政府、霊光原発5、6号機の稼働を部品交換のため緊急に停止と発表。5000個を超す部品の品質検証の書類が偽造と判明したもの。(朝日: 121106)

2013.5.28 原子力安全委員会、新古里原発1、2号機と新月城原発1、2号機に安全性評価結果の偽造された制御ケーブル設置と発表。両原発の運転停止。(F11-27: 433; 反423: 2)

2013.12.10 政府、エネルギー源に占める原子力発電の割合を2035年に29%とする第2次エネルギー基本計画案を国会上程。目標達成には原発を23基から約40基まで増やすことになる。(朝日: 131211)

2014.1.29 産業通商資源部、新古里原発5、6号機建設を承認。(ポケットブック2015: 769)

2014.10.- 釜山地裁、古里原発から7.7kmに約20年暮らした女性の甲状腺がんに原発との因果関係を認め、韓国水力原子力に1500万ウォン(約168万円)の賠償を命じる。4原発周辺の甲状腺がん住民545人が2013年12月〜14年4月に訴訟を起こす。(朝日: 150606; F11-26: 12)

2014.11.20 古里・新古里原発で事故を想定した防災訓練。日本と中国の連絡官が初参加。(反441: 2)

2015.2.27 原子力安全委員会、2012年に30年の設計寿命を終えて停止した月城原発1号機の再稼働を認めると決定。(東京: 150227)

2015.4.22 外務省、米韓原子力協力協定に合意と発表。韓国が望む使用済み核燃料の再処理やウラン濃縮は持ち越し。6月15日に正式調印。(F11-28: 446; F11-29: 574)

2015.6.16 韓国水力原子力、1978年運転開始の古里原発1号機

(PWR、58万7000kW)を認可期限の2017年6月で廃炉と決定。韓国で原発の廃炉決定は初。(東京: 150617)

2015.7.24 新月城原子力発電所2号機(PWR、100万kW)、営業運転開始。韓国で24基目、原発設備は2171.6万kW、総発電設備の22.5%に。(F11-30: 632)

2016.9.13 韓国水力原子力、12日に慶州北道で発生した地震(M5.1、M5.8)で月城原発1〜4号機(CANDU、約70万kW、4基)を手動停止と発表。12月6日、原子力安全委員会の承認を受け、順次運転再開と発表。(JAIF)

2016.12.20 韓国水力原子力、世界で初の「APR1400」設計採用炉として新古里原発3号機(PWR、140万kW)が営業運転開始と発表。稼働中原発は25基、約2310万kW、総発電設備に占める割合は約22.1%。(JAIF)

2017.2.7 ソウル行政裁判所、月城1号機の運転延長無効化を求めた住民訴訟で、原告の主張を認め延長取り消しの判決。(東京: 170208)

2017.6.19 文在寅大統領、新規原発の建設白紙化や設計寿命を超えた運転の禁止など、脱原発を推進すると宣言。(朝日: 170620)

2017.6.27 政府、新古里原発5、6号機の建設中断を発表。既に28.8%が完成しており、中立的な委員会で世論調査を踏まえて最終決定する。(朝日: 170629)

2017.10.20 有識者会議、新古里原発5、6号機の建設再開を提案する勧告書をまとめる。「討論型世論調査」で建設再開意見が中止を上回ったため(59.5%)。22日、文在寅大統領が再開を発表。脱原発政策の継続も強調。(東京: 171020, 171024)

2017.12.7 東芝の海外原発事業からの撤退を受け、韓国電力と韓国産業通商資源省が東芝子会社「ニュージェネレーション」の株式購入優先交渉権獲得と発表。(東京: 170207)

II-6-3 世界の廃炉一覧

国	施設名	炉型	出力（万kW）（グロス）	運転開始年	運転停止年	停止理由	廃炉状況
アメリカ	GE バレシトス	BWR（沸騰水型原子炉）	2.4	1957	1963	使命終了	安全貯蔵中
	ハラム	SGR（ナトリウム黒鉛炉）	8.4	1963	1964	使命終了	永久埋設中
	ピクァ	OMR（有機物減速型炉）	1.2	1963	1966	使命終了	永久埋設中
	キャロライナ CVTR	CANDU（カナダ型重水炉）	1.9	1963	1967	使命終了	解体完了、サイト解放（2009）
	パスファインダー	BWR（沸騰水型原子炉）	6.3	1966	1967	使命終了	解体完了、サイト解放（2007）
	エルクリバー	BWR（沸騰水型原子炉）	2.4	1964	1968	経済性	解体完了、サイト解放（1974）
	ボーナス	BWR（沸騰水型原子炉）	1.8	1965	1968	使命終了	永久埋設中
	エンリコ・フェルミ 1	FBR（高速増殖炉）	6.5	1966	1972	使命終了	安全貯蔵中
	インディアンポイント 1	PWR（加圧水型原子炉）	27.7	1962	1974	経済性	安全貯蔵中
	ピーチボトム 1	HTGR（高温ガス冷却炉）	4.2	1967	1974	経済性	安全貯蔵中
	ハンボルトベイ	BWR（沸騰水型原子炉）	6.5	1963	1976	経済性	解体中
	ドレスデン 1	BWR（沸騰水型原子炉）	20.7	1960	1978	経済性	安全貯蔵中
	スリーマイルアイランド 1	PWR（加圧水型原子炉）	95.9	1978	1979	事故	安全貯蔵中
	シッピングポート	PWR（加圧水型原子炉）	6.8	1958	1982	使命終了	解体完了、サイト解放（1989）
	ラクロス	BWR（沸騰水型原子炉）	5.5	1969	1987	経済性	解体中
	ランチョセコ 1	PWR（加圧水型原子炉）	91.7	1975	1989	経済性	解体完了、サイト解放（2009）
	フォートセントブレイン	HTGR（高温ガス冷却炉）	34.2	1979	1989	経済性	解体完了、サイト解放（1997）
	ショアハム	BWR（沸騰水型原子炉）	84.9	1986	1989	政策	解体完了、サイト解放（1995）
	ヤンキーロー	PWR（加圧水型原子炉）	18.0	1961	1991	経済性	解体完了、サイト解放（2007）
	サンオノフレ 1	PWR（加圧水型原子炉）	45.6	1968	1992	経済性	解体完了
	トロージャン	PWR（加圧水型原子炉）	115.5	1976	1992	経済性	解体完了、サイト解放（2005）
	ハダムネック	PWR（加圧水型原子炉）	60.3	1968	1996	経済性	解体中
	ビッグロックポイント	BWR（沸騰水型原子炉）	7.1	1963	1997	経済性	解体完了、サイト解放（2007）
	メインヤンキー	PWR（加圧水型原子炉）	90.0	1972	1997	経済性	解体完了、サイト解放（2005）
	ミルストン 1	BWR（沸騰水型原子炉）	68.4	1971	1998	経済性	安全貯蔵中
	ザイオン 1	PWR（加圧水型原子炉）	108.5	1973	1998	経済性	解体中
	ザイオン 2	PWR（加圧水型原子炉）	108.5	1974	1998	経済性	解体中
	キウォーニー	PWR（加圧水型原子炉）	59.5	1974	2013	経済性	安全貯蔵準備中
	クリスタルリバー 3	PWR（加圧水型原子炉）	89.0	1977	2013	経済性	安全貯蔵準備中
	サンオノフレ 2	PWR（加圧水型原子炉）	112.7	1983	2013	経済性	解体中
	サンオノフレ 3	PWR（加圧水型原子炉）	112.7	1984	2013	経済性	解体中

367

第Ⅱ部　日本と世界の原子力発電　第6章　世界の原子力発電所

国	施設名	炉型	出力（グロス）（万kW）	運転開始年	運転停止年	停止理由	廃炉状況
アメリカ	バーモントヤンキー	BWR（沸騰水型原子炉）	63.5	1972	2014	経済性	安全貯蔵中
	フォートカルホーン 1	PWR（加圧水型原子炉）	51.2	1973	2016	経済性	準備中
アルメニア	アルメニア 1	VVER（ロシア型加圧水炉）	40.8	1977	1989	政策	休止状態
イギリス	ドーンレイ DFR	FBR（高速増殖炉）	1.5	1962	1977	使命終了	解体中
	ウィンズケール	AGR（改良型ガス冷却炉）	3.6	1963	1981	使命終了	解体完了
	バークレー 2	GCR（黒鉛減速ガス冷却炉）	16.6	1962	1988	経済性	安全貯蔵準備中
	バークレー 1	GCR（黒鉛減速ガス冷却炉）	16.6	1962	1989	経済性	安全貯蔵準備中
	ハンターストン A-2	GCR（黒鉛減速ガス冷却炉）	17.3	1964	1989	経済性	安全貯蔵準備中
	ハンターストン A-1	GCR（黒鉛減速ガス冷却炉）	17.3	1964	1990	経済性	安全貯蔵準備中
	ウィンフリス	SGHWR（蒸気発生重水炉）	10.0	1968	1990	使命終了	安全貯蔵中
	トロースフィニッド 1	GCR（黒鉛減速ガス冷却炉）	23.5	1965	1991	経済性	安全貯蔵準備中
	トロースフィニッド 2	GCR（黒鉛減速ガス冷却炉）	23.5	1965	1991	経済性	安全貯蔵準備中
	ドーンレイ PFR	FBR（高速増殖炉）	25.0	1976	1994	使命終了	解体中
	ヒンクレーポイント A-1	GCR（黒鉛減速ガス冷却炉）	26.7	1965	2000	経済性	安全貯蔵準備中
	ヒンクレーポイント A-2	GCR（黒鉛減速ガス冷却炉）	26.7	1965	2000	経済性	安全貯蔵準備中
	ブラッドウェル 1	GCR（黒鉛減速ガス冷却炉）	14.6	1962	2002	経済性	安全貯蔵準備中
	ブラッドウェル 2	GCR（黒鉛減速ガス冷却炉）	14.6	1962	2002	経済性	安全貯蔵準備中
	コールダーホール 1	GCR（黒鉛減速ガス冷却炉）	6.0	1956	2003	経済性	安全貯蔵準備中
	コールダーホール 2	GCR（黒鉛減速ガス冷却炉）	6.0	1957	2003	経済性	安全貯蔵準備中
	コールダーホール 3	GCR（黒鉛減速ガス冷却炉）	6.0	1958	2003	経済性	安全貯蔵準備中
	コールダーホール 4	GCR（黒鉛減速ガス冷却炉）	6.0	1959	2003	経済性	安全貯蔵準備中
	チャペルクロス 1	GCR（黒鉛減速ガス冷却炉）	6.0	1959	2004	経済性	安全貯蔵準備中
	チャペルクロス 2	GCR（黒鉛減速ガス冷却炉）	6.0	1959	2004	経済性	安全貯蔵準備中
	チャペルクロス 3	GCR（黒鉛減速ガス冷却炉）	6.0	1959	2004	経済性	安全貯蔵準備中
	チャペルクロス 4	GCR（黒鉛減速ガス冷却炉）	6.0	1960	2004	経済性	安全貯蔵準備中
	ダンジネス A-1	GCR（黒鉛減速ガス冷却炉）	23.0	1965	2006	経済性	安全貯蔵準備中
	ダンジネス A-2	GCR（黒鉛減速ガス冷却炉）	23.0	1965	2006	経済性	安全貯蔵準備中
	サイズウェル A-1	GCR（黒鉛減速ガス冷却炉）	24.5	1966	2006	経済性	安全貯蔵準備中
	サイズウェル A-2	GCR（黒鉛減速ガス冷却炉）	24.5	1966	2006	経済性	安全貯蔵準備中
	オールドベリー A-2	GCR（黒鉛減速ガス冷却炉）	23.0	1968	2011	経済性	燃料取出完了
	オールドベリー A-1	GCR（黒鉛減速ガス冷却炉）	23.0	1967	2012	経済性	燃料取出完了
	ウィルファ A-2	GCR（黒鉛減速ガス冷却炉）	54.0	1972	2012	経済性	燃料取出中
	ウィルファ A-1	GCR（黒鉛減速ガス冷却炉）	53.0	1971	2015	経済性	燃料取出中
イタリア	ガリリアーノ	BWR（沸騰水型原子炉）	16.0	1964	1982	経済性	解体中
	ラティーナ	GCR（黒鉛減速ガス冷却炉）	16.0	1964	1987	政策	解体中
	エンリコ・フェルミ	PWR（加圧水型原子炉）	27.0	1965	1990	政策	解体中
	カオルソ	BWR（沸騰水型原子炉）	88.2	1981	1990	政策	解体中

3　世界の廃炉一覧

国	施設名	炉型	出力（万kW）（グロス）	運転開始年	運転停止年	停止理由	廃炉状況
ウクライナ	チェルノブイリ 4	LWGR（軽水冷却黒鉛減速炉）	100.0	1984	1986	事故	新安全施設閉込中
	チェルノブイリ 2	LWGR（軽水冷却黒鉛減速炉）	100.0	1979	1991	政策	安全貯蔵準備中
	チェルノブイリ 1	LWGR（軽水冷却黒鉛減速炉）	80.0	1978	1996	政策	安全貯蔵準備中
	チェルノブイリ 3	LWGR（軽水冷却黒鉛減速炉）	100.0	1982	2000	政策	安全貯蔵準備中
オランダ	ドデバールト	BWR（沸騰水型原子炉）	6.0	1969	1997	政策	安全貯蔵中
カザフスタン	アクタウ BN-350	FBR（高速増殖炉）	90.0	1973	1999	使命終了	安全貯蔵準備中
カナダ	ジェンティリー 1	HWLWR（重水減速沸騰軽水冷却型原子炉）	26.6	1972	1977	使命終了	安全貯蔵中
	ダグラスポイント	PHWR（加圧水型重水炉）	21.8	1968	1984	使命終了	安全貯蔵中
	ロルフトン NPD	HWLWR（重水減速沸騰軽水冷却型原子炉）	25.0	1962	1987	使命終了	安全貯蔵中
	ピカリング 2	PHWR（加圧水型重水炉）	54.2	1971	2007	経済性	安全貯蔵中
	ピカリング 3	PHWR（加圧水型重水炉）	54.2	1972	2008	経済性	安全貯蔵中
	ジェンティリー 2	PHWR（加圧水型重水炉）	67.5	1983	2012	経済性	安全貯蔵中
韓国	古里 1	PWR（加圧水型原子炉）	60.7	1977	2017	政策	準備中
スイス	ルーセンス	HWGCR（重水減速ガス冷却炉）	0.7	1968	1969	事故	解体完了
スウェーデン	オゲスタ	PHWR（加圧水型重水炉）	1.2	1964	1974	使命終了	安全貯蔵中
	バーセベック 1	BWR（沸騰水型原子炉）	61.5	1975	1999	政策	解体準備中
	バーセベック 2	BWR（沸騰水型原子炉）	61.5	1977	2005	政策	解体準備中
	オスカーシャム 2	BWR（沸騰水型原子炉）	66.1	1975	2016	経済性	準備中
	オスカーシャム 1	BWR（沸騰水型原子炉）	49.2	1972	2017	経済性	準備中
スペイン	バンデリョス 1	GCR（黒鉛減速ガス冷却炉）	50.0	1972	1990	事故	安全貯蔵中
	ホセ・カブレラ 1	PWR（加圧水型原子炉）	15.0	1969	2006	経済性	解体中
	サンタ・マリア・デ・ガローニャ	BWR（沸騰水型原子炉）	46.6	1971	2013	経済性	準備中
スロバキア	ボフニチェ A1	HWGCR（重水減速ガス冷却炉）	14.3	1972	1977	事故	解体中
	ボフニチェ 1	PWR（加圧水型原子炉）	44.0	1980	2006	政策	解体中
	ボフニチェ 2	PWR（加圧水型原子炉）	44.0	1981	2008	政策	解体中
ドイツ	グロスベルツハイム HDR	BWR（沸騰水型原子炉）	2.7	1970	1971	使命終了	解体完了、サイト解放（1998）
	ニーダーアイヒバッハ KKN	HWGCR（重水減速ガス冷却炉）	10.6	1973	1974	使命終了	解体完了、緑地化完了（1995）
	グントレミンゲン A	BWR（沸騰水型原子炉）	25.0	1967	1977	事故	解体完了
	リンゲン	BWR（沸騰水型原子炉）	26.8	1968	1977	経済性	安全貯蔵中

369

第Ⅱ部　日本と世界の原子力発電　第6章　世界の原子力発電所

国	施設名	炉型	出力（万kW）（グロス）	運転開始年	運転停止年	停止理由	廃炉状況
ドイツ	カールスルーエ MZFR	PHWR（加圧水型重水炉）	5.7	1966	1984	使命終了	解体中
	カール VAK	BWR（沸騰水型原子炉）	1.6	1962	1985	使命終了	解体完了、サイト解放（2010）
	ユーリッヒ AVR	HTGR（高温ガス冷却炉）	1.5	1969	1988	使命終了	解体中
	ミュルハイムケールリッヒ	PWR（加圧水型原子炉）	130.2	1987	1988	政策	解体中
	THTR-300	HTGR（高温ガス冷却炉）	30.8	1987	1988	使命終了	安全貯蔵中
	グライフスバルト 5	PWR（加圧水型原子炉）	44.0	1989	1989	事故	解体中
	ラインスベルク	PWR（加圧水型原子炉）	7.0	1966	1990	政策	解体完了
	グライフスバルト 1	PWR（加圧水型原子炉）	44.0	1974	1990	政策	解体完了
	グライフスバルト 2	PWR（加圧水型原子炉）	44.0	1975	1990	政策	解体中
	グライフスバルト 3	PWR（加圧水型原子炉）	44.0	1978	1990	政策	解体中
	グライフスバルト 4	PWR（加圧水型原子炉）	44.0	1979	1990	政策	解体中
	カールスルーエ KNK-II	FBR（高速増殖炉）	2.1	1979	1991	使命終了	解体中
	ビュルガッセン	BWR（沸騰水型原子炉）	67.0	1975	1994	経済性	解体中
	シュターデ	PWR（加圧水型原子炉）	67.2	1972	2003	経済性	解体中
	オプリッヒハイム	PWR（加圧水型原子炉）	35.7	1969	2005	経済性	解体中
	ビブリス A	PWR（加圧水型原子炉）	122.5	1975	2011	政策	認可申請中
	ネッカーベストハイム 1	PWR（加圧水型原子炉）	84.0	1976	2011	政策	認可申請中
	ビブリス B	PWR（加圧水型原子炉）	130.0	1977	2011	政策	認可申請中
	ブルンスビュッテル	BWR（沸騰水型原子炉）	80.6	1977	2011	政策	認可申請中
	イザール 1	BWR（沸騰水型原子炉）	91.2	1979	2011	政策	
	ウンターベーザー	PWR（加圧水型原子炉）	141.0	1979	2011	政策	準備中
	フィリップスブルク 1	BWR（沸騰水型原子炉）	92.6	1980	2011	政策	認可申請中
	クリュンメル	BWR（沸騰水型原子炉）	140.2	1984	2011	政策	認可申請中
	グラーフェンラインフェルト	PWR（加圧水型原子炉）	134.5	1982	2015	政策	認可申請中
日本	動力試験炉 JPDR	BWR（沸騰水型原子炉）	13.0	1965	1976	使命終了	解体完了、サイト解放（1996）
	もんじゅ	FBR（高速増殖炉）	28.0	1995	1995	事故	計画申請中
	東海	GCR（黒鉛減速ガス冷却炉）	16.6	1966	1998	経済性	解体中
	ふげん	ATR（新型転換炉）	16.5	1979	2003	使命終了	解体中
	浜岡 1	BWR（沸騰水型原子炉）	54.0	1976	2009	経済性	解体中
	浜岡 2	PWR（沸騰水型原子炉）	84.0	1978	2009	経済性	解体中
	福島第一 1	BWR（沸騰水型原子炉）	46.0	1971	2011	事故	事故対策中
	福島第一 2	BWR（沸騰水型原子炉）	78.4	1974	2011	事故	事故対策中
	福島第一 3	BWR（沸騰水型原子炉）	78.4	1976	2011	事故	事故対策中
	福島第一 4	BWR（沸騰水型原子炉）	78.4	1978	2011	事故	事故対策中
	福島第一 5	BWR（沸騰水型原子炉）	78.4	1978	2013	政策	研究開発利用予定
	福島第一 6	BWR（沸騰水型原子炉）	110.0	1979	2013	政策	研究開発利用予定
	敦賀 1	BWR（沸騰水型原子炉）	35.7	1970	2015	経済性	準備中
	美浜 1	PWR（加圧水型原子炉）	34.0	1970	2015	経済性	準備中

3 世界の廃炉一覧

国	施設名	炉型	出力（万kW）（グロス）	運転開始年	運転停止年	停止理由	廃炉状況
日本	美浜 2	PWR（加圧水型原子炉）	50.0	1972	2015	経済性	準備中
	島根 1	BWR（沸騰水型原子炉）	46.0	1974	2015	経済性	準備中
	玄海	PWR（加圧水型原子炉）	55.9	1975	2015	経済性	準備中
	伊方 1	PWR（加圧水型原子炉）	56.6	1977	2016	経済性	準備中
	大飯 1	PWR（加圧水型原子炉）	117.5	1979	2017	経済性	
	大飯 2	PWR（加圧水型原子炉）	117.5	1979	2017	経済性	
フランス	シノン A-1	GCR（黒鉛減速ガス冷却炉）	8.0	1964	1973	使命終了	安全貯蔵中
	マルクール G2	GCR（黒鉛減速ガス冷却炉）	43.0	1959	1980	使命終了	安全貯蔵中
	マルクール G3	GCR（黒鉛減速ガス冷却炉）	43.0	1960	1984	使命終了	安全貯蔵中
	シノン A-2	GCR（黒鉛減速ガス冷却炉）	23.0	1965	1985	経済性	安全貯蔵中
	モンダレー EL-4	HWGCR（重水減速ガス冷却炉）	7.5	1968	1985	使命終了	解体中
	シノン A-3	GCR（黒鉛減速ガス冷却炉）	48.0	1966	1990	経済性	解体中
	サン・ローラン A-1	GCR（黒鉛減速ガス冷却炉）	50.0	1969	1990	経済性	解体中
	ショー A	PWR（加圧水型原子炉）	32.0	1967	1991	使命終了	解体中
	サン・ローラン A-2	GCR（黒鉛減速ガス冷却炉）	53.0	1971	1992	経済性	解体中
	ビュジェイ 1	GCR（黒鉛減速ガス冷却炉）	55.5	1972	1994	経済性	解体中
	スーパーフェニックス	FBR（高速増殖炉）	124.2	1986	1998	政策	解体中
	フェニックス	FBR（高速増殖炉）	14.2	1974	2010	経済性	準備中
ブルガリア	コズロドイ 1	VVER（ロシア型加圧水炉）	44.0	1974	2002	政策	解体中
	コズロドイ 2	VVER（ロシア型加圧水炉）	44.0	1975	2002	政策	解体中
	コズロドイ 3	VVER（ロシア型加圧水炉）	44.0	1981	2006	政策	解体中
	コズロドイ 4	VVER（ロシア型加圧水炉）	44.0	1982	2006	政策	解体中
ベルギー	BR-3	PWR（加圧水型原子炉）	1.2	1962	1987	使命終了	解体中
リトアニア	イグナリナ 1	LWGR（軽水冷却黒鉛減速炉）	130.0	1985	2004	政策	解体中
	イグナリナ 2	LWGR（軽水冷却黒鉛減速炉）	130.0	1987	2009	政策	解体中
ロシア	ベロヤルスク 1	LWGR（軽水冷却黒鉛減速炉）	10.8	1964	1983	使命終了	解体中
	ノボボロネジ 1	PWR（加圧水型原子炉）	21.0	1964	1988	使命終了	安全貯蔵中
	ベロヤルスク 2	LWGR（軽水冷却黒鉛減速炉）	16.0	1969	1990	使命終了	解体中
	ノボボロネジ 2	PWR（加圧水型原子炉）	36.5	1970	1990	使命終了	安全貯蔵中
	ノボボロネジ 3	PWR（加圧水型原子炉）	41.7	1972	2016	使命終了	安全貯蔵中

出力 1 万 kW（グロス）以上の発電炉
2017 年 9 月現在
出典：ポケットブック 2015: 284-289.
　　　IAEA, *Nuclear Power Reactors in the World 2017*.
　　　原子力デコミッショニング協会，http://www.decomiken.org/worlddb/index.html（171013 アクセス）.

附録

附録

用語集

放射線に関連する単位

		概要	旧単位系	新単位系	換算式
放射能の量		放射能の強さ＝放射性物質の量	キュリー（Ci）	ベクレル（Bq）	1 Ci = 370 億 Bq
被ばく線量	吸収線量	放射線に照射された物質が吸収するエネルギー量。物質によって吸収量は異なる。	ラド（rad）	グレイ（Gy）	1 rad = 0.01Gy
	線量当量	生物体への放射線照射の影響の度合いを表す量。放射線の種類によって違いがあり、ベータ線で 1 Gy=1Sv、アルファ線では 1Gy=20Sv とされる。中性子線はエネルギーの大きさによって 1Gy=2〜20Sv と幅がある。（線量当量［Sv］= 吸収線量［Gy］× 線質係数）	レム（rem）	シーベルト（Sv）	1 rem = 0.01Sv
照射線量		物質が受ける X 線やガンマ線の量。放射線源の放射能は同じでも距離などによって照射線量は異なってくる	レントゲン（R）	クーロン/kg（C/kg）	1 C/kg = 3,876R

原子炉の型

中性子の減速に通常の水を使う原子炉

BWR	Boiling Water Reactor	沸騰水型軽水炉	
ABWR	Advanced Boiling Water Reactor	改良型沸騰水型軽水炉	
PWR	Pressurized Water Reactor	加圧水型軽水炉	
APWR	Advanced Pressurized Water Reactor	改良型加圧水型軽水炉	
EPR	European Pressurized Reactor	欧州加圧水型炉	
VVER	Voda Voda Energo Reactor	ロシア型加圧水型軽水炉	WWER とも

中性子の減速に重水を使う原子炉

AHWR	Advanced Heavy Water reactor	改良型重水炉	
CANDU	CANada Deuterium Uranium	重水減速重水冷却圧力管型炉	
HWGCR	Heavy Water Gas Cooled Reactor	ガス冷却重水炉	GCHWR(Gas Cooled Heavy Water Reactor) とも

中性子の減速に黒鉛を使う原子炉

GCR	Gas Cooled Reactor	ガス冷却炉	
AGR	Advanced Gas-cooled Reactor	改良型ガス冷却炉	
HTGR	High Temperature Gas-cooled Reactor	高温ガス冷却炉	
RBMK	Reaktor Bolshoy Moshchnosti Kanalnyy	黒鉛減速沸騰軽水圧力管型原子炉	LWGR(Light Water cooled Graphite moderated Reactor, 軽水冷却黒鉛減速炉) とも

| ATR | Advanced Thermal Reactor | 新型転換炉 | |

その他の原子炉

FBR	Fast Breeder Reactor	高速増殖炉	
SMR	Small Modular Reactor	小型モジュール炉	

用語解説

cpm count per minute　毎分当たりのカウント。線量計が1分間に何回放射線をカウントできたかをあらわす単位。

CTBT Comprehensive Nuclear-Test-Ban Treaty　包括的核実験禁止条約。1996年採択も未発効。宇宙空間、大気圏内、水中、地下を含むあらゆる空間における核兵器の実験的爆発および他の核爆発を禁止する条約。

D/G　ディーゼル発電機の略。原発では外部電源が喪失したときに電力を供給するため非常用ディーゼル発電機が設置されている。

ECCS Emergency Core Cooling System　緊急炉心冷却装置。非常用炉心冷却装置とも。冷却材喪失時に冷却材を炉心に注入して炉心を冷却するためのシステム。

EPZ Emergency Planning Zone　緊急時計画区域。原子力防災対策を重点的に充実すべき地域。原子力発電所の場合、おおむね半径8～10kmの範囲を目安に設定された。2013年に「予防的防護措置を準備する区域(PAZ)」が導入されたことから、EPZは廃止された。

IAEA International Atomic Energy Agency　国際原子力機関。1957年発足の国際機関。原子力の平和利用の推進と、軍事利用への転用防止を目的とする。

ICRP International Commission on Radiological Protection　国際放射線防護委員会。1950年に国際X線ラジウム防護委員会（International X Ray and Radium Protection Committee：IXRPC）を改組した民間の国際学術組織。電離放射線の被ばくによるがんやその他疾病の発生の低減、放射線照射による環境影響の低減を目的とする。

INES International Nuclear Event Scale　国際原子力事象評価尺度。国際原子力機関（IAEA）と経済協力開発機構／原子力機関（OECD/NEA）が1992年に提案した原子力事故の評価尺度。7段階に区分される。チェルノブイリ原発事故、東京電力福島第一原発事故はレベル7、スリーマイル島原発事故はレベル5。

IPCC Intergovernmental Panel on Climate Change　気候変動に関する政府間パネル。1988年に世界気象機関（WMO）と国連環境計画（UNEP）により設立された組織。人為起源による気候変動、影響、適応および緩和方策に関し、専門的な見地から評価することを目的とする。

ITER International Thermonuclear Experimental Reactor　国際熱核融合実験炉。日本・欧州連合(EU)・ロシア・米国・韓国・中国・インドにより、フランスのサン・ポール・レ・デュランスで建設されている核融合炉、2007年から建設開始。2016年時点では本格稼働までの総事業費は2兆4000億円、2035年運転開始と見積もられている。

MOX燃料 Mixed OXide 燃料　プルトニウム・ウラン混合酸化物燃料のこと。

NPT Treaty on the Non-Proliferation of Nuclear Weapons　核兵器の不拡散に関する条約。1970年発効。米、露、英、仏、中の5カ国を「核兵器国」とし、それ以外への核兵器の拡散を防止（核不拡散）、各締約国による核軍縮交渉義務（核軍縮）、原子力の平和利用を各締約国の奪い得ない権利とする（原子力の平和利用）ことを定めた条約。核拡散防止条約、核兵器不拡散条約とも。

NRC Nuclear Regulatory Commission　アメリカ合衆国原子力規制委員会。1975年発足の米国の原子力規制機関。

OECD/NEA Organisation for Economic Co-operation and Development / Nuclear Energy Agency　経済協力開発機構／原子力機関。1958年に欧州原子力機関として発足、1972年に現在の名称に変更。原子力エネルギーの発展に貢献することを目的とする。

PAZ Precautionary Action Zone　予防的防護措置を準備する区域。原子力施設からおおむね半径5km圏内。放射性物質が放出される前の段階から予防的に避難等を行うために設定される。

SPEEDI System for Prediction of Environmental Emergency Dose Information　緊急時迅速放射能影響予測ネットワークシステム。原子力事故時に放射性物

質の拡散をシミュレーションし、避難対策の策定・実施に役立つ情報をいち早く提供することを目的とするシステム。緊急時環境線量情報予測システムとも。

SR弁 主蒸気逃がし安全弁。原子炉内圧力上昇時に、原子炉の蒸気を圧力抑制室に逃し、凝縮することで原子炉の圧力を減らす設備。

SWU Separate Work Unit 分離作業量。ウラン濃縮の作業量をあらわす単位。

tHM、kgHM 重金属トン、またはキログラム。ウランとプルトニウムを合計した金属重量。

TMI Three Mile Island スリーマイル島。アメリカ合衆国のペンシルベニア州を流れるサスケハナ川にある島。2基の原発が建設されたが、1979年にそのうち1基で炉心溶融事故が発生した。

TRU TRans-Uranium elements 超ウラン元素。原子番号がウランの原子番号92を超える元素の総称。

TRU廃棄物 超ウラン元素を含む放射性廃棄物。再処理施設やMOX燃料加工施設などで発生する。

tU、kgU ウラン換算トン、またはキログラム。Uはウランの略。金属ウランの重量。

UPZ Urgent Protective action planning Zone 緊急防護措置を準備する区域。原子力施設からおおむね半径30km。予防的な防護措置を含め、段階的に屋内退避、避難、一時移転を行うために設定される。

W ワット。仕事率や電力などを表すSI単位。電力の場合、電流×電圧となる。

Wd/t ワットデー・パー・トン。核燃料1t当りの熱出力量を表す単位。燃料1t当り、1MWのエネルギーを1日出し続けた場合、1MWd/tと表す。

We ワットエレクトリカル。発電所の電気出力を示す場合に使われる。

Wh ワットアワー、ワット時。ワットに時間をかけた電力量の単位。

WHO World Health Organization 世界保健機関。1948年に発足した国際機関。「すべての人々が可能な最高の健康水準に到達すること」を目的とする。

Wt ワットサーマル。発電所の熱出力を示す場合に使われる。Wthとも。

圧力抑制プール 沸騰水型軽水炉の格納容器下部にあるプール。事故で発生した大量の水蒸気を冷やして水に変え、原子炉内の蒸気圧が高まるのを防ぐ。サプレッションチェンバー、圧力抑制室、ウェットウェル（W/W）とも。

1次冷却系 1次冷却材が循環する部分をひとまとめにした呼び方。

1次冷却材 原子炉の炉心を通る冷却材。軽水炉では1次冷却水とも呼ぶ。

ウラン 天然に産出するウランの含有率は核分裂しにくいウラン238が99.3％、核分裂しやすいウラン235が0.7％である。この核分裂しやすいウラン235の含有率を高めることをウラン濃縮と呼び、濃縮されたウランを濃縮ウランと呼ぶ。日本で用いられている一般的な原子炉（軽水炉）ではウラン235の含有率が3〜5％になるまで濃縮されている。核分裂性ウランの含有率が高いと核兵器に転用可能なため、ウラン235の含有率が20％未満のものを低濃縮ウラン、20％以上のものを高濃縮ウランと呼ぶ。とくにウラン235の含有率が90％以上のものは兵器級とも呼ばれる。

核燃料サイクル ウランの採掘から原子炉で用いた後の始末までの全過程を示す。日本の場合は、原子炉で使用後、再処理を行い、再度、高速増殖炉もしくは軽水炉で用いることとしている。

核燃料サイクル開発機構 Japan Nuclear Cycle Development Institute：JNC サイクル機構。1998年に動力炉・核燃料開発事業団を改組して発足した特殊法人。高速増殖炉、核燃料物質の再処理、高レベル放射性廃棄物の処理・処分に関する技術開発などを目的に設立。2005年、日本原子力研究所とともに日本原子力研究開発機構に統合。

核分裂 重い（質量数が大きい）原子核に中性子が当たると2つ（まれに3つ）の原子核と中性子に分裂する反応のこと。

核分裂連鎖反応 核分裂が次々と続いていく状態。核分裂で発生した中性子が、次の核分裂に使われることによって起こる。

過酷事故 原子炉設計時に想定された事象を超えた事故のこと。シビアアクシデントとも。

基準地震動（Ss） 施設に大きな影響を与えるおそれのある地震の揺れの強さのこと。「敷地ごとに震源を特定して策定する地震動」と「震源を特定せずに策定する地震動」の2種類について評価する。

基準津波 施設に大きな影響を及ぼすおそれがある津波の高さのこと。

気水分離機 沸騰水型軽水炉で、炉心で発生した蒸気に含まれる水分を分離する装置。原子炉内に設置される。その後、蒸気乾燥器でさらに微細な水分を分離した後、タービンに送られる。

群分離・核種変換 高レベル放射性廃棄物を半減期の長

さなどによりいくつかの群に分けて抽出し、長寿命の放射性物質を比較的短い寿命の放射性物質に変えたりすること。「消滅処理」と呼ぶこともある。

軽水炉　中性子の減速、原子炉の冷却に通常の水を用いる原子炉。主な炉型に沸騰水型軽水炉（Boiling Water Reactor：BWR）、加圧水型軽水炉（Pressurized Water Reactor：PWR）がある。

原型炉　新型原子炉開発において、技術的性能の見通しや大型化への技術的課題、経済性見通しを得ること等を目的に建設される原子炉のこと。

原子燃料公社　1956 年、核原料物質の探鉱や核燃料の生産加工などを目的に設立。1967 年、動力炉・核燃料開発事業団の発足に伴い吸収。

原子力安全委員会　1978 年に発足した行政が行う原子力の安全性に係る規制の統一的評価および規制のダブルチェックを行うための組織。2012 年、原子力規制委員会の発足に伴い廃止。

原子力安全基盤機構　Japan Nuclear Energy Safety Organization：JNES　独立行政法人原子力安全基盤機構。2003 年、原子力／原子炉施設の安全審査、解析や安全研究、情報提供などを行うことを目的に発足した独立行政法人。2014 年に原子力規制庁に統合。

原子力安全・保安院　Nuclear and Industrial Safety Agency：NISA　2001 年、原子力の安全確保についてチェックすること、各原子力関連施設に対する安全規制と防災対策を行うことを目的に、資源エネルギー庁に設置された。2012 年、原子力規制委員会の発足に伴い廃止。

原子力委員会　Japan Atomic Energy Commission：JAEC　原子力に関する施策を企画、調整、実施するために 1956 年に発足した組織。

原子力環境整備機構　NUclear waste Management Organization of Japan：NUMO　認可法人原子力発電環境整備機構。2000 年 6 月に公布された特定放射性廃棄物の最終処分に関する法律（最終処分法）に基づき、地層処分事業の実施主体として、処分施設の建設地の選定に向けたさまざまな活動を実施するために同年、通商産業大臣の認可法人として設立。

原子力環境整備促進・資金管理センター　Radioactive Waste Management Funding and Research Center：RWMC　原環センター。1976 年、放射性廃棄物処理処分の専門調査研究機関として原子力環境整備センターが発足。原子力発電環境整備機構の設立に伴い、2000 年、放射性廃棄物の最終処分に関する積立金の

管理等を行うため、名称を原子力環境整備促進・資金管理センターに変更した。

原子力規制委員会　Nuclear Regulation Authority：NRA　2012 年、原子力利用の「推進」と「規制」を分離し、規制事務の一元化を図ること、独立して原子力規制に関する業務を担うため、環境省の外局として発足。事務局は原子力規制庁。

原子力供給国グループ　Nuclear Suppliers Group：NSG　1974 年にインドが実施した核実験を契機に設立された原子力関連資機材・技術の輸出国グループ。「ロンドン・ガイドライン」と呼ばれる指針により輸出を規制してきた。

原子力協力協定　原子力の平和的利用の推進と核不拡散の観点から、核物質や原子炉等の主要な原子力関連資機材および技術を移転する前に、移転先の国からこれらの平和的利用等に関する法的な保証を取り付けるために締結するもの。

原子力緊急事態宣言　原子力災害対策特別措置法 15 条に定められた原子力緊急事態になった場合に内閣総理大臣から出される宣言。なお、原子力緊急事態は警戒事態（立地道県で震度 6 弱以上の地震が発生した場合など）、施設敷地緊急事態（全交流電源喪失など）および全面緊急事態（冷却機能喪失など）の 3 つに区分されており、15 条に基づく宣言は全面緊急事態になった場合に出される。

原子力災害対策特別措置法　原災法。1999 年、茨城県東海村で発生した JCO 臨界事故を契機に制定された特別措置法。原子力災害から国民の生命、身体および財産を保護することをその目的とする。

原子力損害賠償に関連する条約　原子力事故が発生した場合、被害は国境を超えることが予想されたことから、各国の原子力損害賠償制度や裁判のルールなどを、一定程度共通化することを目的に、パリ条約（原子力の分野における第三者責任に関する条約、1968 年発効）、ウィーン条約（原子力損害に対する民事責任に関するウィーン条約、1977 年発効）が制定された。2015 年に発効した CSC（原子力損害の補完的補償に関する条約）も越境事故が意識されているが、加えて、原子力損害が一定額を超える場合、加盟国の拠出により賠償を補完的に補償する。日本は 2015 年に CSC に加盟している。

原子力損害賠償・廃炉等支援機構　Nuclear Damage Compensation and Decommissioning Facilitation Corporation：NDF　原賠機構。2011 年、大規模な原

子力損害発生時に、原子力事業者の損害賠償に必要な資金の交付等を行うことで、原子力損害賠償の迅速・適切な実施および電気の安定供給等の確保を図ることを目的として、原子力損害賠償支援機構法（原賠機構法）に基づき発足した内閣府所管の認可法人。廃炉に必要な技術の研究・開発等を行うための法改正を受けて、2014年から現在の名称。

原子力発電　核分裂反応で生じる熱を使ってつくった蒸気を用いて発電すること。燃料には天然ウラン、濃縮ウランやプルトニウムが用いられる。中性子のエネルギー（または速度）の大きさにより、熱中性子炉、高速中性子炉に分類され、また中性子の減速や原子炉の冷却に用いられる物質により軽水炉（減速材、冷却材に通常の水を使う原子炉）、重水炉（減速材に水の分子の水素が重水素と置き換わった重水を使う原子炉）、黒鉛炉（減速材に黒鉛を使う原子炉）などに分類される。

原子炉圧力容器　燃料を収容し、圧力をかけて高温の1次冷却材を高圧に閉じ込める容器。単に原子炉と呼ぶことも。

原子炉格納容器　原子炉や冷却系、その他関連設備を格納する気密設備。放射能を閉じ込める「最後の砦」と言われるが、沸騰水型軽水炉では、1次冷却系の多くが格納されていない。

原子炉隔離時冷却系　通常の系統で原子炉へ給水が出来なくなった際、原子炉の蒸気を駆動源とするポンプで給水する系統。Reactor Core Isolation Cooling System：RCICとも。

高圧注水系　1次系配管の小破断等に際し原子炉に注水・冷却する装置。High Pressure Coolant Injection：HPCIとも。

高速炉　中性子を減速させず高速中性子のまま使う原子炉。主な炉型に高速炉（Fast Reactor：FR）、高速増殖炉（Fast Breeder Reactor：FBR）などがある。

黒鉛炉　中性子の減速に黒鉛を使う原子炉。主な炉型にガス冷却炉（Gas Cooled Reactor：GCR）、高温ガス炉（High Temperature Gas-cooled Reactor：HTGR）、などがある

国会事故調査委員会　東京電力福島原子力発電所事故調査委員会、国会事故調。2011年、東京電力福島原子力発電所事故に係る経緯・原因の究明、今後の原子力発電所の事故防止および被害の軽減のための施策・措置に関する提言を行うことを目的として、2011年12月に東京電力福島原子力発電所事故調査委員会法に基づき国会に設置された機関。2012年7月に最終報告書を発表し、調査活動を終了。国会が法律を制定して調査委員会を設置したのは憲政史上初のことだった。国会事故調の提言を受けて2013年、衆議院に原子力問題調査特別委員会、参議院に原子力問題特別委員会が設置された。

再臨界　核分裂連鎖反応が収まった後、再び臨界状態になること。

実験炉　新型原子炉開発において、データの取得等を目的に建設される原子炉のこと。

実証炉　新型原子炉開発において、技術の実証と経済性見通しを確立するために建設される原子炉のこと。

実用炉　研究開発期を経て実用段階にまで達したと考えられる原子炉のこと。商用炉とも。

重水炉　中性子の減速に重水を用いる原子炉。主な炉型に改良型重水炉（Advanced Heavy Water reactor：AHWR）、重水減速重水冷却圧力管型炉（CANada Deuterium Uranium：CANDU）がある。

シュラウド　沸騰水型軽水炉の炉心を収容する円筒状の隔壁。

使用済燃料再処理機構　Nuclear Reprocessing Organization of Japan：NuRO　2016年設立。再処理等を確実に実施するための主体として、関連事業全体を勘案した総合的な計画を策定。また、事業に必要な費用を精査し、拠出金額の決定・収納を行う。

政府事故調査委員会　東京電力福島原子力発電所における事故調査・検証委員会、政府事故調。2011年、東京電力福島第一・第二原子力発電所における事故原因・被害原因の究明を行い、被害の拡大防止および同種事故の再発防止等に関する政策提言を行うことを目的として、閣議決定に基づき発足した機関。2012年7月に最終報告を発表し、9月に廃止。

全交流電源喪失　外部電源が喪失し、非常用ディーゼル発電機などの所内非常用交流電源も使用不可能となり、施設に交流電源を供給できなくなる事象。Station Blackout：SBOとも。

タービン　蒸気の熱エネルギーを回転エネルギーに変換する装置。高圧タービンと低圧タービンからなる。タービンで作られた回転エネルギーは発電機で電気エネルギーに変換される。

デブリ　炉心溶融により、核燃料が炉内構造物とともに溶融した後、再び固まった状態のこと。燃料デブリとも。

ドライウェル　格納容器の圧力抑制プール以外の部分。D/Wとも。

動力炉・核燃料開発事業団　Power Reactor and Nuclear

Fuel Development Corporation：PNC　動燃。1967年に発足した特殊法人。新型動力炉（高速増殖炉および新型転換炉）開発、核燃料物質の生産、再処理、核原料物質の探鉱、採鉱および選鉱などを目的に設立。1998年に核燃料サイクル開発機構に改組。

日本原子力研究開発機構　Japan Atomic Energy Agency：JAEA　国立研究開発法人日本原子力研究開発機構。2005年に日本原子力研究所と核燃料サイクル開発機構が合併して発足。

日本原子力研究所　Japan Atomic Energy Research Institute：JAERI　原研。1956年に特殊法人として発足した国の研究機関。2005年に日本原子力研究開発機構へ再編。

日本原子力産業協会　Japan Atomic Industrial Forum：JAIF　原産協会。1956年に日本原子力産業会議として発足、2006年から現在の名称。原子力に関連する企業、自治体など424社で構成。

日本原子力文化財団　The Japan Atomic Energy Relations Organization：JAERO　1969年、原子力の平和利用についての知識の普及・啓発活動を行うため財団法人日本原子力文化振興財団として発足。2014年から現在の名称。

廃炉　運転を終了した原子炉および関連施設を廃止すること。廃止措置とも。国際原子力機関（IAEA）の分類では、放射能が減衰するまで施設の解体を待つ「密閉管理」、放射線量の高い原子炉建屋以外の施設を解体し、原子炉建屋は永久保管もしくは遅延解体する「遮へい隔離」、全設備を解体し更地にする「解体撤去」の3つに分類される。

非常用復水器　原子炉からの蒸気を冷却し、水に戻したうえで原子炉に重力で戻す装置。初期の沸騰水型軽水炉に実装された（福島第一原発では1号機のみ）。Isolation Condenser：ICとも。

非常用炉心冷却系　原子炉の冷却材が炉心から喪失した場合に、緊急に冷却材を炉心に注入して冷却するシステム。Emergency Core Cooling System：ECCSとも。

複合災害　一つの災害が発生したのち、同時、または一定時間をおいて別の災害が発生すること。

復水器　タービンを回した蒸気を冷やして水に戻す装置。

プルサーマル　プルトニウムを普通の原発で燃やすことを意味する和製英語。プルはプルトニウム、サーマルは熱中性子炉（実質的には軽水炉）を意味する。

プルトニウム　天然にはほとんど存在しない元素であり、原子炉内でウラン燃料に含まれるウラン238が中性子を吸収することで作られる。原子炉で用いられた使用済み燃料にはウラン、プルトニウムのほか、多くの核分裂生成物が含まれるが、使用済み燃料を再処理施設で化学的処理することで、プルトニウムを分離することができる。プルトニウムは核兵器にも転用可能であり、国際原子力機関（IAEA）は一発の核爆発装置の製造の可能性が否定できない量（SQ：Significant Quantity、有意量）を8kgとしている。

未臨界　中性子の消失量が発生量を上回る状態で、時間とともに核分裂反応が減少していく状態のこと。臨界未満とも。

メルトダウン　炉心溶融後、溶けた燃料などが原子炉圧力容器の底にたまった状態のこと。原子炉圧力容器または原子炉格納容器の底を突き抜けることをメルトスルーと呼ぶ。

臨界　中性子の消失量と発生量が均衡を保ち、核分裂連鎖反応が自然に持続する状態のこと。意図せずして核分裂連鎖反応が起こってしまったことを臨界事故と呼ぶ（例：1999年の東海村JCO臨界事故）。

冷却機能喪失　原子炉の冷却機能が喪失する事象。

炉心　原子炉内で核分裂連鎖反応を起こさせる部分。

炉心溶融　原子炉炉心温度が上昇し、融点を超えて核燃料が溶融すること。

附録

出典一覧

◆典拠記号のなかには、通し番号が途中で欠番となって飛んでいる場合があるが、誤りではない。

第Ⅰ部　福島原発震災のもたらしたもの

第 1 章　事故の概要

1　事故・事故処理年表

A1-1　東京電力福島原子力発電所における事故調査・検証委員会，2011.12.26，『政府事故調中間報告書』メディアランド株式会社.

A1-2　東京電力福島原子力発電所における事故調査・検証委員会，2012.7.23，『政府事故調最終報告書』メディアランド株式会社.

A1-3　渕上正朗・笠原直人・畑村洋太郎，2012，『福島原発で何が起こったか 政府事故調技術解説』日刊工業新聞社.

A1-4　東京電力，2013，「福島第一原子力発電所事故の経過と教訓」，http://www.tepco.co.jp/decommision/accident/pdf/outline01.pdf（171216 アクセス）.

A1-5　福山哲郎，2012，『原発危機 官邸からの証言』ちくま新書.

A1-6　海江田万里，2012，『海江田ノート 原発との闘争 176 日の記録』講談社.

A1-7　官房長官記者発表「原子力緊急事態宣言について」，https://www.kantei.go.jp/jp/tyoukanpress/201103/11_p3.html（171216 アクセス）.

A1-8　NHK スペシャル「メルトダウン」取材班，2013，『メルトダウン 連鎖の真相』講談社.

A1-9　東京電力，2013.11.18，「福島第一原子力発電所 4 号機使用済燃料プールからの燃料取り出し作業開始について」，http://www.tepco.co.jp/cc/press/2013/1232249_5117.html（171216 アクセス）.

A1-10　東京電力，2013.12.18，「福島第一原子力発電所 5 号機および 6 号機の廃炉について」，http://www.tepco.co.jp/cc/press/2013/1233015_5117.html（171216 アクセス）.

第 2 章　被害の広がり

1　住民避難年表

A2-1　SAFLAN ほか，2015，『原発避難白書』人文書院.

A2-2　今井照，2014，『自治体再建』ちくま新書.

A2-3　吉田千亜，2016，『ルポ母子避難』岩波新書.

A2-4　福島県，2013，『東日本大震災の記録と復興への歩み』，http://www.pref.fukushima.lg.jp/sec_file/koho/e-book/index.html（171219 アクセス）.

A2-5　復興庁，2017，「東日本大震災からの復興に向けた道のりと見通し（平成 29 年 3 月版）」，https://www.reconstruction.go.jp/topics/main-cat1/sub-cat1-1/160809_mitinoritomitoshi.pdf（171218 アクセス）.

A2-6　日野行介，2016，『原発棄民』毎日新聞出版.

A2-7	福島民報社編集局，2014，『福島と原発 2 放射線との闘い＋ 1000 日の記憶』早稲田大学出版部.	
A2-8	福島民報社，2016，『東日本大震災 原発事故から 5 年 ふくしまは負けない』福島民報社.	

3 学校・生徒の避難

■学校の避難年表

A3-1	福島民報社編集局，2014，『福島と原発 2 放射線との闘い +1000 日の記憶』早稲田大学出版局.
A3-2	福島民報社，2016，『東日本大震災 原発事故から 5 年 ふくしまは負けない』.

第 4 章　福島・チェルノブイリ事故の比較

1 チェルノブイリ・福島事故年表

■チェルノブイリ事故年表

A4-1	モールド，R.F.，小林定喜，2013，『目で見るチェルノブイリの真実』西村書店.
A4-2	松岡信夫，1988，『ドキュメント チェルノブイリ』緑風出版.
A4-3	ベルベオーク，B. ほか，桜井醇児訳，1994，『チェルノブイリの惨事』緑風出版.
A4-4	ピエルパオロ・ミッティカ，児島修訳，2011，『原発事故 20 年 チェルノブイリの現在』柏書房.
A4-5	今中哲二ほか，2006，『チェルノブイリを見つめなおす 20 年後のメッセージ』原子力資料情報室
A4-6	今中哲二，2002，「水素爆発か核爆発か チェルノブイリ原発 4 号炉爆発の正体」『技術と人間』2002(7): 1-12.
A4-7	今中哲二編，1998，『チェルノブイリ事故による放射能被害 国際共同研究報告書』技術と人間.
A4-8	今中哲二，2012，『低線量放射線被曝 チェルノブイリから福島へ』岩波書店.
A4-9	メドヴェジェフ，J.，吉本訳，1992，『チェルノブイリの遺産』みすず書房.
A4-10	森本宏，2007，『チェルノブイリ原発事故 20 年，日本の消防は何を学んだか？』近代消防社.
A4-11	ベラルーシ共和国非常事態省チェルノブイリ原発事故被害対策局編，日本ベラルーシ友好協会監訳，2013，『チェルノブイリ原発事故 ベラルーシ政府報告書』産学社.
A4-12	核戦争防止国際医師会議ドイツ支部，松崎道幸監訳，2012，『チェルノブイリ原発事故がもたらしたこれだけの人体被害』合同出版.
A4-13	馬場朝子ほか，2012，『低線量汚染地域からの報告 チェルノブイリ 26 年後の健康被害』NHK 出版.
A4-14	中川保雄，2011，『増補 放射線被ばくの歴史 アメリカ原爆開発から福島原発事故まで』明石書店.
A4-15	綿貫礼子編，2012，『放射線汚染が未来世代に及ぼすもの』新評論.
A4-16	尾松亮，2013，『3.11 とチェルノブイリ法』東洋書店.
A4-17	ウクライナ国家報告 2011 年，http://www.rri.kyoto-u.ac.jp/PUB/report/04_kr/img/ekr005.pdf（京大原子炉実験所翻訳 KURRI-EKR-5）（160212 アクセス）.
A4-18	尾松亮，2016，「事故 30 年チェルノブイリからの問い 第 2 回」『世界』6: 171-179.
A4-19	RUSSIAN NATIONAL REPORT, 2011, *25 YEARS AFTER THE CHERNOBYL ACCIDENT. Results and prospects of overcoming its consequences in Russia 1986-2011* (in Russian), Nuclear Safety Institute of the Russian Academy of Sciences, http://en.ibrae.ac.ru/pubs/239/（160212 アクセス）.
A4-20	今中哲二編，2007，『チェルノブイリ原発事故の実相解明への多角的アプローチ 20 年を機会とする事故被害のまとめ』トヨタ財団助成研究 研究報告書.
A4-21	原子力資料情報室編，2011，『チェルノブイリ原発事故 25 年目のメッセージ』原子力資料情報室.
A4-22	原子力資料情報室編，1996，「チェルノブイリ事故関連年表」『チェルノブイリ 10 年 大惨事がもたらしたもの』原子力資料情報室.
A4-23	今中哲二ほか，1996，『チェルノブイリ 10 年 大惨事がもたらしたもの』原子力資料情報室.
A4-24	桜井孝二編「チェルノブイリ原発事故経過」アンドレイ・イレッシュ，鈴木康雄訳，1987，『現地ルポ チェルノブイリ 融けた原発の悲劇』読売新聞社，212-214.
A4-25	松岡信夫，2011，「チェルノブイリ原発事故関係日誌 1986.4.25 〜 1988.4.30」『ドキュメント チェルノブイリ』緑風出版.
A4-26	中島篤之助編，1995，『地球核汚染』リベルタ出版.
A4-27	チェルノブイリ事故調査報告，http://www.aec.go.jp/jicst/NC/about/ugoki/geppou/V32/N05/198704V32N05.html（160212 アクセス）.

附録

A4-28 白石草，2014，『チェルノブイリ 28 年目の子どもたち』岩波書店.
A4-29 今中哲二，1992，「チェルノブイリ原発事故による放射能汚染と被災者たち（4）」『技術と人間』21(8).
A4-31 日本原子力産業協会，2012，『世界の原子力発電開発の動向』日本原子力産業協会.
A4-32 外務省 HP，http://www.mofa.go.jp/mofaj/gaiko/atom/kaigo/kyiv1104/gaiyo.html（170430 アクセス）.
A4-33 Chernobyl Chronology of a Disaster，https://www.nirs.org/wp-content/uploads/mononline/nm724.pdf（170531 アクセス）.
A4-34 ソ連共産党中央委員会政治局チェルノブイリ原発事故対策特別作業班会議 議事録，http://www.rri.kyoto-u.ac.jp/NSRG/cher-1index.html（160212 アクセス）.
A4-35 IAEA，1996，*One Decade after Chernobyl*，http://www-pub.iaea.org/MTCD/publications/PDF/Pub1001_web.pdf（170312 アクセス）.
A4-36 IAEA，2005，*Chernobyl：Looking Back to Go Forward*，http://www-pub.iaea.org/MTCD/publications/PDF/Pub1312_web.pdf（170312 アクセス）.
A4-37 原子力規制委，2013，『チェルノブイリ原発事故に関する調査レポート』，http//www.nsr.go.jp/data/000049286.pdf（160603 アクセス）.
A4-38 馬場朝子ほか，2016，『原発事故 国家はどう責任を負ったか』東洋書店新社.
A4-39 尾松亮，2016，「事故 30 年チェルノブイリからの問い 第 5 回 ロシアはどこまで健康被害を認めたか」『世界』(9)：217-228.
A4-40 カルパン，N.，今中哲二訳，2009，「チェルノブイリ事故現場での数日間の個人的な体験」『科学・社会・人間』(108)：3-4.
A4-41 『原子力産業新聞』，東京.

■福島事故年表
A5-1 今中哲二，2013，『放射能汚染と災厄 終わりなきチェルノブイリ原発事故の記録』明石書店.
A5-2 東京電力福島原子力発電所における事故調査・検証委員会，2012 年 7 月，『最終報告』.
A5-3 福島原発事故独立検証委員会，2012，『福島原発事故独立検証委員会 調査・検証報告書』ディスカヴァー・トゥエンティワン.
A5-4 東京電力福島原子力発電所事故調査委員会，2012，『国会事故調 報告書』徳間書店.
A5-5 NHK スペシャル「メルトダウン」取材班，2013，『メルトダウン 連鎖の真相』講談社.
A5-6 東京電力株式会社，2012，『福島原子力事故調査報告書』.
A5-7 福島民報社編集局，2013，『福島と原発 誘致から大震災への五十年』早稲田大学出版部.
A5-8 福島民報社編集局，2014，『福島と原発 2 放射線との闘い +1000 日の記録』早稲田大学出版局.
A5-9 日野行介，2016，『原発棄民』毎日新聞出版.
A5-10 朝日新聞特別報道部，2013，『プロメテウスの罠 4 徹底究明！福島原発事故の裏側』学研パブリッシング.
A5-11 週刊文春編集部，2011，『東京電力の大罪』（『週刊文春』臨時増刊 7 月 27 日号），文芸春秋.
A5-12 study2007，2015，『岩波科学ライブラリー 239 見捨てられた初期被曝』岩波書店.
A5-13 東京電力福島原子力発電所における事故調査・検証委員会，2011 年 12 月，『中間報告』.
A5-14 e シフト（脱原発・新しいエネルギー政策を実現する会），2014，『「原発事故・被災者支援法」と「避難の権利」』，合同出版.
A5-15 吉岡斉，2011，『原子力の社会史』朝日新聞出版.
A5-16 原子力災害対策本部，2011 年 7 月，『平成 23 年（2011 年）東京電力㈱福島第一・第二原子力発電所事故（東日本大震災）について』，http://www.kantei.go.jp/saigai/pdf/201107192000genpatsu.pdf（130802 アクセス）.
A5-17 日本テレビ，2017 年 10 月 9 日，NNN ドキュメント『放射能とトモダチ作戦』.
A5-18 今井照，2014，『自治体再建 原発避難と「移動する村」』筑摩書房.
A5-19 経産省，「原子力損害賠償支援機構法の概要」，http://www.meti.go.jp/earthquake/nuclear/taiou_honbu/pdf/songaibaisho_111003_01.pdf（180103 アクセス）.
A5-20 原子力損害賠償支援機構，http://www.ndf.go.jp/soshiki/kikou_gaiyou.html（180103 アクセス）.
A5-21 総務省，http://www.soumu.go.jp/main_content/000192368.pdf（180103 アクセス）.
A5-22 復興庁，http://www.reconstruction.go.jp/topics/000783.html（180103 アクセス）.
A5-23 原子力災害対策本部，http://www.kantei.go.jp/jp/singi/genshiryoku/dai40/gijiyousi.pdf（180103 アクセス）.
A5-24 環境省，http://josen.env.go.jp/about/tokusohou/summary.html（180103 アクセス）.
A5-25 「甲状腺検査」の結果について，http://fukushima-mimamori.jp/thyroid-examination/result/（180103 アクセス）.
A5-26 「甲状腺検査に関する中間とりまとめ」，http://www.pref.fukushima.lg.jp/uploaded/attachment/174220.pdf（180103

出典一覧

アクセス）.

A5-27 　津田敏秀，2017，「甲状腺がんデータの分析結果」『科学』岩波書店，87(7)：690-695.

A5-28 　県民健康調査検討委員会，http://www.pref.fukushima.lg.jp/uploaded/attachment/6483.pdf（180111 アクセス）.

第Ⅱ部　日本と世界の原子力発電

第5章　日本の原子力発電所および関連施設

2　稼働段階の原発施設年表

■泊原発

B1-1 　鳴海沿一郎，1977，「共和・泊原発」『月刊自治研究』19(2): 42-45.

B1-2 　上澤千尋，2011，「泊原発の耐震性に大きな疑問」『原発は地震に耐えられるか』原子力資料情報室，88-89.

B1-3 　北海道の原子力 2011，http://www.pref.hokkaido.lg.jp/sm/gat/hokkaidounogennsiryoku2011-10.pdf（121109 アクセス）.

B1-4 　泊村，「泊原子力発電所」，http://www.vill.tomari.hokkaido.jp/sangyoshigoto/energy/furusato/ene3.html（171213 アクセス）

■東通原発

B2-1 　高木仁三郎，1987，『われらチェルノブイリの虜囚』三一書房.

B2-2 　東通原子力発電所，2011，『東通原子力発電所の概要』.

B2-3 　青森県エネルギー総合対策局原子力立地対策課，2013，『青森県の原子力行政』青森県.

■女川原発

B3-1 　渡部行，1999，『女川原発 地域とともに』東洋経済新報社.

B3-2 　女川原発差し止め訴訟原告団，『女川裁判闘争ニュース』.

B3-3 　女川原発訴訟支援連絡会議，『鳴り砂』(機関紙).

B3-5 　仙台原子力問題研究グループ資料，『女川原発「使用済み燃料」輸送計画』(公開請求に対する宮城県からの回答).

B3-6 　女川町，2008，『女川町生活便利帳』宮城県女川町.

B3-7 　剣持一巳，1980，「女川原発の 12 年を見る」『月刊自治研』122(2): 97-109.

B3-8 　女川町「原子力年表」，http://www.town.onagawa.miyagi.jp/05_04_04_04.html（170524 アクセス）.

■福島第一原発

B4-1 　東京電力福島第一原子力発電所，2008，『共生と共進 地域とともに』東京電力福島.

B4-2 　福島県，2010，『原子力行政のあらまし 2010』福島県生活環境部.

B4-3 　佐藤栄佐久，2011，『福島原発の真実』平凡社.

B4-4 　武谷三男，1976，『原子力発電』岩波書店.

B4-5 　朝日新聞いわき支局編，1980，『原発の現場東電福島第一原発とその周辺』朝日ソノラマ.

B4-6 　被ばく労働を考えるネットワーク編，2012，『原発事故と被曝労働』三一書房.

B4-7 　石丸小四郎・建部暹・寺西清・村田三郎，2013，『福島原発と被曝労働』明石書店.

B4-8 　ヒバク反対キャンペーン，http://www.jttk.zaq.ne.jp/hibaku-hantai/index.htm（130802 アクセス）.

B4-9 　福島民報社編集局，2013，『福島と原発誘致から大震災への五十年』早稲田大学出版部.

B4-12 　藤田祐幸，1996，『知られざる原発被曝労働』岩波書店.

B4-13 　福島県「原子力政策等の動きと福島県」(第 20 回福島県エネルギー政策検討会資料)，http://wwwcms.pref.fukushima.jp/download/1/energy_020805data20-02.pdf（130802 アクセス）.

B4-14 　原子力災害対策本部，2011 年 7 月，『平成 23 年（2011 年）東京電力（株）福島第一・第二原子力発電所事故日本大震災について』，http://www.kantei.go.jp/saigai/pdf/201107192000genpatsu.pdf（130802 アクセス）.

B4-16 　東京電力福島原子力発電所における事故調査・検証委員会，2012，『最終報告』.

B4-17 　東京新聞原発事故取材班，2012，『レベル 7 福島原発事故 隠された真実』幻冬舎.

■福島第二原発

B5-1 　東京電力，1983，『東京電力三十年史』東京電力.

383

B5-2　　朝日新聞いわき支局編，1980，『原発の現場 東電福島第一原発とその周辺』朝日ソノラマ.

B5-3　　福島県，1987，『原子力行政のあらまし 昭和 62 年度』福島県生活環境部.

B5-4　　福島県，2010，『原子力行政のあらまし 2010』福島県生活環境部.

■柏崎刈羽原発

B6-1　　高木仁三郎，1987，『われらチェルノブイリの虜囚』三一書房.

B6-2　　新潟日報特別取材班，2009，『原発と地震 柏崎刈羽「震度 7」の警告』講談社.

B6-3　　恩田勝亘，2011，『東京電力・帝国の暗黒』七つ森書館.

B6-4　　プルサーマルを考える柏崎刈羽市民ネットワーク，『市民ネット通信』.

B6-6　　柏崎市，『柏崎市の原子力情報経過概要』，http://www.city.kashiwazaki.niigatajp/html/atom/#keika（121109 アクセス）.

■東海・東海第二原発

B7-2　　東海第 2 原発訴訟原告団編，2005，『東海第 2 原発裁判の 31 年』東海第 2 原発訴訟原告団.

B7-3　　東海村，http://www.viU.tokai.ibaraki.jp/viewer/info.html?id=192（170524 アクセス）.

B7-4　　茨城県生活環境部原子力安全対策課，2010，『茨城県の原子力安全行政』茨城県生活環境部原子力安全対策課.

B7-6　　齋藤光弘，2002，『原子力事故と東海村の人々』那珂書房.

B7-7　　原子力研究所原子炉工学部安全工学研究室，1970，『原子力施設の事故・災害・異常調査』原子力研究所.

B7-8　　吉岡斉，2011，『原子力の社会史』朝日新聞出版.

B7-9　　朝日新聞取材班，2014，『それでも日本人は原発を選んだ』朝日新聞社.

B7-10　　奥田健三，2015，「イギリスからのコールダーホール型商用炉導入」原子力技術史研究会編，『福島事故に至る原子力開発史』中央大学出版部，34-50.

B7-11　　桑原岳史，2015，「原子力開発関連年表」原子力技術史研究会編，『福島事故に至る原子力開発史』中央大学出版部，176-186.

B7-12　　原子力規制委員会，http://www.nsr.go.jp/index.html（171025 アクセス）.

■浜岡原発

B8-1　　森薫樹，1982，『原発の町から 東海大地震帯上の浜岡原発』田畑書店.

B8-2　　美ノ谷和成，1985，「原発意識の形成・変容と原発情報の受容 静岡県浜岡町における標本調査を中心として」『立正大学文学部研究紀要』1.

B8-4　　静岡県史，1998，『静岡県史通史編 6 近現代 2』静岡県.

B8-5　　静岡県史，1998，『静岡県史通史編 7 年表』静岡県.

B8-6　　藤原治・平川一臣ほか，2007，「静岡県御前崎周辺の完新世段丘の離水時期」『日本第四紀学会講演要旨集』37: 52-53.

■志賀原発

B9-3　　川端郁郎，1988，『能登原発史』個人出版.

B9-4　　海渡雄一，2011，『原発訴訟』岩波書店.

B9-6　　岩淵正明・奥村回，2011，「志賀（能登）原発訴訟」『原発は地震に耐えられるか（増補）』原子力資料情報室.

B9-7　　飯高季雄，2004，「志賀原子力立地を考える」『原子力年鑑 2005 年版・総論』日本原子力産業会議.

■敦賀原発

B10-1　　中島哲演，1988，『原発銀座・若狭から』星雲社.

B10-2　　朝日新聞福井支局，1990，『原発が来た、そして今』朝日新聞社.

B10-3　　日本弁護士連合会公害対策委員会，1976，『福井県若狭地区原子力開発実態調査報告書』.

B10-4　　松下照幸，1997，「原発と美浜町」反原発運動全国連絡会編『反原発運動マップ』緑風出版.

B10-5　　竹本圭一，1981，「敦賀原発事故隠し背後の蠢動」『技術と人間』10(6): 16-26.

B10-7　　樋口健二，1981，『闇に消される原発被曝者』三一書房.

B10-8　　藤田祐幸，1996，『知られざる原発被ばく労働』岩波ブックレット.

B10-9　　瀬谷肇，1981，「『それでも原発』という“原発城下町”敦賀の選択」『朝日ジャーナル』23(30).

B10-10　　福井・運輸一般原発分会，1982，「職場と地域が変わりはじめた」『労働運動』10(202): 40-49.

B10-11　　阿部斉，1977，「福井県の原発建設をめぐる住民運動」『地域開発』8: 40-45.

B10-12　　つるが反原発ますほの会，1988，「頻発する事故のもとで」『技術と人間』17(4): 55-59.

B10-14　　飯塚晴紀，1981，「新段階を迎えた反原発闘争 闘争現地からの報告と意見」『月刊総評』282: 42-58.

B10-15　　伊藤実，1979，「原発はもうごめん」『月刊総評』259（特集「反原発闘争の現状と課題」）: 13-15.

B10-16　　原子力発電に反対する福井県民会議，2001，『若狭湾の原発集中化に抗して市民が訴え続けた四半世紀の記録』

原子力発電に反対する福井県民会議.

B10-17 福井県原子力安全対策課，「福井県の原子力」，http://www.athome.tsuruga.fukui.jp/nuclear/information/fukui/datalhonshi.pdf（130401 アクセス）.

B10-18 日本原子力発電，http://www.japc.co.jp/index.html（130401 アクセス）.

B10-19 第 2 回原子力安全委員会 耐震安全性評価特別委員会 地質・地盤に関する安全審査の手引き検討委員会速記録，http://www.nsr.go.jp/archive/nsc/senmon/soki/chishitsu/chishitsu_so002.pdf（130401 アクセス）.

B10-20 電気事業連合会，「プルサーマルの現状」，https://www.fepc.or.jp/nuclear/cycle/pluthermal/genjou/index.html（171215 アクセス）.

■美浜原発

B11-1 小野周，1973，「関西電力美浜原子力発電所 1 号機の事故」『科学』43(9): 564-571.

B11-2 小出裕章，1981，「原子力発電所の燃料問題」『科学』51(6): 377-386.

B11-4 田原総一郎，1976，『原子力戦争』筑摩書房.

B11-5 桜井淳，1991，『美浜原発事故 提起された問題』日刊工業新聞社.

B11-6 原子力発電に反対する福井県民会議，2001，『若狭湾の原発集中化に抗して 市民が訴え続けた四半世紀の記録』原子力発電に反対する福井県民会議.

B11-7 福井県原子力センター編，2006，『福井県の原子力 別冊』福井県原子力安全対策課.

B11-8 中島哲演，1988，『原発銀座・若狭から』光雲社.

B11-10 児玉一八，2010，「福井県若狭の原発の 60 年 過去と現在の問題点 下」『日本の科学者』45(10): 576-581.

B11-13 日本弁護士連合会公害対策委員会，1976，『福井県若狭地区原子力開発実態調査報告書』.

■大飯原発

B12-1 関西電力五十年史編纂事務局，2002，『関西電力 50 年史』関西電力.

B12-3 福井県原子力センター編，2006，『福井県の原子力 別冊』福井県原子力安全対策課.

B12-4 原子力発電に反対する福井県民会議，2001，『若狭湾の原発集中化に抗して市民が訴え続けた四半世紀の記録』原子力発電に反対する福井県民会議.

B12-5 大村希一，2013，『大飯原発 1，2 号機 ドキュメント誘致から営業運転まで』アインズ.

B12-6 福井原発訴訟（志賀）支援サイト，http://www.nonukesshiga.jp/（171215 アクセス）.

■高浜原発

B13-2 グリーン・アクション／美浜・大飯・高浜原発に反対する大阪の会共編，2000，『核燃料スキャンダル』風媒社.

B13-3 原子力発電に反対する福井県民会議，2001，『若狭湾の原発集中化に抗して市民が訴え続けた四半世紀の記録』原子力発電に反対する福井県民会議.

B13-4 福井県原子力センター編，2006，『福井県の原子力 別冊』福井県原子力安全対策課.

■島根原発

B14-1 松江市ホームページ，松江市の原子力，http://www.city.matsue.shimane.jp/jumin/bousai/nuclear/index.html（130802 アクセス）.

B14-2 高木仁三郎，1987，『われらチェルノブイリの虜囚』三一書房.

■伊方原発

B15-2 斉間満，2002，『原発の来た町 原発はこうして建てられた／伊方原発の 30 年』南海日日新聞社（2006 年，反原発運動全国連絡会より再版）.

B15-3 久米三四郎，2011，『科学としての反原発』七つ森書館.

B15-6 四国電力，2006，『四国電力伊方発電所第 1 号機高経年化技術評価等報告書』.

B15-7 松山検審第 8 号.

B15-8 原発さよなら四国ネットワークニュース.

B15-9 伊方原子力広報センター，http://www.netwave.or.jp/~dr-sada/（120320 アクセス）.

B15-10 伊方町，原子力発電所，http://www.town.ikata.ehime.jp/life/life_list.html?lif_ctg1=55（120320 アクセス）.

B15-11 愛媛県，https://www.pref.ehime.jp/h30180/1191654_2241.html（120320 アクセス）.

B15-13 EIC（財団法人環境情報センター），http://www.eic.or.jp/news/?act=view&serial=1199（120320 アクセス）.

B15-18 地震予知連絡会，「特定地域の見直しについて」，http://cais.gsi.go.jp/KAIHOU/report/kaihou21/07_01（120912 アクセス）.

B15-21 四国電力，「新居浜支店のご案内」，http://www.yonden.co.jp/corporate/b_esta/niihama/pdf/summary.pdf#search='台風 19 号により 50 万ボルト四国中央東幹線 12 基の鉄塔倒壊'（120913 アクセス）.

B15-24 西脇由弘，2011，「原子力における訴訟」，http://www.nr.titech.ac.jp/~nishiwaki/jyugyou-siryou/8-8sosyou1.

pdf#search='原子力における訴訟'（120918 アクセス）.

B15-25 　四国電力，http://www.yonden.co.jp/energy/atom/index.html（120913 アクセス）.

B15-30 　反原発全国集会実行委員会編，1975，『反原発会国集会資料』.

B15-31 　澤正弘編，2014，『伊方原発設置反対運動裁判資料 全 7 巻』クロスカルチャー出版，http:// cpc.la.coocan.jp/20140219121036.pdf（140410 アクセス）.

B15-33 　小原良子・日高六郎・柳田耕一，1988，『原発ありがとう！』径書房.

■玄海原発

B16-1 　橋爪健郎編著，1998，『原発から風が吹く』南方新社.

B16-2 　橋爪健郎編著，2011，『九州の原発』南方新社.

B16-3 　反原発運動全国連絡会編，1997，『反原発運動マップ』緑風出版.

B16-4 　エントロピー学会，2011，『原発廃炉に向けて』日本評論社.

B16-6 　『広報玄海』2000 年 7 月号.

B16-8 　佐賀県，「佐賀県の原子力安全行政 玄海原子力発電所の概要」，http//sagagensiryoku.jp/summary/（110911 アクセス）.

B16-9 　佐賀県,「佐賀県の原子力安全行政 資料 BOX」,http//saga-gensiryoku.jp/box/saganenpyou.html(110911 アクセス).

B16-10 　玄海町，「玄海町のあゆみ 年表」，http://www.town.genkai.saga.jp/town/ayumi/000000501/（120110 アクセス）.

B16-12 　九州電力，http://www.kyuden.co.jp/company_pamphlet_qbook_plant_index.html（120930 アクセス）.

B16-13 　佐賀県，「佐賀県の原子力発電」，http://www.saga-genshiryoku.jp/box/pdf/saga-h2003.pdf（120930 アクセス）.

B16-14 　佐賀県，「佐賀県の原子力安全行政 玄海 1 号機廃止措置の経過」，http://www.pref.saga.lg.jp/kiji00354957/index.html（171216 アクセス）.

B16-15 　気象庁，「災害時地震報告 平成 28 年熊本地震」，http://www.jma.go.jp/jma/kishou/books/saigaiji/saigaiji_2016/saigaiji_201601.pdf（171216 アクセス）.

■川内原発

B17-1 　橋爪健郎編,2011,『九州の原発』(『原発から風が吹く 地震・事故・立地に揺れる南の辺境』1998 を改題)南方新社.

B17-2 　鹿児島県危機管理局原子力安全対策室，2012『鹿児島県の原子力行政』鹿児島県.

B17-4 　北薩地区労働組合評議会 川内原発建設反対連絡協議会，1988，『川内原発反対闘争経過』自費出版.

B17-5 　原告ら代理人・吉田稔，2010，川内原発 3 号機環境影響評価手続きやりなおし義務確認等請求事件「訴状」，http://www.synapse.ne.jp/peace/sendaigenpatusonhaisuisojo.pdf（120725 アクセス）.

B17-7 　大森弥，1977，「川内原発の建設と反対運動」『地域開発』通号 155: 33-36.

B17-8 　生越忠，1976，「地盤問題と川内原発」『技術と人間』5（臨時増刊）: 116-127.

B17-9 　剣持一巳，1980，「原発反対に主婦たちの力が」『月刊自治研』22(8): 92-106.

B17-11 　電話インタビュー，2012 年 5 月 11 日実施.

■ふげん原発

B18-1 　動燃二十年史編集委員会，1988，『動燃二十年史』動力炉・核燃料開発事業団.

B18-2 　吉岡斉，2011，『新版 原子力の社会史 その日本的展開』朝日新聞出版.

B18-3 　原子力発電に反対する福井県民会議，2001，『若狭湾の原発集中化に抗して 市民が訴え続けた四半世紀の記録』原子力発電に反対する福井県民会議.

B18-4 　福井県原子力センター編，2006，『福井県の原子力 別冊』福井県原子力安全対策課.

■高速増殖炉もんじゅ

B19-1 　原子力発電に反対する福井県民会議，1985，『高速増殖炉の恐怖 「もんじゅ」差し止め訴訟』緑風出版.

B19-2 　緑風出版編集部編，1996，『高速増殖炉もんじゅ事故』緑風出版.

B19-4 　福井県の原子力，http://www.athome.tsuruga.fukui.jp/nuclear/information/fukui/data/honshi.pdf(130123 アクセス).

B19-5 　原子力発電に反対する福井県民会議，2001，『若狭湾の原発集中化に抗して 市民が訴え続けた四半世紀の記録』原子力発電に反対する福井県民会議.

B19-6 　海渡雄一，2011，『原発訴訟』岩波書店.

3　建設中および計画中原発施設年表

■大間原発

B20-1 　佐藤亮一，1997，「大間原発計画の足跡」反原発運動全国連絡会編『反原発運動マップ』緑風出版，36-38.

B20-2 　竹田とし子，2012，「大間原発大まちがい フル MOX なんてとんでもない」反原発運動全国連絡会編『脱原発，年輪は冴えていま』七つ森書館，68-79.

B20-3	大間原発訴訟の会，http://ameblo.jp/ooma/archive1—200804.html（110920 アクセス）．
B20-4	OhMAGROCKS，http://ohmagrock6.greenwebs.net/?page_id=30（110920 アクセス）．
B20-6	野村保子，2015，『大間原発と日本の未来』寿郎社．
B20-7	稲沢潤子ほか，2014，『大間・新原発を止めろ』大月書店．

■上関原発

B21-1	木原省治，2010，『原発スキャンダル』七つ森書館．
B21-2	木原省治，2009，『History No Nukes 自然とともに生きる 海は売らない 上関原発 1 万日の記録』私家版．
B21-3	朝日新聞山口支局編著，2001，『国策の行方 上関原発計画の 20 年』南方新社．
B21-11	長島の自然を守る会，http://www2.ocn.ne.jp/~haguman/nagasima.htm（120312 アクセス）．
B21-13	野村康弘，2006，「入会権の性質の転化と消滅 上関原発用地入会権訴訟を素材として」『総合政策論叢』島根県立大学総合政策学会，（12）2006.12.
B21-14	矢野達雄，2007，「山口県上関原子力発電所予定地訴訟控訴審判決の批判的検討 入会地の処分をめぐる問題を中心に」『愛媛法学会雑誌』愛媛大学法学会，33（3・4）2007.
B21-16	山秋真，2012『原発をつくらせない人びと 祝島から未来へ』岩波書店．
B21-17	「祝の島」公式サイト，https://www.hourinoshima.com/（171226 アクセス）．
B21-18	「上関町」公式サイト，http://www.town.kaminoseki.lg.jp/ 人口・世帯数 .html（171230 アクセス）．

4 核燃料再処理施設・廃棄物施設

■核燃料再処理施設年表

B22-1	青森県商工労働部資源エネルギー課，2003，『青森県の原子力行政』青森県．
B22-2	青森県商工労働部資源エネルギー課，2004，『青森県の原子力行政』青森県．
B22-3	デーリー東北新聞社編，2002，『検証むつ小川原の 30 年』デーリー東北新聞社．
B22-4	青森県むつ小川原開発室，1977，『むつ小川原開発の主なる経過』青森県．
B22-5	松原邦明，1974，『開発と住民の権利 むつ小川原の法社会学的分析』北方新社．
B22-6	関西大学経済・政治研究所環境問題研究班,1979,『むつ小川原開発計画の展開と諸問題「調査と資料」第 28 号』関西大学経済・政治研究所．
B22-7	核燃サイクル阻止 1 万人訴訟原告団，1999，『原告団 10 年の歩み』核燃サイクル阻止 1 万人訴訟原告団．
B22-8	東奥日報，http://www.toonippo.co.jp/kikaku/kakunen/index.html（130815 アクセス）．
B22-9	デーリー東北，「むつ小河原年表」，http://cgi.daily-tohoku.co.jp/cgi-bin/tiiki_tokuho/mo/nenpyo/mo_（130815 アクセス）．
B22-10	青森県エネルギー総合対策局原子力立地対策課，2013，『青森県の原子力行政』青森県．
B22-11	環境省，http://www.env.go.jp/（170525 アクセス）．
B22-12	デーリー東北，http://www.daily-tohoku.co.jp/（170525 アクセス）．
B22-13	新藤光弘，2002，『原子力事故と東海村の人々』那珂書房．
B22-14	原子力研究所原子炉工学部安全工学研究室，1970，『原子力施設の事故・災害・異常調査』原子力研究所．
B22-15	内閣府原子力委員会，http://www.aec.go.jp/（170525 アクセス）．
B22-16	NHK ETV 特集取材班，2013，『原発メルトダウンへの道 原子力政策研究会 100 時間の証言』新潮社．
B22-17	吉岡斉，2011，『新版 原子力の社会史』朝日新聞出版．
B22-18	経産省，http://www.meti.go.jp/（170525 アクセス）．
B22-19	原子力委員会高レベル放射性廃棄物処分懇談会，2008 年 5 月 29 日，「高レベル放射性廃棄物処分に向けての基本的考え方について」．
B22-20	土井淑平・小出裕章，2001，『人形峠ウラン鉱害裁判』批評社．
B22-21	内閣府原子力委員会，http://www.aec.go.jp/jicst/NC/tyoki/tyoki_back.htm（170515 アクセス）．
B22-22	吉岡斉，2011，『新版 原子力の社会史』朝日新聞出版．
B22-23	西尾漠，1988，『原発の現代史』技術と人間．
B22-24	内閣府原子力委員会，http://www.aec.go.jp/（120525 アクセス）．
B22-25	NHK ETV 特集取材班，2013，『原発メルトダウンへの道 原子力政策研究会 100 時間の証言』新潮社．
B22-26	原子力委，http://www.aec.go.jp/jicst/NC/tyoki/tyoki_back.htm（120525 アクセス）．
B22-27	IAEA，http://www.iaea.org/Publications/Documents/Infcircs/1998/infcirc549a1.pdf（120525 アクセス）．
B22-28	原子力委員会高レベル放射性廃棄物処分懇談会，2008，「高レベル放射性廃棄物処分に向けての基本的考え方について」（080529 付）．

附録

■高レベル放射性廃棄物処理問題年表

B23-1　原子力委員会高レベル放射性廃棄物処分懇談会，2008 年 5 月 29 日，「高レベル放射性廃棄物処分に向けての基本的考え方について」．

B23-2　日本学術会議，2012 年 9 月 11 日，『高レベル放射性廃棄物の処分について』．

B23-3　原子力委員会，1962 年 4 月 11 日，「廃棄物処理専門部会中間報告書」．

B23-4　原子力委員会，1973 年 6 月 25 日，「環境・安全専門部会中間報告書（放射性固体廃棄物分科会）」．

B23-5　原子力委員会，1976 年 10 月 8 日，「放射性廃棄物対策について」（原子力委員会決定）．

B23-6　原子力委員会，2012 年 12 月 18 日，「今後の高レベル放射性廃棄物の地層処分に係る取組について（見解）」．

B23-7　青森県商工労働部資源エネルギー課，2003，『青森県の原子力行政』青森県．

B23-8　まさのあつこ，2007，「それは闇社会からもたらされた」『論座』朝日新聞社，147．

B23-9　滝川康治，2001，『核に揺れる北の大地 幌延』七つ森書館．

B23-10　北海道庁，http://www.pref.hokkaido.lg.jp/kz/kke/horonobe/data/zyourei.htm（120716 アクセス）．

B23-11　北海道庁，http://www.pref.hokkaido.lg.jp/kz/kke/horonobe/data/kyoutei.htm（120716 アクセス）．

B23-12　幌延町，http://www.town.horonobe.hokkaido.jp/d1w_reiki/412901010025000000MH/412901010025000000MH/412901010025000000MH.html（120716 アクセス）．

B23-13　原子力委員会，1960，『原子力委員会月報』(5)11，http://www.aec.go.jp/jicst/NC/about/ugoki/geppou/V05/N11/196000V05N11.html（170715 アクセス）．

B23-14　原子力委員会，1961，『原子力委員会月報』(6)3，http://www.aec.go.jp/jicst/NC/about/ugoki/geppou/V06/N03/19610301V06N03.html（170715 アクセス）．

B23-15　原子力委員会，1979，『原子力委員会月報』(24)3，http://www.aec.go.jp/jicst/NC/about/ugoki/geppou/V24/N03/197901V24N03.html（170715 アクセス）．

B23-16　原子力委員会，1980，『原子力委員会月報』(25)12，http://www.aec.go.jp/jicst/NC/about/ugoki/geppou/V25/N12/197900V24N12.html（170715 アクセス）．

B23-17　原子力資料情報室，http://www.cnic.jp/506（170715 アクセス）．

B23-18　原子力委員会新計画策定会議技術検討小委員会，http://www.aec.go.jp/jicst/NC/tyoki/gijyutu2004/gijyutu06/gijyutu_si06.htm（170715 アクセス）．

B23-19　西尾漠，1988，『原発の現代史』技術と人間．

B23-20　原子力委員会高レベル放射性廃棄物処分懇談会，2008，「高レベル放射性廃棄物処分に向けての基本的考え方について」（080529 付）．

第 6 章　世界の原子力発電所

2　各国・地域別年表

■アメリカ

F1-1　青山貞一，1976，「米国における市民運動の動向 原発開発への関わりを事例として」『技術と経済』117: 42-54．

F1-2　今中哲二，1999，「原発事故による放射能災害 40 年前の被害試算」『軍縮問題資料』223: 20-25．

F1-4　井樋三枝子，2011，「アメリカの原子力政策の動向 ユッカマウンテン凍結後のバックエンド政策」『外国の立法』249: 87-100，国立国会図書館調査及び立法考査局，www.ndl.go.jp/jp/data/publication/legis/pdf/02490006.pdf（121112 アクセス）．

F1-5　卯辰昇，2012，『現代原子力法の展開と法理論 第 2 版』日本評論社．

F1-6　ウォーカー，サミュエル，Jr.，西堂紀一郎訳，2006，『スリーマイルアイランド 手に汗握る迫真の人間ドラマ』ERC 出版．

F1-7　大友詔雄・常盤野和男，1990，『原子力技術論』全国大学生活協同組合連合会．

F1-8　カーチス・リチャード／ホーガン・エリザベス，高木仁三郎ほか訳，2011，『原子力その神話と現実 増補新装版』紀伊国屋書店．

F1-9　科学技術庁，1980，「第 2 部 科学技術活動の動向 第 4 章 国際交流の動向 2 二国間協力活動（1）先進国との協力」『昭和 54 年版科学技術白書』，http://www.mext.go.jp/b_menu/hakusho/html/hpaa197901/hpaa197901_2_058.html（121112 アクセス）．

F1-11　高木仁三郎編，1980，『スリーマイル島原発事故の衝撃 1979 年 3 月 28 日そして…』社会思想社．

F1-12	田窪祐子，1996，「カリフォルニア州『原子力安全法』の成立過程」『環境社会学研究』2: 91-108.
F1-14	長谷川公一，2011，『脱原子力社会の選択 増補版』新曜社.
F1-16	ピーター・プリングル／ジェームズ・スピーゲルマン，蒲田誠親監訳，1982，『核の栄光と挫折 巨大科学の支配者たち』時事通信社.
F1-17	マシュー・マクルア編，大井幸子・綿貫礼子訳，1980，『原子力裁判』アンヴィエル.
F1-18	R. ルドルフ／ S. リドレー，岩城淳子ほか訳，1991，『アメリカ原子力産業の展開 電力をめぐる百年の構想と90年代の展望』お茶の水書房.
F1-19	ハーヴィ・ワッサーマンほか，茂木正子訳，1983，『被爆国アメリカ』早川書房.
F1-21	Cooke, Stephanie, 2009, *In Mortal Hands: A Cautionary History of the Nuclear Age*, NY: Bloomsbury.
F1-22	Environmental Law Institute, National Environmental Policy Act (NEPA), http://www.eli.org/landbiodiversity/national-environmental-policy-act-nepa（140101 アクセス）.
F1-24	Greenberg Michael R., Bernadette M. West and Karen W. Lowrie, 2009, *The Reporter's Handbook on Nuclear Materials, Energy, and Waste Management*, Nashville, TN: Vanderbilt University Press.
F1-25	Lloy's personal file: documents collected by Lloyd Marbet, and owned by The Oregon Conservancy Foundation PO Box982 Clackamas, Oregon 97015.
F1-26	Pope, Daniel, "Anti-Nuclear Movement," Oregon Encyclopedia Portland State University, http://www.oregonencyclopedia.org/entry/view/Anti_nuclear_movement/（121124 アクセス）.
F1-27	Stacy, Susan M, 2000, *Proving the Principle: a History of the Idaho National Engineering and Environmental Laboratory, 1949-1999*, Idaho Operations, Office of the Department of Energy.
F1-28	Strenglass, Ernest J. 1972, *Secret Fallout Low-Level Radiation from Hiroshima to Three-Mile Island*, McGraw-Hill.
F1-30	Watts, Richard A., 2012, *Public Meltdown*, The University Vermont, White River Press.
F1-31	Walker, J. Samuel and Thomas R. Wellock, 2010, *A Short History of Nuclear Regulation, 1946-2009*, Washington DC: Office of the Secretary, U.S. Nuclear Regulatory Commission.
F1-32	原子力環境整備促進・資金管理センター，2012，諸外国における高レベル放射性廃棄物処分の状況 米国，http://www2.rwmc.or.jp/wiki.php（121022 アクセス）.
F1-36	Ballot Pedia, http://ballotpedia.org/wiki/index.php/Washington Ban on Transportation and Storage_ofRadioactive Waste, Initiative_383(1980)（121123 アクセス）.
F1-37	U.S. Department of Energy, Office of Legacy Management, 2011, *Fact Sheet：Site A/Plot M, Illinois, Decommissioned Reactor Site*, Washington DC: U.S. Department of Energy. http://www.lm.doe.gov/sitea_plotm/Sites.aspx（121129 アクセス）.
F1-39	Bill Dedman, March 17, 2011, "What Are the Odds? US Nuke Plants Ranked by Quake Risk," MSNBC News, http://www.msnbc.msn.com/id/42103936/（121110 アクセス）.
F1-40	U.S. Energy Information Administration, *Energy Timelines Nuclear*, http://www.eia.gov/kids/energy.cfm?page=tl_nuclear（121125 アクセス）.
F1-43	U.S. Department of Justice, *Radiation Exposure Compensation Program*, http://www.justice.gov/civil/common/reca.html（121124 アクセス）.
F1-45	Nuclear Energy Institute, New Nuclear Plant Licensing, http://www.nei.org/keyissues/newnuclearplants/newnuclearplantlicensing/（120708 アクセス）.
F1-46	Nuclear Files. Project of the Nuclear Age Peace Foundation, http://www.nuclearfiles.org/
F1-47	U.S. Nuclear Regulatory Commission, 2012, NRC Sites Power Reactor Sites Undergoing Decommissioning Dresden, http://www.nrc.gov/info-finder/decommissioning/power-reactor/dresden-nuclear-power-station-unit-1.html（121123 アクセス）.
F1-48	U.S. Nuclear Regulatory Commission, 2012, NRC Sites Power Reactor Sites Undergoing Decommissioning Fermi Unit 1, http://www.nrc.gov/info-finder/decommissioning/power-reactor/enricofermi-atomic-power-plant-unit-1.html（121123 アクセス）.
F1-49	U.S. Nuclear Regulatory Commission, Emergency Preparedness and Response, 2012, History, http://www.nrc.gov/about-nrc/emerg-preparedness/history.html（121125 アクセス）.
F1-50	U.S. Nuclear Regulatory Commission, 2013, Governing Legistation, http://www.nrc.gov/about-nrc/governing-laws.html（140208 アクセス）.
F1-52	David D. Schmidt, 1989, *Citizen Lawmakers The Ballot Initiative Revolution*, Temple U.P. Philadelphia.
F1-54	Union of Concerned Scientist, About Us, Our History, www.ucsusa.org/about/ucs-history-over-40-years.html

（121110 アクセス）.

F1-55	Ballot Pedia, http://ballotpedia.org/（121125 アクセス）.
F1-57	原子力学会誌編集委員会，2012，「news」『原子力学会誌』54(1): 8-13.
F1-58	原子力学会誌編集委員会，2012，「news」『原子力学会誌』54(4): 228-233.
F1-59	原子力学会誌編集委員会，2012，「news」『原子力学会誌』54(5): 298-303.
F1-60	原子力学会誌編集委員会，2012，「news」『原子力学会誌』54(8): 504-509.
F1-61	原子力学会誌編集委員会，2012，「news」『原子力学会誌』54(9): 572-577.
F1-62	原子力学会誌編集委員会，2012，「news」『原子力学会誌』54(11): 700-705.
F1-63	原子力学会誌編集委員会，2013，「news」『原子力学会誌』55(1): 12-17.
F1-64	原子力学会誌編集委員会，2013，「news」『原子力学会誌』55(5): 258-263.
F1-65	原子力学会誌編集委員会，2014，「news」『原子力学会誌』56(12): 756-761.
F1-66	原子力学会誌編集委員会，2015，「news」『原子力学会誌』57(9): 570-574.
F1-67	原子力学会誌編集委員会，2015，「news」『原子力学会誌』57(12): 761-765.
F1-68	原子力学会誌編集委員会，2016，「news」『原子力学会誌』58(1): 36-41.
F1-69	原子力学会誌編集委員会，2016，「news」『原子力学会誌』58(2): 73-76.
F1-70	原子力学会誌編集委員会，2016，「news」『原子力学会誌』58(8): 462-467.
F1-71	原子力学会誌編集委員会，2016，「news」『原子力学会誌』58(9): 525-530.
F1-72	原子力学会誌編集委員会，2016，「news」『原子力学会誌』58(10): 585-588.
F1-73	原子力学会誌編集委員会，2016，「news」『原子力学会誌』58(11): 638-641.
F1-74	卯辰昇，2012，『現代原子力法の展開と法理論 第2版』日本評論社.
F1-75	*New York Times*, New York.
F1-76	*Wall Street Jounal*, New York.
F1-77	*Washington Post*, Washington D.C.

■イギリス

F3-1	秋元健治，2006，『核燃料サイクルの闇』現代書館.
F3-2	秋元健治，2012，「イギリスの原子力政策史」『反核から脱原発へ』昭和堂.
F3-3	大島堅一，2007，「再生可能エネルギー普及に関するイギリスの経験」『立命館国際地域研究』(25): 1-18.
F3-4	大竹浩二，2006，「政府諮問機関が原子力発電に批判的な見解を発表」『海外電力』48(8): 78-81.
F3-6	岡久慶，2005，「イギリスの再生可能エネルギー法制」『外国の立法』225: 43-51.
F3-7	木村悦康ほか，2008，「英国政府，原子力政策を発表」『海外電力』50(3): 46-58.
F3-8	窪田秀雄，2003，「英国，負の遺産清算で原子力界の再々編も」『エネルギー』12(10).
F3-9	窪田秀雄，2005，「CO$_2$排出削減目標の達成には原子力が必要 英国の科学技術会議が報告書で強調」『エネルギー』14（8）：79-84.
F3-10	窪田秀雄，2008，「英国，高レベル廃棄物処分サイトの公募開始」『海外電力』50(9): 47-54.
F3-11	桑原秀史，2003，「英国の排出権取引と原子力政策」『経済学論究』56(4): 33-59.
F3-12	桑原秀史，2009，「再生可能エネルギーの拡充と電力の産業組織 英国の経済政策の評価と課題」『経済学論究』63(3): 357-378.
F3-13	齋藤国夫，1955，「英国の原子力発電計画 原子力白書（1955年）」『原子力工業』1(3): 51-55.
F3-14	清水紀史，2002，「ブリティッシュ・エナジー社の経営危機」『海外電力』44(12): 32-38.
F3-16	首藤重幸，2010，「イギリスにおける先端科学技術政策の手続き的司法統制」『早稲田法学』85(3).
F3-19	松田憲幸，2006，「英国原子力施設の廃止事業をめぐる最近の動向」『海外電力』48(11): 54-60.
F3-20	松田憲幸，2007，「新規原子力発電所建設へ向けた民意形成プロセス」『海外電力』49(10): 41-53.
F3-21	村田浩，1960，「英国原子力発電計画の改定とその背景について」日本動力協会編『動力』10(57): 12-17.
F3-22	吉羽和夫，2012，『原子力問題の歴史』河出書房新社.
F3-23	ウィリアム・ウォーカー，2006，『核の軛』七つ森書館.
F3-24	Walker, John R., 2010, *British Nuclear Weapons and the Test Ban 1954-1973*, Ashgate.
F3-25	Taylor, S., 2007, *Privatisation and Financial Collapse in the Nuclear Industry*, Routledge.
F3-26	Rüdig, 1990, Rüdig, Wolfgang, 1990, *Anti-nuclear movements: a world survey of opposition to nuclear energy*, Harlow.
F3-27	原子力産業協会，2012，『世界の原子力発電開発の動向』原子力産業協会.
F3-29	美浜・大飯・高浜原発に反対する大阪の会，2005，「調査委員会報告書・翻訳の紹介」.

F3-30	Harwellparish.co., http://www.harwellparish.co.uk/village4a1000years/book/nine/aere.html（130813 アクセス）.
F3-31	BNFL, *Board of Inquiry Report Fractured Pipe With Loss of Primary Containment in the THORP Feed Clarification Cell*.
F3-33	Greenpeace, 2000, Greenpeace Digital, *A History of reported accidents in Sellafield*, Greenpeace UK.
F3-34	Greenpeace, 2000, *365 Reasons to oppose nuclear power*, Greenpeace International.
F3-36	The National Archives (UK), http://www.legislation.gov.uk/uksi/1990/266/made（130813 アクセス）.
F3-37	The environment council 2011, http://www.the-environment-council.org.uk/resources/unclear-energymanagement-report-2011.pdf（130813 アクセス）.
F3-38	JAIF：（社）日本原子力産業協会 HP，http://www.jaif.or.jp/ja/joho/post-fukushima_world-nucleartrend130205.pdf（130813 アクセス）.
F3-39	馬奈木，2013，「英国で始まった電力市場改革」『エコノミスト』91(54): 36-38.
F3-40	篠田航一，他，2016，『独仏「原発」二つの選択』筑摩書房.
F3-41	原子力学会誌編集委員会，2013，「news」『原子力学会誌』55(2): 76-81.
F3-42	原子力学会誌編集委員会，2016，「news」『原子力学会誌』58(3): 150-155.
F3-43	*The Independent*, London.

■フランス

F4-1	DICoD (Délégation à l'Information et à la Communication de la Défence), 2007, *Dossier de présentation des essias nucléaires et leur suivi au Sahara*.
F4-3	Loi n° 2006-686 relative à la transparence et à la sécurité en matière nucléaire.
F4-5	IRSN, 2008, *Note d'Information*, 8 juiilet 2008.
F4-6	Calméjane, P., 2008, *Assemblée Nationale Rapport*, N° 1768.
F4-7	Simon, G., 2010, *L'héritage de Plogoff, Armen*, N° 174.
F4-8	Loi n° 2010-2 relative à la reconnaissance et à l'indemnisation des victimes des essais nucléaires français.
F4-9	Ministère de la défense, 2006, *La dimention radiologique des essais nucléaires français en Polynésie*.
F4-10	CRIIRAD, 2001, *Plainte contre X*, Deuxième partie: *LES GRIEFS*.
F4-11	淡路剛久，1978，「フランスにおける原発立地と裁判」『ジュリスト』668: 61-66.
F4-12	M. ドギオーム，桜井醇児訳，2001，『核廃棄物は人と共存できるか』緑風出版.
F4-13	B. ドゥスュ，中原毅志訳，2012，『フランス発 ' 脱原発 ' 革命』明石書店.
F4-15	藤木剛康，1997，「1960 年代におけるアメリカの核不拡散政策とフランス原子力開発の展開」『経済理論』和歌山大学経済学部，276: 72-92.
F4-16	藤木剛康，1997，「1970 年代におけるフランス原子力産業の確立と米仏関係の再編」『経済理論』和歌山大学経済学部，275: 93-109.
F4-18	稲葉奈々子，2002，「フランスにおける放射性廃棄物をめぐる反原子力運動の展開」『茨城大学地域総合研究所年報』2002,3: 121-127.
F4-19	日本原子力産業会議，1986，『原子力年表 1934 ～ 1985』日本原子力産業会議.
F4-20	小林晃，2005，「ラ・アーグ再処理工場をたずねて」『技術と人間』34(7): 84-93.
F4-22	真下俊樹，2012，「フランス原子力政策史」『反核から脱原発へ』昭和堂.
F4-23	松田美夜子，2002，『オウシュウレポート 原子力廃棄物を考える旅』日本電気協会新聞部.
F4-24	鈴木尊紘，2010，「フランスにおける原子力透明化法 原子力安全庁及び地域情報委員会を中心に」『外国の立法』国立国会図書館調査及び立法考査課，2010.06：56-64.
F4-25	鈴木尊紘，2010，「フランスにおける核実験被害者補償法」国立国会図書館調査及び立法考査課『外国の立法』245: 44-50.
F4-26	田窪雅文，1991，「フランス核実験場で逮捕されて レムナ・トゥファリウァ牧師に聞く」『技術と人間』20(6): 44 51.
F4-27	吉羽和夫，2012，『原子力問題の歴史』河出書房新社.
F4-28	勝俣誠，1998，「実験が終わって被害者が残った フランスの南太平洋核実験の責任」『軍事問題資料』214: 46-51.
F4-29	淡路剛久，1977，「フランスにおける原発問題騒動記」『公害研究』6(4): 43-51.
F4-30	原子力産業協会，2010，「欧米主要国の原子力法規制の調査（報告書）」日本エヌ・ユー・エス.
F4-31	美浜・大飯・高浜原発に反対する会資料.
F4-34	*Le Figaro*, Juillet 9 2011.

附録

F4-36	*France soir*, june 26, 2011.
F4-37	*Le Monde*, september 8, 2011.
F4-38	*Le Point*, http://www.lepoint.fr/（110714 アクセス）.
F4-39	Radio France international, http://www.rfi.fr/（111207 アクセス）.
F4-40	Nuclear Energy Agency, http://www.oecd-nea.org（111216 アクセス）.
F4-41	*L'Express*, http://www.lexpress.fr/（111216 アクセス）.
F4-42	Greenkids e.V., http://www.greenkids.de/（111216 アクセス）.
F4-43	JAIF：（社）日本原子力産業協会，「福島事故後の世界＆各国・地域の原子力動向」，http://www.jaif.or.jp/ja/joho/post-fukushima_world-nuclear-trend130205.pdf（111207 アクセス）.
F4-46	海外電力欧州事務所，2000，「プレイレ原子力発電所の洪水被害で全国的な緊急時体制が敷かれる」『海外電力』海外電力調査会，42(3): 69-72.
F4-47	海外電力欧州事務所，2005，「放射性廃棄物地層処分研究の現状」『海外電力』海外電力調査会，47(4): 91-93.
F4-48	海外電力調査部，2005，「エネルギー政策指針法の概要」『海外電力』海外電力調査会，47(9): 20-27.
F4-49	海外電力欧州事務所，2006，「パリで放射性廃棄物に関する公開討論会が開催される」『海外電力』海外電力調査会，48(1): 110-113.
F4-50	海外電力欧州事務所，2006，「欧州加圧水型炉（EPR）の建設計画」『海外電力』海外電力調査会，48(1): 37-48.
F4-51	海外電力欧州事務所，2006，「放射性廃棄物の処分方針に関する法案の概要」『海外電力』海外電力調査会，48(6): 101-104.
F4-52	海外電力調査部，2006，「米仏の核燃料サイクル計画」『海外電力』海外電力調査会，48(6): 4-11.
F4-53	海外電力欧州事務所，2007，「新原子力安全局が発足」『海外電力』海外電力調査会，49(2): 160-164.
F4-54	海外電力欧州事務所，2008，「放射性廃棄物の管理・処分・研究の現状」『海外電力』海外電力調査会，50(6): 91-93.
F4-55	海外電力調査部，2015，「フラマンビル3号機の原子炉容器に異常」『海外電力』海外電力調査会，57(6): 48-50.
F4-56	篠田航一ほか，2016，『独仏「原発」二つの選択』筑摩書房.
F4-57	原子力学会誌編集委員会，2013，「news」『原子力学会誌』55(11): 628-633.
F4-58	原子力学会誌編集委員会，2015，「news」『原子力学会誌』57(1): 8-13.
F4-59	原子力学会誌編集委員会，2015，「news」『原子力学会誌』57(8): 506-510.

■ドイツ

F5-1	Aktionsbündnis Münsterland, http://www.kein-castor-nach-ahaus.de（120806 アクセス）.
F5-2	Arbeitsgemeinschaft Schlacht Konrad e.V., http://test.ag-schacht-konrad.de（120904 アクセス）.
F5-3	Badisch-Elsäsische Bürgerinitiativen, http://www.badisch-elsaessische.net/（120814 アクセス）.
F5-4	Bundesministerium für Umwelt, Naturschutz und Reaktorsicherheit, http://www.bmu.de（120830 アクセス）.
F5-5	Bürgerinitiative Umweltschutz Lüchow-Dannenberg e.V., http://www.bi-luechow-dannenberg.de/（120814 アクセス）.
F5-6	EnBW（エネルギー・バーデンビュルテンベルク社），http://www.enbw.com/（120804 アクセス）.
F5-7	E.ON Kernkraft, http://www.eon-kernkraft.com（120804 アクセス）.
F5-8	Geschichite NRW（ノルトライン・ヴェストファーレン州史），http://www.geschichte.nrw.de（120822 アクセス）.
F5-9	Gorleben Archiv, http://gorleben-archiv.de/（120901 アクセス）.
F5-11	IAEA, http://www.iaea.org/（120830 アクセス）.
F5-12	SPIEGEL ONLINE, http://www.spiegel.de/（120901 アクセス）.
F5-15	Arens Roman, Beate Seitz und Joachim Wille ,1987, *Wackersdorf: Der Atomstaat und die Bürger*, Klartext.
F5-16	Baer Willi und Karl-Heinz Dellwo hrsg., 2012, *Lieber heute aktiv als morgen radioaktiv II: Chronologie einer Bewegung*, LAIKA.
F5-17	Bundesamt für Strahlenschutz hrsg., 2008, *Dezentrale Zwischenlager: Bausteine zur Entsorgung radioaktiver Abfälle*.
F5-18	Bundesministerium des Innern hrsg., 1979, *Umwelt*, Nr.69 v.1. 6.
F5-19	EuKo-Info-Redaktion hrsg., 1999, *Von Lingen nach Ahaus: Atomanlagen in umd um Nord-Westfalen*, Eigenverlag.
F5-20	Grassl, Werner und Klaus, Kaschel hrsg., 1986, *Kein Friede den Hütten… Burglengenfeld*, Lokal Verlag Burglengenfeld.
F5-22	Kreisjugendring Amberg-Sulzbach hrsg., 1994, *Nie hätte ich daran gedacht, einer Sache zuzustimmen, die gegen mein Gewissen wäre: Jugendlicher Protest gegen die WAA*.

F5-23　Linse, Ulrich, Reinhard Falter, Dieter Rucht und Winfried Kretschmer, 1988, *Von der Bittschrift zur Platzbesetzung: Konflikte um technische Großprojekte*, Bonn, J. H. W. Dietz Nachf.

F5-25　Mittelbayerische Zeitung, 1989, *DOKUMENTATION: Acht Jahre Streit um die WAA in der Oberpfalz*, Regensburg, Mittelbayerische Zeitung.

F5-26　Müller, D., Wolfgang, 1996, *Geschichte der Kernenergie in der Bundesrepublik Deutschland: Auf der Suche nach dem Erfolg-Die sechziger Jahre-Geschichte der Kernenergie in der Bundesrepublik Deuschland Band II*, Poeschel.

F5-27　Nössler, Bernd und Margret, de Witt hrsg., 1976, *Wyhl: Kein Kernkraftwerk inWyhl und auch sonst nirgends, Betroffene Bürger berichten*, Freiburg, inform.

F5-28　Redaktion des Atom Express hrsg., 1997, *...und auch nicht anderswo! Göttingen*, Die Werkstatt.

F5-29　Rucht, Dieter, 1980, *Von Wyhl nach Gorleben: Bürger gegen Atomprogramm und nukleare Entsorgung.*, C. H. Beck.

F5-30　*Der Spiegel*, 1981 (43).

F5-31　*Der Spiegel*, 1990 (2).

F5-32　Bundesgesetzblatt, 1959, Teil 1.

F5-33　Bundesgesetzblatt, 2000, Teil 1.

F5-34　Bundesgesetzblatt, 2004, Teil 1.

F5-35　Bundesgesetzblatt, 2013, Teil 1.

F5-36　本田宏, 2012,「ドイツの原子力政策の展開と隘路」若尾祐司・本田宏編『反核から脱原発へ』昭和堂：56-108.

F5-37　西田慎, 2012,「反原発から緑の党へ」若尾・本田編著『反核から脱原発へ』昭和堂.

F5-38　ラートカウ, ヨアヒム／海老根剛・森田直子訳, 2012, 『ドイツ反原発運動小史』みすず書房.

F5-40　（公財）自然エネルギー財団, 2012 年 10 月 17 日,「ドイツ視察報告書」.

F5-41　奥嶋文章, 2004,「ドイツにおける脱原子力合意の成立プロセスについての研究」『高木基金助成報告集』NPO 法人高木仁三郎市民科学基金, Vol.1.

F5-42　白川欽哉, 2012,「補論 東ドイツ原子力政策史」若尾・本田編著『反核から脱原発へ』昭和堂.

F5-43　佐藤温子, 2012,「チェルノブイリ原発事故後のドイツ社会」若尾・本田編著『反核から脱原発へ』昭和堂.

F5-44　服部徹・後藤美香・矢島正之・筒井美樹, 2004,「欧州における電力自由化の動向」八田達夫・田中誠編『電力自由化の経済学』東洋経済新報社.

F5-46　Bundesgesetzblatt, 2013, Teil 1.

F5-47　http://kraftwerke.vattenfall.de/brunsbuttel/ （170505 アクセス）.

F5-48　http://www.bfe.bund.de/DE/home/home_node.html （170506 アクセス）.

F5-49　http://www.bundestag.de/endlager-archiv/ （170506 アクセス）.

F5-50　https://www.preussenelektra.de/ （170505 アクセス）.

F5-51　http://kraftwerke.vattenfall.de/krummel/ （170505 アクセス）.

F5-52　https://www.enbw.com/ （170505 アクセス）.

F5-53　http://www.bundestag.de/endlager-archiv/abschlussbericht/434590.html （170506 アクセス）.

F5-54　https://www.bge.de/de/ （Access 170506 アクセス）.

F5-55　*Elbe Jeetzel Zeitung*, Lüchou.

F5-56　*Frankfurter Rundschau*, Francfurt.

F5-57　*Mittelbayerische Zeitung*, Regensburg.

F5-58　*Süddeutsche Zeitung*, München.

■スウェーデン

F7-1　小澤徳太郎, 2006, 『スウェーデンに学ぶ「持続可能な社会」』朝日新聞社.

F7-2　小澤徳太郎, 1996, 『21 世紀も人間は動物である 持続可能な社会への挑戦 日本 VS スウェーデン』新評社.

F7-3　ペーター・ステーンほか, 1981, 『原子力 V.S ソーラー』ハイライフ出版.

F7-11　原子力環境整備促進・資金管理センター, 2012, 『諸外国における高レベル放射性廃棄物の処分について』経済産業省資源エネルギー庁.

F7-12　海外電力調査会, 2003, 『海外諸国の電気事業 第一編』.

F7-13　World Nuclear Association, Nuclear Power in Sweden, http://www.world-nuclear.org/info/inf42.html （120514 アクセス）.

F7-14　Ministry of Sustainable Development Sweden, 2005, Sweden's Second National Report Under the Joint Convention on the Safety of Spent Fuel Management and on the Safety of Radioactive Waste Management,

附録

          http://www.sweden.gov.se/content/1/c6/05/40/89/fc570cf2.pdf（120514 アクセス）.

F7-16   Prime Minister's Office, 5 February 2009, A sustainable energy and climate policy for the environment, competitiveness and long-term stability http://www.sweden.gov.se/content/1/c6/12/00/88/d353dca5.pdf（120514 アクセス）.

F7-18   中嶋瑞枝, 2007,「研究ノート スウェーデンの環境党・緑 ドイツ・緑の党との比較における政権参加の条件」『外務省調査月報』外務省第一国際情報官室, 2006 年度 4 号：1-4.

F7-19   児玉克哉, 1991,「スウェーデンの防衛政策の一考察 非挑発的防衛理論の実践」『人文論叢（三重大学人文学部文化学科研究紀要）』8: 59-66.

F7-20   Helena Flam in collaboration with Andrew Jamison, 1994, "The Swedish Confrontation over Nuclear Energy: A Case of a Timid Anti-nuclear Opposition," Helena Flam ed., *States and Anti-nuclear Movements*, Edinburg University Press, 1994.

F7-23   佐藤吉宗, 2009 年 7 月（2012 年 2 月 15 日改訂版ファイル）「原発の増設ではなく, 原発依存の抑制に取り組むスウェーデンの意欲」『えんとろぴぃ』66.

F7-24   川名英之, 2005,『世界の環境問題 第 1 巻 ドイツと北欧』緑風出版.

F7-25   ワールドウォッチ研究所『地球白書』2006-07: 322.

F7-26   原子力学会誌編集委員会, 2012,「news」『原子力学会誌』54(12): 770-773.

F7-27   原子力学会誌編集委員会, 2013,「news」『原子力学会誌』55(8): 428-434.

F7-28   原子力学会誌編集委員会, 2014,「news」『原子力学会誌』56(4): 226-229.

F7-29   原子力学会誌編集委員会, 2015,「news」『原子力学会誌』57(7): 442-446.

F7-30   原子力学会誌編集委員会, 2015,「news」『原子力学会誌』57(12): 761-765.

F7-31   *The Washington Post*, Washington D.C.

■旧ソ連・ロシア

F8-1   藤井晴雄, 2001,『ソ連・ロシアの原子力開発』東洋書店.

F8-2   藤井晴雄・西条泰博, 2012,『原子力大国ロシア 秘密都市・チェルノブイリ・原発ビジネス』東洋書店.

F8-5   桜井淳, 1995,「ロシア連邦領土の周辺海域における放射性廃棄物海洋投棄に関連する事実と諸問題（3）」『原子力工業』41(5): 77-80.

F8-11   村上朋子, 2010,『激化する国際原子力商戦 その市場と競争力の分析』エネルギーフォーラム.

F8-12   西条泰博, 2008,「21 世紀中期を展望したロシアの原子力開発戦略」『エネルギー』41(11): 37-41.

F8-13   エネルギー編集部, 2009,「推進とは分離独立したロシアの原子力安全規制」『エネルギー』42(11): 46-48.

F8-14   エネルギー編集部, 2009,「日ロ原子力協定の条文概要と解説」『エネルギー』42(7): 74-82.

F8-15   藤井晴雄, 2010,「旧ソ連諸国の原子力発電開発計画」『エネルギー』43(1): 42-46.

F8-18   石恵施, 2011,「北欧での原子力復帰・開発の動きが急に」『原子力 eye』日刊工業新聞社, 56(9): 44-45.

F8-19   （社）海外電力調査会, 2011,『海外諸国の電気事業 第 1 編 追補版 1 欧米主要国の気候変動対策（電力編）』.

F8-20   （社）日本原子力産業協会, 2012,『世界の原子力発電開発の動向 2012 年版』.

F8-21   A. イーレシュ／Y. マカーロフ／瀧澤一郎訳, 1992,『核に汚染された国 隠されたソ連核事故の実態』文藝春秋.

F8-22   マーシャル・ゴールドマン, 1989,「特集ゴルバミノスクの危機 ここまできたソ連の環境汚染」『知識』95: 68-75.

F8-23   AERA, 1989,「ソ連民族の炎 中央アジア辺境も声をあげた 核実験, 環境悪化, その裏に存在する民族問題」『AERA』2(52): 35-37.

F8-25   石田紀郎, 1992,「カザフスタン共和国との交流をひらく」『公明』365: 64-73.

F8-27   徳永盛一訳, 1999,「ソ連原潜開発と大事故」『軍事研究』3 月：189-207.

F8-28   川野徳幸ほか, 2006,『カザフスタン共和国セミパラチンスク地区の被曝証言集』広島大学ひろしま平和コンソーシアム.

F8-29   United Nations Scientific Committee on the Effects of Atomic Radiation, 2000, UNSCEAR2000 Report.Vol I.

F8-31   International Campaign to Abolish Nuclear Weapons, http://www.icanw.org/（130604 アクセス）.

F8-33   （公財）原子力環境整備促進・資金管理センター, http://www2.rwmc.or.jp/wiki.php?id=hlw:ru(130604 アクセス）.

F8-38   大田憲司・木下道雄, 1997,「ソ連・ロシアの原子力産業発達史（4）」『原子力工業』43(7): 54-59.

F8-40   大田憲司・木下道雄, 1997,「ソ連・ロシアの原子力産業発達史（7）」『原子力工業』43(10): 70-76.

F8-41   大田憲司・木下道雄, 1997,「ソ連・ロシアの原子力産業発達史（8）」『原子力工業』43(11): 69-73.

F8-42   外務省, http://www.mofa.go.jpmofajindex.html（130604 アクセス）.

F8-43   原子力学会誌編集委員会, 2012,「news」『原子力学会誌』54(12): 770-773.

F8-44	原子力学会誌編集委員会，2012，「news」『原子力学会誌』54(8): 504-509.
F8-45	原子力学会誌編集委員会，2014，「news」『原子力学会誌』56(5): 302-306.
F8-46	原子力学会誌編集委員会，2015，「news」『原子力学会誌』57(8): 506-510.
F8-47	原子力学会誌編集委員会，2016，「news」『原子力学会誌』58(6): 341-344.
F8-48	（公財）原子力環境整備促進・資金管理センター　海外ニュース，http://www2.rwmc.or.jp/nf/?p=18546（170520 アクセス）.
F8-49	（独）日本原子力産業協会　海外ニュース，http://www.jaif.or.jp/161102-a/（170520 アクセス）.
F8-50	BBC News，http://www.bbc.com/news/（130604 アクセス）.

■中国

F9-1	チベット国際キャンペーン，ペマ・ギャルポ監訳，2000，『チベットの核 チベットにおける中国の核兵器』日中出版.
F9-2	藤井晴雄，2000，「中国における再処理施設の開発と現状」『海外電力』42(6): 446-49.
F9-3	平松重雄，1996，『中国の核戦力』勁草書房.
F9-4	海外電力調査会，2006，『中国の電力産業 大国の変貌する電力事情』オーム社.
F9-5	郭四志，2011，「原発問題 中国原子力発電について」『中国環境ハンドブック 2011-2112 年版』蒼蒼社，158-170.
F9-6	郭四志，2011，『中国エネルギー事情』岩波書店.
F9-7	片岡直樹，2011，「原子力損害の民事責任制度」『中国環境ハンドブック 2011-2112 年版』蒼蒼社，220-224.
F9-9	窪田秀雄，2008，「中国が‘原子力発電中長期計画’を公表」『エネルギー』日本工業新聞社，2008-1：53-57.
F9-10	窪田秀雄，2008，「中国のエネルギー事情，原子力発電拡大の見通しと課題」『エネルギー』日本工業新聞社，128(5): 35-50.
F9-11	孔麗，2008，『現代中国経済政策史年表』日本経済評論社.
F9-12	永崎隆雄，2005，「意欲的な中国原子力発電計画 経済高度成長と電力不足を背景に」『エネルギーレビュー』2005-5: 40-44.
F9-13	中山元，2010，「中国の原子力発電の概要」『日本原子力学会誌』52(9): 52-56.
F9-14	北京事務所，2000，「中国における電気事業の動向 電力需給，電力改革と原子力発電の状況」『海外電力』海外電力調査会，42(6): 36-41.
F9-15	李志東，2003，「中国における原子力発電開発の現状と中長期展望」『エネルギー経済』日本エネルギー経済研究所，29(3): 95-105.
F9-16	李春利，2012，『中国の原子力政策と原発開発』東京大学ものづくり経営センター，http://merc.e.u-tokyo.ac.jp/mmrc/dp/pdf/MMRC381_2012.pdf（130813 アクセス）.
F9-17	桜井淳，1996，「東アジアの原子力発電所視察報告 中国，韓国，台湾の原発の安全性問題」『原子力工学』42(3): 9-16.
F9-18	テピア総合研究所編，2008，『中国原子力ハンドブック』日本テピア.
F9-19	安江伸夫，2011，「原発問題 福島原発事故が中国を追い詰める」『中国環境ハンドブック 2011-2112 年版』蒼蒼社，172-187.
F9-20	吉羽和夫，2012，『原子力問題の歴史』河出書房新社.
F9-21	JAEF：原子力産業会議，http://www.jaif.or.jp/ja/joho/post-fukushima_world-nuclear-trend130205.pdf（130813 アクセス）.
F9-22	NTI: Nuclear Threat Initiative, http://www.nti.org/media/pdfs/china_nuclear_3.pdf?_=1364257156（130813 アクセス）.
F9-23	小林，2016，「中国初の原子力白書を読み解く」『原子力学会誌』58(7): 434-439.
F9-24	邢，2014，「温室効果ガス排出権取引の進展状況（中国）」『海外電力』56(6): 27-32.
F9-25	原子力学会誌編集委員会，2012，「news」『原子力学会誌』54(7): 430-435.
F9-26	原子力学会誌編集委員会，2013，「news」『原子力学会誌』55(9): 484-489.
F9-27	原子力学会誌編集委員会，2014，「news」『原子力学会誌』56(6): 360-365.
F9-28	原子力学会誌編集委員会，2014，「news」『原子力学会誌』56(7): 432-434.
F9-29	原子力学会誌編集委員会，2014，「news」『原子力学会誌』56(8): 480-485.
F9-30	原子力学会誌編集委員会，2015，「news」『原子力学会誌』57(4): 247-251.
F9-31	原子力学会誌編集委員会，2015，「news」『原子力学会誌』57(10): 630-635.

■台湾

| F10-1 | 施信民編，2007，『臺灣環保運動史料彙編』国史館. |

附録

F10-2	大西信秋，2011，「台湾における原子力事情」『海外便り』91: 62-68.
F10-4	神山弘章，2004，「建設進む台湾・第4原子力発電所」『エネルギー』37(9): 91-93.
F10-5	高成炎，2008，「台湾における反原発運動の現状と展望」『原子力資料情報室通信』410: 4-6.
F10-7	糸土広，1993，「マンションの壁から放射線」『技術と人間』22(7): 25-35.
F10-8	宮嶋信夫，1996，『原発大国へ向かうアジア』平原社.
F10-9	伊藤孝司，2000，『台湾への原発輸出』風媒社.
F10-10	IAEA, The Text of a Safeguards Transfer Agreement Relating to a Bilateral Agreement between the Republic of China and the United of America, http://www.iaea.org/Publications/Documents/Infcircs/Others/infcirc158.pdf（121102 アクセス）.
F10-11	国際原子力広報支援センター，http://www.iccnp.com/data2.html（121102 アクセス）.
F10-13	全国法規資料庫英訳法規査詢系統（中華民国），http://law.moj.gov.tw/Eng/LawClass/LawHistory. aspx?PCode=J0160003（121102 アクセス）.
F10-14	紀駿傑・蕭新煌，2006，『台湾全志 環境與社会篇』南投：国史館.
F10-16	台灣環境資訊報.
F10-17	中央社.
F10-20	A Historical Timeline of Taiwan After WWII, https://www.mtholyoke.edu/~jtung/Taiwan%27s%20Political%20 History/Pages/Timeline.htm（121102 アクセス）.
F10-21	Nuclear Energy, http://wapp4.taipower.com.tw/nsis/3/3_1.php?firstid=3&secondid=1&thirdid=1(140105アクセス).
F10-22	Kao, Shu-Fen, 2008, "Social Amplification of Risk and Environmental Collective Activism:a Case Study of Cobalt-60 contamination Incident in Taiwan," *Int. J. of Global Environmental Issues*, 8(1/2): 182-203.
F10-24	原子力産業協会，2012，『世界の原子力開発の動向 2012』原子力産業協会.
F10-25	原子力学会誌編集委員会，2014，「news」『原子力学会誌』56(1)：4-9.

■韓国

F11-1	仁科健一・野田京美，1989，『韓国公害レポート』新幹社.
F11-2	原子力安全委員会，2011，『2011 年 原子力安全年鑑』韓国原子力安全技術院，韓国原子力統制技術院.
F11-3	韓国原子力産業会議作成年表，http://www.kaif.or.kr/pds/11.asp（140416 アクセス）.
F11-4	パク・ジェモク，1995，「地域反核運動と住民参与 4ヶ地域の原子力施設反対運動の比較」ソウル大学大学院社会学科 博士論文.
F11-5	具度完，2007，「六月抗争と生態環境」『歴史批評』歴史批評社，87.
F11-6	黒沢真爾，1989，「韓国反原発運動の特徴」『技術と人間』18(2): 72-79.
F11-7	天笠啓祐，1988，「韓国の原発はいまどうなっているか」『技術と人間』17(1): 102-106.
F11-8	中林保，1984，「ベクテル・スキャンダル」『技術と人間』13(8): 8-15.
F11-10	宮嶋信夫，1996，『原発大国へ向かうアジア』平原社.
F11-11	白井京，2010，「韓国における原子力安全規制法制」『外国の立法』244: 104-114.
F11-12	金恵貞,2012,「没落する核産業にオール・インする韓国核産業界に立ち向かう脱核運動」『ハムッケサヌンギル』2012. 8.
F11-13	金恵貞，「韓国脱核運動の現況と東アジアの国際連帯」，PPT 原稿（韓国語／発表場所・日時不明）.
F11-15	鄭智允，2012,「韓国における 2004 年住民投票法に基づく4つの住民投票をめぐって」『自治総研』403: 70-98.
F11-19	エネルギー情報研究会議,2006,『諸外国の原子力事情 (VI) アジア諸国の原子力開発動向』社会経済生産性本部.
F11-20	原子力産業協会，http://www.jaif.or.jp/（140416 アクセス）.
F11-21	朴泰均，2013，『事件で読む大韓民国』歴史批評社.
F11-23	MBC ドキュメンタリー「今は語れる 朴正煕と核開発」（1999 年 11 月 7 日放送）.
F11-25	緑色連合，2004，「原子力研究所の核波紋関連まとめ（2004/09/02-10/22）」，http://www.greenkorea. org/?p=14252（140416 アクセス）.
F11-26	趙，2015，「原発地域の甲状腺ガン」『食品と暮らしの安全』310: 12.
F11-27	原子力学会誌編集委員会，2013，「news」『原子力学会誌』55(8): 428-434.
F11-28	原子力学会誌編集委員会，2015，「news」『原子力学会誌』57(7): 442-446.
F11-29	原子力学会誌編集委員会，2015，「news」『原子力学会誌』57(9): 570-574.
F11-30	原子力学会誌編集委員会，2015，「news」『原子力学会誌』57(10): 630-636.
F11-31	『東亜日報』，ソウル.
F11-32	『民衆の声』（インターネット新聞），www.vop.co.kr/（140416 アクセス）.

F11-33　　『聯合ニュース』，ソウル.
F11-34　　『国民日報』，ソウル.
F11-35　　『韓国日報』，ソウル.
F11-36　　『朝鮮日報』，ソウル.

事項索引

◆ ＊を付けた語句は「用語集」で解説しているので参照されたい。
◆ 組織名などの冒頭の国名は一部例外を除いて、末尾に後置して配列した（例：韓国原子力研究所→原子力研究所，韓国）。
◆ 東アジアの固有名詞の漢字は、（ ）で読みを補った場合を除き、日本語の慣例の音読みで配列した。

■A〜Z

ABB（アセア・ブラウン・ボベリ）社 223, 345

ABCC（米原爆傷害調査委員会） 322

ABWR（改良型沸騰水型軽水炉）＊ 209, 226, 234, 235, 236, 238, 239, 259, 260, 277, 284, 285, 286, 288, 326, 352, 360, 374

AECL（カナダ原子力公社） 362

AEP（アトムエネルゴプロム） 351

AERE（英国原子力研究所，ハーウェル原子力研究所） 328

ALPS（多核種除去設備） 8, 12

AMSA（スウェーデン反核行動グループ） 344

ANS（仏原子力安全機関） 336

AREVA（アレバ）社 332, 333, 336, 337, 356, 357

ATR（新型転換炉）＊ 276, 277, 284, 285, 292, 293, 370, 375, 379

BE（ブリティッシュ・エナジー）社 330, 331, 332

BMU（ドイツ連邦環境自然保護原子炉安全省） 340

BN-600, ソ連（高速増殖炉原型炉） 349

BNFL（英核燃料会社） 257, 293, 298, 329, 330, 331, 345

BOR-50, ソ連（高速増殖炉実験炉） 349

B&W（バブコック・アンド・ウィルコックス）社 323

CANDU（カナダ型重水炉）＊ 284, 355, 362, 364, 367, 374, 378

CIS（独立国家共同体） 170, 350

COGEMA（コジェマ）社 293, 298, 334, 336

COMECON（共産圏経済援助相互会議） 349

CSC（原子力の損害についての補完的補償に関する条約） 377

CTBT（包括的核実験禁止条約）＊ 15, 335, 355, 375

DAtk（独原子力委員会） 338

DFR（ドーンレイ高速増殖実験炉） 329, 332, 368

DOE（米エネルギー省） 323, 324, 325, 326, 327

DWK（ドイツ核燃料再処理有限会社） 339, 340, 341

ECCS（緊急炉心冷却装置, 非常用炉心冷却装置）＊ 218, 219, 228, 232, 235, 239, 248, 249, 252, 253, 323, 375, 379

EDF（仏電力公社） 327, 332, 333, 335, 336, 337, 357

EPR（欧州加圧水型炉）＊ 332, 336, 337, 356, 357, 374

EPZ（防災対策重点地域）＊ 240, 323, 375

EU（欧州連合） 73, 179, 198, 331, 332, 333, 336, 337, 346, 350, 351, 352, 375

FIT（独再生可能エネルギー固定価格買い取り制度） 343

G7 171, 172, 350

GA（General Atomic）社 362

GE（ゼネラル・エレクトリック）社 11, 178, 180, 183, 214, 217, 218, 226, 228, 230, 232, 242, 259, 284, 322, 323, 352, 358, 360, 367

GEII（ゼネラル・エレクトリック・インターナショナル）社 224, 228

GNEP（国際原子力パートナーシップ） 326

IARC（国際がん研究機関） 171

IC（非常用復水器）＊ 4, 379

ICRP（国際放射線防護委員会）＊ 171, 375

IEUC（国際ウラン濃縮センター） 351

INES（国際原子力事象評価尺度）＊ 6, 7, 174, 176, 180, 207, 214, 215, 216, 218, 223, 224, 225, 227, 232, 236, 240, 249, 250, 256, 260, 280, 281, 282, 295, 323, 325, 326, 328, 331, 335, 336, 337, 346, 349, 350, 355, 356, 364, 365, 375

IPCC（気候変動に関する政府間パネル）＊ 375

ITER（国際熱核融合実験炉）＊ 375

IXRPC（国際X線およびラジウム防護委員会） 375

JAEA（日本原子力研究開発機構）＊ 15, 178, 204, 257, 278, 281, 292, 295, 296, 297, 301, 376, 379

JCO（ジェー・シー・オー） 230
　　——転換試験棟 295
　　——臨界事故 227, 265, 377, 379

J ヴィレッジ 219

KEDO（朝鮮半島エネルギー開発機構） 364

KEPCO（韓国電力公社） 362, 364

MINATOM（ロシア原子力省） 350

MOX 燃料＊ 219, 221, 228, 236, 244, 256, 257, 261, 266, 269, 270,

276, 277, 285, 287, 295, 296, 331,
332, 336, 337, 341, 342, 375, 376

NDA（英国原子力廃止措置機関）
296, 328, 331, 332

NEA, OECD/（経済開発協力機構
原子力機関）* 352, 375

NO！プルサーマル佐賀ん会 269

NPT（核兵器不拡散条約）* 354,
357, 358, 362, 375

NRC（米原子力規制委員会）*
323, 324, 325, 326, 327, 375

NSG（原子力供給国グループ）*
377

NUMO（原子力発電環境整備機
構，原環機構）* 300, 301, 302,
377

OCHA（国連人道問題調整事務
所）171

OECD（経済開発協力機構）352,
375

PAZ（予防的防護措置準備区域）*
212, 266, 375

PFR（ドーンレイ高速増殖原型炉）
329, 330, 368

PTBT（部分的核実験停止条約）
333, 353

ROSATOM（ロスアトム）社 351

RWE（ライニッシュ・ヴェストフ
ァーリーシェス電力社）342

SKB（スウェーデン核燃料廃棄物
管理会社）344, 345, 346, 347

SKBF（スウェーデン核燃料供給
公社）344

SPEEDI（緊急時環境線量情報予
測システム，緊急時迅速放射
能影響予測ネットワークシステ
ム）* 4, 5, 173, 250, 278, 375, 376

THORP（英国使用済み核燃料再
処理工場）328, 329, 330, 331

TMI（スリーマイル島，スリー・マ
イル・アイランド）原発* 306,
327, 376
──事故 49, 213, 248, 252,
254, 306, 323, 324, 345, 375

TRU（超ウラン元素）* 49, 299,
300, 301, 376

UCS（憂慮する科学者同盟）323,
326

UNSCEAR（原子放射線の影響
に関する国連科学委員会）15,

45, 171, 177, 185, 191

UPZ（緊急時防護措置準備区域）*
237, 266, 376

WANO（世界原子力発電事業者協
会）352

WASH-740（原子力事故の可能性
と起こり得る影響に関する報告
書）322

WASH-1400（原子炉安全性研究・
合衆国の商業用原子力発電所の
事故リスクの評価，ラスムッセ
ン報告）323

WHO（世界保健機関）* 169, 170,
171, 350, 376

WMO（世界気象機関）375

ZEPHYR, 英（高速増殖炉実験炉）
328

■あ

愛郷一心会 288

青森県議会 209, 299, 301

青森県協議会 23

青森県反核実行委員会 210, 295

青森県平和労組会議 285

赤住区原発問題対策協議会 238

赤住同志会 238

あかつき丸 294, 335

あかつき丸 294, 335

秋田県協議会 23

アクティブ試験 296

アジェンダ・プロジェクト 253

アスファルト固化 207, 295

アセア・アトム社 344

アセア・ブラウン・ボベリ（ABB）
社 223, 345

アッセⅡ（放射性廃棄物貯蔵施設）
338, 342

あつまろう若狭へ関西連絡会
248

圧力容器，原子炉* 4, 5, 11, 13,
183, 218, 223, 228, 235, 236, 325,
347, 354, 355, 360, 378, 379

アトムエネルゴプロム（AEP）
351

アナウンサー 123

アボリジニ 328

荒浜を守る会 226

アレバ（AREVA）社 332, 333, 336,
337, 356, 357

アンコウ 21

安全協定 177, 208, 213, 216, 218,
234, 235, 236, 237, 240, 241, 249,
251, 252, 254, 258, 261, 264, 268,
272, 277, 278, 280, 294, 295, 299,
356

安全で住みよい美浜をつくる会
249

安定ヨウ素剤 208, 212, 229, 241,
246, 266

安眠島（アンミョンド）核廃棄場
設置反対闘争 363

伊方原発 263, 264, 265, 266, 275

伊方原発阻止闘争支援の会 263

伊方原発誘致反対共闘委員会
263

伊方原発をとめる会 265, 266

伊方発電所原子力防災広域連携推
進会議 266

移住権 180, 190

出雲崎漁協 226, 227

出雲地震 261

一時帰宅 130

遺伝的疾患 172, 196

命のネットワーク 239, 240

いのちむすびば 159

茨城県沖地震 219

茨城県議会 292

茨城県市長会 23

いらんちゃ原発連絡会 239

入会地売却訴訟 227

祝島漁協 288, 289, 290

いわき市漁協 22, 23, 24

いわき明星大学 123

岩内郡漁協 205, 206, 207

岩内町議会 205

飲食物の摂取制限 49

隠蔽 → 事故隠し／トラブル隠
し／隠蔽

ヴァッカースドルフ使用済み核燃
料再処理施設 340, 341

ヴィール原発 338, 339, 340

ウィーン条約（原子力損害に対す
る民事責任に関するウィーン条
約）377

ウィンズケール事故 328, 329,
330

ウェスチングハウス（WH）社
169, 170, 171, 248, 251, 252, 254,

399

325, 326, 327, 331, 333, 350, 351,
354, 355, 356, 358, 362, 376
上野牧場　24
月城（ウォルソン）原発　366
ヴュルガッセン原発　338, 342,
343
ウラルの核惨事　349
ウラン濃縮　204, 277, 293, 294,
295, 296, 322, 327, 328, 329, 333,
334, 338, 339, 340, 344, 348, 351,
353, 358, 362, 365, 366, 376
ウラン濃縮工場　204, 277, 293,
294, 296, 328, 334, 339, 340, 353
蔚珍（ウルチン）原発　364, 365
うるみ現象　259
運転延長　233, 250, 253, 254, 258,
265, 327, 366
運転差止め　207, 223, 229, 233,
236, 239, 240, 241, 256, 260, 261,
262, 265, 279, 365
運転停止　208, 211, 220, 224, 232,
236, 239, 240, 243, 244, 248, 249,
250, 252, 253, 256, 267, 269, 272,
275, 276, 277, 280, 293, 323, 330,
334, 335, 338, 340, 341, 342, 343,
349, 360, 366, 367
運輸一般関西地区生コン支部原子
力発電所分会　243

永続的エネルギー政策綱領　361
エクセロン社　326, 327
エスポ岩盤研究所　345, 346
恵曇漁協　260, 261
エネルギー基本計画　177, 366
エネルギー省，米（DOE）　323,
324, 325, 326, 327
エネルギー政策検討会　219, 220,
224
エネルギー政策指針法　336
エネルギー戦略，ロシア　350, 351
エネルギー白書　331, 336
エネルゴアトム社　351, 352
江島漁協　214
愛媛県商工会議所連合会　265
エンリコ・フェルミ炉　306, 323,
367

『美味しんぼ』　23, 24
オイルショック　293
欧州加圧水型炉（EPR）*　332, 336,

337, 356, 357, 374
欧州連合（EU）　73, 179, 198, 331,
332, 333, 336, 337, 346, 350, 351,
352, 375
大芦漁協　260
大飯原発　251, 252, 253, 254
大飯町住みよい町造りの会　251
大熊町議会　176, 178, 217, 220
大津地裁　245, 250, 253, 254, 257,
258
大間漁協　284, 285
大間原発　211, 284, 285, 286, 287
大間原発建設差止め訴訟　287
大間原発訴訟の会　286, 287
大間原発に土地を売らない会
285
大間原発に反対する地主の会
285, 286, 287
大間原発反対共闘会議　284
大間原発を考える会　284
雄勝東部漁協　214
屋外プール　20, 21, 37
屋内退避　4, 5, 20, 27, 37, 173, 208,
216, 225, 376
奥戸漁協　284, 285, 286
牡鹿町3漁協（前網・鮫浦・寄磯）
213, 214
牡鹿町議会　213, 214
汚染状況重点調査地域　45, 90,
91, 92, 93
汚染水漏えい　180
汚染水漏れ　7
汚染水漏えい　7
汚染土　6, 9, 94, 147, 176
『おだがいさまラジオ』（番組名）
124
オータム・アクション　340
女川原子力発電所設置反対3町期
成同盟会　213
女川原発　211, 212, 213, 214, 215,
216
女川原発核燃料輸送情報開示裁判
（スミ消し裁判）　214
女川町議会　213, 214
女川町漁協　213, 214
オフサイトセンター　4, 5, 9, 207,
219, 265, 268, 273
温排水　220, 247, 259, 267, 285

■か

海峡両岸原子力発電安全協力協定
361
海上浮遊型原子力発電所　350,
351
海上輸送，使用済み核燃料の　214
海水注入　4
解体引当金　233, 246
海洋研究開発機構　15
海洋投棄　298, 299, 349, 350
海洋投棄規制条約（廃棄物その他
の物の廃棄による海洋汚染の防
止に関する条約，ロンドン条約）
298
改良型沸騰水型軽水炉（ABWR）*
209, 226, 234, 235, 236, 238, 239,
259, 260, 277, 284, 285, 286, 288,
326, 352, 360, 374
加賀漁協　260
科学者会議，日本　241, 248
核原料物質、核燃料物質及び原子
炉の規制に関する法律（原子炉
等規制法）　9, 176, 178, 232, 256,
280, 281, 293, 295, 301
核工業総公司，中国　354, 355
核実験被害者同盟，ソ連　350
学術会議，日本　24, 302
革新的エネルギー・環境戦略
296
核燃（核燃機構，核燃料サイクル
開発機構）*　241, 277, 278, 280,
281, 295, 300, 301, 376, 379
核燃施設立地反対連絡会議　295
核燃阻止全国集会　294
核燃料会社，英（BNFL）　257, 293,
298, 329, 330, 331, 345
核燃料株式会社，韓国　362
核燃料供給公社，スウェーデン
（SKBF）　344
核燃料サイクル*　220, 265, 283,
292, 293, 294, 295, 296, 297, 301,
330, 334, 335, 340, 351, 354, 376
核燃料サイクル開発機構（核燃，
核燃機構）*　241, 277, 278, 280,
281, 295, 300, 301, 376, 379
核燃料サイクル建設阻止農業者実
行委員会　293
核燃料サイクル懇話会，福島県

219

核燃料再処理工場　204, 239, 329, 330, 331, 335

核燃料再処理有限会社，ドイツ（DWK）　339, 340, 341

核燃料税　210, 212, 218, 220, 225, 227, 252, 259, 260, 268, 269, 299, 342

──条例　219, 229, 233, 254, 268, 269, 273

核燃料廃棄物管理会社，スウェーデン（SKB）　344, 345, 346, 347

核燃料廃棄物搬入阻止実行委員会　210, 211

核燃料輸送　207, 214, 264, 329

格納容器，原子炉*　4, 5, 6, 7, 8, 9, 11, 13, 14, 173, 174, 180, 183, 215, 218, 220, 224, 225, 240, 243, 244, 245, 248, 273, 347, 365, 376, 378, 379

核兵器不拡散条約（NPT）*　354, 357, 358, 362, 375

核保安サミット（原子力安全サミット）　172

過酷事故*　8, 15, 208, 212, 221, 233, 258, 266, 278, 286, 296, 376

鹿児島県北西部地震　273

鹿島町議会　260

柏崎刈羽原発　211, 226, 228, 229, 296

柏崎市議会　226, 227, 228

柏崎市漁協　227

柏崎・巻原発設置反対新潟県民共闘会議　227

仮設住宅　39, 118, 140, 144, 145, 147, 148, 151, 152

片句漁協　259

語り部　123, 124

家畜の殺処分　174

学校再開　20, 37, 40, 41

勝田市議会　292

活断層　207, 211, 212, 225, 226, 228, 229, 235, 237, 241, 245, 246, 253, 254, 260, 261, 265, 281, 282, 286, 287, 296, 364

カナダ型重水炉（CANDU）*　284, 355, 362, 364, 367, 374, 378

金町浄水場　174

上関原子力発電所立地促進商工団体協議会　289

上関原発　288, 289, 290, 291

上関原発を建てさせない島民の会　288

神恵内漁協　205

ガラス固化体　294, 299, 300, 301, 302, 322, 328, 332, 333, 335, 338, 342, 352, 353

からつ環境ネットワーク　268

仮の町　22, 176

刈羽村議会　226, 227, 228

刈羽を守る会　226

カール原発（実験炉）　338

カールスルーエ原発　338, 339

環境アセスメント　206, 285, 323

環境影響調査　219, 259, 288, 289

環境基本法，台湾　360

環境自然保護原子炉安全省，ドイツ連邦（BMU）　340

環境省　9, 45, 90, 91, 92, 93, 94, 147, 176, 177, 178, 179, 289, 301, 340, 341, 342, 343, 345, 346, 377

環境保護強化に関する法律　336

韓国重工業（社名）　362, 363, 364

韓国電力株式会社　362, 363, 364, 366

関西広域連合　253, 257

関西電力　242, 245, 247, 248, 249, 250, 251, 252, 253, 254, 256, 257, 258, 262, 270, 278, 331

冠水工法　9

「慣性運転」試験　168

帰還　9, 21, 22, 23, 24, 25, 26, 28, 51, 52, 56, 83, 94, 124, 137, 152, 172, 175, 176, 177, 179, 190

帰還困難区域　9, 21, 22, 24, 25, 26, 28, 51, 52, 56, 83, 177, 179, 190

気候ドクトリン　351

気候変動に関する政府間パネル（IPCC）*　375

気候変動枠組み条約　351

技術戦略プラン　9

基準地震動*　208, 212, 215, 216, 225, 228, 229, 262, 376

基準津波*　208, 376

キセノン　15, 185, 220

帰宅費　83, 144

気中工法　9

木戸川の水を守る会　222

希望の牧場　24, 25

気密試験データ偽装　→　データ改ざん

九州電力　257, 258, 267, 268, 269, 270, 271, 272, 273, 274, 275

共産圏経済援助相互会議（COMECON）　349

共産党中央委員会政治局事故対策班，ソ連　168

強制移住　170, 188, 190, 191

強制・義務的避難区域　180

強制避難者　22, 170

行政不服審査法　231, 246, 256

郷土の自然を守る会　268

共有地分割裁判　286

漁獲量　81

虚偽記載　214

漁業補償　206, 207, 209, 210, 211, 213, 214, 219, 222, 226, 227, 231, 234, 235, 239, 242, 243, 245, 247, 251, 252, 259, 260, 261, 263, 264, 272, 273, 279, 285, 286, 289, 290, 291, 293

漁業補償協定　209, 210, 211, 213, 214, 219, 231, 239, 243, 247, 285, 293

居住制限区域　21, 22, 26, 28, 56, 83, 132, 175, 177, 178, 190

清瀬市議会　237

ギロチン破断（配管破断事故）　219, 235, 236, 248, 249, 364

緊急時環境線量情報予測システム（緊急時迅速放射能影響予測ネットワークシステム，SPEEDI）*　4, 5, 173, 250, 278, 375, 376

緊急時対策所　266, 275

緊急時対策本部　4

緊急時避難準備区域　5, 6, 20, 21, 22, 26, 27, 30, 37, 83, 174

緊急時防護措置準備区域（UPZ）*　237, 266, 376

緊急被ばくスクリーニング検査　173

緊急炉心冷却装置（非常用炉心冷却装置，ECCS）*　218, 219, 228, 232, 235, 239, 248, 249, 252, 253, 323, 375, 379

──注水不能　4

金山原発　360

空間放射線量　9, 175, 283

附録

草の根連帯　244, 280
久慈町漁協　231
クダンクラム原発　351
熊毛断層　290
久見崎町原発反対母親グループ　271
グライフスヴァルト原発　338
暮らしの中から原発を考える会　243
クリュンメル原発　339, 342, 343
グリーン・アクション　257
グリーンピース　171, 257, 265, 330, 336, 337
クルチャトフ原子力研究所　348, 349
グロースヴェルツハイム原発　338
グローナウウラン濃縮工場　340
グンドレミンゲン原発　339
群分離・消滅処理技術研究開発長期計画　299
警戒区域　6, 20, 21, 22, 26, 27, 28, 30, 31, 32, 83, 90, 94, 112, 115, 174, 175
計画停電　173
計画的避難区域　5, 6, 20, 26, 27, 28, 30, 83, 90, 95, 142, 174, 175
経済開発協力機構（OECD）　352, 375
　　　——原子力機関（OECD/NEA）*　352, 375
玄海原発　267, 269, 270
玄海原発プルサーマル裁判の会　269
原環機構（原子力発電環境整備機構，NUMO）*　300, 301, 302, 377
原研（日本原子力研究所）*　230, 277, 278, 281, 292, 295, 301, 376, 379
健康診断　180, 189
原災法（原子力災害対策特別措置法）*　4, 26, 67, 173, 174, 219, 260, 377
　　　——第15条事象　4, 5
検察審査会　178, 220, 224, 244, 264, 280, 295
原産（日本原子力産業会議）　76, 217, 379
原子核エネルギーの開発と管理のための原子力法，英　328

原子能科学研究院，中国　355, 356, 357
原子放射線の影響に関する国連科学委員会（UNSCEAR）　15, 45, 171, 177, 185, 191
原子力安全委員会*　49, 169, 206, 215, 221, 236, 243, 245, 254, 260, 263, 279, 296, 365, 366, 377
原子力安全機関，仏（ANS）　336
原子力安全技術センター　4
原子力安全規制当局，仏　337
原子力安全基盤機構*　377
原子力安全局，仏　336, 337
原子力安全サミット（核保安サミット）　172
原子力安全・保安院*　4, 6, 15, 174, 175, 185, 207, 211, 215, 219, 220, 221, 224, 225, 228, 229, 232, 235, 236, 237, 240, 241, 245, 249, 250, 253, 257, 261, 265, 274, 278, 281, 282, 286, 296, 377
原子力委員会，独（DAtk）　338
原子力委員会，日本*　213, 219, 220, 221, 226, 230, 242, 248, 270, 272, 276, 278, 285, 294, 296, 298, 299, 300, 301, 302, 377
原子力科学研究院（北京原研），中国　353
原子力環境整備センター（原子力環境整備促進・資金管理センター）*　298, 300, 301, 377
原子力機構　276, 278, 279, 281, 282, 283, 295, 296, 302
原子力規制委員会設置法　176
原子力規制委員会，日本*　7, 9, 176, 208, 211, 212, 216, 229, 233, 237, 241, 246, 250, 253, 254, 257, 258, 266, 270, 275, 282, 283, 287, 296, 297, 377
原子力規制委員会，米（NRC）*　323, 324, 325, 326, 327, 375
原子力規制庁，英　332
原子力規制庁，日本　176, 216, 278, 283, 287, 377
原子力規制庁，ロシア　352
原子力供給国グループ（NSG）*　377
原子力協力協定*　230, 284, 324, 326, 327, 348, 350, 354, 358, 366, 377

原子力緊急事態宣言*　4, 20, 173, 377
原子力研究開発機構，日本（JAEA）*　15, 178, 204, 257, 278, 281, 292, 295, 296, 297, 301, 376, 379
原子力研究所，英国（AERE, ハーウェル原子力研究所）　328
原子力研究所，韓国　362, 363, 365
原子力研究所，台湾　358, 359
原子力研究所，日本（原研）*　230, 277, 278, 281, 292, 295, 301, 376, 379
原子力公社，英国（UKAEA）　230, 231, 329, 331
原子力公社，カナダ（AECL）　362
原子力災害国家補償法　322
原子力災害時応援協定　211
原子力災害対策支援本部　4
原子力災害対策センター　9
原子力災害対策特別措置法（原災法）*　4, 26, 67, 173, 174, 219, 260, 377
　　　——第15条事象　4, 5
原子力災害対策本部　4, 7, 14, 21, 90, 175, 225
原子力産業会議，日本（原産）　76, 217, 379
原子力産業協会，日本*　204, 305, 307, 309, 311, 312, 313, 314, 315, 316, 317, 318, 319, 320, 322, 328, 333, 338, 344, 348, 353, 358, 362, 379
原子力事故の可能性と起こり得る影響に関する報告書（WASH-740）　322
原子力省，ロシア（MINATOM）　350
原子力資料情報室　191, 202, 203, 282
原子力政策大綱　220, 270, 301
原子力潜水艦　349
原子力総合防災訓練　208, 221, 241
原子力損害に対する民事責任に関するウィーン条約（ウィーン条約）　377
原子力損害賠償　9, 21, 85, 175, 176, 333, 347, 358, 360, 362, 377, 378

原子力損害賠償支援機構　175,
　378
原子力損害賠償支援機構法　175,
　378
原子力損害賠償に関連する条約*
　377
原子力損害賠償・廃炉等支援機
　構*　9, 85, 175, 377
原子力損害賠償紛争解決センター
　21
原子力損害賠償紛争審査会　21
原子力損害賠償法　176, 358, 360,
　362
原子力長計（原子力の研究・開発
　及び利用に関する長期計画）
　292, 294, 295
原子力に関する透明性および安全
　性に関する法律, 仏　336
原子力の研究・開発及び利用に関
　する長期計画（原子力長計）
　292, 294, 295
原子力の損害についての補完的補
　償に関する条約（CSC）　377
原子力の分野における第三者に対
　する責任に関する条約（パリ条
　約）　333, 377
原子力の平和利用　328, 338, 353,
　375, 379
原子力廃止措置機関, 英国（NDA）
　296, 328, 331, 332
原子力白書　328, 329, 331, 357
原子力バックエンド対策専門部会
　300
原子力発電環境整備機構（原環機
　構, NUMO）*　300, 301, 302, 377
原子力発電所基本建設環境保護管
　理弁法, 中国　354
原子力発電所設置促進対策協議会
　267
原子力発電所の安全確保に関する
　協定　217, 267, 268
原子力発電所の原子力事故応急管
　理条例, 中国　354
原子力発電所の立地点選定に関す
　る安全規定, 中国　354
原子力発電推進行動計画　296
原子力発電推進道民会議　206
原子力発電中長期発展計画 2005
　～2021年, 中国　356
原子力発電に反対する福井県民会

議　243, 251, 254, 276, 277, 279
原子力非軍事利用に関する日米協
　定　322
原子力文化振興財団, 日本（日本
　原子力文化財団）*　379
原子力平和利用　242, 247, 277,
　322, 323, 344, 354, 358
原子力防災会議　208, 258, 270
原子力防災訓練　208, 210, 214,
　216, 218, 220, 223, 229, 232, 266,
　269, 272
原子力防災計画　206, 240, 253,
　267
原子炉安全性研究・合衆国の商業
　用原子力発電所の事故リスクの
　評価（WASH-1400, ラスムッセ
　ン報告）　323
原子炉自動停止　217, 218, 219,
　221, 223, 231, 249, 256, 260
原子炉等規制法（核原料物質、核
　燃料物質及び原子炉の規制に関
　する法律）　9, 176, 178, 232, 256,
　280, 281, 293, 295, 301
原子炉廃止措置研究開発センター
　278
原水爆禁止日本国民会議（原水禁）
　176, 213, 282, 290
原電（日本原子力発電株式会社, 日
　本原電）　230, 231, 232, 233, 242,
　243, 244, 245, 246, 247, 249, 250,
　251, 252, 256, 257, 270, 278, 293,
　329, 332
原乳　51, 62, 68, 69, 174
原燃　204, 211, 223, 224, 239, 256,
　273, 292, 293, 294, 295, 296, 297,
　299, 300, 301, 302
原燃サービス（日本原燃サービス
　株式会社）　293, 294, 299
原燃輸送　256, 273
原爆傷害調査委員会, 米（ABCC）
　322
原発運転差止め訴訟　236
原発基数　321
原発さよなら四国ネットワーク
　265, 266
原発下請け労働者の生活と権利を
　守る会　244
原発震災　1
原発設置反対小浜市民の会　254,
　257

原発設置反対同盟　254
原発ゼロ　265, 266, 274
原発なくそう！九州玄海訴訟
　269, 270
原発なくそう！九州川内訴訟
　274
原発に反対する上関町民の会
　265
原発に反対する泊村民の会　206
原発の安全性を求める嶺南連絡会
　244
原発の段階的廃止　268
原発はいらない！有機農業者の会
　273
原発反対共闘会議　222, 271, 284
原発反対同盟　226, 227
原発反対若狭湾共闘会議　247,
　248
原発避難者特例法　20, 175, 180,
　189
原発問題住民運動県連絡会　277
原発をなくし, 自然エネルギーを
　推進する高知県民連絡会　266
原発をなくす高知県民連絡会
　265
原発をなくす香川の会　266

ゴアレーベン使用済み核燃料再処
　理施設　339
ゴアレーベン・パイロットコンデ
　ィショニング施設　341
ゴアレーベン放射性廃棄物中間貯
　蔵施設　340
高圧放水車　5
広域避難　208, 229, 233, 258, 262,
　270
広域避難計画　208, 233, 258, 262,
　270
紅沿河原発　315, 356, 357
公害から楢葉町を守る町民の会
　222
公開ヒアリング　206, 209, 210,
　214, 222, 227, 235, 239, 243, 245,
　252, 259, 260, 261, 264, 268, 272,
　273, 279, 286, 289, 294, 296, 299
高経年化技術評価　250, 268
高校生　122, 123, 130, 136
甲状腺がん　9, 47, 48, 170, 171,
　172, 177, 178, 179, 180, 192, 193,
　194, 195, 196, 197, 329, 335, 350,

365, 366
甲状腺がん子ども基金 48, 178, 179
甲状腺検査 46, 47, 175, 177, 178, 179, 180, 189, 194, 197
高速増殖炉 276, 277, 279, 280, 281, 292, 293, 294, 295, 297, 322, 324, 328, 330, 333, 334, 335, 336, 338, 339, 340, 341, 344, 348, 349, 350, 351, 353, 355, 356, 358, 362, 364, 367, 368, 369, 370, 371, 375, 376, 378, 379
高速増殖炉など建設に反対する敦賀市民の会 277
高知県民連絡会 265, 266
コウナゴ 23
高濃度汚染水 5, 6, 7, 8, 9, 13, 174, 176, 177, 178
河野村議会 244
高レベル事業推進準備会 300
高レベル放射性廃棄物最終処分場 301, 302, 322, 328, 333, 338, 343, 344, 345, 346, 348, 353, 358, 362
高レベル放射性廃棄物対策推進協議会 299
高レベル放射性廃棄物地下処分研究施設 365
高レベル放射性廃棄物貯蔵管理センター，六ヶ所村 299, 302
黒鉛 168, 180, 183, 230, 231, 328, 329, 331, 333, 334, 348, 349, 367, 368, 369, 370, 371, 374, 378
黒鉛火災（チェルノブイリ原発） 180
国際ウラン濃縮センター（IEUC） 351
国際X線およびラジウム防護委員会（IXRPC） 375
国際がん研究機関（IARC） 171
国際原子力事象評価尺度（INES）* 6, 7, 174, 176, 180, 207, 214, 215, 216, 218, 223, 224, 225, 227, 232, 236, 240, 249, 250, 256, 260, 280, 281, 282, 295, 323, 325, 326, 328, 331, 335, 336, 337, 346, 349, 350, 355, 356, 364, 365, 375
　　　レベル5 6, 323, 328, 375
　　　レベル7 6, 174, 326, 342, 349, 375

国際原子力パートナーシップ（GNEP） 326
国際熱核融合実験炉（ITER）* 375
国際放射線防護委員会（ICRP）* 171, 375
　　　──2007年勧告 190
国民投票 113, 250, 345, 346, 352, 360, 361
国連人道問題調整事務所(OCHA) 171
コジェマ（COGEMA）社 293, 298, 334, 336
個人線量計 23, 175
国会事故調（東京電力福島原子力発電所事故調査委員会）* 6, 7, 378
国家エネルギー戦略，米 325
国家核安全局，中国 354, 355, 356
国家電力公司，中国 355
国家統計委員会，ウクライナ 170
子どもたちを放射能から守る全国ネットワーク 165
子どもたちを放射能から守る福島ネットワーク 89
子ども・被災者生活支援法（子ども・被災者支援法） 21, 176, 177, 180, 189
こめらの森 86, 165
古里原発 362, 363, 365, 366
コンラート処分場 342

■さ

災害救助法 20, 174
災害公営住宅 25
再稼働 111, 115, 161, 208, 211, 212, 216, 225, 229, 233, 237, 240, 241, 245, 246, 250, 253, 254, 257, 258, 265, 266, 269, 270, 274, 275, 283, 287, 365, 366
最終処分 6, 9, 93, 110, 177, 210, 294, 295, 296, 298, 299, 300, 301, 302, 322, 324, 325, 327, 328, 333, 338, 339, 343, 344, 345, 346, 347, 348, 352, 353, 356, 358, 362, 377
最終処分地 210, 294, 296, 299, 300, 302
再循環系配管 214, 215, 224, 229, 236, 239

再処理等拠出金法 297
再生可能エネルギー固定価格買い取り制度，独（FIT） 343
再生可能エネルギー特別措置法 296
再生可能エネルギー法，中国 355
再生可能エネルギー法，独 342, 343
再臨界* 168, 335, 378
盃漁協 205, 206
魚の大量死 264
差止め訴訟，原発
　　　運転── 207, 223, 229, 233, 236, 239, 240, 241, 250, 254, 256, 260, 261, 262, 265, 266, 269, 270, 274, 275, 279, 339, 365
　　　建設── 206, 214, 239, 279, 286, 287, 290, 339, 341
　　　その他の── 219, 245, 254, 257, 258, 269, 270, 274, 289, 290
サテライト校 20, 23, 24, 37, 95, 120, 122, 123, 126, 129
サテライト方式 20, 37, 174
里山 147
サブドレン 8, 178
　　　──計画 8, 24
サミット 171, 350
鮫浦漁協 → 牡鹿町3漁協（前網・鮫浦・寄磯）
サリー原発 249, 327
猿ヶ森漁協 209, 210
サン・ローラン・デゾー原発 334, 335

自衛隊車両 135
ジェー・シー・オー（JCO） 230
　　　──転換試験棟 295
　　　──臨界事故 227, 265, 377, 379
志賀原発 238, 239, 240, 241
志賀町議会 238
資源エネルギー庁（資源エネ庁） 214, 215, 219, 220, 223, 227, 228, 232, 235, 243, 248, 249, 252, 256, 257, 260, 268, 285, 289, 296, 299, 302, 377
事故隠し／トラブル隠し／隠蔽 180, 218, 220, 221, 224, 225, 228,

239, 240, 243, 244, 248, 261, 323, 334, 338, 340, 365, 366

四国電力 263, 264, 265, 266

事故収束宣言，福島原発 7

事故処理作業者 45, 169, 170, 171, 172, 180, 189, 191, 196

事故対策みやぎ県民会議 22

事故調査・検証委員会（政府事故調）* 6, 7, 45, 176, 378

自主避難 20, 21, 22, 23, 24, 25, 44, 118, 140, 148, 151, 154, 159, 160, 162, 166, 178, 179, 189, 229

地震学会，日本 207

静岡市議会 236

事前了承 244, 269

自然を守る会，伊方町 263

尻労漁協 209, 210

シッピングポート原発 322

シドクラフト社 346

島根漁協 261

島根原発 246, 250, 259, 260, 261, 262, 270

下北郡佐井村漁協 284

遮水壁 7, 8, 9, 14, 178, 179

上海核工程研究設計院 353

修学旅行 23, 24, 123

住民投票条例 223, 227, 228, 229, 238, 243, 244, 257, 266, 269, 273, 299

住民投票条例を実現する会 257

住民投票条例をつくる会 244

住民投票を実現する八幡浜市民の会 266

住民避難 6, 20, 168, 174, 180, 206, 212, 214, 216, 223, 239, 258, 262, 278

住民避難計画 258, 278

住民票 20, 22, 138, 256

受験生 136, 137, 164

酒泉原子力連合企業 353

出荷制限解除 51

出荷制限／出荷停止，食品の 21, 51, 52, 54, 56, 58, 59, 60, 62, 63, 66, 67, 68, 83, 84, 130, 174, 175

首都圏反原発連合 274

シュラウド 11, 183, 214, 215, 219, 220, 224, 228, 232, 236, 244, 245, 261, 378

循環器系疾患 172, 196

小学館 23

使用済み核燃料再処理工場，英国（THORP） 328, 329, 330, 331

使用済み核燃料税 273

使用済み核燃料中間貯蔵施設 296

使用済み（核）燃料プール 5, 7, 13, 14, 174, 180, 224, 225, 240, 245, 262, 278, 283, 361

使用済燃料再処理機構* 297, 378

消防団 108, 134

食品中の放射性物質測定 50

除染 6, 8, 9, 14, 24, 26, 45, 83, 84, 90, 91, 92, 93, 94, 108, 110, 113, 124, 140, 144, 147, 151, 156, 157, 166, 169, 170, 175, 177, 178, 179, 180, 189, 190, 231, 236, 273, 324, 325, 326, 330

　国直轄── 90, 91, 94

　市町村── 45, 90, 92, 94

　──作業者 170, 180, 189

　──電離則（東日本大震災により生じた放射性物質により汚染された土壌を除染するための業務等に係る電離放射線障害防止規則） 189

　──特別地域 90, 91, 175

　──費用 83, 90

　──モデル実証事業 177

ショーラム原発 324

深海処分 298

新型転換炉（ATR）* 276, 277, 284, 285, 292, 293, 370, 375, 379

新規制基準 208, 212, 216, 229, 233, 237, 241, 246, 250, 254, 257, 258, 262, 266, 270, 274, 275, 287, 296

侵権責任法，中国 356

秦山原発 354, 356

宍道断層 260, 262

新全国総合開発計画 292

深地層研究 204, 299, 300, 301, 302

　超── 204, 299, 300, 302

水素爆発 5, 13, 168, 170, 173, 180, 235, 240

推定被ばく線量 45

周防大島町議会 291

スズキ 21, 57, 59, 61, 62, 67, 68, 69

スタズビック社 345, 346

ステップ1／2 → 福島原発事故集束工程表

ストックホルム・アッピール 333

ストップ大間原発道南の会 285, 286

ストップ・ザ・もんじゅ 281, 282

ストレステスト 211, 229, 241, 257, 274, 296, 332, 337, 343, 347

ストロンチウム 6, 7, 8, 15, 70, 72, 170, 176, 177, 185, 342

スーパーグローバルハイスクール 37

スーパーフェニックス，仏（高速増殖炉実証炉） 330, 334, 335, 336, 371

スパリゾートハワイアンズ 22

スミ消し裁判（女川原発核燃料輸送情報開示裁判） 214

スリーマイル島（スリー・マイル・アイランド，TMI）原発* 306, 327, 376

　──事故 49, 213, 248, 252, 254, 306, 323, 324, 345, 375

駿河湾地震 237

生態学会，日本 289, 290

政府事故調（事故調査・検証委員会）* 6, 7, 45, 176, 378

政府・東京電力統合対策室 14

西北核兵器研究製作基地 353

世界気象機関（WMO） 375

世界原子力発電事業者協会（WANO） 352

世界保健機関（WHO）* 169, 170, 171, 350, 376

石棺

　チェルノブイリ原発の── 169, 170, 172, 180

　福島第一原発の── 9

積算放射線量 6, 26, 175, 176

セシウム 7, 8, 9, 15, 17, 18, 21, 49, 51, 67, 72, 84, 153, 160, 169, 170, 172, 173, 174, 175, 176, 177, 178, 179, 185, 186, 188, 196, 198, 295, 335, 342, 345, 361

摂取制限 49, 83, 174

摂取制限，飲食物の 49, 83, 174

設置許可取消し訴訟 222, 223,

227, 229, 231, 232, 264, 265, 272, 286

設備容量　321, 356, 364

ゼネラル・エレクトリック（GE）社　11, 178, 180, 183, 214, 217, 218, 226, 228, 230, 232, 242, 259, 284, 322, 323, 352, 358, 360, 367

　　　GE日立ニュークリア・エナジー　327, 352

　　　ゼネラル・エレクトリック・インターナショナル（GEII）社　224, 228

セミパラチンスク州議会　349

セラフィールド再処理工場　330

全市民退避　174

全村避難　20, 107, 164

川内原子力発電所誘致促進期成会　271

川内原発　257, 258, 271, 272, 273, 274, 275

川内原発建設反対漁業者協議会　271

川内原発建設反対連絡協議会　271, 274

川内市内水面漁協　271

先天的異常　171

専門学校　114, 120, 123, 124

線量限度　→　被ばく線量限度

総合エネルギー調査会（総合エネ調）　295, 301

　　　――原子力部会　300

相双地方原発反対同盟　218

相馬地方広域市町村圏組合議会　219

相馬農業高校　23, 42

卒業式　21, 23, 37, 123, 128, 150

■た

大学　44, 109, 112, 113, 114, 123, 126, 130, 131, 132, 134, 136, 137, 138, 160, 165

大学生　134, 136, 138, 302

第五福竜丸　114, 322

耐震安全性評価　6, 211, 225, 253

耐震基準／耐震指針　207, 212, 215, 225, 233, 235, 260, 261, 296

第4世代原子炉国際フォーラム　325

体力・運動能力調査結果　23, 37

多核種除去設備（ALPS）　8, 12

高萩市観光協会　22, 23

高浜原発　253, 254, 256, 257, 258, 278, 331

高浜町議会　254, 257

高浜の海と子供たちを守る母の会　254

脱原子力法　346

脱原発アクションinとやま　240

脱原発・クリーンエネルギー市民の会　207

脱原発福島ネットワーク　8, 142

大亜（ダヤ）湾原発　354, 355, 356

手結漁協　259

団結小屋撤去訴訟　227

炭素税　345

地域貢献協定　23

地域防災計画　206, 212, 245, 278

チェルノブイリ原子力発電所　171, 181, 183, 186, 188, 196, 232, 289, 321, 340, 349, 350, 352, 375

　　　――事故　6, 49, 169, 170, 171, 189, 192, 196, 232, 239, 335, 345, 375

チェルノブイリ・シェルター基金　171

チェルノブイリ同盟　169, 170, 172

チェルノブイリ・フォーラム　168, 171, 185

チェルノブイリ・プロジェクト　170

チェルノブイリ法　170, 172, 180, 189

地下水バイパス計画　8, 23

地下水バイパス計画　8, 23

地球の友　323

畜産業産出量　82

地質学会，日本　210

地層処分　298, 299, 300, 302, 322, 326, 328, 330, 331, 332, 333, 338, 344, 345, 348, 353, 358, 362, 377

窒素封入　225

チャシュマ原発　354

茶葉　70

中越沖地震　211, 225, 228, 229

中間貯蔵施設　6, 8, 9, 91, 94, 172, 176, 177, 178, 179, 296, 300, 326,

337, 339, 340, 341, 342, 360

中国電力　232, 252, 259, 260, 261, 262, 288, 289, 290, 291, 356, 357

中ソ国防新技術協定　353

中仏核工学技術学院　356

中部電力　234, 235, 236, 237

超ウラン元素（TRU）*　49, 299, 300, 301, 376

長期避難者に関する関係省庁課長会議　21

長寿命放射性廃棄物についての研究に関する法律，仏（バタイユ法）　335, 336

朝鮮半島エネルギー開発機構（KEDO）　364

朝鮮半島の非核化に関する共同宣言　363

貯蔵工学センター　298, 299, 300

通信制高校　120, 122, 123

敦賀原発　233, 241, 242, 243, 244, 245, 246, 254

敦賀市議会　242, 244, 245, 276, 279, 281

敦賀市漁協　242, 243, 245, 279

敦賀市民の会　243, 277, 279

敦賀商工会議所　245

敦賀地区労　242

つるが反原発ますほのかい　246

定時制高校　123

低線量被ばく　21, 171

低線量被ばくのリスク管理に関するワーキンググループ　21

低レベル放射性廃棄物貯蔵施設　293, 294, 298

低レベル放射性廃棄物埋設センター　224, 296

適合性審査　216, 246, 262, 287, 296

データ改ざん　215, 219, 220, 221, 224, 225, 232, 236, 256, 257, 261, 273

　　　気密試験データ偽装　220

デブリ，燃料*　9, 14, 178, 378, 379

デューク・エナジー社　327

テラパワー社　327

テロリスト　241

電気事業法　243, 250, 331, 346, 361

電気事業連合会（電事連）　231,
　245, 276, 285, 293, 295, 298, 299,
　300, 301, 354
電気料金　216, 233, 254, 258, 323,
　335, 347
電源開発調整審議会（電調審）
　206, 207, 222, 243, 251, 252, 259,
　263, 267, 268, 285
電源三法　220, 228, 283, 288, 294,
　299
電源喪失　4, 12, 173, 180, 211, 218,
　229, 323, 326, 347, 360, 366, 377,
　378
転校　20, 37, 111, 123, 130, 135,
　136, 137, 166
電事連（電気事業連合会）　231,
　245, 276, 285, 293, 295, 298, 299,
　300, 301, 354
電調審（電源開発調整審議会）
　206, 207, 222, 243, 251, 252, 259,
　263, 267, 268, 285
電力公社，韓国（KEPCO）　362,
　364
電力公社，仏（EDF）　327, 332,
　333, 335, 336, 337, 357
電力公司，台湾　358, 360
電力自由化　336, 346
田湾原発　356

東海再処理施設　278, 293, 294,
　295, 296, 297, 302
東海地震　236
東海・東海第二原発　230
東海村期成同盟会　230
東京消防庁ハイパーレスキュー隊
　5
東京電力　6, 9, 11, 12, 13, 14, 15,
　21, 48, 84, 85, 90, 95, 107, 108,
　111, 114, 128, 144, 145, 146, 147,
　148, 151, 159, 173, 174, 175, 176,
　177, 178, 179, 189, 209, 210, 211,
　215, 217, 218, 220, 222, 223, 224,
　225, 226, 227, 228, 229, 231, 233,
　261, 264, 375, 378
東京電力の原発不正事件を告発す
　る会　220, 224
東京電力福島原子力発電所事故調
　査委員会（国会事故調）*　6, 7,
　378
同時多発テロ事件　325

凍土遮水壁　7, 9, 178
凍土壁　8, 9
動燃（動力炉・核燃料開発事業
　団）*　242, 276, 277, 279, 280,
　281, 285, 292, 293, 294, 295, 298,
　299, 300, 345, 376, 377, 378, 379
東北地方太平洋沖地震　4, 90,
　173, 215, 216, 221, 232, 240, 296
東北電力　176, 209, 210, 211, 212,
　213, 214, 215, 216, 287
東洋町議会　301
動力炉・核燃料開発事業団（動
　燃）*　242, 276, 277, 279, 280,
　281, 285, 292, 293, 294, 295, 298,
　299, 300, 345, 376, 377, 378, 379
十勝沖地震　207
トカマク型核融合試験炉　324,
　349
特定原子力施設　176
特定避難勧奨地点　6, 20, 22, 24,
　26, 27, 28, 30, 83, 175, 176, 177
特定放射性廃棄物の最終処分に関
　する法律　295, 300, 377
匿名寄付　250, 261
独立国家共同体（CIS）　170, 350
泊原発　205, 206, 207, 208, 287
泊原発の廃炉をめざす会　208
泊村議会　205
富岡町議会　225
富岡町3.11を語る会　123
トムスク7再処理施設　350
トモダチ作戦　176, 326
富山県平和運動センター　241
トラブル隠し　→　事故隠し／ト
　ラブル隠し／隠蔽
トリチウム　7, 9, 176, 177, 178,
　220, 277, 278, 335
十和田湖観光汽船　21, 22
ドーンレイ高速増殖原型炉（PFR）
　329, 330, 368
ドーンレイ高速増殖実験炉（DFR）
　329, 332, 368

■な

内部告発　219, 222, 224, 236, 244,
　248, 257, 280, 323
内部被ばく　9, 175, 179, 220, 261,
　294
　――検査　21, 37

　――調査　170
長岡平野西縁断層帯　228
長島の自然を守る会　289
ナトリウム漏えい　281, 283, 349
浪江・小高原発　176, 203
浪江町議会　176
楢葉町議会　219
南海トラフ　233

2次避難　174, 175
二重の住民票　22
2次冷却水供給停止事故　248
ニーダーザクセン州議会　341
日本原子力発電株式会社（日本原
　電，原電）　230, 231, 232, 233,
　242, 243, 244, 245, 246, 247, 249,
　250, 251, 252, 256, 257, 270, 278,
　293, 329, 332
日本原燃株式会社　204, 211, 223,
　224, 239, 294, 295, 296, 297, 299,
　300, 301, 302
日本原燃サービス株式会社（原燃
　サービス）　293, 294, 299
日本原燃産業株式会社　299
日本橋ふくしま館MIDETTE　24

ネバダ核実験場　322
ネバダ・セミパラチンスク（反核
　運動団体）　349
燃料プールの水量　5
燃料棒破損　231, 248
燃料棒破損事故　248

農産物収穫量　78
能登原子力発電所立地対策協議会
　238
能登原発反対各種団体連絡会議
　238
ノルドプール，北欧（電力スポッ
　ト市場）　346, 347

■は

配管破断事故（ギロチン破断）
　219, 235, 236, 248, 249, 364
廃棄物その他の物の廃棄による海
　洋汚染の防止に関する条約（海
　洋投棄規制条約，ロンドン条
　約）　298
廃止措置　14, 232, 233, 246, 262,

277, 278, 296, 331, 332, 379

廃炉 * 5, 6, 7, 8, 9, 14, 24, 85, 98, 109, 171, 175, 176, 177, 178, 179, 202, 208, 217, 225, 232, 233, 234, 235, 236, 237, 240, 241, 242, 244, 245, 246, 247, 250, 253, 254, 259, 262, 263, 266, 267, 270, 276, 277, 278, 281, 282, 283, 297, 322, 325, 327, 328, 330, 331, 333, 336, 338, 341, 342, 343, 344, 348, 353, 358, 361, 362, 366, 367, 377, 378, 379
　　　　——計画 7, 9, 233, 237, 246, 250, 253, 262, 266, 270, 277, 278
　　　　——認可 217, 230, 234, 242, 246, 247, 250, 251, 259, 262, 263, 267, 270, 276
　　　　——ロードマップ 14
廃炉・汚染水対策福島評議会 9
ハーウェル原子力研究所（英国原子力研究所，AERE） 328
羽咋漁協 238
函館・下北から核を考える会 209, 287
箱根温泉 22
バーセベック原発 344, 346
バタイユ法（仏長寿命放射性廃棄物についての研究に関する法律） 335, 336
八西原子力発電所誘致期成会 263
八西連絡協議会 263
八戸漁連 293
八戸地区原燃対策協議会 293
白血病 9, 171, 172, 178, 179, 196, 219, 235, 329, 330, 331, 335, 336
　　　リンパ性—— 219
バッジ式積算線量計 23, 37
発送電分離 355
発電コスト 277, 285, 296, 347
バッテンフォール社 344, 346, 347
ハナウ MOX 燃料工場 341, 342
バブコック・アンド・ウィルコックス（B&W）社 323
浜岡原発 234, 235, 236, 237
浜岡原発とめようネットワーク 235
浜岡原発反対県会議 234
浜頓別町議会 298

原町高校 21, 37, 42
パリ条約（原子力の分野における第三者に対する責任に関する条約） 333, 377
反原発運動 142, 146, 246, 282, 323, 334, 339, 363, 364
反原発・かごしまネット 273
反原発市民の会・富山 239, 240
反原発中国5県共闘会議 259
阪神・淡路大震災 214
反対市民会議 226
反対同盟　→　原発反対同盟

ピエールラット・ウラン濃縮工場 334
東通原発 5, 209, 210, 211, 212
東通原発の運転中止を求めるむつ市民の会 210
東通原発を止める会 210
東通村議会 209
東通村白糠漁協 209, 293
東日本大震災 6, 15, 21, 22, 23, 24, 25, 39, 44, 45, 88, 94, 175, 176, 185, 189, 191, 207, 211, 212, 215, 216, 225, 229, 232, 237, 245, 250, 253, 257, 262, 265, 269, 274, 278, 286, 296, 302, 332, 337, 342, 356, 361, 365
東日本大震災により生じた放射性物質により汚染された土壌を除染するための業務等に係る電離放射線障害防止規則（除染電離則） 189
被災者国家登録 171, 180, 189
被災者国家登録制度 180, 189
非常事態省 171, 172, 196
非常事態宣言 135
非常用復水器（IC）* 4, 379
非常用炉心冷却装置（緊急炉心冷却装置，ECCS）* 218, 219, 228, 232, 235, 239, 248, 249, 252, 253, 323, 375, 379
　　　　——注水不能 4
一人暮らし 118, 132, 138, 144
避難基準 174, 176, 216, 229
避難計画を考える緊急署名の会 274
避難指示 4, 20, 21, 22, 23, 24, 25, 26, 27, 28, 31, 32, 33, 34, 37, 41, 45, 56, 83, 118, 120, 126, 128, 132,

134, 140, 142, 173, 175, 176, 177, 178, 179, 180, 189, 190, 191, 225
避難指示解除準備区域 21, 22, 24, 26, 28, 56, 83, 175, 177, 178
避難指示区域 4, 21, 22, 23, 25, 26, 27, 28, 31, 32, 33, 34, 41, 83, 173, 177, 180, 189, 190, 191
避難者数 21, 22, 23, 24, 25, 35, 38, 39
被ばく影響調査 207
被ばく検査 21, 37
被ばく線量限度
　　　緊急作業時の—— 5, 6, 190
　　　平常時・一般人の—— 174, 190, 325
病院 128, 129, 138, 152, 168, 169, 176, 178, 265
兵庫県議会 256
琵琶湖 250

風評被害 21, 22, 23, 24, 25, 83, 84, 111, 261, 277
フォルスマルク原発 345
福井から原発を止める裁判の会 258
福井県議会 243, 247, 252, 281, 283
福井県漁業協同組合連合会 280
福井県原子力発電所準立地市町村連絡協議会 244
福浦漁協 238
福浦区原発反対地主協議会 238
複合災害 * 257, 379
ふくしま応援企業ネットワーク 24
ふくしまオルガン堂下北沢 22
福島県沖地震 218
福島県観光物産交流協会 24
福島県漁連 22, 23, 24, 177, 178
福島県「県民健康調査」 46, 47, 48, 175, 177, 178, 179, 194, 195, 197
　　　　——甲状腺検査 46
福島県災害対策本部 173
福島原子力発電所事故対策統合本部 5
福島原発告訴団 176, 178
福島原発事故集束工程表
　　　ステップ1 6, 14
　　　ステップ2 6, 14, 175

事項索引

福島第一原発　4, 5, 6, 7, 14, 15,
　20, 25, 26, 27, 46, 49, 95, 135, 148,
　154, 162, 174, 175, 176, 178, 182,
　183, 187, 191, 211, 212, 217, 219,
　221, 229, 233, 240, 244, 246, 253,
　258, 262, 273, 274, 278, 286, 287,
　291, 296, 302, 326, 332, 337, 342,
　343, 356, 361, 365, 375
福島第二原発　5, 6, 20, 173, 222,
　223, 225, 254, 264
ふくしまデスティネーションキャ
　ンペーン　23
福島につながる弁当　24
ふくしま農業PRサポーター　22
ふくしまの恵み安全対策協議会
　21
福島復興再生特別措置法　175,
　176, 180
復水器細管損傷事故　268
福田町漁協　235
ふげん原発　276
藤枝市議会　237
富士市議会　236
双葉高校　42, 134
双葉翔陽高校　42, 120, 123
双葉地方エネルギー政策推進協議
　会　220
双葉地方原発反対同盟　218, 222
双葉病院　176, 178, 182
双葉町議会　217, 219, 221
ふたば未来学園　24, 37
復興　21, 22, 23, 24, 25, 26, 35, 37,
　94, 95, 110, 113, 115, 137, 145,
　152, 156, 175, 176, 180, 189, 225
復興基本法　175
復興公営住宅　22, 23
復興推進会議　22
復興庁　22, 35, 137, 175
部分的核実験停止条約（PTBT）
　333, 353
プライス・アンダーソン法　322,
　324
ブラウンズ・フェリー原発　323
ブラック報告書　330
フラマンビル原発　334, 336
ブリティッシュ・エナジー（BE）
　社　330, 331, 332
古宇漁協　205
ふるさとを守る会　238
プルサーマル*　142, 205, 207, 208,

209, 213, 215, 216, 217, 218, 219,
　220, 221, 222, 226, 227, 228, 230,
　233, 234, 235, 236, 237, 238, 240,
　242, 244, 247, 248, 251, 252, 255,
　256, 257, 258, 259, 261, 263, 265,
　267, 268, 269, 270, 271, 276, 279,
　284, 288, 295, 296, 379
プルトニウム*　5, 15, 49, 70, 168,
　185, 230, 231, 276, 277, 280, 286,
　292, 293, 294, 295, 296, 297, 322,
　323, 324, 325, 328, 330, 331, 333,
　335, 336, 342, 348, 353, 361, 365,
　375, 376, 378, 379
プルトニウム生産炉　230, 328,
　333, 348
フルMOX　277, 286, 287
ブレイエ原発　336
文化祭　123
北京原研（中国原子力科学研究院）
　353
ペニー報告書　328, 330
ベルグアース社　23
返還高レベル廃棄物　299, 300
ベント（逃がし弁）　4, 5, 7, 8, 24,
　173, 212, 216, 225, 229, 327, 344
　フィルター付き――　212,
　216, 229

保安規定　216, 229, 237, 245, 262,
　274, 278, 282, 299
包括的核実験禁止条約（CTBT）*
　15, 335, 355, 375
防災訓練　206, 207, 208, 210, 214,
　216, 218, 219, 220, 221, 223, 229,
　232, 239, 241, 248, 260, 265, 266,
　269, 270, 272, 273, 275, 278, 366
防災計画　206, 212, 229, 240, 245,
　253, 260, 267, 278
防災重点区域　216, 233
防災対策重点地域（EPZ）*　240,
　323, 375
防災無線　134, 151, 157
ホウ酸水　365
放射性汚染防治法，中国　355
放射性廃棄物管理公団，韓国　365
放射性物質汚染対策室　6
放射性物質汚染対処特措法　90,
　94, 175, 180
放射性物質および放射性廃棄物の
　管理に関する法律，仏　336

放射性ヨウ素　5, 6, 49, 174, 196,
　269, 294, 329
放射性ヨウ素の汚染マップ　6
放射線防護委員会，ソ連　168, 169
放射線防護基準　168
放射線量分布マップ　174
放射能汚染ビル裁判　360
防潮堤　208, 211, 212, 216, 229,
　233, 237, 240, 241
包頭核材料工場　353
防波堤　208, 237, 262
ホウレンソウ　51, 62, 63, 68, 69,
　174
補償　21, 22, 24, 83, 85, 108, 110,
　111, 136, 140, 144, 145, 152, 159,
　170, 172, 189, 206, 207, 209, 210,
　211, 213, 214, 217, 219, 222, 223,
　226, 227, 230, 231, 234, 235, 238,
　239, 242, 243, 245, 247, 251, 252,
　257, 259, 260, 261, 263, 264, 272,
　273, 279, 285, 286, 289, 290, 291,
　293, 322, 325, 329, 337, 343, 346,
　359, 364, 377
北海道議会　298
北海道漁協　22
北海道電力　205, 206, 207, 208
北海道南西沖地震　206
北海道における特定放射性廃棄物
　に関する条例　300
保養　86, 87, 88, 89, 119, 154, 158,
　159, 162, 165, 172, 189
　――相談会　158, 162, 165
　――団体　86, 89
ホールボディーカウンター　21,
　37
幌延深地層研究所　300
幌延町議会　300

■ま

埋設処分　233
前網漁協　→　牡鹿町3漁協（前
　網・鮫浦・寄磯）
巻原発　203, 227
枕崎市議会　271
マスコミ　111, 115, 147, 211, 286
マダラ　21, 57, 59, 61, 62, 68
町見漁協　263
守る会連合　226, 227

409

三沢市漁協　293
三島市議会　237
瑞浪市議会　300
瑞浪超深地層研究所　204, 300, 302
水を守る会　222
見せます！いわき情報局見せる課　22
御津漁協　259, 260
緑の党　339, 341, 342, 365
緑の福祉国家　346
みなし仮設　20, 21, 22
南太平洋フォーラム　299
美浜・大飯・高浜原発に反対する大阪の会　257
美浜原発　247, 248, 249, 253, 257, 262, 264
美浜町議会　247, 249, 250, 279, 283
美浜町原子力発電所環境安全監視委員会　247
宮城県沖地震　215, 225
宮城県漁連　21
民生用核燃料サイクル施設安全規定，中国　354
民生用原子力施設安全監督管理条例，中国　354

むつ小川原開発　292, 293

メスメル・プラン　334
メルトスルー　4, 379
メルトダウン*　4, 6, 9, 13, 156, 168, 175, 379
免震重要棟　4, 11, 12, 173, 216, 221, 225, 229, 270, 275

もう動かすな原発！福井県民署名　258
モニタリングポスト　7
もんじゅ（高速増殖炉）　279, 294, 297
もんじゅ県民署名草の根連帯　280
もんじゅ設置許可の無効確認訴訟　281

■や

焼津市議会　236

役場　6, 128, 135, 138, 146, 174, 263
ヤミ族（蘭嶼島）　359, 360
ヤミ族青年連誼会　359
やめようプルサーマル佐賀　269
八幡浜原発から子供を守る女の会　264
ヤンキー原発　325, 326

夕張市議会　206
憂慮する科学者同盟（UCS）　323, 326
ユッカマウンテン最終処分場　325
輸入規制／輸入禁止　23, 25, 49, 84
湯原町議会　299
ユーラトム　329, 333

ヨウ素剤　173, 208, 212, 229, 239, 241, 246, 266
横浜断層　211
吉田町議会　237
ヨード剤　168
予防的防護措置準備区域（PAZ）*　212, 266, 375
寄磯漁協　→　牡鹿町3漁協（前網・鮫浦・寄磯）
寄田町原発反対同盟　272
世論調査　208, 229, 289, 291, 327, 344, 345, 347, 351, 366
40年超運転　245, 250
40年廃炉方針　253

■ら

ライニッシュ・ヴェストファーリーシェス電力社（RWE）　342
酪農　140, 142, 145
ラジオ　122, 124, 135, 143
ラスムッセン報告（原子炉安全性研究・合衆国の商業用原子力発電所の事故リスクの評価，WASH-1400）　323
ラプソディ，仏（高速増殖炉実験炉）　313, 334, 335
蘭州ウラン濃縮工場　353
蘭嶼島核廃棄物貯蔵所　359
ランチョ・セコ原発　325

リクビダートル（チェルノブイリ事故の事故処理作業者）　169, 170
リコール　251, 359
リフレ富岡　120, 122
留年　120, 123
竜門原発　359, 360
寮　118, 120, 123
　　　——生活　120
臨界事故　221, 225, 227, 239, 240, 265, 295, 348, 377, 379
林業産出量　82
リンパ性白血病　→　白血病

冷温停止　5, 225, 233, 237
「冷温停止状態」　6, 14, 21, 174, 175, 180, 225
冷却材喪失　323, 360, 375
レニングラード原発　349, 350
レベル5／レベル7　→　国際原子力事象評価尺度（INES）

労災申請　179
労災認定　9, 178, 179, 219, 235, 243
労働基準法　178
炉心溶融*　4, 6, 8, 9, 175, 180, 249, 256, 322, 323, 376, 378, 379
ロスアトム（ROSATOM）社　351
六ヶ所再処理工場　211, 239, 257, 295, 296, 297
六ヶ所村開発反対同盟　293
六ヶ所村漁協　293
六ヶ所村泊漁協　293
六ヶ所村を守る会　293
ロンドン条約（廃棄物その他の物の廃棄による海洋汚染の防止に関する条約，海洋投棄規制条約）　298

■わ

若狭の原発を案じる兵庫連絡会　256
若狭連帯行動ネットワーク　245

人名索引

◆ 配列に当たっては、姓と名を分けた。たとえば「岡まゆみ」が「岡田英次」よりも前になる。
◆ 東アジアの固有名詞の漢字は、（ ）で読みを補った場合を除き、日本語の慣例の音読みで配列した。
◆ 肩書きは代表的なものであり、必ずしも最新のものではない。

■あ

会田洋（柏崎市長） 228
青木淑子 123
安倍晋三（首相） 7, 22, 23, 24, 176,
　177, 225, 258
天野之弥（IAEA 事務局長） 7

池田直（佐賀県知事） 267
池田元久（経産省副大臣，現地警
　戒本部長） 4
石井隆一（富山県知事） 240, 241
石川一郎（原子力研究所理事長／
　経団連会長） 230
石野久男（衆議院議員） 248
泉田裕彦（新潟県知事） 228
井戸謙一（金沢地裁裁判長） 239
伊藤祐一郎（鹿児島県知事） 273,
　274
岩切秀雄（川内市長） 273, 274
岩佐嘉寿幸（被ばく労働者） 243
岩淵正明（弁護団長） 241

枝野幸男（官房長官／経産相） 4,
　6, 245, 287, 291
越善靖夫（東通村村長） 210, 211
エリツィン，ボリス（露大統領）
　350

大田堯（教育学者） 165
太田和子（つるが反原発ますほの
　かい会長） 246
大西琢也（「こめらの森」代表）
　165
大村茂（美浜町長） 249
小河原律香（「子ども全国」代表）
　165

■か

オバマ，バラク（米大統領） 326,
　327
オランド，フランソワ（仏大統領）
　337

海江田万里（経産相） 4
嘉田由紀子（滋賀県知事） 253,
　257
カーター，ジミー（米大統領）
　323, 324
片山秀行（上関町長） 288, 289
香月熊雄（佐賀県知事） 268
勝俣恒久（東京電力会長） 5, 178,
　179, 220, 228
加藤大吾（環境教育活動家） 165
金丸三郎（鹿児島県知事） 271,
　272
加納新（上関町長） 288
加納簾香（上関町長） 290
鎌田要人（鹿児島県知事） 272
雁屋哲（漫画家） 24
川口寛之（伊方町長） 263
河瀬一治（敦賀市長） 244, 245,
　246, 282
菅直人（首相） 4, 6, 20, 37, 173,
　174, 175, 225, 237

北村正哉（青森県知事） 293, 294,
　297, 299
木村主税（女川町長） 213
木村博保（刈羽村村長） 226
木村守江（福島県知事） 222
木村守男（青森県知事） 209, 295,
　299
キュリー，ジョリオ（仏科学局長
　官） 333

■さ

工藤寿樹（函館市長） 287
熊谷あさ子（大間原発建設差止め
　訴訟原告） 286
栗田幸雄（福井県知事） 280
黒川清（日本学術会議会長，国会
　事故調委員長） 6
久和進（北陸電力社長） 241

小佐古敏荘（東大教授） 20, 37,
　174
ゴルバチョフ 350

蔡英文（台湾総統） 361
斉藤征二（運輸一般関西地区生コ
　ン支部原子力発電所分会会長）
　243
斉藤洋三（阿久根市長） 273
桜井森夫（小矢部市長） 241
佐藤栄佐久（福島県知事） 142,
　219, 220, 224
佐藤栄作（首相） 251
佐藤雄平（福島県知事） 6, 8, 23,
　37, 175, 221, 224, 225
サルコジ，ニコラ（仏大統領） 337
沢山保太郎（室戸市議・東洋町長）
　301
島崎邦彦（原子力規制委員会委員
　長代理，東京大学名誉教授）
　208, 254
朱鎔基 355
周恩来（中国首相） 353
正力松太郎（原子力委員会委員長）
　230, 292
シラク，ジャック（仏大統領） 335

411

スチュアート，アリス・M.（疫学者）323
スマイス，H.D.（プリンストン大学教授）348
澄田信義（島根県知事）261

■た

高木孝一（敦賀市長）243, 244
武本和幸（刈羽村議）226
田中角栄（首相）226, 231
田中俊一（原子力規制委員会委員長，福島県除染アドバイザー）7, 258, 275, 287
田中三彦（国会事故調委員）7
田部長右衛門（島根県知事）259

チャーチル，ウィンストン（英首相）328
趙大鵬（東北大学教授）6
陳水扁 360

津田敏秀（岡山大学教授）179, 195, 197

寺田虎男（玄海町長）269

堂垣内尚弘（北海道知事）206
堂故茂（氷見市長）241
時岡民雄（大飯町長）251

■な

中川平太夫（福井県知事）244, 251, 254, 279
中曽根康弘（首相）264
永谷良夫（大飯町長）251
中西陽一（石川県知事）238
中平一男（窪川町長）264
中村幸一郎（原子力安全・保安院審議官）4

二井関成（山口県知事）289, 291
西川一誠（福井県知事）245, 253, 258, 281, 282
西村智奈美（厚生労働副大臣）22

ネーダー，ラルフ（弁護士・社会運動家）323, 325

盧泰愚（ノ・テウ，韓国大統領）363
野崎外雄（志賀町長）238
野田佳彦（首相／財務相）6, 21, 253

■は

馬英九 361
橋下徹（大阪市長）253
橋本寿（六ヶ所村村長）295
橋本昌（茨城県知事）233
畑村洋太郎（工学院大学教授，政府事故調査・検証委員長）6
早尾貴紀（「子ども全国」代表）165
林潤（福井地裁裁判長）258

樋口英明（福井地裁裁判長）254, 257

藤戸進（窪川町長）264
渕上隆信（敦賀市長）246
プーチン，ウラジーミル（ロシア大統領）350, 351, 352
ブッシュ（父），ジョージ・H.W.（米大統領）325
ブッシュ（子），ジョージ・W.（米大統領）325, 326
ブルガーニン，ニコライ・A.（ソ連副首相・化学・冶金工業評議会議長）348
古川伊勢松（六ヶ所村村長）293
古川康（佐賀県知事）269
フルシチョフ，ニキータ（ソ連第一書記）348
文在寅（韓国大統領）366

ペーション，ヨーラン（スウェーデン首相）346
ペルラン，ピエール（フランス放射能防護中央局局長）335

細野豪志（環境相／原発事故担当相／首相補佐官）233, 253, 282
堀達也（北海道知事）300

■ま

牧野淳一郎（天文学者，神戸大学教授）197
マクミラン，ハロルド（英首相）328
南直哉（東京電力社長）219

三村申吾（青森県知事）210, 287, 296, 301

村上達也（東海村村長）233

メドベージェフ，ドミートリー・A.（ロシア大統領）351
メルケル，アンゲラ（独首相）342, 343

■や

八木誠（電事連会長／関西電力社長）245, 258
山辺芳宣（羽咋市長）240
山本善彦（大津地裁裁判長）257, 258

横路孝弘（北海道知事）298
横山正元（川内市長）271, 272
吉田昌郎（福島第一原発所長）4, 5

■ら

ラスムッセン，ノーマン（マサチューセッツ工科大）323

李先念（中国国家主席）354

レーガン，ロナルド（米大統領）324

■わ

渡辺満久（東洋大教授）207, 211, 241, 286, 296

地名索引

◆ 東アジアの固有名詞の漢字は、（ ）で読みを補った場合を除き、日本語の慣例の音読みで配列した。

■あ

会津若松市　23, 38, 51, 52, 53, 58, 118, 120, 121, 132, 133, 138, 139
アイリッシュ海　330
青森市　21, 58, 212, 297
赤住，志賀町　238
阿久根市　271, 273
足成港　264
アゼルバイジャン　349
穴水町　241
アーハウス　339, 340, 341, 342
阿武隈川　56, 57, 61, 156
荒浜，柏崎市　226, 227
アルザス地方　337
アルジェリア　333, 334
安眠島（アンミョンド）　363, 364

飯舘村　5, 21, 25, 27, 28, 39, 40, 52, 53, 56, 58, 69, 70, 90, 91, 107, 148, 151, 174, 175, 179
伊方町　263, 264, 265, 266
石神村（東海村の前身）　230
石神村（南相馬市）　54
出水　273
イラン　77, 318, 350, 351, 352, 354
祝島　288, 289, 290, 291
いわき市　20, 21, 22, 23, 24, 27, 37, 38, 39, 51, 52, 53, 54, 58, 90, 108, 111, 118, 119, 120, 121, 123, 126, 130, 134, 162, 164, 165, 166, 173, 174, 195
岩内町　205, 206
インド　76, 326, 327, 351, 375, 377
インドネシア　72, 316

ヴァッカースドルフ　340, 341

ヴィール　338, 339, 340
ウィンズケール　312, 328, 329, 330, 368
ウクライナ　74, 168, 169, 170, 171, 172, 181, 186, 188, 189, 190, 192, 193, 194, 196, 198, 304, 309, 348, 349, 350, 351, 352, 369
内浦，高浜町　254
宇部市　89, 291
津島町　263

エジプト　73, 319
エスポ島　345
越前市　240
越前町　280
恵曇　259, 260, 261
エミュー・フィールド　328

大畠　289
雄勝　213, 214
老部川　209, 210
おおい町　251, 253, 278
大熊町　9, 20, 22, 27, 28, 39, 40, 52, 53, 56, 58, 69, 70, 90, 91, 112, 133, 152, 153, 173, 175, 176, 177, 178, 179, 217, 219, 220, 225
大郷町　301
大島町　289
大波地区，福島市　175
大間町　211, 276, 284, 285, 286, 287, 296
牡鹿町　213, 214
オスカーシャム　311, 344, 345, 346, 347, 369
小高町　118, 151, 152, 153
小田野沢　209, 210
小樽市　208
オデッサ　349

女川　5, 211, 212, 213, 214, 215, 216, 225
小浜市　252, 253, 254, 257
オブニンスク　308, 348
オルキルオト　311, 337

■か

海南町　263
海南島　356
掛田町，伊達郡　54, 56
カザフスタン　309, 348, 349, 352, 355, 369
風間浦村　211, 286
鹿島区，南相馬市　20, 37, 51
鹿島町，松江市　259, 260, 261
柏崎市　226, 227, 228, 229
柏市　90
片句，松江市鹿島町　259
神奈川県　44, 66, 67, 87, 119, 144, 204
上北郡　209
上関町　265, 288, 289, 290, 291
神恵内村　205
カラチャイ　348, 349
唐津市　267, 268, 269
カールスルーエ　314, 338, 339, 341, 370
川内村　6, 20, 21, 22, 24, 27, 28, 39, 40, 41, 51, 52, 53, 54, 56, 58, 69, 70, 90, 91, 122, 126, 129, 132, 133, 173, 176, 177, 178
川西町　242
川俣町　5, 23, 25, 27, 28, 38, 40, 51, 52, 53, 54, 56, 58, 69, 70, 90, 91, 118, 119, 140, 142, 145, 147, 173, 174, 175, 179

北茨城　62, 63, 90
キエフ　168, 169, 170, 171, 172, 186
亀山郷（台湾）　360
鬼北町　265
京都市　132, 133, 138, 256
共和町　205, 208
共和・泊地区　205, 206
共和村　205
キルギスタン　355
金山（台湾）　315, 358, 359, 360, 361

串木野市　271, 273, 274
葛尾村　5, 20, 22, 27, 28, 39, 40, 51, 52, 53, 54, 56, 58, 69, 70, 90, 91, 174, 178
国見町，福島県　38, 51, 52, 53, 54, 58, 90, 118, 119, 154, 156, 160
窪川町　264
熊取町　204
クラスノダール　349
クラスノヤルスク　308
倉吉　292
クリスマス島　328
群山市（韓国）　365
グンドレミンゲン　314, 338, 339, 340

慶州市（韓国）　365
毛萱，富岡町　222
玄海町　267, 268, 269, 270

ゴアレーベン　337, 338, 339, 340, 341, 342, 343
高知市　265, 266
河野村　244
甲府市，山梨県　118, 154, 158, 159, 160, 165
講武，松江市鹿島町　260
古浦，松江市鹿島町　259
貢寮郷，台北県　358, 359
桑折町，福島県　38, 39, 51, 52, 53, 54, 58, 90, 156, 160
郡山市　20, 24, 37, 38, 51, 52, 53, 54, 58, 90, 108, 113, 118, 120, 121, 123, 124, 126, 129, 130, 173, 195
コーカサス　349
コストロマ　350
コンゴ民主共和国　73

■さ

西海（石川県）　238
サイズウェル　312, 329, 330, 368
佐井村　211, 284, 286
佐賀市　268, 269, 270
札幌　86, 205, 206, 207, 208, 287, 300
サハラ砂漠　333
猿ヶ森，東通村　209, 210

島根半島　259
シェルブール　228, 299, 334, 335, 336
塩谷町　63, 90, 177
四代田ノ浦　289
尻労，東通村　209, 210
シッピングポート　306, 322, 367
シベリア　350, 351
下川町　298
下北町，むつ市　210
下北半島　210, 211, 298
積丹半島　208
周南市　291
酒泉，甘粛省　353
白木，敦賀市　279
白石市，宮城県　25, 60, 90
白糠，東通村　209, 210, 293
ジロンド川　336
新疆ウイグル自治区　353

珠洲市　241
スリーマイル島（スリー・マイル・アイランド）　49, 213, 248, 252, 254, 268, 272, 306, 323, 327, 329, 330, 345, 359, 367, 375, 376

石門郷（台湾）　361
セミパラチンスク　348, 349
セラフィールド　207, 214, 328, 329, 330, 331, 332, 341
仙台市　60, 126, 127, 130, 132, 133, 141, 211
川内市　271, 272, 273, 274

相馬市　38, 39, 51, 52, 53, 54, 58, 90, 148, 150, 219

■た

タイ　24, 76
高雄（台湾）　358, 361
高倉，南相馬市原町区　51, 52, 54
高松市　264, 265, 266
武雄市　269
田ノ浦，高浜町　254
田村市　21, 23, 27, 28, 38, 39, 40, 51, 52, 53, 54, 58, 90, 91, 132, 133, 173, 177, 225
手結，松江市鹿島町　259
タラプール　317

チェリャビンスク　348, 349
値賀崎　267
チベット　353, 354
チャシュマ　317, 354
鎮西町　267

敦賀市　120, 121, 122, 132, 133, 135, 136, 138, 242, 243, 244, 245, 246, 248, 254, 276, 277, 278, 279, 280, 281, 282, 283
敦賀半島　242, 247
都留市，山梨県　118, 162, 163, 165, 166

天塩町　298

東海村　62, 90, 114, 204, 230, 231, 232, 233, 292, 293, 295, 377, 379
東洋町　283, 301, 302
土岐市　299, 300
富来町　238
栃木県　24, 25, 63, 67, 68, 84, 90, 92, 93, 177, 191
泊村　205, 206, 208
泊，六ヶ所村　293
富岡町　20, 22, 25, 27, 28, 39, 40, 52, 53, 56, 58, 69, 70, 90, 91, 118, 119, 120, 121, 122, 123, 124, 126, 128, 130, 131, 132, 133, 134, 135, 137, 138, 139, 164, 173, 179, 218, 222, 225
トムスク　308, 350
豊富町　298
トリカスタン　313, 333, 334, 337
ドーンレイ　312, 329, 330, 331,

332, 368

■な

ナイジェリア　351
中川町　298
長崎　110, 119, 154, 155, 158, 159, 269, 270, 322
中通り（福島県）　93
中頓別町　300
中能登町　240
七尾市　240, 241
浪江町　5, 9, 10, 20, 22, 24, 25, 27, 28, 29, 30, 31, 32, 33, 34, 36, 37, 39, 40, 52, 53, 56, 58, 69, 70, 90, 91, 119, 121, 127, 133, 141, 142, 149, 163, 173, 174, 175, 176, 179, 182, 217, 222
名寄市　298
楢葉町　9, 20, 22, 27, 28, 39, 40, 51, 52, 53, 54, 56, 58, 69, 70, 83, 90, 91, 164, 173, 174, 178, 219, 222, 223, 225
ナローラ　317

西桂町，山梨県　118, 148, 149, 151, 153
ニセコ町　208
ニーダーザクセン　339, 340, 341, 342
二本松市　38, 51, 52, 53, 54, 58, 86, 90, 142, 173, 175, 195
丹生地区，美浜町　247
人形峠　204, 276, 292, 293, 294, 295

布川，伊達市月舘町　25

ネバダ　322, 324, 325, 349

能登町　240, 241
能登半島　238, 239, 240, 241
ノーバヤ・ゼムリヤ島　348
野辺地町　211
ノルトライン・ヴェストファーレン州　341

■は

ハーウェル　328

パキスタン　74, 317, 354
羽咋市　239, 240
函館市　59, 285, 286, 287
八戸市　286
バーデン・ヴュルテンベルク州　340
ハナウ　341, 342
羽生地区，福井市　247
浜岡町　234, 235, 236, 284
浜通り（福島県）　5, 93, 108, 110, 128, 151, 220
浜頓別町　298, 300
浜益村　205
原町，南相馬市　9, 21, 37, 42, 51, 52, 54, 151
バルチスタン州　354
バングラデシュ　317, 351, 352
ハンフォード　323, 324, 325
ハンブルク　340

ピエールラット　334
日置市　274
東通村　59, 209, 210, 211, 212, 293, 296
ビキニ環礁　322
日立市，茨城県　62, 63, 90, 162, 163, 164, 292
氷見市　240, 241
平生町　288, 289
広島　84, 86, 89, 110, 211, 261, 262, 266, 286, 287, 289, 290, 322
広野町　20, 23, 24, 27, 37, 39, 40, 51, 52, 53, 54, 56, 58, 90, 174, 177
ヒンクリー　312, 328, 332, 357

ファンガタウファ環礁　334
フィリピン　69, 71
フェッセンハイム　313, 334, 337
フォルスマルク　311, 344, 345, 346
福井県　87, 119, 122, 123, 132, 133, 135, 136, 138, 202, 242, 243, 244, 245, 247, 248, 249, 250, 251, 252, 253, 254, 256, 257, 258, 276, 277, 278, 279, 280, 281, 282, 283
福浦村，羽咋郡　238
双葉郡　23, 37, 126, 130, 217, 220, 222
双葉町　9, 20, 22, 27, 28, 39, 40, 41, 52, 53, 56, 58, 69, 70, 90, 91, 110,

142, 173, 174, 177, 179, 217, 219, 221, 225
仏領ポリネシア　74
船引町，田村市　54, 122, 135
ブラッドウェル　312, 328, 368
フラマンビル　313, 334, 336, 337
プリピャチ　168, 169
プロゴフ　334, 335

ヘッセン州　341
ベトナム　76, 316, 351
ベラルーシ　168, 169, 170, 171, 172, 181, 186, 188, 189, 192, 196, 198, 304, 309, 348, 351

澎湖県（台湾）　361
浦項（ポハン，韓国）　365
幌延町　204, 298, 300

■ま

馬鞍山（マアンシャン，台湾）　315, 358, 359, 360
前坂下，東通村　209
マーシャル群島　322
松江市　259, 261, 262
松戸市　90, 162, 163, 164, 231
松戸市，千葉県　90, 162, 163, 164, 231
マヤーク，ウラル地区（チェリャビンスク）　348, 349
マルクール　313, 333, 334, 337, 371
丸森町　22, 60, 61, 90, 174
マレーシア　76
万里郷（台湾）　361

美浜町　242, 244, 247, 248, 249, 250, 279, 280, 283
三沢市　209, 293
瑞浪市　204, 299, 300
御津，松江市鹿島町　259, 260
南足柄市　66
南講武，松江市鹿島町　260
南相馬市　5, 9, 20, 21, 24, 27, 28, 37, 38, 40, 51, 52, 53, 54, 56, 58, 69, 70, 83, 90, 91, 109, 118, 119, 148, 151, 152, 173, 174, 177, 178
三春町，福島県　51
都路村　51, 220

ミャンマー　75
御代田，伊達市月舘町　25, 54
ミンスク　171, 349

むつ小川原　292, 293
むつ小川原港　223, 293, 299, 300,
　301, 302
むつ市　210, 211, 286, 295, 296
村松村　230
ムルロア　334, 335

モロッコ　73
モンテベロ島　328

■や

柳井市　289, 291
山形県　21, 22, 23, 61, 67, 86
山木屋地区，川俣町　28, 51, 52, 53,
　56, 118, 140, 142, 144, 145, 146,
　147, 175

ユッカマウンテン　324, 325, 326
ユーリッヒ　314, 338, 370

横須賀　140, 141, 143, 144, 204
横浜市　44, 132, 133, 134, 137, 138,
　179
横浜町（上北郡）　210, 211
米沢市，山形県　21
呼子町　267
盈徳（ヨンドク，韓国）　365

■ら

ラ・アーグ　214, 333, 334, 335,
　336, 341, 342, 344
蘭州，甘粛省　353, 355
蘭嶼島（台湾）　358, 359, 360, 361

リビア　76
竜門（台湾）　315, 358, 359, 360,
　361
リングハルス　311, 344, 346, 347

レガヌ　333

六ヶ所村　204, 207, 209, 211, 215,
　224, 235, 292, 293, 294, 295, 296,
　299, 302, 332

ロビーサ　311
ロプノール　354, 355

■わ

若狭湾　242, 247, 248, 276
輪島市　241
渡利地区，福島市　54
稚内　298

執筆者／協力者一覧

執筆者

序論　本書の課題と構成 .... 堀川三郎
本書の使い方 .... 八巻俊憲

第Ⅰ部　福島原発震災のもたらしたもの

　第1章　事故の概要
　　1　事故・事故処理年表 .... 八巻俊憲
　　2　福島原発立地地図 .... 森久聡
　　3　原子炉および原発構内図 .... 竹原裕子
　　　　原子炉（GE製 BWR Mark Ⅰ）構成図
　　　　原発構内配置図
　　　　全電源喪失の模式図
　　　　原発事故収束作業中の構内配置図
　　　　原子炉および建屋の状況
　　4　事故処理・廃炉プロセス .... 松久保肇
　　　　福島第一原発1〜4号機の廃炉ロードマップ
　　5　放射性物質放出・汚染状況
　　　　大気中への放出量の推定 .... 竹原裕子
　　　　海洋への直接漏えい量の推定 .... 竹原裕子
　　　　地上への放射性物質拡散経路 .... 竹原裕子
　　　　セシウム137沈着量図 .... 沢野伸浩、林剛平
　　　　セシウム137沈着量図（拡大）......................... 沢野伸浩、林剛平

　第2章　被害の広がり
　　1　住民避難年表 .... 平林祐子
　　2　避難・帰還政策 .... 松久保肇
　　　　避難指示区域の区分
　　　　避難指示区域の変遷
　　　　福島県からの避難者数推移

3　学校・生徒の避難

　　避難区域の小・中・高校 .... 八巻俊憲、松久保肇

　　学校の避難年表 .... 八巻俊憲

　　福島県の子どもの避難者数調べ .... 八巻俊憲

　　福島県の子どもの避難者数推移 .... 八巻俊憲

　　原発事故で避難した市町村の学校の児童・生徒数 .... 松久保肇

　　避難指示解除年別に見た児童・生徒数 .... 松久保肇

　　福島県の被災地の高校の生徒数 .... 八巻俊憲

　　福島県の被災地の高校の生徒数の推移 .... 八巻俊憲

　　福島県の被災地の高校の生徒数の 2010 年 4 月 1 日比の推移 .... 八巻俊憲

　　「原発事故により避難した児童生徒に対するいじめ」年表 .... 八巻俊憲

4　被ばく・健康被害 .... 松久保肇

　　推定被ばく線量

　　福島県民健康調査甲状腺検査

　　3・11 甲状腺がん子ども基金、甲状腺がん患者への療養金支給件数

5　農漁業被害 .... 松久保肇

　　飲食物の摂取制限推移

　　食品中の放射性物質測定

　　出荷制限

　　諸外国・地域の規制措置

　　農水畜産物出荷量の変化

6　被災者救済・保障 .... 松久保肇

　　補償対象となる損害の範囲

　　特別事業計画における東京電力の要賠償額と国庫からの資金援助実施額推移

　　賠償金の支払い状況

　　主な保養団体

7　除染 .... 松久保肇

　　除染対象地域の設定

　　除染実施状況

　　除染費用国庫支出額および東京電力求償額と支払額

8　福島県内高校教員の意識調査 .... 八巻俊憲

　　調査概要

　　質問と回答数

　　回答結果の集計

第 3 章　避難者たちはどう行動したか──個人避難年表

　　個人避難年表──個人個人の「避難」を時間と空間から把握する

　　　　左ページ .... 平林祐子

　　　　この章でとりあげる避難者たちの、さまざまな避難経路 .... 森久聡

　　富岡町・右田藍さん

　　　　避難経路図 .... 森久聡

　　　　避難年表 .... 平林祐子、堀川三郎

　　富岡町・角谷翔平さん

　　　　避難経路図 .... 森久聡

避難年表 .... 平林祐子

富岡町・清水郁子さん
　　避難経路図 .... 森久聡
　　避難年表 .... 平林祐子、堀川三郎

川俣町・仁井田一雄さん
　　避難経路図 .... 森久聡
　　避難年表 .... 森久聡

南相馬市・福田昭一さん和子さん夫妻
　　避難経路図 .... 森久聡
　　避難年表 .... 平林祐子

国見町・助川裕子さん
　　避難経路図 .... 森久聡
　　避難年表 .... 平林祐子

いわき市・谷田部尚子さん
　　避難経路図 .... 森久聡
　　避難年表 .... 平林祐子

第4章　福島・チェルノブイリ事故の比較
　1　チェルノブイリ・福島事故年表 .... 竹原裕子
　　　チェルノブイリ事故年表
　　　福島事故年表
　2　チェルノブイリと福島の比較一覧 .... 竹原裕子
　3　立地および炉構造 .... 竹原裕子
　　　チェルノブイリ原発の立地
　　　福島第一原発の立地
　　　炉構造比較
　4　放射性物質放出量および汚染状況 .... 竹原裕子
　　　放射性物質放出量の比較 .... 竹原裕子
　　　セシウム 137 による汚染状況
　　　　　チェルノブイリ事故による汚染地図 .... 竹原裕子
　　　　　福島第一原発事故による汚染地図 .... 沢野伸浩、林剛平
　　　セシウム 137 汚染面積・人口比較 .... 竹原裕子
　5　被災者救済制度の比較 .... 竹原裕子
　　　被災者区分、健康対策
　　　居住区分
　6　健康被害 .... 竹原裕子
　　　推計被ばく線量の比較
　　　チェルノブイリ事故後の健康被害
　　　チェルノブイリ・福島　甲状腺がん発生状況比較
　　　チェルノブイリ原発事故健康被害に関する 3 カ国の見解
　　　福島・県民健康調査「甲状腺検査」結果に対する解釈の相違
　7　食品放射能基準 .... 竹原裕子
　　　放射性セシウム

附録

第II部　日本と世界の原子力発電

　第5章　日本の原子力発電所および関連施設

　　1　原発および関連施設の立地点 .... 森久聡
　　　　稼働段階および廃炉段階の原発
　　　　建設中、計画中または計画中止の原発
　　　　核燃サイクル関連施設立地図
　　2　稼働段階の原発施設年表
　　　　泊原発 .... 八巻俊憲
　　　　東通原発 .... 八巻俊憲
　　　　女川原発 .... 竹原裕子
　　　　福島第一原発 .... 八巻俊憲
　　　　福島第二原発 .... 八巻俊憲
　　　　柏崎刈羽原発 .... 竹原裕子
　　　　東海・東海第二原発 .... 竹原裕子
　　　　浜岡原発 .... 八巻俊憲
　　　　志賀原発 .... 八巻俊憲
　　　　敦賀原発 .... 八巻俊憲
　　　　美浜原発 .... 竹原裕子
　　　　大飯原発 .... 八巻俊憲
　　　　高浜原発 .... 八巻俊憲
　　　　島根原発 .... 竹原裕子
　　　　伊方原発 .... 八巻俊憲
　　　　玄海原発 .... 八巻俊憲
　　　　川内原発 .... 八巻俊憲
　　　　ふげん原発 .... 八巻俊憲
　　　　高速増殖炉もんじゅ .... 森久聡
　　3　建設中および計画中原発施設年表
　　　　大間原発 .... 竹原裕子
　　　　上関原発 .... 安田利枝
　　4　核燃料再処理施設・廃棄物施設 .... 竹原裕子
　　　　核燃料再処理施設年表
　　　　高レベル放射性廃棄物処理問題年表

　第6章　世界の原子力発電所
　　1　立地と基数
　　　　原発関連世界地図 .... 森久聡
　　　　アメリカ・カナダの原発地図 .... 森久聡
　　　　旧ソ連・ロシアの原発地図 .... 森久聡
　　　　ヨーロッパの原発地図 .... 森久聡
　　　　イギリスの原発地図 .... 森久聡
　　　　フランスの原発地図 .... 森久聡
　　　　ドイツの原発地図 .... 森久聡

中国・韓国・台湾の原発地図 .... 森久聡

東南アジアの原発地図 .... 森久聡

南アジアの原発地図 .... 森久聡

中近東の原発地図 .... 森久聡

アフリカの原発地図 .... 森久聡

メキシコ・南米の原発地図 .... 森久聡

世界の原発基数と設備容量の推移 .... 松久保肇

2　各国・地域別年表

アメリカ .... 安田利枝

イギリス .... 竹原裕子

フランス .... 竹原裕子

ドイツ .... 青木聡子、深谷直弘

スウェーデン .... 安田利枝

旧ソ連・ロシア .... 安田利枝

中国 .... 竹原裕子

台湾 .... 竹原裕子

韓国 .... 竹原裕子

3　世界の廃炉一覧 .... 八巻俊憲

附録

用語集 .... 松久保肇

出典一覧 .... 各年表執筆者

索引 .... 各項執筆者

　事項索引

　人名索引

　地名索引

執筆者／協力者一覧 .... 竹原裕子

あとがき .... 堀川三郎

附録

『原子力総合年表』執筆者

＊本書は、『原子力総合年表——福島原発震災に至る道』（すいれん舎、2014）の後継書の役割も持っており、『原子力総合年表』の中から我々に影響の大きい日本および世界の原子力施設に関する年表を再度取り上げている。
＊本書の著者は、総合年表の著者と同一の場合も別人の場合もあるが、いずれも総合年表の内容を凝縮し、あるいはいくつかをまとめ、3.11後の動向(2017年まで)を加えて今後を考える上での参考になる内容としている。
＊本書の「チェルノブイリ事故年表」「福島事故年表」も、『原子力総合年表』に多くを負うている。

泊原発 .... 後藤達彦、竹原裕子
東通原発 .... 若山泰樹、方波見啓太
女川原発 .... 竹原裕子
福島第一原発 .... 深谷直弘、平林祐子、竹原裕子
福島第二原発 .... 早山微笑、竹原裕子
柏崎刈羽原発 .... 福島浩治、竹原裕子
東海・東海第二原発・東海再処理施設 .... 原口弥生、竹原裕子
浜岡原発 .... 平岡義和
志賀原発 .... 友澤悠季
敦賀原発 .... 森下直紀、平林祐子
美浜原発 .... 丸山友美、平林祐子、竹原裕子
大飯原発 .... 定松淳
高浜原発 .... 定松淳
島根原発 .... 飯野智子、竹原裕子
伊方原発 .... 土器屋美貴子
玄海原発 .... 土器屋美貴子
川内原発 .... 森明香
ふげん原発 .... 定松淳
高速増殖炉もんじゅ .... 森久聡、土器屋美貴子
大間 .... 相馬有人、廣瀬勝之
上関 .... 安田利枝
六ケ所村核燃料サイクル施設問題 .... 舩橋晴俊、若山泰樹
高レベル放射性廃棄物処理問題年表 .... 寿楽浩太、舩橋晴俊
東洋町高レベル放射性廃棄物問題 .... 熊本博之、竹原裕子
幌延高レベル放射性廃棄物問題 .... 梅澤章太郎、竹原裕子
上記国内施設の立地図 .... 森久聡
上記国内施設の基本データ表 .... 森下直紀

アメリカ .... 近藤和美、安田利枝
イギリス .... 竹原裕子
フランス .... 關野伸之、竹原裕子、舩橋晴俊
ドイツ .... 青木聡子
スウェーデン .... 安田利枝、土谷斗彫
旧ソ連・ロシア .... 安田利枝
中国 .... 竹原裕子
台湾 .... 高淑芬、竹原裕子
韓国 .... 牧野波、金慶南

福島原発震災・詳細経過6欄年表 .... 清水修二、真田康弘（事務局：森久聡、深谷直弘、早山微笑、丸山友美、高橋誠一）
チェルノブイリ事故 .... 舩橋晴俊、飯野智子

協力者

データ収集 .... 森下直紀、真田康弘

インタビュー・資料作成 .... 都留文科大学環境社会学ゼミ（宇佐美真悟、岡村諭、米次真理乃、安宅大史朗、水森広美、大桃悠哉）

あとがき

　2014年7月、『原子力総合年表──福島原発震災に至る道』（すいれん舎、2014年）の編集代表を務めた舩橋晴俊氏は、中高生といった若い世代へこそ、福島原発事故に関する基礎的な情報をきちんと届けたい、そのためには学校現場でも使えるようなものをつくるべきだと考えて、新たに編集チームを編成した。『原子力総合年表』の編集委員、編集事務局員の一部と、若い大学院生や現役の高校教員などから編成されたこの新チームは、しかし、予定されていた第1回編集会議の前日の2014年8月15日、突然の訃報に接することになった。舩橋氏が急逝されてしまったのだ。『原子力総合年表』と *A General World Environmental Chronology*（Suirensha, 2014）という大部の年表2冊を同時に刊行するという離れ業を成し遂げたわずか1カ月後、舩橋氏は突如、逝かれてしまった。今にして思えば、刊行された2冊の年表と中高生向けの年表出版企画は、まさに氏が身を削って産み出したものであったように思われる。

　肝心要の舩橋氏を失い、編集委員会は途方に暮れていた。数度の話し合いがもたれ、氏の遺志を継いで刊行を目指そうと、ようやく2014年12月末に第1回目の編集会議が開かれた。編集事務局を前書同様に法政大学サステイナビリティ研究所におき、具体的な編集作業が始まった。それから3年3カ月を経て上梓できたのが本書『原発災害・避難年表』である。

　深刻な福島原発事故の現実を前に、一体どのように被害を把握するのか、避難に関わる問題点をいかに年表と図表で表現できるのか──編集方針を確定するまでには紆余曲折があった。月1回のペースで編集会議を開催し、委員同士で議論を続けてきた。舩橋氏の遺された『原子力総合年表』とその編集ノウハウがあったとはいえ、それは「福島原発震災に至る道」を記録するという目的のために構築されたものだったから、「福島原発震災からの道」、それも現在進行形の道を描き出そうとする本書では、ゼロからの再構築を余儀なくされた。その結果、「避難」と「若者」に焦点を合わせるという本書の編集方針が決まってくることになったわけだが、その中身については、序論で述べた通りである。

　本書の準備と刊行は、法政大学による組織的支援と献身的協力なくしてはありえなかった。前書『原子力総合年表』の刊行は、「法政大学サステイナビリティ研究教育機構」（「旧サス研」、2011〜2012年度）および「私立大学戦略的研究基盤形成支援事業」（2013〜2017年度）による「法政大学サステイナビリティ研究所」（「新サス研」）の全面的な協力と連携により、可能となった。新旧サス研に事務局を設置し、資料収集・分析・研究・データベース構築を推進することができたからである。前書の続編というべき本書も、同様に新サス研が事務局機能を担ったことが大きかったといえるだろう。新サス研と法政大学研究開発センターのスタッフは、煩瑣な事務を担い、編集委員会のメンバーが

本書の編纂に集中できるよう、取り計らってくださった。

　版元であるすいれん舎の高橋雅人氏、山本規雄氏、石原重治氏の変わらぬ熱意と努力は本書刊行の不可欠の基盤であった。編集委員会には必ず出席くださり、的確な助言によって、本書刊行への道筋をつけてくださった。また、NPO法人 富岡町3・11を語る会および吉田由布子氏（「チェルノブイリ被害調査・救援」女性ネットワーク事務局長）には、資料の提供や多くの貴重なご助言を頂いた。さらに編集協力者として、真田康弘（元サス研R.A.）、森下直紀（和光大学）の両氏の助力を得た。記して厚くお礼申し上げたい。

　福島原発事故から7年たった今も、事故は終わっていない。現在進行形の大災害と、故郷を奪われ避難を続ける大勢の人々の未来を考えるためにも、こうした年表が不可欠であるとの私たち編集委員会の意思は変わらない。だが、この地味な書物が、問題解決に本当に役立つのだろうかという疑念が常に頭にあったことも事実である。そんなときに思い出すのは、いつも決まって舩橋氏の「公論形成のための客観的基盤」という言葉だった。それを研究者がやらずして誰がやるのだ、地味ではあってもいつか必ず訪れる政策形成のための議論に資するよう、今からこつこつと積み上げていくのだ──そう熱く語り、自ら実践しておられた舩橋氏のご遺志に、本書が叶ったものであることを願う。そして若者たちの明るい未来のための政策形成に貢献できることを、切に願っている。

　　2018年1月10日

　　　　　　　　　　　　　　　　　　　　　　　編集委員会を代表して
　　　　　　　　　　　　　　　　　　　　　　　　堀川三郎

【原発災害・避難年表 編集委員会】

代表 　**堀川 三郎** （法政大学社会学部教授、法政大学サステイナビリティ研究所副所長）

委員 　**竹原 裕子** （法政大学サステイナビリティ研究所客員研究員）

　　　平林 祐子 （都留文科大学文学部教授）

　　　八巻 俊憲 （元福島県立田村高等学校教諭、東京工業大学社会理工学研究科博士後期課程）

　　　森久 　聡 （京都女子大学現代社会学部准教授）

　　　松久保 肇 （原子力資料情報室事務局長）

　　　深谷 直弘 （福島大学うつくしまふくしま未来支援センター特任助教）

原発災害・避難年表
図表と年表で知る福島原発震災からの道

2018 年 3 月 11 日第 1 刷発行

著　者	原発災害・避難年表 編集委員会
発行者	髙橋雅人
発行所	株式会社 すいれん舎

　　　　〒 101-0052
　　　　東京都千代田区神田小川町 3-14-3-601
　　　　電話 03-5259-6060　FAX 03-5259-6070
　　　　e-mail：masato@suirensha.jp

印刷・製本	亜細亜印刷株式会社
装　丁	篠塚明夫
制　作	ことふね企画

Copyright ⓒ 2018 by Genpatsu Saigai Hinan Nenpyo Henshuiinkai.
All rights reserved.
ISBN978-4-86369-532-0　　　　　　　　　　　Printed in Japan